Christopher Herold

Madame de Staël

Herrin eines Jahrhunderts

List

Titel der Originalausgabe: Mistress to an Age
Verlag: The Bobbs-Merrill Co., Indianapolis, USA

Aus dem Amerikanischen von Lilly von Sauter

Schutzumschlag: Design Team, München

Deutsche Gesamtauflage 50000

 Printed in Germany.
Druck und Bindearbeit: Oldenbourg, München
ISBN 3-471-77732-6

INHALT

BIBLIOGRAPHISCHER ESSAY

KOMMENTIERTE AUSWAHLBIBLIOGRAPHIE
(1959–1979) von Gerhard Wild

VORWORT

„Wissenschaftlicher Fortschritt
macht moralischen Fortschritt zu einer Notwendigkeit;
denn wenn die Macht des Menschen wächst,
müssen die Hemmungen verstärkt werden,
die ihn davon abhalten, sie zu mißbrauchen.“

MADAME DE STAËL

Dieses Buch soll nicht etwa eine „endgültige Biographie“ darstellen. Zwar wurden bereits sehr beachtliche Werke und dokumentarische Belege über Madame de Staëls Leben veröffentlicht, noch größer aber ist die Masse des immer noch unbekannten und unverarbeiteten Materials. Andererseits können nur über solche Leute endgültige Biographien geschrieben werden, die ganz und gar tot sind. Manchmal geben sie wohl noch schwache Lebenszeichen von sich, der Verfasser ihrer endgültigen Biographie aber versetzt ihnen meist den Gnadenstoß.

Gegen Ende des vergangenen Jahrhunderts schrieb Lady Charlotte Blennerhassett ein dreibändiges Werk über Madame de Staël, das man fast als abschließend hätte ansehen können. Es ist ein eindrucksvolles und immer noch sehr nützliches Buch. Es begrub Madame de Staël nahezu. Madame de Staëls Mutter, die von der Furcht vor „übereilten Beerdigungen“ besessen war, hoffte, diesem Schicksal dadurch zu entrinnen, daß sie sich nach ihrem Tod in ein Becken mit Alkohol einlegen und täglich von ihrem Gatten besuchen ließ. Madame de Staël selbst, die bei diesem Anlaß bemerkte, *sie* habe nicht die Absicht, auf solche Art ins Gedächtnis der Menschen einzugehen, war viel zu lebendig, um im Grab liegen zu bleiben, nachdem Lady Blennerhassett sie einbalsamiert hatte. Sie hörte nie auf, gegen ihre unzeitgemäße Beerdigung zu protestieren: Lang verborgene Dokumente tauchten auf, ja kommen heute noch ans Licht, lebendige Zeugen ihrer eigenen Leidenschaften und der Leidenschaften, die sie in anderen entfachte; Gelehrte lasen ihre Werke mit einem neuen Sinn für die Kraft und die Originalität dieser klugen Frau, andere wieder beschäftigten sich mit dem Leben ihrer großen Zeitgenossen, die auch ihre Freunde und Feinde waren — dem Leben eines Napoleon, Byron, Talleyrand, Goethe, Chateaubriand –, und immer wieder stießen sie dabei auf Madame de Staël und folgten ihr oft genug auf Wege, die von ihrem ursprünglichen Vorhaben abführten. So entstand eine neue Staël-Literatur, besondere Aspekte und Beziehungen wurden aufgedeckt, eine Anzahl aufschlußreicher Dokumente veröffentlicht: Briefe, Tagebücher, Manuskripte, Polizeiberichte und ähnliches. Jedoch waren nicht nur diese Aspekte und Beziehungen höchst vielfältig, auch der Reichtum der dokumentarischen Belege war überwältigend, denn er umfaßte das labyrinthische und erstaunliche Liebesleben Madame de Staëls, gleichzeitig aber die politische und intellektuelle Geschichte Europas vom Vorabend der Französischen Revolution an bis zu den ersten Jahren der Restauration unter den Bourbonen, gar nicht zu reden von der Literatur mehrerer Länder. Soweit ernst zu nehmende Autoren über Madame de Staël schrieben, beschränkten sie sich auf einen bestimmten Aspekt, auf eine bestimmte Beziehung in ihrem Leben. Als ich mit diesem Werk begann, lagen genügend Veröffentlichungen vor, um mich zu der Überzeugung zu bringen, eine neue Synthese sei nicht nur möglich, sondern auch sehr wünschenswert. Ich machte es mir deshalb zur Aufgabe, eine umfassende Biographie zu schreiben – nicht etwa ein abschließendes Werk, das ja Madame de Staël nur wieder, und noch dazu ohne Erfolg, begraben hätte, sondern eine wirklich abgerundete Biographie, die ihr in der Öffentlichkeit zu neuem Leben verhelfen sollte.

Bald kam mir noch etwas anderes zum Bewußtsein: Eine erschöpfende Darstellung von Madame de Staëls Leben wäre für den Biographen nicht nur eine lebenslängliche, ihn völlig ausfüllende Aufgabe, sie würde auch eine Geisteshaltung und ein Temperament erfordern, die sich mit Madame de Staëls Art zu denken in keiner Weise deckte. Das vorliegende Werk zu schreiben, war gewiß anstrengend, die ganze Zeit aber fühlte ich mich unterstützt und getragen von der intellektuellen Sympathie und der Ähnlichkeit der Interessen, die mich mit dem „Gegenstand" dieser Biographie verbanden. Bei meinem Versuch, die Leidenschaften in ihrem Leben zu entwirren und zu begreifen, blieb ich ein faszinierter Zuschauer, immer darum bemüht, zu verstehen, nicht aber willens, mich selbst mit fortreißen zu lassen. Wo es aber um ihr Denken ging, sah ich mich als höchst aktiven Partner in ein Gespräch verwickelt, in dem ich gleichsam aus erster Hand ihre großartigen Fähigkeiten in der Kunst der Konversation zu spüren bekam und in dem sie mir häufig half, mich zu meinen eigenen Überzeugungen durchzuringen, nach denen ich lange Zeit blind getastet hatte. Madame de Staël ist ganz entschieden nicht tot ...

In meinen Bemühungen wurde ich von einer ganzen Reihe von Leuten unterstützt. Besonderen Dank schulde ich Comtesse de Pange, der Ururenkelin Madame de Staëls; sie hat mich, als mein Plan in mir reifte, in einer Weise ermutigt, die wesentlich dazu beitrug, daß ich ihn überhaupt so weit verfolgte. Wie alle Staël-Forscher bin ich ihr auch für ihre eigenen tiefschürfenden Untersuchungen verpflichtet, in denen sie Familiendokumente mit der größten Bereitwilligkeit zugänglich machte: niemand hat für das Wiederaufleben der Staël-Forschung mehr getan als sie. Herzlichst zu danken habe ich weiterhin Dr. John Gordan, New York Public Library, der mir gestattete, die in der Henry W. und Albert A. Berg-Sammlung befindlichen unveröffentlichten Briefe Madame de Staëls zu benützen; Professor Bengt Hasselrot, Upsala, der mich aufs freundlichste ermutigte; und meiner Frau Barbara, die es fünf Jahre lang mit Madame de Staël aushielt und fünftausend Seiten tippte.

M. Georges Solovieff hatte, um mir meine Arbeit zu erleichtern, die Freundlichkeit, mich auf 150 noch unveröffentlichte Briefe Madame de Staëls an Narbonne aufmerksam zu machen, deren kritische Ausgabe er vorbereitet.

Fernerhin bin ich den Verfassern, Verlegern und Herausgebern von einer Anzahl von Werken, die mir von besonderem Nutzen waren, zu größtem Dank verpflichtet. Die Liste dieser Werke befindet sich im Vorwort zur amerikanischen und zur englischen Ausgabe meines Buches.

Was die deutsche Ausgabe dieses Werkes betrifft, so gilt mein besonderer Dank der Übersetzerin, Frau Dr. von Sauter, deren Trefflichkeit, Verständnis und Freundlichkeit ich wohl zu schätzen weiß.

Los Altos, Kalifornien
16. Februar 1960

J. Cristopher Herold

ERSTER TEIL · DIE NECKERS

Diese Familie der Madame de Staël
ist wirklich seltsam:
Vater, Mutter und Tochter,
alle liegen sie in ständiger Anbetung
voreinander auf den Knien,
und einer sucht den andern
an gegenseitiger Beweihräucherung zu übertreffen,
zur Erbauung und Mystifizierung
des Publikums

NAPOLEON

Monsieur Neckers bescheidener Anfang

Germaine de Staël war Jacques Neckers Tochter. Diese Tatsache blieb für ihr Leben bestimmend – vom Tag ihrer Geburt an, die sie fast ausschließlich ihrem Vater zuschrieb, bis zu jenem Tag im Jahr 1817, als der Herzog von Broglie ihre sterbliche Hülle zu Füßen ihrer Eltern niederlegte, die vertrauensvoll dem Jüngsten Tag entgegenharrten – Seite an Seite in einem Becken voll Alkohol liegend. Neun Jahre vor ihrem Tod hatte Madame de Staël über dem Portal, das zum Grabmal führte, ein allegorisches Relief anbringen lassen. „Meine Mutter nimmt meinen Vater an der Hand", erklärte sie, „um ihn zum Himmel zu geleiten, und er blickt gütig auf eine Gestalt herab, die, in einen Schleier gehüllt, auf den Knien liegt."

Die verschleierte, kniende Gestalt ist Germaine selbst. Wenige Menschen haben ihr Leben stolzer vor aller Öffentlichkeit gelebt; aber auch wenn man noch so stolz ist, wird man vor dem Altar seine Nacktheit bedecken und sein Knie beugen. Zwischen ihrem irdischen und ihrem himmlischen Vater jedoch traf Madame de Staël keine genauere Unterscheidung.

Hätte man ihr gesagt, daß es sich ein und ein halbes Jahrhundert nach dem Tod ihres Vaters als ratsam erweisen würde, dem Leserpublikum zu erklären, wer Jacques Necker war, sie hätte es nicht geglaubt. Die ersten fünfundzwanzig Jahre ihres Lebens hatte sie nichts anderes gehört als einen unablässigen und nahezu einstimmigen Chor von Hosiannas auf ihren Vater; sie hatte den bewaffneten Aufstand eines Volkes mitangesehen, das offenbar nur wegen dieses Vaters die Bastille erstürmte und einen König erniedrigte; es war also verständlich, daß sie einen übertriebenen Begriff von seiner Größe hatte.

Man betet Idole an, weil man ihnen magische Kräfte zuschreibt. Werden sie nicht länger angebetet, so zeigt sich, daß sie Drahtpuppen sind. Das war auch bei Jacques Necker der Fall. Immerhin war er in der Geschichte der Idole der einzige Bankier.

Er kam aus recht bescheidenen Verhältnissen. Generationen von unbekannten Neckers – die meisten waren evangelische Pastoren – lebten, zeugten und starben in Brandenburg und Pommern. In einer brandenburgischen oder pommerschen Pastorenfamilie zur Welt zu kommen, war nicht gerade ein Schlüssel zu Ehre und Reichtum, aber bei einiger Begabung eröffnete es gewisse Möglichkeiten. Eine Überprüfung der klassenmäßigen Herkunft norddeutscher Intellektueller im achtzehnten Jahrhundert würde wahrscheinlich ein Vorherrschen von Pastoren und Pastorensöhnen ergeben. Die Laufbahn von Karl Friedrich Necker, dem Vater Jacques Neckers, spielte sich in einem durchaus vertrauten Rahmen ab: eine bescheidene Kindheit in Küstrin; Rechtsstudium; ein Glücksfall in Form einer Anstellung als Erzieher und Reisebegleiter des Grafen Bernstorff, Sohn des Kabinettschefs des Kurfürsten von Hannover; ein weiterer Glücksfall, als der Kurfürst unter dem Namen Georg I. den englischen Thron bestieg; ein ihm auf Parlamentsbeschluß zugesprochenes Jahresgehalt von 200 Pfund, das er als Leiter eines Pensionats für junge Engländer in Genf bezog; Berufung als Professor für öffentliches Recht an die Genfer Akademie – mit einem Wort: der Ruhm. An der Spitze des starren Genfer Klassensystems standen diejenigen, die durch Geburt im Genuß der vollen staatsbürgerlichen Rechte waren; dann kamen die „Bürger", deren Kinder die Aussicht hatten, als echte Genfer anerkannt zu werden. Um solche Bürgerrechte zu erwerben, mußte ein Ausländer bis zu 21 000 Gulden zahlen: Karl Friedrich Necker erhielt sie kostenfrei. Dieses Geschenk wurde ihm 1726 in Anerkennung seiner Verdienste als Professor gemacht, aber man darf wohl annehmen, daß seine im gleichen Jahr geschlossene Ehe mit Jeanne Gautier, der Tochter des Ersten Syndikus der Republik, mit dieser Auszeichnung in Zusammenhang stand. Charles Frédéric Necker, wie er sich nunmehr nannte, wurde zu einem anerkannten Mitglied der Genfer Elite.

Er hatte zwei Söhne, Louis und Jacques. Louis, der ältere, schien zunächst dazu bestimmt, eine glänzendere Rolle zu spielen als sein arbeitsamer Bruder. Als Student fühlte er sich eindeutig zu den Naturwissenschaften hingezogen; sobald er sein Diplom hatte, trat er in die Fußstapfen seines Vaters, wurde Hauslehrer bei einer Reihe von ausländischen Adeligen und bereiste mit ihnen Europa. Wieder in Genf, bewarb er sich um einen Lehrstuhl für Mathematik an der Akademie. Liebe half ihm, die Professur gewinnen — Liebe war daran schuld, daß er sie wieder verlor. „Alles, was ich wollte", schrieb er als Kommentar zu seiner Heirat, „war der Lehrstuhl, um den ich mich beworben hatte. Aber andere gaben mir zu verstehen, daß ich gut daran täte, mir eine Frau zu nehmen. Der Gedanke fand meine Billigung; Mademoiselle André gefiel mir, sie gefiel auch meinen Eltern, wir hielten um ihre Hand an; ich hatte das Glück, ihr Jawort zu bekommen . . . Die junge Dame ist hübsch, hat einen angenehmen Charakter und ein sehr nettes Vermögen."

Sie gefiel ihm noch mehrere Jahre lang, starb aber im Jahr 1759 und beraubte Louis Necker damit der legalen ehelichen Freuden. Pastor Vernes, ein Mann mit weltlichen Neigungen und ein Freund Voltaires, besaß einen Bruder, der vom Umgang der Geschlechter noch völlig veraltete moralische Begriffe hatte. 1760 suchte Louis sich über seine Witwenschaft mit der Frau dieses Pastorenbruders zu trösten, der Ehemann ertappte die beiden und entleerte mit evangelischem Eifer seine Pistole in den Mathematiker. Die Affäre wirbelte etlichen Staub auf: Louis mußte auf den Knien vor dem versammelten Konsistorium Buße tun und verlor seine Professorenstelle.

Mit der Schwägerin eines calvinistischen Pastors zu schlafen und von ihrem Gatten angeschossen zu werden, genügte, um einen Mann zu einem Helden und Märtyrer zu machen. Louis' unterbrochener Ehebruch trug ihm Unsterblichkeit ein. Voltaire, der die Vorgänge in Genf vom benachbarten Ferney aus schadenfroh beobachtete, erwähnte ihn lobend in seinen Briefen. Louis wurde zu seinem Bruder Jacques nach Paris geschickt und kam in der Hauptstadt demnach mit den besten Empfehlungen an; als ein Landsmann Rousseaus, ein Mann von großem Wissen und gefühlvollem Wesen, ein Opfer des Fanatismus, konnte er sicher sein, in philosophischen Kreisen einen geachteten Platz zu finden. Er folgte statt dessen dem Rat seines Bruders, ging nach Marseille und wurde bald darauf Millionär. Einige Jahre später erwarb Louis Necker den Besitz Germagny oder Germany in der Nähe von Lausanne, nannte sich stilvoll Monsieur de Germany, wurde Direktor des Bankhauses Germany & Girardot und sorgte dafür, daß sein Sohn in eine der vornehmsten Familien von Genf, die de Saussures, einheiratete.

Was war das Geheimnis dieses erstaunlichen Aufstiegs?

Man hat, sobald man sich mit den Geschäftsgebarungen im Frankreich des achtzehnten Jahrhunderts näher befaßt, den Eindruck, daß es damals ein Kinderspiel war, eine oder zwei Millionen zu verdienen – man brauchte sich eigentlich nur danach zu bücken. Die Finanzmoral war so weit von jeder Kleinlichkeit entfernt, daß selbst ein Mann mit äußerst strengen Grundsätzen innerhalb ihrer Grenzen völlig frei operieren konnte. Spekulationen waren dank einer Überfülle von Tips, durchsickernden Gerüchten, Indiskretionen und anderen Mitteln, dem Glück nachzuhelfen, so ungefährlich, daß sie kaum ihren Namen verdienten. Ein Staat, der chronisch am Rand des Bankrotts stand, und dazu eine entwaffnend korrupte Verwaltung schufen für jeden, der Kapital vorschießen oder Kredite verschaffen konnte, ein unendlich weites Betätigungsfeld. Die öffentlichen Finanzen lagen in Agonie, und die privaten wurden dabei fett und gesund. Obgleich zügellose Habsucht in allen Klassen verbreitet war, bestand immer noch, aus purer Trägheit, ein mittelalterliches Vorurteil dagegen, Geld als Ware zu betrachten: Zinsen zu verlangen, wurde, obwohl sich der Zinsfuß immer in bescheidenen Grenzen hielt, mit dem Kirchenbann bestraft, und das Ergebnis war, daß Frankreich kein eigenes Banksystem besaß. Das moderne französische Finanzwesen hat seinen Ursprung in den Pariser Filialen der protestantischen Bankhäuser. Die holländischen und Genfer Häuser waren dabei führend, und die Zeit bot Möglichkeiten, die jeden grünen Laufburschen in einer Genfer Bank zu einem potentiellen Rothschild machten.

Jacques Necker verließ die Schule mit fünfzehn Jahren und trat als Kommis in Isaac Vernets Bank ein. Er arbeitete zufriedenstellend; nach zwei Jahren wurde sein bescheidenes Gehalt verdoppelt und er in die Pariser Filiale der Bank versetzt. Achtzehn Jahre und eben in Paris angekommen – noch dazu im Paris Ludwigs XV. –, ein solches Zusammentreffen günstiger Umstände kann Anlaß zu manchen Versuchungen werden; aber Jacques Neckers Veranlagung bewahrte ihn davor, die besten Jahre seines Lebens an dergleichen Verlockungen zu vergeuden. Statt dessen widmete er sich ausschließlich der Aufgabe, sich Monsieur Vernet unentbehrlich zu machen. Ob es für ihn ein Opfer bedeutete, ungewöhnlich hingebungsvoll mit Krediten und Wertpapieren zu manipulieren, darüber kann man nur Vermutungen anstellen. In späteren Jahren, als er zu Ruhm und Ehren gekommen war, blickte er mit gelangweilter Verachtung auf die niedrigen Tätigkeiten im Bankhaus herab; immerhin hat er sich ein Vierteljahrhundert lang der Disziplin des reinen Geldverdienens unterworfen.

Die Friedensverhandlungen in den Jahren 1762 bis 1763, die den Siebenjährigen Krieg beendeten, gaben Necker Gelegenheit, den Grundstein zu seinem Vermögen zu legen. Man sieht nicht ganz klar, auf welche geheimnisvolle Weise Necker durch klugen Ankauf und Verkauf von französischen und englischen Schatzscheinen zu seinen ersten Millionen kam; feststeht, daß sein Partner bei dieser Operation, ein hoher Beamter im französischen Außenministerium, der ihn mit den zur erfolgreichen Durchführung der Spekulation nötigen politischen Nachrichten versorgt hatte, nachher in ganz Paris das Gerücht verbreitete, Necker habe ihn hintergangen und den gesamten Profit eingesteckt – eine Kleinigkeit von 1 800 000 Francs. Es wäre jedoch ein Fehler, die Geschäftsmoral des zwanzigsten Jahrhunderts zur Richtschnur für die Praktiken des achtzehnten zu machen. Spätere Historiker sind sich darüber einig, daß Ehrlichkeit Neckers hervorragendste Tugend war – was immer er sonst an guten Eigenschaften vermissen ließ. Einmal im Strom mitschwimmend, trieb Necker rasch von Million zu Million. Der zur Hungersnot führende Weizenmangel im Jahre 1764 und die Liquidierung französischer Besitzungen in Kanada waren goldene Gelegenheiten in dieser besten aller möglichen Welten. Gegen die letztere Transaktion, die einen Profit von 30 Prozent für ihn abgeworfen haben soll, erhoben sich etliche kritische Stimmen, aber auch der entschiedenste Gegner mußte zugeben, daß man die Operation nicht gerade einen Schwindel nennen konnte.

Isaac Vernet hatte sich 1762 zurückgezogen; sein Neffe und Nachfolger, Thélusson, beteiligte Necker mit 25 Prozent an der Firma; drei Jahre später wurde Necker alleiniger Direktor der Bank, während Thélusson die Londoner Filiale der Bank übernahm. Zweiunddreißig Jahre war er jetzt alt. Er konnte mit einiger Befriedigung auf seine Leistungen zurückblicken, aber seinem Ehrgeiz genügten sie nicht; auch strebte er nicht, wie es einem geringeren Mann wohl in den Sinn gekommen wäre, nach einer bloßen Verdoppelung oder Verdreifachung seines Vermögens. Ihn verlangte nach Ruhm. Finanzielle Macht war ein unerläßliches Mittel dazu, aber sie allein genügte nicht – zumindest nicht im Frankreich der Jahre um 1760. Wollte er seinem Genie ein weiteres und edleres Betätigungsfeld verschaffen, so mußte er sich zwei Kräfte dienstbar machen – die Gesellschaft und die öffentliche Meinung. Beide wurden von Frauen beherrscht. Wie sein Bruder

Louis sah auch Jacques Necker ein, daß „er gut daran täte, sich eine Frau zu nehmen".

Necker hatte sich zwar eine geachtete Position verschafft, war aber außerhalb von Bankkreisen, Finanzministerium und der Schweizer Kolonie in Paris wenig bekannt. Der Mann, der Frankreich später in seiner schicksalhaftesten Krise regierte, war noch ein unauffälliger Millionär, der bescheiden lebte und einfache Kleider trug, keine Mätresse hielt, keine Bücher schrieb, niemals in einem tonangebenden Salon gesehen wurde und hauptsächlich mit Genfer Landsleuten verkehrte – gesellschaftlich eine Null. Sein Genie, das von Philosophen, Literaten und Journalisten noch nicht entdeckt worden war, begann ihm gerade erst selbst bewußt zu werden. Der Verdacht liegt nahe, daß das folgende Porträt, von seiner Frau kurz nach ihrer Hochzeit entworfen, nur teilweise als Scherz gemeint war:

. . . Man stelle sich den humorlosesten Menschen auf der ganzen Welt vor, so durchdrungen von seiner eigenen Überlegenheit, daß er die meine nicht einmal bemerkt; so überzeugt von seinem eigenen Scharfblick, daß man ihm dauernd mit Schmeicheleien kommen kann; so sicher, jedes Talent in höchster Vollendung zu besitzen, daß er sich an keiner anderen Stelle nach Belehrung umsieht; niemals über die Niedrigkeit der anderen erstaunt, weil er immer in seiner eigenen Größe befangen ist; sich stets mit seiner Umgebung vergleichend, um mit Vergnügen festzustellen, daß kein Vergleich möglich ist; begabte Leute mit ungebildeten verwechselnd, weil er glaubt, alle Geschöpfe unter ihm stünden auf dem gleichen Niveau; für Dummköpfe auch deshalb eine besondere Vorliebe hegend, weil der Gegensatz zu seinem eigenen herrlichen Genie besser hervortritt; und zu all dem so launenhaft wie eine hübsche Frau . . .

Eitelkeit war Neckers größter Fehler. Nirgends ist er unbarmherziger porträtiert als in der Büste Houdons, die am Höhepunkt seiner Laufbahn entstand: der hochmütige Winkel der Nase, die halbgeschlossenen Augen, deren Blick über den Kopf eines imaginären Gesprächspartners hinwegzugleiten und sich in ein tiefgründiges Problem irgendwo mitten in der Luft zu vertiefen scheint, und das ironisch-selbstgefällige Lächeln, das die Lippen fast zu einem Grinsen verzieht. Alles in allem eine leicht groteske Erscheinung: ein enormes Kinn, eine Stirn, die in einem fünfundvierziggradigen Winkel zurückflieht, und eine pyramidale Haartracht, die das Erstaunen seiner jüngeren Zeitgenossen erregte. Ein Gespräch bestritt er zum größten Teil mit tiefsinnigem und geistesabwesendem Schweigen; seine Schriften verraten einen

Mangel an Bildung und eine gewisse Schwerfälligkeit des Ausdrucks, die man zu Unrecht seinem heimatlichen Genfer Idiom zur Last legte. Aber Neckers Karriere erreichte in einer Zeit ihren Höhepunkt, die geistreicher Schlagfertigkeit müde geworden war und sie als eine geradezu alltägliche Eigenschaft ansah, während man im Gegenteil begann, Langsamkeit und Schwerfälligkeit des Ausdrucks für Zeichen eines besonnenen, tiefschürfenden Geistes zu halten. Daher der Ruf, den die Engländer genossen. Mangel an Bildung konnte ein Vorzug sein, besonders bei einem Mann, der in der Lage war, über wirtschaftliche Fragen aus seiner eigenen praktischen Erfahrung als Geldverdiener zu sprechen. Und waren das Benehmen und die Frisur eines Mannes ausgefallen, so bewies das nur, daß er sich von künstlichem Konformismus freihielt. Da er jedoch in einer Zeit lebte, in der das Schweigen des Genies im Feuerwerk virtuoser Konversation leicht hätte untergehen können, war es unerläßlich, daß jemand anderer mit weniger Zurückhaltung auf seine Qualitäten aufmerksam machte.

Vielleicht gab Necker diesen Überlegungen einigen Raum, als er sich im Sommer 1764 die ungewohnte Rolle eines Liebhabers zuteilte. Das erste Ziel seiner zarten Aufmerksamkeiten war eine junge protestantische Dame, die schöne Germaine de Vermenoux. Madame de Vermenoux war die Witwe eines Schweizer Offiziers, eine angeheiratete Verwandte von Neckers Partner Thélusson, und sie besaß Geist, Charme, Geld und gesellschaftliche Beziehungen. Necker versuchte jedoch vergeblich, ihr Herz zu erobern. Madame de Vermenoux trug kein Verlangen, ihre Unabhängigkeit zu opfern, und schon gar nicht einem Mann wie Necker, der sie zum Gähnen reizte. So geschah es, daß sie häufig unter irgendeinem Vorwand verschwand und Necker mit der Erzieherin ihres kleinen Sohnes, Suzanne Curchod, einem Schweizer Mädchen von siebenundzwanzig Jahren, allein ließ.

Es gibt keinen Bericht über die Gespräche, die Monsieur Necker und Mademoiselle Curchod in ihrer Zweisamkeit führten. Zweifellos bewegten sie sich immer auf einer keuschen und erhabenen Ebene. Necker fühlte vor und erklärte dann, daß sein Glück von Suzanne abhinge. Im Dezember wurden sie getraut, und erst nach der Zeremonie berichteten sie Madame de Vermenoux die große Neuigkeit. Madame de Vermenoux hatte einen Verehrer und eine Gouvernante verloren, aber sie war darüber nicht untröstlich. „Sie werden einander zu Tode langweilen“, erklärte sie kurz und bündig, „aber das wird sie wenigstens beschäftigen.“

„Als Gott Madame Necker fertig geschaffen hatte, versteifte er sie noch innen und außen mit Stärke." Diese Äußerung einer Zeitgenossin mußten die größten Bewunderer Madame Neckers bis zu einem gewissen Grad gelten lassen. Man könnte sagen, daß Suzanne Necker aus ihrer Tugend für andere eine Notwendigkeit machte. Es wäre jedoch völlig falsch, in ihrer kalten und gezierten Steifheit den Beweis zu sehen, daß es ihrer Seele an Leidenschaftlichkeit mangelte. Von ihrer idyllischen Mädchenzeit in den Jura-Bergen bis zu ihrer absonderlichen Bestattung an den Ufern des Genfer Sees lebte sie in einem Dauerzustand unterdrückter Hochspannung der Gefühle. Madame de Staël, die ihre Mutter in der Tiefe ihres Herzens haßte, schlug ihr in diesen und anderen Dingen nach.

Suzanne Curchod wurde 1737 in der Pfarre von Crassier geboren, einem Dorf in der hügeligen Gegend am Fuß des Jura, im heutigen Kanton Waadt. Wie Necker stammte sie aus einer Familie von Pastoren, behauptete jedoch, adeliger Herkunft zu sein. Ihre Vorfahren waren französische Hugenotten; es gab zweifellos verwandtschaftliche Bande zwischen ihrer Familie und dem niedrigen Adel. Aber sogar auf dem Höhepunkt ihrer Macht, als der Hof von Versailles ihr flattierte, hatten ihre hartnäckigen Bemühungen, ihren Adel rechtlich anerkannt zu sehen, keinen Erfolg. Adelig oder nicht, jedenfalls war die Curchod-Familie arm. Suzanne wuchs zu Hause auf. Ihr Vater, der etwas exzentrisch gewesen sein muß, gab ihr eine Erziehung, die eines Leonardo da Vinci würdig gewesen wäre. Mit sechzehn Jahren sprach Suzanne fließend Lateinisch, konnte etwas Griechisch, war in Mathematik und Naturwissenschaften wohl unterrichtet, spielte Cembalo und Geige und malte. Außerdem war sie eine Schönheit und sich dieser Tatsache wohl bewußt.

Naturgemäß wurde die Pfarre von Crassier zu einem beliebten Treffpunkt für junge Diener der Kirche. Vor dem Vater übten sie sich in Predigten, vor der Tochter in Komplimenten. Die an sie gerichteten Gedichte erwecken den Verdacht, daß sogar damals schon Suzanne zwar sehr empfänglich für kühne Anspielungen war, aber nicht daran dachte, selbst mitzuspielen. Ein Verehrer würdigt begeistert Augen, Busen, Züge und Teint — was alles ihm „noch andere Reize ankündigt" —, beschließt aber seine Strophen mit den Zeilen:

Doch ist Euer ständig Mahnen
zur Moral für mich ein Fluch
Und verdirbt mein freudig Planen ...

eine Klage, die ihre Bewunderer vierzig Jahre lang immer von neuem anstimmten.

Die Aufmerksamkeiten verliebter Presbyterianer mochten schmeichelhaft sein, Suzanne jedoch betrachtete sie nur als Proben für den Auftritt auf einer größeren Bühne.

„Sie saßen auf einem Sessel", erinnerte sich einer von ihnen, „Sie beugten sich mit herablassender Miene vor, man sah Ihnen deutlich an, daß Sie wenig von dem Gespräch hielten und selbst an etwas viel Interessanteres dachten." Etwas viel Interessanteres trat 1757 in Erscheinung, als sie zwanzig war.

Suzanne machte damals häufig Ausflüge nach Lausanne. Es war nicht nur die nächstgelegene Stadt, es verfügte auch über eine einzigartige Mischung von Attraktionen, nicht nur für die Töchter von Landpfarrern, sondern für eine kosmopolitische Elite, die es zu ihrem Lieblingstreffpunkt erkoren hatte. Hoch oben auf seinen Hügeln über der ruhig strahlenden Fläche des Genfer Sees, umgeben von Weingärten, mit dem Blick auf die schneebedeckten Gipfel Savoyens, verband Lausanne weltläufige Haltung mit der Gastfreundlichkeit einer Kleinstadt. Seine achttausend Einwohner wurden mit strenger, aber väterlicher Hand von dem Landvogt regiert, der Ihre Exzellenzen, die Ratsherren der Republik Bern, vertrat; unter seinem wachsamen Auge stand es jedermann frei, der liberalsten Meinung Ausdruck zu geben, sofern er es sich nicht einfallen ließ, danach zu handeln. Obwohl es Genf als den Urquell protestantischer Theologie in den Schatten gestellt hatte, besaß Lausanne doch nicht die beengende Rigorosität der Stadt Calvins. Die Lausanner Gesellschaft, die hauptsächlich aus dem hohen und niederen Adel von Waadt bestand, hatte eine ganz eigene lässige Art, eine leicht spöttische Verspieltheit und schneidige Eleganz, die ihr einen besonderen Charakter und Stil verlieh.

Im gesellschaftlichen Leben Lausannes fiel unter anderem die Freiheit und Einfachheit der Beziehungen zwischen jungen Leuten beiderlei Geschlechts auf. Sie schlossen sich zu Vereinen mit so poetischen Namen wie „Akademie der Gewässer" oder „Gesellschaft des Frühlings" zusammen, wo sich die Jugend ohne Anstandsdame traf, um sich mit Tanz, Flirt und der Diskussion interessanter Themen zu vergnügen: „Macht das Geheimnis der Liebe sie uns wirklich süßer?" „Kann es zwischen einem Mann und einer Frau die gleiche Art von Freundschaft geben wie zwischen zwei Männern oder zwei Frauen?" „Welches ist das köstlichste aller Vergnügen?". Lauter unschuldiger Zeitvertreib, kann man sich denken – und wird im großen und ganzen damit recht behalten. Und doch haben Leute, die um diese Zeit in Lausanne aufwuchsen, in ihren Kindheitserinnerungen von einer verblüffenden Laxheit in sexuellen Dingen berichtet. Suzannes Keuschheit ist über allen Zweifel erhaben, über der „Akademie der Gewässer" aber schwebte eine gewisse erotische Zweideutigkeit.

Suzanne Curchod verkehrte nicht nur in dieser Akademie, sie führte dort auch unter dem Namen Thémire den Vorsitz. Gewiß hat sie sich während dieser Periode in der steifen und preziösen Künstlichkeit vervollkommnet, die ihre Gespräche und ihre Briefe seither widerspiegeln; aber sie hatte noch nicht die Heiterkeit verloren, die diese Eigenschaften erträglich oder gar anziehend machte. Und doch war sie mit zwanzig noch immer nicht verheiratet. Es lag sicher nicht an einem Mangel an Verehrern, obwohl sie kein Geld hatte: Aber Suzanne wollte hoch hinaus. Im Juni 1757 begegnete sie endlich einem jungen Mann, der ihrer würdig schien. „Er hat nette Haare", beschrieb sie ihn, „hübsche Hände und sieht aus wie ein Mann aus guter Familie. Sein Ausdruck ist höchst ungewöhnlich und intelligent, und ich wüßte niemand, der mit ihm vergleichbar ist ... Die Mannigfaltigkeit seiner Kenntnisse ist phantastisch."

Der junge Mann, von dem das behauptet wurde, war in Lausanne als Edouard de Guibon bekannt; so beliebte er sich zu unterzeichnen, aber sein Name ist uns in einer anderen Schreibweise vertrauter: als der des Autors von *Decline and Fall of the Roman Empire*. Es war tatsächlich nicht leicht, jemandem zu begegnen, der ihm auch nur einigermaßen vergleichbar schien.

Der junge Gibbon, gleichaltrig mit Suzanne, hatte eine Eskapade in den Katholizismus unternommen und war 1753 nach Lausanne geschickt worden. Zwei Jahre später konnte er seiner Tante berichten: „Dear Madam, ich habe Euch endlich große Neuigkeiten zu vermelden; ich bin jetzt ein guter Protestant und sehr froh darüber"; tatsächlich aber hatte er sich mit Erfolg von allen religiösen Bindungen befreit und teilte seine Zeit zwischen unglaublich ausgedehnten Studien und gesellschaftlichen Vergnügungen auf. Französisch war ihm zur zweiten Muttersprache geworden, und Lausanne hatte sein Herz gewonnen: Er verbrachte dort einen großen Teil seines Lebens.

Gibbon hatte sehr viel von Suzanne gehört, ehe er mit ihr zusammentraf. „Der Geist, die Schönheit und die Gelehrsamkeit der Mademoiselle Curchod waren der Gegenstand allgemeinen Beifalls", erinnert er sich in seinen Memoiren. „Meine Neugierde wurde von Berichten über solch ein Wunder erweckt; ich sah und liebte." In seinem Tagebuch, unter dem Datum Juni 1757, verzeichnete er: „Ich sah Mademoiselle Curchod, *omnia vincit amor et nos cedamus amori.*" Er nahm sich die Freiheit, „ihres Vaters Haus zwei- oder dreimal zu besuchen", und er „verbrachte einige glückliche Tage dort, in den burgundischen Bergen, während ihre Eltern die Beziehung ehrbar förderten".

Körperlich konnte zwar niemand schlechter zu einer romantischen Rolle passen als Edward Gibbon, aber mit zwanzig sah er noch nicht grotesk aus. Eine Miniatur, die in diesem Alter von ihm gemalt wurde, zeigt allerdings eine jüngere Ausgabe des Babygesichtes mit dem dreifachen Kinn und den Hängebacken, das Sir Joshua Reynolds zweiundzwanzig Jahre später unsterblich machte; aber die Nase ist deutlich erkennbar, und seine phänomenalen Wangen haben noch nicht die Rundlichkeit späterer Jahre erreicht. Auch hatte er sich noch nicht den legendären Körperumfang zugelegt, der ihn einmal, als er anbetend vor einer Dame auf die Knie gefallen war, daran hinderte, wieder aufzustehen, so daß ein Diener zu Hilfe gerufen werden mußte. Aber auch mit zwanzig waren seine dicken Backen, der kleine runde Mund und die Säcke unter den Augen nicht dazu angetan, leidenschaftliche Liebe zu erwecken. Für Suzanne Curchod machte das kaum etwas aus; Liebe war für sie eine rein intellektuelle Tätigkeit. Gibbons angenehme Manieren, sein lebhafter Geist, die brillante Konversationsgabe und sein ungewöhnlicher Verstand, zusammen mit den Vorzügen seiner Geburt, machten ihn zu einem durchaus würdigen Partner des Präsidenten der „Akademie der Gewässer" und ließen voraussehen, daß er eine glänzende Karriere machen würde, was immer er sich auch zum Feld seiner Tätigkeit erkor.

Natürlich konnte es nicht zu einer feierlichen Verlobung kommen ohne die Zustimmung von Gibbons Vater; Gibbon unterließ es jedoch, ihn von seinen Heiratsplänen zu unterrichten. Im April 1758 beorderte Gibbon père seinen Sohn zurück nach England. Das Thema Mademoiselle Curchod wurde vermutlich erst im August vom Sohn angeschnitten. Am 24. August schrieb Gibbon Suzanne den Brief, dem in den Annalen männlichen Dünkels ein berühmter Platz zukommt: „Ich kann nicht beginnen: und doch muß ich es. Ich nehme die Feder zur Hand, ich lege sie wieder hin, ich nehme sie wieder auf. Sie merken schon, was ich zu sagen im Begriffe bin. Ersparen Sie mir den Rest." Er aber erspart ihr den Rest nicht, sondern fährt mehrere Seiten lang fort, das Messer in der Wunde umzudrehen. Sein Vater hatte ihm klargemacht, daß es ihm mit seinem Einkommen von 300 Pfund im Jahr freistand, „seine Ausländerin" zu heiraten, daß er damit aber seinen Vater vorzeitig ins Grab bringen und seine Pflichten als Engländer mit Füßen treten würde. „Ich zog mich in mein Zimmer zurück, blieb zwei Stunden dort ... ich verließ es, um meinem Vater zu sagen, daß ich ihm alles Glück meines Lebens opfern würde[1]."

In einem seiner autobiographischen Fragmente gedenkt Gibbon dieser Entscheidung mit folgenden wohlbekannten Worten: „Die romantischen Hoffnungen der Jugend und der Liebe wurden vernichtet ... durch das Vorurteil oder die Vorsicht eines englischen Vaters. Ich seufzte als Liebender, ich gehorchte als Sohn." Seine Studien, verzeichnete er an anderer Stelle, wurden manchmal durch einen Seufzer unterbrochen, den er gen Lausanne sandte, aber „die Freuden des Stadtlebens, die tägliche Runde von der Schenke zum Theater, vom Theater zum Kaffeehaus, vom Kaffeehaus zum Bagnio" waren ihm ein rechter Trost. Was den Gleichmut betrifft, mit dem Gibbon Verluste hinnahm, so äußert er sich darüber mit gewinnender Offenheit. „Einige natürliche Tränen wurden rasch wieder fortgewischt", war sein Kommentar zum Tod seiner Mutter, und als sein Vater das Zeitliche segnete: „Die Tränen eines Sohnes sind selten von langer Dauer." Und nochmals in bezug auf Suzanne Curchod: „Abwesenheit und Zeit übten schließlich ihre heilende Wirkung aus."

Zwei gegensätzlichere Temperamente als das von Gibbon und von Suzanne Curchod sind schwer vorstellbar. „Ich bin mit einem heiteren Naturell, einer gemäßigten Empfindsamkeit und einer natürlichen Neigung zur Gemütsruhe begabt", schrieb Gibbon geben Ende seines Lebens. Niemand hatte eine weniger gemäßigte Empfindsamkeit als Suzanne Curchod, noch eine geringere Neigung zur Ruhe des Gemüts. Ihre Antwort auf Gibbons ungewöhnlichen Brief beläuft sich auf achthundert Worte und fast keine Satzzeichen; es ist ein verzweifeltes, chaotisches, ergreifendes Dokument. Trotzdem mischt sich in die echten Töne einer halb wahnsinnigen Seele auch ein wenig Berechnung: „... nun möchte ich doch hin und wieder Nachrichten von Ihnen erhalten, interessehalber – vor allem aber bitte ich Sie um rasche Antwort auf diesen Brief, Sie finden eine Adresse im Umschlag, die Post in Genf wird mich vielleicht weniger lang schmachten lassen" – und so entwickelte sich wirklich eine Korrespondenz von kurzer Dauer, die sie vielleicht mit einiger Berechtigung hoffen ließ, Gibbons Entschluß sei kein endgültiger gewesen.

1 Verzeichnis der Anmerkungen auf Seite 465.

Gibbon kehrte am 25. Mai 1763 nach Lausanne zurück, nahezu sechs Jahre später also, und stürzte sich sogleich in einen Wirbel verschiedenster Tätigkeiten – Tanzunterhaltungen, Kartenspiele, Theateraufführungen, Hofieren einer verheirateten Dame, die in seinem Tagebuch „die kleine Frau“ genannt wird, ausgelassene Gesellschaften mit englischen Landsleuten, und – man fragt sich, wann – seine üblichen Studien und Lektüren. Er war knapp eine Woche in Lausanne, als ihn ein Brief Suzannes erreichte:

„Monsieur,

ich erröte über mein Unterfangen, ich würde es gerne vor Ihnen verbergen, ich würde es gerne vor mir selbst verbergen. Ist es denn möglich, großer Gott, daß ein unschuldiges Herz sich derart erniedrigt? ... Was hilft's – es reißt mich gegen meinen Willen fort. Ich bin meiner Herzensruhe diesen Versuch schuldig; wenn ich die Gelegenheit nicht ergreife, die sich mir bietet, wird es für mich keinen Frieden mehr geben. Könnte ich mich dieses Friedens freuen, wenn mein Herz, das so erfinderisch ist an selbstquälerischen Gedanken, sich davon überzeugen würde, daß Ihre scheinbare Kälte nur ein Beweis Ihres Zartgefühls ist? ... Ich flehe Sie auf den Knien an, erlösen Sie mein verrücktes Herz von seinen Zweifeln. Unterzeichnen Sie das vollständige Einbekenntnis Ihrer Gleichgültigkeit, und meine Seele wird sich mit ihrem Schicksal abfinden. Gewißheit wird mir die Ruhe wiedergeben, nach der ich mich sehne. Sie wären der verächtlichste aller Männer, würden Sie diesen Akt der Freimütigkeit verweigern, und der Gott, der in mein Herz blicken kann und mich zweifellos liebt, obwohl er mich den schmerzlichsten Prüfungen unterwirft – dieser Gott, sage ich, wird Sie trotz meiner Gebete strafen, sollte Ihre Antwort die mindeste Verstellung enthalten oder Ihr Schweigen mit meinem Frieden spielen.

Wenn Sie jemals das Geheimnis meiner unwürdigen Bitte irgend jemandem verraten, und sei es Ihrem besten Freund, wird der Schrecken meiner Strafe das Maß für meinen Fehler sein; ich werde mich eines entsetzlichen Verbrechens für schuldig halten, dessen Abscheulichkeit mir nicht bewußt war. Schon jetzt beginne ich zu fühlen, daß ich eine niedrige Handlung begehe, die meine Sittsamkeit, mein früheres Verhalten und meine gegenwärtigen Gefühle beleidigt.

Genf, am 30. Mai“

Suzannes Brief könnte sehr gut in einem Roman ihrer Tochter stehen.

Gibbon gab ihr die Seelenruhe wieder. Seine Antwort ist verlorengegangen, aber ihr Inhalt läßt sich aus Suzannes zweitem Schreiben vom 4. Juni erraten und aus einer Bemerkung, die er in späteren Jahren machte: „Eine eheliche Bindung war für mich immer eher ein Schrecken denn ein Wunschtraum." Er bot Suzanne immerhin seine Freundschaft an, und sie ging darauf ein.

Erst in diesem zweiten Brief vom 4. Juni erwähnte Suzanne Gibbon gegenüber den Tod ihrer Eltern. Ohne Zweifel war er schon von anderen davon unterrichtet worden, und er muß auch gewußt haben, unter welchen Schwierigkeiten sie sich ihren Lebensunterhalt verdiente. Nach dem Tode ihres Vaters im Jahr 1760 war sie mit ihrer Mutter nach Genf gezogen, gab Kindern Privatstunden und erhielt sich damit; nach den damals herrschenden Ansichten war das für ein gut aussehendes junges Mädchen aus guter Familie ein heroisches Verhalten. Daß sie arbeiten mußte, um zu leben, wurde eher als ein Mißgeschick denn als eine Schande angesehen; sie wurde in den besten Häusern empfangen und war vielbegehrt; immer noch würde sie ohne Schwierigkeiten einen Mann gefunden haben. Suzanne aber hielt ihre Verehrer alle hin, sie wartete immer noch auf etwas Besseres, vielleicht immer noch auf Gibbons Rückkehr, und ihrer wachsenden Bitterkeit und Enttäuschung machte sie ihrer kranken Mutter gegenüber Luft; das häusliche Leben dieser beiden Frauen dürfte ein wahres Inferno gewesen sein. Im Jahre 1763, vier Monate, ehe Gibbon nach Lausanne zurückkam, starb Madame Curchod und ließ Suzanne ohne einen Pfennig zurück, einem Sturm von Selbstvorwürfen ausgesetzt, der ihren Charakter für ihr Leben zeichnete.

Suzanne war einem Nervenzusammenbruch nahe, als einer der früheren Studenten der Gottesgelehrsamkeit, der in Crassier von der göttlichen Suzanne sehr beeindruckt gewesen war, zu Hilfe kam. Es war Pastor Moultou aus Genf; sie unterrichtete seine Kinder, und er nahm sie in sein Haus, als ihre Mutter starb. Moultou wurde zu ihrem vertrauten Freund und Beschützer. Er war zufällig auch gut bekannt mit Voltaire (er pflegte Suzanne jeden Samstag zum Besuch bei dem Patriarchen von Ferney mitzunehmen), und er war einer der wenigen intimen Freunde von Rousseau: alles in allem ein Pastor mit liberalen Neigungen, mehr Philosoph als Geistlicher. Es traf sich, daß Moultou sich zu Rousseau nach Môtiers, in der Nähe von Neuchâtel, begab und Rousseau ihm dort einen Brief zeigte, in dem ihm angekündigt wurde, ein junger Engländer namens Gibbon würde ihn möglicherweise aufsuchen. Moultou erzählte Rousseau die traurige Geschichte Suzannes und bat ihn, sich bei Gibbon für sie zu verwenden, was Rousseau auch zu tun versprach. Am 31. Mai kehrte Moultou nach Genf zurück. Am 4. Juni schrieb Suzanne an Gibbon: sie willigte in die Freundschaft, die er ihr anbot, war damit einverstanden, daß „diese alte Geschichte nicht mehr erwähnt werden sollte", und schloß, indem sie Gibbon eine persönliche Einführung bei Rousseau antrug.

Vielleicht roch Gibbon den Braten, er begab sich jedenfalls nicht nach Môtiers. Selbst wenn er hingefahren wäre, hätte es Suzanne wenig genützt, denn an dem gleichen Tag, an dem sie an Gibbon schrieb, schrieb Rousseau an Moultou: „Monsieur Gibbon ist nicht mein Fall. Mademoiselle Curchod's ist er gewiß auch nicht, zumindest kann ich es nicht glauben. Ein Mann, der ihren Wert nicht begreift, ist ihrer nicht wert; aber ein Mann, der imstande war, ihn zu begreifen, und sich dann von ihr lossagte, ist verächtlich. Sie weiß nicht, was sie sich wünscht; dieser Mann dient ihren Interessen besser als ihr eigenes Herz[2]."

Rousseaus Urteil, sofern Moultou es ihr zeigte, hatte keine Wirkung auf Suzanne. Genausowenig wie Gibbons Antwort vom 23. Juni: „Mademoiselle, müssen Sie mir auch jetzt noch ein Glück anbieten, das die Vernunft mich abzulehnen zwingt? Ich habe Ihre Liebe verloren; Ihre Freundschaft bleibt mir, ich zögere nicht, eine solche Ehre anzunehmen ... Aber dieser Briefwechsel, Mademoiselle – ich schätze all seine angenehmen Seiten, aber gleichzeitig fühle ich all seine Gefahr ... Gestatten Sie mir, ihr durch Schweigen aus dem Weg zu gehen." Gibbon zufolge sollte dieser Brief wohl der letzte sein, der zwischen ihm und Suzanne gewechselt wurde; das Schicksal und Suzanne jedoch beschlossen es anders.

Am Abend des 4. oder 5. August waren weit über hundert Gäste in Voltaires Privattheater in Ferney versammelt, um den neunundsechzig Jahre alten Weisen die Rolle des Dschingis Khan in seinem *Orphelin de la Chine* spielen zu sehen. Zufällig waren beide, Gibbon und Suzanne, unter den Zuschauern. Der Vorhang fiel um halb zwölf. Dann, sagt Gibbon, „wurde die ganze Gesellschaft gebeten, noch zu bleiben, und setzte sich gegen zwölf Uhr zu einem sehr eleganten Souper mit hundert Gedecken. Das Souper war um zwei zu Ende; die Gesellschaft tanzte noch bis vier, dann brachen wir auf, stiegen in unsere Wagen und kamen nach Genf, als gerade die Tore geöffnet wurden." Zum erstenmal, seit er sie im Jahre 1758 verlassen hatte, war Gibbon wieder mit Suzanne zusammengetroffen. Was sich zwischen ihnen abspielte (beim Souper? beim Tanz?), können wir aus einem Brief schließen, den Suzanne ihm am 21. September schrieb, nachdem sie ihre

Wut sechs Wochen lang hatte schwären lassen. „Ich war so eingeschüchtert und zerschlagen in Ferney durch die falsche Heiterkeit, die Sie dauernd zur Schau trugen, und durch Ihre barschen Antworten, daß meine zitternden Lippen mir den Dienst versagten." Mit munterer Gleichgültigkeit hatte er sie beschuldigt, doppeltes Spiel zu treiben, mit anderen Männern zu flirten, während sie ihm herzzerbrechende Briefe schrieb. „Sie sagten, wenn auch in anderen Worten, daß Sie für mich erröteten – und der Rolle wegen, die ich spielte ... Gestatten Sie mir, Ihnen mein Verhalten rückblickend zu schildern." Das tut Suzanne auch mehrere Seiten lang, in abwechselnd bitteren, ergreifenden und sarkastischen Worten. Sie endet, indem sie Gott dankt, daß er sie davor bewahrte, ein solches Ungeheuer zu heiraten:

„Ja, ich beginne zu glauben, daß Sie mein Dasein als störend empfunden hätten; möglicherweise wäre es mit Ihrem ehrgeizigen Streben nach Reichtum oder Ruhm in Konflikt geraten, und Ihr schlecht verhehltes Bedauern würde mich in Verzweiflung gestürzt und schließlich ins Grab gebracht haben. Soll ich erröten, weil ich Ihnen geschrieben habe, Sie hartherziger Mann, den ich einst für so zart besaitet hielt? ... Mein Verhalten, sagen Sie, widerspricht meinen Worten. Und inwiefern, bitte? Ich handelte Ihnen gegenüber so, wie man jedem Gentleman gegenüber handeln würde – einem Mann, der unfähig ist zum Bruch eines Versprechens, zu einer Verführung oder einem Verrat –, Ihnen hingegen hat es Vergnügen bereitet, mein Herz in Stücke zu reißen, mittels ganz reizend ersonnener und höchst bewundernswert durchgeführter Torturen. Ich werde Ihnen deshalb nicht mehr mit einer Strafe des Himmels drohen – ein Ausdruck, der mir einmal in einer augenblicklichen Anwandlung entschlüpfte –, aber ich kann Sie jetzt schon versichern, ohne über eine besonders prophetische Gabe zu verfügen, daß Sie eines Tages Ihren unersetzlichen Verlust bedauern werden, wenn Sie jetzt für immer verwerfen

das allzu liebevolle und allzu offene Herz
von S. C."

Der weiblichen Selbstgerechtigkeit setzte Gibbon die männliche entgegen:

„Ich erhielt einen höchst unerwarteten Brief (schrieb er in sein Tagebuch am 22. September). Er kommt von Mademoiselle C. Eine gefährliche und unaufrichtige Frau: Wie unschuldig gibt sie sich doch in ihrem Brief, welch ehrliche und zärtliche Gefühle stellt sie zur Schau – ich verspürte ein gewisses Bedauern, ja fast Reue ... Sie hat sich in Lausanne vergnügt, ohne irgendwelche Bindungen einzugehen. Gut und schön. Aber diese Vergnügungen sind doch ein Beweis für eine höchst abscheuliche Verstellungskunst, und während Treulosigkeit zuzeiten bloß Schwäche sein kann, ist Doppelzüngigkeit immer ein Laster. Im Juli 1758 schrieb sie mir von Crassier aus jenen seltsamen Brief voll Liebe und Verzweiflung, die Augen voller Tränen, die Gesundheit von Kummer geschwächt. Im gleichen Monat Juli war sie in Lausanne, blühend vor Gesundheit und Charme ... machte alle Vergnügungen mit, gründete Akademien, verteilte Preise, verfaßte literarische Werke und trieb mit der Liebe Scherz, sofern sie nicht damit Ernst machte ... Diese absonderliche Affäre ist mir in jeder Hinsicht sehr von Nutzen gewesen. Sie hat mir die Augen über den Charakter der Frauen geöffnet, und sie wird für lange Zeit ein Schutzmittel gegen die Verführungskünste der Liebe sein."

Gibbon kehrte zu seinen Studien und Vergnügungen zurück, aber Mitte Februar 1764 wurde seine Ruhe durch die Ankunft von Mademoiselle Curchod in Lausanne gestört. Sie blieb bis zum 5. April, und Gibbon traf sie fast täglich – bei Soupers, Gesellschaften, Theateraufführungen, ja sogar im Tête-à-tête. Wie er in seinem Tagebuch vermerkte, „gab sie sich hemmungslos der Vergnügungssucht hin". Sie unterhielten sich „so frei wie zufällige Bekannte"; sie „scherzten ganz ungezwungen über (ihre) frühere Gefühle"; zeitweise aber bemächtigte sich ihrer eine verwirrende Unruhe: „Von ihr aus ist es immer die reine Liebe der Engel, aber meine Sinne waren erregt, und auch die ihren schliefen nicht völlig." Bei einer Aufführung von Voltaires *Zaïre* beobachtete Gibbon, wie sie ostentativ schluchzte; „als sie jedoch das Taschentuch lüftete, war darunter nur ein frisches, rosiges Gesicht zu sehen, ohne die leiseste Spur von Tränen ... Wie doch dieses Mädchen die Gefühlvolle spielt!" Am Abend ihrer Rückkehr nach Genf besuchte er sie: „Wir plauderten in einem scherzhaften Ton, den ich ohne Mühe noch besonders unterstrich, um sie fühlen zu lassen, daß ich ihre Abreise mit Gleichgültigkeit hinnahm. Dieses Gefühl ist nicht gemacht. Die Zeit, meine Abwesenheit und vor allem mein Wissen um den falschen, affektierten Charakter dieses Mädchens haben die letzten Funken meiner Leidenschaft zum Erlöschen gebracht."

Es mag seltsam scheinen, daß Suzanne von Einladung zu Einladung, von einem Theaterstück zum andern eilte, während eines Lebensabschnitts, den sie nach ihren Briefen und Erinnerungen damit zubrachte, ihr Leben als Erzieherin zu verdienen; von ihrem Liebhaber verlassen, ihrer Mutter beraubt und aus beiden Anlässen gebrochenen Herzens. Ein Mann von gemäßigter Empfindsamkeit wie Gibbon konnte daraus nur einen Schluß ziehen: Suzanne Curchod war unaufrichtig. Ihr ganzes Leben jedoch stand unter dem Zeichen dieser Zweideutigkeit – genau wie auch das ganze Leben ihrer Tochter, sonst wäre sie hier nicht weiter erwähnenswert. Es war weniger Unaufrichtigkeit als eine Dramatisierung der eigenen Person. Und diese Art, das eigene Selbst zu dramatisieren, ist der Mechanismus, der einem überempfindlichen Naturell gestattet, eine Zähigkeit zu entwickeln, die weniger zart besaiteten Seelen versagt bleibt. Es ist der Mechanismus, der es Suzanne ermöglichte, dreißig Jahre am Rand ihres privaten Abgrunds zuzubringen, ohne je hineinzufallen, und sich in einer Reihe von endlosen Nervenkrisen zu stählen, die sie niemals daran hinderten, ihren sozialen Verpflichtungen und Ambitionen gerecht zu werden. Genauso war später Germaine de Staël fähig, sich in einen Paroxysmus von Schmerz über den Verlust eines Liebhabers hineinzusteigern, während sie gleichzeitig energisch einem andern nachstellte, Nächte in philosophischen Diskussionen verbrachte, ihre Kinder großzog, mit scharfem Blick ihre geschäftlichen Transaktionen überwachte, sich in die Politik hineinmischte und ein Buch nach dem andern veröffentlichte. Leidenschaft, Intellekt, Häuslichkeit und Finanzen – zur gleichen Zeit auf so verschiedenen Gebieten in Anspruch genommen zu sein, ist nur einer höchst widerstandsfähigen Konstitution möglich, und die Kosten dafür tragen die Nerven der anderen, die nicht das Talent des Schauspielers besitzen, nach Wunsch in eine Rolle hinein- und wieder aus ihr herauszuschlüpfen.

Für die Gibbons dieser Erde sind es heuchlerische Seelen, deren Leiden man keinen Glauben schenken muß. Daß Suzanne Curchod am gleichen Tag die tiefsten Tiefen der Verzweiflung erreichen und in Gesellschaft glänzen konnte, ohne sich im mindesten Gewalt anzutun, schien Gibbon unmöglich, und doch besteht kein Zweifel, daß es wirklich so war.

Obwohl sie noch unter dem Schock von ihrer Mutter Tod und ihres Liebsten Verrat litt, hatte Suzanne sich keineswegs von der Welt zurückgezogen. Sie war in Gesellschaft sehr gesucht, hatte Freundschaften weit über ihrem Rang geschlossen, besonders mit der Herzogin von Enville, und solche Freundschaften machten es ihr schwer, sich mit ihrer Stellung abzufinden. Wie in den Tagen von Crassier fehlte es nicht an Heiratsanträgen. Der ernsteste Anwärter war ein Monsieur Correvon, ein Advokat in Yverdon, mit dem sie mehrere Jahre lang korrespondierte. Sie gab ihm niemals einen richtigen Korb, denn es konnte ja sein, daß „etwas Interessanteres" niemals auf der Bildfläche auftauchte, und es war besser, Monsieur Correvon für eine solche Eventualität aufs Eis zu legen; aber es gelang ihr, die Verhandlungen hinauszuziehen, indem sie recht ungewöhnliche Bedingungen stellte — z. B. nicht verpflichtet zu sein, mehr als vier Monate im Jahr mit ihrem Gatten in Yverdon zu leben. Diese Verhandlungen waren noch im Gang, als Suzanne ein interessantes Angebot erhielt.

Madame de Vermenoux war nach Genf gekommen, um den größten Modearzt jener Zeit, Dr. Tronchin, zu konsultieren. Kurz nach Suzannes Rückkehr von Lausanne äußerte Madame de Vermenoux ihrem Freund, Pastor Moultou, gegenüber die Absicht, wieder nach Paris zu gehen; sie brauchte eine Erzieherin für ihren achtjährigen Sohn und eine Gesellschafterin für sich selbst; hatte Suzanne Lust, diese Stellung für 400 Francs im Jahr anzunehmen? Moultou redete ihr zu; im Juni 1764 traten Madame de Vermenoux und Suzanne die Fahrt nach Paris an.

Nach zwei Wochen in Paris hatte Suzanne etwa 240 Francs für „Kleider, Hauben usw." ausgegeben. „Ich bin in der größten Verlegenheit", berichtete sie Moultou. „Ich kann Madame de Vermenoux, wie Sie sehr richtig sagen, nicht verlassen, ohne mich aller meiner Verpflichtungen ihr gegenüber entledigt zu haben; dazu müßte ich gegen meinen Willen und gegen all meine Neigungen heiraten. Ich ertrage es nicht, auch nur daran zu denken, und doch bin ich dazu eher bereit, als meine jetzige Rolle weiterzuspielen, denn ich werde wegen ganz lächerlicher Dinge zugrunde gerichtet."

Heiraten — aber wen? Sie hatte keinen Pfennig, sie kannte Paris nicht, sie war siebenundzwanzig Jahre alt, und — wie Gibbon bereits bemerkt hatte — sie neigte dazu, sich die Frauen zu Gegnern zu machen und die Männer zu erschrecken. Die Herzogin von Enville hatte, als sie von der bevorstehenden Übersiedlung nach Paris hörte, an Moultou geschrieben: „Wenn Sie wollen, daß sie Erfolg hat, trachten Sie, daß sie sich einfacher gibt; sie wird weder mit ihren metaphysischen Neigungen noch mit ihrer Frisur irgend etwas erreichen; um Gottes willen, vereinfachen Sie sie!" Aber Suzanne Curchod zu vereinfachen, stand nicht in menschlicher Macht. Für eine Heirat war das nicht gerade ein Zusammentreffen vielversprechender Umstände. Kein Wunder, daß es beim Erscheinen Neckers zu einer Liebe auf den ersten Blick kam.

Monsieur Necker war jedoch nicht ein Mann, der sich auf etwas einließ, ohne sich genau erkundigt zu haben; in diesem besonderen Fall machte er sogar eine Reise in die Schweiz, um aus erster Hand über seiner Liebsten Ruf informiert zu werden. Suzanne zitterte. „Wenn nicht ein Wunder geschieht", schrieb sie Moultou, „gebe ich jede Hoffnung auf Erfolg auf." Sie war auf das Schlimmste gefaßt. „Wenn unser Luftschloß zusammenbricht, heirate ich Correvon nächsten Sommer."

Im Dezember hatte Suzanne ihren Mann. Erst dann unterrichtete sie Correvon. „Ich sehe sehr gut", schrieb der enttäuschte Verehrer statt einer Gratulation, „daß Sie mich nur als einen elenden Notbehelf betrachtet haben." Immerhin verzieh er ihr, einen Mann mit einem Einkommen von 35 000 Pfund im Jahr zu heiraten. „Damit werden Sie von nun an niemals mehr eine Hilfe brauchen."

Am Abend vor der Trauung setzte Suzanne sich hin und schrieb ihrem Bräutigam einen Liebesbrief: „O mein Jacques, mein lieber Jacques, verlange niemals von mir, daß ich meinen Gefühlen Ausdruck gebe, laß mich, ohne zu denken, mich meines Glückes freuen", begann sie und fuhr dann fort, mehrere Seiten lang zu denken und ihre Gefühle zu erläutern. „Wenn ich meine Seligkeit betrachte, fürchte ich, daß sie mir entschlüpfen wird, und ich kann an die Köstlichkeit des Lebens nicht denken, ohne den Augenblick des notwendigen Endes vorauszusehen. Es kann geschehen, daß die Angst meines Herzens und die düsteren Todesbilder, die es bedrängen, mich daran hindern werden, Dich zu befriedigen." Seltsame Sprache für eine Braut: diese Worte sind die ersten Anzeichen von Madame Neckers unaufhörlicher Beschäftigung mit dem eigenen Tod, von der Nekrophilie, die sie dreißig Jahre später in ihr weingeistiges Grab führen sollte. Der Rest dieses Briefes ist nicht weniger bemerkenswert: „Ja, mein Freund, Du bist das Band, das mich mit der Welt verknüpft ... Mein lieber Freund, Du darfst niemals eines Gefühles müde werden, das in meinem Herzen seine unerschöpfliche Quelle hat. Laß im Augenblick meines Todes Deine Liebe zu mir am stärksten sein, und mein Sterbetag wird zum schönsten Tag meines Lebens werden."

So begann die Ehe, die ganz Europa als ein Vorbild ehelicher Tugenden und Wonnen bewundern sollte.

Madame de Staël, die einzige Frucht dieser Ehe, hatte über die Vaterschaft etliche seltsame Ideen. Als sie über ihren Vater nach dessen Tod schrieb, gab sie dem Bedauern Ausdruck, ihm nicht lange vor ihrer Geburt begegnet zu sein; hätte sie ihn geheiratet, meinte sie, so wäre sie glücklich geworden. Das ist in bezug auf ihren Vater keineswegs der einzige erstaunliche Einfall Madame de Staëls. Bei einer anderen Gelegenheit, als ihre beiden Eltern noch lebten – im Sommer 1790 –, war Gibbon in der Schweiz bei den Neckers zu Gast. Er hatte erst kürzlich im Geist das verfallende römische Reich endgültig stürzen sehen, und Necker hatte vor noch kürzerer Zeit bei der Liquidierung der französischen Monarchie persönlich den Vorsitz geführt. Als sie den furchterregenden Verstand und Wangenumfang des Historikers mit des gestürzten Ministers phänomenalem Wammen und Tugenden verglich, konnte sie nicht umhin, sich zu sagen: „Er war einst in meine Mutter verliebt und wollte sie heiraten. Wenn ich ihn ansehe, frage ich mich, ob ich seine Tochter hätte sein können, und ich antworte, nein. Nur mein eigener Vater konnte mich zur Welt bringen."

In Wirklichkeit aber brachte Madame Necker Madame de Staël zur Welt und trug dabei einen nicht geringen Schock davon. Das Ereignis fand am 22. April 1766 statt, und Madame Necker befand sich gerade in einem jener schweren und langdauernden nervösen Erschöpfungszustände, die bei ihr so häufig vorkamen. Wie die Hochzeit veranlaßte auch die Schwangerschaft Madame Necker, sich mit ihrem Lieblingsthema, dem Tod, zu beschäftigen, und erfüllte sie mit Entsetzen. Ihr Vater, der gute Pfarrer von Crassier, hatte ihr eine sehr vollständige Erziehung angedeihen lassen, aber ein Kurs über Geburtshilfe war in dem Curriculum nicht inbegriffen; und auch die „Akademie der Gewässer" hatte, als sie die zarten Aspekte der Liebe analysierte, sich nicht auf die unappetitlichen Einzelheiten eingelassen, denen diese edle Leidenschaft so oft als Vorspiel dient. Im Bericht über die ihr auferlegte Prüfung machte Madame Necker ihrer empörten Überraschung Luft:

„Ich gestehe, daß meine angstvolle Einbildungskraft weit hinter der Wirklichkeit zurückblieb. Drei Tage und Nächte lang litt ich die Qualen der Verdammten, und der Tod stand neben meinem Bett, begleitet von seinen Trabanten in Gestalt einer Gattung von

Männern, die entsetzlicher sind als die Furien und nur zu dem Zweck erfunden wurden, der Sittsamkeit ein Schrecknis und der Natur ein Ärgernis zu sein. Das Wort *accoucheur* läßt mich schaudern ... Die abstoßenden Einzelheiten einer Geburt waren so sorgfältig vor mir geheimgehalten worden, daß ich ebenso überrascht wie entsetzt darüber war, und meiner Meinung nach sind die Gelübde, zu denen die meisten Frauen gezwungen werden, wahrhaft tollkühn. Ich bezweifle, ob Frauen freiwillig zum Altar gehen und dort schwören würden, sich alle neun Monate aufs Rad flechten zu lassen."

Madame Necker ließ sich nie mehr aufs Rad flechten. Aber die Qualen des Kindbetts waren nur der Beginn ihrer mütterlichen Drangsale. Das Mißgeschick wollte es, daß Anne Louise Germaine Necker vier Jahre nach dem Erscheinen von Rousseaus *Emile* geboren wurde, und ihre Mutter beschloß, sie nach dessen Lehren aufzuziehen. Der erste Punkt im Programm war das Stillen, ein Zeitvertreib, der in der höchsten Gesellschaft Mode geworden war. Madame Necker bot ihren gefeierten Busen heroisch ihrer Tochter, aber „nachdem alle Unannehmlichkeiten und Qualen dieses Zustands vier Monate lang ertragen worden waren", teilte man ihr mit, daß Germaine am Verhungern war, und „mit heißem Bedauern" gab sie das Stillen auf. Ein üppiges flämisches Mädchen übernahm ihre Rolle. „Ich lasse sie nicht aus den Augen", berichtete Madame Necker. „Sie ist sehr hübsch und schwätzt gern."

Tatsächlich verließ sich Madame Necker auf niemanden, wo es um ihre Tochter ging. „Gouvernanten", vermerkte sie, „haben stets einen großen Nachteil; wenn sie für ihren Beruf geeignet sind, so lenken sie des Kindes Liebe zu seiner Mutter auf sich ab. Was ich gern hätte, ist ein einfaches protestantisches Stubenmädchen, sanft, gefügig und gebildet, das perfekt lesen kann und in seiner Religion wohlunterrichtet ist." Trotz zahlreicher Bemühungen konnte sie diese Perle niemals finden. Gewiß, ein Kindermädchen wurde angestellt, „ausgezeichnet, was die körperliche Pflege angeht, verläßlich, sanft und tugendhaft – aber dumm, katholisch, ungebildet und plump". Die wahrhaft unverzeihliche Sünde dabei war der Katholizismus, ein Gebrechen, mit dem – aus Ludwigs XIV. Verschulden – die überwältigende Mehrheit der französischen Kindermädchen behaftet war. Madame Necker nahm es in Kauf, solange sie das Gefühl hatte, Germaines Verstand sei gegen den verderblichen Einfluß päpstlichen Aberglaubens noch immun, aber als Germaine zwei Jahre und fünf Monate zählte, war es Zeit, einen Wechsel vorzunehmen.

Mit dem gleichen Heroismus, mit dem sie sich dem Stillen gewidmet hatte, beschloß Madame Necker jetzt, die Erziehung ihrer Tochter allein zu übernehmen. Vier Monate Brustnahrung nur hatte es gebraucht, ehe die Ärzte warnten, daß Germaine am Verhungern sei; dreizehn Jahre selbstloser Aufopferung für ihrer Tochter körperliches und geistiges Wohl mußten vorbeigehen, ehe die Ärzte erklärten, daß Germaine mit ihren Nerven und Körperkräften am Ende sei und von ihr getrennt werden müsse.

Germaine war neunundzwanzig Monate alt, als Madame Necker, die *Emile*, aber nicht die Bibel in ihrer Bibliothek stehen hatte, sich die *Heilige Schrift*, zusammen mit einem Katechismus und anderen Andachtsbüchern, kommen ließ, „die ich möglicherweise für den Unterricht meiner Kleinen brauchen werde, die zu sprechen und zu begreifen beginnt". Um die gleiche Zeit etwa gab die Familie ihre große, aber unmoderne Wohnung im Marais auf, die neben Neckers Büroräumen lag, und zog in ein prunkvolles Privathaus in der Rue de Cléry. Der Umzug war das Symbol für eine völlige Richtungsänderung im Leben der Neckers.

Die ersten Etappen, die zu Neckers Aufstieg führten, konnten Germaine kaum etwas zu sagen haben. Die Reise ihrer Eltern nach Genf und Lausanne im Jahr 1767 bedeutete für sie nur, daß man sie mit ihrem flämischen Kindermädchen allein ließ. Für Necker brachte sie wenige Monate später die Ernennung zum Gesandten der Republik Genf am Hof von Versailles – ein recht bescheidener diplomatischer Posten, aber ein entscheidender Schritt auf seinem Wege zum Staatsmann. Neckers Ernennung zum Direktor der Französisch-Indischen Handelsgesellschaft festigte seinen Ruf als Finanzverwalter und gab ihm einen weiten Bereich, seine Machtvollkommenheiten auszunutzen; für seine Tochter aber bedeutete es nur, daß sie ihren Vater weniger zu sehen bekam denn je und daß er zerstreut, müde und eine wichtige Persönlichkeit war. Als sie in ihr fünftes Jahr eintrat, konnte es keinen Zweifel mehr geben, daß ihr Vater der beste und größte Mann auf Erden sei.

Die Zentralstelle zur Förderung von Monsieur Neckers Ruhm lag in Madame Neckers Salon, und in diesem Salon wuchs Germaine auf. Bis zu ihrem zwölften Jahr hatte sie niemals Spielgefährten, aber sie stand auf vertrautem Fuß mit Diderot, d'Alembert, Gibbon und Buffon. Madame Necker hatte vier Jahre lang hart gearbeitet, um ihrem Salon in Paris die Vorherrschaft zu sichern, und einen vollständigen Sieg errungen. Die zuerst geworbenen Anhänger leuchteten zwar nur als Sterne zweiter Größe, aber sie waren gut ausgewählt: Suard, dessen Einfluß als Publizist und Kritiker sich im Ansteigen befand; Marmontel, die Abbés

Raynal, Galiani und Morellet, alle vier eifrige Missionare der philosophischen Weltanschauung; Grimm, dessen *Correspondance littéraire* von den Monarchen von Deutschland, Skandinavien und Rußland abonniert wurde, und der Dichter Thomas, der heute vergessen ist, damals aber für Young und Thomson ebenbürtig gehalten wurde, die heute ebenfalls vergessen sind. Vier Jahre brauchte Madame Necker, um ihr bestes Beutestück zu kapern. 1765 schrieb Diderot an seine Geliebte, Sophie Volland: „Da gibt es hier eine Madame Necker . . . die von mir schwärmt. Sie verfolgt mich richtiggehend, um mich in ihr Haus zu locken." 1769 gab er nach. Die letzte Sanktion aber fehlte noch: Es war Madame Necker noch nicht gelungen, Voltaire zu einem Briefwechsel mit ihr zu bewegen.

Um in „die Kirche" aufgenommen zu werden, war aber eine solche Korrespondenz obligatorisch.

Am 17. April 1770 trug Madame Necker in einem einzigen glänzenden Handstreich den Sieg über Voltaire davon. Grimm berichtet das Ereignis seinen Abonnenten: „Am siebzehnten des vergangenen Monats kam bei Madame Necker eine Versammlung von siebzehn ehrwürdigen Philosophen zusammen, in deren Verlauf man die vorgeschriebenen Anrufungen des Heiligen Geistes hinter sich brachte, reichlich zu Abend aß, über eine Reihe von Themen Unsinn schwatzte und sodann einstimmig beschloß, eine Statue zu Ehren des Herrn von Voltaire zu errichten."

Madame Necker, die zu der Zahl der „siebzehn ehrwürdigen Philosophen" gehörte, war der Urheber des Projekts und wurde Sekretär des Subskriptions-Komitees. Die wohlbekannte Statue von Pigalle war das Ergebnis. Wie sollte Voltaire widerstehen? Er richtete Verse an sie, taufte sie Hypatia und korrespondierte während der acht Jahre, die er noch zu leben hatte, regelmäßig mit ihr. Sein Lob enthielt jedoch meist eine Spur von Ironie, und als er Pigalle Modell saß, ermangelte sein Kommentar zu diesem Ereignis jeder Ehrfurcht: „Als die Leute in meinem Dorf sahen, wie Pigalle sein Handwerkszeug auspackte, sagten sie: ‚Schau dir das einmal an, jetzt wird man ihn sezieren; das wird ein Spaß.'"

Madame Necker beschloß, wie alle anderen Königinnen der Salons, allwöchentlich ihren Jour zu haben, aber sie vermied jeden Wettstreit. Ein Philosoph mußte niemals zu Hause essen, außer an Freitagen und Samstagen; er konnte am Montag und Mittwoch zu Madame Geoffrin gehen, zu den Helvetius' am Dienstag und Donnerstag und zu Baron Holbach am Sonntag. Im Januar 1770 verkündete Grimm, „Schwester Necker gibt bekannt, daß sie jeden Freitag zum Diner lädt. Die Kirche wird annehmen, weil sie eine hohe Meinung von ihr hat und ebenso von ihrem Gatten. Es wäre zu wünschen, sie hätte von ihrem Koch eine gleich hohe Meinung.“ Die Kirche, darf man noch hinzufügen, war auch über die Aussicht erfreut, ihr Freitagsdiner in einem protestantischen Haushalt einzunehmen, wo die Fastengebote nicht beobachtet wurden.

Madame Necker hatte eine seltsame Wahl getroffen, als sie beschloß, der Philosophenschar ihr Haus zu öffnen – einer bemerkenswert unreligiösen, lästerlichen und freidenkerischen Versammlung. Obwohl aber ihre Wahl im Gegensatz zu ihren hohen moralischen und religiösen Prinzipien stand, war sie in jeder anderen Hinsicht vollkommen natürlich. Die Philosophen verkörperten die bestorganisierte und beredteste Reklameagentur, die die Vorsehung jemals einem ehrgeizigen Politiker zur Verfügung stellte. Sie waren die Presse, sie waren die öffentliche Meinung, sie waren die Lehrer der Könige; keine Einzelgruppe von Intellektuellen hat vor- oder nachher jemals eine solche Macht besessen.

Madame Necker hielt darauf, daß der Anstand streng gewahrt wurde. Da (wie Abbé Morellet mißbilligend bemerkte) die Hausfrau „in religiösen Dingen keine Freiheiten duldete“, wurde das Thema gewöhnlich vermieden. Zuzeiten geschah es, daß jemand sich vergaß, dann brach Madame Necker in Tränen aus. Den Zusammenkünften bei den Neckers fehlte infolgedessen die Freiheit und Ungezwungenheit, die man im Haus des Baron Holbach fand. Sogar Galiani, der recht heftig mit Madame Necker flirtete, spricht von der „Erhabenheit Ihres allzu herrlichen Transzendentalismus“. Es war der kleine, unbezähmbare Abbé Galiani, der eines Abends mit entwaffnendem Zynismus den wahren Grund für den Erfolg des Salon Necker feststellte: „Es kommt mir“, schrieb er Madame Necker im Jahre 1771, „der schreckliche und auf ewig unvergeßliche Abend in Erinnerung, an dem ich zu einem Ungeheuer gestempelt wurde, weil ich auszusprechen wagte, was jedermann dachte. Ich sagte, daß ich Männer nur wegen ihres Geldes mag, und Monsieur Necker ist reich; ich sagte, daß ich Frauen nur wegen ihrer Schönheit mag, und Sie sind hübsch.“

Madame Necker war zwar, wie alle Welt zugab, tugendhaft, aber sie war einem Flirt nicht abhold. Die verwirrende Unruhe, von der Gibbon gesprochen hatte, überfiel die beiden immer wieder, sobald sie zusammentrafen; Galiani und Buffon durften sich sehr gewagte Komplimente erlauben; und Thomas verehrte sie eifersüchtig, schweigend und romantisch. Die so oft beschriebenen Freitage bei den Neckers hat Galiani am lebendigsten geschildert:

„Kein Freitag geht vorüber (schreibt er Suzanne aus Neapel), ohne daß ich mich im Geist zu Ihnen begebe. Ich komme, und Sie bringen einen Augenblick lang Ihr Kleid in Ordnung; im nächsten Augenblick liegen Sie schon auf der Duchesse. Ich lasse mich zu Ihren Füßen nieder. Thomas stöhnt schweigend in sich hinein; Morellet ist leidenschaftlich erregt; Grimm und Suard lachen herzlich; und mein lieber Freund Creutz (der schwedische Gesandte) merkt gar nichts . . . Man bittet zu Tisch. Wir gehen hinüber; die andern essen Fleisch; ich enthalte mich. Aber während ich den Eifer bewundere, mit dem Abbé Morellet den Truthahn zerlegt, nehme ich so viel von dem frischen schottischen Klippfisch . . . daß ich eine Magenverstimmung bekomme. Wir stehen auf, trinken unseren Kaffee, und alle reden durcheinander. Abbé Raynal stimmt mit mir überein, daß Boston und Englisch-Amerika für immer von England getrennt sind; gleichzeitig einigen sich Creutz und Marmontel, daß Grétry der französische Pergolesi ist. Monsieur Necker denkt, das ist alles gut und schön, er nickt und geht."

Der Bericht stimmt mit Madame Neckers eigener Bemerkung über ihre Freitage überein: „Was mich betrifft, höre ich immer zu, aber ich bin fast die einzige, die das tut. Monsieur Necker spricht nicht und hört auch nicht zu, aber er amüsiert sich, indem er an seinem Daumen lutscht."

Monsieur Neckers stillschweigendes Daumenlutschen wurde ebenso wie sein geistesabwesendes Kommen und Gehen gewöhnlich als ein Symptom eingehender und intensiver Beschäftigung mit Staatsaffären aufgefaßt. Es hat wohl keinen Mann geringere Anstrengung gekostet, von den erleuchtetsten Geistern seiner Zeit zum Genie proklamiert zu werden.

Wenn es noch jemanden gab, außer Madame Necker, der lieber zuhörte als sprach, so war es ihre Tochter. Jeden Freitag nahm Germaine ihren Platz neben ihrer Mutter ein, saß kerzengerade auf einem kleinen hölzernen Schemel und richtete ihre großen Augen auf den Sprechenden. „Es war ein Ereignis, Mademoiselle Necker zuhören zu sehen", erinnert sich eine Zeugin Jahre danach. „Ihre Augen folgten den Bewegungen der Sprechenden und schienen ihre Gedanken vorwegzunehmen. Sie öffnete den Mund nicht und schien sich doch an der Konversation zu beteiligen, soviel Ausdruck lag in ihren beweglichen Zügen."

Germaine war sechs Jahre alt, als ihr Vater den Beruf eines Bankiers aufgab und zu einem Ökonom, Autor und Philantropen wurde. Dieser Schritt bestand darin, daß er seinen Anteil an der Bank seinem Bruder, Monsieur de Germany, verkaufte und verkündete, seine Gedanken würden fortan nur mehr der Wohlfahrt des Volkes gelten. Wie Madame Necker berichtet, überließ er ihr die Verwaltung seines gesamten Vermögens. Er erübrigt sich zu sagen, daß sie glänzend beraten war und Monsieur Necker nichts dabei verlor. Dank der so gut organisierten Reklame und seiner eigenen, im richtigen Moment veröffentlichten Schriften (über die wir uns später noch näher äußern werden), war sein Name auf jedermanns Lippen, als im Jahr 1776 Turgot als Generalkontrolleur der Finanzen zurücktreten mußte. Eine Reise nach London, die Necker in Begleitung seiner Frau und seiner Tochter im Frühling dieses Jahres unternahm, hat möglicherweise den Zweck verfolgt, finanzielle Unterstützung von englischen Bankkreisen zu erhalten; sicher ist jedenfalls, daß einen Monat nach seiner Rückkehr Frankreich von Exemplaren einer neu gegründeten, in London erscheinenden Zeitung, *Courrier de l'Europe*, überschwemmt wurde, die Turgot heftig angriff und in späteren Jahren eifrig Neckers Lob sang.

Die Reklame trug ihre Früchte: Ludwig der XVI. ernannte Necker 1776 zum Generalkontrolleur-Beirat und stellte ihn im folgenden Jahr an die Spitze der Finanzverwaltung des Landes. Da Ausländer nicht im Ministerrat sitzen konnten und Necker, um naturalisiert zu werden, seinem protestantischen Glauben hätte abschwören müssen, gab man ihm den Titel Generaldirektor der Finanzen, mit direktem Zugang zum König, aber ohne Sitz im Kabinett. Diese Ausnahmestellung stärkte jedoch seine Macht, denn er hatte privat des Königs Ohr, während die anderen Minister mit dem König nur im Rat zusammenarbeiten konnten. Das Amt des Generalkontrolleurs entsprach nicht nur dem Finanzministerium, sondern auch in großem Maß dem Innenministerium. Da man allgemein davon überzeugt war, daß nur eine Finanz- und Verwaltungsreform Frankreich vor dem Ruin retten konnte, war es eindeutig Neckers Sache, dieses Wunder zu vollbringen. Er versprach es, und Frankreich lag ihm zu Füßen.

Auf ihrem hölzernen Schemel saß Germaine im Nabel der Welt und blickte gespannt auf ihres Vaters Glorienschein.

Die Neckers waren in die Residenz des Generalkontrolleurs gezogen, aber davon abgesehen hatte sich in Germaines Leben nichts geändert. Madame Necker war zwar jetzt die Frau eines Ministers, aber immer noch die Gouvernante ihrer Tochter. Obwohl Salon, Wohltätigkeit, Haushalt und geschwächte Gesundheit sie sehr in Anspruch nahmen, konnte sie die Erziehung ihrer Tochter doch nicht einer Fremden überlassen; nur eine Necker besaß die nötigen Fähigkeiten, eine Necker aufzuziehen.

Madame Necker brachte ein erstaunliches Kunststück der Selbsttäuschung zuwege und redete sich ein, sie erziehe ihre Tochter in Übereinstimmung mit den Lehren Rousseaus – „wie Emile", schrieb sie. Einen größeren Gegensatz als die Erziehung, die Rousseau für Emile vorschrieb, und diejenige, die Germaine von ihrer Mutter erhielt, kann man sich schwer vorstellen.

Wie erinnerlich, ließ Rousseau Emile auf dem Land aufwachsen, fern von den verderblichen Einflüssen der Gesellschaft. Germaine verbrachte ihre Kindheit in einem Salon mitten in Paris. Emiles Lehrer vermied jede Art von gebundenem Unterricht und trachtete statt dessen, seinen Schüler nur durch unmittelbare Erfahrung etwas lernen zu lassen und ihn bei der freizügigen Entwicklung seiner natürlichen Gaben anzuleiten. „Für Madame Necker bestand die ganze Erziehung nur im Unterricht", wird uns mitgeteilt. „Sie lehrte Mademoiselle Necker Latein und Englisch und ließ sie lange Auszüge aus Büchern abschreiben; aber niemals verbrachte sie auch nur eine Stunde allein mit ihr in vertrautem, alltäglichem Gespräch."

Emile hatte noch nicht lesen gelernt, als Germaine sich schon durch eine ganze Bibliothek hindurchgearbeitet hatte. Emiles Lehrer behielt es sich vor, seinem Schüler am Ende seiner Erziehung einen Begriff von Gott zu geben; Germaine lernte ihren Katechismus, noch bevor sie drei Jahre alt war. Emile wußte nichts von der Existenz von Frauen, ehe er nicht zum Jüngling herangewachsen war; Germaine hatte seit ihrer Kindheit Debatten über die Liebe zugehört.

Emiles Körper wurde in der frischen Luft durch Übungen gekräftigt und gesund erhalten; Kenntnis und Liebe der Natur waren in seinem Lehrplan der einzige Gegenstand und die Natur sein einziges Lehrbuch. „Die Erziehung von Mademoiselle Necker", erinnert sich ein Freund aus jenen Tagen, „war einzig auf Entwicklung des Verstandes gerichtet. Körperliche Übungen, Spaziergänge, alles, was ein Kind erfreut und kräftigt, war in Madame Neckers Plänen keineswegs vorgesehen. Und so konnte ihre Tochter zwar tanzen, aber nicht laufen. Sie rezitierte Thomsons *Seasons*, konnte aber eine Hyazinthe nicht von einer Tuberose unterscheiden."

Ein weiterer Gegensatz zwischen Germaines und Emiles Erziehung fällt besonders auf. Rousseau ließ Emile nicht nur allein, sondern fern von seinen Eltern aufwachsen. „O Emile hatte keinen Vater", sagte er zu Boswell. „Er existierte nicht." Er wußte natürlich, daß Emiles Erziehung eher ein ideales Vorbild als eine praktische Möglichkeit war; aber es gibt sicher einen Mittelweg –

man muß nicht ganz ohne Eltern aufwachsen und braucht doch nicht, wie Germaine, in einem gewissen Sinn geradezu mit ihnen verheiratet zu sein. Die enge gefühlsmäßige Bindung an ihre Mutter und ihren Vater war in ihrer Ausbildung der entscheidendste Faktor.

Daß Germaine nach liebevoller Zuneigung hungerte, lag auf der Hand. „Madame Necker liebte ihre Tochter zärtlich", erklärte die bereits zitierte Zeugin. „Ich hatte tausend Beweise dafür. Aber sie bemühte sich nicht ernstlich, sie kennenzulernen. Die Pflicht war für sie eine Religion, die zwischen sie und alle ihre Gefühle trat; ihre mütterliche Liebe war viel eher rechtschaffen als spontan."

Germaine selbst entwarf in ihrem Roman *Corinna* eine grausame Karikatur ihrer Mutter und verlieh deren am wenigsten liebenswerte Züge der erfundenen Gestalt der Lady Edgermond:

„Sie machte das Leben der anderen gern so eintönig als möglich, vielleicht um kein allzu großes Bedauern über die Auflösung ihres eigenen Lebens zu empfinden. Da jedoch niemand die persönlichen Gründe für seine Einstellung zugibt, berief sie sich auf die allgemeinen Prinzipien einer übertriebenen moralischen Haltung. Sie wurde nie müde, dem Leben alle Freude zu nehmen: Das geringste Vergnügen war Anlaß zu einem Vorwurf, und für jede Stunde, die in irgendeiner von der täglichen Routine abweichenden Tätigkeit verbracht wurde, bekam man zum Ausgleich eine Aufgabe zugewiesen."

Pflicht und Opfer waren die beiden Hauptworte in Madame Neckers Vokabular. Dazu kam noch die Liebe. Aber es ist anzunehmen, daß diese drei Worte für sie die gleiche Bedeutung hatten. Ihre Kundgebungen mütterlicher Liebe waren infolgedessen von eiskalten Duschen nicht zu unterscheiden. Sie hielt nicht nur ihre eigene Zuneigung zu ihrer Tochter in Zaum, sondern – und das war viel ärger – auch die Zuneigung der Tochter zu ihr.

Es war schlimm genug, mit calvinistischer Strenge im Hauptquartier der Philosophen aufgezogen zu werden; es war vielleicht noch verwirrender, nichts von jener Liebe zu empfangen, die doch in jedermanns Mund war. Die Liebe wurde bei Madame Neckers Gesellschaften analysiert. Die Liebe war das Hauptthema der Romane, die Germaine schon als halbes Kind zu lesen begann. (*„Die Entführung von Clarissa"*, schreibt sie, „war eines der großen Ereignisse meiner Kindheit.") Und nicht nur das Thema von Romanen. Mit elf Jahren ging Germaine bereits regelmäßig ins Theater. Racine, Richardson, Rousseau waren die drei „R", an denen ihr Gefühlsleben sich bildete.

Empfindsamkeit beherrschte das Zeitalter. Der intensive, der fast neurotische Kult der Gefühle, der in der Luft lag, versetzte Germaine in heftige Erregung – um so mehr vielleicht, als sie von sexueller Liebe bis zu ihrer Heirat nichts wußte. Madame Necker hoffte wohl, ihrer Tochter Gefühlsleben zu wecken – aber auf gepflegte Art und Weise, und die Intensität, die Germaine in ihrer Liebe gab und forderte, muß sie erschreckt haben. Auf jeden Fall unterdrückte sie sie. Als Germaine dreizehn Jahre zählte, schrieb sie ihrer Mutter, die von Paris abwesend war:

„Meine liebe Mama, Ich möchte Dir schreiben. Mir ist bang ums Herz; ich bin traurig; und in diesem großen Haus, das vor wenigen Tagen alles enthielt, was mir teuer war, das meine ganze Welt und Zukunft umschloß, sehe ich jetzt nur eine Wüste. Ich merke jetzt zum ersten Mal, daß seine Räume zu groß für mich sind, und ich laufe in mein kleines Zimmer, damit ich nicht die Leere sehen muß, die mich umgibt. Diese kurze Abwesenheit macht mich vor dem Schicksal erbeben."

Madame Necker reagierte folgendermaßen:

„Dein Stil ist recht hochtrabend. Übersteigere Dich nicht so sehr, um mich zu loben und mit mir zärtlich zu sein. Das beweist einen Mangel an Takt, der in Deinem Alter allerdings üblich ist. Wenn man länger gelebt hat, erkennt man, daß die richtige Art, Leuten zu gefallen und sie zu interessieren, darin liegt, die eigenen Gedanken genau wiederzugeben, ohne Gespreiztheit und ohne große Aufmachung . . . Der Brief an Deinen Vater war einfach und nett geschrieben."

Ohne Zweifel hatte Madame Necker recht – der Stil war hochtrabend –, aber es stand ihr nicht gut an, diesen Vorwurf zu erheben, da ihr eigener Briefstil so gewunden und gespreizt war wie nur möglich. Wenn sie annahm, daß Germaines Gefühle für ihren Vater aufrichtiger waren als für sie selbst, so hatte sie auch damit recht: Diese Tatsache wurde sogar peinlich augenfällig. Aber Germaines verzweifelte Versuche, durch ihrer Mutter Stärke-Panzer zu dringen, waren ehrlich genug, wenn sie dabei auch unlautere Methoden anwandte. „Ich habe entdeckt", schrieb Madame Necker ihrem Gatten, „daß sie die Hustenanfälle, an denen sie litt, vortäuschte, um die zärtliche Liebe, die ich ihr bewies, besser auszukosten." Nun hat Germaine allerdings später im Leben zu Ohnmachtsanfällen, Selbstmorddrohungen und anderen eindrucksvollen Mitteln gegriffen, die das gleiche erreichen sollten, wenn auch nicht bei ihrer Mutter. Die Opfer dieser Kundgebungen nahmen sie nicht freundlicher auf als Madame Necker. Vermutlich hätten sie recht gehabt, ihr die Schuld daran zu geben.

Die Hustenanfälle waren Germaines letzter Versuch in einer verzweifelten Sache: zu jener Zeit nämlich gerieten Germaines Körper und Geist in Aufruhr gegen das Regime ihrer Mutter. Sie wurde ernstlich krank, verfiel sogar in einen manisch-depressiven Zustand – Zeiten der Mattigkeit wechselten mit nervöser Erregung. Dr. Tronchin, der sich in Paris niedergelassen hatte, wurde gerufen. Sein Urteilsspruch: völlige Ruhe, keine wie immer geartete geistige Anstrengung, völlige Freiheit, Landaufenthalt. Madame Necker war zwar tief empört, dreizehn Jahre uneingeschränkten und hingebungsvollen Opfers mit solcher Undankbarkeit belohnt zu sehen, doch sie fügte sich. Ihre Rolle in Germaines Erziehung war zu Ende. Von nun an standen sie nicht mehr wie Mutter und Tochter miteinander, sondern wie zwei Rivalinnen, und in dem bitteren, geheimen Kampf trug die jüngere und kräftigere den Sieg davon.

Madame Neckers Erziehung prägte der Tochter fürs Leben ihren Stempel auf, aber nicht so, wie sie beabsichtigt hatte. Jahre später, als Germaine ihre Mutter schon eine Weile überstrahlt hatte, glaubten ihre Bewunderer, Madame Necker würde es als Kompliment auffassen, wenn sie die vielseitigen Talente ihrer Tochter als ihr Verdienst rühmten. „Das ist gar nichts", antwortete Madame Necker traurig, „wirklich gar nichts im Vergleich zu dem, was ich aus ihr zu machen hoffte."

Die Dreieinigkeit und das Dreieck

Germaine Necker stand in ihrem zwölften Jahr, als ihre Mutter beschloß, daß sie eine Gefährtin nötig hätte.

Unter den Genfern, die 1777 nach Paris kamen und die Neckers aufsuchten, waren Madame Huber, eine Jugendfreundin Madame Neckers, und ihre dreizehnjährige Tochter Catherine. Madame Necker, überzeugt, daß Catherine „eine strenge Erziehung im Schoß einer Familie erhalten hatte, deren aufrechte Grundsätze ihr wohlbekannt waren", hielt sie für würdig, Germaines Spielgefährtin zu werden. Catherine hat einen Bericht über das erste Zusammentreffen hinterlassen:

„Sie (Germaine) war klein für ihr Alter; ihr Teint war dunkel, ihr Gesicht wurde von den großen leuchtenden Augen beherrscht und belebt. Ihr langes kastanienbraunes Haar[3] wurde von einem kleinen Häubchen zusammengehalten; sie war in ein Fischbeinmieder geschnürt und trug ein sehr einfaches dunkles Kleid.

Als sie mich sah, strahlte ihr Gesicht, und ihre Augen funkelten. Sie war so froh, eine ungefähr gleichaltrige Gefährtin vor sich zu sehen, daß sie ihre Freude kaum beherrschen konnte, und als ihre Mutter ihr sagte: ‚Minette, da ist die Freundin, die ich dir bestimmt habe', küßte sie ihre Hände und sah mich begeistert an . . . Völlig verwirrt und heftig errötend senkte ich den Kopf. Madame Necker hob sanft mein Kinn in die Höhe, küßte mich auf die Stirn und sagte: ‚Geh, mein liebes Kind, und mache dich mit meiner Tochter im Garten bekannt.'

Mademoiselle Necker nahm mich bei der Hand, und kaum waren wir über die Schwelle, da schlang sie die Arme um mich und sagte mir, sie hätte schon lange auf mich gewartet und würde mich sicher bis zu ihrem Tode lieben . . ."

Im Garten fragte Germaine Catherine sofort, was sie lernte, welche Fremdsprachen sie beherrschte, ob sie oft ins Theater ginge. Als Catherine berichtete, sie wäre nur dreimal in ihrem ganzen Leben im Theater gewesen, war Germaine höchst verblüfft. Sie versprach, daß sie oft hingehen würden; nach jedem Stück würden sie aufschreiben, was sie davon im Gedächtnis behalten und was sie am eindrucksvollsten gefunden hätten, ihre Mutter bestünde darauf. Catherine war entzückt. „Es wird genau so sein, wie wenn ich von der Kirche nach Hause komme." — „Merkwürdig, wie ähnlich das doch alles ist!" rief Germaine. „Ich mache auch Auszüge aus den Predigten, die ich höre. Ach, wieviel Spaß werden wir haben! Wie glücklich werden wir sein! Wir müssen uns jeden Morgen schreiben."

Diese Ergüsse wurden durch das Abendessen unterbrochen. „Kaum hatte Germaine ihren gewohnten Platz eingenommen, als vier oder fünf alte Herren sich ihr näherten und mit dem aufrichtigsten Interesse mit ihr sprachen. Einer von ihnen trug eine kleine, runde Perücke; er nahm ihre Hände in die seinen, hielt sie lange fest und begann, mit ihr zu konversieren, als ob sie fünfundzwanzig wäre. Dieser Mann war der Abbé Raynal." Nach dem Diner kamen noch mehr Gäste, und Catherine sah mit Überraschung, daß jeder Neuankömmling im Salon, nachdem er die Hausfrau begrüßt hatte, der Tochter sein Kompliment machte oder mit ihr scherzte, „je nachdem, wie vertraut er mit Monsieur und Madame Necker war". Germaine antwortete in vollendeter Haltung. „Ihre Mutter leitete das allgemeine Gespräch, aber es kam oft vor, daß sich um Mademoiselle Necker ein eigener Kreis gebildet hatte. Es machte den Gästen die größte Freude, sie herauszufordern oder durch Fragen, die weit über ihr Alter hinausgingen, in Verwirrung zu bringen . . . Madame Necker, die in anderer Hinsicht so streng war, billigte dieses Interesse an ihrer

Tochter . . . Sie betrachtete es als eine Art intellektueller Gymnastik."

Als jedoch Catherines Mutter am nächsten Morgen das Angebot machte, mit Germaine und Catherine in den Bois de Boulogne zu fahren, war Madame Necker sprachlos über die Kühnheit eines solchen Vorschlags. Germaine hatte mit ihren zwölf Jahren das Haus noch niemals ohne ihre Mutter verlassen. „Die Mädchen, der Sekretär, die dabeistanden, waren starr vor Überraschung. Madame Necker überlegte die Sache bei sich, ohne ein Wort zu sagen, während ihr armes Kind vor Furcht und Hoffnung zitterte . . . Endlich, nach einem Augenblick allgemeiner Bestürzung, wurde die große Gunst gewährt." Madame Huber versprach, um sechs Uhr abends vorzufahren, und Germaine, durch die Aussicht auf dieses tolle Abenteuer — oder besser auf den ersten freien Augenblick ihres Lebens — sehr erregt, verbrachte den Nachmittag am Fenster, das auf den Hof hinausging, und wollte am Abend nichts essen. Als Madame Huber schließlich zurückkehrte, mußte Germaine mit klopfendem Herzen lange Ermahnungen ihrer Mutter über sich ergehen lassen, die sich auf Wagentüren und die Gefahren des Verkehrs im Bois de Boulogne bezogen, dann erst durfte sie die Treppen hinunterlaufen und sich in das gefährliche Vehikel stürzen. „Sie konnte nicht sprechen, so groß war ihre Erregung, immerfort küßte sie meiner Mutter die Hände oder warf mir die Arme um den Hals", erinnert sich Catherine. „Nach und nach beruhigte sie sich, schaute aber weder die Straße noch die Bäume, noch die Wagen, noch die Leute an . . . Sie sah nur ihr Glück und war vollkommen damit beschäftigt." An alle diese Einzelheiten erinnert sich Catherine lange nach Germaines Tod deshalb so lebhaft, weil während ihrer vierzig Jahre dauernden Freundschaft Germaine gleichsam immer durch den Bois de Boulogne zu fahren schien, weder Straßen noch Bäume sah und vollkommen mit ihrem Glück — oder Unglück — beschäftigt war.

Jeden Nachmittag um drei Uhr wurde Catherine Huber zur Contrôle Général gefahren und blieb dort bis zehn Uhr abends bei Germaine. Sie lernten zusammen, gingen manchmal ins Theater oder in die Oper, am liebsten aber spielten sie selbst Tragödien — „vor allem die Schlußszenen". Sie saßen mitten in einem Berg von Büchern in Madame Neckers Bibliothek, suchten sich am Abend ein Stück aus, lernten ihre Rollen am folgenden Morgen und deklamierten sie am Nachmittag. Ihr ganzes Leben lang blieb Germaine die Leidenschaft fürs Theaterspielen erhalten, und es gelang ihr nie, scharf zwischen gespieltem und gelebtem Drama zu trennen. Nach ihrem fünfzehnten Jahr lernte sie bei einer der größten Schauspielerinnen ihres Jahrhunderts sprechen, bei Mademoiselle Clairon, die später eine seltsame Rolle in Germaines häuslichem Leben spielen sollte.

Am meisten schätzte sie die großen klassischen Tragödien — besonders Racine. Für die Oper hatte sie weniger Verständnis. Obwohl sie sich in späteren Jahren für Musik hochbegeistert zeigte (sie spielte auch Klavier und sang recht annehmbar), ist doch kein Zweifel daran, daß Musik nur eine oberflächliche, eine sozusagen therapeutische Wirkung auf sie hatte, denn sie beruhigte ihre Nerven. Sie war zu intellektuell, um die gefühlsmäßige, zu gefühlvoll, um die intellektuelle Bedeutung der Musik zu erfassen. Für eine Schülerin Rousseaus und die künftige Vorkämpferin deutscher Romantik ein ebenso eigenartiger Zug wie ihre Gleichgültigkeit der Natur gegenüber.

Ausgehungert nach Liebe, zerrissen zwischen ständiger gefühlsbetonter Überspanntheit und intellektueller Beanspruchung, zwischen weltlichem Flitter und calvinistischer Strenge, vom Übermaß der Anregungen wie der Hemmungen überlastet, frühreif und ahnungslos, so trat Germaine in die Zeit der Pubertät ein. Ihr Verlangen nach zärtlichen Gefühlen bekundete sie mit einer hysterischen Heftigkeit, die von ihrer Mutter sehr kühl und von ihrer Gefährtin vermutlich nicht ganz zufriedenstellend aufgenommen wurde. Ihrer Erkrankung ist es zu danken, daß sie das Ziel der ersten leidenschaftlichen Liebe ihres Lebens entdeckte: ihren Vater.

Dr. Tronchin hatte als Kur einen Landaufenthalt verschrieben. Die Neckers besaßen einen Landsitz in Saint-Ouen in der Nähe von Paris. Dorthin wurde Germaine geschickt; keine Bücher mehr, keine Philosophen, kein Salon. Dr. Tronchin hatte auch die Gesellschaft von Mademoiselle Huber verordnet, die jedes Wochenende von Freitag bis zum Montag abend in Saint-Ouen verbrachte. Außerdem hatte er die Kleidung des jungen Mädchens festgelegt: Fischbeine, Häubchen, alles, was einengte, wurde verbannt. Germaine hielt sich in ihrer Kleidung genau an die Vorschriften des Arztes und vergnügte sich im großen Park des Schlosses in der frischen Luft, aber ihre Unterhaltungen waren nicht natürlich und entspannend, sondern romantisch und literarisch. Sie erwartete ihre Freundin gewöhnlich mit einem frischen Rosenkranz im Haar, überraschte sie mit zärtlichen Briefchen, die in kleinen, aus Zweigen geflochtenen Körbchen von den Bäumen hingen, und ritzte ihren und Catherines Namen, begleitet von passenden Versen, in ungezählte Baumstrünke. So verwandelte sie den Park in einen

Ardenner Wald und benützte ihn auch als Freiluftbühne für eine neue Art von Theateraufführungen. Da es kein Stück gab, dessen Personenverzeichnis nur zwei weibliche Darstellerinnen enthielt, beschlossen sie, ihre eigenen Komödien zu schreiben, einigten sich zunächst auf eine Handlung und improvisierten dann die Worte in der Art der italienischen Komödianten.

Sogar körperliche Übungen erforderten literarische Eingebung. Germaine hatte ein neues Ballett nach dem *Télémaque* entweder gesehen oder davon gelesen oder gehört. Es begann auf der Insel der Kalypso – leicht bekleidete Nymphen hüpften auf der Bühne herum und schossen dabei Pfeile ab. Germaine entwickelte eine plötzliche Leidenschaft für Bogenschießen, und Madame Huber wurde überredet, die unentbehrliche Ausrüstung aus den Magazinen der Oper zu besorgen: Bogen, Pfeile, Köcher und zwei komplette Ausstattungen für jagende Nymphen. In Gaze gekleidet, übten sich die beiden Nymphen wochenlang im Scheibenschießen: dem einzigen Sport, den Madame de Staël je meistern sollte.

Germaine verbrachte den ganzen Sommer 1779 in Saint-Ouen. Sie wurde größer, nahm zu, ihr Teint verbesserte sich, und körperlich wurde sie wieder völlig gesund. Aber ihre Nerven blieben überempfindlich. Sie brach beim geringsten Anlaß – einem Wort des Vorwurfs, einem Zeichen der Zuneigung, einem groben Scherz, einem rührenden Vers – in Tränen aus, was allerdings in jener Zeit große Mode war; aber nicht jeder machte diese Mode so spontan mit wie Germaine. Und es war auch nicht jeder imstande, handfeste Leidenschaften mit übersteigerter Empfindsamkeit zu verbinden, wozu sie sich später durchaus fähig zeigte.

In diesem Sommer verliebte Germaine sich in ihren Vater. Necker kam häufig nach Saint-Ouen, um sich von den Anforderungen seines Amtes zu erholen. „Seine Tochter zu besuchen", erzählt Madame Rilliet-Huber (die frühere Catherine Huber), „war seine einzige und liebste Erholung. Er kritisierte sie niemals, ließ sie nach Herzenslust plaudern, freute sich über ihren Witz, klatschte begeistert Beifall, liebkoste sie und verließ sie zufrieden und erfrischt." Es widerstrebte ihm offenbar, in die Erziehung seiner Tochter einzugreifen, er war voller Nachsicht, amüsierte sich, sonnte sich in ihrer Anbetung und betete sie seinerseits an. „Madame Necker", sagte er oft mit einem Lächeln, „hat sich um den ernsteren Teil der Erziehung meiner Tochter gekümmert, ich bringe ihr Sinn für Humor bei."

Das innige Einverständnis, das sich zwischen Vater und Tochter entwickelte, sah bald wie ein richtiges Komplott aus.

In den Augen der Spötter bot die Neckersche Dreieinigkeit zweifellos ein lächerliches Schauspiel: Vater, Mutter und Tochter in engster Verbindung, Idole und Anbeter zugleich, einander in ständiger gegenseitiger Vergötterung opfernd und Weihrauch streuend, während eine Schar von Priestern, Altardienern und Muezzins ihr Lob sang und ein großes Orchester mit Chor einstimmte und ihre ekstatischen Hymnen mit Pauken und Trommeln begleitete. Dieses Bild entwarf zumindest Napoleon in St. Helena von ihnen, und es enthält ein gutes Stück Wahrheit. Aber es ist ein zusammengesetztes, impressionistisches Bild und erklärt nichts. Wahr ist vielmehr, daß nur in der Rückschau die Neckers sich gegenseitig eine so uneingeschränkte Anbetung zollten. Madame Necker beklagt sich in ihren Tagebüchern bitter über ihren Mann und ihre Tochter, während sie gleichzeitig in der Öffentlichkeit von seinem göttlichen Genie sprach. Monsieur Necker wurde zum Helfershelfer seiner Tochter, als es galt, die Autorität seiner Frau und sogar ihren gesellschaftlichen Vorrang zu untergraben. Erst nach ihrem Tod, teils aus Schuldgefühl, teils rein aus der Gewohnheit heraus, den Anweisungen seiner Frau zu folgen, widmete er sich ausschließlich ihrem Kult. Mademoiselle Necker haßte ihre Mutter; und, obzwar es unmöglich gewesen wäre, den Vater noch mehr zu lieben, als sie es tat, war sie ihm doch nicht ganz so ergeben, wie man nach ihren öffentlichen Reden meinen konnte. Als sie während der Schreckensherrschaft gezwungen war, länger auf dem Besitz ihres Vaters in der Schweiz zu verweilen, als sie wollte, seufzte sie: „Ich bete meinen Vater an. Es ist ein Kult. Aber auch in der Kirche gähnen die Leute."

Weniger eine Dreieinigkeit bildeten die Neckers als vielmehr ein Dreieck.

Als Madame Necker ihr Eheleben aufnahm, hatte sie bereits einen ausgearbeiteten Plan oder ein Szenarium niedergelegt, wie eine Ehe auszusehen habe: Necker würde ihr Bindeglied zur übrigen Welt sein; sie würden ihr Leben in uneingeschränkter gegenseitiger Zuneigung verbringen; ihr Sterbetag würde dank seiner Liebe der schönste Tag ihres Lebens sein. Das war der Entwurf, den sie dem Brief am Vorabend ihrer Trauung anvertraut hatte, und jede Abweichung davon im wirklichen Leben machte sie unglücklich. Sie hatte es sich in den Kopf gesetzt, das Idyll von Philemon und Baucis zu wiederholen; aber Philemon nahm niemals internationale Anleihen auf, Baucis gab niemals Freitag-Soupers, und keines von beiden schrieb Bücher. Nicht lange nach der Hochzeit stellte Madame Necker zu ihrer Bestürzung fest, daß ihr Mann sich weiter seiner Karriere widmete; um die gleiche Zeit begann Monsieur Necker Einwände gegen die literarischen Ambitionen seiner Frau zu erheben. In ihrem Tagebuch macht sie Gott viele Mitteilungen, und manchmal, wenn sie von ihrem Mann spricht, klingen sie nichts weniger als begeistert. „Du weißt", schreibt sie, „daß ich den Gatten, den Du mir gegeben hast, geliebt habe und noch liebe; trotz seiner großen Tugenden aber veranlaßt ihn sein Charakter, fern von mir sein Glück zu suchen." Und an einem anderen Tag: „Ich unbesonnene Frau! Alles habe ich meiner Illusion geopfert; mit meiner ganzen Kraft habe ich mich auf einen Halt gestützt, der jetzt nachgibt, und ich stürze in einen Abgrund." Als Necker ihr vorwarf, allzuviel Zeit mit Lesen und Schreiben zu verbringen, schrieb sie ihm (alle Neckers frönten der Leidenschaft, sich von Zimmer zu Zimmer Briefe zu schicken), sie wolle mit ihm ein Geschäft machen: sobald er von der Indischen Handelsgesellschaft zurücktrete, würde sie „Fénélon beiseite legen und niemals mehr die Feder zur Hand nehmen, um über irgendein anderes Thema zu schreiben". Wenn Madame Necker so viel Energie darauf verwendete, einen Salon ins Leben zu rufen und sich als ihres Mannes Reklameagent zu betätigen, so geschah dies nicht nur, weil sie ein geborener Blaustrumpf und eine ehrgeizige Frau war. Sie erkannte nur zu deutlich, daß Necker einerseits ihr Leben nicht ausfüllen konnte, andererseits aber grenzenlose Ambitionen besaß; sie verband also das Angenehme mit dem Nützlichen. Ihr Salon füllte die Leere ihres Daseins aus und befriedigte die Eitelkeit beider.

Nach außen hin konnte das Glück ihrer Verbindung nicht laut genug gepriesen werden; das entsprach Madame Neckers Überzeugung von dem, was sich gehörte, und förderte außerdem Neckers Ruf, ein Vorbild bürgerlicher Tugend zu sein. War sie aber allein, dann schüttete Madame Necker Gott ihr Herz aus. Was in den ersten Jahren ihrer Ehe nur eine Ernüchterung gewesen war, wurde zur Qual, als ihre Tochter heranwuchs. Was Necker ihr nicht länger gab, gab er Germaine. Seine Schweigsamkeit verwandelte sich Germaine gegenüber in einen geradezu jugendlichen Redeschwall; sie tat ihm schön, schmeichelte ihm, ging auf seine Interessen ein, diskutierte mit ihm über Politik und Wirtschaft, und zweifellos hatte er in ihrer Gegenwart ein Gefühl von Jugend und Frische, das er bei seiner Frau nicht mehr empfand. Seine Nachsichtigkeit war die Gegengabe. Wenn Madame Necker ihre Tochter kritisierte, verteidigte er sie, und als ein Besucher Germaine gegenüber die etwas taktlose Bemerkung machte: „Ihr

Vater scheint Sie mehr zu lieben als Ihre Mutter", gab Germaine recht schlagfertig zur Antwort: „Mein Vater denkt mehr an mein gegenwärtiges Glück, meine Mutter an mein zukünftiges." Aber die Zukunft hatte für Germaine keine handgreifliche Bedeutung. „Ich war nie imstande, an die Existenz des nächsten Jahres zu glauben, außer als metaphysischen Begriff", bemerkte sie einmal.

Germaine war sich der Rivalität genau bewußt. Als nach damaliger Mode Mutter und Tochter literarische Porträts ihres Idols entworfen und sie ihm beide gezeigt hatten, vermerkte Germaine in ihrem Tagebuch: „Er bewundert Mamas Porträt sehr, aber meines schmeichelt ihm mehr." Auch konnte es Madame Necker nicht entgehen, daß Neckers und Germaines Einverständnis fast das Wesen einer Verschwörung annahm. Die Familie saß eines Morgens mit einem Gast am Frühstückstisch, und Madame Necker wurde hinausgerufen. Sobald sie verschwunden war, warf Germaine dem Vater ihre Serviette zu. Der Generaldirektor der Finanzen wand sie sich wie einen Turban um die Perücke, und Vater und Tochter begannen, in einer stummen Pantomime um den Tisch zu tanzen, bis Madame Neckers Schritte sich wieder näherten. Necker nahm den Turban ab; beide setzten sich wieder an ihre Plätze, immer noch ohne ein Wort zu sagen, und in tiefstem Schweigen frühstückte man weiter.

In dieser idyllischen Familie wurde insgeheim ein grimmiger Kampf ausgefochten. In ohnmächtiger Selbstverteidigung spielte die ältere Frau ihre geschwächte Gesundheit, ihre nervösen Zustände, ihre immer krankhaftere Besessenheit von Todesgedanken aus und vergiftete damit das Glück von Mann und Tochter. Sie war ein lebendiger Vorwurf, ein ständiger Anstoß zur Reue und fand in den Tränen der beiden anderen ihren Trost. Necker selbst floh zwar vor dem Leichentuch, das seine Frau über die ganze Umgebung breitete, zu seiner Tochter, war aber in den kleinen Dingen des Lebens vollkommen von seiner Frau abhängig und empfand seine Treulosigkeit als eine ständige Schuld. Er habe ihr nur einen einzigen Vorwurf machen können, sagte er einmal nach ihrem Tod: sie habe ihm nie Gelegenheit gegeben, ihr irgend etwas zu verzeihen. Er wollte ihr damit das größte Lob zollen. Verzeihung zu gewähren war allerdings Madame Neckers ausschließliches Vorrecht; immer häufiger genoß sie dieses Vergnügen, das sie ihrer Familie nicht gestattete.

Parallel zu dem geheimen Kampf im Neckerschen Haushalt wurde auf einer größeren Bühne ein anderer ausgefochten, der die französische Monarchie erschütterte, und auch da stand Monsieur Necker im Mittelpunkt. Um die vielfältig verschlungenen

Bande zwischen Vater und Tochter zu verstehen, muß man nicht nur den Mikrokosmos der Necker=Familie, sondern auch die außer=gewöhnliche Stellung schildern, die Necker in den Augen der ganzen Nation einnahm. Denn Necker war für Germaine mehr als nur der ideale Gefährte: Er war ein Held mit göttlichen Eigen=schaften.

„Monsieur Necker liebt die Tugend, wie ein Mann seine Frau liebt, und den Ruhm, wie er seine Mätresse liebt", sagte Madame de Marchais, die ihn gut kannte.

„Mir fehlt es immer an einem wirklich starken Antrieb, Geld oder Berühmtheit oder Macht zu erwerben", zitierte Madame de Staël ihren Vater. Für einen Mann, der die ersten zwanzig Jahre seines Lebens als Erwachsener darauf verwendete, Millionen zu machen, und die folgenden dreizehn, die größte Nation Europas zu regieren, war das eine merkwürdige Selbsteinschätzung. Seine Tochter pflichtete ihm jedoch bei. „Mein Vater", schrieb sie nach seinem Tod, „besaß stets jene Erhabenheit der Seele, jene Empfind=samkeit, die den auf die Güter dieser Welt gerichteten verzehren=den Ehrgeiz ausschließt: seine einzige leidenschaftliche Liebe galt dem Ruhm."

Diese scharfe Unterscheidung zwischen Liebe zum Ruhm und Ehrgeiz mag in der Theorie ihre Gültigkeit haben (Liebe zum Ruhm ist auf das allgemeine Wohl gerichtet, Ehrgeiz ist selbst=süchtig), aber es ist schwierig, in der Praxis die Grenzlinie zu ziehen. Viele seiner Zeitgenossen und eine beträchtliche Gruppe von Historikern fanden Necker übertrieben eitel, ehrgeizig, arrogant, dumm und unfähig; für andere wieder war er ein Genie, ein Prophet, ein Retter und ein Opfer seiner Integrität und Güte. In dem schmeichlerischen Porträt, das Madame Necker von ihm entwarf – er scheute sich nicht, es noch zu seinen Lebzeiten zu veröffentlichen –, machte sie die eigentümliche Bemerkung, daß ihres Gatten einziges Talent darin bestand, Genie zu besitzen. Und Necker selbst betonte immer wieder, daß er in allen welt=lichen Dingen der hilfloseste aller Männer sei. Ein Bankier, dem an Geld nichts lag; ein Mann, der mehrere Zeitungen und einen ganzen Stall von Propagandisten zur Verfügung hatte, aber nicht nach Berühmtheit strebte; ein Mann, der sich verzweifelt um Ämter bemühte, aber nicht an Macht interessiert war; ein welt=fremder Finanzminister; ein Genie ohne Talente – was für eine Art Mann war Monsieuer Necker?

Seinen Weg zur Macht hatte er sich gebahnt, indem er der französischen Regierung in finanziellen Angelegenheiten als Agent diente und im Verwaltungsrat der Indischen Handelsgesellschaft saß. Aber es genügte nicht mehr, ein einfacher Finanzmann zu sein: Das Volksvermögen war zu einem Gebiet philosophischer Untersuchungen geworden; Wirtschaftspolitik zur jüngsten Wissenschaft. Der Ruf nach dem Laissez faire wurde von den Physiokraten aufgenommen; Turgot wurde der von den Philosophen bevorzugte Kandidat für das Amt des Generalkontrolleurs; die Regierung hob versuchsweise die internen Beschränkungen des Getreidehandels auf. Die Habsucht der Spekulanten, unter ihnen der Bruder Necker, ließ das Experiment restlos fehlschlagen. Necker, der für die metaphysische Dogmatik der Wirtschaftspolitiker nichts übrig hatte, sah seine Chance gekommen, indem er gegen das Laissez faire stimmte. 1770 veröffentlichte Diderot, der berühmteste regelmäßige Gast bei den Neckerschen Freitag-Abenden, die *Dialoge über den Getreidehandel,* das Werk eines anderen regelmäßigen Besuchers, des Abbé Galiani. Die Dialoge, eines der unterhaltsamsten Bücher, die je über wirtschaftliche Fragen verfaßt wurden, versetzten der Laissez-faire-Schule einen harten Schlag. „Niemand", bemerkte Voltaire, „hat je über Hungersnöte amüsanter geschrieben."

Um seinen Vorteil weiter auszunützen, wurde Necker bald selbst zum Autor. 1773 veröffentlichte er sein *Eloge de Colbert.* Madame Neckers Salon war zum Treffpunkt für eine beschlußfähige Gruppe der Französischen Akademie geworden. Die Französische Akademie verlieh Neckers Buch ihre höchste Auszeichnung. Trotzdem waren die Führer der philosophischen Partei, sogar Diderot, immer noch Verbündete seines Rivalen Turgot, als Ludwig XVI. ihn im Jahr 1774 zum Generalkontrolleur ernannte. Die Hosianna-Rufe, die selbst seine Vertrauten bei Turgots Berufung erschallen ließen, ärgerten Monsieur Necker. Es dauerte nicht lange, und die von Turgot versuchten Reformen, die das Königreich hätten retten können, wurden systematisch von einem unwiderstehlichen Zusammenspiel der Sonderinteressen untergraben. Turgots Bemühung, innerhalb von Frankreich den freien Handel einzuführen, fiel unglückseligerweise mit einem schlechten Erntejahr zusammen, und er wurde für die Hungersnot verantwortlich gemacht. Necker wußte es besser, trotzdem entschloß er sich 1775, gerade als Turgot am meisten Unterstützung gebraucht hätte, zur Veröffentlichung seines Buches *Über Gesetzgebung und Getreidehandel,* das nichts anderes war als ein Dolchstich in Turgots Rücken. 1776 setzte Marie Antoinette Turgots Entlassung durch, und nach einem kurzen Zwischenspiel übernahm Necker zwar nicht den Titel, aber die Funktionen seines Rivalen.

Nach der – verführerischen – Theorie Neckers war Frankreich grundsätzlich wirtschaftlich gesund, es war lediglich nötig, Vertrauen und Kreditwürdigkeit wiederherzustellen. Wenn man Ordnung in das Chaos brachte, das, von kurzen Perioden abgesehen, in der Verwaltung der öffentlichen Gelder geherrscht hatte; wenn man Verschwendung und Mißbrauch steuerte und dadurch Einsparungen erzielte; und wenn die Öffentlichkeit wieder genug Vertrauen gewann, um Regierungsanleihen zu zeichnen, dann konnte das Budget wieder ins Gleichgewicht gebracht werden, ohne daß eine einzige neue Steuer eingehoben wurde. Das waren Zauberworte. Natürlich, es war nichts anderes nötig als Zauber. Die Anleihen wurden überzeichnet (ihre Bedingungen waren sehr großzügig), und fremdes Kapital strömte herein.

Trotz der großen Ausgaben im Amerikanischen Krieg (dem Necker sich so heftig widersetzte, daß man ihn in Verdacht hatte, mit den Engländern zu paktieren) wurde keine neue Kriegssteuer eingehoben. Auf der anderen Seite stiegen die Staatsschulden beängstigend an. Man konnte Turgot aus den Kulissen dauernd Scharlatan murmeln hören, aber die gesamte philosophische Partei, sogar (wenn auch nicht ohne Zögern) Voltaire, unterstützte Necker trotzdem in vollem Ausmaß. Abbé Raynal, der in Neckers Orchester die große Trommel schlug, gemeinsam mit den andern alten Getreuen – Suard, dem Herausgeber des *Journal de Paris*, Henri Meister, der als Nachfolger Grimms die *Correspondance Littéraire* veröffentlichte, Abbé Morellet, einem unermüdlichen Faktotum der philosophischen Partei, und einer Schar weniger großer Geister – überzeugte Frankreich, daß seine Rettung einzig in Neckers Händen lag. Necker nahm diesen Tribut im demütigen Bewußtsein seines eigenen Wertes hin. Es kam ihm nicht übertrieben vor, daß ein Erzbischof ihn einen Schutzengel nannte. Er erteilte dem König täglich Lektionen, brachte mehr und mehr Machtbereiche unter seine Kontrolle und schrieb endlose Präambeln zu den Reform-Edikten, die in des Königs Namen die Vorgänger des Königs mit Schmähungen überhäuften.

1781 übertraf Necker sich selbst. Um die Öffentlichkeit mit der äußerst günstigen Lage des Königreiches vertraut zu machen, erbat er von Ludwig XVI. die Erlaubnis, seinen berühmten *Compte rendu au Roi* zu veröffentlichen – angeblich ein wahrheitsgetreuer Rechenschaftsbericht über Frankreichs finanzielle Situation, in Wirklichkeit eine rosiggefärbte Darstellung seiner eigenen Verwaltung. Sie enthielt sogar einen Lobgesang auf Madame Necker und sein häusliches Glück. Das Buch konnte gar nicht so rasch nachgedruckt werden, wie es verkauft wurde. „Dieses beispiellose und denkwürdige Werk", schrieb Buffon an Madame Necker, „wird mehr Gutes tun und unserem Jahrhundert zu größerer Ehre gereichen als alle unsere Bücher zusammen." Der Bischof von Mirepoix berichtete, daß „der Erzbischof von Toulouse Tränen vergoß, so sehr war er davon ergriffen".

Neckers Behauptung, die Nation müsse über die Lage ihrer Finanzen unterrichtet werden, dürfte heute allgemeine Zustimmung finden. Man könnte seinen Rechenschaftsbericht eine großartige Neuerung nennen, wären seine Zahlen nicht ganz offensichtlich unvollständig, unrealistisch und frisiert gewesen. Trotz aller Lobgesänge gab es auch wortgewaltige Kritiker. Eine Weile bot Necker ihnen die Stirn, aber es wurde so viel Lärm geschlagen, daß es den König beunruhigte. Neckers Kollegen – der alte Premierminister Maurepas und Vergennes, der Staatssekretär für Äußeres – sahen endlich eine Gelegenheit, ihren Rivalen loszuwerden. Necker selbst bot ihnen den Anlaß: Er verlangte als Ausländer, gleichberechtigt in den Staatsrat aufgenommen zu werden. Maurepas und Vergennes drohten dem König mit ihrem Rücktritt, und obwohl Marie Antoinette einen ganzen Tag lang weinend für Monsieur Necker bat, ließ Ludwig sich nicht erweichen, sondern forderte ihn auf, zurückzutreten.

An diesem Abend, es war der 19. Mai, verließen die Neckers ihren offiziellen Wohnsitz und begaben sich nach Saint-Ouen. Der Schock war heftig, aber bald wurde Balsam auf die Wunde gegossen. Die Nachricht von Neckers Entlassung löste allgemeine Bestürzung aus. Von allen Ecken und Enden Frankreichs strömten Briefe in das Neckersche Schloß, voll von Klagen, wie undankbar man ihn behandelt habe und welchen Verlust seine Entlassung für die Nation bedeute: Unter den Schreibern waren Fürsten, Bischöfe, Bauern, Soldaten, ja sogar Priester und Nonnen. Der Hof selbst, angeführt von der weinenden Königin, sympathisierte offen mit dem gefallenen Minister; Prinzen königlichen Geblüts, Marschälle von Frankreich und Kardinäle statteten in Saint-Ouen Besuche ab. Die nächsten sieben Jahre, bis zu seiner schicksalhaften Wiederernennung im Jahr 1788, blieb Necker eine nahezu offizielle Macht und betrachtete sich als den Führer der Opposition. „Er ist ein Mann", schrieb Katharina die Große, „den der Himmel ohne Zweifel dazu bestimmt hat, die glorreichste Stellung in ganz Europa einzunehmen. Er muß leben; er muß einen oder zwei seiner Zeitgenossen überleben, und dann wird sein Stern mit unvergleichlichem Glanz strahlen, und seine Zeitgenossen werden weit hinter ihm zurückbleiben." Die Neckers stimmten mit dieser Meinung vollkommen überein.

Es wäre nicht fair, Necker als einen Scharlatan anzusehen oder ihm dunkle Pläne zuzuschreiben. Viele seiner Reformen waren durchaus vernünftig, und er hatte die besten Absichten. Aber wie Napoleon richtig bemerkte, überschätzte Necker seine Fähigkeiten, und „es gibt kein größeres Verbrechen, als eine Arbeit zu übernehmen, von der man nichts versteht". Gouverneur Morris, ein häufiger Gast im Hause Neckers, schildert ihn als mittelmäßig, unwissend und ohne wirkliches Verständnis für Wirtschaft und Politik. Das war unter diesen Umständen wirklich ein Verbrechen. Diejenigen jedoch, die ihn näher kannten, Morris nicht ausgenommen, lernten ihn nach und nach höher einzuschätzen und über seine Eitelkeit hinwegzusehen.

Er war keineswegs ein Dummkopf und in gewisser Weise seiner Zeit voraus. Er hatte erfaßt, daß Frankreich reich und nur die Regierung arm war und daß Kredit die Seele des Wohlstands ist — Ideen, die uns heutzutage zweifellos geläufiger geworden sind; sah er in dieser Beziehung klar, so war er jedoch der Tatsache gegenüber blind, daß ohne Besteuerung der Kredit zusammenbrechen muß — so geschah es ja dann auch, und Europa ging dabei in Trümmer.

Vater und Tochter hatten außer der Liebe zum Ruhm und der Nachsicht, die einer dem anderen bewies, wenig Gemeinsames. Germaine war ihrer Mutter viel ähnlicher — sie war sozusagen eine ungestärkte Madame Necker. Und was noch mehr zählt, sie wäre gern Madame Necker selbst gewesen. Sie bedauerte, ihren Vater nicht geheiratet zu haben, sie sprach ihn noch Ende der Dreißig mit Ausdrücken an, die gewöhnlich den Liebenden vorbehalten sind, und sie lehrte die eigenen Kinder, Necker ihren Vater zu nennen. Noch bemerkenswerter (nur wird selten darüber eine Bemerkung gemacht) war Neckers Verhalten seiner Tochter gegenüber. Germaines Superlative verlieren viel an Bedeutung, wenn man erst bemerkt hat, daß sie all ihre Freunde in nahezu gleicher Weise ansprach — eine solche Gewohnheit erschwert die Feststellung, wie intim sie eigentlich mit ihnen befreundet war. Niemandem aber, nicht einmal seiner Frau, schrieb Necker so zärtlich wie seiner Tochter. Als Monsieur de Staël, ihr künftiger Gatte, mit ihr tanzt, rügt Necker seine Kühle und nimmt ihm Germaine aus dem Arm: „Ich werde Ihnen zeigen, mein Herr, wie man mit einem Mädchen tanzt, in das man verliebt ist." Er führt es vor, und Germaine ist von dem Gegensatz zwischen Vater und Bräutigam so überwältigt, daß sie sich losreißt und in ihr Zimmer läuft, um sich dort auszuweinen.

Das Tagebuch, in dem diese Episode verzeichnet ist, stammt aus dem Jahr 1785. Germaine war neunzehn. Auf der ersten Seite schrieb sie: „Wende diese Seite um, Papa, wenn du es wagst, nachdem du diesen Absatz gelesen hast. Ach, du stehst meinem Herzen so nahe, daß du mir diesen kleinen Raum nicht mißgönnen darfst, in dem ich mit dir allein vertraute Zwiesprache halten will." Hat Necker, durch dieses Verbot ermutigt, die Seiten doch umgewendet, so konnte er folgendes lesen:

„(31. Juli 1785) Gestern schrieb ich nichts ein. Ich war noch im Bett, als mein Vater mich besuchen kam, und ich widmete ihm eine Stunde, die sonst meinem Tagebuch gehört ... Wir sprachen über nichts Besonderes, aber jeder Augenblick war erfüllt von Heiterkeit und zarten Empfindungen. Welche Anmut, welchen Charme er doch hat, wenn er will! ... Ich werde eines Tages versuchen, ihn zu beschreiben, aber um ein gutes Porträt zu entwerfen, würde man alle die Eigenschaften benötigen, die man wiedergeben möchte – mit einem Wort, eine Art Universalität ... Doch wie kommt es nur, daß wir nicht immer miteinander harmonieren, daß wir uns manchmal leidenschaftlich, manchmal kühl gegenüberstehen? Warum entdecke ich manchmal Fehler in seinem Charakter, die für unsere zarte, innige Vertrautheit schädlich sind? Sicher deshalb, weil er möchte, daß ich ihn wie einen Liebhaber liebe, während er wie ein Vater zu mir spricht; weil ich möchte, daß er eifersüchtig wie ein Liebhaber sei, während ich mich wie eine Tochter gebe. Sein Wunsch wäre, daß ich die meinem Alter entsprechenden Neigungen völlig unterdrücke, und der Kampf zwischen meiner Leidenschaft für ihn und diesen Neigungen macht mich so unglücklich. Er wieder wird ungeduldig, weil er sieht, wie gerade dieser Kampf sich in die Länge zieht; wir lieben uns nicht bis zum Übermaß, aber wir sind diesem Punkt so nahe gekommen, daß mir alles unerträglich ist, was mich daran erinnert, daß wir ihn noch nicht erreicht haben. Unter allen Männern der Welt ist er derjenige, den ich mir als Liebhaber gewünscht hätte."

In einem Brief, den Germaine 1792 an einen Liebhaber schrieb, berichtet sie über ihres Vaters Gefühle für ihren ältesten Sohn (der sein Leben besagtem Liebhaber verdankt): „Mein Vater, der mich lange Jahre als Spielzeug benützt hat, ist erfreut über diesen Ersatz. Gefühle, die gleichgestellte Partner erfordern, hat er nicht nötig: Freunde stehen ihm weniger nahe als die Masse der Menschheit oder Kinder. So ist es nun einmal; einen Engel wie Dich kann man nicht zweimal in einem Leben finden[4]." Wer überzeugt ist, Germaine habe ihren Vater blind verehrt, mag eine solche hellsichtige Kritik verwirrend finden. In Wahrheit setzte die uneingeschränkte Vergöttlichung Neckers erst nach seinem Tode ein, genau wie Necker seine Frau erst nach dem Tode Madame Neckers uneingeschränkt in den Himmel hob. Der Kampf, den die neunzehnjährige Germaine zwischen ihrer Leidenschaft für ihren Vater und ihren natürlichen Neigungen austrug und der sich „in die Länge zog", tobte auch in der achtunddreißigjährigen noch.

Wenn Necker ihr Gott war, so verehrte sie ihn wie eine fromme Sünderin, ihn zugleich anbetend und beleidigend. Sobald sie unabhängig geworden war, schien ihr Verhalten geradezu darauf berechnet, sein Mißfallen zu erregen. Aber Necker war eine duldsame Gottheit und Germaine sein Spielzeug; sie wußte seine Milde zu würdigen und zog ihren Vorteil daraus, aber die Art Liebe, die sie von ihm empfing, konnte sie nicht befriedigen. Seine herablassende Nachsicht hinterließ nicht weniger Leere als Madame Neckers steife Unduldsamkeit. Sie lehnte sich gegen ihn genauso auf wie gegen ihre Mutter. Die vielen Männer, die sie später liebte, suchte sie sich offenbar deshalb aus, weil sie das genaue Gegenteil ihres Vaters waren, und für die Liebe, die sie von ihnen forderte, war absolute Gleichberechtigung die Voraussetzung. Sie wollte ihr Verhalten weder von eingeschnürter Tugend bestimmen lassen, noch wollte sie jemandes Spielzeug sein.

Hätte sie, statt ihrer Mutter, Necker geheiratet, alles wäre möglicherweise anders gekommen. In ihrem Tagebuch schreibt Germaine:

„Wenn eine liebende Frau ihm in der Mitte seiner Laufbahn die Arme geöffnet und ihm zugerufen hätte: Halt ein, geh nicht weiter! Laß mich das Ziel sein, das du erstrebst, ruhe dich an meinem Busen aus, suche deinen Ruhm in meiner Bewunderung, dein Glück in meiner leidenschaftlichen Liebe! ... Oh, ich glaube, ich bin sicher, daß er sich für immer in diese Arme geworfen hätte."

Germaine dachte, daß sie diese Frau hätte sein können, und doch ist es sehr wahrscheinlich, daß sie ebensowenig wie ihre Mutter den Wunsch gehabt hätte, ihn auf seinem Weg zum Ruhm zurückzuhalten. Wenn sie ihn anbetete, dann als ein Ideal, als einen Helden. Sie frohlockte über seine Macht, seine Popularität, sein Genie und brachte ihr ganzes Leben damit zu, ihn zu feiern. Als ihre Mutter 1783 den Wunsch äußerte, sie solle William Pitt heiraten, weigerte sie sich. „Mir steht ein anderes Schicksal bevor", schrieb sie in ihr Tagebuch. „Ich bin die Tochter Monsieur Necker." Es war eine stolzere Auszeichnung, als die Tochter eines Königs zu sein. Als Neckers Tochter war sie über die Rechtsprechung gewöhnlicher Menschen erhaben. Denn Necker war ein Wesen eigener Art, gesetzlich ein Bürger von Genf, geistig ein Bürger des Himmels. Er diente dem König in freundlicher Herablassung: als ein Protestant und Bürger einer Republik konnte er mit Ludwig XVI. sprechen wie ein Lehrer mit seinem Schüler; als Millionär war er sich seiner Unabhängigkeit bewußt. Dieser Umstand wirkte sich auch auf das Verhalten seiner Tochter aus: Sie sprach mit den Souveränen, die ihr den Hof machten, wie mit ihresgleichen: und mit dem einen Souverän, der ihr nicht den Hof machte, sprach sie mit betontem Hochmut, obwohl Königreiche vor seinem Namen zitterten. Die Vater-Anbetung war bei ihr nicht zu unterscheiden von Selbstbeweihräucherung und arrogantem Selbstbewußtsein.

Im Jahr 1783 war Germaine siebzehn, und es wurde Zeit, an eine Heirat zu denken. Als eine der reichsten Erbinnen Europas würde sie keine Schwierigkeiten gehabt haben, einen Mann zu finden, hätten die Eltern die Wahl nicht auf protestantische Adelige beschränkt. Einer der Kandidaten, Baron Eric Magnus Staël von Holstein, Sekretär an der schwedischen Botschaft in Paris, hatte sich seit ihrem zwölften Jahr um Germaines Hand bemüht; die Aussicht auf Neckers Millionen verlieh ihm eine Beständigkeit in der Verfolgung seines Zieles, die ihm bei allen anderen Unternehmungen mangelte. Seine Ausdauer sollte er schließlich belohnt sehen. Aber 1783 erschien ein beachtlicher Rivale in Frankreich. Es war William Pitt, ein Wunderkind, das im Alter von dreiundzwanzig Jahren eben sein Amt als Schatzkanzler niedergelegt hatte. Ob Pitt zu jener Zeit wußte, was für Pläne Madame Necker mit ihm hatte, ist nicht sicher.

Madame Necker fehlte es nicht an Phantasie. Folgende Tatsachen reimte sie zusammen: Pitt und Necker waren beide Genies; sie hatten in England und in Frankreich vergleichbare Stellungen eingenommen; beide waren von ihren hohen Ämtern zurückgetreten und warteten darauf, zu noch höheren berufen zu werden. Frankreich und England hatten eben Frieden geschlossen; was konnte passender sein, als ihr künftiges Einvernehmen durch die Hochzeit von Englands vielversprechendstem Staatsmann mit der Tochter von Frankreichs Schutzengel zu besiegeln, die selbst wegen ihrer glänzenden Gaben bereits gefeiert wurde? Der Gedanke eines dynastischen Bündnisses zwischen Ex-Finanzministern war neu, nun er aber einmal gefaßt war, schien es ein geradezu vorbestimmter Plan zu sein. Der Sohn Lord Chathams mit der Tochter Neckers durch eheliche Bande vereint – das beschwor idyllische Bilder des Friedens, des Wohlstands und der Einigkeit zwischen Europas mächtigsten Rivalen herauf. Daß Pitt anderer Ansicht sein konnte, scheint den Neckers gar nicht in den Sinn gekommen zu sein; es stand von vornherein fest, daß er geschmeichelt zustimmen würde. Man stelle sich Madame Neckers Bestürzung vor, als dieser Plan an der hartnäckigen Weigerung ihrer eigenen Tochter scheiterte.

Germaine blieb unerbittlich, auch als ihre Mutter weinte und flehte: Heiratete sie Pitt, so würde sie in England leben müssen, und das war ein entsetzliches Schicksal, denn es bedeutete ein Leben fern von ihrem Vater. Hätte Pitt gewußt, daß er der Anlaß zu hysterischen Szenen im Hause Necker war, er hätte ihnen einfach mit dem Hinweis auf ihre gänzlich akademische Natur ein Ende setzen können. Aber er wußte es nicht, und Madame Necker mußte zwar nachgeben, verzieh ihrer Tochter aber niemals. „Warum", fragt Germaine in ihrem Tagebuch zwei Jahre später, „warum nur mußte dieses unglückselige England die unerbittliche Kälte zum Vorschein bringen, die Mama jetzt mir gegenüber an den Tag legt?" Madame Necker erholte sich tatsächlich niemals von dem Schlag, den die Undankbarkeit und der Ungehorsam ihrer Tochter ihr versetzt hatten, und das Leben unter dem väterlichen Dach wurde zur Hölle.

Als Baron de Staël 1785 seine Offensive verstärkte, war Germaine bereit, ihn zu nehmen. Ihr Vater hatte die Baronie und das Schloß von Coppet am Genfer See erworben und spielte mit dem Gedanken, sich in seine stolze Einsamkeit zurückzuziehen. „Möge er mir verzeihen", schrieb seine Tochter, „aber ich habe noch nicht genügend Erinnerungen gesammelt, um den Rest meines Lebens von ihnen zu zehren ... Mein Herz betet ihn an, aber es würde erschrecken, wenn die Tür für immer hinter uns dreien zufiele." Das war eindeutig: Eine Heirat war der Weg zu Freiheit und Leben. Monsieur de Staël „ist ein Mann, der sich vollkommen korrekt benimmt, unfähig, etwas Dummes zu sagen oder zu tun, aber hohl und träge; er wird mich nicht unglücklich machen, aus dem einfachen Grund, weil er zu meinem Glück nichts beitragen kann, nicht aber, weil er es zu stören vermöchte ... Monsieur de Staël ist die einzig angemessene Wahl für mich." Mit solchen Überlegungen ging die Schülerin Rousseaus, die Anbeterin der Leidenschaft, die Prophetin romantischer Liebe und Ehe, zum Altar.

Germaine hatte mit neunzehn noch keine konkrete Vorstellung davon, welcher Art die Freiheit war, die französische Frauen durch die Heirat erlangten. Sie war unter lauter Gesprächen über die Liebe in einem Zeitalter moralischer Auflösung, umgeben von den aufgeklärtesten und emanzipiertesten Geistern ihrer Zeit aufgewachsen — und doch hatte sie dank Madame Neckers heroischen Bemühungen nicht die geringste Ahnung von den Gegebenheiten des Lebens.

„Ich weiß bis jetzt noch nicht, was für eine Sünde eine Frau begehen kann, aber es wird mir sicher erklärt werden, ehe ich mein feierliches Gelübde ablege. Ich würde mit Entsetzen auf mich blicken, die Natur würde mich verabscheuen, wenn die Tochter von Monsieur und Madame Necker in Gegenwart Gottes einen Eid leistete, den sie nicht halten würde. Genug über dieses entsetzliche Thema; die Möglichkeit eines Verbrechens in Betracht zu ziehen, gibt ihm schon einen Grad von Wahrscheinlichkeit!"

Hier spricht schlicht und einfach Madame Necker, sogar ihr Stil wird übernommen. Die Ähnlichkeit mit Madame Necker hört natürlich auf, als Germaine dann mit aufsehenerregender Häufigkeit ihre Gelübde bricht.

Die Übereinstimmung zwischen den Tagebüchern von Mutter und Tochter ist im allgemeinen so auffallend, daß man nur schwer begreifen kann, wieso Madame de Staël versicherte, sie sei mehr nach ihrem Vater als nach ihrer Mutter geraten. Sogar in der Einstellung zum Tod, mit dem sie sich so viel beschäftigten, sind sie sich einander ähnlich. „Der süße Gedanke an meinen eigenen Tod macht den Tod eines Menschen, der mir lieb ist, weniger schrecklich für mich", schrieb Germaine in ihr Tagebuch. „Und doch, wenn die Zeit des Abschieds kommt, laß mich zuerst den Atem aushauchen." Das war auch Madame Neckers immer wiederkehrendes Gebet. Aber während Germaine ihren krankhaften Gedanken entrann, indem sie sich in ein tätiges Leben voll Zerstreuungen stürzte, bemühte Suzanne Necker sich nicht, deren Anziehungskraft zu widerstehen. Sie liebkoste den Gedanken an den Tod und bereitete sich so sorgfältig darauf vor, daß sie sich nur mehr mit dem Sterben beschäftigte und ihr ganzes Interesse davon beansprucht wurde.

Madame Neckers Krankheit nahm eine ernste Wendung, nachdem Germaine sich so hartnäckig geweigert hatte, Pitt zu heiraten. Sie war überzeugt, kurz vor dem Tod zu stehen, und benützte die Gelegenheit, ihre Tochter — unter dem Vorwand, ihr zu verzeihen — mit Vorwürfen zu überhäufen. In der bei Neckers üblichen Weise tat sie es schriftlich:

„Merke, mein Kind, auf die letzten Anordnungen und Wünsche Deiner Mutter ... Gewisse Augenblicke in Deinem Verhalten werden Dir vielleicht Anlaß zu Vorwürfen geben; wenn Du sie mit der Freude vergleichst, die Du mir hättest bereiten können; sollte ich aber jetzt in Deinem Herzen irgendwelche Reuegefühle erwecken, so will ich Dir auch sagen, wie du sie besänftigen kannst ... Ich hinterlasse Deinem Vater alle Ansprüche, die ich auf Deine Zuneigung hatte ... Wo immer er hingehen will, folge ihm. Lebe in seinem Haus ... Verlasse diese Welt, die Du so wenig gekannt hast, und lebe für Gott, für Deinen Vater ..."

In den neun Jahren, die ihr noch vergönnt blieben, war das Madame Neckers Stil in ihren liebenswürdigeren Augenblicken. Sie behielt ihn sogar bis in ihre Kleidung bei. „Eine Frau, deren Kopf mit einem sehr dichten schwarzen Schleier bedeckt war, der ihr bis unter das Kinn reichte", so wird sie im Jahr 1784 von Madame de Charrière beschrieben. Im folgenden Sommer hatte sie immer trübere Vorgefühle. Germaine, überwältigt von Reue, fiel neben dem Bett ihrer Mutter auf die Knie: „Ich erstickte vor Tränen, war einer Ohnmacht nahe. ‚Ach', rief meine Mutter. ‚Du hast mich für lange Zeit glücklich gemacht!'"

Schon 1777 begann Madame Necker sorgfältig Maßnahmen zu planen, die, wie sie hoffte, irgendwie die Verbindung zwischen ihrem entwichenen Geist und ihrem Gatten erleichtern sollten. Dazu lebte sie in einer dauernden Angst, lebendig begraben zu werden. Diese Angst entsprang ihrer Bekanntschaft mit gewissen Praktiken in Spitälern. Einige Jahre zuvor hatte Ludwig XVI. ein Spital in ihre Obhut gegeben, das heute noch ihren Namen trägt, und sie hatte beobachtet, wie die Wärter in ihrer Eile, die Betten für neue Patienten frei zu machen, gelegentlich einen alten Patienten begruben, bevor er noch ganz tot war. Sie tat ihr Bestes, solchen Nachlässigkeiten zu steuern, und schrieb sogar einen Traktat *Über voreilige Beerdigungen*, aber die Angst, es könne sie das gleiche Schicksal treffen, wurde zur fixen Idee. In der Reihe ihrer nacheinander abgefaßten Testamente beschreibt sie in immer genaueren Einzelheiten, wie man sie einbalsamieren sollte, ehe man sie bestattete. „Ich flehe Dich an, diese Einzelheiten nicht zu vernachlässigen", bittet sie ihren Gatten im Jahr 1777. „Handle genau, wie ich es Dir sage. Es ist möglich, daß meine Seele um Dich herumwandert. Es ist möglich, daß ich des Entzückens teilhaftig werde, Dich die Wünsche derjenigen, die Dich so zärtlich liebt, genau befolgen zu sehen." Armer Necker!

Nachdem Necker im Jahr 1790 gestürzt worden war und sich in die Schweiz zurückgezogen hatte, mußte Madame Necker noch einmal ihre Anweisungen abändern. Sie beriet sich des längeren mit Ärzten und Architekten und beschloß folgendes: Ein Mausoleum für sie selbst und für ihren Gatten sollte in Coppet auf ihrem Besitz errichtet werden; dort wollte sie in einem steinernen Bekken, gefüllt mit Alkohol, ruhen, das groß genug war, sie und ihren Mann in gleicher Weise eingeweckt zu beherbergen. Necker sollte den Schlüssel zu diesem Grabmal erhalten und sie regelmäßig besuchen. Nach seinem Tode jedoch sollte es zugemauert werden.

Madame Necker starb 1794. Ihr Gatte führte ihre Anweisungen aufs genaueste aus, und während man das Mausoleum errichtete, behielt er ihren Leichnam drei Monate unter seinem Dach – drei Sommermonate.

Madame de Staëls Ergriffenheit beim Tod ihrer Mutter war gering, der Kommentar zu ihrem Begräbnis geradezu sarkastisch. „Sie wissen vielleicht nicht", schrieb sie an Meister, „daß meine Mutter höchst seltsame und ungewöhnliche Anordnungen getroffen hat, wie sie einzubalsamieren und dann in Weingeist unter Glas aufzubewahren sei. Wären, wie sie dachte, ihre Züge völlig erhalten geblieben, mein unglücklicher Vater hätte sein Leben damit verbracht, sie anzusehen. Den Wunsch, im Gedächtnis der anderen weiterzuleben, fasse ich anders auf."

Das waren die letzten Jahre Madame Neckers. Schicksalsvolle Jahre – nicht nur für die Neckers, sondern auch für Europa. Zur Zeit von Germaines Hochzeit im Jahr 1786 kannte man in Frankreich noch, um mit Talleyrand zu sprechen, die „Süße des Lebens". Als Madame Necker begraben wurde, stand Frankreich unter der Herrschaft des Schreckens. Während dieser Jahre befand Germaine sich im Mittelpunkt der Ereignisse.

Sehr unzulänglich vorbereitet ging sie in ihre Ehe und ins Leben. Sie war reich, die Tochter eines berühmten Mannes, ihre Lebendigkeit, ihre Intelligenz, ihre blendende Redegewandtheit wurden gefeiert; sie hatte zu schreiben begonnen, hatte zwar noch nichts veröffentlicht, war aber schon von einflußreichen Kritikern gelobt worden. Auf der anderen Seite war sie nicht hübsch (manche sagten häßlich); sie besaß trotz der vielen Unterrichtsstunden ihrer Mutter keine wirklich solide Bildung; sie kannte das Leben hauptsächlich aus der Literatur; und sie hatte überhaupt keine Manieren. Die Erziehungsmethoden Rousseaus, gekreuzt mit denen ihrer Mutter, hatten ein merkwürdiges Ergebnis gezeitigt: Sie war in einem Salon als Wilde aufgewachsen. Kaum von der bedrückenden Herrschaft ihrer Mutter befreit, stürzte sie sich in alles, was sie unternahm, mit einem gebieterischen Ungestüm, das die Welt in Erstaunen versetzte. Das Leben mußte mit ständig brennender Intensität gelebt werden, und die „stolzen und edlen Leidenschaften" (ein Satz, der in ihren Schriften immer wieder auftaucht) wurden für sie zum obersten Gesetz. Zurückhaltung und Mäßigung verachtete sie; auch zeigte sie nie die leiseste Befangenheit. „Alles in allem eine höchst unbequeme Person", sagte Madame de Genlis 1782. „Ungefähr achtzehn Jahre alt, wild, eitel, aber gutmütig und mit viel mehr Geist als Schönheit begabt", hieß Gibbons Urteilsspruch zwei Jahre später.

Für Männer aber war sie anziehend. Graf Guibert, ein genialer Stratege auf dem Gebiete der Liebe wie des Krieges, entwarf unter dem Namen Zulmé ein Porträt in Worten von ihr:

„Zulmé ist erst zwanzig Jahre alt, und sie ist eine Priesterin Apolls! ... Aus ihren großen dunklen Augen leuchtet das Genie. Ihr Haar, schwarz wie Ebenholz, fällt in lockigen Wellen über ihre Schultern. Ihre Züge sind nicht zart, sondern deutlich betont ... Sie besitzt das gewisse Etwas, das mehr ist als Schönheit. Wie wechselt der Ausdruck auf ihrem Gesicht! Wie köstlich sind die Modulationen ihrer Stimme! Was für eine vollkommene Harmonie zwischen dem Gedanken und seinem Ausdruck!"

Und so weiter. Reine Schmeichelei, würde man sagen, wären nicht andere Männer, die ihre Sklaven wurden, gerade diesen Reizen verfallen. Germaine erinnerte sich an dieses Porträt, als sie 1793 *Zulma* verfaßte, eine Erzählung, die, wie sie sagte, mehr als alles, was sie sonst geschrieben hatte, „ihr aus der Seele kam". Und was war das Hauptthema von *Zulma?* „Liebe steht über den Gesetzen, über dem Urteil der Menschen; sie ist die Wahrheit, die Flamme, das reine Element, die ursprüngliche Idee der moralischen Welt."

Daß Germaine nicht schön war, weder damals noch später, darüber sind sich alle einig. Sie war mittelgroß, mit zwanzig Jahren noch schlank, später aber untersetzt und füllig. Ihr Teint war dunkel verfärbt, ihre Lippen dick, fast negroid, ihre Nase gleichzeitig vorspringend und himmelstrebend, ihre Kleider immer geschmacklos. Sie trug damals noch langes gepudertes Haar, später quoll es in schwarzen Ringellocken unter einem ständig getragenen Turban hervor. Einstimmig jedoch werden die Augen außergewöhnlich schön genannt. Sie waren groß, herrlich, strahlend. Obwohl sie oft als schwarz beschrieben werden, zeigen die Porträts eine helle grünliche Farbe. Auf ihre Arme und Büste war sie stolz und trug zu jeder Tages- und Nachtzeit dekolletierte Kleider. Ihre Erscheinung wirkte sehr unterschiedlich, es kam dabei vermutlich auf das Temperament des Betrachters an. Guibert sah in ihr die Muse der Dichtung. Gouverneur Morris sagte: „Sie sieht wie ein Stubenmädchen aus." Madame de Charrière – und mit ihr die meisten Frauen – fand sie häßlich. Häßlich oder nicht, sie war ohne Zweifel anziehend, und nach einem Gespräch von fünf Minuten war die Frage nach körperlicher Schönheit unerheblich geworden. Sie weckte nicht Regungen der Sinne, sondern der Gefühle in den Männern: keiner, der mit ihr in Berührung kam, konnte sich diesem Zauber ganz entziehen.

Da die Umstände sie mitten auf die europäische Bühne gestellt hatten, in die vorderste Reihe der politischen und intellektuellen Elite, mußten ihre faszinierenden Kräfte in einem aufsehenerregenden Ausmaß zur Wirkung kommen.

ZWEITER TEIL · LIEBE UND POLITIK

Die Beschäftigung mit der Politik
ist Religion, Moral, Poesie –
alles in einem

MADAME DE STAËL

Liebe, höchste Macht des Herzens,
geheimnisvoll begeisternder Drang,
der Poesie, Heroismus und Religion
in sich vereint

MADAME DE STAËL
(Corinna, XIII. 1)

Heirat und Emanzipation

Gustav III., König der Goten und Vandalen, Freund und Bewunderer Rousseaus und Voltaires, warf am 19. August 1772 in Stockholm durch einen militärischen Staatsstreich die Konstitution seines Landes über den Haufen und machte sich zum absoluten Monarchen.

Es gab keinen Widerstand, alles war in zwanzig Minuten erledigt. Unter den Adligen, die sich bei dieser Gelegenheit auszeichneten, fiel dem König ein Gardefähnrich auf, der gerade im richtigen Augenblick mit viel Stimmaufwand aus kräftiger Lunge „Alles geht in Ordnung! Lang lebe der König!" rief, was sich auf den Erfolg des Unternehmens ungemein günstig auswirkte.

Fähnrich Eric Magnus Staël von Holstein wurde am nächsten Tag zum Leutnant befördert.

Dreiundzwanzig Jahre zuvor war der junge Staël in einem Schloß in Ostgotland als achtes Kind eines Kavalleriehauptmanns geboren und in der rauhen und rustikalen Art aufgezogen worden, die für den verarmten Zweig einer adligen Familie charakteristisch ist: ein Vater, der seine Zeit mit Jagd und Viehzucht verbrachte; eine Mutter, die ihr Leben lang Kinder getragen und begraben hatte und später, als sie zur Witwe wurde, den Besitz verkaufte, um ihren Söhnen eine Karriere zu ermöglichen; eine Militärdienstzeit, die mit dreizehn Jahren begann. Während seine adligen Kameraden sich Offizierspatente kauften und unbeschwert den ihrem Stand angemessenen Vergnügungen nachgingen, lernte Staël die Demütigungen der Armut kennen; aber er hatte gewisse Vorzüge, die ihn von den Durchschnittsadligen unterschieden. Obwohl es mit seiner Bildung schlecht bestellt war, besaß er jene Art von Intelligenz und Anpassungsfähigkeit, die den Zugang zu den höchsten gesellschaftlichen Sphären ermöglicht: Ehrgeiz, Schlauheit, überzeugenden Charme und ein hübsches, gewinnendes Aussehen – blondes Haar, feingeschnittene Züge, eine elegante Gestalt und viel zu zarte Hände für einen Subaltern-Offizier in einem Ostgotland-Regiment.

Königs Gustavs Geschmack war in Frankreich ausgebildet worden: Er hatte hübsche junge Männer ebenso gern wie französische Gräfinnen. Er sah, welche Mischung von Ehrgeiz, Frivolität und Gescheitheit sein „lieber Staël" besaß, und in der Erwartung, davon einmal guten Gebrauch machen zu können, kam er ihm jovial entgegen.

Staël erhielt zwei Jahre Urlaub, reiste, erwarb sich gesellschaftlichen Schliff und wurde, als er nach Schweden zurückkehrte, zum Kammerherrn der Königin ernannt. Aber der junge Mann, der von einer größeren Bühne träumte, hatte Stockholm bald satt. Im März 1776 ersuchte Staël um seine Beförderung zum Hauptmann und um die Erlaubnis, in den Dienst König Georgs III. treten zu dürfen, der damals Vorbereitungen traf, ein Expeditionskorps in die amerikanischen Kolonien zu entsenden. Gustav gab dem Ersuchen am 14. März statt; am 1. April war der liebe Staël in Paris. Es war ihm nicht gelungen, erklärte er seinem König, eine angemessene Stellung in der britischen Armee zu erhalten. Gustav unterhielt sich über die Eskapade, machte gute Miene dazu und ernannte ihn zum Attaché des schwedischen Botschafters, Graf Creutz.

Creutz nahm den jungen Mann unter seine Fittiche; binnen weniger Wochen hatte Staël Paris und Versailles erobert. Die Damen waren begeistert vom „Kleinen Staël", ebenso die Königin, die sich zu den Schweden im allgemeinen und zu Graf Fersen im besonderen hingezogen fühlte. Zum Unterschied vom „Großen Axel" Fersen aber hatte der „Kleine Staël" kein Geld. Sein Mentor, Graf Creutz, lehrte ihn jedoch bald die Kunst zu borgen, ohne zurückzuzahlen. Wer wollte jenem Manne Kredit verweigern, der zur Königin privat zugelassen war? „Monsieur de Staël ist ein vielbeschäftigter Mann", schrieb Creutz an Gustav: „Er steht bei

Hof sehr in Gunst, und alle jungen Damen Frankreichs würden mir die Augen auskratzen, würde ich seine Karriere nicht fördern. Madame de La Marck und Madame de Luxembourg würden mich ausrotten ... Gräfin de Polignac empfindet zärtliche Freundschaft für ihn ... Madame de Boufflers liebt ihn wie einen Sohn."

Gräfin Boufflers, eine Schönheit, die damals schon in den Sechzigern war, gehörte genau wie Graf Creutz zum intimen Kreis in Madame Neckers Salon; sie hatte auch für König Gustav warme, freundliche Gefühle empfunden, als er die Herzen von Paris als Kronprinz eroberte, und sie stand immer noch in Briefwechsel mit ihm. Daß der „Kleine Staël" es fertiggebracht hatte, von ihr wie ein Sohn geliebt zu werden, war ein Beweis für seine diplomatische und strategische Begabung.

Baron de Staël (er hatte sich in der Zwischenzeit den Titel Baron zugelegt, der von einem anderen Zweig seiner Familie geführt wurde) war durch seine leichtsinnigen Ausgaben in eine Lage geraten, die alle seine Beschützer zwang, für ihn etwas mehr zu tun, als ihn nur zu lieben. Er war, wie Creutz Gustav im Jahr 1778 berichtete, „am Ende seiner Mittel und besaß keinen Pfennig mehr". Es mußte etwas für ihn geschehen, sollte nicht eines der vielversprechendsten Talente verlorengehen. Baron de Staël wußte genau, was. Es gab nur einen einzigen Ausweg – die Vermählung mit einer reichen Erbin. In den französischen Hochadel einzuheiraten, kam nicht in Frage, aber glücklicherweise war die reichste verfügbare Erbin die Tochter eines Genfer Bürgers, Mademoiselle Necker. Gewiß, sie war erst zwölf Jahre alt, aber Verhandlungen über eine Heirat brauchten ihre Zeit, und außerdem war es nichts Ungewöhnliches, daß Mädchen mit vierzehn oder fünfzehn heirateten. Die Hauptschwierigkeit – darauf machte Madame Necker Madame de Boufflers unverzüglich aufmerksam, als diese ihr den Vorschlag unterbreitete – lag darin, das Monsieur de Staël nichts war und daß Mademoiselle Necker keinerlei Grund hatte, einen Niemand zu heiraten. Diese Schwierigkeit hatte man vorausgesehen. Natürlich konnte man von Mademoiselle Necker nicht erwarten, daß sie einen Niemand heiratete, hatte Monsieur de Staël aber Aussicht auf eine Vermählung mit Mademoiselle Necker, dann wäre der König in der Lage, Monsieur de Staëls Talenten Gerechtigkeit widerfahren zu lassen und ihn als Nachfolger des Grafen Creutz zum Botschafter zu ernennen. Graf Creutz, Madame de Boufflers, sogar Marie Antoinette würden ihren Einfluß beim König von Schweden geltend machen, um ihn zu diesem Schritt zu veranlassen. Madame Necker antwortete unverbindlich, es bestünden gewisse Chancen, falls Staël Botschafter würde.

Im Mai 1778 rang Staël in Schloß Drottningholm seinem König ein vages Versprechen ab, ihm zu Hilfe zu kommen. Gustavs Standpunkt war klar: Staël konnte nicht Botschafter werden, wenn er nicht Mademoiselle Necker heiratete. Der Standpunkt der Neckers war ebenso klar: Staël konnte Mademoiselle Necker nicht heiraten, wenn er nicht Botschafter wurde. Ein weniger zäher Mann hätte in dieser aussichtslosen Sackgasse kehrtgemacht; aber Staël kämpfte um sein Leben, und der Gedanke an die Neckerschen Millionen gab ihm die Kraft, acht Jahre in tödlichem Hangen und Bangen auszuhalten. Die unbestimmten Zusicherungen, die Gustav in Beantwortung der Bitten von Creutz und Madame de Boufflers aussprach, rechtfertigten seine Hoffnungen, aber das Jahr 1783 kam, und noch war nichts erfolgt, und es wurde davon gesprochen, daß die jetzt siebzehnjährige Mademoiselle Necker sich mit Mr. Pitt vermählen würde. Staëls Aufregung verwandelte sich in Bestürzung, als im gleichen Jahr verkündet wurde, Creutz sei zum Kanzler ernannt worden, und zu seinem Nachfolger habe Gustav nicht den „Kleinen Staël", sondern Baron Taube gemacht. „Ich bin in einer verzweifelten Lage", wandte Staël sich flehentlich an seinen Souverän, „und nichts kann mich vor dem Abgrund retten, es sei denn, Eure Majestät würde die Anordnung rückgängig machen, die mich ins Unglück stürzt." Creutz machte seinerseits Gustav darauf aufmerksam, die traditionelle französisch-schwedische Allianz sei bedroht, wenn Staël nicht seine Ernennung erhielte. „Er hat mit Einwilligung des Königs das Recht, von der Königin in Privataudienz empfangen zu werden – ein Recht, das mir, obwohl ich Botschafter bin, nicht gewährt wird."

Zu allem Überfluß sandte Marie Antoinette auch noch eine persönliche Mitteilung an Gustav, und gab ihm zu verstehen, daß nichts der Förderung freundschaftlicher Beziehungen zwischen den Höfen Frankreichs und Schwedens zuträglicher wäre als die Ernennung Monsieur de Staëls zum Botschafter. Gustav, der französische Subventionen dringend nötig hatte, begriff. Immerhin fand er es angezeigt, bei dem Handel so viel als möglich herauszuschlagen. Wenn Staël Botschafter werden wollte, sollte er sich diesen Posten verdienen; wenn Marie Antoinette ihn in Paris haben wollte, sollte sie für diesen Vorzug bezahlen. Gustav ernannte Staël während der Abwesenheit des Grafen Creutz zum Geschäftsträger und schickte ihm folgende Instruktionen:

„An Ihnen liegt es, die Gunst, in der Sie beim Französischen Hof stehen, zu rechtfertigen und sich der meinen wert zu erweisen . . . Die Königin von Frankreich ist Ihnen freundlich gesinnt – machen Sie sich diesen Vorteil für das Vaterland zunutze:

das ist der beste und edelste Weg, sich den Botschafterposten zu verdienen, den Sie sich wünschen . . . Die erste Unterhandlung, die ich Ihnen anvertraue, hat den Erwerb einer Insel in Amerika zum Ziel, einen Erwerb, der mir sehr am Herzen liegt: ich möchte Tobago haben. Wenn Sie klug vorgehen und in der Königin von Frankreich den Wunsch erwecken, ihre Empfehlung durch die erfolgreiche Durchführung einer so wichtigen Unterhandlung gerechtfertigt zu sehen, mache ich Sie zu meinem Botschafter. Gelingt es Ihnen aber nicht, Tobago zu erhalten (denn gerade Tobago möchte ich haben), so muß ich Ihnen in aller Aufrichtigkeit sagen, daß Sie sich mit dem Titel eines bevollmächtigten Ministers werden begnügen und den Gedanken an den Botschafterposten werden aufgeben müssen."

Um Mademoiselle Necker zu heiraten, mußte man also westindische Inseln einhandeln. Monsieur de Staël fand dieses Ansinnen grausam. Es gab keinen Grund, warum Schweden Tobago verlangen sollte, es sei denn, daß bei der damaligen Friedenskonferenz in Paris ganz allgemein um Inseln gehandelt wurde. Vergebens flehte der Geschäftsträger die Königin und Vergennes an, sie sollten sich seiner in dieser Zwangslage erbarmen; was bedeute Frankreich eine kleine Insel in den Antillen im Vergleich zu der Bedeutung, die es für ihn habe, Botschafter zu werden und Mademoiselle Necker zu heiraten! Tobago kam nicht in Frage. Man konnte jedoch den „Kleinen Staël" nicht vollkommen fallenlassen; die französische Regierung bot statt Tobago die kleine Insel Saint-Barthélémy an. Gustav erklärte sich einverstanden, und im Jahr 1784 wurde der „kleine Staël" außerordentlicher Botschafter und bevollmächtigter Gesandter.

Die Hand Mademoiselle Neckers schien in greifbare Nähe gerückt. „Sie werden der reichste Edelmann Schwedens sein", schrieb Gustav an Staël; und da er sich zu dieser Zeit auf Reisen in Italien befand, versprach er sogar, nach Paris zu kommen und den Heiratskontrakt seines Botschafters mit zu unterzeichnen. Aber als der König im Jahr 1784 im Mai in Paris eintraf, war immer noch keine Rede von einem Heiratskontrakt; dafür kostete es Staël 200 000 Pfund, seinen König zu bewirten. Wenn jemals ein Mann in der Klemme saß, dann Baron de Staël — so hatte es zumindest den Anschein. Ein verzweifelter Hilferuf erging an Madame de Boufflers, die als Botschafterin des Botschafters bei Monsieur und Madame Necker vorsprach.

Am 21. Mai 1784 gaben die Neckers ihre Bedingungen bekannt: (1) Die Botschaft mußte Monsieur de Staël auf Lebenszeit zugesichert werden; (2) Sollten irgendwelche unvorhergesehenen

Umstände seine Laufbahn als Botschafter beenden, so sollte er eine Pension von 20 000 Francs jährlich erhalten; (3) Staël mußte in den Rang eines Grafen erhoben werden; (4) Staël mußte das feierliche Versprechen ablegen, daß er seine Frau niemals zwingen würde, in Schweden zu wohnen; (5) Gustav hatte Staël den Orden des Polarsterns zu verleihen; (6) Der Heiratskontrakt sollte von Marie Antoinette gebilligt und unterzeichnet werden. Für die Tochter einer Gouvernante und eines früheren Bankangestellten waren das recht erstaunliche Bedingungen.

Ein weiteres Jahr verging in Unterhandlungen, bis man zu einem Kompromiß kam: Gustav scheute vor dem Polarstern und dem Grafentitel zurück; auf die anderen Bedingungen ging er im wesentlichen ein. Im Juli 1785 wurde der glückliche Bewerber seiner künftigen Frau vorgestellt. Von Germaines erstem Eindruck wurde bereits gesprochen: korrekt, hohl, träge. Was Germaine auf Staël für einen Eindruck machte, ist nicht bekannt; nachdem er acht Jahre lang seine ganzen Bemühungen auf das Ziel gerichtet hatte, sie zu heiraten, darf man bezweifeln, ob er fähig war, in ihr etwas anderes zu sehen als die Verkörperung der 650 000 Pfund Tournois, ihrer Mitgift.

Am 14. Januar 1786 wurde Germaine in der evangelischen Kapelle der Schwedischen Botschaft die Gattin Seiner Exzellenz, Eric Magnus Freiherr Staël von Holstein. Unter den Zeugen war Graf Fersen. Der Heiratskontrakt war am Vorabend vom König und der Königin von Frankreich und von allen Prinzen königlichen Geblüts unterzeichnet worden. Man hätte meinen sollen, daß die Necker einiges für ihre Tochter getan hatten, und doch bemerkte Kaiserin Katharina II.: „Jeder ist der Meinung, daß Mademoiselle Necker eine sehr unvorteilhafte Heirat gemacht hat." Madame de Boufflers, die am Zustandekommen dieser Ehe den Hauptanteil hatte, schrieb Gustav, sie habe wenig Hoffnung, daß sie glücklich würde.

„Es steht fest, daß sie absolut keine Ahnung von gesellschaftlichem Benehmen und Brauch hat, und sie ist so verwöhnt durch die ständige Bewunderung ihres Geistes, daß es nicht leicht sein wird, sie zur Einsicht ihrer Unzulänglichkeiten zu bringen. Sie ist übertrieben herrschsüchtig und willensstark und hat eine Selbstsicherheit, die ich noch bei keinem Geschöpf ihres Alters, gleichgültig von welchem Rang, jemals angetroffen habe."

Seit Jakob die Schafe seines Onkels Laban weidete, haben wenige Männer so unverdrossen sich um eines Mädchens Hand bemüht wie Baron de Staël. Aber nachdem Jakob zwanzig Jahre unter seinem Onkel und Schwiegervater gedient hatte, konnte er reich und geehrt in sein Haus zurückkehren. Monsieur de Staëls Frondienst hatte erst begonnen.

Nach damaligem französischem Brauch verbrachte das junge Paar die ersten Tage nach der Hochzeit im Haus der Brauteltern. Am Donnerstag der folgenden Woche zog Germaine in die Schwedische Botschaft in der Rue du Bac. Der Curchod-Neckerschen Tradition getreu nahm sie schriftlich und in tragischem Ton Abschied: „In diesem Augenblick, der wie der Augenblick des Todes ist ..." Es war ihrer Mutter Stil, an die der Brief auch gerichtet war. „Das Glück", schloß Germaine, „wird später – wird zeitweise – wird vielleicht niemals kommen."

Germaines Tagebuch aus dem Jahr 1785 ist zu entnehmen, daß sie in die Ehe unwissend, aber ohne Illusionen ging. „Er wird mich nicht unglücklich machen, aus dem einfachen Grunde, weil er zu meinem Glück nichts beitragen kann." Es sieht fast so aus, als wäre sie entschlossen gewesen, ihrem Gatten keine Chance zu geben. Es ist richtig, daß Monsieur de Staël sie nur wegen ihres Geldes geheiratet hatte: Die Reinheit seiner Motive war ungetrübt. Aber das war kein Grund, seine Frau, nun er einmal mit ihr verheiratet war, nicht auch zu lieben, und er liebte sie tatsächlich. „Ich bin überzeugt, daß sie ihn liebt und seine Wesensart schätzt", schrieb ein Sekretär der Botschaft im Jahr 1787, „aber er liebt sie mehr."

Daß Germaine ihren Gatten liebte und schätzte, scheint eine merkwürdige Behauptung angesichts der Ausdrücke des Abscheus und der Verachtung, mit denen sie in späteren Jahren von ihm und ihrer Ehe spricht. Sie würde sich eher umbringen, als zwei Monate mit ihrem Mann zu leben, erklärte sie 1792; und in *Delphine* schrieb sie zehn Jahre später: „Wenn es irgendeinen Umstand gibt, der uns berechtigt, eine Klage gegen unseren Schöpfer zu erheben, so ist dieser Umstand eine unglückliche Ehe. Wehe über die Frau, die gezwungen ist, ihr Leben selbst in die Hand zu nehmen, um die Fehler und die Kleinlichkeit ihres Mannes zu verbergen; die sich von ihm befreien und allein die Bürde des Daseins tragen muß!"

Es trifft aber zu, daß während der ersten zwei oder drei Jahre ihrer Ehe die Staëls, zumindest nach außen hin, harmonisch und einträchtig miteinander zu leben schienen. Germaine hatte nicht erwartet, in ihrem Mann einen Saint-Preux zu finden. Ihre Ehe, das wußte sie, hatte mehr von einem internationalen Freundschafts- und Handelsvertrag als von einer privaten Abmachung, und sie schloß sie hauptsächlich in der Absicht, sich von ihrer

Mutter zu emanzipieren. Vielleicht machte sogar die Tatsache, daß Monsieur de Staël darauf bestand, Germaine mehr zu lieben als sie ihn, die Ehe für sie so unerträglich. Germaine schrieb unzählige Male – in ihren Briefen, in ihren Büchern –, Glück in der Ehe sei der größte Segen für eine Frau, ihr aber sei es versagt geblieben. Sie behandelte dieses Thema mit solcher Eindringlichkeit, daß sie die meisten ihrer Leser von ihrer Darstellung überzeugte. Es ist daher überraschend, in einem Brief Monsieur de Staëls an Germaine aus dem Jahr 1798 auf folgende Stelle zu stoßen: „Ich sehe es als mein größtes Mißgeschick an, daß ich gezwungen wurde, auf das einzige Glück zu verzichten, nach dem ein vernünftiges Wesen und ein gefühlvolles Herz sich sehnen kann – auf das Glück, das nur in einer zärtlichen und innigen Ehe zu finden ist." Es ist kaum zu bezweifeln, daß Germaine und nicht ihr Gatte Zärtlichkeit und innige Verbundenheit ablehnte.

Als Monsieur de Staël nach achtjähriger Mühsal in den Hafen einlief, setzte er sich in den Kopf, in Germaine nicht nur seine Rettung vor dem Bankrott, sondern auch wirklich in jeder Beziehung seine Frau zu sehen. Er war der Auffassung, mit der Heirat habe er über sie gewisse Rechte – sie war der Auffassung, mit der Heirat habe sie die Freiheit gewonnen. Es besteht kein Grund zur Annahme, daß sie sich weigerte, ihre ehelichen Pflichten zu erfüllen, oder daß diese Pflichten ihr in den ersten Monaten ihrer Ehe unangenehm waren. Allerdings zeigen nicht nur ihre Bücher, sondern sogar ihre leidenschaftlichen Liebesbriefe eine merkwürdige Zurückhaltung, wo es um die physische Seite der Leidenschaft geht; körperliche Liebe war ohne Frage für sie niemals mehr als ein natürlicher Teil der allesumfassenden Liebe – keineswegs der wichtigste Teil, aber auch nicht etwas, vor dem man zurückscheuen mußte. Was sie vor allem ersehnte, war Liebe schlechthin oder eine Art von Freundschaft, die kaum davon zu unterscheiden war; das Sexuelle konnte man mit einbeziehen, man konnte auch im Interesse des einen wie des anderen Gefühls darauf verzichten. Aber sie war weder zu Liebe noch zu Freundschaft fähig, ohne daß ihr Intellekt und ihre Nerven sich angesprochen und angeregt fühlten, und Monsieur de Staël war für eine solche Anregung nicht das geeignete Objekt. Er wollte geliebt werden; er machte seiner eigenen Frau den Hof, er bat um ihre Liebe – aber immer auf der unzureichenden Grundlage, daß er ihr Mann war. Da sich ihre Wege nicht allzu häufig kreuzten, konnte er seine Bitten meist nur schriftlich äußern und klagte immer wieder, daß er sich so selten ihrer Gesellschaft erfreue. „Ich erkläre Dir nochmals", antwortete sie auf einen seiner Briefe, „falls ich für Dein

Glück erforderlich bin, mußt Du mir auch ein wenig Glück schenken, sonst kann ich Dir keines als Gegengabe bieten. Ich für meinen Teile sehe zu, wie ich am besten allein fertig werde."

Da sie diese Worte in späteren Jahren verschiedenen Liebhabern gegenüber wiederholte, kann man sich einen Begriff davon machen, was sie unter „ein wenig Glück schenken" verstand. Um sie glücklich zu machen, mußte man alles, was sie gab, als Gnade empfinden, und alles, was sie verlangte, als ein ihr zustehendes Recht. Die ärgste Beleidigung war Eifersucht. Wenn es zu ihrem Glück nötig war, daß sie ihr eigenes Leben mit ihren eigenen Freunden führte, so war es Monsieur de Staëls Pflicht, ihr zu willfahren; bestand er auf seinen Rechten als Ehemann, so hatte er sie auch schon verwirkt, und daß er für sich Freiheiten in Anspruch nahm, die er ihr nicht zugestand, war völlig unerträglich. „Übrigens", schrieb sie ihm nach einem Krach, „ist viel die Rede davon, daß Du Dir eine Geliebte hältst, und Du kommst zu Stunden nach Hause, die mich geneigt machen, daran zu glauben. Ich kann Dir nur sagen, daß ich das genauso schlimm finde, wie einen Geliebten zu haben."

Zumindest in einer Beziehung aber gab es eine vollkommene Übereinstimmung der Interessen bei den Staëls, und das war auch der Grund, warum sie als einträchtiges Paar erschienen. Der schwedische Botschafter hatte sein politisches Schicksal an das seines Schwiegervaters gebunden, und in den ersten vier Jahren seiner Ehe galt seine Hauptsorge der Förderung der Sache Neckers. Das führte zwischen ihm und Germaine zu einem gewissen Einverständnis und zu einer Kameradschaft wie unter Verschwörern. Nachdem sie ihrem Mann zu verstehen gegeben hatte, daß er keine Rechte auf sie habe, behandelte sie ihn mit der freundschaftlichen Kordialität, die man für langjährige Geschäftspartner übrig hat, und nur wenn Eric Magnus — selten genug — sich widerspenstig zeigte, ließ sie ihn ihre Krallen spüren. Das war um so leichter für sie, als sie noch immer die Hand auf der Geldtasche hatte. Von ihrer Mutter Herrschaft war sie befreit, über ihren Mann hatte sie im Kampf um die Unabhängigkeit gesiegt, ihren Rang als Botschaftersgattin nützte sie in jeder Weise aus — Germaine hatte sich emanzipiert und pochte gebieterisch auf ihr Recht, ihr Glück zu suchen. Was ihren Gatten betraf, so blieb ihm nichts übrig, als seinem besten Freund fünf Jahre nach seiner Hochzeit zu schreiben: „Ich bin so unglücklich, wie ein vernünftiger Mensch es nur sein kann."

Angesichts der Unzulänglichkeit Monsieur de Staëls war es nur eine Frage der Zeit, wann Germaine ein würdigeres Objekt für ihre Gefühle fand. Zum Unglück für sie selbst und ihre Liebhaber verlangte sie das Unmögliche. Auf der einen Seite übte das Vater-Bild weiter seine Herrschaft über sie aus: „Das Herz einer Frau kann nicht in Leidenschaft entbrennen, wenn sie nicht für den Gegenstand ihrer Liebe ehrfürchtige Bewunderung empfindet, die nicht ganz frei ist von Angst, und eine fast unterwürfige Ehrerbietung", erklärte sie im Vorwort zu *Delphine.* Auf der anderen Seite fiel ihre Wahl auf Männer mit überfeinem Empfindungsvermögen: phantasievoll, schöpferisch, empfänglich für jede Nuance, geistig beweglich und untertänig wie ein Troubadour oder ein Ritter aus König Artus' Tafelrunde – kurz Männer, in deren Charakter der weibliche Faktor unverkennbar eine Rolle spielte. Bewunderung, Achtung, Angst, Ehrerbietung, Unterwürfigkeit, all das waren nicht Gefühle, die man in ihr weckte, sondern die man ihr viel eher entgegenbrachte: bei allen ihren Beziehungen zu Männern war sie verurteilt, der stärkere, der dominierende Partner zu sein. Die Männer, zu schwach, um zu herrschen, und nicht bereit, sich beherrschen zu lassen, ergriffen die Flucht.

Bevor sie ihren Leidenschaften freien Lauf lassen konnte, mußte sie aber das Gespenst des Inzests bannen. Für ein Mädchen, das keine konkreten Begriffe von der physiologischen Seite der Liebe besaß und das in seinem Tagebuch vermerkt hatte, sie zöge allen Männern ihren Vater als Liebhaber vor, muß die Entdeckung, was die Liebe mit sich brachte, ein Schock gewesen sein. Sie bannte das Gespenst durch ein fast öffentliches Bekenntnis in einem recht schlechten Drama, *Sophie oder Die geheimen Gefühle,* das sie im ersten Jahr ihrer Ehe schrieb, ihren Eltern und Freunden zu lesen gab und 1790 veröffentlichte. In diesem Stück stellt sich Germaine als ein Mädchen dar, das in seinen Adoptiv-Vater verliebt ist, von ihm heimlich geliebt wird und ihm zuliebe die Hand eines Bewerbers ausschlägt.

Mit der Niederschrift der *Sophie* scheint Germaine sich in wenigstens einer Hinsicht von ihrer Bindung an den Vater befreit zu haben. Sie hatte sich mit der naturgegebenen Tatsache abgefunden, daß ihr Vater niemals das Bedürfnis nach Liebe, wie sie es jetzt verstand, befriedigen konnte: Die Ehe hatte ihr die Augen darüber geöffnet, was Liebe sein konnte, was ihr Gatte nicht war und was ihr Vater niemals sein durfte. Sie war frei, sich anderweitig umzusehen.

Konnte sie kein Glück in der Liebe finden, die das Leben selbst war, dann hatte sie Lärm, Aktivität und Bewegung nötig. „Ich liebe am lärmenden Betrieb, daß er das Leben verdeckt", schrieb sie ihrem Mann aus Coppet. Während der beiden ersten Jahre ihrer Ehe stürzte Germaine sich Hals über Kopf in Lärm und Getriebe; sie hätte für ihr Temperament keinen passenderen Ort und keine bessere Zeit finden können als Paris in den letzten Jahren des ancien régime. Am 31. Januar 1786, zwei Wochen nach ihrer Hochzeit, hielt Madame de Staël offiziell Einzug in die Gesellschaft. Als sie in Versailles dem König und der Königin vorgestellt wurde, ging es nicht ohne ein Mißgeschick ab. Das Kleid, das sie bei dieser Gelegenheit trug, war ein Meisterwerk der berühmten Couturière Mademoiselle Bertin. Sie hatte, wie die Herzogin von Enville bemerkte, versucht, „das Genie des Vaters, die Tugenden der Mutter und die Unschuld der Tochter in Satin und Spitze umzusetzen". Germaine, ebenso stürmisch wie ungeschickt, war spät daran, sprang aus dem Wagen und stellte damit die Nähte von Mademoiselle Bertins zartem Gebilde auf eine zu harte Probe. Als sie Marie Antoinette vorgestellt wurde, machte sie den dreifachen traditionellen Hofknicks; beim dritten Knicks hatte sie nach altem Brauch so zu tun, als würde sie den Saum des Gewandes der Königin ergreifen und küssen; bei dieser Bewegung verfing sich der Besatz von Germaines Schleppe und löste sich endgültig von ihr los.

Der König sah ihre Verlegenheit und bemerkte mit einem Lächeln: „Wenn Sie sich bei uns nicht wie zu Hause fühlen, werden Sie sich niemals irgendwo zu Hause fühlen." Die Königin nahm sie in ihr Boudoir und unterhielt sich mit ihr, bis eine Kammerzofe den Schaden repariert hatte, denn auf die Vorstellung folgte noch ein offizielles Diner mit vierundachtzig Gästen. Ehe der Tag vorbei war, hatte die Episode schon die Runde in Paris gemacht; Bewunderer verfaßten Vierzeiler auf Germaines anmutige Bescheidenheit, und Feinde machten Epigramme auf ihre Ungeschicklichkeit.

Es war erstaunlich, wie übelwollend ihre Zeitgenossen, vor allem die Frauen, Madame de Staël entgegentraten, kaum daß sie in die Gesellschaft eingeführt worden war. Zweifellos hatten die Angriffe in weitem Maß politische Motive und waren gegen die Familie Necker im allgemeinen gerichtet. Das Produkt so offen zur Schau gestellter Tugenden wurde natürlich mit neidischen Blicken genau unter die Lupe genommen, und Schwächen, die man der Tochter eines weniger selbstherrlichen Paares hätte hingehen lassen, wurden bei der Tochter von Monsieur und Madame Necker unbarmherzig kritisiert. Germaine war über diese Reaktion überrascht. „Wie sicher war ich doch", läßt sie Delphine sagen, „daß es genüge, freundlich und gut zu sein, und alle Herzen würden sich öffnen, sobald ich nur kam — wie war ich überzeugt, daß alle gesellschaftlichen Beziehungen ein ständiger Austausch von Dankbarkeit und Neigung seien!" Statt dessen wurde sie kritisiert, gehaßt, lächerlich gemacht: sie spreche unaufhörlich; sie besäße mehr Verstand als Takt oder Gefühl; sie wäre mit den gesellschaftlichen Konventionen nicht vertraut; sie wäre eine steife, prüde Calvinistin; sie wäre unzurechnungsfähig, ehrgeizig, arrogant, schamlos, eine Intrigantin; sie wäre häßlich und geschmacklos angezogen. Einige ließen gelten, daß sie genial sei, und eine Handvoll Freunde, Männer sowohl wie Frauen, verfielen ihrem Zauber und bewunderten sie mit mehr oder weniger zurückhaltender Anbetung. So zeigte sich von allem Anfang an, daß sie sich alles, was ihr an Liebe und Ruhm zuteil werden sollte, Zoll um Zoll würde erobern müssen, mit allen Mitteln und mit allen Waffen, die ihr zur Verfügung standen. Daß die gegen sie gerichteten Vorwürfe nicht völlig der Grundlage entbehrten, läßt sich nicht leugnen. Ja, es ist sogar leichter, aus der zeitlichen Distanz von eineinhalb Jahrhunderten die Kritiker und Spötter zu verstehen als die Verehrer. Will man aber die eigentliche Persönlichkeit und nicht eine Karikatur vor sich sehen, so muß man bedenken, daß der wahre Grund all der gegen sie gerichteten Feindseligkeiten nicht in den Mängeln zu suchen ist, die man ihr ankreidete; ihre treuesten Freunde und Liebhaber erkannten diese ebenso deutlich wie ihre Feinde. Die unverzeihlichen Sünden waren vielmehr ihre Unabhängigkeit, ihre Mißachtung der öffentlichen Meinung, ihre rücksichtslose Jagd nach Glück und ihre bewußte Überlegenheit. Nur ein ungewöhnlicher Geist konnte einer Frau solche Sünden vergeben.

Mit der erhabenen Selbstgerechtigkeit einer echten Necker brachte Germaine es fertig, durchs Leben zu gehen und in ihrem Kielwasser eine Unzahl verzweifelter Liebhaber, vernichteter Pläne, verheerender Intrigen und eine Schar von Zuschauern zurückzulassen, die sie je nach Temperament anstaunten oder auslachten, ohne daß sie sich jemals eines Fehlers bezichtigte, es sei denn, zu großherzig geliebt, zu idealistisch gedacht oder zu begeistert gehandelt zu haben — und das waren natürlich keine Fehler, sondern Tugenden. Die Laster waren auf seiten der anderen: Zynismus, Selbstsucht, Kleinlichkeit, Berechnung und die Tyrannei der Konvention. Daß die Welt von Madame de Staël nicht so viel annehmen wollte, wie Madame de Staël gerne zu geben bereit war – daran war die Welt schuld, nicht Madame de Staël. Begeisterung war immer rein, Hohn und Spott immer korrupt: auf dieser Basis beruhte Germaines Glauben, darauf errichtete sie auch ihre Theorie der Freiheit und handelte danach – in der Liebe, der Politik, der Literatur. Das ist eindeutig in ihrer ersten gewichtigen Schrift festgelegt, den *Briefen über Jean-Jacques Rousseau* (1788), und in ihrem ganzen Leben schrieb sie keinen Satz, der sich nicht folgerichtig darauf stützte.

Liebe, Politik, Literatur – Germaine ließ zwischen diesen drei Bereichen oder zwischen privatem und öffentlichem Leben nie irgendwelche Grenzen gelten. Aber die Liebe kam als erstes und führte zu den anderen. In der Liebe entdeckte sie zuerst den Dualismus von Verzückung und Zynismus, von Feuer und Eis und trat entschlossen für das Prinzip der Glut und des Lebens ein, gegen den mephistophelischen Spott, gegen das triumphierende Grinsen derjenigen, die wissen, daß alles Warme am Ende auskühlt. Sie wurde sich über diese Dinge klar, als der Schritt aus der Mädchenzeit im Neckerschen Haushalt in das Leben der Frau in der Pariser Gesellschaft des Jahres 1786 eine so brutale Veränderung mit sich brachte.

„Junge Mädchen sind nie auf sich selbst gestellt. Alles um sie herum hat sich verschworen, ihre Herzen vor den Eindrücken der Sinne zu bewahren. Die Tugendhaftigkeit – und häufig auch der Ehrgeiz – ihrer Eltern hält über sie Wacht. Selbst die Männer mit ihren wunderlichen Prinzipien warten, bis eine Frau verheiratet ist, ehe sie mit ihr von Liebe sprechen. In diesem Augenblick verwandelt sich alles: Man trachtet nicht mehr ihre Seelen mit romantischen Begriffen zu begeistern, sondern besudelt ihre Herzen mit eiskalten Witzen über alles, was man sie zu verehren lehrte."

So schrieb sie kurz nach ihrer Hochzeit in den *Briefen über Jean-Jacques Rousseau*. Ein Geschöpf von weniger robuster Wesensart hätte sich vielleicht resigniert zurückgezogen, sich mit der unverbesserlichen Grobheit der Männer abgefunden und unterwürfig und frigid ein leidensvolles Dasein auf sich genommen. Germaines Empfindungen aber waren nicht zurückhaltend, sondern stürmisch, nicht ladylike, sondern ungezähmt. Sie war entschlossen, die Liebe kennenzulernen, allem Zynismus und aller Prüderie der Gesellschaft zum Trotz. Die Liebe war nicht unmoralisch: Die Gesellschaft war es. Germaine brauchte nicht lange, um von dem Schock, dem sie in den Briefen Ausdruck gab, zu dem Protest überzugehen, den sie in *Delphine* festhält: „In unserem Jahrhundert", sagt sie im Vorwort, „wird die Moral nicht durch die Liebe untergraben, sondern durch die Verachtung aller Grundsätze, die ihre Ursache wieder in der Verachtung aller Gefühle hat.“ In dem Roman selbst tritt sie noch deutlicher für die Rechte der Liebe ein: „Ich kenne keinen Mittler zwischen Gott und der Liebe als mein eigenes Gewissen ... Einem fühlenden Herzen ist Egoismus erlaubt; wer die Liebe in den Mittelpunkt seines Daseins stellt, kann sich ohne Reue von der übrigen Welt abwenden.“ Ehe hat der Liebe gegenüber keine Gültigkeit; es liegt keine bindende Macht in „Ansprüchen, die sich aus zufälligen Umständen ergeben, die von der Laune von Gesetzen oder von der Sanktion von Priestern abhängen und das Gewissen eines Menschen den Entscheidungen anderer Menschen unterwerfen“. Diese Gefühle waren vielleicht nicht originell; originell aber war der Weg, den sie wählte, liebevolle Gefühle zu erregen. Sie bediente sich der Konversation.

Kaum sah Germaine sich in dem Stand einer verheirateten Frau und einer Botschaftersgattin, als sie sich, praktisch genommen, des Salons ihrer Mutter bemächtigte. Voltaire, Rousseau, Diderot, d'Alembert waren tot und mit ihnen die Ära der Philosophen. Die Ära der Politiker begann. Ton und Inhalt der Gespräche hatten sich entsprechend gewandelt: Am Vorabend der Revolution schien Madame Neckers Akademie der Gewässer im Dunst einer goldenen Vergangenheit zu liegen. Madame Necker fühlte sich in der neuen Art von Unterhaltung verloren, aber ihre Tochter – die eines Tages dem Herzog von Wellington erklärte, daß Gespräche über Politik ihr eigentlicher Lebensinhalt seien – war völlig in ihrem Element. Defizit, Budget, Steuern, Reformen – das alles waren herrliche Gesprächsthemen, um so herrlicher, als ihre zeitbedingte Dringlichkeit ein Vorzeichen für Neckers Wiederberufung zum Minister bildete. Germaine machte Madame Neckers Salon zu ihrem eigenen Forum und rückte damit bald in den Mittelpunkt des politischen Lebens. Sie schuf sich auch einen eigenen Kreis in der schwedischen Botschaft in der Rue du Bac und verwandelte sie in eine Filiale der Neckerschen Firma.

Nach der Liebe war Konversation für Germaine der hauptsächliche Lebensinhalt. In ihrem Buch über Deutschland widmet sie diesem Thema ein ganzes Kapitel, das zu dem Besten gehört, was sie je geschrieben hat. In Frankreich, so sagt sie, „sind Worte nicht nur wie in anderen Ländern ein Mittel, einander über Gedanken, Gefühle und Geschäfte zu unterrichten, sondern ein Instrument, auf dem man gerne spielt und das den Geist neu belebt, so, wie bei manchen Völkern die Musik, bei andern starke Getränke. Das Wohlbehagen, das eine rege Konversation auslöst, beruht ... auf einer gewissen Art, gegenseitig aufeinander einzuwirken, sich rasch und wechselweise ein Vergnügen zu bereiten, zu sprechen, sobald der Gedanke sich regt, sich im gegenwärtigen Augenblick seiner selbst zu freuen, Beifall zu ernten, ohne besondere Anstrengung, seinen Geist in allen seinen Nuancen durch Tonfall, Geste und Blick zu bekunden – kurz auf der Fähigkeit, nach Wunsch eine Art Elektrizität zu erzeugen, die Funken schlägt, ein Ventil für die überschüssige Vitalität der einen und ein Mittel, die andern aus peinlicher Apathie aufzurütteln".

Die Kunst der Konversation hatte in Frankreich in den Jahren vor der Revolution ihre höchste Vollendung erreicht, und obwohl Germaine kritisierte, daß ihre Regeln so viel Konventionalität und „Pedanterie in der Frivolität" zur Folge hätten, hatte sie sie doch so nötig wie die Luft zum Atmen. Sie war entschieden die glänzendste Rednerin ihrer Zeit, aber ihre Fähigkeiten kamen nicht in großen Gesellschaften am stärksten zur Geltung. Je kleiner der Kreis, desto mehr sprühte ihre Konversation von Geist, und diejenigen, die sie am besten kannten, stimmten alle überein, daß er seine höchsten Flüge in der Intimität des Tête-à-tête antrat. Sie konnte witzig sein und ein Gespräch über Theater, Hof und gesellschaftlichen Tratsch unterhaltsamer führen als die meisten andern; aber erst, wenn sie über Themen sprach, die sie leidenschaftlich erregten, gab sie ihr Bestes, und dann erst war ihre Konversation einzigartig und unterschied sich vollkommen von den Wort-Balletten der Salons des achtzehnten Jahrhunderts. Die Stärke ihrer Empfindungen und der Zugriff ihres Verstandes, der improvisierte und doch sicher gelenkte Strom ihrer Beredsamkeit, die Begeisterung für ihre Ideale, die sie elektrisierend allen mitteilte – das alles rief in ihrer Zuhörerschaft eine Wirkung hervor, die sich nur mit einem seltenen musikalischen Ereignis vergleichen läßt. Sie besaß jene „Melodie des Intellekts", die sie ihrer Heldin Corinne andichtete. In Augenblicken der Inspiration, die auch bis zu einer Stunde währen konnten, standen die Zuhörer absolut unter ihrem Bann und reagierten manchmal sogar physisch, so voll Spannung war die Atmosphäre, die sie erzeugte.

Und doch machte sie Konversation, sie hielt keine Reden. Im Gegensatz zu der Behauptung Übelwollender sprach sie nicht ununterbrochen. Es stimmt, daß sie viel sprach, und selbst wenn sie nicht sprach, neigte sie dazu, den Mund ein wenig offenstehen zu lassen; aber ihre bemerkenswerteste Gabe bestand nicht so sehr darin, ihre eigenen Ideen mitzuteilen, als andere zu inspirieren und ihnen zu helfen, ihre Gedanken in eine Form zu bringen. Weit mehr noch als in den Höhenflügen des eigenen Geistes lag darin ihre Macht, und sie nützte sie bis zum äußersten. So wie eine hübschere Frau sich ihrer körperlichen Reize möglichst vorteilhaft bedient hätte, so entflammte Germaine die Männer rein durch die Macht des Wortes. Ihr Zeitgenosse Charles de Lacretelle bemerkte dazu, sie erreiche auf diese Art mit dem großartigsten Aufgebot an Worten das, was einer hübschen Frau auf ein bloßes Lächeln hin zugefallen wäre. Sobald sie bei einem Mann eine verwundbare Stelle seiner Empfindsamkeit entdeckt hatte, nützte sie diese Entdeckung mit so hervorragendem Geschick, daß das verzauberte Opfer in ihr die Erfüllung aller seiner Wünsche sah und suchte; seine geheimsten Sehnsüchte wurden geweckt; und da ihre Wahl unweigerlich auf Männer mit besonders großer Empfindsamkeit fiel, wurde deren sexuelle Leidenschaft durch die geistigen Einwirkungen der Einbildungskraft in einem viel höheren Grad gereizt, als es allein durch die Sinne je möglich gewesen wäre. War dieser Punkt erreicht, so war ihr Schicksal besiegelt.

Es ist daraufhin nicht weiter erstaunlich, daß Madame de Staël binnen einem Jahr nach ihrer Eheschließung im Kreis ihrer Bewunderer Hof hielt wie eine Königin. Sie war nicht abgeneigt, die körperlichen Vorzüge zur Schau zu stellen, die sie unleugbar besaß: wohlgeformte Arme, die sie immer frei ließ, einen üppigen Busen, den sie nicht einmal auf Reisen verhüllte, und ein Paar Beine, deren beträchtliche Rundungen das Vorhandensein des Fleisches zu bekräftigen und jeden Verdacht, sie sei etwa nur ein reiner Geist, zu entkräften schienen. Wie es im vorrevolutionären Frankreich der Brauch war, empfing sie ihre Morgenbesuche im Bett, oder während man sie ankleidete, und zollte der Sittsamkeit dabei lediglich einen leicht angedeuteten Tribut. Als ein schwedischer Diplomat sie eines Morgens besuchte, wurde ihr Haar gerade von einer Kammerzofe gepudert, ihre Hände wurden von einer zweiten manikürt, und einer dritten hielt sie den Fuß zur Pflege entgegen – sie nickte fast unmerklich mit dem Kopf, es war die einzige Möglichkeit, die ihr blieb, von der Gegenwart ihres Besuches Notiz zu nehmen. Von diesem guten alten Brauch des ancien régime ließ sie auch ihr ganzes übriges Leben nicht, empfing Besuche im Bett und verbarg wenig von dem, was etwa zu sehen war – sehr zur Entrüstung der jüngeren Generation.

Monsieur Neckers langdauernder Zweikampf mit Calonne, der 1785 Premierminister geworden war, hatte im gleichen Jahr mit der Veröffentlichung von Neckers dreibändiger Abhandlung über die Finanzverwaltung begonnen. Es heißt, daß von diesem Werk innerhalb eines Jahres 80 000 Exemplare verkauft wurden. Aber während die Neckersche Propagandamaschine auf vollen Touren lief, waren auch die feindlichen Kräfte nicht müßig, und in ihren Reihen befanden sich so gefährliche, wenn auch schlecht aufeinander abgestimmte Kämpfer wie Calonne, Condorcet und Mirabeau. Im Februar 1787 hielt Calonne eine Ansprache vor der Versammlung der Notabeln, von deren Einberufung er sich eine Reform der französischen Finanzwirtschaft erhoffte, und warf eine Bombe ins Neckersche Lager mit der Erklärung, daß Neckers *Compte rendu* aus dem Jahr 1781, wenn er ehrlich gewesen wäre, nicht einen Überschuß von 10 000 000 Francs, sondern vielmehr ein Defizit von 46 000 000 hätte aufweisen müssen. Empört bat Necker den König schriftlich um die Erlaubnis, auf Calonnes Verleumdung antworten zu dürfen.

Der König war diesmal ernstlich verstimmt. „Ich habe nicht die Absicht", erklärte er, „aus meinem Königreich eine Republik krakeelender und dilettantischer Staatsmänner zu machen, wie das in der Stadt Genf geschieht!" Er verweigerte Necker die Erlaubnis, Calonne zu antworten, und kündigte kurz darauf Calonne diktatorisch seine Entlassung an: Der Teufel hole euch beide. Necker triumphierte über Calonnes Entlassung, gab seine Antwort ohne die königliche Bewilligung heraus und hielt sich bereit, auf eine Berufung vom Hof hin die Regierung nun wieder in die Hand zu nehmen.

Am 13. April traf tatsächlich ein Bote Ludwigs XVI., Baron de Breteuil, bei Necker ein und überreichte ihm einen Brief des Königs; aber der Brief war ein *lettre de cachet* mit dem Befehl, Necker habe Paris binnen vierundzwanzig Stunden zu verlassen und sich wenigstens zweihundert Kilometer weit fortzubegeben. „Das schien mir", schrieb Madame de Staël, „ein Akt von beispiellosem Despotismus." Der beispiellose Despot gab natürlich wenige Stunden später nach und gestattete Necker, auf seinem Besitz in Marolles, in der Nähe von Fontainebleau, zu bleiben, der von Paris nicht weit entfernt lag. Monsieur Necker, begleitet von seiner leidenden Gattin und seiner schwangeren Tochter, zog sich entrüstet ins bittere Exil nach Marolles zurück, einem entzückenden Ort, an dem er einen Teil des Sommers zu verbringen pflegte.

Germaine war schon mehrere Monate schwanger und nahm diesen Zustand, wie ihre Cousine, Madame Necker de Saussure, berichtet, mit deutlichem Widerwillen hin. Den Herbst des Jahres 1786 hatte sie mit dem Hof in Fontainebleau verbracht, wo der König entweder jagte oder die Messe hörte. (Tat er keines von beidem, so verkündete das Hofbulletin lakonisch: „Heute tut Seine Majestät nichts", was bedeuten sollte, bemerkt Madame de Staël in einem Brief an Gustav III., daß der König mit seinen

Ministern arbeitete.) Ihr Leben war eine Folge von Diners und Soupers gewesen: Dreimal in der Woche soupierte man mit der Princesse de Polignac, berichtet Germaine an Gustav; dreimal in der Woche mit der Princesse de Lamballe; einmal mit der Königin, die gewöhnlich um elf Uhr erschien, um eine Partie Billard zu spielen. Ohne die verschiedenen Spiele hätte sich überhaupt nichts ereignet: Die Hauptsorge jeder Hausfrau bestand darin, ihre Gäste so rasch wie möglich an einen Tric-Trac-Tisch zu lotsen. Obwohl sie die Leere dieses Lebens scharf kritisiert, vermißt Germaine in der Einsamkeit von Marolles doch das Getriebe. Vor allem aber vermißt sie den Grafen von Guibert.

Hippolyte de Guibert war vielleicht nicht Germaines erster Geliebter (diese Ehre gebührt vermutlich einem berühmteren Zeitgenossen), aber er war jedenfalls der erste ihrer Freunde, auf den Monsieur de Staël ernstlich eifersüchtig war. Er kannte Germaine von Kindheit an und hatte, als sie zwanzig Jahre war, von ihr das schmeichelhafte Porträt als Zulmé entworfen. Er posierte jetzt, mit vierundvierzig, nach einem Leben unerfüllter literarischer und militärischer Ambitionen, als ein verkanntes und verfolgtes Genie. Er teilte das Schicksal großer militär-wissenschaftlicher Autoren, die nach ihm kamen: Seine wichtigste Neuerung, die Organisation einer Armee in selbständige Divisionen, wurde erst nach seinem Tod 1790 eingeführt.

Germaine, die in diesem Jahr ein Loblied auf ihn schrieb, sah in Guibert gewisse Ähnlichkeiten mit ihrem Vater, und mit seiner übertriebenen Empfindsamkeit, seinem Ehrgeiz – seiner Ehrliebe, wie sie es nannte – besaß er alle Eigenschaften, die sie in einem Mann suchte. Welchen Grad ihre Intimität auch erreicht haben mochte – Monsieur de Staël hielt sie für zu groß, und zwar mit Recht, wie man annehmen darf. (1809 beschwor Guiberts Witwe eine literarische Sensation herauf, als sie die heute klassischen Liebesbriefe veröffentlichte, die Juliette de Lespinasse an ihn gerichtet hatte, und ihre Absicht äußerte, noch weitere Briefe von anderen Frauen herauszugeben: Es ergab sich hier die seltene Gelegenheit, daß ein Gatte für die materielle Sicherstellung seiner Witwe dadurch sorgte, daß er ihr untreu gewesen war. Madame de Staël, über dieses Gerücht sehr erschrocken, schickte ihren Sohn August nach Paris, dem es offenbar gelang, ihre Briefe wieder zurückzukaufen und so einen Skandal zu unterbinden[5].

Monsieur de Staëls Vorwürfe wurden von Germaine augenblicklich und vernichtend beantwortet. Monsieur de Staël wünsche, ihre Briefe an Guibert zu sehen? Sehr wohl, sie würde sie ihm zeigen. Monsieur de Staël las die von seiner Frau ausgewählte

Epistel: Ausführlich wurden Guibert darin Vorwürfe gemacht, daß er ihr vier Jahre zuvor abgeraten hatte, William Pitt zu heiraten. Pitt war in der Zwischenzeit Premierminister Georgs III. geworden, und wäre Germaine Mrs. Pitt statt Baronne de Staël, so würde Ludwig XVI. niemals gewagt haben, ihren Vater durch eine Verbannung zu beleidigen.

Monsieur de Staël kapitulierte: Um seine Ergebenheit für Monsieur Necker zu beweisen, gingen seine Berichte nach Stockholm über von glühendem Lob und optimistischen Voraussagen für seinen Schwiegervater; der Stil seiner Mitteilungen wurde der Schreibweise Madame de Staëls verdächtig ähnlich. Mehr noch: Er übernahm es, die Rolle von Neckers Abgesandten bei Ludwig XVI. zu spielen. Neckers Exil wurde nach zwei Monaten aufgehoben, und Marie Antoinette ließ es sich angelegen sein, diese Neuigkeit persönlich dem schwedischen Botschafter mitzuteilen. Aber Germaine war nicht so leicht zu versöhnen: Die Königin mußte dafür bestraft werden, daß sie Monsieur Neckers Sache so schlecht vertreten und den *lettre de cachet* überhaupt hatte herausgeben lassen, und Monsieur de Staël erhielt von seiner Frau genaue Instruktionen, auf welche Art er das Mißfallen der Necker zum Ausdruck bringen sollte: „Ich glaube, es ist jetzt mehr denn je angezeigt, daß Du Dich im Hintergrund hältst. Wenn aber die Königin Dich zu sehen wünscht, so sprich mit ihr, wie wir es bereits abgemacht haben, zeige großen Adel des Gefühls für meinen Vater und laß sie merken, daß die Beendigung seines Exils für die Königin und den König wichtiger ist als für meinen Vater."

Die Seltsamkeit dieser Siuation bedarf wohl kaum näherer Erörterung: Der schwedische Botschafter in Frankreich wird von seiner Frau instruiert, wie er der Königin von Frankreich die kalte Schulter zeigen und die Wiederernennung seines Schwiegervaters zum Haupt der französischen Regierung zu fördern habe. Dem König von Schweden entging die Groteske jedenfalls nicht, im Augenblick amüsierte er sich aber nur darüber.

Am 31. Juli 1787 brachte Germaine ihr erstes Kind, ein Mädchen, zur Welt. Es wurde Hedwig-Gustava getauft, nach ihrem Paten, Gustav III., und Graf Fersen vertrat den König bei der Taufe. Zum Unterschied von Germaines später geborenen Kindern scheint Hedwig-Gustava im legitimen Ehebett gezeugt worden zu sein. Jedenfalls war der Vater dem schwachen, mageren Kindchen rührend zugetan, das nur ein Jahr und acht Monate in dieser Welt verblieb. Die Eltern mochten es mit noch so viel „geschabtem gekochtem Rindfleisch" füttern, es starb am 8. August 1789. Wie nahm Germaine ihre Mutterschaft hin, wie reagierte sie auf den Tod des Kindes? Es gibt so wenig unmittelbare Aussagen darüber, daß mehrere Biographen Madame de Staëls von der Existenz dieses Kindes gar nichts zu wissen scheinen. Gustavas Tod hat sie zweifellos tiefer getroffen, als man bei oberflächlicher Betrachtung meinen möchte. Es gibt Stellen in ihren Schriften, besonders in *Delphine*, die diskret auf das Ereignis anspielen. Aber man nahm zu ihrer Zeit solche Verluste mit philosophischer Ruhe hin, und es ist nur zu offensichtlich, daß andere Geschehnisse Germaines Gedanken viel mehr in Anspruch nahmen. Das einzige Geschöpf, vor dessen Tod sie sich fürchtete und bei dessen Tod sie dann auch ihre Selbstbeherrschung verlor, war ihr Vater; aber Monsieur Necker war damals noch sehr lebendig. Er strebte dem Höhepunkt seiner Karriere zu.

Neckers Stunde war da. Der Staat war am Rande des Bankrotts, die Provinzen in Aufruhr, die Steuereinhebungen waren praktisch zum Stillstand gekommen, und die Monarchie war im Begriff, sich aufzulösen. Es war eine Zeit für Wundertäter. Man bot Necker den Posten eines Generalkontrolleurs mit den Machtvollkommenheiten eines Premierministers an (die für Protestanten gültige Einschränkung der bürgerlichen Rechte war inzwischen aufgehoben worden). Obwohl er sich der Undankbarkeit seiner Aufgabe bewußt war und keinerlei konkreten Plan bereit hatte, um ihren Anforderungen gerecht zu werden, nahm er den Posten, nach dem er sich sieben Jahre lang gesehnt hatte, eilfertig an. „Die Freude der Öffentlichkeit über diesen Wechsel in der Verwaltung war wirklich sehr groß", schrieb der amerikanische Gesandte in Paris, Thomas Jefferson, an John Jay. Er berichtet, wie das Volk von Paris „sich mit dem Versuch unterhielt, den Erzbischof von Toulouse (Neckers Vorgänger) in effigie zu verbrennen", und wie etwa acht bis zehn Menschen in dem darauffolgenden Tumult getötet wurden, dann fügt Jefferson hinzu: „Am Tag der Ernennung Monsieur Neckers stiegen die Staatspapiere um 10 Prozent."

Necker war nur wiederernannt worden, um das Loch im Staatsschatz zu stopfen, die Generalstände waren nur einberufen worden, um über neue Steuern abzustimmen: Und doch war man auf einmal in ganz Frankreich überzeugt, daß man in Wirklichkeit am Beginn einer neuen Ära stehe. Fast über Nacht war das Land mit Traktaten und Pamphleten überschwemmt, und für des Königs zwanzig Millionen Untertanen wurde es zum allgemeinen Gesellschaftsspiel, eine Verfassung zu entwerfen.

Wohl mochte der Gesandte der Vereinigten Staaten bemerken, daß „die französischen Damen ihr eigenes Glück aufs Spiel setzen, wenn sie von ihrer eigentlichen Einflußsphäre in die Politik hinüberwechseln", die schwedische Botschaftersgattin war nicht davon abzubringen, sich in den Mittelpunkt der aufregenden Ereignisse zu stellen. Aber ihr Jubel war nicht ganz frei von Sorge. „Wenn die Lage eine andere wäre", schrieb sie Gustav III., „so würde ich Eurer Majestät mit Freuden von der Ernennung meines Vaters Mitteilung gemacht haben. Aber das Schiff wurde in einem so verzweifelten Augenblick seinem Befehl unterstellt, daß alle Bewunderung, die ich für ihn hege, kaum genügt, um mich vertrauensvoll in die Zukunft blicken zu lassen."

Der Winter 1788/89, der auf eine Mißernte folgte, war der kälteste seit achtzig Jahren. In der Normandie allein gab es vierzigtausend Arbeitslose, sagt Jefferson; Tausende strömten nach Paris auf der Suche nach freiem Brot, und an den Straßenecken wurden Kohlenbecken angezündet, wo sie sich wärmen und ihre Suppe essen konnten.

Necker rühmte sich seiner Hilfe für die Hungernden nicht wenig. Daß er mit großer Geste ein Gehalt von 220 000 Francs abgelehnt hatte, wurde hinreichend publik gemacht, ebenso die Tatsache, daß er mehr als zwei Millionen Francs von seinem eigenen Vermögen der Regierung zum Einkauf von Weizen zur Verfügung gestellt hatte – natürlich mit fünf Prozent Zinsen. Arthur Young vermerkte in seinem Tagebuch (10. Juni 1789), daß Necker nach den Berichten einiger gutinformierter Franzosen bewußt die Schwere der Hungersnot übertrieben hätte, um seine Popularität zu steigern; ob er nun dieses Ziel verfolgt hatte oder nicht – er erreichte es jedenfalls.

Im Frühjahr 1789, am Vorabend der Zusammenkunft der Generalstände, schien Necker noch ein weiteres Wunder zustande gebracht zu haben: Er hatte dem Volk über den Winter hinweggeholfen und genügend Anleihen aufgenommen, um die Verwaltung in Gang zu halten. Sogar diejenigen Führer der kommenden Revolution, die beabsichtigten, Monsieur Necker bei erster Gelegenheit loszuwerden, waren sich klar, daß sie im Augenblick am besten daran taten, mit den anderen des großen Mannes Lob zu singen. Necker seinerseits tat alles, was in seiner Macht stand, den Sieg des dritten Standes bei der bevorstehenden Versammlung zu sichern. Zu keiner Zeit war seine Popularität größer gewesen.

Wie wenig innere Substanz sie hatte, konnte niemand vorhersehen. Berauscht vom verzückten Optimismus des Heute, hatte Germaine ihre früheren Befürchtungen vergessen. Der Augenblick schien nicht mehr verzweifelt, die Verwirklichung von allem, was ein Mensch nur hoffen konnte, schien bevorzustehen. Und ihr Vater sollte die Erfüllung bringen.

Revolution und Rausch

Am 4. Mai 1789 blickte die schwedische Botschaftersgattin von einem Fenster in Versailles auf eine eindrucksvolle Prozession hinunter. Zwölfhundert auserwählte Abgeordnete der französischen Nation waren auf ihrem Weg in die Kirche, um am Vorabend der Eröffnung der Generalstände die Messe zu hören. Die Menge sah schweigend zu, wie dreihundert Prälaten und Priester im Ornat und dreihundert Adlige, federngeschmückt und den Degen an der Seite, vorbeizogen. Dann kamen in einfacher schwarzer Kleidung die Vertreter des Dritten Standes.

Germaine stand neben Madame de Montmorin, der Gattin des Außenministers, und äußerte ihre Begeisterung, „das erste Mal in Frankreich die Vertreter des ganzen Volkes zu sehen". — „Sie irren, wenn Sie sich darüber freuen", sagte Madame de Montmorin in schneidendem Ton. „Das wird zu einem großen Unglück führen, sowohl für Frankreich wie für uns." Madame de Staël erinnerte sich siebenundzwanzig Jahre später an diese Worte und fügte hinzu:

„Die unglückselige Frau wurde mit einem ihrer Söhne guillotiniert; der andere ertränkte sich; ihr Gatte wurde bei den September-Morden in Stücke gerissen; ihre älteste Tochter starb in einem Gefängnishospital; ihre jüngere Tochter ... erlag dem Schmerz über ihre Verluste, noch ehe sie dreißig Jahre war."

Über die große Avenue von Versailles hinweg war ein improvisiertes Gerüst errichtet worden, und von dort aus eröffneten am 5. Mai König und Königin unter ihrem Baldachin feierlich die Versammlung der Generalstände. Als Germaine sah, welche Schwäche sich in des Königs Zügen und welche Erregung sich in dem totenblassen Gesicht der Königin malten, gestand sie, daß ihr einen Augenblick himmelangst wurde. Diese Angst verflog bei der Ovation, die man Monsieur Necker bereitete, als er sich anschickte, zur Versammlung zu sprechen.

Man hatte von Neckers Ansprache Großes erwartet. Es war die Gelegenheit, eine neue Epoche einzuleiten, und Necker sollte deren Grundton angeben. Auf den Gesichtern der Abgeordneten und der Zuhörer konnte man wachsende Bestürzung lesen, als Necker nun anfing, Zahlen und Statistiken herunterzuleiern, die einzig auf die

Staatsschulden und Steuern Bezug hatten. Nach einer halben Stunde versagte seine Stimme, und der übrige Teil der Rede, die noch weitere zweieinhalb Stunden dauerte, wurde für ihn vorgelesen. Angesichts einer Versammlung, unter der sich einige der besten Redner der Neuzeit befanden, war das ein sehr ungünstiger Auftakt. Gewiß waren die Generalstände einberufen worden, um die finanzielle Krise zu lösen, aber darüber wollten sie nichts zu hören bekommen, zumindest nicht so ausführlich. Das einzige, was die Abgeordneten mit Freude zu vernehmen schienen, war Neckers Versicherung, daß man sich neue Steuern ersparen konnte, wenn die geeigneten Maßnahmen ergriffen wurden. Das einzige hingegen, was Necker nicht erwähnte, war die Tatsache, daß die Staatskasse leer war.

Necker vergab mit diesem enttäuschenden öffentlichen Auftreten seine einzige Chance, eine führende Rolle zu spielen, statt lediglich die eines populären Mannes. Die Abgeordneten ließen es sich eine Lehre sein: Von diesem Tag an wurde Necker praktisch genommen von der Nationalversammlung ignoriert.

Das brennende Problem in den folgenden Wochen war eine Verfahrensfrage: sollten die drei Stände – Kirche, Adel und der Dritte Stand – getrennt abstimmen und die Majorität jedes Standes als eine Stimme gelten, oder sollten die Stimmen nach Köpfen gezählt werden? In ersterem Fall war den beiden privilegierten Ständen eine dauernde Majorität sicher; in letzterem konnte man ebenso sicher mit dem umgekehrten Ergebnis rechnen. Necker war in seiner Eröffnungsansprache für die Stimmenabgabe nach Ständen eingetreten; angesichts der Opposition der Majorität gab er seinen Standpunkt aber bald auf und schlug statt dessen ein kompliziertes Kompromiß vor, das der Dritte Stand unter Führung von Mirabeau und Siéyès prompt ablehnte. Daß Necker sich mit einem Sieg des Dritten Standes abgefunden hatte, geht deutlich aus den Briefen hervor, die seine Tochter während dieser schicksalhaften Wochen an ihren Gatten schrieb. Vater und Tochter hofften beide, diesem Sieg Grenzen setzen zu können. Sie wollten den Dritten Stand dazu bringen, ein Zwei-Kammern-System nach dem Vorbild der englischen Konstitution vorzuschlagen, und den König überreden, dieses System anzunehmen. Die Klugheit eines solchen Kompromisses steht außer Frage, aber die Neckers stellten die politischen Realitäten nicht in Rechnung: Einer konstitutionellen Monarchie à l'anglaise war die königliche Familie keineswegs geneigt, und auf die Abgeordneten des Dritten Standes hatte Necker keinen Einfluß.

Alle, mit Ausnahme der Neckers, sahen, daß das Kabinett nicht einen mittleren Kurs zwischen Reaktion und Revolution einhalten konnte, wenn es nicht zu einem Bündnis zwischen Necker und den gemäßigten Vertretern des Dritten Standes kam. Malouet, der wie Necker für eine Konstitution nach britischem Vorbild eintrat, traf zufällig Ende Mai mit Mirabeau im Haus eines gemeinsamen Freundes zusammen. Eine offene Aussprache ergab, daß Mirabeau Neckers Fähigkeiten zwar sehr gering einschätzte, zu einem solchen Bündnis jedoch bereit war, um „den bevorstehenden Einbruch der Demokratie zu verhindern". Unterstützt von Montmorin begab Malouet sich daraufhin zu Necker und schlug ein Zusammentreffen zwischen ihm und Mirabeau vor. Necker, berichtet Malouet, starrte zur Decke hinauf. Nach einer Weile willigte er ein, mit dem Mann zusammenzukommen, dessen Moral in so bedauerlichem Widerspruch zu Madame Neckers Prinzipien stand; er wolle sich zumindest anhören, was der Tribun zu sagen habe.

Das Treffen wurde vereinbart; Mirabeau kam zu dem großen Mann. Necker hatte seine vornehmste und kühlste Miene aufgesetzt:

„Nun, mein Herr, ich höre von Monsieur Malouet, daß Sie einige Vorschläge zu machen haben. Worum handelt es sich?"

Mirabeau maß den Minister von Kopf bis Fuß: „Mein Vorschlag, mein Herr, ist, Ihnen einen guten Tag zu wünschen!" Sprach's, drehte sich auf dem Absatz um und verließ das Zimmer. Wieder in den Versammlungsraum des Dritten Standes zurückgekehrt, hatte er es so eilig, mit Malouet zu sprechen, daß er über mehrere Bänke stieg. „Ihr Necker ist ein Narr", sagte er, „er wird noch von mir hören."

Er hörte allerdings von ihm. Am 17. Juni erklärte sich der Dritte Stand, zu dem noch etliche Abgeordnete der Kirche und des Adels gestoßen waren, zur Nationalversammlung, am 20. Juni wurde der Eid des *Jeu de Paume* geschworen.

Neckers selbstherrliche Arroganz besiegelte nicht nur sein eigenes, sondern auch das Schicksal der Monarchie. Seine ganzen Illusionen gründeten sich auf seine Popularität. Nachdem er auf Mirabeaus Angebot eines Bündnisses nicht eingegangen war, tat er darüber hinaus sein Möglichstes, um das geringe Vertrauen, das er am Hof noch genoß, zu untergraben. Die öffentliche Meinung, erklärte er Ludwig XVI., sei heilig und müsse unbedingt geachtet werden, die öffentliche Meinung aber sei in überwältigender Mehrheit für den Dritten Stand. Gewalt käme nicht in Frage, denn die Truppen seien unzufrieden und unzuverlässig. Ludwig XVI. schwankte; aber die Königin und der Graf von Artois (Ludwigs jüngster Bruder, der künftige Karl X.) waren mehr und mehr geneigt, Necker als einen Verräter anzusehen. Als das Kabinett vom 19. bis 22. Juni tagte, stieß Necker auf heftige Opposition. Der Graf von Artois traf mit ihm zusammen, als er sich gerade in den Kabinettsrat begeben wollte, und sein aufgestauter Haß machte sich Luft. „Wohin gehen Sie eigentlich, Sie elender Feigling?" schrie er und drohte dem Schutzengel mit der Faust. „Was haben Sie im Ministerrat zu suchen, Sie Emporkömmling? Kehren Sie sofort in das Dorf zurück, aus dem Sie stammen, oder ich werde mit Ihnen ein Ende machen."

Als Neckers Kompromißvorschlag im Kabinettsrat abgelehnt worden war, erklärte der Minister seinen Rücktritt. „Nein, Herr Minister!" rief der Graf von Artois. „Wir werden Sie als Geisel hier behalten und Sie für alle kommenden Ereignisse verantwortlich machen." Necker gab nach und billigte sogar den Entwurf der königlichen Erklärung, die am 23. Juni den Generalständen vorgelesen werden sollte. Der König befahl darin der Versammlung, nach Ständen getrennt zusammenzutreten und die historischen Vorrechte der privilegierten Stände nicht anzuzweifeln. Gleichzeitig hob die Erklärung hinsichtlich der Besteuerung jedes Klassenrecht auf und machte der Bourgeoisie noch weitere Zugeständnisse. In der Nacht des 22. Juni hatte Necker es sich anders überlegt und beschloß, sich von der königlichen Erklärung zu distanzieren. Seine Anhänger, vor allem seine Frau und seine Tochter, hatten ihn beschworen, seinen „Ruhm nicht zu beflecken", indem er diese Erklärung zu billigen schien, und als die Generalstände am nächsten Tag zusammentraten, um die Ansprache des Königs entgegenzunehmen, war Neckers Platz leer. Daß seine Abwesenheit Opposition gegen den König bedeutete und die Versammlung zur Revolte ermutigte, muß ihm klar gewesen sein. Des Königs Rede wurde mit eisigem Schweigen hingenommen, der Monarch verließ danach die Versammlung. Die Abgeordneten des Dritten Standes und ihre Verbündeten aus den beiden anderen Ständen blieben auf ihren Sitzen. Dann kam die wohlbekannte Szene: Dreux-Brézé, des Königs Hofmarschall, forderte die Versammlung in Ludwigs Namen auf, sich zu zerstreuen – als Antwort donnerte Mirabeau: „Sagen Sie Ihrem Herrn, daß wir im Namen des Volkes hier sind und nur der Macht der Bajonette weichen werden[6]!"

Keine Bajonette wurden sichtbar, und die Versammlung, begleitet von einer begeisterten Menge, marschierte geschlossen zu Neckers Wohnsitz. „Lang lebe Monsieur Necker! Er bleibe bei uns! Er sei unser Anführer und Vater!" So rief nach dem Bericht der *Gazette de Leyde* die Deputation dem Schutzengel zu.

Mitten in dieser lärmenden Kundgebung traf ein Bote der Königin ein und forderte Necker auf, in den Palast zu kommen. Dort bat ihn das königliche Paar, auf seinem Posten zu bleiben; Necker willigte freundlichst ein. Von der Menge auf den Schultern getragen, kehrte er zu seinem Haus zurück. Als er die Stiegen hinaufging, schloß eine Dame ihn in die Arme. „Wenn man mich so behandelt“, sagte er, „habe ich keine andere Wahl, als auf meinem Posten zu bleiben und zu sterben.“

Madame de Staël stand mitten in der dichtgedrängten Menge und geriet förmlich in Ekstase. „Die glühende Begeisterung ist mir noch im Gedächtnis“, schrieb sie um 1816, „und erneut fühle ich die Bewegung, die mich in jenen glücklichen Tagen der Jugend und Hoffnung ergriff. Alle diese Stimmen, die immer wieder den Namen meines Vaters riefen, schienen einer großen Schar von Freunden zu gehören, die meine ehrfürchtige Liebe teilten.“

Am 27. Juni gab der König auf Zureden Neckers den Ereignissen des 23. Juni die nun nicht mehr nötige Sanktion, und befahl, die drei Stände sollten gemeinsam als Nationalversammlung tagen. Gleichzeitig aber verbreitete sich das wohlbegründete Gerücht, er habe sich von seinen geheimen Ratgebern überreden lassen, die Truppen von der Grenze ins Innere zu beordern; um Paris und Versailles wurden 20 000 Mann zusammengezogen. Am 10. Juli gab Ludwig auf einen Protest Mirabeaus die Erklärung ab, er führe nichts gegen die Versammlung im Schild, sondern wolle nur die öffentliche Ordnung aufrechterhalten. Am nächsten Tag, einem Freitag, um drei Uhr nachmittags, war Necker gerade dabei, sich mit seiner Familie und einigen Freunden zu Tisch zu setzen, als de La Luzerne, der Marine-Minister, gemeldet wurde und ihm einen Brief überbrachte. Necker las ihn und steckte ihn wortlos in die Tasche. Der Brief kam vom König, teilte Necker seine Entlassung mit und befahl ihm, unverzüglich und sans bruit – im geheimen – das Land zu verlassen. Necker drückte seiner Tochter während des Essens einige Male heftig die Hand, sonst blieb er vollkommen ruhig. Als die Gesellschaft sich vom Tisch erhob, nahm er seine Frau beiseite und sprach kurz mit ihr. Dann zog er sich zurück, schrieb eilends ein paar kurze Briefe – einen davon an seine Tochter, die inzwischen nach Paris zurückgefahren war und von den Ereignissen noch immer nichts ahnte – und ließ schließlich den Wagen holen, in dem er seine abendliche Rundfahrt zu machen pflegte. Madame Necker, noch in der Abendtoilette, die sie zur Tafel getragen hatte, stieg zu ihm ein. Einen Tag später kamen sie in Brüssel an.

Erst am Morgen des 12. Juli erhielt Germaine die Botschaft ihres Vaters, der ihr riet, sich auf seinen Besitz in Saint-Ouen zurückzuziehen – sie könne auf diese Art vermeiden, Gegenstand einer öffentlichen Kundgebung zu werden. Die Neuigkeit war aber bereits publik geworden. „Abordnungen aus allen Stadtvierteln strömten zur schwedischen Botschaft", schreibt Germaine im Jahr 1804, „und ließen mich in größter Aufregung wissen, was sie von Monsieur Neckers Abreise hielten und was ich tun sollte, um seine Rückkehr zu bewerkstelligen. Ich weiß nicht, wozu meine Jugend und meine Begeisterung mich verführt hätten, aber ich gehorchte den Wünschen meines Vaters."

In Saint-Ouen fand Germaine eine zweite Botschaft ihres Vaters vor und erfuhr daraus, wohin er gefahren war. Sie rief ihren Gatten zu sich, brach am 13. Juli nach Brüssel auf und kam am nächsten Tag dort an. Als sie nach der sehr ermüdenden Reise im Hotel bei ihren Eltern eintraf, fand sie sie noch in den gleichen Kleidern, in denen sie in Versailles vom Tisch aufgestanden waren, „noch mit dem Staub der Straße bedeckt", erzählt sie, vielleicht mit einer gewissen Übertreibung, denn Monsieur Necker hatte sicher inzwischen genügend Zeit gehabt, seinen Rock bürsten zu lassen. Tief bewegt warf sie sich ihm zu Füßen.

In Brüssel erinnerte sich Necker daran, daß er wenige Tage vor seiner Entlassung von den Bankiers Hope in Amsterdam ersucht worden war, die Zahlung einer Schiffsladung Weizen zu garantieren, die auf ihrem Weg nach Paris war. Necker hatte sich einverstanden erklärt, den Bankiers als Sicherstellung die zwei Millionen Francs anzubieten, die er im Staatsschatz hinterlegt hatte. Nun fürchtete er, daß seine Entlassung die Amsterdamer Bankiers beunruhigen könnte, und schickte den Herren Hope von Brüssel einen Brief, in dem er die Garantie erneut zusagte. Der Gedanke an diese berühmten zwei Millionen Francs, die 1793 konfisziert wurden, nachdem Necker auf die Liste der Emigranten gesetzt worden war, hat Madame de Staël ihr ganzes Leben lang verfolgt; Necker erhielt sie niemals zurück, sie selbst erhob Anspruch darauf und hatte erst ein Jahr vor ihrem Tod damit Erfolg. Die Geschichte weiß von keinem anderen Beispiel eines entlassenen Finanzministers, der einen beträchtlichen Teil seines Vermögens in der Kasse des Landes hinterläßt, dem er den Rücken kehrt; das Gegenteil allerdings kommt häufig genug vor.

Was sich eigentlich bei dem Kriegsrat abspielte, den Necker mit Frau, Tochter und Schwiegersohn in Brüssel abhielt, ist ein Geheimnis. Das Ergebnis war, daß Necker in Begleitung von Monsieur de Staël in aller Eile nach Basel reiste. Seine Frau und seine Tochter kamen in langsamerem Tempo nach. Monsieur de Staël, das sei nebenbei vermerkt, spielte eine merkwürdige

Rolle; es ist ungewöhnlich, daß ein Botschafter seinen Posten in einem höchst kritischen Augenblick verläßt und einem Minister als Eskorte dient, der von der Regierung, bei der er akkreditiert ist, seines Amtes enthoben wurde.

Madame Necker und Germaine machten auf ihrem Weg nach Basel eben in Frankfurt halt, als ein Kurier aus Paris sie mit wichtigen Nachrichten einholte; das Volk von Paris, empört über Neckers Entlassung, hatte am 14. Juli zu den Waffen gegriffen, die Truppen hatten sich dem Aufstand angeschlossen; die Bastille war gefallen; und der König hatte Monsieur Necker zum dritten Mal wieder ins Kabinett zurückberufen.

Necker hatte am 20. Juli im Hotel „Zu den drei Königen" in Basel Quartier genommen; Frau und Tochter stießen dort am 23. zu ihm. Wie Madame de Staël berichtet, wußte er nicht recht, ob er das Ministerium annehmen sollte oder nicht. Madame Necker „war keineswegs von allen diesen Erfolgen geblendet und nicht dafür, daß mein Vater dem Ruf folgen sollte . . . Er legte mir die Gründe seines Entschlusses dar, und ich kann bezeugen, daß er mit den schlimmsten Befürchtungen die Rückfahrt antrat." Wahrscheinlich hat Germaine die Bemühungen ihrer Mutter keineswegs unterstützt, sollten sie doch Monsieur Necker davon abhalten, die Früchte seines Sieges zu pflücken. Am 24. Juli, kurz bevor er Basel verließ, schrieb Necker an seinen Bruder, er habe das Gefühl, in einen Abgrund hineingerissen zu werden. Aber immer noch erwies die Anziehungskraft der Macht sich als unwiderstehlich. „Wie wunderbar war doch diese Reise von Basel nach Paris! (sagt Madame de Staël rückblickend im Jahr 1804) . . . Ich glaube, kein Mann, der nicht der Souverän seines Landes ist, hat jemals Ähnliches erlebt . . . Begeisterter Jubel begleitete jeden seiner Schritte; die Frauen, die im Feld arbeiteten, fielen auf die Knie, als sein Wagen vorbeifuhr; die Honoratioren der Orte, durch die wir fuhren, spielten den Postillon und führten unsere Pferde; und in den Städten spannten die Bewohner unsere Pferde aus und zogen selbst den Wagen . . . Ach, ich war es vor allem, die über seine Popularität beglückt war, ich war es, die davon berauscht wurde." Als sie in Paris zum Rathaus fuhren, drängte sich die ganze Bevölkerung an den Straßen, an den Fenstern und auf den Dächern. Auf dem Platz vor dem Hôtel de Ville erreichten die Ovationen ihren Höhepunkt, eine ungeheure Menschenmenge strebte einem Mittelpunkt zu, „einem einzigen Mann – und dieser Mann war mein Vater". Kurz vor ihrem Tod erinnert Germaine sich an diese Szene und gibt zu, daß es ihr stärkster Eindruck und der glücklichste Tag ihres Lebens war. Die „unvorstellbare elektrische Ladung“ dieses ekstatischen Augenblicks ließ ihre Seele „Empfindungen erliegen, die über ihre Kraft hinausgingen. Als ich wieder zu Bewußtsein kam, fühlte ich, daß ich an die äußersten Grenzen des Glücks gerührt hatte.“

Während Germaine auf dem Balkon des Rathauses in Ohnmacht fiel, verspielte Necker mit einer großen Geste von höchster Ungeschicklichkeit den letzten Trumpf: seine Popularität.

Um Monsieur Necker wieder in sein Amt einzusetzen, um seine Tochter an die äußersten Grenzen des Glücks gelangen zu lassen, war es erforderlich gewesen, ein Königreich ins Chaos zu stürzen und einige der invaliden Veteranen umzubringen, die die Garnison der Bastille bildeten – darunter ihren Kommandanten, den Marquis de Launay, eines der sanftmütigsten Geschöpfe von ganz Frankreich, dessen Kopf auf einer Pike durch die Straßen getragen worden war. Die Gesamtsumme der befreiten Insassen belief sich auf sieben: vier Fälscher, ein Sittlichkeitsverbrecher und zwei Verrückte, die von der Menge im Triumph vom Gefängnis zum Narrenhaus getragen wurden.

War das schon grotesk genug, so grenzte Neckers erste offizielle Handlung bei seiner Rückkehr an Wahnsinn. Anstatt daß er der kritischen Lage energisch begegnete, schien es ihm nur daran gelegen, seinen Schweizer Landsmann, Baron de Besenval – den unpopulären Befehlshaber der Armee, die zwei Wochen zuvor um Paris zusammengezogen worden war – aus seiner Haft zu befreien. Royalistische Historiker neigen zur Auffassung, daß Besenvals Untätigkeit am 13. und 14. Juli vorher mit Necker abgemacht war; die Jakobiner verdächtigten Necker, als er auf Besenvals Befreiung bestand, mit der Reaktion verbündet zu sein. Die Nationalversammlung widerrief des Barons Freilassung und drückte damit Necker ihren Mangel an Vertrauen aus; Besenval wurde erst nach langen und komplizierten Verfahren die Rückkehr in sein Heimatland gestattet. Neckers wahre Ohnmacht wurde also am selben Tag manifest, an dem er scheinbar den Höhepunkt seiner Macht erreichte.

Es war geradezu ein Wunder, daß es Necker gelang, noch weitere dreizehn Monate auf seinem Posten zu bleiben. Er hatte keine Bundesgenossen, seine Popularität schwand mit jedem Tag, man gestattete ihm einfach, so lange ein Schattendasein zu führen, als seine Untätigkeit das eigentliche Spiel der dynamischen Kräfte nicht störte. Die Versammlung ignorierte ihn, die Königin und ihre Partei mißtrauten ihm, und Necker wurde in seiner splendid isolation der Wirklichkeit immer fremder.

Während die Nationalversammlung in Versailles eine Verfassung und die Erklärung der Menschenrechte ohne Neckers Mithilfe ausarbeitete, unterlag das königliche Paar mehr und mehr dem Einfluß inoffizieller und reaktionärer Ratgeber. Ludwig XVI. war nicht fähig, energisch und konsequent vorzugehen, und ein Premierminister, der an der gleichen Krankheit litt, war ihm von geringem Nutzen. Auf der einen Seite hörte er auf Necker und weigerte sich, den Hof und die Nationalversammlung weiter von Paris fortzuverlegen; auf der andern versuchte er von Zeit zu Zeit, wie alle schwachen Menschen, einen lauen und unwirksamen Kraftaufwand zu machen. Ende September 1789 hatte er es abgelehnt, die Erklärung der Menschenrechte anzuerkennen ohne eine ergänzende Erklärung der Pflichten, und hatte das Regiment Flandern nach Versailles berufen. Das genügte nicht, um die Lage zu meistern, war aber genug, um zu einer Explosion zu führen.

Am 5. Oktober begab sich unter strömendem Regen eine seltsame Prozession von Paris nach Versailles. Als Vorhut kamen fünf- oder sechstausend Frauen und Kinder, die ihren König um Brot bitten wollten. Die Nahrungsmittelzufuhr nach Paris lag tatsächlich vollkommen im argen, und ein zweiter Hungerwinter stand vor der Tür. Unter dieser Schar befand sich jedoch eine reichliche Anzahl von Prostituierten, die von den Veranstaltern des Marsches aufgeboten worden waren, um die Reihen zu füllen und die Stimmung zu beleben; dadurch sah das Ganze eher wie ein Heer von Mänaden als von besorgten Müttern aus. Unmittelbar hinter ihnen kam hoch zu Roß der Kommandant der Nationalgarde, General Lafayette, mehr geschoben als gefolgt von seinen Truppen, und fragte sich offenbar voll Verwirrung, warum er überhaupt da war. Den Abschluß nach der Nationalgarde bildete eine mit Piken, Stöcken, Messern, Stricken und anderen passenden Werkzeugen bewaffnete Schar, die womöglich noch pittoresker ausschaute. Diese aus der Pariser Unterwelt rekrutierten Männer stellten zusammen mit den Prostituierten eine Privatarmee Seiner Königlichen Hoheit des Herzogs von Orléans dar. So unordentlich sie auch wirkte, so war sie doch ein gut organisierter Haufen.

An diesem Tag unternahm der König etwas: Er war zur Jagd geritten.

Madame de Staël befand sich in der schwedischen Botschaft, als sie erfuhr, daß der Pöbel im Anmarsch auf Versailles sei. Ohne eine Minute zu verlieren, ließ sie ihren Wagen vorfahren, und es gelang ihr, auf Nebenstraßen den Palast vor der sich nur langsam vorwärtsbewegenden Menge zu erreichen. Sie fand den Hof in Todesangst in den Vorzimmern zusammengedrängt, den König hatte man inzwischen gefunden und zurückgeholt. Er war jetzt mit seinen Ministern eingeschlossen.

Einer der Minister, Saint-Priest, schlug vor, die Regierung nach Rambouillet zu verlegen. Der König solle sich, wenn nötig, an der Spitze seiner Leibgarde durchschlagen. „Wenn Sie diesem Rat folgen", soll Necker dem König gesagt haben, „so kostet es Sie den Kopf". Es bestehe kein Anlaß, sich allzusehr aufzuregen, fand er. Der König beschloß, die Ereignisse abzuwarten.

Die Nacht war schon gekommen, als die ersten Reihen der Marschkolonne, naß bis auf die Haut, in Versailles eintrafen. Einige der Frauen drangen in die große Halle der Nationalversammlung ein und legten in Gegenwart der Abgeordneten die Kleider ab, um sie zu trocknen. Andere rotteten sich vor den Toren des Palastes zusammen, die man verschlossen hatte; die Prostituierten machten sich für eine bewegte Nacht mit den Wachen bereit. Um Mitternacht erschien die Nationalgarde. Lafayette trat vor den König — er strahlte Vertrauen aus und wirkte sehr beruhigend. Seine Truppen seien loyal, die Demonstranten hätten sich zerstreut, überall herrsche Ruhe und Ordnung, und alles könne schlafengehen. Der General ging mit gutem Beispiel voran und legte sich zu Bett. Es war die Nacht, in der Lafayette „se couchait contre son Roi".

Auch die Neckers und ihre Tochter zogen sich zurück. Ihre Gemächer waren mit dem Palast durch einen langen Gang verbunden.

Im Morgengrauen wurde Germaine von einer völlig unbekannten Dame geweckt, die in ihr Zimmer stürzte und berichtete, eine wüste Menge sei ins Vorzimmer der Königin gedrungen und habe die Wache vor ihrer Tür umgebracht; der Königin sei gerade noch Zeit geblieben, durch einen Geheimgang in des Königs Privatgemach zu fliehen. Necker, so stellte sich heraus, war bereits im Palast beim König; Madame Necker und ihre Tochter eilten ihm nach. Als sie durch den Verbindungsgang hasteten, hörten sie Musketenschüsse in den Höfen, in der Galerie sahen sie Blutlachen auf dem Parkett, im nächsten Raum fielen die königliche Leibgarde und die Nationalgarde in einem Rausch der Verbrüderung einander in die Arme und riefen: „Es lebe Lafayette!" Germaine und ihre Mutter liefen weiter in den großen Salon, dort war der Hof versammelt. Unten auf dem Vorplatz schrie die Menge, König und Königin sollten nach Paris kommen; die Schüsse waren, wie sich zeigte, aus reinem Übermut abgefeuert worden: Es gab kein Handgemenge.

In diesem Augenblick betrat Marie Antoinette den Salon, beherrscht, aber in äußerster Erregung – sie hatte allen Grund dazu: Das Bett, aus dem sie wenige Minuten zuvor geflohen war, hatten ihre Besucher mit Messern und Piken in Stücke gehauen, weil sie dachten, sie sei unter den Decken versteckt. Nun wurde unten im Hof brüllend nach der Königin verlangt. Marie Antoinette erwartete, selbst in Stücke gerissen zu werden, nahm aber ihre beiden Kinder ruhig bei der Hand und trat auf den Balkon hinaus. Das Gebrüll ging weiter: „Ohne Kinder!" Marie Antoinette führte die Kinder zurück und ging allein hinaus. Ihr Mut schien die Menge zu beruhigen. Die Drohungen wandelten sich in Zurufe, dann folgte wieder der Chor: „Der König nach Paris!"

Als Marie Antoinette den Balkon verließ, wandte sie sich an Madame Necker, unterdrückte gewaltsam ein Schluchzen und sagte: „Sie werden uns, den König und mich, zwingen, nach Paris zu gehen, und werden dabei die Köpfe unserer Leibgarde auf Piken vor uns hertragen[7]."

Die Prophezeiung der Königin ging nicht wörtlich in Erfüllung: man verbarg die Köpfe vor ihren Blicken, als sie, der König, die Regierung und die Nationalversammlung an diesem Tag nach Paris gebracht wurden. Die Neckers zogen es vor, gesondert über den Bois de Boulogne zu fahren. Noch Jahre später erinnert Germaine sich daran, daß „das Wetter ungewöhnlich strahlend war. Es ging kaum ein Lüftchen, und der Glanz der Sonne verscheuchte alle Dunkelheit aus der Landschaft. Kein einziger Gegenstand der Außenwelt stand mit unserer Trauer in Einklang."

Es war eine Eigentümlichkeit Germaines, die der Natur gewöhnlich so gleichgültig gegenüberstand, daß sie in kritischen Momenten mit der größten Empfindsamkeit auf Landschaft und Wetter reagierte.

Unter einem wolkenlosen Herbsthimmel schwankten die Köpfe der Leibwachen hoch oben auf den Piken nach Paris. Monsieur Necker dankte noch immer nicht ab.

Mit der Verlegung der Regierung und der Nationalversammlung nach Paris ging die Autorität tatsächlich auf die politischen Klubs und die revolutionären „Sektionen" der Hauptstadt über. Ihre Macht wurde jedoch erst nach und nach fühlbar. Oberflächlich gesehen behielt die Regierung die Kontrolle, und die Nationalversammlung fuhr fort, sich mit dem Verfassungsentwurf für eine eingeschränkte Monarchie zu beschäftigen. Der König hatte der Erklärung der Menschenrechte und den Artikeln der Konstitution, die bisher ausgearbeitet worden waren, zugestimmt. Germaine und ihre politischen Freunde sahen immer noch eine Möglichkeit, zu konsolidieren, was die Revolution bisher vollbracht hatte, und ihr weiteres Umsichgreifen zu verhindern.

Neckers Anteil an den Ereignissen des 5. und 6. Oktober war kaum nennenswert. Der neue Held des Tages war Lafayette, dessen politische Unfähigkeit, ungeheuerliche Selbstsicherheit, Sucht nach Popularität, dessen Retter-Komplex und Unvermögen, die Ereignisse zu kontrollieren, ihn zu einem würdigen Nachfolger des „Schutzengels" machten. Sogar in seiner besonderen Sphäre, der Finanzverwaltung, sahen Neckers Aktivitäten mehr und mehr wie die Possen eines Schattenboxers aus, der seine Kunst in einem abgeschlossenen, luftleeren Raum ausführt. Nachdem ihn die Versammlung mit dringenden Forderungen nach einem vollständigen Rechenschaftsbericht in die Enge getrieben hatte, gab er schließlich am 21. Juli 1790 den Bericht über seine Finanzverwaltung heraus. Das Volk war starr über seine Abrechnungen: sie zeigten einen Überschuß von neunundneunzig Millionen. Auf die offenbare Absurdität von Neckers Rechenmethoden reagierten die Nationalversammlung, die Tagespresse und die Flugblätter mit einer Flut von Schmähungen. „Danken Sie ab und sterben Sie in Frieden", war der freundliche Rat, den Brissot ihm erteilte, und einstimmig wurde er im Chor von allen Parteien aufgenommen. Die strengen Vergeltungsmaßnahmen, die man in Nancy gegen ein meuterndes Schweizer Regiment ergriffen hatte, dienten als weiterer Vorwand für die Anti-Necker-Propaganda. Am 2. September setzte ein Mob sich gegen Neckers Amtsräume in Marsch, und aus dem Geschrei konnte man heraushören, daß es ein Hauptspaß wäre, sie gleich anzuzünden. Die Leute waren zwar in heiterer Stimmung und führten nichts wirklich Böses im Schild, aber es war eine ausgezeichnete Gelegenheit für Lafayette, seinen Rivalen loszuwerden. Er brachte es dadurch zuwege, daß er einen Adjutanten mit der Botschaft zu Monsieur und Madame Necker schickte, er habe sechshundert Mann bereitstehen, die ihr Leben schützen würden. Necker erklärte, er wünsche vor allem jedes Blutvergießen zu vermeiden. Mit ungewöhnlicher Voraussicht hatte ihm Lafayette aber auch einen Wagen anbieten lassen, und auf dieses Angebot ging Necker bereitwilligst ein.

Ohne die weitere Entwicklung der Ereignisse abzuwarten, stahlen sich die Neckers um neun Uhr aus Paris nach Saint-Ouen. Von dort sandte Necker am 4. August der Nationalversammlung seine Demission, die sie mit großer Gleichgültigkeit entgegennahm. Am 8. September fuhr er mit seiner Frau in die Schweiz.

Germaine blieb zurück. Sie hatte am 31. August ihrem ältesten Sohn August das Leben geschenkt. Auch hatte sie einen Geliebten.

Der Mann, den nach Madame de Staëls eigener Aussage ihr ältester Sohn zum Vater hatte, war nicht ihr erster Geliebter. Die Auszeichnung, der erste gewesen zu sein, gebührt aller Wahrscheinlichkeit nach dem Abbé de Talleyrand – er war auch der einzige ihrer Liebhaber, der später nichts mehr mit ihr zu tun haben wollte. Talleyrand war zweifellos einer der intelligentesten Männer seiner Zeit, zugleich aber auch einer der rätselhaftesten. Er stammte aus einer uralten französischen Adelsfamilie und kam 1754 zur Welt. Ein Unfall in seiner Kindheit verkrüppelte seine Füße. Für ihn kam daher eine militärische Karriere nicht in Frage, er büßte sein Erstgeburtsrecht ein und wurde zum Priester bestimmt, ein Amt, gegen das er die größte Abneigung empfand. Von ihm rührt der Ausspruch her, nur wer vor 1789 gelebt hätte, wüßte, was die Süße des Lebens sei: er kostete diese Süße gründlich aus und war ein so raffinierter Wüstling, daß selbst eine Gesellschaft, die sündige Kleriker milde beurteilte, daran Anstoß nahm. Als er im Herbst 1788 zum Bischof von Autun ernannt wurde, protestierte seine eigene fromme Mutter dagegen.

Für die Nachwelt bedeutet der Name Talleyrand Unmoral, Zynismus, Falschheit, Korruption, Habgier, Berechnung, Opportunismus; wer sich näher mit seiner Karriere befaßt hat, wird ihm auch eine ungeheure innere Charakterstärke und Weisheit und ein unfehlbares, verantwortungsbewußtes Europäertum zugestehen. Nur wenigen Männern ist es gelungen, ihre private Unmoral so glänzend mit ihrem öffentlichen Gewissen in Einklang zu bringen, und keiner hat mit größerem Hochmut auf jeden Versuch verzichtet, sein Betragen vor den Zeitgenossen oder vor der Geschichte zu rechtfertigen. Hinter seiner unerschütterlichen Ruhe, seiner völligen Gleichgültigkeit jeder Schmähung und Demütigung gegenüber, seiner Unfähigkeit Gefühle zu zeigen, verbargen sich große Empfindsamkeit und Stolz.

Als Germaine mit diesem seltsamen Mann der Kirche in den späten achtziger Jahren zusammentraf, hatte sein Gesicht noch nicht sein späteres gedunsenes, leichenhaftes Aussehen, und trotz seines humpelnden Ganges fiel es ihm nicht schwer, den Eroberer zu spielen. Sein Benehmen, seine Konversation waren bestrickend und von einem Charme, der weibliche Empfindsamkeit mit männlicher Intelligenz und Kraft verband. Von dieser Verbindung war Germaine hingerissen – seine abgründige Selbstsucht, die seine

Interessen und seine Sicherheit allen anderen Rücksichten voranstellte, hatte sie noch nicht kennengelernt.

Es gibt keine Anzeichen dafür, daß ihre Liebe sehr leidenschaftlich gewesen sei. Sie trachtete in ihm „den allerinnersten Regungen der Seele" nachzuspüren, konnte doch sie allein jenes „vollendete Zartgefühl" hervorzaubern, das alles, was er sagte, so verführerisch machte. „Die Süße, ja sogar sanfte Zartheit" seiner Worte ließen Germaines Kümmernisse in seiner Gegenwart hinschwinden. Selbst als sie ihn nicht mehr zum Liebhaber hatte, bedurfte sie weiter seiner Gesellschaft, um glücklich zu sein, sie verteidigte seine Vorzüge gegen alle Verleumdungen, ebnete ihm die Wege zu seiner großen Karriere und nahm erst gegen ihn Partei, als er ihr die letzte Illusion von Freundschaft geraubt hatte.

Als Madame de Staël sich in *Delphine* an Talleyrand rächte und ihn in der Gestalt von Madame de Vernon porträtierte, bemerkte er: „Ich verstehe, daß Madame de Staël in ihrem Roman sowohl sich wie mich als Frauen verkleidet hat." Keiner der Männer, die sie liebte, war imstande, sie ganz als Frau anzusehen, und Talleyrand, der sich mehr von ihren intellektuellen als von ihren weiblichen Qualitäten angezogen fühlte, betrachtete sie bald nicht so sehr als seine Geliebte denn als politischen Verbündeten. Zu dem Zeitpunkt, als er Germaine begegnete, hatte er nicht nur der Kirche, sondern auch der Gräfin Flahaut Treue geschworen, die ihm einen Sohn geboren hatte[8]. Germaine hatte nichts dagegen, ihren Liebhaber mit Madame de Flahaut zu teilen – sie war in dieser Beziehung gewöhnlich sehr großzügig –, aber ein solches Übereinkommen konnte natürlich ihren Durst nach Liebe und Ruhm nicht befriedigen. Kurz vor Ausbruch der Revolution – gegen Ende des Jahres 1788 oder zu Beginn des Jahres 1789 – traf sie mit dem Mann zusammen, der die erste ihrer großen Leidenschaften wurde. Vermutlich hat Talleyrand ihn Germaine vorgestellt.

Louis, Vicomte de Narbonne-Lara, war dreiunddreißig Jahre alt, als Germaine ihn kennenlernte. Er war nicht nur schön, intelligent, empfindsam und ein bekannter Herzensbrecher: er war auch von einem Geheimnis umgeben.

In Italien geboren, war er der Sohn von – aber wer will das wissen? Vielleicht von Ludwig XV. und der Gräfin Narbonne-Lara; oder sogar, wie das Gerücht verlautete, von Ludwig XV. und seiner Tochter, Madame Adelaide. Er wurde in Versailles getauft, Madame Adelaide und der künftige Ludwig XVI. standen Pate, und der Graf Narbonne-Lara glänzte durch Abwesenheit. Louis wurde wie ein Prinz königlichen Geblüts erzogen und gab in rascher Folge das Vermögen von Gräfin Narbonne=Lara, von Madame Adelaide und von seiner Frau aus, die er 1782 geheiratet hatte. Eine glänzende militärische Laufbahn war ihm sicher, und er hatte es nicht nötig, sich die Mühe zu machen und im amerikanischen Krieg zu dienen, wie so viele seiner Offiziers=Kameraden; 1786 war er bereits Regimentskommandant, ohne eine einzige Schlacht geschlagen zu haben, außer auf Sofas und Betten. Ludwig XVI., sein Vetter ersten oder zweiten Grades, je nachdem, verbannte den feurigen jungen Mann, sooft es ging, in entlegene Garnisonsstädte, aber immer wieder trat Madame Adelaide für ihn ein. Als er mit Germaine zusammentraf, hatte er für die ersten fünfunddreißig Jahre seines Lebens nichts als eine Schar von Mätressen, mindestens zwei illegitime Kinder und einen unüberblickbaren Haufen von Schulden aufzuweisen. Aber er besaß den gleichen undefinierbaren Charme, die gleiche raffinierte Einfachheit wie Talleyrand, und dazu kamen bei ihm noch Schönheit und ein gewisser Adel und Idealismus.

Germaines Salon in der Rue du Bac war zu einem politischen Treffpunkt des liberalen Adels geworden, der dann bald die erste Etappe der Revolution durchführte. Narbonne sympathisierte seinem Wesen und seiner Erziehung nach nicht mit dem freiheitlichen Ton in der Rue du Bac, aber Germaines begeisterter Redefluß riß ihn fort und erweckte in ihm den Ehrgeiz, seine Gaben in Sachen der Freiheit und des Fortschritts einzusetzen. Drei Jahre lang überließ er sich der herrschenden Hochstimmung und gestattete Germaine, ihn dem Ruhm entgegenzuführen. „Sobald er mich erblickt hatte", vertraute sie seinem Freund, dem Grafen Clermont=Tonnerre, an (der ihr ebenfalls verliebte Geständnisse machte), „änderte er um meinetwillen seinen Schicksalsweg. Er brach mit seinen früheren Bindungen und weihte mir sein Leben. Mit einem Wort, er überzeugte mich, daß er wohl imstande war, mich zu lieben, und daß er sich glücklich schätzen würde, mein Herz zu besitzen; sollte er es aber unwiederbringlich verlieren, so würde er das nicht überleben."

Im Juli 1789 war es bereits offensichtlich, welchen Grad der Intimität Germaines Verhältnis zu Narbonne erreicht hatte; gegen Ende des Jahres sprach man allgemein davon. Das war mehr, als Monsieur de Staël erdulden konnte, und als er entdeckte, daß seine Frau zwölf Stunden im Tête=à=tête mit Narbonne verbracht hatte, versuchte er, ihm sein Haus zu verbieten. Germaine war empört. Daß sie zwölf Stunden mit ihrem Freund verbracht hätte, sei reine Verleumdung: es waren, teilte sie ihrem Gatten in einem Brief mit, deren sechs. Außerdem habe Monsieur de Staël, da er nicht zugegen gewesen sei, kein Recht, Anspielungen zu machen. Die Reinheit ihrer Gefühle gebe ihr Kraft und Mut, auch weiterhin darauf zu bestehen, Monsieur de Narbonne zu empfangen. „Ich bin Monsieur de N. sehr freundschaftlich gesinnt, aber nichts von allem, was Sie mir über ihn schreiben, ist richtig."

Diese Worte klingen nach lauterer Wahrheit: Germaine log mit Aufrichtigkeit und Überzeugung. Im Dezember 1789 war sie von Narbonne schwanger. Monsieur de Staël schmeichelte sich, der Vater des kommenden Kindes zu sein – ein Beweis dafür, daß Germaine zumindest in strategischen Abständen ihre ehelichen Pflichten ihm gegenüber erfüllte –, und es schien kein Anlaß für einen Zweifel an einer Vaterschaft zu bestehen, bis kürzlich Germaines Briefe an Narbonne aufgefunden wurden. So schreibt sie ihm am 2. Oktober 1792, daß all ihr Blut sich empöre, wenn Monsieur de Staël August in ihrer Gegenwart seinen Sohn nenne, und im November teilt sie ihrem Geliebten mit, daß der Charakter des kleinen August offenbar schon einige Züge ihres „göttlichen Freundes" zeige[9]. Freundschaft war in Germaines Vokabular ein sehr ausgedehnter Begriff.

Monsieur des Staëls Verdacht war also wohlbegründet. Wie gewünscht brachte ihn jedoch Germaines Verweis dazu, sich um seine eigenen Angelegenheiten zu kümmern, die in ihren Augen hauptsächlich darin bestanden, Monsieur Necker zu Diensten zu sein. König Gustav hatte allerdings die Brauen gerunzelt, als der schwedische Botschafter im Juli 1789 seinen Posten verließ, um für seinen verbannten Schwiegervater den Postillion zu spielen. Germaine aber hatte in einem langen Brief an den Monarchen alle Schuld auf sich genommen. Der Brief, vom 4. September 1789 datiert, gibt einen begeisterten Bericht von den Ereignissen des 14. Juli und schließt folgendermaßen:

„Auf meine Bitte, auf meine dringende Forderung hin, hat Monsieur de Staël sich zehn Tage lang entfernt, um meinen Vater in einem Augenblick zu begleiten, in dem sein Leben und seine Freiheit, um das Mindeste zu sagen, gefährdet waren . . . Ich wagte der Zustimmung Eurer Majestät zu diesem Schritt sicher zu sein. Mit gebührender Ehrfurcht, aber ohne Furcht, gebe ich Eurer Majestät diesen Bericht von Monsieur de Staëls Verhalten."

Es war selbst für den wohlwollendsten Despoten nicht einfach, sich damit abzufinden, daß die Tochter eines Genfer Emporkömmlings in seinem Namen Entscheidungen für seinen Botschafter traf. Aber damals, wie immer, war Germaine völlig ahnungslos, was andere Leute wirklich dachten. Ihre eigenen Briefe und die offiziellen Berichte ihres Gatten gingen von der sicheren Voraussetzung aus, daß der König mit der Revolution sympathisierte. Ludwig XVI., so wurde Gustav mitgeteilt, war „eine Null", Marie Antoinette „hat eben eine solche Lektion erhalten, daß sie sich vermutlich nirgends mehr einmischen wird".

Könige neigen aber dazu, gegen eine Verunglimpfung königlicher Würde empfindlich zu sein, und niemand war in dieser Beziehung empfindlicher als Gustav III. Zum gleichen Zeitpunkt, als Madame de Staël ihm den glorreichen vierzehnten Juli glühend schilderte, begann er von der Rolle zu träumen, die er zwei Jahre später dann auch tatsächlich spielen sollte, und sich als Führer der Fürsten Europas gegen die Revolution zu sehen. Man kann sich vorstellen, mit welchen Gefühlen er die Berichte seines Botschafters aufnahm. Bald genug machte der wachsende Unwille sich in den Instruktionen bemerkbar, die Staël aus Stockholm erhielt. Zu dieser Zeit aber hatte der unglückselige Diplomat sich mit seiner prorevolutionären Politik schon viel zu sehr kompromittiert. Außerdem war er ein verzweifelter Mann.

Sobald Germaine nach der Geburt von August reisefertig war, folgte sie ihrem Vater nach Genf, der dort seine Wunden ausheilen ließ. Monsieur de Staël blieb zurück, durfte sich aber nicht seiner Freiheit freuen. Ein Brief nach dem andern kam von Germaine, die ihm auch weiterhin vorschrieb, was er zu tun habe, und da sie die Hand auf dem Beutel hielt, hatten ihre Botschaften mehr Gewicht als die des Königs von Schweden. Staël fühlte sich dem Selbstmord nahe. „Meine Frau macht mir das Leben denkbar schwer", schreibt er seinem Freund Nils von Rosenstein. „Meine Schwiegereltern sind überhaupt keine Hilfe. Obwohl sie sehen, daß mein Verhalten ihrer Tochter gegenüber weit über das hinausgeht, was man vernünftigerweise von mir erwarten kann, tun sie nichts, um mich dafür zu entschädigen. Es wäre ein Wahnsinn", fügte er hinzu, „um die geringste Summe zu bitten: ich kenne ihre Einstellung und könnte sicher sein, für alle Zeiten unter die Vormundschaft meiner Frau gestellt zu werden."

Ein abgründiger Gedanke. Aber er brauchte Geld. Er hatte nämlich einen unglaublichen Unsinn gemacht: er hatte sich in eine nahezu siebzigjährige Frau verliebt, die frühere Schauspielerin Mademoiselle Clairon, die Germaine in den verflossenen Tagen des Salons Necker so gut unterrichtet hatte. Sie machte sich seine mitleidigen Gefühle, seine Verzweiflung, sein tragisches Bedürfnis nach Verständnis, Verzeihung und Bemutterung zunutze und fing den alternden Boudoir-Helden unentrinnbar in ein Netz ein — unentrinnbar nicht etwa, weil seine Leidenschaft so beständig gewesen wäre oder weil er sich durch Schwüre gebunden fühlte, sondern weil seine Bindung, mit Unterschrift versehen, notariell beglaubigt und gesiegelt war: Er hatte Mademoiselle Clairon lebenslänglich eine Rente von 5000 Francs pro Jahr ausgesetzt. „Sie bringen mir", schrieb *la* Clairon, „die süßen und unschuldigen Illusionen meiner Jugend wieder. Ich werde Ihnen das Glück verdanken, bis zu meinem letzten Atemzug geliebt zu haben." Wenige Jahre später verklagte sie ihn auf Vertragsbruch.

König Gustavs Botschafter aber bekundete auch noch auf andere Weise als durch die Wiederbelebung der süßen und unschuldigen Illusionen der Clairon, daß er immer absonderlicher wurde. Er hatte sich auch der Sekte der Swedenborgianer zugewandt, war tief im Mystizismus der Illuminati befangen und beschwor Geister.

Bereits im elften Jahrhundert vermerkte der Chronist Adam von Bremen, daß die Schweden eine besondere Gabe für Zauberei hätten. Im Zeitalter der Vernunft, am Hof des aufgeklärten Despoten Gustav, war zwischen zwei feindlichen Schulen von Zauberern und Wahrsagern ein geheimer, tödlicher Kampf entbrannt. König Gustavs Hellseherin, Fräulein Arfwedsson, deren Orakel er bei jedem wichtigen Anlaß befragte, war allmächtig. Bedeutend zahlreicher aber waren die Wahrsager um des Königs Bruder, Herzog Karl von Sudermannland, dem sie eine glorreiche Zukunft verkündeten. Der einflußreichste von ihnen, des Herzogs Freund Baron Reuterholm, hatte den Herzog vor Zeugen in einen hypnotischen Trancezustand versetzt, damit er die Rolle prophezeie, die er bei der Wiedergeburt der Menschheit spielen würde. Reuterholm kam bei Ausbruch der Revolution nach Frankreich, um die verschiedenen Logen der Freimaurer und Illuminati zu besuchen. Im schwedischen Botschafter fand er einen Freund und dazu einen für seine Lehren sehr empfänglichen Schüler. Baron de Staël hatte in seiner Botschaft bereits einen Swedenborgianer mit Namen Haldin, dessen Spezialität es war, Geister in Spiegeln erscheinen zu lassen. Unter Reuterholms Einfluß nahm dieser harmlose Zeitvertreib ernstere Formen an.

Bei einer der Séancen, die 1790 in Staëls Gegenwart stattfanden, offenbarte ein Medium, daß Herzog Karl „im Besitz der Wahrheit selbst sei" und daß nur Reuterholm sein Werkzeug sein solle. Staël berichtet Reuterholm diese Prophezeiungen und fährt fort: „Auch der König wurde erwähnt; die Seine Majestät betreffende Voraussage ist hochinteressant, doch von einer Art, daß ich ihren Inhalt nicht niederzuschreiben wage." Im Hinblick darauf, was mit dem König zwei Jahre später geschah, haben diese Worte einen unheimlichen Klang.

Das Programm der Sekte kannte Herzog Karl vermutlich nicht in seinem ganzen Umfang. Einer ihrer Wortführer formulierte es folgendermaßen:

„Letztes Ziel des zu errichtenden Gebäudes einer universellen Republik ist das Glück der Menschheit. Verstand und tugendhaftes Bemühen sollen als Grundlage dienen. Diejenigen, die sich durch ihren Verstand auszeichnen, sollen die Welt regieren . . . Wir müssen Feuer an die Städte legen und sie zerstören, denn sie sind Schulen von Tyrannei, Korruption und Elend . . . Durch eine unmittelbare Rückkehr zur Natur werden sich dann nach dem Vorbild des Goldenen Zeitalters freie Gesellschaften zusammenfinden . . . Die Französische Revolution wird alle diese Wunder vollbringen; die Revolution ist die göttliche Tat par excellence, der feierlichste Akt, den die Erde seit der Sintflut gesehen hat; sie ist nichts Geringeres als der Tag des Jüngsten Gerichts für die Tyrannen."

Gustav III. hatte in Monsieur de Staël einen erstaunlichen Botschafter. Er ahnte zwar nichts von Staëls Beziehungen zu seinen Mördern, war aber mißtrauisch geworden und schickte Ende 1789 Baron Taube nach Aachen mit dem Auftrag, als sein inoffizieller Gesandter bei Ludwig XVI. zu fungieren. Graf Fersen, Gustavs Vertrauensmann in Versailles, instruierte Taube folgendermaßen:

„Der König trägt mir auf, Sie wissen zu lassen, daß alle Berichte Staëls zugunsten der Revolution gefärbt sind; er wird so tun, als halte er sich an das, was Staël ihm mitteilt, aber nur, um von den Plänen und Ideen der Revolutionäre mehr zu erfahren. Der König beauftragt Sie, dies dem König und der Königin (von Frankreich) zu erklären, damit sie sich nicht täuschen lassen."

Staëls mystische Höhenflüge lockten ihn zwar in gefährliche politische Sphären, vermochten aber nicht, ihn seiner eigenen privaten Schwierigkeiten zu entheben. Im Gegenteil, zu allem andern begann jetzt auch noch der Gedanke an seine Sündhaftigkeit ihn zu quälen. „Mein Schicksal wäre erträglicher", schrieb er Reuterholm, „wenn ich mein Kreuz tragen könnte, wenn der alte Adam in mir weniger lebendig wäre, wenn ich verzichten und mich in die Hände Gottes geben würde — — — Beten Sie für mich, mein Freund, damit mein schwacher Glaube gestärkt wird. Mein gütiger Freund, mein Herz ist schwer; ich bin in Tränen gebadet. Beten Sie, ach beten Sie —", und so geht es mehrere Seiten lang weiter. Er bat ihn sogar, für Madame de Staël zu beten.

Die mystisch-politische Überschwenglichkeit ihres Mannes war

Germaines Wesen völlig fremd. Sie übersah sie einfach. Seinen Zwiespalt zwischen dem „alten Adam" und seinen idealen Bestrebungen würde sie ebenso unbegreiflich gefunden haben, hätte sie sich die Mühe genommen, davon überhaupt etwas zu erfahren. Gewissenserforschung war die einzige Tätigkeit, die sie niemals ausübte. Mit einem Verstand begabt, der sich großartig für Analyse, Einordnung und Verallgemeinerung eignete, wandte sie dieses Instrument ausschließlich auf die Gesellschaft, selten auf Individuen, niemals auf sich selbst an. Sie lebte ja nur, wenn sie sich voll und ganz engagierte, es wäre einem Aufhören ihres Lebens gleichgekommen, hätte sie den Versuch gemacht, die einzelnen Elemente ihres Daseins voneinander zu trennen — persönliche Beziehungen und Politik zum Beispiel oder Liebe und Freundschaft. Sie alle bestanden gleichzeitig, nicht nebeneinander, sondern in einem einzigen Erlebnisstrom vermengt. Dieses großartige Durcheinander der Gefühle, verbunden mit einem durchaus rationalen und analytischen Verstand, führte zu paradoxen Ergebnissen.

Ihr Liebe-und-Politik-Komplex war ein solches Paradoxon. Politik war bei ihr immer etwas Persönliches, „eine Sache von Eigennamen", wie sie sich ausdrückte. Begeisterung für so abstrakte Dinge wie Freiheit, Gerechtigkeit oder Tugend erforderte einen Helden, der sie verkörperte, oder zumindest Freunde, mit denen man die Begeisterung teilen konnte. Bei aller Hingerissenheit und Verzückung aber, in der politische Ideale, Heldenverehrung und sexuelle Liebe ein scheinbar völlig irrationales Gewirr bildeten, blieben ihre politischen Ziele trotzdem prosaisch, gemäßigt und praktisch. Weder waren die metaphysischen Wahnvorstellungen der Illuminati etwas für sie, noch der Fanatismus der Royalisten oder der Jakobiner, ja nicht einmal die abstrakte Strenge von Rousseau. Die Ziele, denen ihr Begeisterungstaumel galt, waren lediglich ein Zweikammernsystem, eine repräsentative Regierung aus den Kreisen der Besitzenden und eine Garantie der bürgerlichen Freiheiten. Selten wurde so viel Gefühl für ein so vernünftiges Ziel aufgeboten.

Ein anderes Paradoxon war ihr Verhalten in der Liebe, bei dem es ihr durchaus nicht auf Ausschließlichkeit ankam. Auf der einen Seite war die Liebe für sie etwas Absolutes, das den ganzen Menschen beanspruchte; auf der anderen Seite konnte niemand die Unvollkommenheiten solcher Beziehungen sachlicher und vernünftiger hinnehmen. Zur Treue im engeren Sinn (im Gegensatz zur Loyalität) sind nur diejenigen fähig, die in der Liebe nach etwas Erreichbarem streben; niemand, der sein Leben auf der

Suche nach dem Ideal der absoluten Liebe verbringt, kann es sich leisten, treu zu sein, es sei denn, irgendein wunderbarer Zufall führe ihn gleich am Anfang mit dem Ziel seiner Wünsche zusammen. Germaine hatte dieses Glück nicht, sie hatte auch keine Illusionen außer jener letzten und höchsten. Warum sollte sie ihre Suche aufgeben, um einem Mann treu zu sein, der sich als mangelhaft erwiesen hatte; warum sollte sie andererseits einen Mann stehen lassen, nur weil er nicht ganz dem Ideal entsprach? Untreue auf beiden Seiten zählte nicht viel, und die Grenzen zwischen Liebe und Freundschaft waren verwischt. Darin war sie das Kind ihres Jahrhunderts: die sexuelle Seite einer Beziehung war nicht der Prüfstein, zu dem sie seither wurde, und Loyalität in der Freundschaft wurde über sexuelle Treue gestellt. Bei Germaine allerdings verliefen die Grenzen noch etwas undeutlicher als bei allen anderen. Sie war unfähig, einen früheren Liebhaber freizulassen, ungeachtet der Kompromisse, Zwangsmaßnahmen und Listen, die erforderlich waren, seine Emanzipation zu verhindern, und dabei fühlte sie sich getrieben, ihre Suche nach dem Ideal wieder aufzunehmen, sobald ein potentieller neuer Geliebter am Horizont erschien. Diese Unfähigkeit und dieser Trieb riefen allgemein den Eindruck völliger Zügellosigkeit im Sexuellen hervor — womit man aber ihrem Charakter Unrecht tut.

Als Narbonne „seinen Schicksalsweg geändert" hatte, um sich auf den Flügeln von Germaines Liebe zum Ruhm emporzuschwingen, hatte er seine anerkannte Mätresse, die wesentlich ältere Gräfin Laval, aufgeben müssen. Aber Germaine war nicht zufrieden damit, der Gräfin ihren Liebhaber weggeschnappt zu haben, sie mußte sich auch noch in deren Sohn, Mathieu de Montmorency-Laval, verlieben.

Mathieu, 1767 als Abkomme eines der größten Geschlechter Frankreichs geboren, hatte durch seine Erziehung das Benehmen eines Adligen und die Überzeugung eines Liberalen mitbekommen. Er hatte im amerikanischen Feldzug gedient und die Französische Revolution mit Begeisterung begrüßt. Als Abgeordneter des Adels nahm er in den Generalständen eine Haltung ein, die noch wesentlich mehr linksgerichtet war als die Neckers, und stellte sich auch dem Lieblingsplan des Ministers, einem gesetzlich verankerten Zweikammernsystem, entgegen; ein Oberhaus, warnte er, würde den Bevorrechteten als Bastion dienen und zur Wiederherstellung der Tyrannei führen. Er war es, der den Adel dazu brachte, sich in jener denkwürdigen Orgie der Selbstaufopferung in der Nacht des 4. August aller seiner Privilegien zu begeben.

Als Germaine ihm begegnete (das Datum steht nicht fest), muß

Mathieu de Montmorency ihr als der Inbegriff alles Edlen, Guten und Schönen, sowohl in der alten wie in der neuen Gesellschaft, erschienen sein. Er war groß, schlank, sehr blond, elegant, mit ausgezeichneten Manieren, glühte vor selbstlosem Idealismus, war einer niedrigen Handlung oder Regung unfähig, verkörperte somit die besten Eigenschaften des Adels und stellte sie in den Dienst des Kampfes für allgemeine Gerechtigkeit und Gleichheit. Um Mathieu war eine Aura aus einer anderen Welt, etwas nahezu Engelhaftes, das seine Mutter veranlaßte, zu sagen: „Armer Mathieu! Auf alles fällt er herein!"

Als Mathieu am Morgen des 14. Juli 1817 die Mitteilung erhielt, daß Germaine soeben gestorben sei, schrieb er das Datum mit der Bemerkung auf: „Schicksalhafter Tag!" Die Anspielung galt nicht nur dem Fall der Bastille; sogar der erste Jahrestag von Neckers Triumph hatte für Mathieus Leben eine tragische Bedeutung. Er war unglücklich verheiratet, und lange, bevor er mit Germaine zusammentraf, hatte er sein Herz Pauline de Laval geschenkt, der Frau eines seiner Vettern, die seine revolutionäre Begeisterung teilte. Am 14. Juli 1790 sollte die neue Verfassung auf dem Marsfeld vom König, von 60 000 Abgeordneten der Départements und der Armee feierlich beschworen werden. Pauline de Laval hatte gemeinsam mit anderen Enthusiasten die ganze Nacht vom 13. auf 14. Juli damit zugebracht, in einem Schubkarren Modder zum Marsfeld zu fahren, das für diese Gelegenheit aufgeschüttet werden mußte Sie verkühlte sich dabei und starb an Lungenentzündung, ein Opfer übertriebenen patriotischen Eifers.

Germaine, die ihre Überzeugungen nie zu solchen Extremen trieben, konnte das Föderationsfest (wie die Feier des 14. Juli 1790 genannt wurde) wohl als einen persönlichen Triumph in der Liebe und Politik betrachten. Von der Diplomatenloge aus sah sie ihren Liebhaber Talleyrand, den Bischof von Autun, am Feldaltar das Hochamt zelebrieren, in Gegenwart von König und Königin, vor einer nach Hunderttausenden zählenden Menge, die sich am Jahrestag von ihres Vaters Triumph versammelte, an einem Tag, der zum Nationalfeiertag Frankreichs wurde und an dem heute eine Verfassung ihre Weihe empfing, die sie selbst mit aus der Taufe gehoben hatte: eine Verfassung, die nach ihren Erwartungen ihrem Liebhaber Narbonne Gelegenheit geben würde, eine glänzende Rolle zu spielen. Wie sollte sie sich da nicht in der Illusion wiegen, daß in ihren Händen die Zügel von Macht und Liebe lagen?

Kurz nach dieser Feier, so scheint es, verliebte sich Germaine in den quasi-verwitweten Mathieu. Sainte-Beuve versichert, daß die

Liebe zwischen Germaine und Mathieu immer platonisch gewesen sei. Es ist richtig, daß Germaine bis zum 31. August schwanger und vom Oktober 1790 bis zum Januar 1791 von Paris abwesend war. Es stimmt aber auch, daß Germaine Mathieu einmal unter den drei Männern nannte, die sie in ihrem Leben am meisten liebte, und daß die beiden andern – Talleyrand und Narbonne – unzweifelhaft ihre Liebhaber gewesen waren. Es ist sehr wahrscheinlich, daß die Beziehung, ob damals oder zu einem späteren Zeitpunkt, zumindest kurzfristig mehr als platonisch war: bei niemandem war es leichter, die Grenzlinie zwischen Freundschaft und Liebe zu verwischen, als bei dem engelhaften, aber verführerischen Mathieu.

Wie immer jedoch die Beziehung zu Mathieu geartet war, Germaines Liebe zu Narbonne wurde, wenn möglich, in den folgenden Jahren noch leidenschaftlicher – vielleicht, weil Narbonne ihr zu entschlüpfen strebte, während Mathieu treu blieb. In dem seltsamen Fünfeck der Gefühle, das Germaine, Narbonne, Talleyrand, Mathieu und Mathieus Mutter, Madame de Laval, bildeten, waren alle bis auf Madame de Laval mit dem unbestimmten Status quo zufrieden. Mit einer genauen Definition hätte man ihn zerstört.

In Germaines Wonnegefühl beim Föderationsfest mengte sich Angst. „In dem Augenblick, in dem es aussah, als würde sein (Neckers) Triumph gefeiert", schrieb sie später, „fühlte er vielleicht, daß es keine Hoffnung mehr gab." Sechs Wochen darauf floh Necker tatsächlich in die Schweiz. Die Menge zog nicht mehr länger seinen Wagen – in Vesoul warf sie ihm sogar Steine nach. Aber Neckers Sturz war kein so schwerer Schlag für Germaine, als man hätte erwarten können. Sie hatte Narbonne, sie hatte Talleyrand und Mathieu; sie hatte die ganze konstitutionelle Partei. Mit ihrer Hilfe würde sie die Revolution vollenden, konsolidieren und in Grenzen halten. Die Geschichte würde ihren Vater rechtfertigen, und sie würde Geschichte machen. Es widerstrebte ihr auch sehr, Paris mit ihrem neugeborenen Sohn im Oktober 1790 zu verlassen und zu ihren Eltern nach Coppet zu fahren, wo sie weder Geschichte machen, noch sich der Gesellschaft ihrer Freunde und Liebhaber erfreuen konnte.

Necker hatte Schloß und Baronie von Coppet 1784 erworben. Das Schloß liegt am Ufer des Genfer Sees, ungefähr siebzehn Kilometer von Genf entfernt im heutigen Kanton Waadt – damals noch Berner Gebiet. Es stammt aus dem Jahr 1457, ist aber bis auf einen Turm nach einem Brand im sechzehnten Jahrhundert neu aufgebaut worden. Mit dem Ankauf wurde Necker Baron von Coppet.

In der Nacht des 4. August 1789 hatte der Adel Frankreichs in Versailles auf alle seine feudalen Rechte und Einkünfte verzichtet, Necker aber, der geniale Schirmherr dieser großzügigen Tat, bezog weiter seine lehnsherrlichen Einkünfte aus seinem Besitz, der ja günstigerweise außerhalb von Frankreich lag.

Er hatte Coppet sowohl als Zufluchtsort wie als Einnahmequelle gekauft. Weder er noch seine Tochter hatte jemals daran gedacht, dort dauernd ihren Wohnsitz zu nehmen; und selbst als Coppet sehr gegen ihren Willen doch ihr ständiger Aufenthaltsort geworden war, pflegten sie für die Wintermonate in Genf eine Wohnung zu mieten. Das Schloß, ein imponierendes, reizvolles Gebäude, ist gegen den See zu durch die hohen Bäume des Parks verdeckt. Nur von den oberen Fenstern aus kann man den See und die schneeigen Gipfel Savoyens sehen. Das Haus ist in einem Zeitalter erbaut, das die Schönheit eher in ruhevollem Grün und sanften harmonischen Linien als in der majestätischen Wildheit einsamer Gipfel suchte, es wendete sich also dem Land und dem Jura, nicht aber dem See und den Alpen zu.

Madame de Staël hatte für beides kein Auge. Als Chateaubriand Jahre später bei ihr zu Gast war und sie um die Herrlichkeiten ihres Exils beneidete, seufzte sie nur „Ach, der Rinnstein von der Rue du Bac!" Ihre Briefe aus Coppet und Genf im Winter 1790/91 gaben auch für alle kommenden Jahre den Ton an. „Dieses Land gefällt mir gar nicht", schrieb sie Gibbon. „Ich sehne mich sehr danach, wieder nach Paris zurückzukehren, und vor allem möchte ich mich vergewissern, daß mein Vater dorthin zurückkehren wird."

Aber Necker wußte wohl, daß eine Rückkehr unmöglich war, und auch Madame Necker, die sich die Zeit teils mit Opium, teils mit Neurasthenie vertrieb, war gar nicht damit einverstanden. Nicht etwa, daß sich Necker in sein Schicksal ergeben hätte. Nachdem Gibbon vier Tage in Coppet verbracht hatte, schrieb er Lord Sheffield: „Ich ... wäre froh gewesen, ihn jedem aufstrebenden und vom Dämon des Ehrgeizes besessenen Jüngling als warnendes Beispiel zeigen zu können. Er besitzt alle Mittel, im privaten Leben glücklich zu sein, und ist der unglücklichste aller Menschen: Vergangenheit, Gegenwart und Zukunft sind ihm in gleichem Maß verhaßt."

Während Necker über den Wankelmut der Völker und die Undankbarkeit der Könige grübelte, füllten Lausanne und die umgebenden Orte sich mit Flüchtlingen, die von der Revolution vertrieben worden waren. Die meisten waren der Ansicht, er sei für alle ihre Leiden verantwortlich, und sprachen von ihm wie vom

Leibhaftigen. „Man muß hier so tun, als wäre man ungeheuer aristokratisch", schrieb Germaine ihrem Gatten von Genf aus. „Die Genfer, die Berner und die französischen Refugiés sind in dieser Beziehung unwahrscheinlich fanatisch. Ich glaube, ich wäre fast imstande, wieder zu einem Jakobiner zu werden – könnte ich vergessen, wie schändlich sich die Jakobiner gegen meinen Vater benommen haben."

Die Genfer, die Neckers Laufbahn seit Jahren mit Neid und Spott verfolgt hatten, waren über sein Mißgeschick gar nicht böse. Die Neckers hatten die Nase hoch getragen, und zu allen Zeiten war das in Genf die unverzeihlichste Sünde. Madame de Staël war nicht nur anmaßend gewesen, sondern hatte auch allem ins Gesicht geschlagen, was die Stadt Calvins verkörperte. „Wenn Du mir versprichst, kein Wort darüber verlauten zu lassen", schrieb sie ihrem Mann, „so will ich Dir gestehen, daß die Genfer Gesellschaft mir unerträglich ist. Ihre Liebe zur Gleichheit entspricht nur dem Wunsch, jeden herunterzuziehen; ihre Freiheit ist Unverschämtheit und ihre Moral Langeweile."

Im Januar 1791 nahm Germaine, die Genf zur Verzweiflung brachte, eine Einladung von Madame Cazenove d'Arlens nach Lausanne an. Madame Cazenove war eine Cousine Benjamin Constants (den Germaine erst drei Jahre später kennenlernen sollte). Eine andere Verwandte, Rosalie de Constant, die Benjamin unter seinen unzähligen Cousinen bevorzugte, haßte später Germaine, war aber bei ihrem ersten Zusammentreffen von ihr begeistert:

„Sie ist eine erstaunliche Frau. Sie erweckt Empfindungen, die sich vollkommen von den Gefühlen unterscheiden, die irgendeine andere Frau wachzurufen imstande ist. Worte wie Sanftmut, Grazie, Bescheidenheit, Gefälligkeit, Haltung, Manieren kann man nicht gebrauchen, wenn man von ihr spricht; aber man wird mitgerissen und unterliegt der Macht ihres Genies. Es folgt einem neuen Pfad; es ist ein Feuer, das erhellt und manchmal blendet, das einen aber unmöglich kalt und gleichgültig lassen kann. Ihr Verstand ist zu überlegen, als daß andere daneben ihren Wert zur Geltung bringen könnten, und es gelingt niemand, neben ihr zu wirken, als ob auch er Verstand hätte. Wo immer sie hingeht, verwandeln sich die meisten Menschen in Zuschauer."

Und doch ist es zu gleicher Zeit „erstaunlich, in dieser einzigartigen Frau auf eine Art kindlicher, guter Laune zu stoßen, die sie davor bewahrt, auch nur im mindesten pedantisch zu erscheinen".

Alle, die Germaine gut kannten, betonten, wenn sie von ihr sprachen, diese unmittelbare, gutgelaunte, gar nicht gespreizte Art, die sich vom Benehmen ihrer Mutter so auffallend unterschied. Aber bei allem Mangel an Prätentionen waren die Salons von Lausanne doch eine unerträglich kleine Bühne für sie. Zuschauer genügten nicht, man mußte auch Raum zum Agieren haben.

Wenige Tage nach ihrem Besuch in Lausanne überließ Germaine ihre Eltern ihrem „verfluchten Frieden" in Coppet und fuhr dem himmlischen Betrieb von Paris entgegen.

Obwohl Madame de Staëls Rolle in der Französischen Revolution im Rückblick kaum nennenswert scheint, kann man doch sagen, daß 1791 ihr großes Jahr war. So kam es zumindest einigen ihrer Zeitgenossen vor und jedenfalls ihr selbst. Es war auch das kritische Jahr, denn in diesem Jahr verloren die Franzosen das Vertrauen in ihren König, und der Versuch, in Frankreich eine konstitutionelle Monarchie ins Leben zu rufen, endete als Totgeburt.

Die Konstitution, ein Kompromiß, das niemanden wirklich befriedigte, war mehr ein Werk von Siéyès und Lafayette als von Madame de Staël, die mit vielen Einzelzügen nicht einverstanden gewesen war. Siéyès war eine ständige Einrichtung in ihrem Salon: ihre Bewunderung für ihn und ihre Lust, mit ihm zu streiten, hielten sich die Waage. Von Lafayette hatte sie keine sehr hohe Meinung. Die Mängel, die sie an ihrem Vater übersah, stachen ihr bei dem General scharf in die Augen. Immerhin standen Lafayettes und Germaines politische Ziele einander nahe, und er war ein Freund von Narbonne. Daß er so popularitäts- und ruhmsüchtig war, störte sie zweifellos bei ihrem Plan, aber man konnte ihm zugute halten, daß er nicht viel Klugheit besaß und sich leicht hinausmanövrieren ließ.

Ihr Plan bestand einfach darin, den Lauf der Revolution aufzuhalten und ihren Errungenschaften eine feste Form zu geben. Die Konstitution war mit allen ihren Mängeln die einzige Garantie der Freiheit. Sie konnte verbessert werden: im Augenblick mußte man sie hinnehmen. Nur ein starker und kluger Führer vermochte die Verwandlung Frankreichs in eine konstitutionelle Monarchie zu vollziehen, und dieser Führer sollte Narbonne sein. Alles, was rechts von einem solchen Programm lag, würde zur Restauration des Absolutismus führen, alles, was links davon lag, zur Herrschaft des Pöbels.

Ihre Analyse war natürlich durchaus vernünftig. Die verschiedenen gemäßigten politischen Gruppen mochten sich über eine Reihe grundlegender Punkte nicht einig sein — das aufschiebende Veto des Königs zum Beispiel oder die Stellung der Kirche —, aber da das Schicksal der Monarchie auf dem Spiel stand, war der Moment für Auseinandersetzungen nicht gegeben. Solange sich vernünftige Männer an der Macht befanden, konnte man vernünftige Lösungen ausarbeiten; einzig die Herrschaft der Fanatiker mußte unter allen Umständen vermieden werden. Diesen Standpunkt nahm Germaine konsequent ihr ganzes Leben lang ein.

Von der Voraussetzung ausgehend, daß intelligente Männer immer eine gemeinsame Ausgangsbasis finden konnten, machte Germaine ihren Salon zum Forum aller Schattierungen gemäßigter Ansichten und brachte so verschiedenartige Persönlichkeiten wie Brissot und Condorcet von der äußersten Linken des Spektrums und Barnave, die Brüder Lameth und Malouet vom andern Ende zusammen.

Ihre eigene Gruppe – das Triumvirat Talleyrand, Narbonne und Montmorency, verstärkt durch François de Jaucourt, Lally-Tollendal und andere – hatte bei den internen Beratungen der Nationalversammlung oder der Klubs weniger Einfluß als diese Männer; konnte Germaine aber die Unterstützung der Politiker für sie gewinnen, dann würde ihre unabhängige Stellung sich zu ihren Gunsten auswirken.

Germaine besaß ein beachtliches Talent für politische Intrigen von der kurzlebigen Sorte – jener Sorte, heißt das, die im Augenblick Erfolg hat, sich aber bald als völlig nutzlos erweist. Wie Napoleon später bemerkte, brachte sie nicht nur Vertreter aller Meinungen in ihrem Salon zusammen, sie unterhandelte dann auch getrennt mit ihnen. Die schließliche Ernennung Narbonnes zum Kriegsminister erreichte sie auf so gewundenen Wegen, daß sie einem berufsmäßigen Lobbyisten im Paris oder Washington des zwanzigsten Jahrhunderts alle Ehre gemacht hätten.

Ihre Unterhandlungen führte sie zwar geheim, trotzdem war es natürlich allen klar, daß Madame de Staëls Salon einen Mittelpunkt politischer Intrigen bildete. Die äußerste Rechte und die äußerste Linke, so unversöhnlich sie in jedem andern Punkt waren, taten sich zusammen, um sie mit aller Gehässigkeit und allem Sarkasmus anzugreifen, die ihnen zu Gebote standen – und beide Parteien hatten in dieser Hinsicht ungemein begabte Autoren in ihren Reihen.

Schon im Jahr 1790 hatte ein Flugblatt mit dem Titel *König Necker* über Germaine zu sagen gewußt: „Sie scheut keine Mühe, keine wie immer geartete Mühe, für ihren Vater Männer zu gewinnen, und ihr Vater verweigert den Männern, die sie für ihn gewonnen hat, nichts." In den *Taten der Apostel*, die von dem Royalisten Rivarol veröffentlicht wurden, erscheint sie als die

„Bacchantin der Revolution", die einzige Persönlichkeit in Europa, die imstande sei, „das Publikum über ihr Geschlecht zu täuschen". Dieser wenig ritterlichen Anspielung auf ihr Aussehen ließ Rivarol bald noch deutlichere Angriffe folgen. Sein *Kleines Lexikon der großen Männer der Revolution* (1790) war Madame de Staël gewidmet. „Wir nehmen uns die Freiheit", lautete die Widmung, „Ihren Namen an die Spitze unserer Sammlung zu setzen, denn ein Lexikon der großen Männer des Tages herauszugeben, heißt nichts anderes, als Ihnen die Liste Ihrer Verehrer vorzulegen."

Eine Komödie, *Die Intrigen der Madame de Staël*, machte in der Form einer Flugschrift zu Beginn des Jahres 1791 die Runde und zeigte Germaine als eine Nymphomanin, die Unruhen stiftet, um ihre Liebhaber zu behalten. Eine spätere satirische Dichtung macht sich über ihre Bemühungen lustig, alle Parteien zu einigen. Die Royalisten, so hieß es, empfing sie am Morgen, die Girondisten zum Diner, die Jakobiner zum Souper, und „bei Nacht empfing sie jedermann".

Germaine war verletzt, aber nicht eingeschüchtert. Was sie an Schmähungen vertrug, ist wirklich eindrucksvoll; solange sie auf dem Kamm der Woge ritt, schien sie dagegen gewissermaßen imprägniert.

Die Tragödie, die ihre Politik im voraus zum Scheitern verurteilte, spielte sich während einer Zeit ab, die sie gerade bei ihren Eltern in der Schweiz verbrachte. Die Flucht der königlichen Familie und ihre Verhaftung am 22. Juni in Varennes waren ein böses Omen für die Konstitution, die im September 1791 in Kraft treten sollte und der Ludwig XVI. nach seiner erzwungenen Rückkehr gezwungen beistimmte. Das Volk konnte einem gefangenen König nicht trauen.

Germaine hatte sich während des Sommers in der Schweiz von einem Scharlach erholt und sich wie üblich tödlich gelangweilt. Nun kam sie gerade rechtzeitig zur gesetzgebenden Versammlung, der Legislative, in Paris an. Da aus Gründen, die an anderer Stelle näher erläutert werden, die schwedische Botschaft nicht mehr als politischer Treffpunkt dienen konnte, verlegte Germaine ihre Tätigkeit in das ihrem Vater gehörige Haus und in den Salon von Madame de Condorcet, der Frau des Philosophen und Mathematikers, der in der neuen Versammlung eine führende Rolle spielte. Die Marquise de Condorcet, deren gesellschaftliche und politische Macht so groß war wie ihre Schönheit, teilte Germaines Bewunderung für Narbonne, und beide arbeiteten gemeinsam mit Erfolg und Geschick in seinem Interesse. Die Zeit war reif, denn es lag Krieg in der Luft, und einzig bei einer Kriegspolitik kamen die Parteigruppen zu einer Übereinstimmung, die Germaine als Gefolgschaft ihres erwählten Helden zu vereinigen trachtete.

Brissot und die Girondisten wünschten einen Krieg, um die Revolution zu konsolidieren und weiter auszudehnen. Die Königin wünschte einen Krieg, um von ihrem Bruder, Kaiser Leopold, vor der Revolution gerettet zu werden. Lafayette und die anderen „Amerikaner" – Rochambeau, Custine, Luckner, die Lameths – wünschten einen Krieg, um noch mehr Ruhm zu ernten, die militärische Disziplin wiederherzustellen und die Konstitution gegen die Extremisten auf beiden Seiten zu festigen. Madame de Staël wünschte den Krieg aus demselben Grunde, außerdem sollte er Narbonne die Gelegenheit bieten, zugleich die Rolle des älteren und des jüngeren Pitt zu spielen. Die Emigranten hetzten inzwischen die widerstrebenden Fürsten Europas zu einem Kreuzzug gegen die Revolution auf. Mit Österreich und Preußen mußte es zu Feindseligkeiten kommen, das war eine ausgemachte Sache, und ein Wunder schien es, daß sie nicht früher ausbrachen.

Trotz aller Unterstützung, die Germaine Narbonne gesichert hatte, widersetzte sich das königliche Paar hartnäckig seiner Ernennung. „Lieber zugrunde gehen", sagte Marie Antoinette, „als von Lafayette und den Konstitutionellen gerettet werden." Daß Narbonne, Lafayette und Madame de Staël, den beiden schwarzen Schafen des Hofes, so nahe stand, hätte seine Ernennung unmöglich gemacht, wäre nicht Barnave – der seit Varennes immer mehr Einfluß auf die Königin gewonnen hatte – von Germaine und Madame de Condorcet für ihn gewonnen worden. Barnave überzeugte Marie Antoinette, daß Narbonne der Monarchie letzte Hoffnung sei. Am 5. Dezember forderte die Königin ihren Gatten in einem kurzen Schreiben dringend auf, Narbonne zu ernennen; am 6. Dezember zog Narbonne in das Kriegsministerium ein. Am 7. Dezember sprach er zur Legislative und wurde mit begeistertem Jubel empfangen – von der Diplomatenloge aus leitete die schwedische Botschaftersgattin diese Kundgebung.

Die Königin gab sich keinen Illusionen hin. Sie schrieb am gleichen Tag an Fersen:

„Endlich, seit gestern, ist Graf Louis de Narbonne Kriegsminister. Welcher Triumph für Madame de Staël, welche Freude für sie, die ganze Armee zur Verfügung zu haben . . . ! Es kann sein, daß er sich als nützlich erweist, wenn er will, denn er ist klug genug, die Konstitutionellen um sich zu sammeln und zur Armee in ihrer heutigen Verfassung zu sprechen, da er dafür den richtigen Ton hat."

Wahrhaftig, welche Freude! Die Versammlung bewilligte in

einer Abstimmung zwanzig Millionen für die Armee. Binnen einem Monat, versprach Narbonne, würden 150 000 Mann an den Grenzen bereitstehen. Er reiste ab, um die Truppen zu inspizieren, und wurde von Mathieu de Montmorency begleitet, der den Verbindungsoffizier zwischen dem Oberkommando und Madame de Staël machte. Die Inspektionsreise gestaltete sich zu einem Triumphzug, die Soldaten jubelten dem neuen Helden und seinen flammenden Reden zu, und im Lande verbreitete sich ein martialischer, vertrauenerweckender Geist. Der dritte Liebhaber, Talleyrand, wurde nach London mit der heiklen Mission entsandt, England ein Neutralitätsversprechen für den Fall eines Krieges abzugewinnen. Monsieur de Staël durfte nicht müßiggehen: Der Botschafter schickte Gustav III., der inzwischen die Seele des antirevolutionären Kreuzzuges geworden war, einen Bericht nach dem andern und pries darin die messianischen Eigenschaften des Liebhabers seiner Frau. Und somit hielt Germaine ihre verschiedenen Satelliten an der militärischen und diplomatischen Front beschäftigt.

Voll Optimismus kehrte Narbonne von seiner Inspektionsreise zurück. Die Streitkräfte zur Verteidigung, verkündete er der Legislative am 25. Januar, stünden bereit, Disziplin und Stimmung der Armee seien großartig, der Nachschub gesichert. Als er seinen Bericht beendet hatte, erhob sich Brissot und brachte den Antrag ein, falls Österreich die Erklärung von Pillnitz[10] nicht bis zum 1. März widerrufen habe, solle Frankreich sich als mit Österreich im Kriegszustand betrachten. Germaine sah von der Diplomatenloge aus zu, wie die Versammlung wie ein Mann aufstand und Beifall klatschte.

Tatsächlich kam es am 20. April zur Kriegserklärung, als Ludwig XVI. vor der Versammlung erschien, um ungefähr im gleichen Tonfall, mit dem er nach einer Tasse Kaffee verlangt hätte, zu fordern, „dem König von Ungarn und Böhmen den Krieg zu erklären". Der Krieg, den Germaine so herbeigewünscht hatte, sollte zweiundzwanzig Jahre dauern, ein paar Millionen Soldaten das Leben kosten und das Gesicht der Welt verändern, ohne auch nur zu einem einzigen der Ergebnisse zu führen, die sie sich davon erhofft hatte. An jenem 20. April jedoch sahen die Dinge für Germaine und ihren Helden bereits völlig anders aus.

Der König mißtraute Narbonne seit jeher, und zwar mit der instinktiven Halsstarrigkeit, die bei ihm manchmal die Intelligenz ersetzte. Narbonnes Stellung im Kabinett wurde immer unsicherer. Der royalistische Marineminister Bertrand de Molleville leistete ihm offen Widerstand, der Außenminister de Lessart kam ihm nicht mehr zu Hilfe. Narbonne wurde hauptsächlich von den Girondisten unterstützt, für die er jedoch wenige Sympathie besaß. Um aus dieser prekären Situation herauszukommen, beschloß Narbonne auf Germaines Rat, sich direkt an die Königin zu wenden, ihr sein politisches Programm vorzulegen und sie dann zu überreden, seine Ernennung zum Premierminister zu unterstützen. Er wurde in Privataudienz empfangen und versicherte Marie Antoinette seiner Loyalität; zu einem Bündnis mit der Gironde, sagte er, sei es nur vorübergehend gekommen, und seine militärischen Vorbereitungen verfolgten ebensosehr den Zweck, den Thron gegen die Republikaner zu stärken als Frankreich gegen mögliche äußere Feinde zu verteidigen. Die Königin war nicht sehr beeindruckt. Da die Konstitution keinen Premierminister vorsehe, könne der König ihn nicht auf diesen Posten berufen, antwortete sie und entließ ihn.

Wenn schon nicht Premierminister, dann wenigstens Außenminister, entschieden Narbonne und Germaine. In ihrer Begeisterung schrieb Germaine einen vier Seiten langen Brief an den Außenminister de Lessart und empfahl ihm, im Interesse des Königs und des Staates seinen Posten dem fähigeren Monsieur de Narbonne abzutreten. De Lessart hatte die Bosheit, diesen Brief in einer Kabinettssitzung laut vorzulesen: er bezahlte dafür mit seinem Leben.

Als auch dieses Manöver fehlgeschlagen war, legte Narbonne am 24. Februar Ludwig XVI. ein Memorandum vor, das zum Teil oder ausschließlich von Madame de Staël abgefaßt war, und forderte den Monarchen darin auf, mit seinen falschen Freunden, den „Aristokraten", zu brechen und sein ganzes Vertrauen in das begüterte Bürgertum zu setzen, das nur darauf bedacht war, die neu errungenen Vorteile zu wahren und Ruhe und Ordnung aufrechtzuerhalten. Das Memorandum schloß mit einem Satz, den Germaine bei einer anderen Gelegenheit viel später einmal wiederholte: „Was in jedweder Lage gewahrt werden muß", ermahnte sie den König, „ist der Ruf des eigenen Charakters." Jahre später schrieb sie einem Freund: „Solange man noch Leben in sich hat, muß man den Grundton seines Lebens wahren."

Ludwig XVI. blieb bei dieser Gelegenheit durchaus dem eigenen Charakter treu: er tat nichts. Narbonnes feindliche Kollegen im Kabinett versuchten in der Zwischenzeit, sich in der Legislative eine Majorität zu kaufen, und Narbonne hatte nichts Eiligeres zu tun, als dieses Manöver der Öffentlichkeit zur Kenntnis zu bringen. Am 3. März kündigte er auf Veranlassung von Lafayette in aller Form an, daß entweder er oder Bertrand de Molleville abdanken müßte. Bertrand trat nicht zurück. Narbonne und Germaine spielten ihre letzte Karte aus: Sie bewogen Lafayette, Rochambeau und Luckner, die alle gerade zufällig ihre Befehlsstellen verlassen hatten, um dem Kriegsminister Bericht zu erstatten, dazu, drei gleichlautende Briefe an Narbonne zu schreiben, ihn darin zu bitten, er möge auf seinem Posten bleiben, und zu drohen, sie würden das Kommando niederlegen, wenn man ihn entließ. Fersen zufolge war der Text von Germaine aufgesetzt worden. Jedenfalls sorgte Germaine dafür (offenbar ohne daß Narbonne davon wußte), daß die Briefe im *Journal de Paris* am 9. März 1792 veröffentlicht wurden. Ludwig XVI. sah sich gezwungen, endlich zu handeln. Des Königs Note an Narbonne, die am Abend des 9. März von einem einfachen Lakaien abgegeben wurde, war lakonisch: „Nehmen Sie hiemit zur Kenntnis, Monsieur, daß ich eben Monsieur de Grave zum Kriegsminister ernannt habe. Wollen Sie ihm Ihr Portefeuille übergeben."

Für Germaine war das eine genaue Wiederholung des 11. Juli 1789. Würde es einen zweiten vierzehnten Juli geben? Wäre es auf Germaine angekommen, so hätte es ihn gegeben. Narbonnes Fall wurde einer der wenigen Anlässe in ihrem Leben, vielleicht sogar der einzige, der sie zur Rachsucht trieb. Narbonne hatte kaum die Note des Königs erhalten, als sich am 9. März auch schon die Führer der Gironde und der Anhänger Lafayettes in ihrem Salon versammelten, um Kriegsrat zu halten. Brissot, Guadet, Narbonne, Fauchet und Madame de Condorcet beschlossen, das Kabinett zu stürzen. Brissot begann am nächsten Morgen in der Versammlung mit dem Angriff – der gleiche Brissot, der ihren Vater aufgefordert hatte, abzudanken und zu sterben. Diesmal wurde der Außenminister de Lessart aufs Ziel genommen. Brissot legte ihm nichts Geringeres als Hochverrat zur Last: der Minister hatte verabsäumt, dem Wiener Hof die Kriegsresolution der Versammlung vom 25. Januar mitzuteilen, und statt dessen die nationale Würde durch seine Unterhandlungen mit dem Kaiser verraten. Der Anschuldigung wurde nahezu einstimmig beigepflichtet, de Lessart wurde verhaftet, und die übrigen Mitglieder des Kabinetts dankten ab, ohne zu warten, bis die Reihe an sie kam.

Ihre Rachegelüste hatte Germaine befriedigt, ihre Hoffnung aber, Narbonne wieder im Amt zu sehen, erfüllte sich keineswegs. König und Königin hätten eher den Teufel ernannt als Narbonne oder Lafayette. Tatsächlich kam auch der Teufel zum Zug, und zwar in Gestalt eines mit Girondisten besetzten Kabinetts, dessen Seele nicht Madame de Staël, sondern Madame Roland war. Die beiden Damen hatten füreinander wenig übrig. Narbonne hatte beabsichtigt, die Gironde als Sprungbrett zur Macht zu benutzen; die Rollen aber waren vertauscht worden – die Girondisten hatten Narbonne benützt und behandelten ihn ebenso unfreundlich, wie er sie hatte behandeln wollen.

Während die schwedische Botschaftersgattin dergestalt die Minister Ludwigs XVI. ihre Posten gewinnen und wieder verlieren ließ, arbeitete der König von Schweden in einer völlig entgegengesetzten Richtung. Gustav selbst entwarf nach seiner Ankunft in Aachen am 16. Juni 1791 den Plan zur Flucht der königlichen Familie. Der Große Axel Fersen lenkte den königlichen Wagen aus Paris heraus, während Gustav in Spa ungeduldig darauf wartete, mit den hohen Flüchtlingen zusammenzutreffen. Als er von ihrer Festnahme in Varennes hörte, begann Gustav sich öffentlich als der von Gott eingesetzte Kämpfer Europas gegen die Tyrannei der Jakobiner aufzuspielen. Am 27. Juli richtete er eine Note an den „Kleinen Staël", die er in allen Zeitungen Europas abdrucken ließ, und befahl seinem Botschafter darin in strengen Worten, dem königlichen Paar alle nur denkbare Hilfe angedeihen zu lassen, verbot ihm, mit dem „sogenannten Außenminister" zu konferieren, und erklärte, Ludwig XVI. sei nicht mehr als ein freier Mann anzusehen, sondern als ein Gefangener, der unter Zwang handle. Schließlich ermahnte Gustav Staël, „mit größter Sorgfalt alles zu vermeiden, was Ihre Person oder Ihre Würde kompromittieren könnte. In Ihrem Haus muß tiefste Trauer herrschen ... Ich erwarte von Ihnen Mut, Festigkeit und Klugheit."

Staël ging in seinem Gehorsam so weit, daß er die Botschaft für alle gesellschaftlichen Veranstaltungen schloß – und Germaine damit zwang, ihre Konklaves in Neckers Haus oder bei Madame de Condorcet abzuhalten –, aber er unterhandelte weiter hartnäckig mit den Führern der Revolution, denen sein Herr praktisch den Krieg erklärt hatte. Seine offensichtliche Mißachtung von Gustavs Befehlen, seine lächerlichen Lobreden auf den Liebhaber seiner Frau waren mehr, als Gustav ertragen konnte. Germaine versuchte in einem Brief, ihren Gatten durch die Erklärung zu entlasten, er habe nicht das mindeste mit ihren eigenen Unternehmungen zu tun, aber den König rührte das nicht; in den ersten Tagen des Januars 1792 erhielt Staël seine offizielle Rückberufung. Gustav forderte ihn auf, den Befehl geheimzuhalten, und riet ihm, einen Besuch bei seinen Schwiegereltern zum Vorwand zu nehmen und damit seine Abwesenheit zu erklären, bis der König den Zeitpunkt für gekommen hielt, den Abbruch der diplomatischen Beziehungen öffentlich bekanntzugeben. Staël kümmerte sich um diesen Rat ebensowenig wie um Neckers Angebot, in Coppet Zuflucht zu suchen, und verschob seine Abreise aus Paris bis in den Februar hinein. Was ihn veranlaßte, nach Schweden zurückzukehren, ist ein Geheimnis. In Hamburg hätte ihn fast ein Brief Gustavs erreicht, der ihm untersagte, den Fuß auf schwedischen Boden zu setzen. Er landete am 10. oder 12. März. Am 16. März wurde Gustav bei einem Maskenball erschossen.

Opernbesucher wissen, wie dieses Ereignis sich zutrug: Verdis *Maskenball*, der sich einer der unwahrscheinlichsten Handlungen der Opernliteratur rühmen kann, gibt es ziemlich getreu wieder; sogar die Hexe ist historisch.

Von den drei Hauptverschwörern war es Graf Horn, der dem Mörder den König zeigte, indem er mit den Worten „Bonjour, beau masque" die Hand aufs Gustavs Schulter legte. Unmittelbar darauf gab Graf Anckarström aus einer in Wolle gewickelten Pistole die Schüsse ab. Der Seele der Verschwörung, Graf Ribbing, dem „schönen Königsmörder", werden wir später nochmals begegnen — in enger Beziehung zu Madame de Staël.

Der König lebte noch zwei Wochen. Nach seinem Tod übernahm Herzog Karl von Sudermannland, der „einzige, der die Wahrheit selbst besaß", die Regentschaft für Gustavs Sohn. Als erstes erklärte er unter anderem Gustavs Entschluß, mit Frankreich zu brechen, für ungültig. Monsieur de Staël wurde erneut zum Botschafter ernannt und nach Paris zurückbeordert. So dreht sich Fortunas Rad. Staël hatte es jedoch keineswegs eilig, auf seinen Posten zurückzukehren. Bis er wieder in Paris erschien, war seine Frau geflohen, die Jakobiner waren an der Macht, Ludwig XVI. war guillotiniert worden, und Marie Antoinette, der er sein Glück verdankte, stand unter Anklage. Am 20. Juli 1792 „marschierten zwanzigtausend Mann aus den niedersten Schichten der Bevölkerung mit Piken und Lanzen bewaffnet auf die Tuilerien zu, ohne zu wissen warum", schrieb Madame de Staël, die, wie gewöhnlich, dabei war. „Diese zwanzigtausend Mann drangen in des Königs Palast ein. Ihre Physiognomien waren von jener seelischen und körperlichen Grobheit gezeichnet, die selbst dem menschenfreundlichsten Gemüt unüberwindlichen Abscheu einflößt. Hätte ein wirklicher Mißstand sie getrieben, wären sie gekommen, um gegen die Ungerechtigkeit zu protestieren, gegen den hohen Brotpreis, die wachsende Steuerlast, die Zwangsaushebung — mit einem Wort gegen alle Leiden, die Macht und Reichtum den Armen auferlegten, gegen die Fetzen, mit denen sie bekleidet waren, gegen ihre arbeitsgeschwärzten Hände, gegen das vorzeitige Altern ihrer Frauen, gegen die rohe Behandlung ihrer Kinder – alles an ihnen hätte Mitleid erweckt. Aber ihre grauenhaften Flüche und Schreie, ihre drohenden Gebärden, ihre mörderischen Waffen boten ein entsetzliches Schauspiel, das die dem Menschengeschlecht gebührende Achtung für immer zerstören konnte."

Madame de Staël hatte sich die Leute nicht so genau angesehen, als sie ihren Vater auf den Schultern trugen. Obwohl der Pöbel einen so mörderischen Anblick bot, begnügte er sich damit, auf des Königs Kopf eine rote Mütze zu setzen. Die Männer, die ein halbes Jahr später für des Königs Tod stimmten, waren keine ungehobelten Kerle von der Straße; eine ganze Anzahl von ihnen hatte Madame de Staëls Salon von innen kennengelernt.

Auch am 14. Juli, als der Fall der Bastille auf dem Marsfeld erneut gefeiert wurde, war Germaine dabei. „Den Ausdruck auf dem Gesicht der Königin werde ich nie mehr aus dem Gedächtnis verlieren. Ihre Augen waren vom Weinen rot." Der König schwor zum zweiten Mal, sich an die Konstitution zu halten.

„Aus der Ferne folgte ich mit meinen Blicken seinem gepuderten Haar unter allen diesen dunkelhaarigen Köpfen; sein Rock, reich bestickt wie in vergangenen Zeiten, stand in krassem Gegensatz zu den Kleidern der Bevölkerung, die sich um ihn drängte. Als er die Stufen zum Altar emporstieg, sah es aus, als ob ein heiliges Opfer sich selbst zur Opferhandlung anbiete . . . Von diesem Tag an sah das Volk ihn nicht wieder – erst auf dem Schafott."

Am zehnten August wurde Germaine hinterbracht, daß man ihre Landsleute von der Schweizer Garde im Hof der Tuilerien abschlachte. Die königliche Familie hatte in der Legislative Zuflucht gesucht. Germaine sprang in ihren Wagen, um sich am Tatort selbst vom Stand der Dinge zu überzeugen; an der Brücke wurde der Wagen von ein paar Männern aufgehalten, die dem Kutscher wortlos, aber mit einer ausdrucksvollen Geste bedeuteten, daß man Herrschaften im Wagen am andern Ufer der Seine höchstwahrscheinlich die Gurgel durchschnitt. Germaine konnte nicht hinüber, erfuhr aber nach und nach, daß alle Schweizer Offiziere, mit denen sie befreundet war, sich durch die Flucht hatten retten können. An diesem Abend machte sie zu Fuß die Runde durch die verschiedenen „obskuren" Häuser, in denen sie für ihre Freunde vorläufig Unterkunft gefunden hatte, und mehr als einmal stieg sie dabei über die Leiber betrunkener Patrioten.

Die königliche Familie wurde im Temple gefangengesetzt. Germaine, die nach Talleyrands Worten mit Begeisterung Leute ins Wasser warf, um dann des Vergnügens teilhaftig zu werden, sie wieder herauszuziehen, hatte dem König etwa einen Monat vor den Ereignissen des 10. August einen sorgfältig ausgearbeiteten Fluchtplan angeboten. „Ich habe folgenden Plan", erklärte sie Malouet, der als Mittelsmann dienen sollte. „Er kann in drei Wochen ausgeführt werden, wenn wir mit den Vorbereitungen in zwei Tagen beginnen. In Dieppe ist ein Besitz zu verkaufen. Ich werde ihn kaufen, und jedesmal, wenn ich dort hinfahre, wird mich ein verläßlicher Diener begleiten, der ungefähr die Statur des Königs hat, eine Frau, die im wesentlichen das Aussehen und das Alter der Königin besitzt, und mein Sohn, der im Alter des Dauphins steht. Sie wissen, wie populär ich bei den Patrioten bin. Wenn Sie mich die Reise mit dieser Suite zweimal haben machen sehen, wird es mir ein leichtes sein, auf die dritte Fahrt die ganze königliche Familie mitzunehmen, denn ich kann ebensogut mit meinen beiden Kammermädchen reisen, und Madame Elisabeth kann sich als eines der Mädchen ausgeben. Versuchen Sie, diesen Vorschlag zu überbringen. Es ist keine Zeit zu verlieren. Teilen Sie mir die Antwort des Königs heute abend oder morgen mit."

Lafayette hatte seine Hilfe zugesagt. Narbonne, der die Durchführung des Planes übernommen hatte, würde die Kutsche fahren, so wie Axel Fersen es ein Jahr zuvor getan hatte. Es hätte gelingen können: Eine Flucht ist oft auf noch viel unwahrscheinlichere Weise bewerkstelligt worden. Aber die Königin, die lieber zugrunde gehen als von Lafayette und den Konstitutionellen gerettet werden wollte, weigerte sich, Germaines Abgesandten auch nur zu empfangen. Der König und die Königin, ließ sie Malouet wissen, waren Madame de Staël für ihre freundlichen Absichten zu Dank verpflichtet, aber es gab für sie keinen zwingenden Grund, Paris zu verlassen.

Nach dem zehnten August konnte Madame de Staël nichts anderes mehr tun, als ihre konstitutionellen Freunde vor der bevorstehenden Katastrophe zu retten. Für Stanislas de Clermont-Tonnerre blieb ihr nichts mehr zu tun übrig – er war am 10. August aus einem Fenster geworfen und zu Tode getrampelt worden –, aber sie konnte wenigstens versuchen, ihre anderen Freunde vor einem ähnlich unerfreulichen Schicksal zu bewahren.

Narbonne, für den ein Verhaftungsbefehl ausgefertigt worden war, verbarg sich in der schwedischen Botschaft, ebenso, zumindest ein paar Tage lang, Mathieu de Montmorency. François de Jaucourt und Lally-Tollendal waren mit Tausenden von „Aristokraten“ festgenommen worden[11]. Germaine war ausgezeichnet informiert und wußte, daß sich hinter diesen Verhaftungen dunkle Absichten verbargen und daß man sorgfältige Vorbereitungen traf, ein spontanes Massaker aller politischen Gefangenen durch empörte Patrioten zu organisieren. Dabei verfolgten die Organisatoren der Septembermorde ein doppeltes Ziel: ihre politischen Rivalen zu beseitigen und dem Volk Sündenböcke für die Niederlagen zu liefern, die den französischen Truppen von der Österreichisch-Preußischen Koalition beigebracht wurden — denn erst mit der Kanonade von Valmy am 20. September wendete das Blatt sich zugunsten der revolutionären Armee.

Narbonne vor der Verhaftung zu retten, blieb Germaines größte Sorge. Ende August erschien eines Tages eine Patrouille, um die schwedische Botschaft zu durchsuchen; an jedem Ende des Häuserblocks war eine Abteilung Soldaten aufgestellt. Monsieur de Narbonne, erklärte der diensthabende Offizier, solle sich in diesem Gebäude versteckt halten. Germaine hatte eben mit Hilfe des Kaplans der Botschaft, Pastor Gambs, ihren Liebhaber unter dem Altar verborgen, vor dem ihre Ehe (von dem gleichen Pastor) gesegnet worden war; nun pflanzte sie sich am Eingang der Botschaft auf und hielt der Patrouille eine Vorlesung über die Heiligkeit des Völkerrechts, die Unverletzlichkeit von Botschaften und die Exterritorialität ihrer Bewohner. Schweden, versicherte sie bravourös, war eine der mächtigsten Nationen Europas, lag unmittelbar jenseits des Rheins, Frankreich gegenüber, seine Freundschaft für Frankreich war bekannt. Wagte die Patrouille aber, in das Haus einzudringen, so würde Schweden schreckliche Rache nehmen. Die Männer schienen zu schwanken. Germaine erinnerte sich später:

„Den Tod im Herzen, brachte ich den Mut auf, mit ihnen über die Sinnlosigkeit ihres Verdachtes zu scherzen. Nichts gefällt Männern dieser Klasse besser als Witze, denn in ihrem grenzenlosen Haß gegen die Adligen macht es ihnen Freude, von einem von ihnen als Gleichgestellte behandelt zu werden. Ich führte sie wieder zur Tür zurück und dankte Gott für die Stärke, die er mir in einem solchen Augenblick verliehen hatte.“

Sie hatte inzwischen einen jungen Arzt aus Hannover, Erich Bollmann, kennengelernt, der später mit Hilfe eines Amerikaners die mißglückte Flucht Lafayettes aus der Festung Olmütz betrieb und dadurch einigen Ruhm gewann. Bollmann machte seine Lehrzeit als Scarlet Pimpernell[12] bei Madame de Staël durch. Ihrem Appell an seine Ritterlichkeit konnte er nicht widerstehen. Er bot sich an, Narbonne den Paß eines seiner Freunde, ebenfalls eines Deutschen, zu verschaffen und ihn sicher nach England zu bringen. Er hielt sein Wort: Am 20. August erreichten die beiden Männer die englische Küste.

Narbonne war gerettet. Nun machte Germaine das Schicksal von Jaucourt und Lally-Tollendal Kopfzerbrechen, das in den Händen der Pariser Kommune lag. Sie wählte den Weg des geringsten Widerstandes, indem sie sich schlau einen gewissen Manuel aussuchte, der sich literarisch betätigte. Sie bat ihn um eine Audienz. Manuel verlangte, sie sollte sich am 1. September um sieben Uhr morgens in seiner Wohnung einfinden – „eine recht demokratische Stunde", war ihr Kommentar. „Ich kam, bevor er aufgestanden war, wartete in seinem Studierzimmer auf ihn und sah dort sein eigenes Porträt auf seinem eigenen Schreibtisch stehen. Das ließ mich hoffen, daß er verwundbar sein würde, wenn man ihn bei seiner Eitelkeit packte." Sie hatte recht: Daß Madame de Staël sich mit einer Bitte an ihn wandte, schmeichelte seiner Eitelkeit ungeheuer. „Retten Sie Monsieur de Lally und Monsieur de Jaucourt", rief sie ihm zu, als er endlich aus dem Bett gestiegen war. „Schaffen Sie sich mit dieser gütigen Tat einen Vorrat und suchen Sie Trost darin, wenn Sie selbst einmal zu den Geächteten gehören!" Manuel wurde im nächsten Jahr guillotiniert. Ob der Gedanke ihm ein Trost war, daß er Lally und Jaucourt gerettet hatte, bleibt dahingestellt.

Die beiden Gefangenen wurden am gleichen Tag entlassen. Es blieb noch ein weiterer Freund, der sich verborgen hielt, der Abbé de Montesquiou. Germaine hatte die Absicht, am folgenden Tag in die Schweiz zu fahren, und versprach, ihn als Diener verkleidet mitzunehmen. Der Abbé sollte auf der Landstraße auf sie warten.

Am Morgen des 2. September brachen die wohlvorbereiteten Massen des Pöbels spontan in die Gefängnisse von Paris und verschiedener anderer Städte ein, und das Morden begann. Diesen Tag hatte die Botschaftersgattin sich ausgesucht, um ihr Haus in einer sechsspännigen Staatskutsche mit Postillionen und Dienern in großer Livree zu verlassen. Sie redete sich ein, kein Mensch, der sie so daherkommen sah, würde auf den Gedanken verfallen, daß sie im Begriffe sei, das Land zu verlassen. Der Wagen war keine vier Schritt weit gefahren, als „ein Schwarm alter Frauen, der aus der Hölle entsprungen schien, sich auf die Pferde warf und mir zurief, ich solle haltmachen, ich nähme das Gold des Volkes mit mir und sei dabei, mich zum Feind zu schlagen".

Eine Menge rottete sich zusammen, einige Kerle machten sich an die Kutscher heran und befahlen ihnen, zur Versammlungsstätte der revolutionären „Sektion" ihres Viertels zu fahren. Dort angekommen, gelang es ihr, einen Diener heimlich zu Montesquiou zu schicken. Der Abbé, rechtzeitig gewarnt, brachte sich schließlich in Sicherheit.

Auf der Sektion wurde ihr Paß untersucht und nicht für richtig befunden: Einer der darin angeführten Diener (eben der, den sie zu Montesquiou gesandt hatte) fehlte. Ein Gendarm wurde beordert, sie zum Rathaus zu bringen.

Schritt für Schritt bahnte die sechsspännige Karosse samt Postillionen und dem ganzen Gefolge sich unter Polizeieskorte ihren Weg durch die mörderische Menge. Die Fahrt dauerte drei Stunden und wurde von unaufhörlichem drohendem Geschrei begleitet. Die Place de Grève, dem Rathaus gegenüber, war ein Tollhaus: „Ich stieg aus dem Wagen, umgeben von bewaffnetem Pöbel, und bahnte mir einen Weg durch eine Hecke von Piken. Als ich die Treppe hinaufschritt, die ebenfalls von Lanzen starrte, richtete ein Mann die Pike gerade auf mein Herz. Mein Polizist wehrte sie mit seinem Säbel ab. Wäre ich in diesem Augenblick gestolpert, es wäre mein Ende gewesen."

Die Botschaftersgattin betrat das Hauptquartier der Kommune. Der Saal war zum Bersten voll mit Männern, Frauen und Kindern, die alle patriotische Schlagworte brüllten, während sich das Komitee auf einem erhöhten Podium beriet: Robespierre, Collot d'Herbois, Billaud-Varenne – „letzterer hatte sich vierzehn Tage lang nicht rasiert, um sich vor jedem Verdacht zu sichern, er könne ein Aristokrat sein". Als die Reihe an sie kam und Germaine gerade im Begriff war, den Männern auf dem Podium die Regeln diplomatischer Immunität zu erklären, erschien glücklicherweise Manuel. „Er war sehr überrascht, mich in dieser traurigen Lage zu finden; sofort bürgte er für mich, bis die Kommune meinen Fall untersucht hätte, führte mich von dem entsetzlichen Ort weg und schloß mich mit meinem Kammermädchen in seinem Büro ein."

Sie mußten ohne Essen und Trinken sechs Stunden lang warten. Vom Fenster aus konnte Germaine „die Mörder aus den Gefängnissen zurückkehren sehen, ihre Arme waren nackt und mit Blut beschmiert, und sie stießen gräßliche Schreie aus". Mitten darunter, ein grotesker Anblick, stand die sechsspännige Karosse und wurde von einem Soldaten der Nationalgarde vor Plünderern beschützt. Es wurde Abend, ehe Manuel wieder zu den beiden Frauen zurückkam, und es war Nacht, als er sie, sogar noch in dem sechsspännigen Wagen, zur Rue du Bac zurückgeleitete.

Manuel teilte Germaine mit, daß man ihr einen neuen Paß ausstellen würde, der nur für sie und ihr Kammermädchen galt. Ein Gendarm würde sie zur Grenze eskortieren. Am folgenden Morgen erschien ein Emissär der Kommune und brachte sie zur Pariser Zollschranke. Es war Tallien, der zwei Jahre später Robespierre stürzte. „Eine Reihe von Leuten, die in diesen Tagen äußerst gefährdet waren, befanden sich in meinem Zimmer", berichtet Madame de Staël. „Ich bat Tallien, sie den Behörden gegenüber nicht zu erwähnen, er versprach es und hielt sein Wort. Ich stieg mit ihm in den Wagen, und wir fuhren ab, ohne daß wir imstande gewesen wären, einander zu sagen, was in uns vorging. Die Umstände ließen einem die Worte auf den Lippen gefrieren."

Während Germaine gen Coppet rollte, am 3. September 1792, ertönte vor dem Temple wildes Gebrüll – Marie Antoinette blickte auf und sah hoch oben auf einer Pike, unmittelbar vor ihren Fenstern, den Kopf ihrer Busenfreundin, der Prinzessin von Lamballe, schwanken, die man genau an der Stelle in Stücke gerissen hatte, wo Madame de Staël um Haaresbreite dem gleichen Schicksal entgangen war.

Herzensnot und Schreckensherrschaft

Bis zum 7. September, dem Tag, an dem die Botschaftersgattin in Coppet aus ihrem Wagen stieg und sich in die Arme ihres Vaters warf, waren in Paris allein 1368 Gefangene, darunter 42 Kinder, hingemordet worden. In Versailles sühnte Monsieur de Lessart sein Verbrechen mit dem Tod – seit er Germaines Zorn zum Opfer gefallen war, hatte er in Orléans auf seinen Prozeß gewartet und befand sich in dem Gefangenentransport, der auf dem Weg nach Paris niedergemetzelt wurde. In Genf, wenige Kilometer von Coppet entfernt, bereiteten die ortsansässigen Jakobiner ihre eigene Revolution vor. Savoyen am jenseitigen Seeufer wurde von einer revolutionären Armee besetzt. Necker fühlte sich in Coppet nicht länger sicher und bereitete mit Gibbons Hilfe die Übersiedlung nach Rolle bei Lausanne vor, wo Gibbons Freund Sévery ein Haus besaß. Die ganze Familie Necker zog Anfang Oktober dort ein.

Germaine war in einer entsetzlichen Verfassung, aber die politischen Ereignisse hatten nur indirekt damit zu tun. Alle ihre Gedanken kreisten um ein einziges Ziel – mit Narbonne in England wieder zusammenzutreffen[13]. Sie wäre ihm unmittelbar von Paris aus gefolgt, aber aus zwei Gründen ließ sich das nicht durchführen: Sie hing finanziell von ihrem Vater ab, und sie erwartete im November ein Kind – Narbonnes Kind. Sie war entschlossen, nach England zu reisen, sobald das Kind das Licht der Welt erblickt hatte, und sich, wenn nötig, von Monsieur de Staël scheiden zu lassen. Diesen verrückten Plänen leisteten ihre Eltern, besonders ihre Mutter, heftigsten Widerstand; gleichzeitig kam von Monsieur de Staël die erfreuliche Nachricht, er sei erneut vom Glück begünstigt, würde von nun an über ein Jahreseinkommen von 80 000 Francs verfügen und binnen kurzem zu seiner Frau nach Coppet kommen.

Madame Necker, der Staël diese Neuigkeit berichtet hatte, gab Germaine den Brief. Germaine antwortete ihr mit gespielter Gleichgültigkeit, sie sei froh, einen Teil ihrer Schulden gedeckt zu wissen, denn um die genannte Summe würde sie ihrem Vater weniger zur Last fallen; darauf verließ Madame Necker verärgert das Zimmer und forderte ihren Gatten auf, dem Kind Vernunft beizubringen. Ohne ihrem Vater zum Angriff Zeit zu lassen, erklärte Germaine, sie beabsichtige, trotz der Schwangerschaft sofort nach London aufzubrechen, die Gefahren, denen sie beim Durchqueren Frankreichs ausgesetzt sei, fielen gar nicht ins Gewicht gegenüber der Gefahr, in Gegenwart ihres Mannes das Kind zu einem Zeitpunkt auf die Welt zu bringen, der ihm höchst merkwürdig erscheinen mußte. (Die Geburt war fast zehn Monate nach dem Datum fällig, an dem sie sich zum letzten Mal gesehen hatten.) Es erfülle sie mit Abscheu, daß er August seinen Sohn nenne, es sei ihr ebenso widerwärtig, daß ihre Eltern sich bemühen würden, sie miteinander zu versöhnen. Sie sei entschlossen, vor dem 15. Januar von zwei Reisen eine anzutreten: „entweder nach England oder zum Grund des Sees[14]".

Necker war von ihren Tränen gerührt, hielt ihr aber trotzdem vor, daß es gewisse nicht zu verachtende Vorteile für sie biete, wenn Monsieur de Staël in seiner Stellung als Botschafter verblieb. Germaine erwiderte, sie habe aufgehört, ihres Mannes Bett zu teilen, also habe sie kein Recht, an seinem Glück teilzuhaben; auch liege ihr nichts daran, in Paris zu leben, wenn ihre Freunde verbannt seien. Ihr Entschluß stand fest: Ihre Eltern ließen ihr keine Ruhe, sie würde daher am nächsten Morgen um vier Uhr früh nach Paris und London abfahren. Diese Drohung wiederholte sie ein paarmal – sie jagte Necker einen gehörigen Schrecken ein, berichtete Germaine ihrem Liebsten. Der Vater begann, sich nachsichtiger zu zeigen, er sah ein, daß Germaine ihren Plan durchführen würde, wenn er ihr nicht versprach, gegen Monsieur de Staël ihre Partei zu ergreifen. Aber er hatte, wie Germaine es ausdrückte, nicht die Gewohnheit, sich durch irgendeine Äußerung zu binden, und suchte Zeit zu gewinnen: War ihre Liebe imstande, eine dreimonatige Trennung von ihrem „Zauberer“ zu überdauern, so würde niemand von ihr verlangen, mit einem verhaßten Gatten weiterzuleben oder sich „von dem Gegenstand einer ständigen und erprobten Zuneigung“ loszureißen. Bestand sie diese Probe, so wollte Necker für eine Trennung – oder, wie er es euphemistisch nannte, eine andere Vereinbarung – sorgen und auf diese Weise die Streitigkeiten beenden, die er langsam unerträglich fand.

„Ich nagelte ihn auf diese Worte fest“, berichtet Germaine, „so daß er sich schließlich mehr gebunden hatte als beabsichtigt, und dann gab ich nach.“ Sie gesteht, daß sie bei dem Gedanken an die dreimonatige Probezeit lächeln mußte – hatte ihr Gefühl sich doch schon vier Jahre lang bewährt. Sie ließ sich aber von ihrer Erheiterung nichts anmerken und „lauschte unterwürfig“ einer langen Rede, die Necker ihr über ihren ungestümen Charakter hielt. Das schien ihm mit Rücksicht auf Madame Necker geboten. Das Gespräch endete damit, daß Germaine ihren festen Entschluß bekanntgab, mit Monsieur de Staël zu brechen[15].

Trotz dieses Abkommens mit ihrem Vater wurde in der Familie mit wachsender Erbitterung weitergestritten. Da saß sie, „in diesem Loch von Rolle“, klagte sie ihrem Liebsten, „mit einer unvorstellbaren Mutter und einem Vater, den ich liebe, der sich jedoch vor mir verbirgt“. Aber sie drohte nicht nur ihren Eltern mit gefährlichen Reisen und Selbstmord. Als Narbonne ihr keine Nachrichten zukommen ließ, warnte sie ihn, sie würde, wenn sein Schweigen andauere, nach England fahren, obwohl sie im achten Monat war: Wahrscheinlich würde sie daran sterben, und das würde ihm recht geschehen. „Sie ist verrückt genug, von einem Besuch in England in diesem Winter zu sprechen“, berichtet Gibbon Lord Sheffield. „Ihr Freund, Vicomte de Narbonne, sitzt irgendwo in der Gegend von Dorking.“

„Irgendwo in der Gegend von Dorking“, das war Juniper Hall in Mickleham, Surrey, ein Haus, das Germaine durch die Herzogin von Broglie als Zufluchtsstätte für Narbonne hatte mieten lassen. Mit Narbonne kam eine ganze Kolonie, darunter Mathieu, Jaucourt, Théodore de Lameth, Bollmann und General d'Arblay. Die Neuankömmlinge wurden von den Nachbarn freundlich aufgenommen, und besonders herzliche Beziehungen bahnten sich mit den Locks in Norbury Park an – Freunden von Joshua Reynolds, Thomas Lawrence und dem verstorbenen Dr. Johnson – und mit Dr. Burney und seinen beiden Töchtern Susan Philips und Fanny Burney. Dort begann die Liebelei zwischen Fanny und d'Arblay, und als sie ein Jahr später heirateten, war Narbonne der Beistand des Bräutigams. Die Bewohner von Juniper Hall lebten recht bescheiden – zum größten Teil auf Germaines Kosten –, aber sie freuten sich des Friedens, und ihre gute Laune verriet nichts von der Angst, die ihr Inneres verzehrte.

Während nämlich Germaines Gedanken in Rolle alle um Juniper Hall kreisten, wurden die Gedanken seiner Bewohner völlig von den Ereignissen in Frankreich in Anspruch genommen. Zwei Nachrichten erregten sie ganz besonders: Man machte dem König den Prozeß, und ein Gesetz war herausgekommen, das allen Emigranten befahl, nach Frankreich zurückzukehren, wollten sie nicht ihr Eigentum beschlagnahmt sehen. Beide Ereignisse wirkten auf die Männer in Juniper Hall wie ein Magnet. Noch vor Ende des Jahres kehrte Mathieu nach Frankreich zurück, um die Beschlagnahme zu verhindern. Narbonne, den die Jakobiner in Paris des Verrats und die Emigranten in London des Jakobinismus beschuldigten, wandte sich an Pitt, er möge für Ludwig XVI. intervenieren, und erbot sich, im Prozeß des Königs persönlich für ihn zu zeugen – beides, um seine Schuldgefühle zu beschwichtigen und sich vor der Welt zu rechtfertigen. Germaine betrachtete sein Vorgehen als eine persönliche Beleidigung. Wütend befahl sie ihm, weder London noch Frankreich aufzusuchen, sich von der Politik fernzuhalten, mit niemandem zu sprechen. „Warte auf mich in Juniper Hall, meine Seele ist längst schon dort. Meine Schwangerschaft kann ja nicht ewig dauern – zumindest glaube ich nicht, daß gerade dein Kind zehn Monate lang ausgetragen werden muß –, und sobald ich wiederhergestellt bin, reise ich[16]."

Albert kam am 20. November zur Welt. Monsieur de Staël war zu jedermanns Erleichterung nicht erschienen. „Sie sehen mich jetzt als die Mutter der Gracchen", schrieb Germaine an Gibbon, „und ich hoffe, daß meine beiden Söhne die Freiheit in Frankreich wiederherstellen werden." Immerhin bestand zwischen Germaine und der Mutter der Original-Gracchen der Unterschied, daß Cornelia nur ihrem Gatten Kinder gebar und keinen Liebhaber bei Dorking hatte.

Sie hatte sich von der Geburt noch nicht wieder erholt, als sie von Narbonnes Angebot an den Konvent hörte, für Ludwig XVI. Zeugnis abzulegen. Diese Unbesonnenheit überstieg alle Grenzen. Er habe kein Recht, ließ sie ihn wissen, ihr Herz in Stücke zu reißen. Es sei ihm mehr darum zu tun, die Augen der Öffentlichkeit auf sich zu lenken, als wirklich nützlich zu sein. „Ich kann nicht mehr. Ich hasse Sie, ich verachte Sie, und ich sterbe unter den Qualen der Verdammten." Was hatte er für Recht, sein Leben, das sie gerettet hatte, nur wegen eines Königs aufs Spiel zu setzen? Wahrhaftig, sie fand, daß die Leute sich übertriebene Gedanken um das Schicksal des Königs machten. Der bloße Titel hatte immer noch eine magische Wirkung; man täte besser daran, erinnerte sie Narbonne mit deutlicher Spitze, die Opfer der September-Morde zu beweinen. Es war keine Zeit mehr zu verlieren: Sie mußte nach England, wenn sie Narbonne behalten wollte. Als der Dezember sich seinem Ende näherte, erreichten die Auseinandersetzungen in der Familie ihren Höhepunkt. Necker prophezeite, daß sie auf der Fahrt durch Frankreich von Briganten ermordet werden würde; Madame Necker beschuldigte sie, ihres Vaters Herz zu brechen, ihre Kinder im Stich zu lassen und Gottes Zorn auf sich herabzurufen. Dem allen setzte Germaine hartnäckigen Widerstand entgegen: England oder der See. Am 23. Dezember schrieb sie an Narbonne:

„Der Augenblick ist gekommen, zwischen Dir und der übrigen Welt zu wählen, und mein Herz treibt mich zu Dir. Möge die Gabe meines Lebens das Deine verschönern! Mögen gerade die Opfer, die ich meiner Leidenschaft für Dich bringe, mich in Deinen Augen niemals herabsetzen! Und wenn mein guter Ruf für immer dahin ist, mögest du weiterhin die Frau achten, die kein Gesetz anerkannt hat als das der Liebe[17]!"

Um Weihnachten sagte Germaine ihren Eltern, daß sie auf einen kurzen Besuch nach Genf fahre. Sie kam nicht wieder. Sie verließ Genf am 28. Dezember und fuhr nach Paris weiter; von dort begleitete Mathieu sie nach Boulogne. Nachdem sie einige Tage in London verbracht hatte, kam sie in Juniper Hall an.

Am 21. Januar, ungefähr um dieselbe Zeit, fiel Ludwigs XVI. Kopf.

Monsieur de Narbonne, berichtet Fanny Burney, war „nahezu vernichtet", als die Nachricht von der Hinrichtung des Königs eintraf. Die Ankunft seiner Geliebten hatte fast die gleiche Wirkung. Er liebte sie nicht mehr — mußte er sich Vorwürfe machen, ein Werkzeug zu des Königs Sturz gewesen zu sein, so konnte er Germaine die Schuld geben, ihn in eine politische Richtung gedrängt zu haben, mit der er im Grunde niemals sympathisiert hatte. Jetzt forderte sie Liebe als Preis für die Errettung seines Lebens, während seine Ehre gefordert hätte, daß er mit seinem König starb. Es wurde von ihm erwartet, daß „er weiterhin die Frau achte, die kein Gesetz anerkannt hatte als ihre Liebe" —, aber wenn sie ihren Ruf aufs Spiel gesetzt hatte, so nicht auf seinen Wunsch; er hatte im Gegenteil jeden nur möglichen Vorwand benützt, um ihr von der Reise abzuraten. Trotzdem hatte er weder den Mut noch die Willenskraft, mit ihr zu brechen. Höflich, würdevoll und ernst nahm er weiter ihr Geld und lebte unter ihrem Dach.

Solange sie in der Nähe ihres Geliebten und ihrer Freunde weilte, war Germaine ruhig und guter Laune. Wenn auch Narbonne immer wieder in düsteres Grübeln versank, war das Leben in Juniper Hall doch im allgemeinen heiter und aktiv. Die Burneys und die Locks waren begeistert über den Zuwachs. „Ihren Fähigkeiten und ihrem außerordentlichen Verstand nach ist sie eine der hervorragendsten Frauen, denen ich je begegnet bin", schrieb Fanny Burney und verglich sie zu ihrem Vorteil mit Mrs. Thrale; Narbonne wieder „zeichnete sich besonders durch Güte, Begabung, einnehmendes Äußeres und Schlagfertigkeit aus." Talleyrand kam aus London häufig zu Besuch: „Es ist unglaublich, wie er zu unterhalten versteht, sowohl durch seine Bildung wie durch seinen Spott." Diese Emigranten vergaßen ihr Exil, vergaßen ihre Armut und ungewisse Zukunft und scherzten, diskutierten und spielten so eifrig und hingebungsvoll, daß ihre englischen Freunde geblendet und erschrocken waren. Wie konnte man ohne ein gesichertes Einkommen sich so gut unterhalten?

Man verbrachte die Zeit mit Gesprächen, mit dem Vorlesen von Werken, die gerade im Entstehen waren, mit Besuchen und Gegenbesuchen und Fahrten über Land. Das einzige Transportmittel für sämtliche Bewohner von Juniper Hall war ein zweisitziger Wagen; Germaine saß im geschlossenen Teil, Narbonne oder Talleyrand auf dem Sitz des Bedienten — die gläserne Trennwand war herausgeschlagen worden, und sie konnten sich ungehindert zurücklehnen, um Konversation zu machen.

Germaines gesellschaftliches Leben begann im Augenblick des Erwachens. Dr. Bollmann schildert einen Morgenbesuch in ihrem Schlafzimmer und beschreibt, daß sie im „Unterröckchen und bloßen Hemde" am Kamin stand, „ein Stückchen Papier zwischen ihren Fingern rollend, ohne welches sie nie sein kann. Sie steht damit auf und geht damit zu Bette. Unter diesen Umständen fing sie an, Narbonnes Verteidigung und Lobrede abzuhalten, mit einer seltenen Wärme und außerordentlichen Flut von Worten. Zu anderen Zeiten", erinnert sich Bollmann, „sang sie sanfte italienische Arien" für ihn und begleitete sich dazu selbst auf dem Klavier. Was ihn vor allem beeindruckte, war ihre Energie:

„Diese Staël ist ein Genie. Eine außerordentliche, exzentrische Frau in allem, was sie macht und tut. Sie schläft nur wenige Stunden und ist die ganze übrige Zeit hindurch in einer ununterbrochenen, fürchterlichen Tätigkeit ... Während sie frisiert wird, während sie frühstückt, schreibt sie bereits; im ganzen genommen bringt sie ein Drittel von jedem Tag mit Schreiben zu. Sie hat nicht Ruhe genug, um das Geschriebene wieder vorzunehmen, um auszubessern, um zu vollenden."

Das Werk, an dem Germaine damals arbeitete, war ihr erstes wirklich originelles Buch: *Über den Einfluß der Leidenschaften auf das Glück von Individuen und Nationen*[18]. Die in dem Buch enthaltene wohlbekannte Apologie des Selbstmords wurde vermutlich in Rolle verfaßt, als Germaines Stimmung auf dem Tiefpunkt angelangt war. In Juniper Hall las sie jedes Kapitel den Versammelten vor, sobald sie es beendet hatte. „Sie gestattete uns, einige ihrer Werke im MS kennenzulernen, sie sind wirklich prachtvoll, sowohl den Gedanken wie dem Ausdruck nach", schrieb Fanny Burney; aber Talleyrand kritisierte den monotonen Singsang, in dem sie ihre Prosa vorlas. „Madame de Staël war sehr heiter und Monsieur de Talleyrand sehr *comique*", versichert Susan Philips, als sie diese Szene beschreibt, und hatte vielleicht nicht bemerkt, daß die monotone Prosa, die Germaine vorlas, einen verzweifelten Aufschrei über Narbonnes schwindende Liebe bedeutete.

Es waren erst wenige Wochen vergangen, da wurden die idyllischen Beziehungen zwischen der Kolonie in Juniper Hall und ihren Nachbarn etwas gespannt. Dr. Burney riet seiner Tochter zur Vorsicht: Germaines Moral war nicht einwandfrei und ihre Politik mit an den entsetzlichen Dingen schuld, die sich jetzt in Frankreich zutrugen.

Fanny Burney hatte die Vierzig schon hinter sich, war aber über die Enthüllungen solcher Sündhaftigkeit schockiert. „Die Andeutung, Monsieur de Narbonne betreffend, war . . . mir völlig neu, und ich halte sie für eine grobe Verleumdung", schrieb sie ihrem Vater.

„Sie liebt ihn sogar zärtlich, aber so offen, so einfach, so unaffektiert und so frei von jeder Koketterie, daß ihre Zuneigung, wären sie zwei Männer oder zwei Frauen, nicht harmloser sein könnte. Sie ist ausgesprochen unhübsch, er sehr stattlich, es können lediglich ihre Geistesgaben für ihn eine Anziehungskraft besitzen . . . Ihr ganzer Kreis lebt durchaus geschwisterlich zusammen . . . Ich glaube wirklich, wenn du nur einen Tag mit ihnen zusammen wärst, würdest du sehen, daß ihre Verbindung in einer reinen, aber erhabenen Freundschaft von großer Vornehmheit besteht."

Vornehme Freundschaft oder nicht – Fanny fürchtete, die ihr von der Königin ausgesetzte Pension zu verlieren, und lehnte alle weiteren Einladungen nach Juniper Hall ab. Vergeblich versicherte ihr Germaine, daß sie und ihre Freunde nicht nur keine Jakobiner, sondern „mit knapper Not den Messern der Jakobiner entronnen" seien. Als Susan Philips das Verhalten ihrer Schwester zu erklären versuchte, war Germaine starr: „Wollen Sie damit sagen, daß in diesem Land eine Frau ihr ganzes Leben lang wie eine Unmündige behandelt wird? In meinen Augen benimmt ihre Schwester sich wie ein vierzehnjähriges Mädchen."

Fanny Burneys Verhalten Germaine gegenüber war kennzeichnend für eine allgemeine Feindseligkeit der rechtsstehenden Kreise, die von den gehässigen aristokratischen Emigranten geschürt wurde. Germaine versuchte, sich zu verteidigen: Niemand, so dachte sie, konnte in einem aufgeklärten Land wie England ernstlich glauben, die politische Meinung von ein paar jungen Frauen gehöre zu den Ursachen einer Revolution, die „Jahrhunderte vorbereitet und neunundzwanzig Millionen gewünscht haben[10]". Sie begab sich wiederholt nach London, um den Männern, die an der Macht waren, ihre politischen Ansichten darzulegen. Lord Sheffield, der seinem Freund Gibbon zuliebe sie empfing und in die höchsten Kreise einführte, ließ dem Historiker einen unparteiischen Bericht zukommen: Man war sehr voreingenommen gegen sie und hielt sie für eine Intrigantin und Demokratin, die imstande war, den Thron in Brand zu stecken; es fiel ihm daher nicht leicht, den Leuten die Augen für ihre angenehmen und glänzenden, wenn auch ein wenig lächerlichen Qualitäten zu öffnen. Der Lord-Kanzler, erzählte er, sei erstaunt gewesen, als sie mit ihm über die Grundlagen der Politik diskutierte.

Angst und Mißtrauen hatten in England hysterische Ausmaße angenommen; über angeblich umstürzlerische Elemente und Jakobiner wurden im Parlament geheime Nachforschungen angestellt; das Ausländer-Gesetz war in Vorbereitung; seit dem ersten Februar befand sich England mit Frankreich im Kriegszustand. Die ganze Existenz der Kolonie in Juniper Hall war bedroht. Necker und Monsieur de Staël, der seinen Posten als Botschafter am 3. März in Paris wieder angetreten hatte, setzten Germaine gleichzeitig unter Druck, um sie zu einer Rückkehr auf den Kontinent zu zwingen. Anfang Mai mußte Germaine zugeben, daß sie und ihre Freunde in England in eine unhaltbare Lage geraten seien. Sie erklärte sich einverstanden, in die Schweiz zurückzukehren, jedoch unter der Bedingung, daß ihre Freunde — im besonderen Narbonne und Talleyrand — ihr feierlich versprächen, ihr dorthin zu folgen, sobald sie die entsprechenden Vorbereitungen für ihren Aufenthalt getroffen hätte.

Sie mußte ihren Entschluß, jede Verbindung zu ihrem Gatten abzubrechen, aufgeben. Es war nur zu offensichtlich, daß ihr Geliebter ihr für ein solches Opfer keinen Dank wissen würde. Statt dessen beabsichtigte Germaine, Monsieur de Staëls diplomatische Stellung auszunützen, sich mit ihm, wenn er in die Schweiz kam, ein Haus zu mieten und unter dem Deckmantel offizieller Ehrbarkeit Narbonne als ihren Gast dorthin einzuladen. Sie war sogar bereit, einem „neuen System" in ihren Beziehungen zuzustimmen, das Narbonne „volle Freiheit" lassen würde. Narbonne schien mit diesem Plan einverstanden, aber die gespannte Stimmung zwischen den beiden fiel sogar Außenstehenden auf. — „In manchen Punkten", schrieb Susan Philips am 14. Mai, „sollte man ihre Gemüter austauschen können, denn das seine ist so zartbesaitet wie das einer wahrhaft weiblichen Frau, und er leidet offensichtlich, wenn er merkt, wie sie sich über alle Anstandsregeln hinwegsetzt, was sie häufig genug tut."

Am 25. Mai nahm Germaine unter Tränen von Mrs. Lock in Norbury Park Abschied. Narbonne begleitete sie nach Dover. Er versprach, ihr binnen vier Monaten nachzukommen. In Ostende erwartete sie der Sekretär der schwedischen Botschaft, um sie durch die Kriegszone nach Deutschland zu bringen. Germaine schickte Narbonne einen Wechsel über 50 Pfund, dann machte sie sich über Brüssel, Frankfurt, Basel auf den Weg nach Coppet. Von Basel aus schrieb sie an Gibbon: Durch seine Intervention bei der Berner Regierung würde es, so hoffte sie, möglich sein, für Narbonne eine Aufenthaltsbewilligung zu beschaffen. „Ich wiege mich nicht in romantischen Vorstellungen", kam sie Gibbons Einwänden zuvor, „und ich glaube an alle Beweisgründe, die von der Vernunft seit Anbeginn gegen sie angeführt wurden." Aber die Französische Revolution, die sie und Narbonne einander so nahe gebracht hätte, fährt sie fort, habe auch den vernunftgemäßen Beweisführungen jede Grundlage genommen. „Die sogenannte Schicklichkeit landete gemeinsam mit allen gesellschaftlichen Pflichten und Vorrechten auf einem verachteten Trümmerhaufen." Warum solle sie unter diesen Umständen ihr Glück den Konventionen einer vergangenen Epoche opfern? Dieses Argument konnte auf den mäßig empfindsamen Mr. Gibbon, der die Revolution in allen ihren Auswirkungen verabscheute, keinen großen Eindruck machen, trotzdem tat er aus Freundschaft, was ihm nur möglich war.

In Bern traf Germaine am 10. Juni mit ihrem Mann zusammen. Er hatte mitten in der Schreckensherrschaft einen militärischen und Handelsvertrag mit Frankreich unterzeichnet, und es war ihm nachher nicht gelungen, seine eigene Regierung zur Ratifizierung des Vertrages zu bringen. Da es unter diesen Umständen sinnlos gewesen wäre, noch in Paris zu bleiben, wollte er die weitere Entwicklung lieber in der Schweiz abwarten. Es war ein gutes Jahr her, seit das Ehepaar sich zum letzten Mal gesehen hatte. Nach dem ersten Gespräch berichtete Germaine Narbonne, daß der Botschafter ebenso in sie verliebt zu sein scheine wie eh und je. Sie würde ihn ohne Mühe dazu bringen, zu tun, was sie wolle; aber entspreche das auch wirklich ihren Wünschen – die ewige Gegenwart eines Dritten statt der „herrlich süßen Ungezwungenheit" von Juniper Hall?

„Die Mutter der Gracchen ist hier mit ihren hübschen Kindern und ihrem Mann, den ich sehr gern habe", teilte Madame Necker Gibbon formell mit – obwohl er doch über alles unterrichtet sein mußte. Albert, der jüngere der Gracchen, war sieben Monate alt; Germaine hatte ihn fünf Wochen nach seiner Geburt einer Amme überlassen. August, der ältere, war im dritten Jahr; auch er hatte mehr Zeit mit seinen Großeltern als mit seiner Mutter verbracht. Die neue Cornelia kümmerte sich um ihre Juwelen mit etwas weniger eifersüchtiger Ausschließlichkeit als die römische. Was sie jedoch sehr beschäftigte, war das Ausbleiben der Briefe des Geliebten irgendwo bei Dorking. Die ganzen tödlichen Qualen des vergangenen August begannen wieder, als hätten sie niemals aufgehört. Germaine wandte sich an d'Arblay und flehte ihn an, er möge Narbonne veranlassen, zu ihr zu kommen oder ihr wenigstens zu schreiben. Narbonne selbst erhielt einen aufgewühlten Brief nach dem andern: Germaine war krank, sie hatte Fieber, sie litt an Ohnmachten, und das alles wegen seiner Grausamkeit. Vom 30. Juni an kam hin und wieder ein Brief von ihm, vage, voll von Ausflüchten. Er schickte sogar seine Tischwäsche als Beweis, daß seine Ankunft nahe bevorstehe, aber er traf keine Anstalten, Juniper Hall zu verlassen. Ende September zogen die Staëls in ein Haus bei Nyon, einige Kilometer von Coppet entfernt. Der Berner Amtmann hatte zögernd seine Zustimmung erteilt. Bald füllte das Haus sich mit Freunden, aber weder Narbonne noch Talleyrand waren darunter.

Die Todesqualen, von denen Germaine ihrem Geliebten erzählte, nahmen ihre Zeit keineswegs ganz in Anspruch, und während sie Narbonne befahl, sich von der Politik fernzuhalten, stürzte sie selbst sich in gefährliche politische Abenteuer. Im Sommer 1793 bereitete das Revolutionstribunal den Prozeß Marie Antoinettes vor. Germaine war kaum nach Coppet zurückgekehrt, als sie weißglühend ihre *Reflexionen über den Prozeß der Königin* niederschrieb. Unter dem Titel stand nur *Von einer Frau,* aber diese Anonymität führte niemanden irre. Von der ersten Seite („Frauen aller Länder, aller Klassen, hört und seid bewegt wie ich") bis zur letzten („Ich wende mich noch einmal an euch, Frauen: denn wenn ihre zärtliche Mütterlichkeit getroffen wird, würdet ihr alle das Opfer ... Euer Einfluß wäre für immer verloren, sobald einmal die Bestialität zur Herrschaft gelangt ... Verteidigt die Königin mit allen Waffen, die euch von der Natur verliehen sind!") wendet die Flugschrift sich offen an die Gefühle des Lesers und nicht an seinen Gerechtigkeitssinn. Selbst wenn ihre eigenen Empfindungen nicht aufrichtig gewesen wären, hätte Germaine sich nur auf diesem Weg eine Wirkung sichern können, denn Gerechtigkeit fiel nicht mehr ins Gewicht. Aber ihre Gefühle waren echt: Was immer sie auch für Gründe gehabt haben mochte, der Königin zu grollen, jetzt konnte Germaine sich nur mit ihr identifizieren, denn die Anschuldigungen, die gegen Marie Antoinette erhoben wurden, waren undenkbar, wäre die Königin nicht eine Frau und eine Ausländerin gewesen – genau wie Germaine selbst. Einen Mann konnte man des Hochverrats beschuldigen, aber nicht der intriganten Einmischung, und kein Mann, wie unmoralisch auch sein Privatleben gewesen sein mochte, hätte so obszöne Anwürfe zu hören bekommen wie die Königin aus dem Mund Fouquier-Tinvilles. Germaines Verteidigungsschrift war mehr als eine großzügige, sinnlose Geste: Es war wie alles, was sie schrieb, ein Manifest für das echte Empfinden und gegen die Brutalität – man kann genauso gut sagen, ein Manifest für die Freiheit.

Man mag einwenden, daß Germaines Verteidigungsschrift für die Königin nicht die heroische Tat war, als die sie gepriesen wurde, war sie doch auf der sicheren Insel der Republik Bern abgefaßt worden. Aber das wäre ungerecht: Selbst die strengsten Kritiker mußten Germaine Furchtlosigkeit zugestehen. Noch mehr fällt ins Gewicht, daß für Germaine Paris der Mittelpunkt des Daseins war, daß der größte Teil ihres Vermögens in Frankreich lag und sie von den Royalisten nichts zu erhoffen hatte, daß sie mit der Veröffentlichung also ein großes Risiko einging, ohne für sich davon persönlich den geringsten Nutzen erwarten zu können. Germaine machte lediglich einen letzten verzweifelten Versuch, eine Königin aus dem Wasser zu fischen, die sie selbst mit hineingeworfen hatte. Sowohl das Hineinwerfen wie auch die Hilfsaktion geschahen aus durchaus altruistischen Beweggründen: um des Ruhmes willen.

Der Kopf der Königin fiel am 16. Oktober 1793. Germaines Rettungsversuche waren erfolgreicher, wenn sie sich für weniger hochstehende Persönlichkeiten verwendete. Sie organisierte, bewerkstelligte und finanzierte tatsächlich eine richtige Rettungsagentur. Die Methode war im wesentlichen einfach und sicher. Ein Schweizer oder eine Schweizerin (je nach dem Geschlecht desjenigen, der gerettet werden sollte) reiste mit zwei Pässen nach Paris; der eine war echt und berechtigte ihn oder sie, nach Paris und wieder zurück zu fahren, der andere war gefälscht und enthielt keine Visa. Der Schweizer Reisende ließ in den echten Paß an der Grenze und in Paris nach Vorschrift den entsprechenden Sichtvermerk eintragen und übergab ihn dann gemeinsam mit den Papieren, die ihn oder sie als Schweizer Bürger auswiesen, der Person, die gerettet werden sollte. Diese wählte zur Ausreise eine andere Route als der Schweizer, der die notwendigen Visa für seine eigene Rückkehr fälschen mußte; gab es an der Grenze dann irgendwelche Schwierigkeiten, so deklarierte der Offizier der Schweizer Grenzwache, der von Germaine unterrichtet worden war, den Retter als Schweizer Staatsbürger. Die Sache ging niemals schief.

Einige von Germaines „Rettern" waren Freiwillige, aber die meisten arbeiteten für Geld. Dieser „Handel mit Menschenfleisch", wie sie es nannte, kam sie teuer zu stehen; eine Rettungsaktion erleichterte sie um 40 000 Francs. Germaine nahm dieses Risiko nicht aus Liebe zur Menschheit auf sich, sondern aus Freundschaft: Alle Geretteten waren entweder Freunde oder Personen, die ihren Freunden nahestanden. Darunter befanden sich Mathieu de Montmorency, Jaucourt, Jaucourts Neffe Achille du Chayla, Malouet, die Marquise de Simiane, die Prinzessin von Noailles, die Herzogin von Broglie.

Die Berner Regierung hatte gegen die meisten dieser adligen Flüchtlinge nichts einzuwenden, einige jedoch, deren politische Vergangenheit die Flecken revolutionärer Tätigkeit aufwies, wurden nur stillschweigend geduldet. Mathieu und Jaucourt lebten unter schwedischen Namen in Germaines Haus in Nyon; Narbonne sollte unter einem spanischen Namen dorthin kommen. „Bern weiß davon, Bern duldet es", schrieb Germaine an Meister, „weil ich völlig allein auf dem Lande lebe und weil wir erwiesenermaßen in größter Zurückgezogenheit leben wollen." Aber beim „Bischof" hörte Berns Einsicht auf; Talleyrand, ließ man Germaine wissen, würde aus Berner Gebiet ausgewiesen werden, sobald er den Fuß auf dessen Boden setze. Konnte Meister die Zustimmung der Zürcher Regierung erwirken und konnte Germaine mit ihren beiden Schweden und dem Bischof dort ihren Wohnsitz nehmen? Die beiden Schweden würden ihren Garten nie verlassen, sie waren „beide Freunde einer konstitutionellen Monarchie, einer Freiheit innerhalb geregelter Ordnung": Sie würde um ihretwillen doch gewiß keinen Unannehmlichkeiten ausgesetzt sein?

Meisters Entgegnung war vorsichtig: Der Spanier, den sie erwartete, erschien nicht: Auf alle dringenden Aufforderungen Germaines antwortete er mit Schweigen oder mit Ausflüchten. Zu Beginn des Jahres 1794 versprach sie ihm, daß ihre Freundschaft zu ihm wie die eines Mannes für einen andern sein würde, er würde sie so angenehm empfinden wie die Monsieur d'Arblays. Aber wenige Wochen später argwöhnte sie auf einmal, daß Mrs. Phillips ihn in Juniper Hall zurückhalte, und ihr Ton änderte sich: Sie würde unter einem falschen Namen nach England kommen, drohte sie, sie würde ihm in Gegenwart von Mrs. Phillips zu Füßen fallen und ihn an sein Versprechen erinnern, ihr nachzukommen; kam er mit ihr, so würde sie ihm vergeben, weigerte er sich, würde sie sterben.

Wenn Narbonne sein Wort brach, so geschah es nicht aus Gefühllosigkeit. „Ich habe den Eindruck", schrieb Talleyrand an Germaine, „daß es ihm an Mut fehlt, es fällt ihm so schwer, sich zu entscheiden ... Er bleibt hier, weil er nun einmal da ist ... Sie müssen ihm zu Hilfe kommen, wenn er wieder bei Ihnen ist. Unsere Situation lastet zu sehr auf ihm. Sie müssen ihn sein eigenes Selbst vergessen lassen, um ihn glücklich zu machen." Das war ein ausgezeichneter Rat, aber Narbonne war dadurch nicht in die Schweiz zu bringen. Und Talleyrand selbst, den das Ausländergesetz aus England vertrieb, ging auch nicht auf Germaines hilfreiches Angebot ein, sondern begab sich statt dessen eilends in die Vereinigten Staaten. „Sie werden mich nicht mehr dabei erwischen, Revolutionen für andere Leute zu machen", hatte er 1792 erklärt, als er die Küste Frankreichs in der Ferne entschwinden sah; gezwungen, seinen Zufluchtsort zu verlassen, wollte er lieber in Amerika in Vergessenheit geraten, bis das Wetter vorüber war, als von Germaine wieder mitten hineingezogen zu werden. Germaine war untröstlich. „Seit Beginn der Revolution ist dies der härteste Schlag", schrieb sie Meister am 12. März.

Um diese Zeit hatte ihr Haus die meisten seiner Bewohner eingebüßt. Der französische Geheimagent Venet, der ziemlich eingehende Berichte über Madame de Staëls „originelles Leben in der Nähe von Nyon" schrieb, vermerkte am 14. März: „Von all den schwedischen Kaufleuten, die bei ihr weilten, ist nur Mathieu de Montmorency übriggeblieben." Venet irrte: Auch Mathieu war damals schon fort, Germaine hatte ihn vorausgeschickt, um die Zürcher Gastfreundlichkeit zu erkunden.

Monsieur de Staël war Ende 1793 abgefahren und reiste langsam gen Stockholm, um sich nach einem neuen Posten umzusehen. Germaine erkundigte sich bei Talleyrand, ob Philadelphia ein passender Posten für Monsieur de Staël wäre. Nein, antwortete Talleyrand, „Amerika ist ein zu unbedeutender Posten für Monsieur de Staël". Statt dessen führte der Botschafter eine Sondermission in Kopenhagen befriedigend durch, wartete auf ruhigere Zeiten, um nach Frankreich zurückzukehren, zahlte weiter die von Mademoiselle Clairon geforderte Pension, geriet wieder in Schulden und sehnte sich nach geistiger Vollendung.

Talleyrand war in Amerika, Narbonne klebte in England fest, Mathieu und Jaucourt konnten jeden Augenblick aus Berner Gebiet ausgewiesen werden, in Frankreich tobte die Schreckensherrschaft auf ihrem Höhepunkt — Germaine wußte nicht, was sie mit sich anfangen sollte. Sollte sie nach England zurückkehren und sich vor Narbonnes und Mrs. Phillips' Füße werfen? Oder nach Zürich ziehen, wo Mathieu, immer noch als Schwede getarnt, nach einem passenden Versteck suchte? Oder nach Amerika fahren, wo Talleyrand sie trösten würde? „Ich fange an, Europa zu hassen", schrieb sie Meister — eine erste Andeutung des Plans, sich in Amerika niederzulassen, den sie in den nächsten siebzehn Jahren wieder und wieder erwog. Necker führte Unterhandlungen, die schließlich den Erwerb von Grund und Boden in New York im Wert von 38 000 Dollar zur Folge hatten, und Germaine selbst wurde im Laufe der Jahre Besitzerin eines beachtlichen Teils des Staates New York. Am Ende nahm sie jedoch niemals Zuflucht zu Amerika, diesem letzten Refugium.

Im Augenblick waren Germaines Hoffnungen noch auf Zürich gerichtet. Sie konnte Gibbon nicht länger um Hilfe bitten: Er war, gerade als Germaine England verließ, dorthin zurückgekehrt und starb am 17. Januar 1794 — „armer Gibbon, der einzige Mensch, dem es gelang, mir die Schweiz genießbar zu machen". Aber sie erhoffte sich viel von Meisters Intervention und reiste Anfang April nach Zürich, obwohl ihre Mutter im Sterben lag. Sie lebte dort ein paar Tage mit Mathieu zusammen — das war alles, was sie erreichte. Wie fruchtlos ihre Bemühungen waren, kann man aus dem Bericht ersehen, den der Bürgermeister von Zürich dem französischen Botschafter über ihren Besuch erstattete: „Sie nahm lebhaftes Interesse an Monsieur de Montmorency und gab sich die allergrößte Mühe, daß wir ihm eine Aufenthaltsgenehmigung von mindestens sechs Monaten erteilen müßten, wollten wir keine Barbaren sein."

In ihrer Verzweiflung erwog Germaine sogar, während der Schreckensherrschaft nach Paris zurückzukehren. „Ich habe einen großartigen Abscheu vor der ganzen Schweiz", schreibt sie ihrem Gatten. „Ich bin nach dem jetzigen Leben bereit, allen Gefahren zu trotzen." Lieber tot in Paris als lebend in der Schweiz. Sie konnte diese Pläne jedoch nicht weiter verfolgen, das Befinden ihrer Mutter hatte sich derart verschlechtert, daß sie sofort zurückkehren mußte. Am 1. Mai traf Germaine in Lausanne ein, wo die Neckers das Schloß Beaulieu gemietet hatten Sie kam gerade noch zurecht.

Madame Necker starb am 15. Mai. Necker war tagelang nicht von ihrer Seite gewichen. „Durch Stunden sah ich ihn aufrecht dastehen, regungslos, ohne seine Stellung zu wechseln, aus Angst, die geringste Bewegung könnte sie aufwecken", erzählte Germaine später. „Jeden Abend wurden auf Madame Neckers Wunsch Musikanten ins Schloß gerufen: Der durch die Töne hervorgerufene Eindruck sollte ihre Seele mit jenen erhabenen Gedanken füllen, die allein dem Tod den Charakter friedvoller Melancholie verleihen." Eines Abends waren keine Musikanten aufzutreiben, und Necker bat seine Tochter, sich ans Klavier zu setzen. Sie spielte einige Weisen und sang dann eine Arie, deren Worte mit der ganzen Situation in Einklang standen. Necker brach in Tränen aus. „Ich mußte aufhören und sah ihn mehrere Stunden lang, von tiefer Bewegung übermannt, zu Füßen seiner sterbenden Gattin sitzen."

Wenige Stunden nach dem Tode ihrer Mutter kam Germaine in das Zimmer ihres Vaters. Er stand am Fenster und blickte zu den fernen Alpen hinüber, die in den Strahlen der aufgehenden Sonne erglühten. „Vielleicht schwingt ihre Seele sich dort empor", sagte er und verstummte. Germaines Kommentar zu diesen Worten ist bezeichnend. „Ach, warum konnte er nicht mir die gleichen Worte nachrufen!"

Germaine spielte nicht die Trauernde. Ihre Gedanken kreisten um das Problem, wo sie ein Haus mieten und wie sie ihre Freunde um sich sammeln konnte. Der Spion Venet berichtet, daß Madame Necker „angeordnet hat, ihr Körper solle in Alkohol aufbewahrt werden wie ein Embryo", und bemerkt dann in seinem Bericht an den französischen Botschafter, daß „Madame de Staël das Andenken ihrer Mutter nicht in Ehren hielt".

Die Einbalsamierer und Architekten kamen, um Suzanne einzubalsamieren und zu bestatten. Mitte September war das Grab in Coppet fertig, bis dahin blieb Madame Neckers Leiche in Beaulieu und Necker mit ihr – allein: Drei Tage nach ihrer Mutter Tod war Germaine bereits in ein eigenes Haus gezogen.

Schloß Mézery bei Lausanne, das Germaine gemietet hatte, war 1763 Gibbons Wohnsitz gewesen – in dem Jahr, in dem Germaines Mutter die letzten verzweifelten Versuche gemacht hatte, die kalte Asche ihrer Liebe wieder anzufachen. Gibbon und Suzanne waren im Abstand von vier Monaten gestorben. Die Räume, wo sie so oft zusammengetroffen waren, wo ihre Liebe in grausamen Scherzen geendet hatte, die Räume, wo sich das ganze achtzehnte Jahrhundert versammelt hatte, nichts zurücklassend als Erinnerungen, Gespenster, Bedauern und Entzauberung – diese gleichen Räume sollten nun Suzanne Curchods Tochter und ihren unglaublichen Kreis von Freunden und Liebhabern aufnehmen, mit ihren Diskussionen, Streitigkeiten, Eifersüchteleien, Ängsten und Beschuldigungen, während jenseits des Sees, jenseits der Berge das Beil der Guillotine sausend auf die Köpfe von Verwandten, Freunden, Brüdern niederfiel.

Mathieu, der zu ihr gekommen war, mußte sie die Mitteilung machen, daß sein Bruder unter den Opfern war. Seine Frau und Mutter warteten im Gefängnis, daß die Reihe an sie käme, und wurden nur durch den Sturz Robespierres am 27. Juli gerettet. Während dieser Sommerwochen des Jahres 1794 machte Mathieu die Krise durch, die ihn schließlich veranlaßte, sich von seiner liberalen Vergangenheit abzuwenden und seine Schuld auf den Stufen des Altars zu sühnen. Mit jedem Tag hörte man von neuen Verhaftungen, neuen Hinrichtungen, und die kleine Kolonie in Mézery verfiel in einen Trübsinn und eine Verzweiflung, von der sich nur diejenigen eine Vorstellung machen können, über die ein ähnlich verheerendes Unheil hereingebrochen ist. Als die Schreckensherrschaft am 9. Thermidor ein jähes Ende nahm, waren sie zu betäubt, um sich zu freuen.

Im August 1794, wenige Tage nach dem Handstreich des 9. Thermidor, traf Narbonne endlich in Mézery ein. Ungefähr seit Mitte April hatte Germaine mit ziemlich überraschender Plötzlichkeit aufgehört, ihn zu bedrängen; ihre Briefe waren freundlich und ruhig. Diesen plötzlichen Wandel verursachte nicht nur die läuternde Wirkung des Großen Terrors, sondern hauptsächlich ein anderer Mann – diesmal ein echter Schwede –, mit dem Germaines Gedanken sich beschäftigten. Es war Graf Ribbing, der den Plan zur Ermordung Gustavs III. aufgestellt hatte und nun als romantischer Verbannter unter einem falschen Namen durch Europa zog. Germaine war mit dem hübschen blonden Königsmörder irgendwann zu Beginn des Jahres 1794 zusammengetroffen, war ihm dann in Zürich wieder begegnet und hatte ihn nach Mézery gelockt – Monsieur de Staël tobte, als er diese Nachricht erfuhr. Auch

Narbonne war, obwohl er Germaine nicht mehr liebte, verärgert, daß er so bald einen Nachfolger gefunden hatte. Nach einem heftigen Wortwechsel verließen Narbonne und Ribbing eines Tages bei Morgengrauen das Schloß. Germaine war überzeugt, daß sie sich gegenseitig an die Kehle fahren würden, und schluchzte den ganzen Morgen herzzerbrechend, bis beide zum Frühstück und in bester Laune zurückkehrten, beladen mit einer Menge Barsche, die sie gefangen hatten. Als Mathieus Mutter, Narbonnes frühere Geliebte, Madame de Montmorency-Laval, sich nach ihrer Entlassung aus dem Gefängnis der Kolonie in Mézery zugesellte, nahm Narbonne, zu Mathieus großem Verdruß, seine früheren Beziehungen zu ihr wieder auf, und das Leben ging so harmonisch weiter, wie es unter diesen nicht gerade konventionellen Umständen möglich war.

Die Bewohner von Mézery hatten kaum begonnen, nach Robespierres Sturz etwas freier zu atmen, als die Berner Regierung ihre Absicht kundtat, sie auszuweisen, und damit die verschiedenen idyllischen Beziehungen abbrach. Im September stand Germaine wieder auf der Straße und versuchte in Begleitung von Narbonne für ihre Gäste irgendwo in der Schweiz ein anderes Asyl zu finden. Auf Umwegen kehrte sie allein zurück, verhielt zwei oder drei Tage bei ihrem Vater in Coppet, bewunderte das Grab ihrer Mutter von außen und stieg, nachdem diese Pflichten erledigt waren, wieder in ihren Wagen, um nach Lausanne zu fahren.

Etwa eine halbe Stunde später erschien ein Mann in Coppet und fragte nach Madame de Staël. Als man ihm mitteilte, daß er sie eben versäumt habe, schwang er sich wieder auf sein Pferd. Mit der ihm eigenen Impulsivität galoppierte er in Richtung Lausanne davon, um ihren Wagen einzuholen. Er hatte sie nie zuvor gesehen, hatte ihr nichts Wichtiges zu sagen, auch gab es nicht den geringsten Grund, warum er nicht hätte an einem anderen Tag wiederkommen sollen. Als er einer augenblicklichen Eingebung folgend sich entschloß, Madame de Staël nachzugaloppieren, raste er einer Sklaverei von fünfzehn Jahren entgegen – fünfzehn Jahre, die er hauptsächlich damit verbrachte, über ein Entkommen nachzusinnen.

Er erreichte sie in Nyon und stellte sich vor: Benjamin Constant – der einzige Constant, dem Germaine nie begegnet war. Er sah sehr auffallend aus: groß und schlaksig, Ende Zwanzig, ein blasses Gesicht mit Sommersprossen, darüber ein Tuff flammroter Haare, im Nacken geflochten und mit einem kleinen Kamm aufgesteckt; ein nervöser Tick; rotgeränderte kurzsichtige Augen; ironischer Mund; eine lange, feingeschwungene Nase; langer Oberkörper, schlechte Haltung, leichter Ansatz zu einem Bauch, langbeinig, mit einem langen, flatternden Reitrock bekleidet — eine ausgesprochen linkische, unhübsche und trotzdem interessante und anziehende Erscheinung, jedenfalls ein Mann, der völlig aus dem üblichen Rahmen fiel. Germaine lud ihn ein, die Reise in ihrem Wagen fortzusetzen. Bis zu ihrer Ankunft in Rolle wußte Germaine, daß ihr Begleiter der faszinierendste Causeur war, dem sie je begegnet war. Sie aßen bei Freunden Germaines zu Abend; bei Tisch hatten sie ihre erste Auseinandersetzung. Germaine beklagte sich über eine Zeitung, die ihren Vater angegriffen hatte — sie würde das Erscheinen dieses Blattes verhindern lassen. Benjamin hielt eine leidenschaftliche Rede für die Freiheit der Presse. Germaine war entzückt: In diesem jungen Mann steckten allerhand Möglichkeiten. Sie fuhren nach Lausanne weiter, völlig von ihrer Konversation in Anspruch genommen. Als sie ankamen, lud Germaine ihn nach Mézery ein, um ihr Gespräch fortzusetzen.

So begann die zweifellos redseligste Liebesgeschichte aller Zeiten.

Benjamin

Hätte man eine Landkarte im Hinblick auf die zahlreichen Abkömmlinge der Familie Constant entworfen, die Küsten des Genfer Sees von Genf bis Lausanne wären dicht gesprenkelt gewesen, und weitere Flecken hätten sich noch in weit entfernten Orten gefunden. Allein die Constants von Genf bis Lausanne mit den zugehörigen Familien der Crousaz, Chandieu, Nassau, Charrière, Gallatin, Langalerie und Cazenove bildeten eine eigene Nation; und es gab Constants in London, Constants in Paris, in Brüssel, im Haag, ja sogar in China. Sie waren adlig, sie waren meistens reich; sie besaßen Häuser in der Stadt und Besitzungen auf dem Land; sie hatten Obersten- und Generalsstellen in Diensten der Vereinigten Niederländischen Provinzen; sie waren eine eng zusammenhängende Sippe — begabt, exzentrisch, literaturbeflissen, ausgesprochene Persönlichkeiten und langlebig. Benjamins Urgroßvater David und seine drei Brüder kamen gemeinsam auf eine Summe von 362 Jahren; sein Großvater, General Samuel Constant, wurde achtzig; sein Vater, Oberst Arnold-Juste Constant de Rebecque, sechsundachtzig Jahre. Sie waren ein zähes Geschlecht. Aber Benjamins Mutter starb ein paar Tage, nachdem sie ihrem ersten Kind am 25. Oktober 1767 das Leben geschenkt hatte.

Sein Vater war Hauptmann in holländischen Diensten, als Benjamin zur Welt kam. Unter seinen Offizierskameraden war Justus nicht beliebt. Wer ihn kannte, fand ihn zurückhaltend, kalt, ironisch, zum Zynismus geneigt; in Wirklichkeit war er nur überempfindlich und schüchtern. In seinem autobiographischen Roman *Adolphe* schrieb Benjamin von seinem Vater:

„Leider war sein Verhalten eher edel und großzügig als zärtlich zu nennen ... Zwischen uns bestand niemals ein vertrautes Verhältnis. Er hatte eine gewisse ironische Ader, die sich mit meinem Charakter nicht vertrug ... Ich fand in meinem Vater keinen Zensor, aber einen kalten und sarkastischen Beobachter, der zuerst mitleidig lächelte und unser Gespräch bald darauf ungeduldig beendete. Ich erinnere mich nicht, während der ersten achtzehn Jahre meines Lebens mich auch nur eine Stunde lang mit ihm unterhalten zu haben ... Ich wußte nicht, daß mein Vater selbst seinem Sohn gegenüber schüchtern war, daß er häufig lange auf ein Zeichen meiner Zuneigung wartete — welches seine scheinbare Kälte mir praktisch unmöglich machte —, mich dann mit Tränen in den Augen stehen ließ und sich andern gegenüber beklagte, daß ich ihn nicht liebe."

Dazu war Justus Constant mehr als exzentrisch. 1761, noch bevor er heiratete, hatte er eine Neigung zu einem neunjährigen Mädchen namens Jeanne Suzanne Magnin gefaßt, dem er in der Umgebung von Lausanne begegnet war. Eines schönen Oktobertages fuhr Justus in ihrem Dorfe vor, packte das Mädchen in seinen Wagen und reiste mit ihm nach Holland. Sowohl seine Familie wie die des Kindes protestierte vergeblich; Justus kümmerte sich in jeder Weise um das Mädchen, es erhielt eine ausgezeichnete Erziehung, wurde seine Geliebte, als es erwachsen war, und 1772 heiratete er es (oder versprach ihm zumindest feierlich, es zu heiraten). Dieser Marianne, wie sie für ihre Freunde hieß, vertraute Justus die Erziehung des fünfjährigen Benjamin an. Mit zwanzig wußte Benjamin immer noch nichts von den Beziehungen seines Vaters zu Marianne, und die nachträgliche Entdeckung, daß Marianne ihm einen Bruder und eine Schwester geboren hatte, war eine der großen Erschütterungen seines Lebens.

Einen Reiseführer durch Benjamins Kindheit aufzuzeichnen, würde viele Seiten erfordern. Lausanne, Genf, Brüssel und noch mancher Ort dazwischen — Benjamin ging von Hand zu Hand, von Geliebter zu Großmutter, von Großmutter zu Tante, von Tante zu Vater, von Erzieher zu Erzieher. Seine Frühreife grenzte ans Wunderbare. Mit sieben sprach er fließend Griechisch und war ein vollendeter Klavierspieler; mit zwölf hatte er bereits eine Tragödie in Versen geschrieben und fünf Gesänge eines heroischen

Versromans. Er war der Liebling und Stolz der Familie, wurde ermutigt und bewundert, und niemand bezweifelte, daß er ein großer *Homme des Lettres* werden würde wie der Freund seines Onkels Samuel, Voltaire, oder der Freund seines Onkels d'Hermenches, Gibbon.

Ein Kind solcher Art verdiente offenbar eine äußerst sorgfältige Erziehung. Hätte Justus Constant aber seine ganze Energie darauf verwendet, das Weltall nach den ausgefallensten Lumpen des Lehrerstandes abzusuchen, es hätte ihm nicht besser gelingen können. Benjamins erster Hauslehrer, ein Deutscher namens Stroelin, schlug ihn regelmäßig und, damit der Knabe nichts verrate, erstickte er ihn dann mit Liebkosungen. Er brachte ihm auch ein Spiel bei: ein Alphabet, ein Vokabular und eine Grammatik zu erfinden. Es stellte sich heraus, daß die solcherart erfundene Sprache Griechisch war und daß Benjamin beachtliche Fortschritte darin gemacht hatte; da wurde Herr Stroelin bei einem seiner sadistischen Anfälle ertappt und aus dem Haus gejagt. Benjamin war fünf Jahre alt.

Benjamin war sieben und hielt sich gerade in Brüssel auf, als der zweite Hauslehrer, ein Franzose namens Lagrange, sich seiner annahm. Monsieur de Lagrange war ein fanatischer Atheist, versuchte die Tochter von Benjamins Musiklehrer zu vergewaltigen, nahm seinen Schüler schließlich in ein Bordell mit und lebte dort mit ihm. Oberst Constant bekam Wind von der Sache, eilte nach Brüssel und jagte Monsieur de Lagrange fort.

Als nächstes wurde Benjamin zu seinem Musiklehrer in Pension gegeben, der ihn sich selbst überließ. Der Knabe verbrachte acht bis zehn Stunden am Tag in einer Leihbücherei in der Nachbarschaft, deren Spezialität antireligiöse und pornographische Schriften waren. Er las alles, was er in die Finger bekam, „von La Mettrie bis Crébillon", und ruinierte sich die Augen für sein ganzes Leben.

Der nächste Mentor war ein französischer Rechtsanwalt, Monsieur Gobert. Er hatte Frankreich verlassen, um irgendeinem Skandal zu entrinnen, und mit seiner Mätresse in Brüssel eine Erziehungsanstalt gegründet. Bei Monsieur Gobert brachte Benjamin mehr als ein Jahr damit zu, ein historisches Werk abzuschreiben, das sein Lehrer verfaßt hatte; aber da Monsieur Gobert mit seines Schülers Federführung unzufrieden war, mußte Benjamin jeden Tag von neuem beginnen und kam nie über das Vorwort hinaus. Als Oberst Constant Näheres über Monsieur Gobert erfuhr, eilte er nach Brüssel und brachte seinen Sohn in die Schweiz zurück.

Nun kam ein dem Kloster entlaufener Mönch namens Duplessis an die Reihe. Er war gutmütig und tüchtig, aber Oberst Constant hatte eine Abneigung gegen ihn, ließ ihn unumwunden seine Verachtung merken und schickte ihn schließlich fort. Der gute Mönch wurde kurz darauf wegen einer unglücklichen Liebesgeschichte verrückt und jagte sich eine Kugel in den Kopf. Benjamin war inzwischen dreizehn geworden, und sein Vater beschloß, ihn nach Oxford zu geben.

Auf Grund einer solchen Erziehung wußte Benjamin schon frühzeitig in der Welt Bescheid. „Was kümmert es mich, was die Alten dachten", schrieb er seiner Großmutter, als er zehn Jahre war, „da ich doch nicht mit ihnen leben werde ... Ich sehe manchmal ein englisches Mädchen meines Alters, das mir lieber ist als Cicero, Seneca usw. Sie lehrt mich Ovid, den sie nie gelesen, von dem sie nie etwas gehört hat, aber ich entdecke ihn in ihren Augen. Ich habe eine kleine Novelle für sie geschrieben." Er war, wiederholen wir es nochmals, zehn Jahre alt. Mit zwölf ergötzte er seine Großmutter mit einem Bericht über sein Leben in Brüssel. „Ich stehe um sieben Uhr auf; ich frühstücke; ich arbeite und spanne Horaz auf die Folter . . . ; ich nehme eine Stunde in Begleitung und Komposition; ich lese mit Monsieur Duplessis; ich nehme eine Tanzstunde und esse mit gutem Appetit; ich springe herum und unterhalte mich; ich lese Quintus Curtius; ich schreibe lateinische Verse; ich nehme eine Cembalo-Stunde; ich gehe in den Park; ich besuche manchmal ein hübsches englisches Mädchen; . . . wieder zu Hause, spiele ich Karten, gehe um neun Uhr zu Bett und schlafe zehn Stunden ohne Unterbrechung. Außerdem komponiere ich eine Oper, mache beides, Worte und Musik ...

. . . Weißt Du, meine liebe Großmutter, daß ich zweimal in der Woche in Gesellschaft gehe? Ich habe einen schönen Gehrock, einen Degen, einen Hut unter dem Arm, eine Hand auf der Brust, die andere auf meiner Hüfte, und ich halte mich gerade und gebe mir so sehr das Aussehen eines großen Burschen, als ich nur irgend kann. Ich beobachte, ich höre zu — bis jetzt aber finde ich die Vergnügungen der großen Gesellschaft nicht sehr verlockend. Sie sehen alle aus, als ob sie einander nicht gut leiden könnten. Das Gold jedoch, das ich über die Spieltische rollen sehe, versetzt mich in einige Erregung. Ich würde gerne etwas davon gewinnen, um tausend Bedürfnisse zu befriedigen, die andere Menschen Launen nennen." Benjamin war ein unverbesserlicher Spieler, ehe er noch dem Jünglingsalter entwachsen war. Aus unbekannten Gründen (vielleicht weil er so jung war) mußte Benjamin Oxford nach zweimonatigem Studium schon wieder verlassen. Er reiste mit einem jungen englischen Erzieher, Mr. May, in den folgenden eineinhalb Jahren (1780 bis 1781) durch Holland und die Schweiz. Wann immer Benjamin jedoch einen Erzieher hatte, der nicht pervers und ein Lump war, fand Oberst Constant ihn lächerlich und linkisch; so auch Mr. May, was zur Folge hatte, daß Benjamin sich achtzehn Monate lang über seinen Begleiter lustig machte, der schließlich nach England zurückgeschickt wurde. Mit vierzehn immatrikulierte er sich an der Universität Erlangen, blieb achtzehn Monate dort und „studierte viel". Erlangen war die Residenz des Markgrafen von Ansbach-Bayreuth, der gemeinsam mit seiner Mätresse, der allgegenwärtigen Mademoiselle Clairon, regierte. Der Markgraf war, um es milde auszudrücken, absonderlich. Seine vernachlässigte Frau — die nach Mademoiselle Clairons Worten „sterbend geboren wurde und bis zum heutigen Tag sterbend lebte" — freute sich über die Ablenkung durch das vierzehnjährige Wunderkind, das man ihrem Hof empfohlen hatte, und ebenso erfreut war die Markgräfin-Mutter, die mit ihrer Schwiegertochter darin wetteiferte, Benjamin zu verwöhnen. Der mit solcher Nachsicht behandelte Benjamin fühlte sich verpflichtet, sich eine Geliebte zu halten. „Ich suchte mir", erzählt er, „ein Frauenzimmer von ziemlich schlechtem Ruf aus . . . Das Bizarre an der ganzen Geschichte war, daß ich mir einerseits aus dem Mädchen nichts machte und daß sie mir andererseits nicht zu Willen war. Ich bin wahrscheinlich der einzige Mann, dem sie Widerstand leistete. Aber aus dem Mund der Leute zu hören, daß ich eine Geliebte hätte, machte mir Spaß und war mir ein Trost." Für die Markgräfin-Mutter aber, die einen persönlichen Groll gegen die Mutter von Benjamins Geliebten hatte, war es zuviel; Benjamin wurde vom Hof verbannt, von seinem Vater nach Brüssel zurückbeordert und von dort an die Universität in Edinburgh geschickt. Er war noch nicht sechzehn.

Die zwei Jahre, die Benjamin in Edinburgh verbrachte, waren zweifellos die glücklichsten seines Lebens. Mit einer Fakultät, zu der Adam Smith, William Robertson, Dugald Stewart, Adam Ferguson gehörten, bot diese Universität großartige intellektuelle Anregungen. Benjamin wurde aktives Mitglied der Speculative Society und schloß Freundschaft mit Männern wie Sir James Mackintosh und dem blendenden John Wilde, dessen vielversprechende Laufbahn jäh in Wahnsinn endete. Die Freiheit, die Unabhängigkeit des Denkens, der Ernst und die Einfachheit, die in diesem Kreis zu finden waren, blieben für Benjamins Ziele als Denker und Politiker bestimmend. Bedauerlicherweise machte er auch andere Bekanntschaften, darunter die eines Italieners, der einen Pharo-Klub leitete. Er verlor viel und hinterließ große Schulden, als sein Vater ihn 1785 zurückberief.

Oberst Constant plante, die Erziehung seines Sohnes dadurch zu vervollkommnen, daß er ihn zu dem Kritiker Suard, dem späteren Herausgeber des *Journal de Paris*, in Pension gab. Suards Rationalismus, Skeptizismus und seine Anglomanie vertrugen sich prächtig mit der blasierten Weltanschauung des achtzehnjährigen Benjamin. Benjamin verkehrte zwar bei den Suards, lebte aber nicht mit ihnen. Da sein Zimmer bei seiner Ankunft nicht fertig war, mietete er sich in einem Hotel ein, befreundete sich mit einem reichen jungen Engländer, versuchte mit dessen verrücktem Tempo Schritt zu halten und steckte nach vier Wochen bis über die Ohren in Schulden. Um die Lage zu retten, fiel Oberst Constant nichts Besseres ein, als Benjamins Überwachung wieder einem Erzieher anzuvertrauen, einem gewissen Baumier, mit dem Benjamin die Runde durch die Pariser Bordells machte, wobei er seine und die Ausgaben seines Mentors bezahlte. Als sie sich zerstritten, hatte Baumier die Frechheit, Oberst Constant zu schreiben und sich über die liederlichen Sitten seines Schützlings zu beklagen. Oberst Constant eilte nach Paris, bemächtigte sich seines Sohnes, reiste mit ihm nach Brüssel und überließ ihn dort seinem Schicksal.

In Brüssel erlebte Benjamin seine erste und letzte glückliche Liebe. Madame Johannot, in unerfreulicher Ehe mit einem Genfer lebend, „war eine Frau von etwa sechsundzwanzig oder achtundzwanzig Jahren, mit einem sehr reizvollen Gesicht und einem edlen Gemüt. Ich fühlte mich von ihr angezogen, ohne es mir recht einzugestehen, da gab sie mir mit ein paar Worten, die mich zuerst mehr überraschten als entzückten, zu verstehen, daß sie mich liebe. In dem Augenblick, in dem ich das niederschreibe, sind fünfundzwanzig Jahre vergangen, seit ich jene Entdeckung machte, und immer noch erfaßt mich ein Gefühl der Dankbarkeit, wenn ich mich an meine Freude darüber erinnere. Madame Johannot ... nimmt in meiner Erinnerung, abseits von allen Frauen, die ich gekannt habe, eine Sonderstellung ein. Meine Beziehung zu ihr dauerte nur sehr kurz und war ziemlich belanglos. Aber für das Glück, das sie mir gewährte, ließ sie mich nicht durch irgendwelche Beimischungen von Aufregung und Leiden bezahlen.“ Zu lieben, natürlich, einfach, ohne Erregung und Getue, eine Frau zu lieben, die dankbar, mütterlich und anspruchslos war — das blieb für Benjamin das ideale Erlebnis, und er trachtete sein ganzes Leben lang, seiner noch einmal habhaft zu werden. Er vergaß, daß es Dinge gibt, die uns ein glücklicher Zufall bescheren muß.

Im November 1785 war Benjamin wieder in Lausanne, sehnte

sich noch nach Madame Johannot und wollte in zweiter Auflage erleben, was einmalig ist. Mrs. Trevor, die Frau des englischen Gesandten in Turin, war zur Saison nach Lausanne gekommen und hielt dort verschwenderisch Haus. Sie war ungefähr fünfunddreißig, hatte „immer noch hübsche Augen, prachtvolle Zähne und ein reizendes Lächeln". Auch war sie sehr kokett und lebte von ihrem Mann getrennt. Benjamin war darauf aus, sie zu erobern, und machte ihr brieflich eine lange Liebeserklärung. Als er den Brief abschickte, war er noch völlig kühl; bis die Antwort kam, hatte er sich selbst „in eine Art Fieber hineingesteigert, das der Leidenschaft ziemlich ähnlich sah, die ich zuerst nur vortäuschen wollte". Mrs. Trevor bot ihm ihre Freundschaft an. Benjamin machte ihr verzweifelt einen Besuch, rollte sich auf dem Boden und schlug mit dem Kopf gegen die Wand, sobald das grausame Wort „Freundschaft" über die Lippen der Dame gekommen war. „Ich hielt mich zehn Schritte weit von ihr entfernt, sobald sie sich mir näherte, um mich zu beruhigen oder zu trösten, und wiederholte während meines Rückzuges, daß mir nichts übrig bleibe als zu sterben, da sie für mich nur Freundschaft empfinde. Vier Stunden lang konnte sie nichts anderes aus mir herausbringen, und als ich sie schließlich verließ, war sie, wie ich glaube, sehr verärgert über einen Liebhaber, der über ein Synonym diskutierte." Vier Monate lang wiederholte Benjamin seine Angriffe. Mrs. Trevor beantwortete alle seine Briefe, empfing ihn allein, ließ ihn bis drei Uhr morgens bleiben. „Aber sie hatte keinen Gewinn davon und ich auch nicht. Ich war außerordentlich schüchtern und steigerte mich in Raserei. Ich hatte noch nicht gelernt, daß man nicht verlangen, sondern nehmen muß; immer wieder verlangte und nie nahm ich."

Er diskutierte immer noch über Synonyma, als sein Vater im November erschien, um ihn wieder nach Paris zu bringen. Benjamin und Mrs. Trevor umarmten sich, verbrachten die Nächte in Tränen und versprachen, einander zu schreiben; dann wurde Benjamin in einen Wagen gesteckt und fortgeführt. Er traf mit Mrs. Trevor drei Monate später in Paris zusammen und empfand nicht das geringste.

Benjamin wohnte in Paris bei den Suards und traf dort alle wissenschaftlichen und literarischen Größen. „Wenn ich daran denke, was ich dort von mir gab und mit welcher wohlberechneten Verachtung ich alle behandelte, ist es mir immer noch ein Rätsel, wie sie mich ertragen konnten." Gleichzeitig fuhr er fort zu spielen. Er hatte eine ältere Frau namens Madame de Bourbonne kennengelernt — „eine rücksichtslose Spielerin, aber sonst recht freundlich und originell: Sie spielte, während sie im Wagen fuhr, sie spielte im Bett, sie spielte in ihrem Bad, am Morgen, bei Nacht und am Abend." Benjamin spielte mit ihr und verlor. Er wandte sich, um etwas Geld zu borgen, an Madame Saurin, eine Dame in den Sechzigern, die einen literarischen Salon führte und ihm freundlich gesinnt war. Verlegen redete er herum, statt sie unumwunden um ein Darlehen zu bitten. Madame Saurin verstand ihn falsch. „Sie schlug beide Hände vors Gesicht und begann am ganzen Körper heftig zu zittern. Ich sah deutlich, daß sie alles, was ich ihr gesagt hatte, für eine Liebeserklärung gehalten hatte. Mein Ungeschick, ihre Erregung und ein breites, damastverhülltes Bett zwei Schritte von uns entfernt, jagten mir eine unbeschreibliche Panik ein." Brutal klärte er den Irrtum auf. Madame Saurin blieb regungslos sitzen, nahm dann die Hände vom Gesicht, stand auf und zählte, ohne ein Wort zu sagen, das Geld auf den Tisch. Benjamin fand nicht einmal die Sprache wieder, um ihr zu danken, er verließ sie schweigend — das Geld in der Tasche.

Das waren Kleinigkeiten. Viel folgenreicher gestaltete sich die Beziehung zu einer siebenundzwanzig Jahre älteren Frau, einer der ungewöhnlichsten Frauen ihrer Zeit — Madame de Charrière, auch als Belle van Zuylen bekannt, die Zélide der Boswellschen Tagebücher. 1740 als Tochter einer holländischen Adelsfamilie geboren, war Isabelle van Tuyll van Serooskerken trotz all ihrer Schönheit, ihrem Charme und Geist zu einem unglücklichen, enttäuschenden Leben verurteilt. Als zwanzigjähriges Mädchen hatte sie Benjamins Onkel Constant d'Hermenches kennengelernt und ihn zum Vertrauten ihrer abgründigen Selbstbeobachtungen gemacht: In den Briefen, die sie an ihn richtete, blieb nichts ungesagt. Sie war von krankhafter Empfindsamkeit, und ihre Seele wurde zum Schlachtfeld einer alles überschwemmenden Sinnlichkeit und einer alles lähmenden Intellektualität. Sie rebellierte gegen ihre Familie, gegen ihre Umgebung, und ihre Jugend verzehrte sich in unglücklichen Leidenschaften, die für immer tiefe Narben zurückließen. Sie hatte die Gewohnheit, ganze Nächte lesend oder schreibend zu verbringen, und ihre Nerven waren dadurch ständig überreizt — um sie zu beruhigen, begann sie mit vierundzwanzig, Opium zu nehmen. Es wurde weder etwas aus ihren Heiratsplänen noch aus ihren Schwärmereien — entweder weil sich die Männer vor ihr fürchteten oder weil ihre Mitgift zu klein oder weil ihre Familie mit ihrer Wahl nicht einverstanden war. „Ich würde lieber meines Geliebten Wäscherin sein und in einer Dachkammer leben, als mich mit der trostlosen Freiheit und den guten Manieren unserer Adelsfamilien abzufinden." Sie war über dreißig, als sie

Monsieur de Charrière heiratete, einen Schweizer, der der Erzieher ihrer Brüder gewesen war. Es war nahezu ein Akt der Verzweiflung, daß sie diese Ehe einging, gegen den Wunsch ihrer Eltern und zu einer Zeit, als sie ihn schon längst nicht mehr liebte. Da es ihr nicht gelang, ihren Gatten auf das Niveau ihrer eigenen Empfindungen emporzuheben, verliebte sie sich, schon in den Vierzigern, in einen viel jüngeren Mann. Er war schön, aber dumm, und verließ sie einer jüngeren Frau zuliebe. Diesem letzten und erschütterndsten Erlebnis verdankte sie ihren literarischen Ruhm, denn es lieferte ihr das Thema zu ihrem Roman *Caliste*, einem der vielen kleineren Meisterwerke des Jahrhunderts, die heute vergessen sind. Benjamin traf sie zu jenem Zeitpunkt in Paris und geriet bald völlig unter ihren Einfluß.

Lange wurde darüber gestritten, ob Benjamin mit Belle van Zuylen ein Verhältnis hatte oder nicht. Ja, sagt Sainte-Beuve, nein, sagt Gustave Rudler; daß die Wahrheit in der Mitte liege, ist in diesem Fall nicht anzunehmen. Die Frage ist belanglos. In einem früheren Stadium ihrer Bekanntschaft mag es eine gewisse Intimität gegeben haben, aber selbst wenn es so war, spielte sie in ihrer Freundschaft eine geringe oder gar keine Rolle — es ging dabei um etwas viel weniger Unschuldiges als um bloßen Ehebruch. „Madame de Charrière", sagt Benjamin, „hatte eine höchst originelle und lebendige Art, das Leben zu betrachten, eine tiefe Verachtung für Vorurteile, einen durchdringenden Verstand und eine gewaltige verachtungsvolle Überlegenheit über die gewöhnliche Menschheit, und so, wie ich mit zwanzig veranlagt war, exzentrisch und arrogant wie sie, bereiteten mir die Gespräche mit ihr ein noch unbekanntes Vergnügen." Sie saßen also ganze Nächte wach, „tranken Tee und sprachen über jedes nur denkbare Thema mit unerschöpflicher Energie". Da „alle Ansichten Madame de Charrières auf ihrer Nichtachtung jeder Anstandsregel und Konvention beruhten", betrachteten sie es als ein herrliches Spiel, alles und jedes zu verunglimpfen. „Wir berauschten uns an unsern Späßen und unserer Verachtung des Menschengeschlechts."

Bei Benjamin führte das zu einem geflissentlichen Pessimismus, verbunden mit einer totalen Ablehnung jeder Verantwortlichkeit. Ob er hier war oder dort, lebendig oder tot, geachtet oder verachtet, geliebt oder gehaßt, vernünftig oder lächerlich — das war alles völlig gleichgültig: „Ich habe vielleicht das Mißgeschick, allzu deutlich zu fühlen, was so viele Schriftsteller immer wieder behaupteten — nur handelten sie weiter so, als glaubten sie nicht, was sie sagten: daß nämlich unser ganzes Suchen, unser ganzes Bemühen, alles, was wir versuchen, tun oder gestalten, nur das Spiel eines Augenblicks ist und zu nichts anderem führen kann als zu einer unmittelbar folgenden Vernichtung."

Benjamins Pessimismus – teils eine Pose, teils in seiner Natur begründet – nahm den Byronismus und Nihilismus in einem vorweg. Mochte er aber andern die unglaublichsten Possen vorspielen, zwischen ihm und Belle gab es nur absolute Ehrlichkeit. „Keine Phrasen" war ihr Motto. „In diesem Brief steht absolut keine Phrase", wurde zu einer immer wiederkehrenden Phrase seiner Briefe.

Unter Madame de Charrières Anleitung vervollkommnete Benjamin sich in unvoreingenommener Selbstbeobachtung. Constant der Beobachter vermochte Constant den Handelnden mit wissenschaftlicher Objektivität zu analysieren, während Constant der Handelnde sich weiter so benahm, als würde er Constant den Beobachter nicht bemerken. Sein Charakter ist streng beurteilt worden, aber er selbst hatte seinen Kritikern die Waffen dazu geliefert: Wenige Menschen haben ihre innersten Regungen so bloßgelegt, wie Benjamin es in seinen Romanen und Tagebüchern tat.

Zwar verbrachte Benjamin den größten Teil seiner Zeit beim Philosophieren mit Madame de Charrière, aber er fand immer noch reichlich Gelegenheit, anderwärts einen Narren aus sich zu machen. Oberst Constant hatte von ständig wachsenden Schulden seines Sohnes gehört und teilte Benjamin brieflich mit, daß er Paris verlassen müsse, wenn es ihm nicht gelinge, eine reiche Erbin zu heiraten. Die in Frage kommende Erbin war die hübsche sechzehnjährige Tochter eines Finanziers, Jenny Pourrat. Sie war mit einem andern Verehrer versprochen, aber es handelte sich dabei keineswegs um eine endgültige Verlobung. Statt nun auf die übliche Weise vorzugehen – es wäre Benjamin ein leichtes gewesen, da er sich mit der Mutter des Mädchens ausgezeichnet verstand –, setzte er es sich in den Kopf, daß er Mademoiselle Pourrat entführen müsse. Er schrieb ihr einen Brief nach dem andern, versprach, sie vor der Ehe mit einem ungeliebten Mann zu retten, und entwarf die unglaublichsten Pläne für die Entführung. Sein Liebeswerben verblüffte Mademoiselle Pourrat, die durchaus bereit war, Benjamins Rivalen zu heiraten. Benjamin setzte seinem unerklärlichen Betragen die Krone auf, indem er die Mutter des jungen Mädchens zu seiner Vertrauten machte. Stundenlang war er mit Madame Pourrat eingeschlossen und erzählte ihr in allen Einzelheiten seine erfolglosen Bemühungen, ihre Tochter zu entführen. Nun hatte Madame Pourrat aber einen Geliebten, einen Monsieur de Sainte-Croix, der vom wahren Stand der Dinge nichts ahnte und an Benjamins vertrautem Beisammensein mit seiner Mätresse Anstoß nahm. Als er sie eines Abends beide überfiel und seinen Empfindungen Luft machte, faßte Madame Pourrat nach Benjamins Hand und bat ihn, die wahre Sachlage zu schildern. Ehe er jedoch einem Fremden die lächerliche Liebesgeschichte eingestand, wollte Benjamin lieber zu einem verzweifelten Mittel greifen. „Zufällig“, so berichtet er, „hatte ich eine kleine Flasche Opium in meiner Tasche, die ich schon eine Zeitlang mit mir herumgetragen hatte.“ Sie stammte von Madame de Charrière. Während Madame Pourrat ihn anflehte, doch auf ihre Suggestivfragen zu antworten, durchfuhr ihn der Gedanke, daß er nur das Opium zu schlucken brauche, um dieser Notwendigkeit enthoben zu sein. Er hatte die Flasche halb geleert, ehe Sainte-Croix sie ihm entreißen konnte. Das ganze Haus geriet in Aufruhr. Man gab Benjamin Gegengifte, die er brav hinunterschluckte, weil „ihm das Endergebnis völlig gleichgültig war“.

Nachdem man ihn so vor einem sehr unsicheren Tod gerettet hatte, hielt man ihm gerade einen Vortrag, wie unstatthaft es sei, Selbstmord zu begehen, als Mademoiselle Pourrat ins Zimmer trat. Sie hatte von dem Vorgefallenen keine Ahnung und trug ein Abendkleid, um in die Oper zu fahren. Benjamin wurde aufgefordert, sich der Gesellschaft anzuschließen, und verbrachte den Abend in bester Laune in der Oper. So endete Benjamins erstes Heiratsprojekt. Sein Vater entsandte einen Leutnant seines Regiments mit dem Befehl nach Paris, Benjamin nach s'Hertogenbosch zu bringen.

Der Leutnant hatte Paris noch nie gesehen, und Benjamin erbot sich, ihn vor der Abreise noch ein wenig herumzuführen. Er nahm ihn zum Abendessen ins Palais Royal mit und stieß dort auf einen Bekannten. Benjamin ließ den Leutnant stehen, machte sich an den Mann heran, den er nur ganz oberflächlich kannte, und schüttete ihm sein Herz aus. Er habe gar keine Lust, nach Holland zu gehen, und fühle manchmal ein heftiges Verlangen, davonzulaufen und seinen Sorgen damit ein Ende zu setzen. Der Mann hörte Benjamins Ergüssen mit einem halben Ohr zu. „Wo würden Sie denn hinfahren?“ fragte er. – „Nach England natürlich.“ – „Warum schließlich nicht, es ist ein prächtiges Land, und man hat dort viel Freiheit.“ – „Bis ich wieder zurückkomme, wäre alles in Ordnung“, meinte Benjamin. – „Natürlich“, meinte der Mann, „mit der Zeit kommt alles wieder in Ordnung.“ Benjamin kehrte an seinen Tisch zurück. Nach dem Essen lief er nochmals dem Bekannten in die Arme. „Nun, sind Sie noch nicht fort?“

Am nächsten Tag entschlüpfte Benjamin (mit 600 von Madame

de Charrière geborgten Francs in der Tasche) seinem Leutnant, suchte in der Wohnung eines Mädchens „von mittelgroßer Tugend" Zuflucht, bat sie, für ihn eine Chaise zu besorgen, ließ Champagner kommen und legte sich schlafen. Am nächsten Morgen rollte er gen Calais; er hatte noch 540 Francs. Eine Stunde nach seiner Ankunft in Calais war er bereits auf einem Schiff nach Dover. Als er London erreichte, waren ihm noch 300 Francs übriggeblieben. Davon verwendete er vierzig zum Ankauf von zwei Hunden und einem Affen. In seine Wohnung zurückgekehrt, fand er, der Affe sei unsympathisch. Er versuchte ihn zu prügeln, um ihm Manieren beizubringen, der Affe leistete Widerstand; Benjamin brachte ihn zu der Tierhandlung zurück und tauschte ihn gegen einen dritten Hund um. Zwei von den Hunden vertrugen sich nicht mit ihm, und er verkaufte sie. Der dritte liebte ihn leidenschaftlich und folgte ihm den ganzen Weg von London nach Edinburgh, von dort zurück nach London und schließlich nach Dover. Die zwei Wochen, die Benjamin in Edinburgh verbrachte, waren, berichtet er, dank seiner gastfreundlichen Bekannten ein ununterbrochenes Fest. Er bezahlte nicht etwa seine alten Schulden, er blieb im Gegenteil zehn weitere Guineas schuldig, als er Edinburgh verließ. In London kam er ohne einen Penny an. Ein Brief seines Vaters, den er dort vorfand, enthielt die Aufforderung, unverzüglich zurückzukehren. Benjamin wandte sich an einen Freund namens Kentish um Hilfe, der ihn in der demütigendsten Weise behandelte und ihm schließlich zehn Guineas gab, um ihn loszuwerden. Benjamin nahm Rache: In Dover angekommen, übergab er seinen Hund einem Postillion und trug diesem auf, ihn zu Kentish zu bringen. Auf dem beigefügten Zettel stand zu lesen, Kentish habe seinen Freund wie einen Hund behandelt, nun hoffe er, daß er den Hund wie einen Freund behandeln werde. Nachdem das erledigt war, bestieg er das Schiff nach Calais.

In s'Hertogenbosch fand Benjamin seinen Vater am Whisttisch. „Ah, da bist du ja", sagte der Oberst. „Wie bist du hergekommen?" Benjamin gab Bescheid: teils zu Pferd, teils mit dem Wagen. „Du wirst müde sein", meinte der Oberst, nachdem er den Rubber fertiggespielt hatte. „Geh zu Bett." Er bemerkte, daß Benjamins Rock zerrissen war. „Ich habe immer gefürchtet, daß dieser Ausflug so enden würde", fügte er noch hinzu. Dann erwähnte er die Angelegenheit nie mehr wieder. Benjamin war niedergeschmettert.

Wenige Tage später kam Benjamin im Haus der Charrières in Colombier bei Neuchâtel an, von seiner Liebe für Mademoiselle Pourrat geheilt und mit einer prachtvollen Syphilis behaftet. Er war nur auf der Durchreise nach Lausanne, kehrte aber zwei Monate später wieder, wollte bleiben und seine Wunden pflegen. Wieder saß er nächtelang, um sich mit Madame de Charrière zu unterhalten und Lindenblütentee zu trinken. Aber sein Zustand besserte sich nicht, und er mußte nach Neuchâtel, um sich einer radikaleren Behandlung zu unterziehen. Während Dr. Leschaux sich, so gut er konnte, mit seinen Spirochäten herumschlug, verwandte Benjamin die erzwungene Ruhe dazu, die gesammelten Werke von Restif de La Bretonne zu lesen, dem „Rousseau der Gosse", der bis zum heutigen Tag zweifellos der begabteste aller pornographischen Schriftsteller geblieben ist. Belle erhielt tägliche Bulletins, Benjamin berichtete darin genau über seine Symptome und seine Lektüre und bat sie einmal, ihm die ersten fünfzig oder sechzig Bände von Rétifs Epos zu schicken, die in Monsieur de Charrières Bibliothek standen. Gleichzeitig beschäftigte ihn seine *Geschichte des Polytheismus;* er hatte sie 1785 begonnen, und während seines ganzen übrigen Lebens arbeitete er daran und überarbeitete sie immer wieder. In der Zwischenzeit hatte sein Vater auch eine Stellung für ihn gefunden: Benjamin war zum Kammerjunker am Hof des Herzogs von Braunschweig ernannt worden. Es war eine Stellung, die niemand, am allerwenigsten Benjamin, sehr ernstnehmen konnte.

Er kam im Februar 1788 in Braunschweig an, das Gesicht mit Pflastern beklebt und noch recht schwach auf den Beinen. Seine Hündin Flora begleitete ihn – für sie hatte er einmal mit einem Schweizer Leutnant ein Duell ausgefochten, weil dessen Hunde sie belästigt hatten. Benjamins einzige offizielle Funktion am herzoglichen Hof war folgende: In Abwesenheit des Hofmarschalls hatte er die Pflicht, jedem nach Rang und Etikette seinen Platz anzuweisen. Dafür waren ihm ein goldgestickter Rock, ein Degen, 1330 Francs im Jahr und die tiefe Verachtung des Herzogs sicher, der Höflinge nicht leiden konnte.

Der Herzog, die Herzogin und ihre Sprößlinge, von denen die Hälfte schwachsinnig war, mißbilligten Benjamin bald aufs heftigste. Der rustikale ortsansässige Adel war von der französischen Kultur des Hofes kaum beleckt, wechselte einmal im Monat die Wäsche, aß Wurst und rohen Speck und mißhandelte die französische Sprache. Das Bürgertum kam mit dem Adel nie in Berührung. Benjamin wurde vor dem intellektuellen Hungertod nur dadurch bewahrt, daß er unaufhörlich las, mit Madame de Charrière korrespondierte und mit Jakob von Mauvillon, einem deutschen Gelehrten hugenottischer Herkunft, befreundet war; aber es blieb ihm genug freie Zeit, neue Dummheiten zu begehen. Er verliebte sich Hals über Kopf in eine Hofdame der Herzogin, Wilhelmine von Cramm, die neun Jahre älter, häßlich, arm, schlechtgelaunt und aufs Heiraten versessen war. Sie wußte sich Benjamins Sehnsucht nach Liebe und Verständnis zunutze zu machen. Herzog und Herzogin lag daran, ein ältliches, adliges Mädchen, das kein Vermögen besaß, unter die Haube zu bringen, und sie unterstützten die Liebesgeschichte nach Kräften. Am 8. Mai 1789 fand die Heirat statt, gerade als Benjamin in eine Familienkatastrophe mit hineingerissen wurde.

Im August 1788 hatte Oberst Justus Constant die erste Runde eines gigantischen Prozesses oder besser von dreizehn miteinander zusammenhängenden Prozessen verloren. Der Beginn der ganzen Geschichte war Insubordination der Offiziere seines Regiments gewesen. Dann aber verwirrten sich die Klagen und Gegenklagen, die Berufungen und Gegenberufungen in so ungeheuerlichem Ausmaß, daß jede Analyse unmöglich wurde (die Gerichtsprotokolle füllten eine stattliche Anzahl von Bänden). Constant, seines Kommandos enthoben, von finanziellem Ruin bedroht, verlor zunächst völlig den Kopf und verschwand einfach, so daß er zu allem andern auch noch der Fahnenflucht beschuldigt wurde. Er tauchte schließlich in Lausanne auf, als seine Familie ihn schon aufgegeben und hoffnungsvoll mit seinem Tod gerechnet hatte. Benjamin verbrachte die folgenden fünf Jahre in unablässigem und verzweifeltem Bemühen, seinen Vater aus dem schrecklichen Netz der Paragraphen herauszufischen. Die Sache zog schließlich internationale Kreise, der Herzog von Braunschweig intervenierte beim Prinzen von Oranien, und die Regierungen der Vereinigten Provinzen und des Berner Landes wechselten Noten, die immer unfreundlicher wurden. Erst im Jahr 1796, als Justus Constant sich auf einen kleinen Besitz im Französischen Jura zurückzog, wurde das Urteil aufgehoben und der frühere Oberst mit dem Rang und der Pension eines Generals wieder rehabilitiert.

Während Benjamins Zeit weiterhin größtenteils durch die Schwierigkeiten seines Vaters in Anspruch genommen wurde, schwanden die Freuden der Ehe langsam dahin. „Ich liebe meine Frau, denn sie hat 1000 gute Eigenschaften, aber meine tiefe Entmutigung hat sie mir entfremdet; immer wenn ich voll Vertrauen und Wärme zu ihr komme, ist sie entweder kalt oder uninteressiert, und da ich mich nicht in Erklärungen einlassen kann, die über meine Kräfte gehen, schweige ich und gehe fort." Es wurde noch schlimmer. „Meine Frau liebt mich nicht mehr, sie liebt einen andern", berichtet Benjamin 1793 an Madame de Charrière, die es nicht ungern vernimmt. „Sie ist nicht imstande, sich zu beschäftigen, und hat auch kein Verlangen danach: Eine Schar von Hunden,

Katzen, Vögeln, Freunden und ein Liebhaber — das ist ihre Gesellschaft." Er verfiel wieder in seine Hamlet-Pose:

„An nichts interessiert, von allem gelangweilt, bitter, egoistisch, mit einer Empfindsamkeit begabt, die mich nur martert, so unstet, daß man mich für verrückt hält, Anfällen von Melancholie ausgesetzt, die alle Pläne jäh unterbrechen und mich während ihrer Dauer dazu bringen, mich so zu benehmen, als hätte ich alles aufgegeben; dazu verfolgt von äußerlichen Mißlichkeiten ,.. wie wollen Sie, daß ich Erfolg habe, gefalle, lebe?"

In *Adolphe*, Jahre später, sagt er kurz und bündig: „Ich entdeckte, daß kein Ziel der Mühe wert war, sich anzustrengen."

Während solcher Anfälle von Weltschmerz war Benjamin für die Illusion der Liebe besonders empfänglich. Im Januar 1793 traf er mit Charlotte von Hardenberg zusammen, „der Frau, die mein ganzes Leben verwandelte", schrieb er zwölf Jahre später. Tatsächlich verwandelte sie sein ganzes Leben zweimal: einmal 1793 bis 1794 — ein zweites Mal im Jahre 1806.

Als Benjamin Charlotte 1793 kennenlernte, war sie vierundzwanzig und seit fünf Jahren mit dem zwanzig Jahre älteren Freiherrn von Marenholz verheiratet. Sie war nicht hübsch, besaß aber in hohem Grad jene sentimentale Sinnlichkeit, die Benjamin unwiderstehlich anzog, wenn er gerade wieder an der Möglichkeit verzweifelte, jemals glücklich zu werden. Charlotte war unintellektuell, verständnisvoll und auf eine gezierte Weise zärtlich. Benjamin liebte sie „ein paar Tage lang" leidenschaftlich. Sogar ihre Dummheit, schrieb er an Madame de Charrière, war eine geistreiche Dummheit. Charlottens Liebe zu Benjamin hielt länger an als nur ein paar Tage und begann ihn bald zu ängstigen: „Mit aller Gewalt wollte man mich heiraten ... Konnte man mich nicht heiraten, so wollte man mir folgen, nur für mich leben ... Das weibliche Herz, das weibliche Gemüt, oder (leere Stelle) — was verursachte diese Raserei?" Merkwürdigerweise ließen sie in dieser Periode ihrer Beziehungen ihren Sinnen nicht freien Lauf, auch nicht auf dem Höhepunkt gegenseitiger Vernarrtheit. Hatte Benjamin nicht danach verlangt, oder hatte Charlotte sich geweigert? „Es tut ihnen so wenig weh und macht uns so viel Vergnügen", pflegte Oberst Constant zu sagen, wenn er mit seinem Sohn über die Liebe und über die Frauen sprach; aber Benjamins immer wieder unterbrochene Liebe zu Charlotte tat ihr in den folgenden zwanzig Jahren sehr weh und machte ihm sehr wenig Vergnügen.

Charlotte war bereit, sich von Herrn von Marenholz scheiden zu lassen, aber Benjamin zeigte sich nicht geneigt, sie zu heiraten, nachdem der erste Rausch verflogen war. Unter diesen Umständen blieb Braunschweig kein geeigneter Wohnsitz. Benjamin wollte mit der Angelegenheit nichts mehr zu tun haben („Was wird ihr Mann mit ihr anfangen? ... Nun, das ist ihre Sache"), schüttelte im Sommer 1793 den Staub Deutschlands von den Schuhen und kehrte nach Lausanne zurück. Jedes einzelne Mitglied seiner Familie brachte ihn zur Verzweiflung – umgekehrt war es genauso; im September war er bereits wieder bei Madame de Charrière in Colombier. Er ließ sich dort regelrecht nieder und gab Anweisung, ihm seine Bibliothek zu schicken – sie umfaßte dreitausend bis viertausend Bände. Die Wolken, die so manchen Schatten auf seine Freundschaft mit Belle geworfen hatten, schienen sich zerstreut zu haben; Benjamin nahm seine Gespräche, seine Studien wieder auf. Die Französische Revolution, der er mitten in seinen eigenen Schwierigkeiten nur geringe Aufmerksamkeit geschenkt hatte (obwohl sein Herr der Oberbefehlshaber der Koalitionsarmeen war), begann ihn jetzt sehr zu beschäftigen, und sein Interesse für Politik wurde wach.

Er kehrte im April 1794 nach Braunschweig zurück, hauptsächlich, um mit seiner Frau eine Trennung zu vereinbaren. Er fand den Hof in feindseliger, Minna in kriegerischer Stimmung, und Charlotte rechnete immer noch damit, ihn zu heiraten, besonders als er im Juni den Scheidungsprozeß gegen Minna einleitete. (Die Scheidung wurde erst im November 1795 ausgesprochen.) Im August wurde Charlotte von Freiherrn von Marenholz geschieden. Ob er Charlotte nun heiratete oder nicht, seine Lage in Braunschweig war unhaltbar geworden. Der Herzog hatte einen Kammerjunker satt, der fünf Jahre lang das Ärgernis der Stadt gewesen war, und forderte Benjamin auf, seine Stelle niederzulegen. Allen diesen Vorgängen gegenüber reagierte Benjamin in seinen Briefen aus dieser Zeit mit einem einzigen Satz: „Je m'en fous – es ist mir verdammt egal!" In dieser Verfassung verließ er Braunschweig im Juli 1794. Charlotte hörte neun Jahre lang nichts von ihm.

Er war nahezu siebenundzwanzig Jahre alt und – trotz aller Gaben, Beziehungen und aller Intelligenz – ein Versager. Seine Verwandten machten sich entweder über ihn lustig oder quälten ihn mit guten Ratschlägen. Seit er ins Alter der Vernunft gekommen war, hatte sein Leben aus einer Kette von Dummheiten bestanden. Das frühere Wunderkind – ein Schulbeispiel nicht weiterentwickelter Frühreife – hatte nichts aufzuweisen als eine Sammlung von Lastern, Krankheit, Leere und Nihilismus.

Er machte Inventur. Das Ergebnis war Auflehnung, Auflehnung gegen seinen Pessimismus, sein ewiges Verneinen – folglich auch

Auflehnung gegen Madame de Charrière. „Glauben Sie mir, meine liebe Tante", schrieb er an Madame de Nassau im Mai 1794, „Sie tun mir Unrecht, wenn Sie annehmen, daß ich gefühllos bin. Denken Sie daran, wie ich erzogen wurde, an dieses zerrissene Vagabundenleben, diesen eitlen Ehrgeiz, den man in meiner Kindheit in mir nährte, diesen ironischen Ton, der zum Stil meiner Familie gehört, diese Affektiertheit, die darin besteht, jedes Gefühl zu verhöhnen und nur Intellekt und Ruhm gelten zu lassen — und dann fragen Sie sich, ob es erstaunlich ist, wenn mein junges Gemüt sich alle diese Vorbilder zum Maßstab nahm ... Ich bin meiner eigenen Spottlust müde, ich habe es satt, mein Herz mit einer freudlosen Atmosphäre von Gleichgültigkeit zu umgeben, die mich der innigsten Empfindungen beraubt ... Dieser unheilvollen Weisheit ... ziehe ich die Narrheit der Begeisterung vor." Schon im Jahr 1793 hatte Madame de Charrière Benjamin geschrieben, „wenn ich eine junge, robuste Person kennen würde, die Sie liebte, wie ich Sie liebe, und die nicht dümmer ist, als ich es bin, ich wäre großzügig genug, zu sagen: ‚Gehen Sie zu ihr!'" Madame de Charrière glaubte nicht, daß es eine solche Person gebe. Es gab sie aber, und es war fast ein Wunder, daß Benjamin einem Zusammentreffen mit ihr bisher entgangen war. Er konnte ihr jedenfalls in keinem kritischeren Zeitpunkt begegnen: Der junge Mann, der eben dem Sumpf des Nihilismus entronnen war und die Überlegenheit der Begeisterung über die Weisheit pries, war reif für Madame de Staël.

„Dieses elende Zigeunerleben"

„Wir versprechen, einander unser Leben zu weihen; wir erklären, daß wir uns als unauflöslich aneinander gebunden betrachten, daß wir für immer und in jeder Hinsicht unser Schicksal teilen wollen, daß wir niemals eine andere Bindung eingehen und die Bande, die uns jetzt vereinen, verstärken werden, sobald dies in unserer Macht liegt.

Ich erkläre, daß ich diese Verpflichtung ehrlichen Herzens eingehe, daß ich auf Erden nichts Liebenswerteres kenne als Madame de Staël, daß ich während der vier Monate, die ich mit ihr verbrachte, der glücklichste aller Männer war und daß ich es als das größte Glück meines Lebens ansehe, sie in ihrer Jugend glücklich zu machen, friedlich an ihrer Seite alt zu werden und mein Ende gemeinsam mit dem Geschöpf zu erleben, dessen Seele mich versteht und ohne dessen Anwesenheit das Dasein auf dieser Erde für mich keinen Reiz mehr hätte. (gez.:) Benjamin Constant"

Dieses Dokument ist nicht datiert. Die Annahme liegt nahe, daß Germaine und Benjamin diese seltsam abgefaßten Gelübde in der ersten Glut ihrer jungen Liebe austauschten; aber eine solche Annahme würde nur verraten, wie wenig man vom eigentlichen Wesen ihrer Beziehung weiß. Das Dokument ist nicht eine freiwillig abgegebene Liebeserklärung, sondern ein Wechsel, den Germaine diktierte und der nur gezwungen unterzeichnet wurde[20]. Es wurde vermutlich 1797 aufgesetzt, als Benjamin, zu Tode erschöpft von dem anstrengenden Wanderleben, das Germaine ihn an ihrer Seite zu führen zwang, zum erstenmal gegen ihre Herrschaft rebellierte und sich nach einer Ehefrau und nach einem friedlichen Dasein umzusehen begann. Es war das Jahr, in dem Monsieur Necker voller Angst und Abscheu über seiner Tochter unaufhörliches Herumziehen den Ausruf tat: „Was für ein elendes Zigeunerleben!"

„Ein elendes Zigeunerleben" — dieser Ausdruck paßt auf Germaines gesamte Laufbahn vom Jahr 1792 bis zu ihrem Tod ein Vierteljahrhundert später; aber auf keine Periode ihres Lebens trifft er besser zu als auf die Jahre 1794—1799. Ihr erschütterndes Erlebnis mit Narbonne hatte sie hinter sich, nun versuchte sie, wie es in ihrer Abhandlung über die *Leidenschaften* heißt, „das Leben von neuem zu beginnen, aber unter Ausschluß der Hoffnung". Nicht allein ihr Herz war verwüstet: auch Frankreich. Für Germaine waren die Jahre der Schreckensherrschaft in doppelter Hinsicht ein Trauma gewesen. Und das politische Chaos zwischen Robespierres Sturz und Bonapartes Aufstieg, ein Chaos, in dem es für sie kurze Augenblicke des Triumphes und lange Monate der Reue gab, fand im Chaos ihrer neuen Freundschaften und Liebesverhältnisse seine Parallele.

Auch Benjamin war, als er mit ihr zusammentraf, bereit, ein neues Leben zu beginnen. Vier Wochen nach der ersten Begegnung mit Germaine hatte er alles, was Madame de Charrière ihn gelehrt hatte, in den Wind geschlagen; brutal und triumphierend verkündete er seiner früheren Herrin seine Befreiung:

„Was mich betrifft, so hatte ich jetzt schon einige Zeit die Freude, alle sterilen Regungen abwehren zu können, und ich wate nicht gern in der Vergangenheit, wenn ich glaube, daß in der Zukunft noch Hoffnung liegt ... Sie (Madame de Staël) ist die zweite Frau, der ich begegnet bin, die mir das ganze Universum ersetzen, die für mich eine eigene Welt sein könnte. Sie wissen, wer die erste war ... Mit einem Wort, sie ist ein besonderes Geschöpf, ein höheres Wesen, wie es nur einmal in einem Jahrhundert vorkommt, und wer diesem Wesen nahe sein, es kennenlernen, mit ihm befreundet sein kann, der hat nicht mehr nach anderem Glück zu verlangen."

Madame de Charrière antwortete geradeheraus: „Lieben Sie sie! Seien Sie begeistert! Es steht Ihnen frei, so, wie es mir freisteht, Ihnen nicht mehr zu schreiben."

Trotz seiner Erklärung, es sei Glückes genug, Madame de Staël nahe zu sein, verlangte Benjamin nach mehr als nur nach ihrer bloßen Anwesenheit; auch genügte es ihm nicht, lediglich einer ihrer Freunde zu sein. Aber obwohl Germaine vom geistigen Austausch mit ihm nie genug bekam, fühlte sie sich physisch von ihm abgestoßen. Weder seiner äußeren Erscheinung noch seinem Benehmen, noch seiner Geburt nach konnte er sich mit den vier schönen Aristokraten messen, die damals ihr Herz in Anspruch nahmen: Narbonne, den sie immer noch, wenn auch hoffnungslos, liebte; Mathieu, dessen Charme durch den beginnenden Heiligenschein nicht vermindert wurde; Graf Ribbing, der blonde Königsmörder; und der gemütvolle, hochbegabte Chevalier François de Pange, den Germaine leidenschaftlich und ergebnislos bis zu seinem frühen Tod im Jahre 1796 verfolgte. Ribbing war nach Paris abgereist. Narbonne und Mathieu hatten sich in Neuville am Bieler See niedergelassen, gemeinsam mit mehreren anderen exkonstitutionellen Emigranten, darunter de Pange. Germaine hielt es nicht lange ohne sie aus: Sie trafen sich häufig, reisten hin und her, und Mathieu kam Anfang 1795 zu einem kurzen Aufenthalt nach Mézery. In all diesem Kommen und Gehen und in dem gesellschaftlichen Trubel, der Germaine in Mézery und Lausanne umgab, war Benjamin nur einer unter vielen. Nur in einer Beziehung stand er ihr näher als die andern: Er war ihr politischer Mitarbeiter geworden. Germaine bereitete ihre Rückkehr nach Frankreich vor und plante, die politische Bühne in großer Aufmachung wieder zu betreten. Sie wollte die Gemäßigten der Rechten und Linken im republikanischen Lager vereinen und zwischen dem revolutionären Frankreich und der europäischen Koalition Frieden stiften. Sie war sich mit Benjamin im politischen Konzept völlig einig und fand daher in ihm den idealen Mitarbeiter für die Abfassung des Pamphlets, das den Feldzug eröffnen sollte — Germaines *Betrachtungen über den Frieden, an Mr. Pitt und an die Franzosen gerichtet*. Die Flugschrift wurde heimlich auf einer kleinen Presse gedruckt, die de Pange handhabte, während der engelhafte Mathieu als Setzergehilfe fungierte. Germaine fühlte sich jedoch zu ihrem Drucker und nicht zu ihrem Mitarbeiter hingezogen.

Benjamin war nicht der Mann, der im geheimen schmachtete.

Er hatte in einem frühen Stadium ihrer Beziehungen beschlossen, ihr Geliebter zu werden. Germaine aber hielt unerschütterlich stand: Freundschaft, ja; Liebe, nein. Es wiederholte sich das Drama mit Mrs. Trevor, und Benjamin spielte seine Rolle in der üblichen Art.

Es war Mitternacht, und die Gäste in Mézery hatten ihr Zimmer aufgesucht; plötzlich hörte man im Haus Geschrei und Stöhnen, suchte und entdeckte, daß sie aus Benjamins Gemächern drangen. Ein leeres Opiumfläschchen stand auf seinem Nachttisch; er lag im Sterben, aber er wollte seiner Gastgeberin ein letztes Lebewohl sagen. Madame Rilliet=Huber eilte fort, um Germaine zu suchen, während einer der Gäste in Mathieus Zimmer drang und ihn von dem Drama unterrichtete. Monsieur de Montmorency war im Schlafrock und gerade dabei, in aller Ruhe die Bekenntnisse des hl. Augustinus zu lesen. „Werfen Sie den Mann aus dem Fenster", rief er. „Er stört nur den Frieden dieses Hauses und bringt es durch einen Selbstmord in Unehre."

Mit ruhevoller Würde entzündete er eine Wachskerze und begab sich zum Schauplatz der lästigen Störung. Benjamin wand sich stöhnend und jammernd auf dem Bett, und das ganze Haus, Herrschaft und Dienerschaft, stand herum. „Sie Unglückseliger! Was haben Sie gemacht!" rief Germaine, als sie ins Zimmer stürzte. „Holt den Doktor!" — „Ach, Sie sind es", seufzte Benjamin. „Sie rufen mich ins Leben zurück . . ." — „Leben Sie, leben Sie, mein lieber Herr Constant, ich flehe Sie an", drängte Germaine, und Benjamin lebte. „Da Sie es befehlen, will ich es versuchen", murmelte er großzügig, ergriff ihren Arm und bedeckte ihn mit leidenschaftlichen Küssen. Der Arzt, der in diesem Augenblick eintraf, fand einen Genesenden. „Mein Gott, was für eine Komödie!" sagte Mathieu, entzündete von neuem seine Kerze und kehrte zum hl. Augustinus zurück. Das Publikum folgte ihm diskret und ließ Benjamin mit dem rettenden Engel allein.

Aber als Germaine in ihr Boudoir zurückkehrte, wusch sie ihren Arm mit Eau de Cologne und bemerkte: „Dieser Mann, das fühle ich, würde mir einen unüberwindlichen physischen Widerwillen einflößen."

Die Szene hatte jedoch ihre Wirkung auf sie nicht ganz verfehlt, auch zog sie eine Lehre daraus: Die „Coppet=Dosis" Opium, wie Sainte=Beuve sie nannte, wurde eine ihrer Hauptwaffen gegen den Mann, der sie gelehrt hatte, davon Gebrauch zu machen. Ob Germaine bereits kurz nach diesem Zwischenfall oder laut Comtesse de Pange erst ein Jahr später ihren Widerwillen besiegte, darüber sollen die gelehrten Staël= und Constant=Forscher streiten.

Fest steht immerhin, daß Germaine, selbst wenn sie schon zu einem früheren Zeitpunkt Benjamins Drängen nachgab, ihr Verhältnis erst im Sommer 1796 öffentlich eingestand. Bis zu diesem Datum war ihre Verbindung mit Benjamin, soweit die Welt es beurteilen konnte, eine politische Partnerschaft. Diese wurde zu einer offiziellen Tatsache, als Germaine am 15. Mai 1795 – der Todestag ihrer Mutter jährte sich zum ersten Mal – ihrem Vater und ihren Gracchen Lebewohl sagte und sich mit Benjamin in ihrem Wagen aufmachte, um Paris zu erobern.

Monsieur Necker hatte Befürchtungen. Die republikanische Einstellung seiner Tochter war nicht ganz nach seinem Geschmack, und das eroberungslustige Funkeln in ihren Augen weissagte nichts Gutes. Nach alter Gewohnheit legte er seine Abschiedsgedanken schriftlich nieder. „Ich fürchte, du hast die geheime Absicht, in der Öffentlichkeit eine Rolle zu spielen. Wie willst du solche Pläne durchführen, ohne ungezählten Unannehmlichkeiten zu begegnen! Erinnere dich an die Verfolgungen, denen du dich einmal schon ausgesetzt hast." In seiner Ratlosigkeit übertrug der Schutzengel seine Funktionen auf Benjamin. „Gestatte mir", fuhr er fort, „Monsieur Constant zu ersuchen, er möge dich ja nicht antreiben, sondern dir bei jeder Gelegenheit eine Lehre in Klugheit und Geduld erteilen."

Das Frankreich, das Germaine und Benjamin vorfanden, als sie im Mai 1795 sich nach Paris auf den Weg machten, ist äußerst lebendig beschrieben worden: nicht von ihnen, sondern von Germaines erzkonservativem Freund Meister, der es im gleichen Jahr besuchte. Ihm fiel vor allem das graue Elend und die Gleichgültigkeit der Massen auf. Zwischen Basel und Paris traf er ganze zwei Wagen auf den Straßen. Überall sah er „Unbehagen, Sorge, Müdigkeit, Unzufriedenheit, und gleichzeitig stand man offenbar dem Erfolg oder dem Versagen der neuen Ordnung höchst gleichgültig gegenüber". Ganze Bezirke von Paris waren verlassen. Am Faubourg Saint-Germain waren die von der Regierung beschlagnahmten großen Stadthäuser der Aristokraten beklebt mit Anschlägen, die in großen schwarzen und roten Buchstaben ankündigten: „Nationales Eigentum, zu verkaufen"; im Innern fehlten Möbel, Vorhänge, Täfelungen, alles. Marmorne Heilige, die man aus den Kirchen geholt hatte, waren vor dem Invalidendom zum Verkauf ausgestellt. Seitenstraßen standen voll mit Gegenständen, die ebenfalls zum Verkauf angeboten wurden – Kleider, Einrichtungsgegenstände, Wäsche, was immer nur ein wenig Bargeld für die nächste Mahlzeit einbringen konnte. „Die Hauptstadt der Welt", bemerkte Meister, „sieht wie ein riesiger Trödlerladen aus." Nach Einbruch der Nacht waren die Straßen, in denen sich früher Wagen und Fußgänger auf dem Weg zu abendlichen Vergnügungen gedrängt hatten, vollkommen verlassen: „Einem Wagen zu begegnen, ist ein Abenteuer, sogar auf Fußgänger trifft man selten, ausgenommen auf Patrouillen."

Die Polizeiberichte aus jener Zeit verzeichneten ein beachtliches Ansteigen von Selbstmorden und Bettelei. Welchen Platz man in der Schlange vor einer Bäckerei erhielt, entschied manchmal über Leben und Tod. Am 3. Mai konnte eine Frau den Anblick ihres verzweifelten Mannes und ihrer vier Kinder, die seit zwei Tagen nichts gegessen hatten, nicht mehr ertragen; sie warf sich in die Gosse, schlug mit ihrem Kopf gegen den Randstein und riß sich die Haare aus. Am 10. Mai merkte ein junger Mann, daß der Bäckerei das Brot ausgegangen war, stieg in sein Zimmer im fünften Stock hinauf und warf sich aus dem Fenster. Am 20. Mai rottete sich eine ungeheure Menge zusammen und rief nach Brot. Sie wurde mit Bajonetten angegriffen, man zog einen Truppenkordon rings um das Arbeiterviertel und nahm 10 000 Verhaftungen vor. Gleichzeitig waren in Paris 644 öffentliche Ballsäle in Betrieb; Restaurants, Juweliere und Bordelle hatten niemals bessere Geschäfte gemacht; junge Männer in ungewöhnlicher Kleidung und mit kräftigen Stöcken gaben Vermögen aus, deren Herkunft ein Geheimnis blieb; die weibliche Mode folgte Madame Talliens Führung — so wenig als möglich wurde so lose als möglich getragen; Friedhöfe wurden zum Andenken an guillotinierte Verwandte für Bälle und Orgien benützt; und die Volksvertreter im Nationalkonvent bereiteten eine neue Verfassung vor, die das Wahlrecht nur den Vermögenden zugestand.

Für die neuen Machthaber war die Revolution genau an dem Punkt angekommen, an dem sie ihrem Wunsch nach nun stehenbleiben sollte. „Die Gewinne der Revolution" — eine Bezeichnung, die sowohl die neugewonnenen Freiheiten wie die unredlichen Profite umfaßte — mußten konsolidiert werden, und zu diesem Zweck war es unerläßlich, Demokraten zu guillotinieren, Royalisten zu erschießen und mit den ausländischen Feinden Frieden zu schließen. Zu Beginn des Jahres 1795 waren in Basel Friedensverhandlungen mit Preußen und Spanien begonnen worden; von den Großmächten hielten nur England und Österreich noch stand.

Madame de Staël und Benjamin kamen am 25. Mai 1795 in Paris an, fünf Tage nach dem Massaker der Arbeiter am 1. Prairial. Germaine zog wieder in die schwedische Botschaft; Ben=

jamin nahm sich in der Nähe eine Wohnung. Ihr politisches Programm war ihnen in Gestalt der *Betrachtungen über den Frieden* vorangeeilt; sie waren entschlossen, die Thermidor-Regierung zu unterstützen.

Madame de Staël war immer noch im Glauben, Politik müsse auf moralischen Grundsätzen beruhen; trotzdem unterstützte sie Tallien, Barras und die übrigen Männer des Thermidor, eine so korrupte Bande, als sie nur je in der Geschichte zu finden war. Daß ihre politische Linie mit ihren (und noch mehr mit Benjamins) materiellen Vorteilen übereinstimmte, war natürlich kein Zufall; und doch war das ungeheuerliche Bündnis zwischen Tugend und Laster, das sie vorschlug, nicht nur eine Rationalisierung ihrer Interessen. Sie hatte ausnehmend gesunde und triftige Gründe, alle Menschen guten Willens zur Verteidigung der Republik aufzurufen. Viel von dieser Gesundheit und Hellsichtigkeit stammte von Benjamin. Die *Betrachtungen über den Frieden* sind ein meisterhafter Aufruf, der mit jedem nur möglichen Argument arbeitet und sich mit gleicher Überzeugungskraft an die Vertreter jeglicher Meinungsschattierung mit Ausnahme der extremen wendet und für Beibehaltung des revolutionären *status quo* plädiert.

Lassen wir das Vergangene auf sich beruhen: so schließt Germaine den ersten Teil ihrer Flugschrift. Ganz Europa rief nach Frieden (daß Germaine ihr Möglichstes getan hatte, um es in den Krieg zu stürzen, gehörte auch zu der Vergangenheit, die sie gerne auf sich beruhen ließ), und der Friedensschluß mit einer Regierung bedeutete noch nicht, daß man die Form dieser Regierung billigte oder sanktionierte. Die Alliierten mußten lediglich die unumstößliche Tatsache anerkennen, daß die Französische Republik existierte. Hatte Frankreich unter einer stabilen Regierung die Möglichkeit, sich von seinen Wunden zu erholen, und konnte es wieder zu Wohlstand gelangen, so verschwand die Gefahr eines Aufstands der niedrigsten, der besitzlosen Klassen, und die Gesellschaft würde auf der Grundlage des Privateigentums, das die Voraussetzung jeder gesellschaftlichen Ordnung bildet, zu einer Konsolidierung kommen. Mit überwiegend gemäßigten und klugen Ratgebern konnte man dann darüber entscheiden, für welche der beiden einzig brauchbaren Regierungsformen man sich entschloß — eine konstitutionelle Monarchie oder eine Republik nach amerikanischem Muster. Nur der Frieden konnte die gesellschaftliche Ordnung wiederherstellen; der Krieg würde nichts als weitere Revolutionen zur Folge haben.

Im zweiten und wesentlich kürzeren Teil der Flugschrift singt Germaine dem französischen Volk das gleiche Lied, aber in zwei völlig verschiedenen Tonarten: die eine für das Ohr der Republikaner, die andere für das der Royalisten bestimmt. Es war ein virtuoses Kunststück, hinter dem aber nicht die Absicht steckte, irgend jemanden zu täuschen. Die Republik in ihrer jetzigen Form war ein geringeres Übel als die Reaktion, die eine Wiedereinsetzung der Bourbonen mit sich bringen würde, aber auch besser als ein Sieg der Fanatiker der Linken; es blieb auf diese Weise die Tür zu einer späteren Veränderung offen, während jede der beiden extremen Parteien sie zugeschlagen hätte. Die Republik war eine Sache für sich und hatte mit den Männern an ihrer Spitze nichts zu tun; Germaine stützte nicht die Männer, sondern die Institution.

Germaines politische Linie war praktisch, und sie hatte Erfolg. Der Zeitpunkt ihrer Rückkehr begünstigte ihre Pläne außerordentlich. Nach ihren Angaben war sie erst im Mai aus der Schweiz abgereist, weil sie in Lausanne den Druck einiger kürzerer Schriften, darunter ihren *Versuch über die Dichtungen* und *Zulma* überwachte. In Wirklichkeit hatte sie nicht zurückkehren können, ehe die diplomatische Immunität ihr sicheren Schutz gewährte. Ihr Gatte war seit Januar wieder in Paris und hatte ohne offizielle Unterweisung mit der Republik zu unterhandeln begonnen. Am 22. April legte er in einer feierlichen Zeremonie dem Konvent sein Akkreditiv vor und wurde dergestalt der erste Vertreter einer fremden Macht, der die Erste Französische Republik anerkannte. Es war ein Augenblick von historischer Bedeutung, die Krönung seiner Laufbahn, und, man muß es nicht eigens betonen, es stand in schönstem Einklang mit den Wünschen seiner Frau.

Auf ihrem Weg nach Paris machten Germaine und Benjamin in Yverdon halt und trafen dort mit Narbonne, Mathieu und Jaucourt zusammen. Sie wollten dabei nicht nur voneinander Abschied nehmen: Bevor Germaine ihre Reise fortsetzte, überzeugte sie ihre Freunde, diese Anhänger der konstitutionellen Monarchie, daß es für sie nur eines gab – zur Republik zu stehen. Sie würde ihr Möglichstes tun, damit ihre Namen von der Liste der Emigranten gestrichen würden und sie zurückkehren könnten. Denn die Republik, die derzeit vom Laster regiert wurde, hatte ehrenhafte Männer nötig.

Seit ihrem ersten Ehejahr waren Monsieur und Madame de Staël zu keiner Zeit so ausgezeichnet miteinander ausgekommen wie im Frühjahr und Sommer 1795. Ihre so offensichtliche Versöhnung hatte gewiß die verschiedensten Gründe; es genügte aber schon, daß Germaines Anwesenheit in Paris an dem dünnen Fädchen von ihres Mannes Botschafterposten hing. Verlor Staël aus irgendeinem Grund seine Stellung, so bedeutete das für sie zumindest wieder die Verbannung. Diese Harmonie dauerte so lange, wie ihre politischen Interessen mehr oder weniger die gleichen waren — drei Monate, um genau zu sein. Überall sah man das Paar zusammen, und jeden Décadi (der Sonntags=Ersatz im republikanischen Kalender) versammelten sich im Salon der Rue du Bac die führenden Politiker und Publizisten des Tages — Barras, Tallien, Cambacérès, Siéyès, Boissy d'Anglas und unter den Literaten Roederer, Suard und Marie=Joseph Chénier, der Bruder des Märtyrer=Dichters André Chénier. Mit Hilfe von Chénier, der ihr nie etwas abschlug, ermöglichte Germaine die Rückkehr der meisten ihrer Freunde. Sie war noch keine fünf Wochen in Paris, als sie schon wieder tief in der Politik steckte.

Während Germaine in ihrem Salon Politik machte, sah Benjamin sich in der Wirtschaft um und fand den Anblick, der sich seinen Augen bot, über alle Maßen köstlich. Von Schlangen, die um Brot anstanden, von Selbstmorden nicht ein Wort. „Noch nie konnte man in Paris so billig leben", schrieb er seiner Tante, Madame de Nassau. „Für meine Wohnung — vier große Zimmer — zahle ich im Monat einen Silbertaler." Es war natürlich von Nutzen, ein Schweizer zu sein und Silbertaler zu haben. „Ein Louis", teilte er seiner Cousine Rosalie mit, „ist 950 Pfund in Assignaten wert." — „Ein kleiner Teil Ihres Vermögens", raunte er Madame de Nassau zu, „würde hier so viel wert sein wie ganz Peru." Voll Begeisterung verkaufte er Besitz in der Schweiz und erwarb mit dem so gewonnenen Bargeld Land — beschlagnahmte Ländereien der Kirche und der Emigranten, die von der Regierung zu lächerlichen Preisen verkauft wurden. „Ich habe gerade ein Geschäft gemacht, das man sich kaum vorstellen kann! Ich kaufte um 30 000 (Schweizer) Francs einen Besitz, der mir ein Einkommen von 8000 Francs garantiert . . . Was könnte ein Mann hier nicht alles mit 200 000 Francs Bargeld unternehmen!" Liebevoll und ausführlich erklärt er, daß das Wunder deshalb möglich sei, weil die Leute auf dem Besitz die Pacht in Naturalien zahlen mußten. Frankreich sei ein Paradies und keine Maßnahme zu streng, die Spielverderber zu züchtigen, die von Hungersnot und Ungerechtigkeit sprachen. „Alles ist ruhig", berichtet er Rosalie am 14. Juni, „heute guillotinieren sie die Führer des Prairial=Aufstandes, und die Verfassung wird bald veröffentlicht werden."

Die neue Verfassung, von der Benjamin Rosalie berichtete, entsprach ganz Germaines Wünschen. Sie sah ein Direktorium von fünf Männern vor, ein Kabinett, ein Zweikammernsystem für die Gesetzgebung und eine auf die Reichen beschränkte Wahlberechtigung. Ihr Text war gründlich durchbesprochen worden, sowohl im Konvent wie in Germaines Salon. Einen Punkt jedoch enthielt die Verfassung, der ihren Urhebern im Konvent Sorge machte: die Notwendigkeit, neue Wahlen gerade dann abzuhalten, wenn in den vorwiegend antirepublikanischen Provinzen zweifellos eine royalistische Mehrheit gewählt werden würde. Um dieser Situation zu begegnen und selbst an der Macht zu bleiben, schlug der Konvent ein Wahlgesetz vor, das folgende Bestimmung enthielt: Zwei Drittel der neuen Abgeordneten sollten aus den Mitgliedern des aufzulösenden Konvents gewählt werden. Madame de Staël billigte dieses Gesetz nicht, denn sie hatte gehofft, das Thermidor-Regime würde durch Männer aus ihrem eigenen konservativen Lager abgelöst werden. Benjamin unterstützte ihre Ansichten und begann damit seine politische Karriere. Am 24., 25. und 26. Juni erschienen in den *Nouvelles Politiques*, einer von Suard geleiteten Zeitung, drei nicht gezeichnete Artikel, die das zum Vorschlag gebrachte Wahlgesetz heftig angriffen. Der Autor, Benjamin, war unangenehm überrascht, als die Royalisten ihm begeistert zustimmten. Das war ganz gegen seine Wünsche. Er überzeugte Germaine davon, daß die eigentliche Gefahr nicht die Jakobiner seien, die fett und fügsam geworden waren, sondern die dürren Royalisten, die nach Rache hungerten. Am 25. Juli machte Benjamin die erste, aber keineswegs die letzte Kehrtwendung in seiner politischen Laufbahn und veröffentlichte im *Républicain Français* einen B. C. gezeichneten Artikel, in dem er sich verpflichtete, auf der Seite der gleichen Männer „zu kämpfen und zu sterben", die er einen Monat zuvor angegriffen hatte.

Für die feinen Nuancen, die Germaines politische Haltung bestimmten, hatten die gröber gearteten Konventisten keinen Sinn. Sie war ihnen verdächtig, vor allem wegen ihrer Freundschaft mit Jaucourt, Pange und Mathieu, Ex-Adligen, deren Sympathien, wie man wußte, einer konstitutionellen Monarchie gehörten. Am 18. August stand der Abgeordnete und frühere Fleischer Legendre im Konvent auf, griff Madame de Staël in den unflätigsten Ausdrücken an und beschuldigte sie, an der Spitze einer antirepublikanischen Verschwörung zu stehen und außerdem dem schwedischen Botschafter Hörner aufzusetzen. Die Rede wurde mit lautem Beifall aufgenommen. Kurz darauf gab das Komitee für öffentliche Sicherheit Monsieur de Staël den freundschaftlichen Rat, es wäre im Interesse seiner Frau besser, wenn sie Paris verließe, bis die politische Lage sich wieder beruhigt hätte. Mit geradezu unziemlicher Eile befolgte der Botschafter diesen Wink; Germaine verließ Paris, aber sie fuhr nicht weit. Als Gast Mathieus im Schloß Ormesson war sie weiter genauso tätig wie in der Rue du Bac.

Die Spannung zwischen Republikanern und Royalisten näherte sich inzwischen dem Höhepunkt. Germaine hatte gehört, daß die Royalisten auf die Unterstützung der hungernden Massen rechneten und einen Aufstand planten; das Bewußtsein, daß mehrere ihrer intimen Freunde dieser Verschwörung zumindest nahestanden, erschreckte sie tief. Sie versuchte, die Hitzköpfe zu beruhigen, und lud sie zu einem Abendessen und einer Moralpredigt ein. „Die Arbeiter und die ganze jakobinische Bevölkerung haben Ursache, dem Konvent gram zu sein", gab sie in einer euphemistischen Anspielung auf die Prairial-Repressalien zu. „Aber", fuhr sie geschickt fort, „sie hassen euch viel mehr und haben euch schon viel länger gehaßt; sie werden dem Konvent zu Hilfe eilen... ich sehe nur ein gräßliches Blutvergießen voraus — und es wird das Blut meiner Freunde sein, das vergebens vergossen werden wird." Die Rede enthielt den Hinweis, die Freunde möchten ihr Leben doch für einen geeigneteren Augenblick aufsparen, denn selbst unter dem neuen Wahlgesetz würde schließlich ihr Tag kommen. Germaines Freunde beachteten diese Warnung, aber der Großteil der rechtsstehenden Opposition tat es nicht. Am Morgen des 13. Vendémiaire (des 14. Oktober) war Paris in Aufruhr.

Barras, der Freund der Staëls, war kurz vor diesen Ereignissen eine Mätresse losgeworden und hatte sie an einen arbeitslosen jungen General weitergegeben, der bereit schien, für sein Vorwärtskommen alles zu tun. Ihr Name war Josephine de Beauharnais, der seine Napoleon Bonaparte. Als Barras am Morgen des 13. Vendémiaire den Konvent von Angst und Unentschlossenheit gelähmt sah, wußte er genau, welche Art Mann jetzt gebraucht wurde: ein Mann, der ohne den geringsten Skrupel einer Batterie befehlen konnte, in die Menge zu schießen. Mit seinem berühmten „Kartätschenregen" rettete der General die Republik innerhalb weniger Stunden. Es war eine wirksamere Methode, als nach Tisch zu predigen.

Der Mann des Tages hatte das Problem ganz nach Germaines Wunsch gelöst, aber die Mehrzahl der siegreichen Konventisten, verwirrt von ihrem häufigen Frontwechsel und den verdächtigen Freundschaften, war überzeugt, daß sie im Mittelpunkt der unglückseligen Verschwörung stehe. Zwei ihrer Freunde, Benjamin und de Pange, wurden verhaftet, während sie den Straßenkämpfen zusahen. Mit Hilfe Chéniers, der wie gewöhnlich für Germaine intervenierte, kamen sie nach wenigen Stunden frei. Benjamin spuckte vor Entrüstung. Ihn zu verhaften, ihn der Illoyalität zu verdächtigen – „mich, der ich Dreiviertel meines Vermögens zum Erwerb nationalen Eigentums verwendet habe". De Pange nahm die Ereignisse des 13. Vendémiaire philosophischer hin; sie bestätigten nur, was er wenige Tage zuvor in seinem Tagebuch vermerkte hatte: „Solange die Revolution andauert, kann nichts Festgefügtes entstehen, es sei denn eine Tyrannei."

Es gelang den republikanischen Führern zwar, Germaines Freunde aus dem Gefängnis zu holen – die erneuten und immer heftiger werdenden Angriffe gegen Germaine selbst, die aus der breiten Masse der Konventisten kamen, konnten sie jedoch nicht länger überhören. Germaine erhielt vom Komitee für öffentliche Sicherheit den Befehl, Frankreich binnen zehn Tagen zu verlassen. Monsieur de Staël legte formell gegen diesen Befehl Protest ein, setzte aber einen Aufschub (nicht jedoch einen Widerruf) erst dann durch, als er versprach, er würde seiner Frau zureden, Paris auf eine gewisse Zeit freiwillig zu verlassen. Er vertrat seine Sache mit bemerkenswert geringem Eifer, und das Komitee stand unter dem vielleicht berechtigten Eindruck, es erweise ihm einen Gefallen, wenn es Germaine vom Schauplatz verschwinden ließ. Germaine begab sich mit ihrer Freundin, Madame de Beaumont, Mitte Oktober nach Bad Forges bei Dieppe in der Normandie. Sie ließ keineswegs die Finger von der Politik, vielmehr sah ihr Wohnsitz, wo immer sie sich niederließ, wie ein Hauptquartier aus, mit einem ständigen Kommen und Gehen von Freunden, Emissären und Boten. Die aufgeschobene Verbannung wurde im Dezember von der Regierung rechtskräftig gemacht. Germaine berief Benjamin an ihre Seite und kehrte nach Coppet zurück. Sie kamen am Neujahrstag 1796 dort an.

Nicht nur in der Politik hatte Germaine einen Rückschlag erlitten. Sie war auch wieder einmal dem Glück nachgejagt und hatte sich erneut geschlagen geben müssen. Wie immer sie auch damals zu Benjamin stehen mochte, nicht von ihm erwartete sie das Glück, sondern von dem sanften Chevalier de Pange.

Sie kannte François de Pange seit dem Jahr 1786. Er hatte damals als zweiundzwanzigjähriger Kavallerieoffizier im Haus der Suards und der Staëls verkehrt; aber zu jener Zeit hatte der lernbegierige, schlaksige junge Mann keinen Eindruck auf sie gemacht. Er kam in Lothringen als zweiter Sohn eines Marquis zur Welt und fühlte sich viel eher von einem ruhigen, dem Studium gewidmeten Leben angezogen als von der militärischen

Karriere, zu der er durch seine Geburt bestimmt schien, oder von der literarischen Laufbahn, zu der ihn sein Klassenkamerad und Freund André Chénier ermutigte. Er gab das Dichten bald auf und legte 1789 sein Offizierspatent zurück. Als die Revolution ausbrach, hatte er bereits Astronomie, Stenographie, Sanskrit und die Zend-Avesta studiert und es irgendwie zuwege gebracht, das Druckereigewerbe zu lernen. Die Revolution riß ihn aus dieser vielseitigen Tätigkeit, die ihn völlig ausgefüllt hatte. Er begrüßte begeistert den Beginn der „Herrschaft des Volkes über das Volk", wie er es nannte. Als die Revolution zur Gewalt griff, kritisierte er die Gewalt, blieb aber der Revolution treu, wollte nicht zugeben, daß „eine notwendige Verbindung zwischen abstrakten Ideen und Mord" existiere, und schwor, sich nicht von den Leidenschaften derjenigen hinreißen zu lassen, mit deren System er einverstanden sei. Diese Unterscheidung ließ sich auf die Dauer nicht durchführen, und zu Beginn des Jahres 1794 floh er ins Ausland. Selbst dann aber weigerte sich de Pange, gegen die Revolution zu den Waffen zu greifen, obwohl seine Brüder in Condés Heer dienten und die Hälfte seiner Freunde und Verwandten im Gefängnis saß und guillotiniert wurde. Er ging statt dessen in die Schweiz, gesellte sich zu Madame de Staëls kleiner Kolonie liberaler Konstitutioneller und diente ihrer Sache als Drucker.

In de Pange fand Germaine eine verwandte Seele. Ihre politischen Flugschriften zeigen seinen Einfluß (wenn auch nicht so deutlich wie den Benjamins), und sein *Versuch über die Ursachen und Wirkungen des Fortschritts und Verfalls der Literatur* hat offensichtlich ihre Schrift angeregt: *Die Literatur in ihren Beziehungen zu gesellschaftlichen Institutionen.* Aber sie stimmten nicht nur politisch und literarisch überein. De Pange besaß ein Bündel von widerspruchsvollen Eigenschaften, die auf sie immer wieder eine unglückselige Anziehungskraft ausübten. Er hatte eine wohlfundierte, harte, scharfe Intelligenz und konnte sich dabei gefühlvoll für Ideen begeistern; er verband männlichen Mut mit einer mädchenhaften Zurückhaltung und einer zarten Konstitution. (Er hatte Tuberkulose in einem fortgeschrittenen Stadium.) Germaine war noch von dem Schlag betäubt, den sie durch Narbonnes Fahnenflucht erlitten hatte; ihr Verhältnis zu Ribbing war leidenschaftlich, aber von kurzer Dauer; ihre Beziehung zu Benjamin hatte noch nicht Wurzel geschlagen. In de Pange sah sie den Mann, der vielleicht endlich ihr Glück sein würde, sie machte sich daran, ihn zu erobern, und setzte alle Waffen ein, die ihr zu Gebote standen.

De Pange erwiderte ihre leidenschaftliche Liebe nicht. „Glücklicher und behutsamer Jüngling“, hatte André Chénier ihn in einem seiner Gedichte angesprochen, „sanft, freundlich und ruhig, sogar in seiner Liebe.“ De Pange hatte tatsächlich von seiner Jugend an nur eine Frau geliebt, seine jungverheiratete Cousine Madame de Sérilly. Während der Schreckensherrschaft erhielt er die Nachricht, sie sei mit ihrer ganzen Familie hingerichtet worden; diese Nachricht war glücklicherweise falsch. Madame de Sérilly war der Guillotine entronnen, weil sie erklärt hatte, sie sei schwanger. Sie war nicht nur am Leben, sie war Witwe und frei, de Pange zu heiraten. Er hatte nicht die Absicht, seine Freundschaft für Germaine dieser Heirat im Wege stehen zu lassen. Aber gerade daß er seine Unabhängigkeit eifersüchtig gegen Germaines Angriffe verteidigte, steigerte nur ihr Verlangen, in ihm mehr als einen keuschen Freund zu finden.

De Pange reiste Germaine im Januar 1795 nach Paris voraus. Von ihrer Ankunft am 25. Mai an bis zu ihrem halben Exil in Ormesson im August sah sie ihn nahezu täglich. Sein Zustand verschlechterte sich, aber das erhöhte nur seine Anziehungskraft, und Germaine war nicht gewillt, die Krankheit trennend zwischen sich und ihn treten zu lassen. Sie empfahl die heilsame Wirkung von Ziegenmilch und hoffte, ihn damit so weit zu kräftigen, daß er ihrer stürmischen Werbung entsprechend entgegenkommen konnte. „Ich bin über Madame de Staëls immerwährende Aufdringlichkeiten nicht überrascht“, schrieb Anne-Marie de Sérilly ihrer Freundin Madame de Beaumont, „aber ich muß gestehen, daß ich sehr überrascht wäre, wenn sie Erfolg hätten. Sie kommen mir sehr ungeschickt vor. Man gewinnt ein Herz nicht im Sturm. So offen zur Schau getragene Absichten müssen, so scheint es mir wenigstens, eher den Wunsch nach Widerstand ... als nach Übergabe erwecken.“

Ein Brief, den Germaine ihm von Ormesson am 11. September 1795 zu mitternächtlicher Stunde schrieb, gibt einen Begriff, wie er sich widersetzte und dadurch ihre Leidenschaft noch anstachelte.

„Ich bin über Ihren Brief so bestürzt, daß ich nicht mehr weiß, wie ich ein Gefühl ausdrücken oder unterdrücken soll, das imstande ist, auf Sie eine solche Wirkung auszuüben, steht sie doch in krassem Widerspruch zu den Wünschen meiner Seele. Was gebrauchen Sie nur für Wendungen! ‚Eine Freundschaft abbrechen – eine zu starke Bindung vermeiden – nicht wissen, wann Sie kommen können – mich dort für glücklich halten, wo ich jetzt bin.‘ Oh, Monsieur de Pange, hat Liebe Sie nichts anderes gelehrt als ihre Ungerechtigkeit, ihre Vergeßlichkeit, ihre Unbeständigkeit? ...

Sie haben kein Recht, mich zu quälen. Erinnern Sie sich, was Sie mir über die Freundschaft gesagt haben. Was in mir noch an Leben ist, hängt von dieser Freundschaft ab; in den vergangenen vier Monaten verdanke ich ihr alles und, was schlimmer ist, ich brauche auch noch alles. Ich habe nicht die Absicht, Ihre Unabhängigkeit zu stören . . . Aber wenn die Tatsache, daß ich Sie brauche, für Sie einer Störung gleichkommt, dann haben Sie allerdings recht, sich vor mir zu fürchten . . . Sie wissen genauso gut wie ich, was mir hier zu meinem Glücke fehlt, aber Sie können nicht so gut wie ich wissen, daß Sie in den Augen derjenigen, die sie kennen, die Vollkommenheit selbst sind, daß Sie für mich sogar etwas noch Begehrenswerteres als die Vollkommenheit sind und daß ich in Ihrer Freundschaft alles Glück der Welt finden würde, wollten Sie nur das Schwert entfernen, das über meinem Kopf hängt.

Ich bitte Sie auf den Knien, kommen Sie her und treffen Sie mich in Paris oder Passy nur für eine Stunde . . . Ich weigere mich, aufzugeben, was ich gewonnen habe; diese Freundschaft ist für mich eine Notwendigkeit – es kümmert mich nicht, ob das auch für Sie zutrifft. Geben Sie mir, was Sie entbehren können, und es wird mein Leben erfüllen . . .“

Germaine, die auf ihren Knien um etwas bat, konnte man so wenig Widerstand leisten wie einem Befehl des Kaisers von China. De Pange gab nach und traf sich mit ihr, aber er gab ihr nicht, was ihr zu ihrem Glück fehlte. Einen Monat nach ihrer Verbannung, im Januar 1796, heiratete er Madame de Sérilly. In Coppet verursachte diese Neuigkeit eine Explosion, aber Germaine entschloß sich rasch, gute Miene zum bösen Spiel zu machen. Seine Heirat, schrieb sie ihm in einem Brief, der unmittelbar auf den ersten Ausbruch folgte, war nicht das Ergebnis leidenschaftlicher Liebe: „Infolgedessen ist sie keine Versklavung, und in gewisser Weise haben Sie mehr Freiheit gewonnen als verloren.“ Sie hatte sich an die Vorstellung gewöhnt, daß er der Liebe nicht zugänglich sei – daher, erklärte sie, sei es zuerst ein solcher Schock für sie gewesen, als sie die Nachricht erhielt: „Als ich erfaßte, daß Sie doch unseresgleichen waren, kam es mir vor, als hätte ich meine Chance verpaßt, als hätten Sie genauso gut mich lieben können wie eine andere. Warum aber sollte ich solche Gefühle haben, da mich doch Freundschaft zu Ihnen zog? . . . Es ist lebenswichtig für mich, zu wissen, ob ich Sie ebensooft sehen werde wie früher und ob Ihre Haltung mir gegenüber die gleiche ist.“

De Panges Antwort war ein Lehrgang in Semantik: „Ihre Einbildungskraft hat eine Welt erschaffen, die sich völlig von der meinen unterscheidet, und doch geben wir den Gegenständen, mit denen wir diese unsere Welten erfüllen, die gleichen Namen. Wie können wir von ihnen sprechen und einander verstehen? . . . Im gesamten Bereich der Begriffe können sich zwei Vorstellungen nicht grundlegender unterscheiden als diejenigen, die wir uns vom Glück machen . . . Sie sehen darin eine große Leidenschaft inmitten von stürmischen Ereignissen, von Ängsten und Entzückungen und Opfern . . . Ich verlange für mein Glück nur Frieden."

Germaine verwarf in ihrer Antwort diese Antithese. Auch sie wünsche nichts sehnlicher als den Übergang von der Leidenschaft zu sanfteren Gefühlen: „Ich sah, wie mein ganzes vergangenes Leben in Stücke brach, und jetzt, mit siebenundzwanzig, muß ich entweder die Laufbahn der Leidenschaft neu beginnen oder einen Anfang mit dem machen, was darauf folgen soll . . . Wie immer meine Wahl ausfällt, wird sie schmerzlich sein: Alle meine vergangenen Empfindungen zu bereuen und an meinem Schicksal zu arbeiten, macht mich müde wie Geburtswehen und quält mich, wie die Liebe."

Ihre Verzweiflung war gewiß ehrlich, obwohl sie zu diesem Zeitpunkt mit Benjamin eine neue Laufbahn der Leidenschaft begann – und ihr siebenundzwanzigster Geburtstag schon drei Jahre zurücklag.

Als Germaine, Ende 1795 aus Frankreich ausgewiesen, mit Benjamin im Schlepptau in die Schweiz zurückkehrte, hatte sie keinen Groll gegen die Republik. Das Ganze beruhte auf einem Mißverständnis, das sie mit Hilfe ihrer Freunde bald aufklären würde. Was Benjamin betraf, so war seine Loyalität gegenüber der Republik über jeden Zweifel erhaben: Ein beträchtliches jährliches Einkommen hing von seiner unerschütterlichen Treue ab. „Meine Tochter traf nach einer langen Reise ein", schrieb Necker an Meister. „Monsieur Constant begleitete sie. Sie kommen beide mit einer phantastischen Ladung von republikanischen Begriffen und Erwartungen und sind etwas zu bereitwillig, die Mittel zu vergessen, die von diesem Regime angewendet werden, um seine Zwecke zu erreichen."

„Die Welt ist in Frankreich, außerhalb von Frankreich ist nichts“, schrieb Germaine an de Pange nach einem Aufenthalt von zwölf Wochen in Coppet. In diesem Nichts der äußeren Bereiche waren auch ihr Vater und Benjamin mit inbegriffen. Sie hoffte, im April wieder in Paris zu sein; es kam aber schließlich dazu, daß sie das ganze Jahr in der so „großartig abscheulichen“ Schweiz zubrachte. Nicht einmal nach Genf konnte sie fahren, denn ein Streifen französischen Gebietes trennte es vom bernischen; außerdem war die Genfer Aristokratie in Massen emigriert, als die Jakobiner die Macht ergriffen.

„Sie sehen“, schrieb sie einem Freund, „daß ich mit meinem Vater und dem Weißen Teufel (Benjamin) völlig allein bin. Es ist eine furchtbare Probe für die eigenen Gefühle, einander ins Gesicht sehen zu müssen. Man muß Gesellschaft haben, um gescheit zu sein, Gesellschaft, um zu lieben, für alles braucht man Gesellschaft . . . Sobald man zu zweit ist, hat man Bedürfnis nach viel mehr Menschen.“

Zwei bedeutet Einsamkeit; mit einer Menge Leuten erst ist man in Gesellschaft. Daher die häufigen Reisen nach Lausanne, das zwar nicht Paris, aber wenigstens nicht die Einsamkeit ist. „Ein Mann aus Zürich, der eben aus Lausanne kommt, erzählt, daß ein großer Ball für Madame de Staël gegeben wurde, sie in fleischfarbenen enganliegenden Hosen erschien und darüber nur Gazeschleier trug wie die Ballerinen in der Oper“, berichtet General de Montesquiou. „Ich glaube, unser Reisender hat gelogen“, fügt er hinzu, vermutlich mit Recht, aber Germaine hat gewiß gern ein Schauspiel aus sich gemacht, um in ihre Langeweile etwas Abwechslung zu bringen.

Die Reize Lausannes waren nicht die einzige Zerstreuung. Im Winter und in den ersten Frühlingsmonaten des Jahres 1796 waren in Coppet alle eifrig beim Schreiben — Germaine schrieb über die *Leidenschaften*, Benjamin über *Die Stärke der jetzigen französischen Regierung und die Notwendigkeit, sie zu unterstützen*, Necker über religiöse Ethik. Die Veröffentlichung von Germaines Abhandlung sollte unter anderm beweisen, daß sie sich nicht mit Politik befasse und verleumdet worden sei. „Dazu verdammt, bekannt zu sein, ohne daß man mich kennt, fühle ich das Bedürfnis, die Welt nach meinen Schriften über mich urteilen zu lassen“, erklärte sie im Vorwort, das auf den 1. Juli datiert ist. Benjamins Traktat, an dem sie ausgiebig mitarbeitete, sollte ihre Loyalität der Republik gegenüber dartun; auch sollte es einen Begriff von seinen propagandistischen Fähigkeiten geben, die der Regierung von Nutzen sein konnten. Neckers fromme Schriften schienen allerdings weder zur Zeit noch zu den Vorgängen unter seinem Dach zu passen, aber Necker schrieb nicht für den Tag, sondern für kommende Zeitalter. Für Benjamin hatte er eine unerklärliche Vorliebe; „Minette", wie er Germaine nannte, betrachtete er mit schmerzlicher Resignation; und sein tägliches Tête-à-tête mit seiner eingeweckten Gattin ließ ihn alles von der erhabenen Warte der Ewigkeit aus sehen. Er schüttelte den Kopf über den republikanischen Enthusiasmus der jungen Leute, gab zu, daß sich die Zeiten geändert hätten, und lieh Benjamin 35 000 Francs, um eine Abtei einzurichten, die er in Hérivaux bei Paris für einen Pappenstiel gekauft hatte.

Benjamin fuhr Anfang April nach Paris, und Germaine wollte ihm bald folgen. Statt dessen unterschrieb jedoch der französische Polizeiminister, passend Cochon genannt, am 22. April einen Verhaftungsbefehl, für den Fall, daß sie den Fuß auf französischen Boden setzen sollte; Rewbell, einer der Direktoren, gab genaue Anweisungen, wie sie von der Grenze heimlich abzutransportieren sei; und um dreifach sicherzugehen, daß sie der Polizei nicht durch die Finger schlüpfe, setzte der Genfer Ministerresident Desportes einen Spitzel in ihren Haushalt. Der Agent war ein früherer presbyterianischer Priester mit Namen Monachon, den Germaine als Diener aufgenommen hatte; seine Aufgabe war, die Post aufzugeben und in Empfang zu nehmen, und da er sie auf dem Wege las, war der französische Geheimdienst gut unterrichtet. Seine Wachsamkeit schien durchaus berechtigt, denn abgesehen von den Freundschaften mit Royalisten verschiedener Schattierung, die sie weiter pflegte, hatte Germaine auch geheimnisvolle Beziehungen zum englischen Gesandten in Bern, der sogar nach Morges bei Lausanne kam, nur um mit ihr zu sprechen. Vielleicht unterhielten sie sich über ganz harmlose Dinge, aber die äußeren Anzeichen waren gegen sie und ebenso vier der Direktoren — mit der einzigen Ausnahme von Barras.

Germaine merkte weder, daß französische Spione sie als eine gefährliche Gegnerin der Revolution überwachten, noch daß die Berner Regierung sie als eine subversive Jakobinerin scharf im Auge behielt. Hätte ein Beamter der französischen Polizei sich nicht die Nachricht entschlüpfen lassen, sie würde von einem Verhaftungsbefehl vermutlich erst bei ihrer Festnahme etwas erfahren haben. Am 17. Mai hörte sie, daß ihr Name auf einer gedruckten Liste von Verdächtigen und Verbrechern stand, die man der Grenzpolizei zugeschickt hatte. Cochons Plan, sie in einem französischen Gefängnis verschwinden zu lassen, sobald sie die Grenze nur berührte, wurde damit zunichte. Tief entrüstet stürmte

Germaine in Begleitung ihres Onkels nach Genf, um von Desportes eine Erklärung zu verlangen. „Meine Ehre erfordert, daß ich sogleich nach Paris zurückkehre", bedeutete sie dem verlegenen Minister. „Glauben Sie nicht, Monsieur, daß mich das Direktorium dort nicht gern sehen wird: Die Herren wissen, daß ich an dem Werk von Monsieur Benjamin Constant mitgearbeitet habe, daß es zur Gänze in meinem Haus und unter meinen Augen geschrieben wurde, und können infolgedessen nicht daran zweifeln, daß ich ihrer Sache ergeben bin."

Desportes riet zu Ruhe und Geduld. Zweifellos war alles ein Mißverständnis, das sich aufklären würde. Aber Ruhe und Geduld gehörten nicht zu Germaines hervorstechendsten Eigenschaften. „Es ist unbedingt nötig", schrieb sie ihrem Mann, „daß ich umgehend nach Paris fahre und dadurch die Wirkung wieder aufhebe, die diese Nachricht in Frankreich auslösen wird. Ich nehme daher an, daß Du mit dieser Reise nicht nur einverstanden sein, sondern sie um Deiner Ehre willen sogar verlangen wirst. Sollte meine Anwesenheit Deine Stellung kompromittieren, so steht Dir jederzeit mein halbes Vermögen zur Verfügung, um Dich für das Opfer zu entschädigen, daß Du Deiner Ehre bringst ... In dem Augenblick aber, in dem Du zögerst, möchte ich Dir nicht länger das Unrecht tun, einen Namen zu tragen, den zu schützen Du nicht gewillt bist, und muß Dich ersuchen, mich davon zu suspendieren."

Vor dieses Ultimatum gestellt, blieb Monsieur de Staël keine Wahl. Als er um Aufklärung bat, antwortete die französische Regierung damit, daß sie den Verhaftungsbefehl zurückzog; Madame de Staëls Name sei durch einen Druckfehler auf die Liste geraten, hieß es. Aber die Verbannung wurde nicht aufgehoben; wenn Germaine die Grenze überschritt, würde sie nicht ins Gefängnis wandern, aber zurückgeschickt werden. Germaines umwegige Bemühungen, einen Widerruf zu erzielen, blieben ohne Erfolg.

Die Nachricht, daß ein Verhaftungsbefehl gegen sie erlassen sei, traf bei Germaine ungefähr gleichzeitig mit der Botschaft ein, de Pange sei dem Tode nahe. Die Verzweiflung wuchs bei dem Gedanken, er könne sterben, bevor sie ihn wiedersah. Resignation lag ihr nicht: „Versuchen Sie, weder durch Ihre Krankheit noch durch Ihre Ehe anders zu werden; beides würde mich sehr kränken", ließ sie ihn im Mai von Coppet aus wissen. „Es täte mir jetzt not, Sie zu umarmen, Sie an mein Herz zu drücken, Sie um das letzte Musikstück zu bitten, das ich Sie spielen hörte. Mit einem Wort, geben Sie mir meine Vergangenheit zurück, die meine einzige Zukunft ist! . . ." Und im Juni, einen Monat vor seinem Tod: „Sie sind der einzige Mann, der mich verstehen ließ, daß man lieben kann, ohne ebensoviel Liebe als Gegengabe zu erwarten." Der Gegenstand ihrer Liebe aber wartete auf den Tod und arbeitete inzwischen an einem bemerkenswerten Entwurf: einer *Geschichte des Menschen*, im Gegensatz zu einer *Geschichte der Ereignisse*. Liest man die fragmentarischen Notizen, die veröffentlicht wurden, so kann man den frühen Tod eines so scharfen Denkers nur bedauern. Die Geschichte der Ereignisse, vermerkt er, zeigt nur, was der Mensch für oder gegen den Menschen zu unternehmen versucht hat. „Was dabei nicht gezeigt wird, ist das Schauspiel eines viel interessanteren Kampfes, nämlich der des Menschen gegen die Natur. Die Natur hat den Menschen als wildes Tier erschaffen; er selbst machte sich zu einem Denker und zu einem sozialen Wesen. Er ist dazu verdammt, diesen Kampf immerwährend weiterzuführen und ohne Unterlaß nach Vollkommenheit zu streben. Es spielt keine Rolle, ob er Erfolg hat oder nicht und ob sein Verstand ein Trugbild verfolgt: Sich zu vervollkommnen, ist das Hauptanliegen des Menschen. Seine ganze Geschichte ist die Geschichte seiner Siege und Niederlagen bei diesem Unternehmen."

Noch in seinen letzten Tagen, während er in der Sonne an einem Tisch auf dem Rasen saß, dachte de Pange über die Lehren des Ungewitters nach, das über ihn dahingegangen war. Seine Gedanken über die Revolution brachten zum Schluß seine Enttäuschung zum Ausdruck: „Ich habe lange an die Macht der Vernunft geglaubt . . . aber jeden Tag nimmt mein Glaube ab, jeden Tag wächst meine Entmutigung." Es war, wie er zugab, der Vernunft nicht gelungen, die Revolution zu lenken, und es würde ihr auch nicht gelingen, sie zum Stillstand zu bringen. Obwohl er enttäuscht war, erklärte er sich aber nicht geschlagen. Das Hauptanliegen des Menschen war immer noch das gleiche. Da die geistige Elite versagt hatte, „muß die Masse des Volkes aufgeklärt werden". Diese letzte Schlußfolgerung eines sterbenden Idealisten gab Germaine dem neunzehnten Jahrhundert weiter.

Die Nachricht von de Panges Tod traf in Coppet etwa gleichzeitig mit Benjamin ein, der von Plänen übersprudelte, und mit Monsieur de Staël, der von Kummer gebeugt war. Schon im Juni hatte Eric Magnus in seinen Briefen an Germaine angedeutet, daß er tief in Sorgen stecke und ihr vielleicht bald nach Coppet werde folgen müssen. Wie ernst seine Sorgen waren, wußte Germaine noch nicht.

Manchmal können die größten Ursachen sehr kleine Auswirkungen haben. Zwischen dem jungen Gustav IV. von Schweden und einer Enkelin Katharinas II. war eine Heirat arrangiert worden. Dieser Plan (der schließlich fehlschlug, weil der etwas absonderliche König seine Braut sitzenließ) erforderte eine Neuorientierung der schwedischen Außenpolitik. Die Beziehungen zu Frankreich wurden kühler, Staël wurde wiederum von seinem Posten abberufen und statt seiner ein einfacher Geschäftsträger ernannt. Wiederum rebellierte Staël; er weigerte sich, seinen Posten zu verlassen, und überredete die Direktoren, den Geschäftsträger zu ignorieren. Der schwedische Regent zahlte es ihm heim, indem er seinem widerspenstigen Botschafter die Fonds sperrte. Staël hielt ein paar Wochen durch, aber wenn er auch seiner Regierung die Stirn bieten konnte, seinen Gläubigern, die ihn in seiner Residenz belagerten, konnte er nicht Widerstand leisten. Anfang September kam er schließlich in Coppet an, er war auf dem Wege zu einer Kur in Aix in Savoyen. „Er steckt tief in Schulden und ist sehr unfreundlich zu mir", berichtet Germaine ihrem Freund Adrien de Mun. „Wir vertrugen uns sehr schlecht miteinander. Es ist besser, auf Entfernung vereint zu sein." Und einem andern Freund, Pictet-Diodati, schreibt sie: „Er hat sich nicht im mindesten um mich bemüht; er will mich ruinieren, indem er mich dazu bringt, seine Schulden zu bezahlen. Das ist alles, was er mir zu bieten hat. Es lockt mich gar nicht."

Erst nach seiner Rückkehr aus Aix im Oktober teilte er seiner Frau mit, daß er endgültig abberufen sei. „Diese neue Entwicklung", schrieb sie an Pictet, „macht meine Reise nach Frankreich geradezu zu einer Notwendigkeit. Ich muß mein Vermögen vor den ungezählten Gläubigern schützen, die auftauchen werden." Staël merkte, daß seine Anwesenheit für niemanden eine Freude bedeutete, und fuhr weiter nach Basel, um dort die Instruktionen von Stockholm abzuwarten.

Von der Rückkehr nach Paris, die geradezu eine Notwendigkeit geworden war, sprach Germaine zu einem Zeitpunkt, in dem sie Benjamin mit einer ganzen Lieferung ihres Buches *Über den Einfluß der Leidenschaften* nach Paris geschickt hatte. Sie erwartete sich große Dinge davon, und alle ihre Freunde wurden aufgeboten, ihm die nötige Aufmerksamkeit zu sichern. Das Werk erhielt hohes Lob — das es in vieler Hinsicht auch verdiente —, und im Dezember gab die Regierung endlich nach; wenn sie sich in einer

Entfernung von zwanzig Meilen von Paris hielte, könne sie unbehelligt nach Frankreich zurückkehren, obwohl der Ausweisungsbefehl nicht formell aufgehoben werden würde. Benjamin traf mit dieser Siegesbotschaft in Coppet ein, und ohne Zeit zu verlieren, entschlüpfte das Paar aus dem elterlichen Haus. Am Weihnachtstag wehten sie durch Paris – „wie ein Zephyr", sagt Montesquiou. Sie fuhren nur durch. Im Januar hatten sie ihren Wohnsitz in Benjamins Abtei von Hérivaux aufgeschlagen, die mit Hilfe von Monsieur Neckers Darlehen luxuriös ausgestattet worden war.

Germaine hatte de Panges Tod mit viel größerem Gleichmut hingenommen als seine Heirat. Nur selten ließ Germaine die Lebenden fahren, aber den Toten trauerte sie niemals lange nach – ihren Vater ausgenommen. „Das größte Glück", schrieb sie in einem ihrer letzten Briefe an de Pange, „ist die Umwandlung der eigenen Gefühle in Taten": Eine solche Umwandlung bedingte ein lebendiges Objekt. An Bewunderern fehlte es nie. Sogar in der Verbannung war sie immer von einer Schar vielversprechender junger Männer umgeben; aber obwohl sie aufreizend mit ihnen flirtete und scherzte, war Benjamin der Erkorene, an dem ihre Gefühle zu Taten werden sollten. Über Konventionen setzte sie sich dabei mit der größten Sorglosigkeit hinweg – deutlich ersieht man das aus den Briefen von Rosalie de Constant, die über das Auftreten der *trop célèbre*, wie sie sie nannte, in Lausanne berichtet:

„Lausanne, 24. Mai 1796 – Die allzu Berühmte erschien mit ihrem ganzen Tiergarten auf der Gesellschaft – flankiert von ihrem T(racy), der wie ein verhungerter kleiner Fuchs auf dem Kriegspfad aussieht, und ihrem M(un), der an ein hübsches schnurrendes und schmeichelndes Kätzchen erinnert, vom Rest gar nicht zu reden. Sie spricht von nichts anderem als Benjamin, sie scheint sich sehr mit ihm zu beschäftigen."

„Lausanne, 23. August 1796 – Ich machte ihnen (Germaine und Benjamin) vorgestern einen Besuch. Ich fand sie zwischen dem Fuchs, der Katze und ihm; sie lehnte sich an den einen, drückte den Kopf des zweiten an sich, und der dritte kitzelte sie im Nacken und nannte sie sein liebes kleines Kätzchen. Dieser Anblick war mir ziemlich widerlich, genauso wie ihre Witze über den Botschafter."

„Lausanne, Oktober 1796 – Sie spricht von ihm (Benjamin) ohne die leiseste Zurückhaltung – der Mann, den ich auf der Welt am meisten liebe, der Mann, den ich mit allem, was mir noch an Lebenskraft verblieb, begehre – ohne zu bemerken, was sie damit für Ärgernis erregt." Dabei wußte Rosalie, als sie diese Zeilen schrieb, noch nicht, daß Germaine eben entdeckt hatte, sie sei schwanger. Diesmal hätte Germaine mit einem gewissen Anrecht auf Glaubwürdigkeit behaupten können, sie habe das Kind von ihrem Gatten empfangen, mit dem sie im September einige Tage zusammen gewesen war. Obwohl sie jedoch offiziell Monsieur des Staëls Vaterschaft anerkannte, ließ sie Benjamin offenbar in dem Glauben, er sei der wirkliche Vater ihrer Tochter Albertine[21]. Im Oktober 1796, dem ersten Monat ihrer Schwangerschaft, begann Germaine wieder von einer Scheidung zu sprechen, und weitum ging das Gerücht, sie würde Benjamin heiraten. Benjamins Familie war darüber empört, mit Ausnahme von Rosalie, die der Ansicht war, Germaine sei es Benjamins Ruf schuldig, ihn zu heiraten – als wäre Germaine ein Lovelace und Benjamin eine Clarissa:

„Da sie B(enjamin) auf die Bühne gezerrt und ihn zum Schauspiel für ganz Europa gemacht hat, so scheint mir, daß sie ihm eine gewisse Entschädigung schuldig ist und die Annehmlichkeiten ihres Daseins und ihr großes Vermögen mit ihm teilen sollte . . . Aber ich glaube nicht, daß diese Dame den Mut haben wird, einen solchen Schritt zu tun; es ist einfacher für sie, ihre jetzige Lebensweise beizubehalten." Auch Germaines Cousine, Madame Necker de Saussure, und Mathieu de Montmorency machten sich Sorgen über die Gerüchte von Scheidung und Wiederverehelichung. Keiner von beiden war Benjamin übermäßig zugetan, und beide hatten einander im Frühjahr 1795 feierlich versprochen, „Germaine sowohl in der Liebe wie in der Politik vor jenen impulsiven Anwandlungen zu bewahren, die ihr nur mehr gefährlich werden können, ohne ihr Glück zu bringen". Im Dezember 1796 jedoch sprach Mathieu mit Germaine ernsthaft über ihre Pläne und konnte nachher mit offensichtlicher Erleichterung berichten, daß sie sich zum Thema einer zweiten Heirat durchaus nicht begeistert geäußert hätte. Rosalie hatte mit Recht vorausgesagt, daß die Dame es für einfacher halten würde, „ihre jetzige Lebensweise beizubehalten".

Es war tatsächlich einfacher, auch wenn der Winter in nahezu völliger Einsamkeit mit Benjamin in einem Kloster verbracht werden mußte, während sie darauf wartete, ihr Kind zur Welt zu bringen. Nur der fromme Mathieu kam, um Abt Benjamin und seine neue Héloise zu besuchen. Nicht etwa daß sich das Paar abgesondert hätte, um ungestört die Freuden der Liebe zu genießen; seine Zurückhaltung war vielmehr ein Akt diplomatischer Klugheit. Der politische Wind hatte sich wieder einmal gedreht. Die Royalisten gingen zum Gegenangriff vor und erzielten bei den Wahlen vom 31. März eine Majorität. Germaine, die man 1795 wegen ihrer Verbindung zu den Royalisten ausgewiesen hatte, drohte nun im Jahr 1797 eine neue Verbannung wegen ihrer Verbindung zu den Republikanern. Frankreich, schrieb sie an Meister, war „eine demokratische Republik, in der man Gefahr lief, gesteinigt zu werden, wenn man nicht für die Aristokraten war ... Die Republik weist mich aus, die Gegenrevolution hängt mich."

Germaines Worte sind ein Echo von Benjamins Groll. Die Schikanen der französischen Regierung, die sich darauf versteifte, daß er kein Franzose sei, hatten gerade verhindert, daß er von seiner Gemeinde gewählt wurde. Sein Anspruch auf die französische Staatsbürgerschaft gründete sich auf einen Artikel in der Verfassung von 1790, der Abkömmlingen französischer Hugenotten gestattete, sich wieder einzubürgern. Die Schwierigkeit war erstens, daß Benjamin diese Gelegenheit nicht genützt hatte, solange die Verfassung in Kraft war; zweitens daß seine Vorfahren zwar aus religiösen Gründen geflohen waren, aber aus dem Artois stammten, das nicht zu französischem Gebiet gehörte, als sie im sechzehnten Jahrhundert auswanderten. Benjamins Fehlschlag war im Vergleich zu dem royalistischen Wahlsieg eine nichtige Angelegenheit. Germaine wartete nur auf das Ende ihrer Schwangerschaft, um diesen Stand der Dinge zu ändern.

Von den Behörden stillschweigend geduldet, kehrte Germaine nach Paris zurück, um das Kind dort zur Welt zu bringen. Sie zog in die schwedische Botschaft, wohin auch Monsieur de Staël Ende 1796 zurückgekehrt war, trotz seiner höchst zweideutigen diplomatischen Stellung. Albertine wurde am 8. Juni geboren. Germaine vertraute Mathieu an, Monsieur de Staël habe sich bei dieser Gelegenheit „sehr gut" benommen – „ohne gefühlvolle Äußerungen, aber teilnehmend und besorgt". General de Montesquiou besuchte sie und berichtete: „Madame de Staël hat endlich ihre Tochter zur Welt gebracht, und in keinem Augenblick waren weniger als fünfzehn Personen in ihrem Zimmer."

Drei Tage nach der Entbindung fand er sie im Bett liegend, „sie sprach und unterhielt sich wie gewöhnlich", und Mathieu schaukelte inzwischen die Wiege.

Kaum einen Monat, nachdem sie dieses lästige Geschäft erledigt hatte, griff Germaine ein, um die Republik zu retten. Zunächst einmal mußte das Direktorium unbedingt davon überzeugt werden, daß es höchste Zeit sei, zu handeln. Es stand in beiden Kammern einer royalistischen Mehrheit unter der bewährten Führung des Clubs de Clichy gegenüber und war sich der Gefahr wohl bewußt, wurde aber von einer tiefgehenden Meinungsverschiedenheit seiner Mitglieder völlig gelähmt. Um die Verfassung zu retten, war es notwendig, gegen die Mehrzahl, die sie stürzen wollte, der Verfassung zuwiderlaufende Maßnahmen zu ergreifen. Dazu waren zwei von den fünf Direktoren — Carnot und Barthélemy — nicht bereit, während Barras, La Revellière und Rewbell radikale Mittel befürworteten. Ihre Stellungnahme hing weniger mit theoretischen Überlegungen als mit persönlichen Neigungen und Interessen zusammen. Um dem royalistischen Club de Clichy die Stirn zu bieten, wurde der loyale, verfassungstreue Kreis oder Club de Salm im Juni gegründet. Benjamin war der Hauptorganisator, und Madame de Staël stand aus dem Kindbett auf und wurde zur Gastgeberin seiner Führer, nachdem sie eben noch die Rolle der politisch Verbannten hatte spielen müssen.

Sie vertrat einen durchaus logischen Standpunkt. „Ich glaube, ich stehe nicht sehr in Gunst, weder bei den Republikanern noch bei den Direktoren", schrieb sie dem Journalisten Roederer. „Aber ist es Ihnen nicht klar, daß Sie sich selbst zugrunde richten, wenn Sie sie verderben?" Zugegeben, die Republikaner waren unwissend und ungerecht — aber sie konnte man beeinflussen, die Royalisten nicht. „Die einzige Gefahr kommt von seiten der Aristokraten." Das war auch der Inhalt von Benjamins letztem Buch, das er mit Germaines Hilfe in Hérivaux geschrieben und im Mai veröffentlicht hatte — *Über politische Reaktionen.* War dieses Werk auch nicht, wie nach Germaines Worten, „das größte Werk, das je in französischer Sprache veröffentlicht wurde", so war es jedenfalls eine meisterhafte Darlegung des liberalen Standpunktes und verdient als solche immer noch gelesen zu werden.

So logisch, politisch gesehen, Germaines Wahl auch war, sie widersprach ihren persönlichen Bindungen: Der Club de Clichy hatte viele ihrer früheren Freunde unter seinen Mitgliedern, der Club de Salm viele ihrer Feinde. Und nicht genug, daß Benjamin der Wortführer des Clubs de Salm wurde, es gelang Germaine auch, einen Ex-Liebhaber im Außenministerium unterzubringen.

„Der Bischof", wie Germaine Talleyrand auch weiterhin nannte, hatte auf ihre Interventionen hin im Jahr 1795 die Erlaubnis zur Rückkehr nach Frankreich erhalten. Obwohl er so unglücklich war, wie es ein Mann in Philadelphia nur sein kann, ging er trotzdem sehr vorsichtig vor, dankte seiner Wohltäterin in zurückhaltenden Worten und ließ sich Zeit. Im Sommer 1796 kam er endlich in Frankreich an, aber erst im Frühjahr 1797 sah Germaine ihn wieder. Er suchte verzweifelt nach einer passenden Beschäftigung, und

Germaine scheute keine Mühe, um ihm zu helfen. Sie lag Barras in den Ohren, daß zur Stärkung der Regierung ein neues Kabinett ernannt werden müsse, und zwar aus loyalen Anhängern des Club de Salm. Ihr Erfolg war so groß, daß sich der Ministerrat eines schönen Morgens im Juli entlassen und durch neue Leute ersetzt sah; Talleyrand erhielt das Portefeuille des Außenministers und damit die beherrschende Stellung. Unter den Ministern, die ihres Amtes enthoben worden waren, befand sich Cochon; seine Frechheit, einen Verhaftungsbefehl gegen Madame de Staël unterzeichnet zu haben, wurde auf diese Weise entsprechend bestraft. In einem Brief an seinen Onkel nahm Benjamin einiges Verdienst an diesem Umsturz für sich in Anspruch. Er wurde für seine Mühe schlecht belohnt. Er erwartete, zumindest erster Staatssekretär im Außenministerium zu werden, aber wenn es sich darum handelte, seine Dankbarkeit zu zügeln, war Talleyrand von bewundernswerter Selbstbeherrschung. Benjamin erhielt nichts.

Ein Kabinettswechsel genügte nicht. Ein republikanischer Sieg mußte durch die Unterstützung der Armee gesichert werden. Barras und Rewbell wandten sich an den Mann, dessen Schatten von Venetien bis nach Frankreich fiel – General Bonaparte, der durch seine Siege zum Helden Europas geworden war. Der Held war nur allzu bereit, die Republik zu verteidigen. „Eine Bande von Männern, mit Schmach bedeckt und mit Verbrechen gesättigt, agitierte und intrigierte in Paris, während wir vor den Toren Wiens triumphierten", so lautete seine Proklamation an die Armee in Italien am 14. Juli 1797. „Die Armee muß Frankreich befrieden."

Germaine selbst hatte eine einseitige Korrespondenz mit Napoleon begonnen. Die Briefe sind nicht erhalten geblieben. Wie Napoleon sagt, verglich Germaine ihn „sowohl mit Scipio wie mit Tankred, vereine er doch die schlichten Tugenden des einen mit den glänzenden Taten des andern". – „Diese Frau ist verrückt", soll der Kommentar des Helden gewesen sein. „Solche Briefe beantworte ich nicht." Diese Zitate sind gewiß apokryph, nicht aber Germaines Brief an Meister, vom 24. Juli 1797 datiert. Sie nennt Bonaparte darin „den besten Republikaner Frankreichs, den freiheitsliebendsten Franzosen".

Der freiheitsliebendste Franzose billigte die Pläne des Club de Salm, und es entspann sich zwischen ihm und dem Bürger Talleyrand ein interessanter Briefwechsel über Verfassungsreformen. Ende August zog Barras 30 000 Mann in der Nähe von Paris zusammen, und Bonaparte entsandte General Augereau aus Italien, um das Kommando zu übernehmen. Am 4. September – dem 18. Fructidor – umringten Augereaus Truppen um drei Uhr morgens die Tuilerien, wohin die Vorsitzenden der beiden Kammern die Abgeordneten zu einer Ausnahmesitzung berufen hatten. Selten war ein Staatsstreich so wirkungsvoll durchgeführt worden. Am 19. Fructidor war alles vorüber: Carnot und Barthélemy aus dem Direktorium ausgestoßen, 198 Abgeordnete ihrer Sitze verlustig gegangen, die antiklerikalen Gesetze der Schreckensherrschaft wieder in Kraft gesetzt, die Presse unter Polizeikontrolle gestellt, die Blätter der Opposition unterdrückt, 165 Bürger nach Französisch-Guayana deportiert, darunter Barthélemy (Carnot war geflohen), an die vierzig Abgeordnete und ein Aufgebot an Journalisten!

In späteren Jahren lehnte Germaine jede Verantwortung für diese Ereignisse ab, die ihr nicht die Zuneigung der überlebenden Opfer von Guayana oder der Verwandten dort Zugrundegegangener gewonnen hatten. Ihre Rolle bei den Geschehnissen, die stufenweise zum 18. Fructidor geführt hatten, war auf die Ernennung Talleyrands beschränkt geblieben, behauptete sie, und sobald die Repressalien begannen, tat sie alles, was in ihrer Macht stand, um die Opfer zu retten. Daß sie erfolgreich für verschiedene Freunde intervenierte – und sich dabei selbst beträchtlichen Gefahren aussetzte –, ist absolut richtig; bei dieser Gelegenheit machte Talleyrand die Bemerkung, daß Madame de Staël gerne Leute ins Wasser werfe, um sie dann wieder herausfischen zu können. Sie tat aber mehr: Sie rettete Freunde, sogar bevor es zu dem Staatsstreich kam. So hatte sie Mathieu bereits im Juni in die Schweiz geschickt. Im Oktober wurden in einem gekaperten Schiff Dokumente entdeckt, die bewiesen, daß sie systematisch den ganzen Sommer lang royalistischen Freunden zur Flucht verholfen hatte. Es ist höchst unwahrscheinlich, daß sie von dem bevorstehenden Staatsstreich nichts wußte – daß sie die Politik förderte, die dazu führte, ist unbestreitbar. Talleyrand, kurz und bündig wie immer, faßte ihre Rolle in die Worte zusammen: „Der 18. Fructidor war Madame de Staëls Werk, der 19. nicht."

„Aber wer betraute Sie denn mit der Mission, die Sie hier bei uns durchführen? Wer forderte Sie auf, sich in Dinge hineinzumischen, die Sie nichts angehen? ... Sie elender Hermaphrodit, die Vereinigung der beiden Geschlechter in einer Person vollziehen Sie in dem einzigen Bestreben, sie beide zugleich zu entehren!" Diese Anrede, in der sich der übliche Ton der Presse Madame de Staël gegenüber spiegelt, kam aus der Feder eines royalistischen Leitartiklers, kurz nachdem sie die Ernennung Talleyrands bewerkstelligt hatte. Vielleicht hatte der Schreiber Zeit, über die Antwort auf seine Frage in den Dschungeln Guayanas nachzudenken; andere Leute im republikanischen Lager Frankreichs aber griffen sie wieder auf. Sie hatte nämlich kaum mit dem Staatsstreich des 18. Fructidor einen Triumph erlebt, als sie sich auch schon mit den Siegern uneins sah. So wie andere mit jedem Wechsel des Regimes zu der Partei übergingen, die gerade an der Macht war, so wechselte Germaine ihr ganzes Leben beharrlich zur Opposition hinüber. Bis zum Oktober hatte sie es zuwege gebracht, mit gleicher Heftigkeit von der royalistischen Presse im Ausland angegriffen zu werden, weil sie den Staatsstreich angestiftet – und von der französischen Presse, weil sie den Royalisten zur Flucht verholfen habe. Da jedoch Barras selbst dabei ihr Helfershelfer gewesen war, mußte die Regierung Öl auf die Wogen gießen. Ihre Stellung war prekär, nach außen hin aber schien alles zu gehen, wie sie wollte.

Wieder bildete ihr Salon den Treffpunkt von Ministern, Politikern, Schriftstellern und Diplomaten.

Am 6. Dezember 1797 stand sie Napoleon das erste Mal von Angesicht zu Angesicht gegenüber. Er war eben aus Italien zurückgekehrt, nachdem er dort als Sieger einen Frieden abgeschlossen hatte, der der Landkarte Europas ein anderes Gesicht verlieh, und Talleyrand gab einen großen Empfang im Außenministerium. „Er schenkte ihr wenig Aufmerksamkeit“, erinnerte sich Talleyrand später. Sie hingegen schenkte ihm sehr viel Aufmerksamkeit und fand seine kurze bescheidene Ansprache erhaben. Ein paar Tage nach dem ersten Zusammentreffen machte Germaine sich daran, den Eroberer zu erobern.

Es ist gar keine Frage, daß Germaine zumindest bis zum Jahr 1800 Bonaparte umwarb und ihn überschwenglich pries. Sie hat allerdings auch sonst nie mit überschwenglichen Ausdrücken gespart, und sie verfolgte ihn nicht, um anbetend zu seinen Füßen zu sitzen. Sie hatte zweifellos den Eindruck, daß der größte lebende Mann und die größte lebende Frau es der Menschheit schuldig seien, sich im Geist und, wenn irgend möglich, auch im Fleisch zu vereinen: Jedenfalls aber mußten sie dabei gleichberechtigte Partner sein. Napoleon witterte das sofort. Er fand die Vorstellung abstoßend, lächerlich und beängstigend und antwortete zuerst kalt, dann brutal darauf und schließlich mit der Grausamkeit, die sich als Begleiterscheinung der Panik einstellt. Germaine ihrerseits vertraute ihm nie ganz, bei allen Überschwenglichkeiten, aber phantastischerweise hoffte sie, ihn lenken zu können. Als er sie als Frau zurückstieß, schwand diese Hoffnung, und als sein Betragen ihre Ahnungen bestätigte, wandelte der Kult sich in Abscheu.

1797 schien Bonaparte der Inbegriff eines Helden: Ehrliebe,

Leidenschaft, Genie — er verkörperte alle Eigenschaften, nach denen Germaine in den Männern suchte. Er hatte literarische Neigungen gehabt, und in seinen jugendlichen Schriften, erfüllt von der zeitgemäßen Rhetorik, findet man den Ausdruck eines Gefühls (wenn auch nicht eines Talents), das dem ihren gleicht. Als Necker 1788 zum Minister ernannt wurde, hatte Leutnant Bonaparte ihm nicht nur zugejubelt, sondern ihm auch mehrere Briefe geschrieben und darin für Korsikas Unabhängigkeit plädiert; 1797 hatte er von dem Weisen von Coppet, den er bald darauf einen senilen Narren nannte, immer noch eine hohe Meinung. Sein ernstes Republikanertum, seine gemäßigten politischen Ansichten, sein vorgespiegelter Respekt vor Kunst und Wissenschaft — das alles mußte auf Germaine verführerisch wirken. Sie hatte jedoch ihre Zweifel. Als Augereau im September 1797 nach Paris kam, fragte sie ihn, ob Bonaparte wirklich daran denke, sich zum König der Lombardei zu machen. „Gewiß nicht", sagte Augereau, „dazu ist er ein viel zu gut erzogener junger Mann." Glaubte sie ihm? Das unveröffentlichte Manuskript einer Tragödie in Versen, *Jan de Witt*, das sie in diesem Jahr verfaßte, enthält ein Porträt von Wilhelm von Nassau mit so auffälligen (und so scharfsinnigen) Parallelen zu Napoleon, daß man nicht von Zufall sprechen kann: „Ich fürchte seinen Charakter, sogar seine Weisheit. Diese unerschütterliche Ruhe in einem so jungen Herzen ist nicht etwa eine Beruhigung für mich, sondern erfüllt mich mit Schrecken. Schon jetzt werden seine Gefühle einzig von seinen Interessen beherrscht: Nichts ist in ihm zu entdecken, das nicht von seinem Willen gelenkt würde. Jeder Schritt dient einem Zweck, jedes Wort deckt ein Geheimnis ... Von frühester Jugend an hat er nach Macht gestrebt; bevor sein Geist noch ausgebildet war, hat Falschheit sich seiner bemächtigt und die erwachende Stimme der Natur unterdrückt." Kalte Berechnung gegen den warmen Impuls der Natur — die ganze Antithese zwischen Napoleon und Germaine ist in diesen Zeilen vorweggenommen.

Die lächerliche Jagd auf den Helden wurde hauptsächlich von dem Helden selbst und von seinen Bewunderern geschildert; doch sind die Episoden, von denen sie berichten, offenbar wirklich authentisch. Bei einem Diner, das Talleyrand im Dezember 1797 gab, saß Germaine neben dem General und fragte ihn: „Wer ist die größte Frau in heutigen oder vergangenen Zeiten?" Lächelnd antwortete Bonaparte: „Diejenige, die am meisten Kinder geboren hat." Germaine war verwirrt. Ein anderes Mal (wenn man Napoleon glauben soll) wollte Germaine in sein Haus in der Rue Chantereine eingelassen werden. Der Diener erklärte, der Bürger

General sitze nackt im Bad. „Das macht nichts", rief Germaine, „ein Genie hat kein Geschlecht." Napoleon, der über gewisse Dinge merkwürdig prüde Ansichten hatte, war von dieser Art Witz nicht entzückt. Er ging ihr aus dem Weg, wo er konnte, und lehnte es sogar ab, bei einem großen Ball zu erscheinen, den sie ihm zu Ehren gab.

Sie verfolgte ihn aber nicht nur aus heroischen Beweggründen. Auch Germaines Bemühungen, so könnte man einwenden, waren nicht frei von Berechnung. General Bonaparte stand mit an erster Stelle unter den Männern, die einen von Frédéric César de La Harpe dem Direktorium vorgelegten Plan befürworteten. La Harpe war ein Landsmann Benjamins, der mit Hilfe französischer Waffen die Befreiung des Kantons Waadt von Berner Tyrannei betreiben wollte. Er war eben aus St. Petersburg gekommen, wo er der Erzieher des künftigen Zaren Alexander I. gewesen war, und seine Einstellung mußte Madame de Staël und Benjamin eigentlich viel mehr liegen als die des Generals Bonaparte: Er war von einem glühenden, tollkühnen und so ansteckenden Liberalismus beseelt, daß Alexander zwanzig Jahre brauchte, ihn wieder abzuschütteln. Aber ach, diejenigen, die alle menschlichen Motive letzten Endes auf das Geld zurückführen, werden in diesem Fall ein Musterbeispiel für ihre These finden. General Bonaparte, der Revolutionen mißbilligte und ein paar Jahre später den konservativen Schweizern wieder zur Macht verhalf, befürwortete die bewaffnete „Befreiung" der Schweiz, weil er beabsichtigte, die Auslagen seines ägyptischen Abenteuers mit Berner Gold zu bestreiten — wie es dann ja auch tatsächlich geschah. Germaine andererseits (und mit ihr Benjamin) liebte zwar die Freiheit sehr, war sich aber genau bewußt, daß ihr Vater, der Baron von Coppet, finanziell von der Aufrechterhaltung des Status quo abhing. Sie hatte in Frankreich jedes Stadium der Revolution mit Ausnahme der Schreckensherrschaft verteidigt. Aber als die Rede davon war, man wolle in Waadt dem französischen Beispiel folgen, war ihre Reaktion eindeutig: „Die Leute dort sollen haben, was sie wollen", sagte sie, „nur die Aufhebung der feudalen Rechte nicht." Sie brachte es, als das Familieneinkommen bedroht war, durch Autosuggestion sogar fertig, die Schweiz vorübergehend zu lieben. Sie appellierte direkt an Bonaparte: „Ich versuchte, seinen republikanischen Eifer, so gut ich konnte, zu dämmen, und machte ihn darauf aufmerksam, daß die Bewohner von Waadt völlig frei waren, was ihre bürgerlichen Rechte betraf, es sei infolgedessen, da die bürgerliche Freiheit de facto bestehe, nicht nötig, das Land dem größten Übel, nämlich einer fremden Invasion, auszusetzen, nur um sie auch de jure zu sichern ... Ich betonte nochmals, wie glücklich und wie schön Helvetien sei und wie es doch seit Jahrhunderten sich des Friedens erfreue." „Ja gewiß", unterbrach Bonaparte, „aber die Menschen brauchen *politische Rechte; ja*", wiederholte er, als hätte er die Worte auswendig gelernt, „*ja, politische Rechte.*"

Sich Bonaparte vorzustellen, wie er Madame de Staël gegenüber für politische Rechte eintrat, gehört zu den kleinen Pikanterien der Geschichte.

Ihre Bemühungen waren umsonst. Die Invasion war unwiderruflich beschlossen, und es blieb ihr nichts übrig, als nach Coppet zurückzueilen, um an der Seite ihres Vaters zu sein, wenn die Eindringlinge kamen. Sie hatte lediglich vermocht, den Schlag etwas hinauszuzögern, aber sie hatte nur um so mehr Grund, sich vor seiner Härte zu fürchten. „Diese Staël hat es durch ihre Intrigen vereitelt, daß der Bericht (über das Invasionsprojekt) früher vorgelegt wurde", schrieb La Harpe einem Freund. „Sie fährt jetzt fort. Ich wollte, sie würde damit beginnen, ihr Schloß in Coppet in Brand zu setzen, denn diese Frau ist eine verfluchte Schlampe."

Als sie Paris 1798 verließ, war die Presse kaum höflicher: „Die Baronin aller Baroninnen", spottete der *Ami des Lois*, „die Perle ihres Geschlechts, die Gottheit der Oligarchen, die Favoritin des Gottes der Constantia, die Beschützerin der Emigranten, mit einem Wort, die universale Frau hat Frankreich endlich verlassen ... Unglückliche Franzosen, ihr werdet sie nicht mehr sehen."

„Madame de Staël kommt gerade zur Rauferei zurecht", schrieb Suard am 24. Januar an Meister. „Sie fürchtet sich nicht vor ihnen (den Franzosen), berichtet mir ihr Vater ... Was sie jetzt wohl über den glorreichen 18. Fructidor denkt?"

Die Rauferei begann am 27. Januar, sie war ziemlich rasch vorbei. Die Schweiz wurde unter französischer Besatzung als Helvetische Republik neu organisiert, Genf zu Frankreich geschlagen, das Berner Gold nach Paris geschafft, um die Orient-Armee auszurüsten. „Damals", schrieb Germaine viel später, „betete ich zum erstenmal um eine französische Niederlage." Wenn das zutraf, so hat sie ihre Einstellung rasch geändert. In ihrem Buch *Welche Umstände gegenwärtig der Französischen Revolution ein Ende bereiten könnten*, das 1799 geschrieben, aber erst 1906 veröffentlicht wurde, nannte sie Bonaparte „den kühnen Krieger, den tiefen Denker, das ungewöhnlichste Genie der Geschichte".

Daß sich Germaine mit den Franzosen bald wieder versöhnt hatte, läßt sich zum Teil daraus erklären, daß die Invasionstruppen den Herrn von Coppet nicht nur freundlich, sondern sogar mit großer Achtung behandelt hatten. Monsieur Necker hob weiter seinen Pachtzins ein, und niemand steckte das Schloß in Brand. Mochte Germaine jedoch mit der französischen Regierung wieder versöhnt sein – umgekehrt galt nicht das gleiche. Während der beiden Jahre 1798 und 1799 blieben ihre wiederholten Invasionen nach Frankreich ohne Erfolg. Im Sommer 1798 wagte sie sich nach Saint-Ouen (das 1792 beschlagnahmte Schloß war Necker zurückgegeben worden); im November war sie schon wieder in Coppet. Sie hatte klugerweise einem Wink der Polizei Folge geleistet. Am 1. Januar 1799 nahm sie eine Wohnung in Genf; sechs Wochen später kehrte sie nach Coppet zurück. Im April suchte sie Benjamin in Frankreich auf. Er hatte sich wieder für eine Wahl aufstellen lassen – diesmal als Kandidat für Genf, denn er berief sich seit der Annektierung durch Frankreich darauf, ein Genfer Bürger zu sein, und setzte sich großartig darüber hinweg, daß er weder dort geboren war noch je dort gelebt hatte – und wieder wurde er disqualifiziert. Im Juli wurde der alte und niemals widerrufene Ausweisungsbefehl erneut hervorgeholt; Germaine, in aller Form verbannt, begab sich nach Coppet zurück.

Die französische Regierung war betont unfreundlich; sie wackelte außerdem, denn Korruption, Bürgerkrieg in der Vendée und die ihr von der neuen Koalition in Deutschland, in der Schweiz und in Italien beigebrachten Niederlagen hatten sie unterminiert. Germaines wachsende Bewunderung für Bonaparte (der Ägypten erobert hatte, an Syrien gescheitert war und nicht wußte, was er nun anfangen sollte) stand zufällig in Übereinstimmung mit den Gefühlen einer Minorität innerhalb der französischen Regierung. Von Siéyès, einem der neuen Direktoren geführt, hatte sich diese Gruppe hauptsächlich den eigenen Sturz zum Ziel gesetzt.

Ob eine Absprache voranging, ob – wie die offizielle Geschichtsschreibung behauptet – es nur ein glücklicher Zufall war, jedenfalls kehrte Bonaparte aus Ägypten in dem Augenblick zurück, in dem Siéyès und seine Verbündeten ihn am notwendigsten brauchten. Den ganzen Weg von Marseille bis Paris wurde er von Mitläufern umlagert: Er sei der Mann des Schicksals, „der unbesiegbare Sohn des Kriegsgottes". Er müsse eine starke Regierung einsetzen, der Parteienwirtschaft ein Ende setzen, das Kriegsglück wenden und auf der Grundlage von Ordnung, Autorität und Frieden französische Macht und französischen Wohlstand wiederherstellen. Bonaparte sah genau, daß diese Leute, alles getreue Anhänger des Mittelwegs, ihn für politisch naiv und unerfahren hielten und ihn lediglich als ein Werkzeug betrachteten, das man in Gebrauch nahm, solange es sich als nützlich erwies, und nachher wieder fortlegte. Er machte sich seine eigenen Gedanken und erlaubte ihnen freundlichst, den Staatsstreich des 18./19. Brumaire zu inszenieren, der ihn zum Herrn von Frankreich machte.

Germaines letzte Schrift *Welche Umstände . . .* stimmte genau mit dem offiziellen Programm der Umstürzler des Brumaire überein: die Revolution zu beenden, die Regierung zu festigen, eine Generalamnestie für alle vergangenen politischen Vergehen zu erteilen. Zudem war sie sicherlich wohlinformiert über den geplanten Staatsstreich, wenn sie sich auch nicht unmittelbar an seiner Vorbereitung beteiligte. Es war vielleicht kein Zufall, daß sie Coppet im Spätherbst 1799 eilends verließ und am Abend des 18. Brumaire (9. November) in der Umgebung von Paris eintraf. Benjamin war ihr entgegengekommen. Gemeinsam warteten sie den Ausgang des Staatsstreichs ab, der wegen Napoleons Ungeschicklichkeit am 19. Brumaire fast fehlgeschlagen wäre. Für Germaine hätte ein Sieg der Jakobiner erneute Verbannung, ja vielleicht Verhaftung bedeutet. Aber ihr Freund Lucien Bonaparte, Napoleons Bruder, rettete den Tag: Die widerspenstigen Abgeordneten wurden mit Bajonetten auseinandergetrieben und Bonaparte, Siéyès und Ducos zu Konsuln gemacht. Germaines Begeisterung kannte keine Grenzen. „Deine Nerven sind überreizt", warnte ihr Vater sie brieflich. „Unglücklicherweise hängt nun alles vom Leben eines Mannes ab; aber er ist jung, und Fortuna wird ihn uns bewahren . . . Ich gratuliere dir zu dem Glück, das dir sein Ruhm bedeutet."

Germaines „elendes Zigeunerleben" in den Jahren 1795 bis 1799 war ebensowenig nach dem Geschmack Benjamins wie nach dem ihres Vaters. Schon im Mai 1797, einen Monat, bevor Germaine ihm eine Tochter schenkte, schrieb Benjamin an seine Tante, Madame de Nassau: „Ich muß jemanden glücklich machen . . . Ich ersuche Sie, mir eine Frau zu finden. Ich brauche eine, um glücklich zu sein." Der Hauptinhalt seines Lebens bestand dreizehn Jahre lang aus dem dramatischen Kampf, sich von seiner Geliebten zu befreien – dreizehn weitere Jahre eines Zigeunerlebens. Er konnte Germaine nicht glücklich machen, weil sie nicht imstande war, glücklich zu sein. Dem Glück, diesem unerreichbaren Ziel, war sie im Jahr 1800 noch immer nicht näher als zu Beginn der Jagd, und ihr Streben, berühmt zu werden, hatte sie nur berüchtigt gemacht. Nur bei der „Maskierung des Lebens", wie sie es nannte, war sie erfolgreich gewesen, weil sie sich ununterbrochen in Bewegung befand. Das Erstaunliche daran ist, daß sie trotzdem Zeit fand, zu reifen, und daß sie trotz des verrückten Getriebes der folgenden Jahre in der Lage war, ihrem gereiften und genialen Geist in Werken von bleibendem Wert Ausdruck zu geben. Alles in allem hatte sie trotz ihrer Niederlagen gewonnen und mit majestätischer Zuversicht alle Stürme überdauert — unzerstörbar, unversenkbar, unempfindlich gegen Einschüchterung, Verfolgung, Beschimpfung, Spott, Verrat und sogar brutale Zurückweisung. Von ihrem Gatten kann man nicht das gleiche behaupten. Über seinen endgültigen Zerfall ist noch zu berichten.

Auf die Nachricht hin, daß Monsieur de Staël Ende 1796 nach Paris zurückgekehrt sei, hatten seine Gläubiger sich auf die Beute gestürzt. Germaine veranschlagte seine Schulden um diese Zeit auf 150 000 Schweizer Pfunde. Es war, wie sich herausstellte, eine optimistische Schätzung. Um die dringendsten Forderungen zu befriedigen, borgte er Geld zu drei Prozent Zinsen im Monat und suchte alle Spielhöllen in Paris auf. Nur einer Verpflichtung kam er pünktlich und regelmäßig nach: Er zahlte Mademoiselle Clairon ihre Jahresrente von 5000 Francs und 50 Zentner Weizen. Er hatte ihr um 1793 auch ein Haus gekauft, in dem eine Wohnung für ihn bereitstand. 1797 legte sie ihm eine Rechnung von 46 000 Francs für Dachreparaturen und Hausmeistergehälter vor; Monsieur de Staël bezahlte.

Im Juli 1797 blinkte ein Hoffnungsschimmer auf. Talleyrand, den Madame de Staël zum Minister gemacht hatte, ließ die schwedische Regierung wissen, daß ihres Gatten Wiederernennung im französischen Außenministerium mit Wohlwollen aufgenommen werden würde. In Schweden schlug das Pendel wieder zugunsten Frankreichs aus; nach längeren Unterhandlungen beschloß Gustav IV., einen bevollmächtigten Minister zu ernennen, und Monsieur de Staël, der nicht mehr in der Lage war, sich wegen eines Titels herumzustreiten, wurde im April 1798 mit dem Posten betraut. Es war ein Triumph von kurzer Dauer, ein paar Monate später nahm der Monarch, dessen Launen man nie vorhersehen konnte, schon wieder einen andern Kurs. Die diplomatischen Beziehungen wurden praktisch abgebrochen, und am 10. Oktober ließ man den unglücklichen Staël wissen, er sei endgültig entlassen. In einem wahrhaft ergreifenden Brief teilte er seiner Frau diese Nachricht mit. „Ich muß hinzufügen", vermerkte er, „daß dieses Unglück nicht das größte ist, das mich betroffen hat." Als Antwort sandte Monsieur Necker seinem Schwiegersohn 18 000 Francs, um die Kosten seiner Rückreise nach Schweden zu decken.

Staël hatte nicht die Absicht, Paris aufzugeben, nicht einmal, um Monsieur Necker einen Gefallen zu tun. Er verließ die Pracht der Rue du Bac, mietete eine kleine Wohnung an der Place de la Concorde und verschwand, was seine Frau und seinen Schwiegervater betraf, aus dem Blickfeld. Im November 1800 erhielt Necker einen Brief von einem Monsieur du Buc, der sich als ein Freund Staëls vorstellte. Nicht nur war Monsieur de Staël völlig mittellos, er war auch krank, allein, unversorgt. Monsieur de Staël fehlte das Lebensnotwendigste ... „Ich habe ihm aus meinen eigenen bescheidenen Mitteln 1000 Francs zukommen lassen, womit er im vergangenen Monat sein Essen und die Arzneien bezahlte." Soweit Monsieur du Buc.

Der Schutzengel war skeptisch: „Monsieur de Staël schreibt mir niemals . . . Ich hatte keine Ahnung von seiner mißlichen Lage, und gewisse Einzelheiten lassen sie mir unerklärlich erscheinen, wenn sie wirklich so mißlich ist, wie Sie glauben." Er habe ihm, auf die letzten dreißig Monate verteilt, 20 000 Francs geschickt, fuhr Necker fort. „Mein Haus stand ihm als Asyl offen; er konnte zu seiner Frau zurückkehren; seine jetzige Einrichtung soll luxuriös sein . . . Ich habe einen meiner Freunde ersucht, der Sache nachzugehen und für seine Bedürfnisse zu sorgen." Um seinen Schwiegersohn zu trösten, sandte Necker ihm, ohne das Ergebnis der Nachforschungen abzuwarten, ein Exemplar seines *Exkurses über religiöse Ethik*, frisch aus der Druckerpresse. Staël dankte ihm in einem tränenreichen Brief, lobte das Buch und fügte mehrere Absätze klinischer Schilderungen hinzu.

Germaine war in Paris, als der Erste Konsul am 19. März 1800 seinem Bruder Joseph Bonaparte, mit dem Germaine sich sehr gut vertrug, folgenden Brief schickte:

„Monsieur de Staël lebt in größtem Elend, und seine Frau gibt Diners und Bälle. Wäre es nicht richtig, wenn du noch weiter mit dieser Frau zusammentriffst, ihr nahezulegen, sie möge ihrem Mann eine Rente von 2000 Francs im Monat aussetzen? Oder sind wir in einem Zeitalter angelangt, in dem man, ohne von anständigen Leuten getadelt zu werden, nicht nur jede Moral, sondern auch Pflichten mit Füßen treten kann, die heiliger sind als das Band zwischen Kindern und Eltern? . . . Man möge Madame de Staëls Verhalten beurteilen wie das eines Mannes; aber würde ein Mann, der Monsieur Neckers Vermögen erben wird, der lange Zeit sich der Privilegien erfreute, die mit einem vornehmen Namen verbunden sind, und der seine Frau mittellos vegetieren läßt — würde ein solcher Mann zu den Menschen gehören, mit denen man gerne verkehrt?" Auch Necker drängte auf eine Vereinbarung, wenn auch aus anderen Gründen als Bonaparte. Eine rechtsgültige Vermögenstrennung schien ihm unerläßlich, sollten die Schulden seines Schwiegersohnes nicht einen beachtlichen Teil seines eigenen Vermögens verschlingen. Über die Vereinbarung wurde durch einen Rechtsanwalt verhandelt. Ohne einander zu treffen, legten Mann und Frau ihre Bedingungen schriftlich auf einem Bogen Papier nieder, der zwischen ihnen hin und her ging. Germaine bestand auf ihrem ursprünglichen Entwurf, den ihr Mann gezwungenermaßen annahm: eine Pauschale von 10000 Francs und eine jährliche Rente von 3600 — weniger als ein Sechstel der Summe, die der Erste Konsul vorgeschlagen hatte[22].

Gerne würde man nun berichten, daß Monsieur de Staël die ihm verbleibenden Jahre von dieser bescheidenen, aber sicheren Pension in seiner Wohnung an der Place de la Concorde inmitten seiner luxuriösen Möbel lebte. Leider war dem nicht so. Er mußte seine Zahlungen an Mademoiselle Clairon einstellen. Die Siebzigerin, der er „die süßen und unschuldigen Illusionen ihrer Jugend wiedergeschenkt hatte", verklagte ihn vor Gericht. Die Gerichtsdiener kamen in die Wohnung und schafften die luxuriöse Einrichtung fort. Dann erlitt er einen Schlaganfall.

Im Frühjahr 1801 ging Germaine Gerüchten nach, daß es mit ihrem Mann nicht zum besten stehe; sie fand einen schwachsinnigen, sabbernden, scheußlich anzusehenden Gelähmten vor. Sie beschloß, sich um ihn zu kümmern. Mitleid und die Angst vor einem Skandal siegten über die Abneigung.

Er siechte dahin. Im Frühjahr 1802, im Begriff, ihren jährlichen Besuch in Coppet zu machen, kam sie auf den Gedanken, den Kranken mitzunehmen und dort zu lassen. Monsieur Necker, selbst kein Jüngling mehr, konnte sich für diesen Plan nicht begeistern. Warum nahm sie ihren Mann nicht in ihr eigenes Haus in Paris auf? fragte er. Da die französische Regierung ihr wieder mit Ausweisung drohte, war es unklug, wie er meinte, ihn nach Coppet zu bringen; in Paris konnte Monsieur de Staëls schwerfällige Masse noch einem nützlichen Zweck dienen: „Du könntest jedenfalls immer sagen: ‚Ich muß hier leben, um für Monsieur de Staël zu sorgen.'"

Vielleicht hatte Germaine den Eindruck, daß Monsieur de Staël sich in ihrem Haus nicht sehr dekorativ ausnehmen würde. Sie mißachtete den Rat des Verfassers der *Religiösen Ethik*, lud ihren Gatten in einen Wagen und fuhr in die Schweiz. Die Fahrt war für den Patienten nicht zuträglich. Sie kamen in Poligny, einem Ort in den Jurabergen nahe der Grenze, an, dort wurde sein Zustand beängstigend. Germaine beschloß, die Nacht im Gasthof in Poligny zu verbringen. Am nächsten Morgen ging es ihm noch schlechter, und sein Anblick war noch unästhetischer. Es kam gar nicht in Frage, die Reise weiter fortzusetzen. Germaine blieb an seinem Lager. In der Nacht des 8. Mai verließ sie ihn als Schlafenden. Am Morgen des 9. Mai fand ein Diener ihn tot vor. Gefolgt von einem Leichenwagen, zog Germaine in Coppet ein.

Sie war nicht allzu erschüttert. Als Antwort auf einen Kondolenzbrief schrieb sie:

„Ich habe wirklich mehr Schmerz empfunden als unter irgendwelchen anderen Umständen. Es machte mich aufrichtig glücklich, die Gefühle, die ich nicht für ihn aufbringen konnte, nun dadurch zu ersetzen, daß ich für ihn sorgte. Sechs Wochen hatte ich auf nichts anderes verwendet als darauf, seine Angelegenheiten in Ordnung zu bringen, und wollte ihm als Ergebnis seine schwedische Pension gemeinsam mit der unsern überreichen, d. h. 10 000 Pfund im Jahr, ohne jeden Abzug. Ich werde auch weiterhin keine Mühe und kein Opfer scheuen, damit seine Schulden bezahlt werden, aber die Erfüllung dieser Pflicht wird mich nicht mehr befriedigen. Auch hat sein Tod mich sehr getroffen, und ich werde mich nie über meine Unfähigkeit trösten, ihn ein Weilchen glücklich zu machen, als er sich mir ganz überlassen hatte. Zu diesem Gefühl kam noch das Schrecknis, mit ihm allein zu sein, allein mit seinen traurigen Überresten. Ich hatte den Tod noch nie aus solcher Nähe gesehen, und vierundzwanzig Stunden lang war ich den schmerzlichsten und zugleich phantastischsten Bildern ausgeliefert." Man kann sich leicht vorstellen, worin diese schmerzlichen und phantastischen Bilder bestanden: aus Vorstellungen über ihren Vater auf dem Totenbett. Mit den traurigen Überresten Monsieur de Staëls machte man weniger Aufhebens als mit denen Madame Neckers. Er wurde auf dem Friedhof in Coppet begraben und sogleich vergessen. Als der Friedhof irgendwann im vorigen Jahrhundert aufgelöst wurde, bemühten Madame de Staëls Erben sich nicht darum, seine Knochen zu bewahren. Monsieur de Staël verschwand ganz und gar. Er besitzt kein Grab.

1877 verkaufte Schweden für 50 000 Dollars die Insel wieder an Frankreich, die Monsieur de Staël von Marie Antoinette erhalten hatte, um Mademoiselle Neckers Millionen heiraten zu können

DRITTER TEIL · ZWEI TYRANNEN

Es gibt nur zwei Mächte in der Welt – das Schwert und den Geist . .
Auf lange Sicht wird das Schwert immer vom Geist besiegt.

NAPOLEON AN FONTANES

Der Verstand erreicht seine volle Kraft erst,
wenn er sich gegen die Gewalt wendet.

MADAME DE STAËL
Über die Literatur

Ich habe niemals eine Frau gekannt, die einen so ununterbrochen in Anspruch nahm, ohne sich dessen bewußt zu sein . . . Jedermanns Leben muß zur Gänze, in jeder Stunde, in jeder Minute, jahrelang, zu ihrer Verfügung stehen, sonst gibt es einen Ausbruch wie alle Gewitter und Erdbeben zusammengenommen.

BENJAMIN CONSTANT
Tagebücher

Ideologie

Wäre Madame de Staël 1799 gestorben, würde man sich an sie – wenn überhaupt – als an eine kuriose Zeiterscheinung erinnern. Ihre Bemühungen, die revolutionäre Sintflut mittels ihrer Flugschriften, ihrer Liebhaber, ihrer Salonverschwörungen in vernunftgemäße und nutzbringende Kanäle zu leiten, waren folgenschwer genug, um ihr zu schaden, und wirkungslos genug, um lächerlich zu sein. In ihren Schriften funkelte vor 1800 zwar manchmal eine brillante Stelle auf, aber sie würden ihr nicht einmal eine Fußnote in der französischen Literaturgeschichte eingebracht haben. Um als leidenschaftlich glühende Heldin im Gedächtnis zu bleiben, fehlte es ihr wieder in ihren Liebesgeschichten an tragischer Würde, Einfachheit und Aufrichtigkeit.

Aber Madame de Staël lebte bis zum Jahre 1817 und hinterließ einen so nachhaltigen Eindruck auf ihre Epoche wie nur wenige Frauen. Sie wurde sowohl als politische Figur wie als Schriftstellerin und Frau zur Verkörperung eines Prinzips. Zu ihren Lebzeiten nahm sie eine Stellung ein, die der Voltaires fünfzig Jahre früher vergleichbar war. „Ecrasez l'infâme!" war der Schlachtruf, den der Patriarch von Ferney seinen Getreuen mahnend zurief; die Matriarchin von Coppet hätte mit gleichem Recht sich das Motto „Résistez l'infâme!" zulegen können, als Antwort auf Napoleons Drohung „Je l'écraserai – ich werde sie zermalmen."

In ihrem Privatleben trug sich im Jahr 1800 nichts zu, was einen so plötzlichen Wandel hätte erklären können. In Wirklichkeit änderte sie sich auch gar nicht: Nichts konnte sie verwandeln, mit Ausnahme des rein körperlichen Verfalls in den letzten zwei oder drei Jahren ihres Lebens. Wie bei einem Kreisel lag ihre ganze Stabilität in ihrer eigenen inneren Bewegung, jede Richtungsänderung jedoch kam von einem äußeren Anstoß. Stillstand bedeutete Tod; was sie an Kraft besaß, verdankte sie der Aktivität, die für andere so ermüdend war. Vor 1800 aber war rings um sie alles in Fluß gewesen: Der Kreisel hatte sich auf einer sich stets verschiebenden Fläche gedreht. Mit jedem neuen Impuls hatte sie die Richtung gewechselt, sich dem entgegengestellt, was sie selbst mit ins Leben gerufen hatte, anscheinend von dem einzigen Wunsch beseelt, alles Geschaffene wieder zu zerstören. Ihre innere Beständigkeit konnte erst zutage treten, als sich der äußere Rahmen gefestigt hatte; was sie in zehn Jahren Aufruhr gelernt hatte, konnte erst dann Gestalt annehmen, als eine unbeugsame äußere Gewalt sie zwang, konsequent zu sein.

Soweit es in seiner Macht stand, erwies Napoleon ihr diesen Dienst. Er war für Germaine das Ereignis des Jahres 1800. Zwar konnte er ihrem Herzen keine Beständigkeit auferlegen, und bei ihren Liebschaften ging es so stürmisch zu wie immer; aber er brachte die Revolution zum Stillstand, und alle ehrgeizigen Bestrebungen hatten nur mehr ein einziges Ventil – seine Befehle auszuführen und ihm auf seine Art zu dienen. Vielleicht war Germaine durchaus willens, ihm zu dienen, aber auf ihre Art. Seine kompromißlose Feindseligkeit stieß auf ihren unnachgiebigen Widerstand, und in dem vierzehnjährigen Duell zwischen dem Kaiser der Materie und der Kaiserin des Geistes (wie Sainte-Beuve die beiden nannte), besaß der Kaiser schließlich keine Materie mehr, während die Kaiserin ihren Verstand geweitet und geschärft hatte.

Ihre Auseinandersetzung mit Napoleon machte sie zum Gewissen Europas; ihr ebenso unbarmherziger Kampf um die Herrschaft über die Männer, die sie liebte, machte sie zu Europas Schauspiel. Zwei gleichzeitig geführte Kriege von solchem Ausmaß hätten ihre Zeit völlig in Anspruch nehmen können, und doch schrieb sie in diesem Abschnitt ihres Lebens ihre epochemachenden Werke – *Über die Literatur, Corinna* und *Deutschland* – neben anderen kaum weniger bedeutenden und umfangreichen Büchern. Diese Werke waren in den beiden Kriegen ihre gewichtigsten Waffen; mit ihrer Hilfe trug sie zur Begründung einer neuen Ideologie bei; sie sind es, die ihr Gedächtnis lebendig erhalten haben. Die einzelnen Episoden ihrer Feldzüge bilden notwendigerweise den Stoff ihrer Biographie. Und wenn die vorhergehenden Kapitel die persönlichen Erlebnisse schilderten, die ihr Denken formten und beeinflußten, so müssen die folgenden Kapitel natürlich mit dem Bericht über die Geschehnisse fortfahren. In diesem Kapitel aber soll ihr Denken in seinen Wesenszügen definiert und ihm sein Platz innerhalb der Kräfte zugewiesen werden, die es formten und die es zu formen half.

Germaine de Staël wird immer wieder als Pionier der Romantik dargestellt. Die Romantik ihrerseits wird gewöhnlich als eine Reaktion auf die Aufklärung betrachtet. Es steht fest, daß Madame de Staël die deutsche Romantik verbreiten half, wenn auch die Bedeutung ihrer Rolle dabei übertrieben wurde; aber sie besuchte Deutschland das erste Mal im Jahr 1803, und im Jahr 1800, als sie ihr Buch *Über die Literatur in ihren Beziehungen zu gesellschaftlichen Institutionen* veröffentlichte, war ihr Denken in seinen wesentlichen Zügen bereits voll ausgebildet. Sie ging niemals von einem der Grundprinzipien ab, die sie in diesem Werk niedergelegt hatte. Diese Prinzipien stehen keineswegs im Gegensatz zur Philosophie der Aufklärung, sondern stellen vielmehr ihre letzten Schlußfolgerungen dar und geben sie an spätere Zeiten als das Erbe des idealen Liberalismus weiter. Stand die Romantik zu diesem Erbe in Konflikt, dann begriff Madame de Staël die Romantik nicht.

Es ist ein Mißverständnis, Madame de Staël als eine Verfasserin von Romanen und literarische Kritikerin zu betrachten; sie war vor allem eine politische Denkerin, eine Moralistin und eine Geschichtsphilosophin.

Sie war ein reines Produkt von Intellektualismus und Rationalismus. Was sich rational nicht erfassen und ausdrücken ließ – Musik zum Beispiel –, war für sie lediglich Unterhaltung oder bestenfalls ein Anreiz zur Träumerei. Im achtzehnten Jahrhundert, erklärte sie, habe die Literatur aufgehört, „bloße Kunst zu sein;

sie wurde Mittel zum Zweck, eine Waffe im Dienst menschlichen Geistes". Als Henry Crabb Robinson, ein junger Engländer, erklärte, sie würde Goethe niemals verstehen, antwortete sie: „Monsieur, ich verstehe alles, was verdient, verstanden zu werden; was ich nicht verstehe, bedeutet auch nichts." Am verblüffendsten ist wohl ihr Ausspruch über Mozarts Don Giovanni: „Von allen Komponisten hat Mozart vielleicht am geistvollsten die Musik mit den Worten vermählt . . . Auch dieses geistreiche Bündnis des Komponisten mit dem Dichter macht Freude, aber es ist eine Freude, die dem Verstand entspringt und nicht in den herrlichen Bereich der Künste gehört." *(De l'Allemagne)*

Madame de Staël hat also die Literatur nicht „als bloße Kunst" betrachtet, sondern als Mittel zu einem moralischen oder sozialen Zweck: Sie sollte dazu dienen, die Menschheit zu kultivieren — sie von Unwissenheit, Aberglauben, Brutalität und Ungerechtigkeit zu befreien; ihren eingeborenen Sinn für die Tugend durch die Pflege von Vernunft und Gefühl, von Begeisterung und großherzigen Leidenschaften zu entwickeln. Das war natürlich das Ideal der Aufklärung, das intellektuelle und emotionelle Klima, in dem Germaine aufgewachsen war. Germaines Kult des Gefühls, der Leidenschaft, der begeisterten Schwärmerei vertrug sich ohne weiteres mit der gängigen Denkweise der Aufklärung. Immer wieder macht man den Fehler, diesen Kult ausschließlich dem Einfluß Rousseaus zuzuschreiben. Locke war es und nicht Rousseau, der als erster die gerechten Ansprüche der Leidenschaften vertrat. Shaftesbury erklärte vor Rousseau, daß der Mensch ein natürliches Gefühl für Recht und Unrecht habe und eine eingeborene Zuneigung zu seinem Nebenmenschen; er pries die wohltätigen Gefühle; er schrieb einen *Brief über die Begeisterung,* der alles vorwegnahm, was Madame de Staël über dieses Thema zu sagen hatte. Diderot, Shaftesburys Übersetzer und Kommentator, trat noch beredter als Rousseau für die natürlichen Leidenschaften des Menschen ein.

Rousseau stand nicht im Gegensatz zu den „Rationalisten", was die Notwendigkeit und wohltuende Wirkung der Leidenschaften betraf. Madame de Staël jedoch hat gerade ihn herausgegriffen und als den Mann bezeichnet, dem sie geistig etwas schuldete, und damit dem Mißverständnis über ihre geistige Herkunft Vorschub geleistet. In gewissem Sinn geschah es mit gutem Grund.

Rousseau, der gewöhnlich als antirational und inkonsequent beschrieben wird, war paradoxerweise der einzige unter den Philosophen, dem eine Synthese von Vernunft und Gefühl gelang. Und zwar nur deshalb, weil sein Temperament ihn befähigte — oder vielmehr zwang –, sich gegen seine Zeit aufzulehnen und einen Platz außerhalb der Gesellschaft zu suchen. Diderot, mochte er sein Zeitalter und dessen Institutionen noch so kühn kritisieren, hatte die Gesellschaft so nötig wie Speise und Trank. Rousseau aber erschreckte ihn. „Ich hatte den Eindruck, eine verdammte Seele vor mir zu haben", vermerkte Diderot nach ihrer letzten Zusammenkunft. Und Rousseau war eine verdammte Seele, denn je klarer er seine Einstellung darlegte, desto mehr mußte er mißverstanden werden. Es ist nicht nötig, sich über die psychologischen Gründe zu verbreiten, die zu Rousseaus Unbehagen bei der Berührung mit moderner Zivilisation führten. Es genügt die Feststellung, daß er sie unaufrichtig, künstlich, lieblos, beengend, lebenszerstörend fand.

„Wo ist er, der natürliche Mensch, der ein wahrhaft menschliches Leben führt? Der, ohne sich um die Meinungen der andern zu kümmern, nur in Übereinstimmung mit seinen eigenen Instinkten und seinem Verstand handelt, ohne Lob oder Tadel der Gesellschaft zu beachten? Vergeblich halten wir unter uns nach ihm Ausschau. Überall nur eine Tünche von Worten; alle Menschen suchen im Schein ihr Glück. Niemandem ist es um die Wirklichkeit zu tun, jeder begründet sein eigentliches Wesen auf Illusionen. Sklaven und Genarrte ihrer Eigenliebe, leben die Menschen nicht, um zu leben, sondern um andere glauben zu machen, daß sie gelebt haben[23]!"

Um in Übereinstimmung mit seinen Instinkten und seinem Verstand zu leben, brach Jean-Jacques mit der Gesellschaft. Er schrieb: Instinkte *und* Verstand, das sollte man sich merken. Es darf keinen Konflikt zwischen natürlichem Instinkt und Verstand geben, zwischen Gewissen und Gesetz, zwischen individueller Freiheit und sozialer Gemeinschaft: Um diese einzelnen Elemente miteinander in Einklang zu bringen, schrieb Rousseau den *Discours sur l'Inégalité, La Nouvelle Héloise, Le Contrat Social* und *Emile.* Das Ergebnis war eine völlige Umwertung aller Werte. Gesetze, Gesellschaft, Institutionen, Moral waren in ihrer augenblicklichen Form weder gesetzlich noch sozial, noch geordnet, noch moralisch, noch vernünftig; ihr Zweck war vielmehr eine Verewigung des geraden Gegenteils, denn sie dienten nur dazu, den Eigennutz und das Streben nach Macht unter dem Mantel von Gesetz und Moral zu verbergen.

Wie alle Nachfolger Rousseaus übernahm Germaine von ihm nur, was ihr paßte. Sein Bruch mit gesellschaftlichen Konventionen war ihr genehm, nicht aber, daß er sich von der Gesellschaft selbst zurückgezogen hatte. Sie konnte ohne Gesellschaft ebensowenig auskommen wie Diderot. Rousseaus Glauben an die angeborene Tugend des Menschen, an die Übereinstimmung von natürlichem Instinkt und Vernunft kam ihr ebenfalls gelegen, nicht aber die radikalen Utopien des *Contrat Social* und des *Emile:* Die Menschheit mußte nach Tugend streben, indem sie Verstand und Gefühl pflegte, nicht aber, indem sie die Gesellschaft von Grund auf neu gestaltete. Rousseaus Auflehnung gegen die Frivolität seiner Zeit paßte ihr, nicht aber sein Angriff gegen Kunst und Wissenschaft. Wenn Rousseau in offensichtlichem Einklang mit der Aufklärung stand, stimmte sie mit ihm überein, schien er von ihr abzuweichen, so lehnte sie ihn ab. Ein einziger Punkt machte eine Ausnahme: Germaine fühlte sich, wie die meisten ihrer Zeitgenossen, zutiefst von dem neuen Klang einer unbestimmbaren Sehnsucht und liebevoll genährten Melancholie angesprochen, den Rousseau in die europäische Literatur einführte. Sie teilte mit ihren Zeitgenossen eine verwässerte Vorstellung von Rousseau und sah nicht den wahren Menschen vor sich, Diderots „verdammte Seele", die immer noch ihren gigantischen Schatten über die Welt wirft. Über diese sentimentale Vorstellung aber hätte Rousseau nur gespottet – und sein Spott war beißend.

Empfindung, Leidenschaft, Enthusiasmus, Hochgefühl, Glück, Melancholie – diese Worte kommen in Madame de Staëls Schriften immer wieder vor, ebenso Liebe, Freundschaft, Güte, Adel, Großmut, Tugend; desgleichen auch Vernunft, Einsicht, Fortschritt, Freiheit. Einzeln genommen lauter vage Worte, gemeinsam aber bestimmen sie ihr geistiges Klima und enthalten alles, was ihr heilig war. Als sie nach ihrer Heirat der Welt ohne Maske begegnete, entdeckte sie, daß die Welt alle diese Begriffe verachtete. Ihr Leben lang hatte sie an diesem Schock zu tragen. Über einen großherzigen idealistischen Impuls oder Gedanken verächtlich zu lachen, war für sie eine Sünde gegen den Heiligen Geist. Die „Tyrannei des Lächerlichen", erklärte sie in *De la littérature,* kennzeichnete die letzten Jahre des ancien régime in Frankreich und war das Produkt einer aristokratischen Hofgesellschaft, in der man den Menschen nach dem *Schein* und nicht nach dem *Sein* beurteilte. Jedes Abweichen vom festgelegten Verhalten wurde zur Zielscheibe ihres Spottes, „ihr Gelächter gilt allen, die den

Ernst des Lebens erkennen und noch an echte Gefühle und ernsthaftes Denken glauben . . . Sie befleckt die Hoffnung der Jugend. Nur schamloses Laster ist außerhalb ihrer Reichweite." Vor der Revolution wurde diese „entmutigende Geisteshaltung" zumindest durch einen erlesenen Geschmack und vollendete Manieren in Schach gehalten; die Revolution räumte mit dem Geschmack und den Manieren auf und ließ nur mehr den Spott der Besitzenden und Machthaber als Wirklichkeit gelten, während alles andere zu einer gefährlichen und verächtlichen Illusion wurde.

Es dient Germaines Mut und Zähigkeit zu besonderem Ruhm, daß sie diesem Spott, obwohl er sie in tiefster Seele verletzte, nicht auswich, sondern ihn im Gegenteil jeden Tag ihres Lebens tapfer von neuem herausforderte. Aus dem heiligen Funken der Begeisterung machte sie ihre Religion, und die Spötter wurden ihrerseits zum Gegenstand ihrer spöttischen Verachtung.

Germaine reagierte weniger auf Rousseaus Ideen als vielmehr auf das sie umgebende emotionelle Klima – auf die *Nouvelle Héloise* mehr als auf den *Contrat Social.* Und selbst da wählte sie aus, was ihr gemäß war. Empfindung und Begeisterung, ja; unbestimmtes Sehnen nach dem Grenzenlosen, ja; Melancholie, ja; Liebe, von den künstlichen Fesseln der Gesellschaft befreit, ja und nochmals ja. Aber das alles war nur ein abstrakter Rousseau. Der richtige Rousseau war ein brüsker und flegelhafter Geselle, der sein Haus bei Sonnenaufgang mit seinem Hund verließ, um der menschlichen Gesellschaft zu entrinnen, sich um die Ecke stahl und in die Felder hinauswanderte. Dort legte er sich nieder, träumte in den Tag hinein oder nahm auch nur auf, was an körperlichen Empfindungen auf ihn eindrang – den Duft von Gras und Büschen, die Wärme der Sonne, die Farben, die Töne, wie sie im Ablauf des Tages sich veränderten. Es ist schwer, sich Madame de Staël bei einer solchen Beschäftigung vorzustellen, und doch war sie die eigentliche Wurzel, aus der Rousseaus Auflehnung erwuchs. Wie Ernst Cassirer sagte: Die Philosophie Rousseaus begann mit dem Augenblick, in dem er seine Uhr wegwarf.

Diesen Rousseau begriff Madame de Staël nicht. Sie gab sehr viel auf die Übereinstimmung zwischen der Landschaft und den Seelenzuständen in Rousseaus Schriften; sie selbst aber zog dem Genfer See und den Alpen – der Landschaft aus der *Nouvelle Héloise* – den Rinnstein in der Rue du Bac vor. Es gelingt ihr allerdings in *Corinna* großartig, die Stimmung der Gestalten und ihrer Umgebung in Einklang zu bringen, aber nur wenn die umgebende Landschaft eine Stadt ist: Rom. Das ist kein Zufall. Rousseaus Landschaften haben keine Geschichte; will Madame de Staël

Corinna — sich selbst — in eine passende Umgebung versetzen, so kann sie keinen besseren Rahmen wählen als Rom, das „nicht nur eine Sammlung von Baulichkeiten ist, sondern die Geschichte der Welt, symbolisiert durch verschiedene Wahrzeichen, dargestellt in verschiedenen Formen". — „Die herrlichsten Landschaften der Erde", bemerkt Germaine in *Corinna* an anderer Stelle, „sind, wenn sie keine Erinnerung wachrufen, keine Spur eines denkwürdigen Ereignisses tragen, im Vergleich zu historischen Gegenden uninteressant". Die Unmittelbarkeit von Gefühl und Erlebnis, das Ziel von Rousseaus Bestrebungen, wurde Germaine durch die Zwischenschaltung des Verstandes unmöglich gemacht.

Das Historische war Madame de Staëls eigentliches Element, und sie tat das Ihre, das neunzehnte Jahrhundert zu dem bis heute geschichtsbewußtesten Jahrhundert zu machen. Abgesehen von der Liebe war für sie nichts so berauschend wie die Geschichte; und selbst die Liebe sah sie, wie alles andere, als Sozialhistoriker an. In dieser Hinsicht war ihr Mentor Voltaire und ganz besonders Montesquieu, nicht aber Rousseau. Von ihnen lernte sie, daß Institutionen, Gesetze, Sitten, alle Bekundungen des menschlichen Verstandes, Ergebnisse der Umgebung des Menschen waren, untereinander in Beziehung standen und durch bestimmte historische Phasen gingen: diese — und nicht Kriege, Heiraten und Thronfolgen — waren der eigentliche Stoff der Geschichte. Indem sie Empfindungen intellektualisierte, stellte Germaine eine Beziehung zwischen Geschichte und Gefühl, zwischen sozialen und politischen Institutionen und dem menschlichen Herzen her.

Der Ausgangspunkt von Germaines Denken war wie bei Rousseau eine Reaktion des Gefühls. Ihre früheren Werke — die *Briefe über Rousseau*, die *Nachrede auf Guibert*, die Dramen *Sophie* und *Jane Grey*, die Erzählungen *Zulma, Mirza, Adélaide et Théodore* und die *Geschichte Paulines* — waren ein Protest schwärmerischer Begeisterung gegen die müde Frivolität der Gesellschaft des achtzehnten Jahrhunderts, echter Empfindung gegen den Zynismus, das heißt gegen die Dickhäutigkeit der Feinfühligen. Es ist nicht weniger kennzeichnend, daß sie auch der Protest einer überlegenen Frau gegen eine Gesellschaft waren, die alle andern weiblichen Schwächen mit größter Nachsicht hinnahm und ihre Strafen dem Verbrechen der Überlegenheit vorbehielt. Wie Delphine und Corinna, so fanden auch die Heldinnen der früheren Werke — Zulma, Mirza, Adelaide, Pauline, Jane Grey — ein tragisches Ende, weil sie höhere Ideale, Talente, Leidenschaften und Empfindungen besaßen. Germaine wurde dabei nicht nur von einem Verlangen nach Exhibitionismus und Rechtfertigung getrieben; sie wollte vielmehr eine Gesellschaft kritisieren, die großherzige Impulse unterdrückte und der Hälfte der Menschheit (der weiblichen Hälfte) den Mut nahm, ihre Gaben frei zu entfalten.

In ihrer anfänglichen Phase schien die Revolution die Erfüllung von Germaines Wünschen zu bringen. Vernunft und Gefühl, von einer Welle der Begeisterung emporgetragen, hatten alle Spötter in dieser Flut ertränkt und würden nun eine freie, nicht von Vorrechten und Eigennutz, sondern von Talent und Tüchtigkeit beherrschte Gesellschaft ins Leben rufen. Die Vereinigten Staaten waren, so dachte man, eine solche Gesellschaft der Zukunft, und ihre Existenz bewies zur Genüge, daß dieses Ideal keine Utopie war. Die Situation war in Frankreich natürlich anders als in der amerikanischen Wildnis, und es gab Diskussionen darüber, wie demokratisch, wie republikanisch eine den französischen Verhältnissen angemessene Gesellschaft sein konnte. Germaine betrachtete Amerika wohl als Ideal, England aber weiterhin als Vorbild und die Revolution des Jahres 1688 als Vorläuferin.

Der jubelnde Aufschwung der ersten Anfänge kam bald zum Stocken. Offensichtlich waren nicht nur großherzige und gute Gefühle am Werk, und die reine Tugend, wie Necker sie verkörperte, hatte keine Gewalt über die historischen Kräfte. Fanatismus, Habgier, Ehrgeiz, Rachsucht, „persönliche Interessen in metaphysischem Gewand" und pure Grausamkeit waren ebenfalls Gefühle, mit denen man rechnen mußte, und die Germaine zwangen, ihre Ideen neu zu ordnen.

Enttäuschte Liberale haben eine gewisse Neigung, sich gegen ihre Vergangenheit zu kehren. Die Begeisterung für Gerechtigkeit und Tugend hatte zu Verbrechen und Laster — die für Gleichheit zur Bereicherung von ein paar Schiebern — die für Freiheit zur Schreckensherrschaft — die für Brüderlichkeit zu einem Weltkrieg — die für die Menschenrechte zu Massenhinrichtungen — die für Leben zum Tode geführt. Europa wurde nach der ersten Welle der Begeisterung von einem allgemeinen Widerwillen gegen die Französische Revolution ergriffen; ihre früheren Anhänger schlugen sich an die Brust; ein paar vereinzelte Stimmen — die eines Kant, eines Herder, eines Thomas Paine, MacIntosh, Fox, die es ablehnten, die Revolution in Bausch und Bogen zu verdammen — wurden die Stimmen von senilen Metaphysikern, Hitzköpfen, verschrobenen Leuten und Verrätern genannt. Das war das Klima, das Germaine in der englischen und Schweizer Öffentlichkeit antraf, als sie 1792 aus Paris floh.

Sie hätte Buße tun und in die konservativen Hymnen mit einstimmen können, die auf die Tradition und die gottgegebene Ord=

nung gesungen wurden, laut welcher die Wohlgeborenen zu herrschen und der übrige Teil der Menschheit an seinem Platz zu verbleiben habe. Das tat sie aber keineswegs. Sie nannte die Jakobiner allerdings Bestien und Henkersknechte, verfaßte jene Schrift zur Verteidigung der Königin; gab sich die größte Mühe, die Opfer der Schreckensherrschaft zu retten: Aber weder fand sie die Revolution bedauerlich, noch verriet sie ihre Überzeugungen. Die Revolution war in die falschen Hände gekommen und in die falsche Richtung geraten – das war alles. Der Fehler lag nicht nur auf seiten der Revolutionäre; viele ihrer Verbrechen waren von ihren Gegnern herausgefordert worden. Als Robespierre fiel, war sie als erstes darauf bedacht, die positiven Errungenschaften der Revolution zu retten und reaktionäre Repressalien zu verhüten: Ihre *Betrachtungen über den Frieden* hatten nur dieses eine Ziel.

Hätte sie sich von den Idealen der Revolution abgekehrt, so wäre das gleichbedeutend gewesen mit einer Abkehr von ihrem Vater und von dem begeisterten Einsatz für die Tugend. Beides war unvorstellbar. Ihr Vater mochte Fehler gemacht haben, genausogut wie sie selbst, wie jedermann. Ihre innersten Überzeugungen aber konnten nicht fehlgegangen sein. Ebenso konnte eine Frau sich irren und ihre Liebe einem unwürdigen Mann schenken, aber es war gewiß kein Irrtum, überhaupt einen Mann zu lieben. Die beiden Probleme Politik und Liebe, zwischen denen keine Beziehung zu bestehen scheint, waren in Madame de Staëls Vorstellung durchaus miteinander verbunden. Beide gehörten ihrem Empfinden nach in den Bereich der Ethik, und wie für die meisten französischen Intellektuellen waren ethische Probleme für sie von brennendem Interesse. Ihr Buch *Über den Einfluß der Leidenschaften auf das Glück der Individuen und Nationen* – sie vollendete nur den ersten, 1796 veröffentlichten Teil – ist ein durchaus persönliches Werk; hinter einem objektiven Aufputz kaum verborgen, zeigt es sie heftig und chaotisch bemüht, mit ihren moralischen Schwierigkeiten fertig zu werden.

Die Revolution hatte das Glück der Menschheit angestrebt und eine Hölle geschaffen; Germaine hatte Glück in der Liebe gesucht und Todesqualen gefunden. In beiden Fällen war es ein Streben aus einem leidenschaftlichen Gefühl heraus, dessen Erfüllung an den Leidenschaften scheiterte. Sie also waren es, so schloß darauf Germaine, „das heißt die triebhaften Kräfte, die den Menschen, ob er will oder nicht, mit sich reißen, die für individuelles und politisches Glück das eigentliche Hindernis bilden". Wer als Individuum keine Leidenschaften kennt, ist allen Leiden gegenüber immun, sofern nicht materielle Verhältnisse es mit sich bringen:

„Er ist nie aufgeregt oder von einem Trieb beherrscht, der stärker ist als er selbst." Sein vegetatives Wohlbefinden bedarf keines Arztes, und Madame de Staël befaßt sich nicht weiter mit ihm.

Die politischen Ideen in Madame de Staëls Traktat über die *Leidenschaften* waren bedeutend origineller und fruchtbarer als der im ersten Teil des Buches unternommene Versuch, einen Weg zu persönlichem Glück zu finden.

Zwischen dem Glück eines Individuums und dem Glück eines Volkes, so beginnt sie, besteht ein grundlegender Unterschied. Das Streben nach persönlichem Glück muß auf völlige Beherrschung der Leidenschaften hinzielen, während politische Freiheit (die sie auf nationaler Ebene dem Glück gleichsetzt) auf einer Berechnung beruhen muß, die das Vorhandensein einer bestimmten, fast gleichbleibenden Menge von Leidenschaften unter der Bevölkerung zu berücksichtigen hat. Die Stabilität einer Regierungsform (das wollte sie im zweiten Teil des Buches darlegen) hängt von ihrer Fähigkeit ab, den natürlichen Leidenschaften des Menschen soviel freien Lauf zu lassen, als sich mit der Wahrung ihrer eigenen Existenz verträgt. Die Entwicklung der Wahrscheinlichkeitsrechnung und der Statistik machte es möglich, das durchschnittliche menschliche Verhalten, die menschliche Leidenschaft zu bestimmen und vorauszusagen. Je größer die Masse, desto genauer die Berechnung. In manchen Staaten, bemerkte sie, gelang es, die Anzahl der Morde und Scheidungen vorauszusagen, mit denen man in einem bestimmten Jahr zu rechnen hatte. Diesen Gedanken, der zuerst im Vorwort zu den *Leidenschaften* auftauchte, entwickelte sie in *De la littérature* weiter, wo sie eindeutig erklärt, daß man aus der Politik eine Wissenschaft machen könne und müsse[24].

Von dieser Voraussetzung ausgehend, die sie als eine der ersten ausdrücklich beschrieb, kam Germaine zu einem überraschenden, aber logischen Schluß. Es sei zwar sinnlos für das Individuum, nach dem idealen Glück, der Vereinigung von Gegensätzen, zu trachten, es sei jedoch das Ziel, das der Gesetzgeber anstreben müsse. Das Individuum habe nicht die Möglichkeit, auf die Kräfte Einfluß zu nehmen, die sein Schicksal gestalten; anders die Regierung, „denn sie nimmt im Hinblick auf die Nation sozusagen die Stelle des Schicksals ein; da sie auf die Masse einwirkt, kann man ihre Ergebnisse und ihre Mittel vorausbestimmen". Vollkommenheit ist zwar nicht erreichbar, beeilt sie sich hinzuzufügen, aber sie muß das ideale Ziel gesellschaftlicher Ordnung sein.

Das ist nicht gerade die Doktrin eines antirationalistischen Romantikers. Wie Rousseau war Madame de Staël zu einer Synthese von Leidenschaft und Vernunft gelangt, aber während Rousseaus Synthese in der Sprache der Sozialwissenschaftler ein theoretisches Modell genannt werden würde, das nur in einer völlig verwandelten Gesellschaft zu verwirklichen war, faßte sie ihre Synthese als einen historischen Prozeß auf, der sich im realen Leben abspielte.

Die Einführung zu den *Leidenschaften* wurde 1796 geschrieben; Germaines großes geschichtliches Konzept, dessen Keime in diesem Buch enthalten sind, fand seinen voll gereiften Ausdruck in *De la littérature*, veröffentlicht im Jahr 1800. Die Denker, denen sie in dieser Periode im Hinblick auf ihre intellektuelle Entwicklung am meisten zu danken hatte, waren nicht die Vorläufer der „romantischen Reaktion"; es waren vielmehr die eigentlichen Fackelträger der Aufklärung: d'Alembert, Turgot, Montesquieu, Condorcet, Condillac, Godwin, Bentham, Etienne Dumont[25]. Sie waren auch einer wie der andere Männer, die mit den Füßen auf der Erde standen, praktisch und wissenschaftlich dachten und sich nicht wie Necker in seraphische Banalitäten verloren. Drei von ihnen – Turgot, Condorcet und Dumont – hatten zu Neckers schärfsten Kritikern gehört.

Während ihr Vater *Über die Bedeutung religiöser Ideen* schrieb, las Germaine mit neunzehn Jahren Condorcets *Versuch über die Anwendung der mathematischen Methode auf das wahrscheinliche Ergebnis von Entscheidungen bei Mehrstimmenwahlen.* Das Werk wirkte anregend auf ihre Phantasie: „Er unterwirft alle moralischen Ideen algebraischen Berechnungen. Von nun an sollen Dreiecke ... die poetischen Figuren sein, mit denen ich meine Abhandlungen verschönere." Im Verlauf der neun Jahre, die der Marquis de Condorcet noch zu leben hatte, bekämpfte er Germaines Vater, schloß mit Germaine vorübergehend ein Bündnis, als Narbonne Minister war, wurde von der „Partei-Leidenschaft", dem ideologischen Fanatismus, den Germaine ihm nie verzeihen konnte, dazu verführt, ein Mitläufer der extremen Jakobiner zu werden, und bezahlte für seine Leidenschaft damit, von seinen Bundesgenossen als „Aristokrat" verhaftet zu werden. Aber genausowenig wie Germaine war er imstande, die Revolution zu verleugnen; als er im Gefängnis im Sterben lag, verurteilt von den Mächten der Finsternis und der Roheit, war seine letzte Vision der Aufstieg der Menschheit zu Licht und Menschlichkeit.

Das Werk, das durch diese Vision gekrönt wurde, war die *Skizze einer geschichtlichen Tabelle über den Fortschritt des menschlichen Geistes.* Condorcet prophezeite darin, daß die zehnte und letzte Epoche menschlichen Fortschritts, die zur schließlichen Vollendung des Menschen führen würde, mit der Französischen Revolution begonnen hätte. Die Theorie, man habe die Geschichte als eine fortschreitende Entwicklung der menschlichen Fähigkeiten zu sehen, war schon vor Condorcet aufgestellt worden. Sie hatte ihren Ursprung Ende des siebzehnten Jahrhunderts in dem literarischen Streit zwischen „Alten" und „Modernen". Bacon hatte sogar früher noch die Neue Wissenschaft proklamiert, und in der Mitte des achtzehnten Jahrhunderts skizzierte d'Alembert in seinem „Einleitenden Diskurs" zur *Encyclopédie* den Fortschritt der Wissenschaften, die seiner Meinung nach erst mit Bacon und der experimentellen Methode in ihre eigentliche Reifezeit eingetreten waren. Turgot hatte Condorcets Einteilung der Geschichte in progressive Zeitabschnitte vorweggenommen; in Deutschland kamen Lessing und Herder zu ähnlichen Schlußfolgerungen; und Comte teilte die Geschichte in religiöse, metaphysische und positivistische Zeitalter und formulierte damit die Lehre, die in ihren wesentlichen Zügen noch heute viele Anhänger hat. Madame de Staël spielte bei der Verbreitung des Fortschrittsglaubens eine ebenso große Rolle wie alle andern, und für die Zweifel und Befürchtungen unserer Zeit scheint ihr Werk wichtiger als der Historizismus eines Condorcet oder der Utopismus eines Saint-Simon.

Für Condorcet, Saint-Simon und nach ihnen Hegel und Marx wurde der historische Prozeß von einem universellen dynamischen Gesetz bestimmt und führte zu einer Epoche nicht mehr zu übertreffender Vollendung. Madame de Staël war gleichzeitig von größerem und geringerem Optimismus. Der Prozeß hatte in ihrer Sicht kein vorausbestimmbares Ende. Er hatte lediglich eine Richtung. Das Studium der Geschichte ließ diese Richtung deutlich erkennen und ermöglichte die Vorhersage, wie bestimmte Institutionen sich darauf auswirken würden. Madame de Staël äußerte wohl ein paar Vermutungen über die künftige Form politischer Institutionen oder literarischen Ausdrucks, aber die genaue Organisation von Utopia sagte sie nicht voraus. Utopia war unmöglich, weil man mit menschlichen Leidenschaften als einem beständigen Faktor rechnen mußte und weil Utopismus zum Fanatismus führte — derjenigen Leidenschaft, die für Freiheit und Fortschritt am verderblichsten sei.

Unmittelbarer noch als von Condorcet wurde sie von de Pange beeinflußt. In seiner geplanten *Geschichte des Menschen* hatte de Pange, wie erinnerlich, den Gedanken in den Mittelpunkt gestellt, daß „zur Vollendung zu gelangen, das Hauptanliegen des

Menschen" und daß die Geschichte der Bericht „seiner Siege und Niederlagen bei diesem Unternehmen" sei. Geschichte war das Protokoll eines immerwährenden Bemühens – nicht das Ergebnis eines unausweichlichen Gesetzes.

Germaine wählte die Literatur als den Haken, auf den sie alle ihre Ideen aufhing, zum Teil deshalb, weil die Literatur ein scheinbar harmloses Thema war, hauptsächlich aber, weil sie davon überzeugt war, daß die Literatur in ihrem weitesten Sinn die kennzeichnendste Aussage über die Entwicklung des menschlichen Geistes sei und in einem, wie sie prophezeite, von Philosophie und Wissenschaft beherrschten Zeitalter ständig an Bedeutung und Verantwortung zunehmen würde.

„Das Studium der Geschichte führt, wie mir scheint, zu der Überzeugung, daß alle bedeutenden Ereignisse dem gleichen Ziel dienen – der Zivilisierung der Menschheit." Diese Überzeugung ist der Leitgedanke ihres Buches *De la littérature*. Aber nicht alle menschlichen Fähigkeiten können in gleichem Maß zur Vollendung geführt werden. Da man Wissen sammeln kann, wird der Fortschritt des menschlichen Geistes am deutlichsten in den Wissenschaften offenbar. Auch das Gefühl läßt sich verfeinern. „Es gibt eine gewisse Art von Empfindung, die proportional zur Welt der Gedanken wächst." Aber die rein schöpferischen Künste sind nicht imstande, über einen gewissen Standard der Schönheit hinauszugelangen, den die Griechen bereits erreicht haben. Gibt es für Kunst und Schönheit keinen Fortschritt, so müssen immerhin die Reichweite, der Gedankeninhalt, die psychologische und Gemütstiefe künstlerischer Schöpfungen mit dem Fortschritt des Wissens und der Verfeinerung des Gefühls zunehmen. Tugend ist ein eingeborener Sinn, den die Gesellschaft, wie Rousseau lehrte, entweder nähren oder ersticken kann; je mehr die Moral von Vernunft und Empfindung, von Wissenschaft und Gefühl erhellt wird, desto größer ist der Fortschritt. Cato war bei all seiner Tugend Sklaven gegenüber unmenschlich, und Handlungen, die den Durchschnittsfranzosen des achtzehnten Jahrhunderts empört haben würden, betrachtete er als natürlich.

Die Kulturen, sagte Madame de Staël, machen gewöhnlich drei Stadien durch. Das Stadium der Epik und Mythologie führt zu einem reflektiveren und besinnlicheren Stadium, in dem die schönen Künste ihre Hochblüte erreichen und Ethik und Philosophie sich zu entwickeln beginnen. Dieses Zeitalter, das in der Literatur die Tragödie zu reichstem Ausdruck bringt, macht einer Epoche Platz, in der künstlerische Schöpfungskraft durch Philosophie und Wissenschaft ersetzt wird. Auf das Zeitalter des Perikles folgt das des Aristoteles, auf das Zeitalter Michelangelos das des Galilei, auf das Zeitalter Shakespeares das Zeitalter Bacons und Newtons, auf das Zeitalter Ludwigs XIV. die Französische Aufklärung. Da künstlerisches Schaffen über ein bestimmtes Niveau nicht hinausgelangen kann, während Denken und Wissen sich unbegrenzt häufen, ist es logisch, daß ein allgemeiner Fortschritt des menschlichen Geistes vom mythologischen zum wissenschaftlichen Stadium zu verzeichnen ist.

Kultur soll aber nicht nur entstehen, sie muß sich auch verbreiten. „Jedesmal, wenn eine neue Nation, Amerika zum Beispiel oder Rußland, einen Schritt zu größerer Kultur tut, kommt das Menschengeschlecht der Vollendung näher; jedesmal, wenn eine niedere Klasse aus Sklaverei und Entwürdigung aufsteigt, nähert das Menschengeschlecht sich wiederum der eigenen Vollendung." Griechenland leuchtete in einer barbarischen Welt am hellsten; aber seine Bevölkerung war zahlenmäßig gering, und die Hälfte davon lebte in Sklaverei. Rom verbreitete das Licht unter Millionen Menschen. Römische Philosophie und Ethik waren der griechischen überlegen; Aristoteles betrachtete Sklaven nicht als menschliche Wesen, wohl aber Seneca.

Das Christentum und die Einfälle der Barbaren verzögerten nicht etwa den Fortschritt der Kultur, sondern trugen im Gegenteil zu deren Verbreitung bei. Das Christentum vertrat den Gedanken der Menschenwürde, die alle menschlichen Wesen besäßen; es heiligte die Ehe und adelte die Liebe; in seiner Ethik lag die Betonung auf der Zuneigung und nicht auf der Stärke, auf dem Dienen und nicht auf der Unabhängigkeit. Es war, und das fällt noch mehr ins Gewicht, die einzige Kraft, die es ermöglichte, „die Vereinigung zwischen dem Geist des Nordens und dem Geist des Südens zu vollziehen". Es war ein ideales Gegenmittel gegen die moralische Dekadenz der südlichen Völker und die Wildheit der germanischen Krieger. Es bot beiden nationalen Gruppen eine Hoffnung, einen gemeinsamen Brennpunkt der Begeisterung, es beschleunigte damit die Zivilisierung der barbarischen Eindringlinge und verhütete die Zerstörung aller antiken kulturellen Werte. Das Zusammentreffen zweier voneinander verschiedener Geisteswelten ließ eine neue Literatur entstehen, zwar weniger vollendet als die der Griechen und Römer, ihr aber überlegen an Idealen und an Gefühl. Die Auffassung der Liebe im Zeitalter des Rittertums, die Achtung, die man in den Zeiten des Feudalsystems den Frauen erwies, bezeugten, daß die „Verfeinerung des Gefühls" einen ungeheuren Fortschritt gemacht hatte. Die Nachkommen der dekadenten, korrupten Römer und die Nachkommen der wilden, brutalen Germanen hatten unter der kulturfördernden Einwirkung des Christentums neue Ideale entdeckt, die sie mit Begeisterung erfüllten und ihre rauhen Sitten milderten.

Auf lange Sicht erwiesen sich auch die Einfälle der Barbaren nicht als Unglück. Jedesmal, wenn eine Kultur von Eindringlingen aus der äußeren Welt oder aus den niedrigeren Rängen zerstört wird, wie beim Fall Roms oder bei der Französischen Revolution, übernehmen die Zerstörer die Kultur der Überwundenen. Eine weniger verheerende Methode zur Verbreitung einer Kultur wäre wünschenswerter und rascher in der Wirkung; je weiter und tiefer sich andererseits die Zivilisation ausbreitet, desto geringer wird die Gefahr einer Zerstörung von außen oder von unten.

In diesem Zusammenhang setzt Madame de Staël sich mit der Theorie des organischen Wachstums und Zerfalls von Reichen und Kulturen auseinander. Der Zerfall ist keine Notwendigkeit. Die Kette ständigen Fortschritts „mag von zufälligen Ereignissen unterbrochen werden, die ein Hindernis für weiteren Fortschritt sind; diese Ereignisse jedoch können niemals die Folgen früheren Fortschritts sein". Im Gegenteil, das Römische Reich hätte gerettet werden können, hätte ihm eine höherentwickelte Technik zur Verfügung gestanden: „Eine der Ursachen der Zerstörung antiker Reiche war die Unkenntnis verschiedener wichtiger wissenschaftlicher Entdeckungen. Diese Entdeckungen haben den Völkern sowohl wie den Individuen größere Gleichstellung gebracht. Die Dekadenz eines Reiches ist ebenso wenig naturgegeben wie die Dekadenz von Literatur und Wissenschaft." Hätten die Römer die Buchdruckerkunst gekannt, ihre traditionellen Tugenden und ihre Freiheit wären nicht verlorengegangen; hätten sie Schießpulver besessen, wären sie nicht kriegerischen Wilden unterlegen.

Madame de Staël gehörte zu den ersten, die das Mittelalter nicht als eine Periode der Dunkelheit und des Stillstands ansahen. Sogar Metaphysik und Scholastik, mit denen sie nichts anzufangen wußte, bereiteten den „größten Schritt vor, der je vom menschlichen Geist getan wurde", das heißt den Übergang von einem aprioristischen Philosophieren zur wissenschaftlichen Methode. Wäre wissenschaftliches Denken im Jahr 476 zum Stillstand gekommen, hätte man das Auftreten eines Galilei und eines Bacon zwölfhundert Jahre später nicht leicht erklären können. Tatsächlich aber mußte es in der Zwischenzeit einen langsamen, unaufhörlichen Fortschritt gegeben haben; das dunkle Mittelalter ist für uns nur deshalb so dunkel, weil wir so wenig davon wissen. Die spätere Geschichtsforschung hat Madame de Staël durchaus recht gegeben.

Eine Verallgemeinerung von größtem Einfluß, die Madame de Staël – erst in *De la littérature*, ausführlicher in *De l'Allemagne* – machte, war die Einteilung der europäischen Völker in zwei Gruppen, deren literarische Erzeugnisse sich „vollkommen voneinander unterschieden: der heitere, blendende, einfallsreiche, ausgewogene, formbewußte, leichtherzige Süden, den sie in *De l'Allemagne* mit dem Klassizismus gleichsetzte, und der umwölkte, düstere, besinnliche, formsprengende, ins Grenzenlose schweifende, melancholische Norden, den sie mit der Romantik identifizierte. In der Nachfolge Montesquieus erklärte sie diese nationalen Besonderheiten aus dem Klima und der geographischen Lage. Wie jede solche Zweiteilung war auch die Madame de Staëls nützlich, obwohl sie zu Fragen herausforderte, und hatte das Ziel, eine komplexe Vielfalt von Ideen auszudrücken. Sie wurde aber gefährlich, sobald man sie buchstäblich und als gegebene Tatsache nahm. Manche Nachfolger Madame de Staëls vergaßen gerne, daß sie die beiden Geisteshaltungen als verschieden, aber nicht als unversöhnlich angesehen hatte. Sie betrachtete ihre Vereinigung im Gegenteil als wesentlich für die Weiterentwicklung der Kultur.

Daß Madame de Staël so bemüht war, deutsche Literatur und Philosophie in die Welt einzuführen, erweckte den Eindruck, als begünstige sie ausschließlich den romantischen Geist des Nordens und lehne den Klassizismus des Südens ab. Tatsächlich aber gewann der Norden nur um Haaresbreite und nie völlig. Warum sie glaubte, der Norden habe ihrem Zeitalter mehr zu geben, ist teils auf rationale, teils auf gefühlsbestimmte Gründe zurückzuführen, die mit ihrer Fortschrittstheorie in enger Verbindung standen.

Es ist seltsam, welchen Wert für Madame de Staël, die doch ihr Leben lang auf der Suche nach dem Glück gewesen war, die Melancholie besaß. Die Alten, sagte sie, hatten das Zeitalter der Melancholie noch nicht erreicht. Die Römer waren trauriger und daher weiser als die Griechen. Das Christentum ist die Religion des Leidens, infolgedessen ist es dem Heidentum überlegen. Der Geist des Nordens neigt mehr zu melancholischer Träumerei als das südliche Temperament, ist infolgedessen empfänglicher für das Christentum. Ist man melancholisch, sehnsüchtig, zum Träumen und Grübeln geneigt, so gerät man leichter ins Philosophieren, als wenn man heiter und ausgeglichen die Dinge nimmt, wie sie sind. Der Geist des Nordens begünstigt also Philosophie, Freiheit, Reform, Aktivität – kurz gesagt den Fortschritt. Der Geist des Südens strebt zwar leidenschaftlich nach Freude und Schönheit, nimmt aber Ungerechtigkeit, Unterdrückung, Aberglauben, Unmoral und Unwissenheit gelassen hin, wenn er nicht aus Begeisterung für die Tugend in Feuer gerät wie das republikanische Rom, das revolutionäre Frankreich und ein wiedererwachendes Italien.

Ein melancholisches Temperament war außerdem Gefühlsregungen leichter zugänglich als eine glückliche Veranlagung. Die herrschenden Klassen in einer Republik oder einer konstitutionellen Monarchie wissen eher um den Ernst des Lebens als die Elite in einem absoluten Staat, die nur Vergnügungen nachjagt. „Das Leben großer Männer war ruhmreicher in der Antike, das Leben des kleinen Mannes ist glücklicher in der Moderne." Wenn die Menschheit kultivierter wird, werden die Wenigen trauriger, die Massen aber glücklicher. „Glücklich das Land, wo die Schriftsteller traurig sind, die Kaufleute zufrieden, die Reichen melancholisch und die Bevölkerung vergnügt." Die Auswirkungen der Gleichheit waren jedoch nicht nur erfreulich, das fühlte Madame de Staël. Verhalf sie doch den Mittelmäßigen zur Macht und zwang die Begabten, entweder heuchlerisch ihr Licht unter den Scheffel zu stellen oder sich der Verfolgung auszusetzen. Und doch war der Preis nicht zu hoch. Zwei Generationen später gelangte Nietzsche, der von den gleichen Voraussetzungen ausging, zu den entgegengesetzten Schlußfolgerungen.

Literatur und Wesen eines Volkes werden nach Ansicht Madame de Staëls von seinen politischen Institutionen stark beeinflußt. Im demokratischen Athen wandten die Schriftsteller sich an das ganze Volk; Dichter, Staatsmänner und Helden wetteiferten gleichermaßen um Beifall und Ruhm. Die ganze griechische Literatur hat diesen öffentlichen Charakter. Das republikanische Rom war aristokratisch; römische Schriftsteller schrieben nicht für das Volk, sondern für eine kleine Elite. Die rationalistische, praktische und ruhige Würde eines Senatsbeschlusses prägt die meisten ihrer Werke. Unter einer Regierung, die das Volk unterdrückt, erfolgt meist eine strenge Trennung zwischen der Literatur und sozialer und politischer Tätigkeit. Der Absolutismus fördert die schönen Künste, Dichtung, Musik, Architektur und auch die Naturwissenschaft, hemmt aber Philosophie, Ethik, Geschichte — alles, was dazu führen könnte, daß Gedanken sich in Taten umsetzen. Daraus erklären sich die großartigen Leistungen Italiens in den Künsten der Phantasie und den Naturwissenschaften und seine spärlichen Beiträge zum sozialen Denken. Der verfeinerte Hofadel Frankreichs vervollkommnete zwar den guten Geschmack, lähmte aber Originalität und Begeisterung durch einen tyrannischen Konformismus. Unter einer freiheitlichen Regierung — einer Republik oder konstitutionellen Monarchie — können Gedanken in Taten verwandelt werden. Die schönen Künste, die Musik, die Vervollkommnung des literarischen Geschmacks haben weniger Entwicklungsmöglichkeiten. Die Literatur jedoch hat einen mehr moralisch-philosophischen Ton: Shakespeares Dramen, Richardsons oder Fieldings Romane enthalten eine Lehre, nach der man bei Racine vergeblich suchen würde. Es war kein Zufall, daß der Roman zuerst in England zur Blüte kam, stehen Roman und Drama der Philosophie doch am nächsten und sind daher die literarischen Formen der Zukunft. Die erste Stelle in einer freien Gesellschaft aber muß den politischen, ethischen und Naturwissenschaften gehören. Durch sie vollendet sich die Gesellschaft, durch sie wird die Freiheit gewährleistet.

Man hatte der Philosophie der Aufklärung die Schuld an der Französischen Revolution gegeben; ihre Kritiker waren infolgedessen der Ansicht, daß jede neue Idee, jeder begeisterte Versuch, das Los der Menschheit zu verbessern, gefährlich sei: Die Weisheit geheiligter Tradition sei größer als die Weisheit der Begründer neuer Systeme. Madame de Staël leugnete nicht, daß die Aufklärung die Revolution ausgelöst habe. Sie erklärte jedoch in ihrem letzten Werk, den *Considérations*, das von der Revolution gestürzte Regime verkörpere nicht die französische Tradition. Diese Tradition sei älter als Ludwig XIV., und wenn auch Jahrhunderte der Unterdrückung sie niedergehalten hätten, so sei es doch eine beständig weiterlebende Tradition: der Kampf der Bürger, des Dritten Standes, um die Freiheit. Auf dieser Theorie basierte die liberale Schule der französischen Historiker — Thierry, Guizot, Michelet, Lamartine. In *De la littérature* begnügte Madame de Staël sich mit dem Hinweis, daß man ein Ideal nicht jedesmal zerstören könne, wenn in seinem Namen ein Verbrechen begangen worden sei. Auch könne man die Begeisterung für eine große Sache nicht unterdrücken, ohne gleichzeitig alle guten Regungen auszuschalten. „Philosophie, Freiheit und Vernunft wurden so streng beurteilt, als ob Vorurteile, Unterwürfigkeit und Lügen der Menschheit niemals geschadet hätten."

Gewiß hielte es schwer, sich mit der Tatsache abzufinden, daß die Menschheit gerade im Zeitalter der Aufklärung und der Empfindsamkeit sich in ihrer ganzen Bestialität und Wildheit gezeigt hätte, wie es während der Schreckensherrschaft geschehen war. In *De la littérature* versucht Madame de Staël, dieses Phänomen zu erklären. Verstand und Gefühl der Massen, meint sie, hätten noch nicht das gleiche Niveau erreicht gehabt, wie Verstand und Gefühl der Elite. Nicht die Aufklärung hätte zu den Abscheulichkeiten geführt, sondern die tierische Unwissenheit, in der man die

Massen hatte dahinleben lassen. Nicht in einer Verminderung der Freiheit und in weniger Aufklärung sei das Heilmittel zu sehen, sondern in mehr Freiheit und mehr Aufklärung. Was die Revolution auch für Verbrechen begangen hätte — die Anwendung dieses Heilmittels würde leichter als unter dem Ancien régime.

Die ganze soziale Struktur Frankreichs war jedoch durch die Revolution vergröbert worden, die damit eine andere Gefahr heraufbeschworen hatte — eine vulgäre, materialistische Gesellschaft berechnender und ehrgeiziger Menschen, die nur vor Geld und Macht Achtung hatten, eine Gesellschaft, in der sich die schlimmsten Eigenschaften von Dschungel und Zivilisation verbanden. Gewann Europa nicht den Glauben an die Ideale der Aufklärung wieder, so würde nichts anderes übrigbleiben als „die habgierigen Rechenkünste von Selbstsucht und Eitelkeit". Es war die Aufgabe der Schriftsteller, Geschmack und Empfinden wiederzuerwecken und „der Entfaltung aller großherzigen Ideen zu dienen". Die Naturwissenschaften aber gaben zu den größten Hoffnungen Anlaß. Selbst die reaktionärsten Regierungen und die selbstsüchtigsten Männer würden die Naturwissenschaften ermutigen, weil sie von ihnen profitieren konnten — die Aufgabe der Philosophie war es daher, die wissenschaftliche Methode auf die moralische Ordnung anzuwenden. „Ich gehe noch weiter: Wissenschaftlicher Fortschritt macht moralischen Fortschritt zu einer Notwendigkeit; denn wenn die Macht des Menschen wächst, müssen die Hemmungen verstärkt werden, die ihn davon abhalten, sie zu mißbrauchen."

Die Politik muß zur Wissenschaft werden. „Warum sollte es nicht eines Tages möglich sein, Tabellen zusammenzustellen, die, auf statistischen Ergebnissen, auf positiven, für jedes einzelne Land gesammelten Tatsachen beruhend, die Antwort auf alle Fragen politischer Natur enthalten?" Wenn spezifisch politische Fragen auf der Basis bekannter Gegebenheiten mathematisch entschieden werden könnten, würde die große Mehrheit der Menschen sich diesen Entscheidungen beugen, und ein weiterer Bereich ständiger Konflikte wäre ausgeschaltet.

Aber wenn man auch politische Fragen auf Grund von Berechnungen löste, so durften die Menschen selbst doch niemals zu reinen Zahlen werden. Eine Berechnung, nach der das Leben einiger weniger für das Wohl vieler geopfert wurde, war unzulässig. Politik und Moral mußten übereinstimmen, und letztere war bestrebt, Glück und Recht jedes einzelnen Individuums zu wahren. „Moral muß die Berechnungen und die Berechnungen müssen die Politik lenken."

Bei einer Berechnung kann ein Irrtum unterlaufen; die Moral aber kann nicht irren, solange sie auf der Übereinstimmung von Instinkt und Vernunft beruht. Hier hat Madame de Staël nun einen ganzen Kreis durchlaufen und endet wieder dort, wo sie begann — bei Rousseau. Sie stimmt mit Condillac darin überein, daß eine wissenschaftliche Ethik im Bereich der Möglichkeit liegt, aber eine solche Ethik darf nicht an die Stelle des Gefühls treten. Sie stimmt mit Bentham und Dumont darin überein, daß Moral immer mit den wahren Interessen des Menschen harmoniert, aber sie hat zwei wichtige Einwände gegen die Anwendung der utilitaristischen Doktrin auf das Verhalten des einzelnen. Erstens: „Würde ein Mensch sich in seinem Verhalten immer nur von seinen persönlichen Interessen leiten lassen, so würde — selbst wenn diese Interessen ihn niemals in die Irre führten — die Quelle aller großzügigen Handlungen in seinem Herzen austrocknen." Zweitens: „Es ist nicht wahr, daß Eigennutz die mächtigste Triebkraft menschlichen Handelns ist; Stolz, Eitelkeit und Zorn bringen die Menschen leicht dazu, ihre Interessen zu opfern." Die eingeborene Stimme der Tugend muß das letzte Kriterium sein. Mitleid ist eine ebenso natürliche Regung des Menschen wie der Selbsterhaltungstrieb. Denken und Gefühl lehren die gleiche Moral; gerät das Denken aber in Konflikt mit der Tugend, dann liegt der Fehler auf seiten des Denkens.

Madame de Staël beendete ihr Buch über die *Leidenschaften* mit einem Kapitel über das Mitleid; sie beendete ihre *Betrachtungen über die Französische Revolution* mit einem Kapitel über die Freiheit; sie beendete ihre beiden andern großen essayistischen Werke — *De la littérature* und *De l'Allemagne* — mit Kapiteln über die Begeisterung. Ohne Begeisterung kann die Tugend nicht leben. Die Begeisterung mag wie in der Französischen Revolution zu verbrecherischen Auswüchsen führen. In diesem Fall liegt die Schuld an der vernunftgemäßen Auswertung, nicht am gefühlsmäßigen Impuls, der zum Handeln trieb. Die menschliche Natur ist nun einmal unvollkommen, und selbst die verheerendsten Irrtümer muß man verzeihen, wenn sie aus einem großherzigen Antrieb heraus begangen werden, wenn „über den Brauen des Sünders noch das Zeichen der Größe geschrieben steht und seine Tugenden durch seine Leidenschaften hindurchschimmern". Das ist der letzte Schluß von Madame de Staëls Philosophie. Den Aufstieg menschlichen Geistes können weder Verbrechen noch Irrtümer aufhalten; Vernunft und Tugend sind seine Führer, das Feuer der Begeisterung aber ist sein eigentliches Leben.

De la littérature ist wie alle Werke Madame de Staëls ein ungleichmäßiges Buch. Es strahlt von den Tugenden und strotzt von den Lastern eines Autors, der im Gespräch und in der Improvisation glänzt. Ihre deutschen Kritiker machten ihr ihre oberflächliche Bildung sanft zum Vorwurf, gaben aber zu, daß sie für eine Frau, und noch dazu für eine Französin, ungewöhnlich ernst und tiefschürfend war. Ihre französischen Kritiker – die zum Unterschied von den deutschen Kritikern ebenso oberflächlich und ungebildet waren wie sie selbst – griffen nicht die Schwäche, sondern die Stärke ihres Buches an. Mit einem unfehlbaren Instinkt für den unrichtigen Augenblick hatte Germaine sich den April 1800 ausgesucht, um *De la littérature* zu veröffentlichen. Bonaparte, dessen Macht noch nicht gefestigt war, hatte beschlossen, die Kritiker zum Schweigen zu bringen, vor allem die Kritiker der Linken – die Ex-Revolutionäre, die „Ideologen", einen Ausdruck, den er nicht nur auf die Nachfolger von Condillac und Condorcet anwendete, sondern auf die intellektuellen Unruhestifter im allgemeinen. Madame de Staëls Buch war zwar zum größten Teil geschrieben worden, noch ehe er an die Macht kam, enthielt aber Stellen, die unmittelbar auf ihn gemünzt schienen. Das mag ein Zufall gewesen sein; die Annahme ist aber nicht unbegründet, daß einige der schärfsten Spitzen in letzter Minute eingefügt wurden. Jedenfalls läßt das einige Monate später veröffentlichte Vorwort zur zweiten Auflage keinen Zweifel daran, welcher Feind gemeint war.

Germaine, das ist um so überraschender, erwartete aber, durch dieses Buch ihre Stellung in Frankreich zu verbessern. Ebenso Necker. „Ich erhoffe mir große Dinge von dieser Manifestation. Deines Erhabenen Ich" (cette manifestation du Haut Toi), schrieb er ihr in dem seltsamen Jargon, den beide sich zugelegt hatten. Ihre Lage war allerdings verbesserungsbedürftig, denn nicht nur in ihren Gedanken und Schriften hatte sie den ersten Konsul beleidigt. Bei der Annahme, das Buch würde ihre Stellung verstärken, muß Germaine wohl damit grechnet haben, Kräfte des Widerstands um sich zu scharen, nicht aber den Diktator zu besänftigen.

Wie dem auch sei, es läßt sich wohl nicht bestreiten, daß Napoleons und Germaines Denken nicht völlig in Widerspruch zueinander standen, und es ist durchaus begreiflich, wenn Germaine nur langsam dahinterkam, daß sie dem Temperament nach durch einen Abgrund geschieden waren.

Wie Madame de Staël war auch Napoleon verstandesmäßig ein Kind der Aufklärung und gefühlsmäßig ein Romantiker. „Liebe zum Ruhm" war ein Ausdruck, für den sie beide gleich viel übrig hatten; nur nannte Madame de Staël Npaoleons Liebe zum Ruhm

Ehrgeiz, und er nannte die ihre Einmischung. Wie Germaine haßte Napoleon Spott, und Germaines witzige Bemerkungen auf seine Kosten waren ihm ebenso unangenehm wie ihr die seinen. Wie sie glaubte er an den in ständigem Ansteigen begriffenen Fortschritt der Wissenschaften, an die Ausbreitung der liberalen Prinzipien der Revolution über ganz Europa, an die Notwendigkeit, das öffentliche und private Leben moralischer zu gestalten; wie sie wollte er den Parteikämpfen ein Ende setzen und alle Franzosen ungeachtet ihrer politischen Vergangenheit einen; wie sie machte er sich das Schlagwort der gleichen Chance für alle zu eigen; wie sie sah er im Besitz die Grundlage der sozialen Ordnung; wie sie glaubte er, das Beste aus der Vergangenheit müsse gerettet, nicht jedoch der Versuch einer Rückkehr zur Vergangenheit gemacht werden; wie sie glaubte er, daß in der Begeisterung die Triebfeder aller Größe zu sehen sei; wie sie schätzte er an der Kunst nur ihren gedanklichen Inhalt; wie sie trieb er mit dem Ungeheuren, der Melancholie, dem Unendlichen einen Kult. Er liebte sogar *Ossian* und *Werther* wie sie. Zumindest kann man das aus seinen Äußerungen schließen. Aber er duldete keine Größe außer *seiner* Größe, keine Begeisterung außer einer Begeisterung, die für ihn von Nutzen war. „Er wollte", sagt Madame de Staël, „sein gigantisches Ich an die Stelle der Menschheit setzen. Er glaubte, daß Gleichheit für die Menschen einen höheren Wert besitze als Freiheit und daß der Vorteil, den einer über einen andern errang, ihnen noch wichtiger sei als die Gleichheit." Germaine appellierte an die Tugend der Menschen, Napoleon an ihre Habgier und Eitelkeit. „Nur eines ist auf dieser Welt zu tun", soll er laut Germaine gesagt haben, „Geld und noch mehr Geld, Macht und noch mehr Macht erwerben — alles übrige ist Illusion." Er rühmte sich, von den Menschen immer das Schlechteste zu erwarten, alle seine Entscheidungen von kalter Berechnung abhängig zu machen und grenzenloser Täuschung fähig zu sein. Er haßte intellektuelle Frauen, betrachtete Liebe als einen Zeitvertreib, hatte keine Freunde und maßte sich in seiner einsamen Größe das Recht an, das Leben von Millionen für ein visionäres Bild nationalen Glanzes hinzuopfern. Kein Mensch hat so viel Größe mit so viel Zynismus vereint. Wie Tocqueville bemerkte, war er so groß, wie ein Mann nur sein kann, dem die leiseste Spur von Tugend fehlt.

De la littérature war kaum erschienen, als die Presse auch schon zum Angriff schritt. Ein Artikel im *Journal des Débats* vom Herrn und Meister selbst beeinflußt oder diktiert, gab seinem Mißfallen deutlich Ausdruck. „Er verliert sich nicht in sinnlose Theorien", heißt es in bezug auf Bonaparte in diesem Artikel. „Er weiß, daß die Menschen immer die gleichen geblieben sind, daß nichts ihr Wesen ändern kann, und er wird aus der Vergangenheit seine Lehre ziehen, um die Gegenwart zu ordnen." Seinem Bruder Lucien gegenüber machte er die Bemerkung, er habe das Buch „mindestens eine Viertelstunde lang studiert" (es ist sechshundert Seiten stark) und könne es nicht verstehen. „Der Teufel hol mich, wenn ich imstande war, es zu entziffern – nicht von den Worten spreche ich, daran mangelt es nicht, und noch dazu an großen Worten – aber bei aller Anspannung meines Verstandes ist es mir nicht gelungen, den Sinn irgendeiner dieser Ideen zu entdecken, die als so tief gelten sollten."

Er sagte nicht die Wahrheit. Er hatte sie nur zu gut verstanden, und er sorgte bald dafür, daß auch sie ihn begriff.

Schach dem „Ideophoben"

Madame de Staël war am 19. Brumaire des Jahres VII (1799) ohne Bewilligung der Regierung wieder nach Paris zurückgekehrt. Daß sie dort bleiben konnte, verdankte sie Bonaparte, der am Tage ihrer Ankunft die Regierung einfach dadurch stürzte, daß er den Rat der Fünfhundert mit Bajonetten auseinandertrieb. Während die Abgeordneten aus den Fenstern kletterten, schlüpfte Germaine in den Faubourg Saint-Germain.

Nach sieben Wochen hatte Germaines Salon seinen früheren Glanz wiedererlangt, und Benjamin saß in der Regierung. Wieder eine Woche später war Germaine verfemt. Zwei Jahre später war sie im Exil.

Madame de Staël und Bonaparte waren unvereinbare Größen – soviel stand fest. Warum gestattete Napoleon Germaines Rückkehr, da er doch wußte, daß sie Unruhe stiften würde? Warum duldete Germaine, daß ein Regime an die Macht kam, das sie fürchtete? Warum hatte Bonaparte Angst vor einer Frau, der er im Grunde nur vorwerfen konnte, daß sie viel sprach? Und warum setzte Germaine sich eher der Gefahr aus, ihre schlimmsten Träume verwirklicht zu sehen, statt daß sie geschwiegen hätte? Die Antworten auf diese vier Fragen sind innig miteinander verknüpft.

Während der ersten Monate nach seiner Rückkehr aus Ägypten war Bonaparte der Mann, auf den gewisse Personen und Interessengemeinschaften setzten, die miteinander nur durch drei Ziele verbunden waren: das schwankende Direktorium zu stürzen, bevor es noch den Royalisten oder den Jakobinern gelang, es zum Sturz zu bringen; einen siegreichen Frieden zu schließen; ein nicht parteigebundenes Regime einzusetzen, das die Emporkömmlinge der Revolution vor den Fanatikern sowohl der Rechten wie der Linken schützen würde. Die Gruppen, die sich über diese Ziele einig waren, umfaßten Bankiers, Industrielle, Käufer „nationalen Besitzes"; fettgewordene Ex-Jakobiner und schlankgewordene Ex-Royalisten; alle jene Politiker, die von der Politik den Rahm abgeschöpft hatten und nur verlieren konnten, wenn noch weiter Politik gemacht wurde; Ex-Emigranten, die auf Postenjagd waren; schließlich diejenigen, die Bonaparte nahestanden und für die es daher unbegrenzte Möglichkeiten gab, zu Macht und Reichtum zu gelangen — seine Generäle und seine Familie zum Beispiel. In jeder dieser Gruppen hatte Germaine mächtige Freunde und Beschützer. Napoleons Brüder Joseph und Lucien; Barras, der großzügig einen politischen Selbstmord beging, um den 18. Brumaire zu ermöglichen; Siéyès, der hauptsächliche Organisator des Staatsstreiches und Vater der neuen Verfassung; Talleyrand, den Bonaparte zum Außenminister machte; Fouché, früherer Mönch, früherer Jakobiner, jetziger Polizeiminister; die Generäle Junot, Murat, Bernadotte; der Schweizer Bankier Haller, der als Lieferant der napoleonischen Armee in Italien ein Vermögen gemacht hatte und dessen Bankhaus mit dem Neckerschen Vermögen eng verknüpft war; dazu Publizisten wie Suard, Fontanes, Roederer, Fauriel und endlich Benjamin.

Germaines Behauptung in *Zehn Jahre im Exil*, ihren Memoiren, daß sie eine militärische Diktatur lange vorausgesehen und gefürchtet hätte, widerspricht nur zum Teil der Wahrheit. Sie sah sie tatsächlich voraus, und sie begrüßte dabei den Staatsstreich, der die Diktatur brachte. Aber wie alle Befürworter des 18. Brumaire betrachtete sie Napoleon als ein notwendiges und als ein geringeres Übel. Bonapartes diktatorische Neigungen konnten von denjenigen, die ihm zur Macht verholfen hatten, in Schach gehalten werden, und ihre Stimme fiel bei diesen Leuten ins Gewicht. Auf der andern Seite hatte das Direktorium sie in der Verbannung belassen, und ein jakobinisches oder royalistisches Regime hätte das Ende aller ihrer Hoffnungen bedeutet.

Germaine konnte zuerst gar nicht begreifen, wie man ihr ständiges Nörgeln an der Regierung als einen Mangel an Loyalität auslegen konnte. Ihr Salon war ihrer Auffassung nach nicht ein Sammelpunkt der Opposition, sondern ein Prüffeld der öffentlichen Meinung. Er war nicht an irgendeine Fraktion oder Clique gebunden, sondern nahm alle Überzeugungen gastlich auf: Warum also sollte der Erste Konsul sie fürchten? Warum sollte der „Lieblingssohn des Kriegsgottes" vor einer schwachen Frau Angst haben, die lediglich ein paar intelligente Leute veranlaßte, ihre Meinungen in einem Salon auszutauschen? Warum nur?

Der Grund war ganz einfach der: Seine Stellung war schwach, weit schwächer als die Madame de Staëls.

Napoleon bemerkte einmal, ohne seinen Neid zu verhehlen, daß Kaiser Franz von Österreich es sich leisten konnte, einen Krieg und mehrere Provinzen zu verlieren, ohne dabei die Loyalität seines Volkes einzubüßen; Franz verlor die Schlacht von Austerlitz, und bei seiner Rückkehr nach Wien jubelte man ihm zu – nicht, weil die Wiener sich über eine Niederlage freuten, aber weil sie froh waren, daß er wieder zurückkam. Verlor er, Napoleon, eine einzige wichtige Schlacht, so konnte er nicht wagen, sich in Paris sehen zu lassen. Diejenigen, die ihm am meisten verdankten – seine Brüder, seine Generäle, die ganze herrschende Klasse –, würden ihn als erste im Stich lassen.

Er hatte sich geweigert, ein Werkzeug der andern zu sein, und sie statt dessen zu seinen Werkzeugen gemacht. Er besaß genügend Unabhängigkeit, um seinen Willen durchzusetzen, aber noch konnte er die Werkzeuge nicht entbehren. Die Menschen, so sagte er, wurden von Furcht und Eigennutz geleitet; nur wenn er dauernd Erfolg hatte, konnte er sie in Angst halten und ihre Habgier befriedigen. Vom Augenblick seiner Machtergreifung an bis zu seiner Abdankung im Jahr 1814 war es für ihn eine absolute Notwendigkeit, ein Risiko nach dem andern auf sich zu nehmen. „Politik ist Schicksal", sagte er zu Goethe.

Wäre Germaines Salon in der Rue de Grenelle der Treffpunkt einer Oppositionspartei gewesen, so hätte Bonaparte sie nicht gefürchtet. Er war jedoch etwas viel weniger Greifbares und dabei Gefährlicheres. Germaine konnte niemals zur Seele einer Opposition werden, da sie von einer ebenso großen Vielfalt politischer Gruppen abgelehnt wurde wie Bonaparte selbst. Die prominentesten der regelmäßigen Gäste ihres Hauses kamen nicht aus den Reihen der Feinde seines Regimes, sondern gehörten zu dessen Elite – waren seine Minister, Beamten, Generäle und seine Familie. Das war es, was ihn beunruhigte. In Madame de Staëls Haus wurden die Schuljungen ermutigt, es ihrem Herrn und Meister gegenüber an Achtung fehlen zu lassen; sie entwöhnten sich der Angst, auf der seine Macht beruhte; sie wurden von Ideen angesteckt, die seine Zucht untergruben. Genau wie Germaine annahm, daß Napoleon nichts heilig sei, genauso glaubte Napoleon, Germaine sei nichts heilig; sie hatten verschiedene Ansichten darüber, was heilig sei, aber sie haßten gemeinsam das Sakrileg. Germaine strahlte Unzufriedenheit aus. Es war unerträglich, daß seine eigenen Brüder und seine vertrautesten Mitarbeiter in ihren Spott über die neue Ordnung und deren Schlagworte mit einstimmten: Es kam einer andauernden latenten Meuterei gleich. Nach jedem Versuch, Germaine zum Schweigen zu bringen, wurde er von seinen Brüdern, Ministern und Generälen belagert, die für sie eintraten: Ihre Interventionen verdoppelten nur seinen Ärger und gaben Germaine in seinen Augen schließlich eine Bedeutung, die zur fixen Idee wurde.

Hätte Germaine das gewußt, sie hätte sich möglicherweise etwas zurückhaltender benommen. Aber sie zählte auf ihre Freunde in der napoleonischen Elite und stellte dabei den Charakter dieser Elite nicht in Rechnung. Als es darauf ankam, fanden selbst ihre besten Freunde die Schroffheit eines Mannes, der Generäle, Staatsräte, Präfekten und Könige ernennen und absetzen konnte, reizvoller als Germaines Reize, hatte sie doch nichts zu bieten als ihre Freundschaft und ihren Geist. Wie eine Dame des Ancien régime treffend bemerkte, sind „Könige immer mehr oder weniger schön".

Germaine trug kein Verlangen nach Märtyrertum — und für sie kam es einem Martyrium gleich, aus Paris verbannt zu sein. Der geringste Vorgeschmack davon versetzte sie in panische Angst, und doch ging sie Schritt für Schritt geradewegs darauf zu. Auch hatte Napoleon gar nicht die Absicht, sie zu verfolgen: Von ihm aus gesehen zwang sie ihn dazu. In der ersten Zeit des Konsulats bat er seinen Bruder Joseph, herauszubringen, was er tun könne, um ihr Wohlwollen zu gewinnen. „Mein Bruder beklagt sich über Sie", erzählte Josef. „Gestern sagte er wieder zu mir: ‚Warum steht Madame de Staël nicht hinter meiner Regierung? Was will sie? Die Rückzahlung der Kaution ihres Vaters? Ich werde dafür sorgen. Das Recht, in Paris zu bleiben? Ich werde dafür bürgen. Was will sie denn nur?'" — „Du lieber Himmel", sagte Germaine, „es geht nicht darum, was ich will, sondern was ich denke." Es gab keinen Kompromiß. Wie oft sie sich auch vornahm, die Finger von der Politik zu lassen, nicht mehr zu schreiben (ihre Briefe sind voll von solchen Entschlüssen), sie konnte einfach nicht umhin, zu denken, und sie war unfähig, nicht wenigstens anzudeuten, was sie dachte.

Napoleon schenkte ihren Versprechungen keinen Glauben, und ihre Loyalitätserklärungen interessierten ihn nicht. Loyalität bedeutete für ihn Schweigen und Gehorchen. Eine loyale Opposition war in England möglich, wo die Regierung auf festen Füßen stand. In Frankreich lagen die Dinge anders. Wer nicht für ihn war, war gegen ihn. „Sagen Sie den Redakteuren der Zeitungen", schrieb er an Fouché, „daß ich sie nicht für ihre Kritik verantwortlich mache, sondern für Mangel an Lob." Unaufrichtiges Lob war besser als loyale Kritik. Da alle Menschen potentielle Verräter waren, konnten nur seine Erfolge und ihre Furcht sie bei der Stange halten. Madame de Staël hatte von seinen Erfolgen nichts zu gewinnen, und ihr Drang, das auszusprechen, was sie dachte, war stärker als ihre Furcht. Ihr zu erlauben, als Symbol des öffentlichen Gewissens, der öffentlichen Meinung zu fungieren, hätte für ihn Selbstmord bedeutet. Die öffentliche Meinung war eine viel zu wichtige Angelegenheit, als daß man sie hätte Privatpersonen überlassen können. Zumindest in Paris war sie zu wichtig; was Madame de Staël in Wien, London oder New York gegen ihn vorbrachte, war ihm gleichgültig, das erklärte er wiederholt; in Paris aber fürchtete er sie. In Paris konnte ihre loyale Opposition seinen illoyalen Anhängern Mut machen. In Paris untergrub sie seine tönernen Füße. Madame de Staël verstand alles, was Napoleon betraf, sie begriff nur nicht, wie schwach er war.

Die neue Verfassung, entworfen von Siéyès, kastriert von Bonaparte, wies etliche kuriose Züge auf, deren sich keine Verfassung vorher oder nachher rühmen konnte. Einer davon war die Errichtung einer Kammer, eines „Tribunats", dessen Mitglieder über die von der Regierung vorgeschlagenen Gesetze debattieren sollten, ohne jedoch darüber abzustimmen, und einer Legislative, die über die Gesetze abzustimmen hatte, ohne jedoch darüber zu debattieren. Benjamin Constant, der noch immer im Namen einer mythischen Zugehörigkeit zum Genfer Bürgertum Anspruch auf die französische Staatsbürgerschaft erhob, beschloß, daß er lieber debattieren wolle, ohne zu wählen, als zu wählen, ohne zu debattieren: Er wünschte, Tribun zu werden.

Seine Kandidatur hatte natürlich Germaines volle Unterstützung. Sie bat Josef Bonaparte, sie zu befürworten, und Josef bearbeitete seinen Bruder mit solcher Hartnäckigkeit, daß er ihn mürbe machte. Gleichzeitig ersuchte sie einen Politiker, Chabeau-Latour, Benjamin dem Ersten Konsul vorzustellen.

Laut Chabeau-Latour begann die Unterredung damit, daß der General Benjamin zu seinen Werken beglückwünschte. Benjamin beglückwünschte den General darauf zu seinem Genie. Dann gab er dem dringenden Wunsch Ausdruck, Tribun zu werden. „Warum nicht", sagte Bonaparte. „Ja, das ließe sich machen. Ich werde mich darum kümmern." — „Sie begreifen", sagte Benjamin, „daß ich Ihr Mann bin. Ich bin nicht einer von jenen Ideologen, die alles mit Theorien erledigen wollen; ich bin für

Tatsachen, und wenn Sie mich ernennen, können Sie sich auf mich verlassen."

Als Benjamin und Chabeau die Treppen hinunterstiegen, erwähnte Chabeau, daß er Siéyès besuchen wolle, der gerade gegenüber wohne. Benjamin erbot sich, ihn zu begleiten. Zwei Minuten später sprach er mit Siéyès: „Sie wisssen, wie ich die Gewalt hasse. Ich werde nicht ein Freund des Schwertes sein. Was ich will, sind Prinzipien, Ideen, Gerechtigkeit. Sie können sich auf mich verlassen, wenn Sie mir Ihre Stimme geben, denn Napoleon hat keinen größeren Feind als mich."

Am 24. Dezember 1799 wurde Benjamin ernannt. Am 5. Januar sollte er seine Jungfernrede über eine von der Regierung eingebrachte Verfügung halten, die das Tribunat zwingen würde, über jedes vorgeschlagene Gesetz an einem bestimmten Tage zu debattieren. Die Rede, ein heftiger Angriff gegen die Regierung, war unter Germaines Augen aufgesetzt worden. Am Abend des 4. Januar hatte sich in Germaines Haus eine glänzende Versammlung eingefunden. Da sich gut die Hälfte von Bonapartes Kabinett und von seiner Familie unter den Gästen befand, wurde ihr aus erster Hand berichtet, wie der Herr und Meister auf eine sich erhebende Opposition reagiert hatte. Der Erste Konsul, das schien offensichtlich, würde „Opposition um der Opposition willen" nicht dulden. „Heute abend", flüsterte Benjamin Germaine zu, „ist dein Salon voll von Leuten, die du gern hast. Wenn ich meine Rede halte, wird er morgen leer sein."

„Man muß zu seiner Meinung stehen", antwortete Germaine.

Benjamin hielt seine Rede. Er beschuldigte die Regierung, „ihre Vorschläge im Fluge vor uns auszubreiten, in der Hoffnung, daß wir nicht in der Lage sein würden, sie zu erhaschen", und schloß, daß ohne ein unabhängiges Tribunat „nichts übrigbleiben würde als Knechtschaft und Schweigen — ein Schweigen, das in ganz Europa zu hören wäre".

Germaine hatte vorgehabt, an diesem Abend Benjamin zu Ehren ein Diner zu geben. Um fünf Uhr nachmittags waren bereits zehn Billets mit Absagen eingetroffen. Die ersten nahm sie noch im Schwung; nach dem zehnten war sie in einem Zustand wie Niobe nach dem Verlust ihres letzten Kindes. Die Absage, die am meisten schmerzte, kam von Talleyrand.

In den Tuilerien gab der Erste Konsul eines der üblichen Schauspiele „wohlberechneten Zornes". — „Im Tribunat sitzen zwölf oder fünfzehn Metaphysiker, die man ertränken sollte. Wie Ungeziefer haften sie an meinen Kleidern, aber ich werde sie abschütteln." Dieser Angriff fand auf allen Seiten Widerhall und war in der Hauptsache nicht gegen Benjamin, sondern gegen Germaine gerichtet. „Es ist nicht Ihre Schuld, daß Sie häßlich sind", stand in der pro-jakobinischen Zeitung *Journal des Hommes Libres*, „aber es ist Ihre Schuld, daß Sie eine Intrigantin sind . . . Sie kennen den Weg in die Schweiz . . . Nehmen Sie Ihren Benjamin mit. Lassen Sie ihn seine Gaben im Schweizer Senat erproben." Der royalistische *L'Ange Gabriel*, der im Ausland herauskam, bearbeitete ebenfalls die „Curchodine": „Sie schreibt über Metaphysik, wovon sie nichts versteht; über Moral, an die sie sich nicht hält; über die Tugenden ihres Geschlechts, die ihr fehlen." In diesem ritterlichen Ton fährt der Journalist fort und legt ihr folgendes Programm in den Mund: „Benjamin wird Konsul; das Finanzministerium gebe ich Papa; mein Onkel wird Justizminister; und mein Mann erhält eine entlegene Gesandtschaft. Mir behalte ich es vor, alles zu überwachen, und natürlich werde ich über das *Institut* herrschen."

Germaine war niedergeschmettert. „Diese Verfolgung ist heller Wahnsinn", beklagte sie sich bei Roederer. „Welche Frau hat sich mit größerer Ausdauer für Bonaparte begeistert?"

Fouché, der ihr im Grunde freundlich gesinnt war, ließ sie ins Polizeiministerium kommen. Der Erste Konsul, erklärte er, war der Meinung, sie sei für Benjamins Rede verantwortlich. Germaine wies diese Unterstellung entrüstet von sich. Monsieur Constant, sagte sie, war intelligent genug, um selbst zu denken. Außerdem verteidigte er in seiner Rede lediglich die Freiheit; er griff den Ersten Konsul mit keinem Wort an. War der Erste Konsul etwa gegen die Freiheit? Fouché widersprach ihr nicht. Er riet ihr, einige Tage aufs Land zu gehen, der Sturm würde sich bald gelegt haben. Germaine begab sich nach Saint-Ouen.

Fouchés Beziehungen zu Madame de Staël zeigen diesen geheimnisvollen Mann in einem interessanten Licht – diesen Mann, der bei jedem Wechsel der Regierung von Robespierre bis Ludwig XVIII. von einer Seite auf die andere überging und an den die Nachwelt als den ersten erbarmungslosen Organisator eines modernen Polizeistaates denkt. Er liebte Intrigen und Macht, nicht jedoch Grausamkeit und Unterdrückung. Er besaß, wie Madame de Staël sich ausdrückte, „eine überragende Intelligenz in revolutionären Dingen", er haßte Fehler, und es war ein Fehler, mehr Böses zu tun, als unbedingt nötig. „Von der Tugend", sagte Madame de Staël, „sprach er oft als von einem Ammenmärchen. Trotzdem wurde er durch seine bemerkenswerte Klugheit veranlaßt, sich dem Guten zuzuwenden, weil es vernünftig war, und sein Verstand führte ihn manchmal zu den gleichen Ergebnissen, zu denen andere unter Führung ihres Gewissens gelangt wären."

Mit Vorliebe übte er seine Macht milde aus und streute Krumen ins Wasser: In der labilen Welt, in der er leben mußte, hatte man auf lange Sicht mehr davon, sich die Leute zu verpflichten, als sie ins Gefängnis zu werfen. Mit dem Drang, die Nase in jedermanns Geheimnisse zu stecken, verband er die Neigung, die Augen davon abzuwenden, und gab dieser Neigung heldenmütig nach. Solange er Polizeiminister war, kam Germaine und hundert andern sein mangelnder Eifer zugute. Germaine hatte völlig recht, wenn sie sich an ihn um Schutz wandte.

Fouché irrte jedoch, wenn er meinte, daß ein paar Wochen in Saint-Ouen genügen würden, den Schaden wiedergutzumachen. Als Germaine nach Paris zurückkehrte, entdeckte sie, daß sie verfemt war. Damals wurde es bei ihr zur fixen Idee, daß eine persönliche Rücksprache mit dem Ersten Konsul ihn von ihrer Unschuld überzeugen und der Verfolgung ein Ende setzen würde. Sie bat Talleyrand, „im Namen unserer alten Freundschaft", ihr eine Einladung zu einem Ball zu schicken, auf dem auch Bonaparte erscheinen sollte. „Im Namen unserer alten Freundschaft" bat Talleyrand sie, dem Ball fernzubleiben. Auf einem andern Ball, zu dem man sie nur deshalb gebeten hatte, weil die Hausfrau genau wußte, daß Bonaparte zwar ebenfalls eingeladen war, aber nicht kommen würde, lernte Germaine die ganze primitive Grausamkeit der Gesellschaft kennen, die sich entschlossen hat, eines ihrer Mitglieder zu meiden. Sie erschien in bester Laune, und man starrte sie schweigend an. Näherte sie sich einer Gruppe, so löste sich diese auf, oder die Leute drehten sich einfach um. Wie ein Schatten schien ein Kreis der Leere sie zu begleiten. Sie zog sich in eine Ecke zurück, und dort konnte man sie „mutterseelenallein in ihrem riesigen schiefergrauen Gewand" sitzen sehen, wie eine Dame in ihren Memoiren berichtet, bis schließlich ihre Freundin Delphine de Sabran ihr zu Hilfe kam und den ganzen übrigen Abend an ihrer Seite verbrachte. Aus dem Trauma dieses Erlebnisses wurde *Delphine* geboren; die Szene wird in dem Roman zweimal beschrieben[26], und der Name seiner Heldin ist ein Denkmal der Dankbarkeit für eine freundliche Geste.

Ehe Germaine zu ihrem jährlichen Besuch nach Coppet aufbrach, spielte sie ihren letzten Trumpf aus — sie veröffentlichte im April 1800 *De la littérature*. Die Aufnahme des Buches bewies, daß sie noch immer eine Macht war: In einem Ballsaal mochte man sie ignorieren, nicht aber in den Zeitungen. Ungefähr um die gleiche Zeit verließ Bonaparte Paris, um seine Armee über den St. Bernhard zu führen. Am 14. Juni setzte er auf dem Schlachtfeld von Marengo seine ganze künftige Macht aufs Spiel.

Germaine, die ihm sozusagen auf den Fersen folgte – sie war am 7. Mai von Paris nach Coppet abgereist – hielt den Atem an. „Ich wünschte eine Niederlage Bonapartes", gestand sie in *Zehn Jahre im Exil.* Frankreich hatte eine Niederlage zu seinem eigenen Besten nötig: Davon war sie überzeugt. Und man mag sich tatsächlich fragen, welche Wendung die Geschichte Frankreichs und Europas genommen hätte, wäre Napoleon nicht am späten Nachmittag des 14. Juni 1800 durch einen unglaublichen Glücksfall in einer Schlacht Sieger geblieben, die bereits verloren war.

Marengo war ein Schlag für Germaines politische sowohl wie für ihre persönlichen Hoffnungen, aber sie hatte nicht alles auf einen österreichischen Sieg gesetzt. Als Bonaparte auf seinem Weg nach Italien durch Genf gekommen war, machte Monsieur Necker ihm einen Besuch, um für seine Tochter zu intervenieren. Die Unterredung dauerte zwei Stunden. „Der Erste Konsul", versichert Germaine in ihren *Considérations,* „machte einen recht guten Eindruck auf meinen Vater." Necker machte einen weniger guten Eindruck auf Napoleon: „Ein langweiliger, aufgedunsener Pedant", war sein Urteil. Trotzdem versprach er, Madame de Staël weiterhin in Paris wohnen zu lassen, wenn sie sich entsprechend benahm. Die Neuigkeiten aus Marengo, der Gedanke an ihr Ausgestoßensein, der Zuspruch ihres Vaters und ihre Sehnsucht nach Paris – alles verstärkte Germaines Entschluß, sich tatsächlich gut zu benehmen.

„Man muß in seinem Leben zwischen Langeweile und Leiden die Wahl treffen", schrieb Germaine ihrem Freund Claude Hochet im Sommer 1800[27]. Sie entschied sich eindeutig für das Leiden, das letzten Endes im Vergleich zur Langeweile ein Vergnügen war; immerhin wurde jedes Jahr von Mai bis November der Langeweile von Coppet geweiht und dem Glück, mit ihrem Vater zusammen zu sein. „Abgesehen von meinem Glück, bin ich nicht sehr gerne hier", teilte sie dem gleichen Adressaten 1801 mit. Für Necker waren Germaines Besuche nicht gerade eine Quelle ungetrübter Freude. Alle, die ihr nahestanden, sagt Benjamin in seinem Tagebuch, erlebten in verschiedenen Abstufungen die gleiche unaufhörliche Spannung, hervorgerufen durch die Bemühungen, „ihr Leben von dem Germaines zu lösen" – und Benjamin erwähnt in diesem Zusammenhang ganz besonders Necker selbst. Germaine war der Ansicht, Necker könne ihren Verfolgungen ein Ende bereiten, wenn er sich nur energisch genug dafür einsetze. Mit wachsender Beharrlichkeit bat sie ihn, nach Paris zu ziehen. Seine Gegenwart, so glaubte sie, würde für sie ein Schutzschild sein, er selbst wieder könne in seiner ehrfurchtgebietenden Unantastbarkeit seine Laufbahn krönen, indem er die Rolle des älteren Staatsmannes spielte. Ein Ort, der nicht in zu großer Entfernung von Paris lag – Saint-Ouen zum Beispiel –, könnte Coppet im Sommer ersetzen. Aber Necker hatte seine Illusionen verloren: Er wußte, daß er bestenfalls ein kurioses Überbleibsel war und daß seine Ratschläge nicht beachtet oder belächelt werden würden. Auch konnte er den Gedanken nicht ertragen, auf seine täglichen Besuche bei seiner Frau in ihrem alkoholischen Behälter zu verzichten. Germaine erreichte mit ihren Tränen und Quälereien nur, daß sie die letzten Jahre ihres Vaters verdüsterte.

Coppet bedeutete nicht nur ein Zusammensein mit ihrem Vater, sondern auch mit ihren Kindern. Bei der Ankunft im Jahre 1800 entdeckte sie, daß August „schon ein richtiger kleiner Herr war, obwohl er kaum zehn Jahre zählte". Germaine wurde sich plötzlich ihrer Rolle als Mutter bewußt und begann, den beiden Jungen Stunden zu geben. (Albertine war erst drei Jahre alt.) Der Unterricht war sprunghaft; sie unterbrach die Lektionen alle Augenblicke, erteilte der Dienerschaft Anordnungen, diktierte Briefe, empfing Besuche und erwartete dann von ihren Schülern, sie sollten dort weitermachen, wo sie aufgehört hatte. August, ein eifriger kleiner Bursche, brachte das fertig; der zerstreute Albert zeigte wenig Neigung zum Studium. Beide Jungen interessierten sich für Mathematik und Naturwissenschaften, von denen Germaine nichts verstand; nur in Albertine sah sie später die Empfindsamkeit und die Interessen erwachen, die sie von ihrem eigenen Fleisch und Blut erwartete.

Da Germaine nur einen Teil des Jahres mit ihren Kindern verbringen konnte – und selbst dann machte sie häufige und ausgedehnte Ausflüge nach Genf und Lausanne –, stellte sie für ihre Söhne einen Hauslehrer an, einen jungen deutschen Pastor mit Namen Gerlach. Sie hatte mehr freie Zeit, als ihr lieb war, und beschloß, bei ihm Deutschstunden zu nehmen. Germaine machte aber wenig Fortschritte mit ihrem Deutsch, das sie „resigniert" weiterbetrieb, wie es in einem Brief an Meister heißt; und Gerlach machte noch weniger Fortschritte mit Germaine; sie merkte erst zwei Jahre später, daß er sich in sie verliebt hatte, als Gerlach unter ihren Händen an einer Mischung von Tuberkulose und gebrochenem Herzen starb[28].

Der Sommer 1800 ging nur allzu ruhig vorüber. „In drei Monaten", schrieb sie Hochet am 17. August, „werde ich Sie wiedersehen; aber drei Monate zählen nach Tropfen, wenn man sie in der Einsamkeit verbringt, und sobald Benjamin abreist, wird die Einsamkeit vollständig sein. Ich werde nicht nach Genf zurückfahren, sondern auf Paris warten." Benjamin hatte nämlich Paris verlassen, um den Sommer mit seiner Familie zu verbringen, teils in Genf, wo Germaine mit ihm zusammentraf, teils in Lausanne, wohin sie ihm folgte. Ihre Beziehungen hatten das Stadium sinnlicher Leidenschaften längst hinter sich gelassen — wenn es für sie überhaupt je existiert hatte —, aber dieser Wandel brachte nicht die üblichen Folgeerscheinungen einer erkaltenden Liebe mit sich. Soweit es sich um Germaine handelte, schuldete Benjamin ihr jede Regung und Rücksicht, die ein Liebhaber der Geliebten schuldig ist, einschließlich „der Sprache der Liebe", obwohl sie gar nicht mehr Liebhaber und Geliebte waren. Solche Ansprüche betrachtete Benjamin mit einiger Berechtigung als unberechtigt; Germaine ihrerseits warf ihm vor, er sei hartherzig, gefühllos und selbstsüchtig.

In ihrem fünfunddreißigsten Jahr blickte Germaine auf ein Leben zurück, das der Suche nach Liebe geweiht gewesen war, und sah nichts als ein paar Funken von Seligkeit, gefolgt von Enttäuschung und Verrat. „Ich lebe mit einer Wunde im Herzen, wie andere mit einem körperlichen Gebrechen leben", schrieb sie dem Philosophen de Gérando in jenem Sommer. „Glauben Sie, daß es nach diesen Erfahrungen möglich ist, neu zu beginnen? Die drei Männer, die ich seit meinem neunzehnten oder zwanzigsten Jahr am meisten geliebt habe, sind Narbonne, Talleyrand und Mathieu. Der erste ist nur eine reizvolle Hülle, der zweite hat nicht einmal die äußere Hülle gerettet, und der dritte hat seinen Reiz verloren, wenn er auch seine liebenswürdigen Eigenschaften bewahrt hat. Ich habe neue Freunde liebgewonnen, aber die Vergangenheit bewegt mein Gemüt und meine Phantasie." Warum hatte sie ihre Chance versäumt, glücklich zu werden, an wen dachte sie, wenn die Erinnerung an frühere Seligkeit sie erbeben ließ? Warum konnte sie nicht wie andere Frauen einen Mann festhalten?

Die Männer um Germaine sahen sie ganz anders, als sie selbst sich sah. Kein Mann liebt eine Frau lange, die unaufhörlich und unnachgiebig Ansprüche an alle seine Fähigkeiten stellt. Nach einer kurzen Periode des Rausches (vier bis sechs Monate in nahezu allen Fällen) begannen ihre Liebhaber müde zu werden. Sie begannen Überlegungen anzustellen. Germaine hatte keinen Sinn für Pflicht oder Verantwortung. Für Dienstleistungen von fragwürdigem Wert verlangte sie Liebe oder Freundschaft wie ein Pfund Fleisch. Sie brachte sich immer wieder in Ungelegenheiten und stellte dabei die Freundschaft auf die Probe. Sie verlangte nach einem Glück, das nur in einer ruhigen Häuslichkeit gedeiht, und weigerte sich, auf Ruhm und ehrgeiziges Streben zu verzichten. Sie begriff nicht, daß man Liebe, Freundschaft und Dankbarkeit verwirkt, wenn man sie fordert, und daß Szenen, Drohungen und Tränen einen Mann von jeder weiteren Verpflichtung entbinden. „Von ihren Vorwürfen unablässig verfolgt, wegen Germaines Situation dauernd im Lichte der Öffentlichkeit und niemals das Steuer meines eigenen Lebens selbst in der Hand", so schilderte Benjamin die Lage in seinem Tagebuch. Die Liebhaber fühlten sich nach solchen Überlegungen moralisch im Recht, eine Frau zu verlassen, und wurden (ausgenommen Benjamin) mit ihren übrigen Skrupeln fertig, indem sie sich sagten, Germaine sei ja eigentlich gar keine Frau, sondern Manns genug, eine etwas rauhere Behandlung zu vertragen.

Germaine sah das Problem ganz anders an, und zwar etwa folgendermaßen: 1. Germaine ist eine außergewöhnliche Frau. 2. Die Gesellschaft haßt alles, was außergewöhnlich ist, aber während ungewöhnliche Männer die Gesellschaft unter ihren Bann zwingen können, ist die Gesellschaft ungewöhnlichen Frauen gegenüber absolut unduldsam. 3. Männer sind weniger zur Liebe fähig als Frauen, weil Männer immer unter dem Einfluß der Gesellschaft bleiben. 4. Wenn ein Mann eine ungewöhnliche Frau liebt, gerät er mit der Gesellschaft in Konflikt. 5. Statt in diesem Konflikt die Anforderungen der Gesellschaft um seiner Liebe willen zu mißachten, wird er von seiner Liebsten verlangen, daß sie ihre außergewöhnlichen Eigenschaften den Anforderungen der Gesellschaft zum Opfer bringt. 6. Die ungewöhnliche Frau wird zwar bereit sein, der Gesellschaft Trotz zu bieten, nicht aber, diese Eigenschaften zu opfern, wozu sie auch gar nicht fähig wäre; wenn der Mann sie liebt, so soll er sie ja schließlich um ihrer Eigenschaften willen lieben und nicht, weil sie wie jede andere Frau ist. 7. Da das Gift der Gesellschaft in ihm seine Wirkung tut, verliert der Mann das Vertrauen in die Frau, legt ihre Motive falsch aus, hört auf Einflüsterungen, richtet sich nach der öffentlichen Meinung und tötet ihre Liebe. 8. Ungewöhnliche Frauen sind dazu verurteilt, unglücklich zu sein. 9. Germaine ist die ungewöhnlichste Frau ihrer Zeit. 10. Niemand hat je gelitten, was Germaine leidet. q. e. d.

Diese Überlegungen illustrierte Germaine in drei Bänden, *Delphine* genannt, die sie fünf Jahre später durch drei weitere Bände mit dem Titel *Corinna* ergänzte. In *Delphine* ging es um die Strafe, die von der Gesellschaft einer nichtkonformistischen Frau auferlegt wird; Germaine war die Heldin, Narbonne der unvollkommene Held, Talleyrand der Bösewicht. Sie begann den Roman im Sommer 1800. „Ich schreibe weiter an meinem Roman", berichtete sie Hochet im Oktober. „In einem Jahr wird er fertig sein, glaube ich, und nicht ein einziges Wort über Politik enthalten . . . Was wird man zu solcher Enthaltsamkeit sagen?" Sie kündigt im gleichen Brief an, daß ihre Abreise nach Paris unmittelbar bevorstehe. „Ich beabsichtige, mich diesen Winter ruhig zu verhalten", verspricht sie, „denn der Besuch einer Cousine, die ich liebe (Madame Necker de Saussure) wird mich dazu bringen, meine Zeit auf Theater und Konzerte zu verwenden. Ich werde ins frivole Leben eintauchen, wenn es auch ein wenig spät ist, mit dreißig damit zu beginnen."

In den ersten Dezembertagen unterbrach Germaine ihren Roman und ihre Deutschstunden, sagte ihrem Vater und ihren Kindern Lebewohl und winkte Coppet aus den Fenstern ihrer Kutsche mit ihrem Tüchlein zum Abschied. Im Januar konnte Benjamin seiner Cousine Rosalie berichten: „Die schöne Dame kam kürzlich aus Genf und ist von einem wahren Wirbelwind von Bällen, Festen und Gesellschaften erfaßt. Manchmal schleppt sie mich mit, aber öfter noch gelingt es mir, mich in Sicherheit zu bringen."

Germaine hielt ihr Versprechen: Der Winter 1800/1801 war ausgefüllt von Besuchen, Empfängen, Oper, Theater, Bällen, Soupers und Gesellschaften, die über das Wochenende in Josef Bonapartes Besitz in Morfontaine stattfanden. Bei ihren Soireen „weideten die Schafe mit den Wölfen", wie sie es in einem Brief an Josef ausdrückte: Ex-Jakobiner kamen in Tuchfühlung mit Royalisten und zurückgekehrten Emigranten, die Botschafter von Österreich, Spanien, Preußen, Rußland und Schweden trafen sich mit den Brüdern und Schwestern Bonapartes. In Morfontaine vertrieb man sich die Zeit mit Festen und Spielen. Graf Cobenzl, der rundliche, schielende österreichische Botschafter, organisierte mit Begeisterung Theateraufführungen und Scharaden, und an stilleren Abenden las Germaine aus dem Werk eines unbekannten Autors vor – aus Chateaubriands *Atala*. Während der Herr und Meister meditierend in Saint-Cloud saß, spielten die Kinder in Morfontaine und vergaßen seinen Schatten.

Germaine traf in diesem Winter im Haus General Berthiers nur einmal mit Bonaparte zusammen. Es war das letzte Mal, daß sie sich von Angesicht zu Angesicht gegenüberstanden. Da Napoleons Gegenwart die wunderbare Fähigkeit hatte, Germaine mundtot zu machen, hatte sie im vorhinein die Antworten auf die erwarteten Fragen vorbereitet. Sie hatte diese Gelegenheit ein Jahr lang herbeigewünscht, und nicht die Absicht, sie ungenützt vorbeigehen zu lassen. Bonaparte, von seinem Bruder Lucien begleitet, schritt durch die Menge, machte vor Madame de Staël halt und musterte ihr imponierendes Decolleté, als betrachte er die Kriegsnarben eines Grenadiers. „Sie haben gewiß Ihre Kinder selbst gestillt?" sagte er unvermittelt. Diese Frage hatte Germaine nicht erwartet: Sie war wie versteinert. „Du siehst", sagte der Erste Konsul zu seinem Bruder, „sie will nicht einmal ja oder nein sagen."

Bonaparte war während dieses Winters immer reizbarer geworden. Als er am Weihnachtsabend zur Premiere von Haydns Schöpfung in die Oper fuhr, wurde er von einer in einem Wasserwagen verborgenen Bombe mit Zeitzündung nahezu in die Luft gesprengt. Er nahm das schlechtgelaunt hin, machte aber das Beste daraus — das heißt, er gab den Jakobinern die Schuld und ließ 130 von ihnen ohne legales Verfahren deportieren. Dann legte Fouché ihm unbesonnen Beweise vor, daß der Anschlag das Werk der Royalisten gewesen sei. Der Erste Konsul war nicht mehr verärgert, sondern zornig. Die Jakobiner, erklärte er Fouché, waren von Natur aus Verbrecher, und es war eine gute Gelegenheit, sie loszuwerden, während man die Royalisten gewinnen wollte. Diese neuartige Auffassung der Gerechtigkeit veranlaßte Benjamin, sich im Februar gegen willkürliche Verfahren auszusprechen. Diesmal verlor Bonaparte völlig die Geduld, schrieb selbst Leitartikel, prangerte im *Journal de Paris* und im *Mercure de France* die „Sarkasmen und verrückten Vorstellungen von einem Dutzend benebelter Metaphysiker an" und drohte ihnen mit Ausrottung. Im April brütete er immer noch über der Sache, schickte noch ein paar Jakobiner in die Verbannung, verbot mehrere Zeitungen und ließ Madame de Staël warnen, sie möge zu ihrem eigenen Besten aufhören, ihren Benjamin aufzuhetzen. Allen ihren Bemühungen zum Trotz und ohne daß sie selbst eine Schuld traf, stand Germaine bei ihrem Aufbruch nach Coppet im Mai 1801 genauso wenig in Gunst wie das Jahr zuvor.

Sie nahm *Delphine* wieder auf. Sie nahm auch ihre Angriffe auf ihren Vater wieder auf. Seine Weigerung, nach Paris zu ziehen, hielt Necker eisern aufrecht, jedoch ließ er sich von ihr überreden, seinen „Schwanengesang" zu schreiben, wie Germaine es nannte, seine *Letzten Betrachtungen über Politik und Finanzen.* Dieses von ihr inspirierte Werk sollte nicht nur des Autors unsterbliches Genie bestätigen, sondern auch das Zauberkunststück zuwege bringen, des Ersten Konsuls Gunst zurückzugewinnen.

Dabei legte es dar, auf welche Art Frankreich seine Diktatur vermeiden könne. Daß ein Geschöpf von Germaines Intelligenz sich in der Hoffnung wiegte, *Delphine* und Neckers *Letzte Betrachtungen* könnten sich für die Autoren anders als verheerend auswirken, kommt einem völlig unglaublich vor.

Kurz vor ihrer Rückkehr nach Paris im November schrieb Germaine an Josef, Konsul Lebrun habe sie Bonaparte gegenüber sehr gelobt, und Bonapartes Antwort sei gewesen: „Doch, doch, gewiß, ich glaube Ihnen, da ich in letzter Zeit nicht von ihr habe sprechen hören." Kaum war sie in Paris, ging es aber schon wieder los. Benjamin nahm seine lästigen Manöver gegen die Regierung wieder auf. „Ich halte es nicht für möglich, weiterzumachen, wenn die konstitutionierenden Behörden aus Feinden bestehen", teilte Bonaparte seinen Kollegen Cambacérès und Lebrun am 24. Januar mit: Er hatte soeben Benjamin und neunzehn andere aus dem Tribunat ausgeschlossen. Einen Monat später, als gerade der Frieden mit England unterzeichnet werden sollte, schrieb der Erste Konsul an Fouché: „Ich kann jetzt Polizei-Angelegenheiten mehr Zeit widmen, möchte über alles in allen Einzelheiten unterrichtet werden und mit Ihnen mindestens eine Stunde, wenn nötig häufig auch zwei Stunden täglich arbeiten."

Wenn Bonaparte sagte „in allen Einzelheiten", dann meinte er es auch. Alles, was in den Salons des Faubourg Saint-Germain gesprochen wurde, kam ihm zu Ohren. Fouché war keineswegs seine einzige Informationsquelle: Madame de Genlis, Germaines literarische Rivalin, die des Herzogs von Orléans Geliebte und die Gouvernante seiner Kinder gewesen war, trat im Faubourg als Geheimagentin des Ersten Konsuls auf[29]. Er erfuhr, wen Madame de Staël empfing, was sie tat und was sie sagte — oder zumindest, was man ihr in den Mund legte. Als man ihm berichtete, daß sie ihn, auf seine sarkastischen Worte über die Ideologen anspielend, einen „Ideophoben" genannt hatte, war er tief gekränkt. Er saß in seiner Badewanne und nahm seine Brüder Lucien und Josef ins Gebet, weil sie eine solche Frau verteidigten. Josef leugnete, daß sie ihn jemals einen Ideophoben genannt habe. „Das riecht auf hundert Meter nach Madame de Staël", entgegnete der Erste Konsul. „Eine feine Sache! Genau, was sie sich wünscht. Ideenscheu! Reizend! Warum nicht gleich wasserscheu? Man kann ein Land mit solchen Leuten nicht regieren." Seine Entrüstung wuchs bei diesen Reden, bis er schließlich mit der Faust ins Badewasser hieb, um zu zeigen, was er mit solchen Leuten zu tun beabsichtige. „Laßt diese Frau wissen", schloß er, während ein Diener den künftigen König von Spanien abtrocknete, „laßt ihre erlauchte Hoheit wissen, daß ich weder ein Ludwig XVI. noch ein Barras bin. Ratet ihr, sich mir nicht in den Weg zu stellen, gleichgültig, wie dieser Weg aussieht oder wohin ich zu gehen beliebe. Sonst werde ich sie zerbrechen, zerschmettern werde ich sie. Sie soll sich ruhig verhalten, das ist das Vernünftigste, was sie tun kann."

Die Botschaft wurde ihr überbracht. Sie erschreckte sie, ohne sie einzuschüchtern. „Es liegt", sagte sie, „eine Art körperlichen Vergnügens darin, einer ungerechten Gewalt Widerstand zu leisten."

Geistreiche Bemerkungen waren in seinen Augen nicht ihr einziges Verbrechen. Er konnte sie keiner offen gegen ihn gerichteten Handlung beschuldigen, aber er war überzeugt, daß sie in irgendeiner Art an jeder Unruhe maßgeblich beteiligt sei, und wie der Wolf in der Fabel ärgerte er sich nur um so mehr, weil er nicht imstande war, ihr eine Schuld nachzuweisen. „Man behauptet, daß sie weder über Politik noch über mich spricht; aber irgendwie trifft es sich immer, daß man mir weniger zugetan ist, wenn man mit ihr zusammen war", sagte er und stellte damit eine unleugbare Tatsache fest. „Die Ankunft dieser Frau war wie die eines Unglücksvogels immer der Vorbote für irgendeine Unannehmlichkeit", schrieb er ein paar Monate später.

Die Unannehmlichkeit, auf die Bonaparte 1802 anspielte, war von einer ganz besonderen Art. Sein Konkordat mit Papst Pius VII. stand vor dem Abschluß, die katholische Geistlichkeit sollte wieder eingesetzt und Bonaparte selbst zum Konsul auf Lebenszeit ernannt werden. Republikaner und Royalisten sahen sich in gleicher Weise von dem Mann verraten, auf den sie ihre Hoffnungen gesetzt hatten. Germaine, die ihr Haus „ein Spital für besiegte Parteien" nannte, brachte die Führer der beiden extremen Fraktionen in ihrem Salon zu einer Art Verschwörung der extremen Flügel gegen die Mitte zusammen. „Zur Zeit des Konkordats", erinnerte sich Napoleon in St. Helena, „vereinigte sie plötzlich die Aristokraten und die Republikaner gegen mich. ‚Sie haben nicht einen Augenblick zu verlieren!' rief sie ihnen zu. ‚Morgen wird der Tyrann vierzigtausend Priester zu seiner Verfügung haben.'" Noch schwerer fiel ins Gewicht, daß sie von dem sogenannten „Anschlag der Generäle" wußte, ja vielleicht sogar aktiv daran teilhatte: Zwölf von Napoleons Waffengefährten planten, das Konsulat zu stürzen. Daß sie mit Bernadotte, dem Führer, in enger Verbindung stand, gibt sie in ihren Memoiren zu. Erst als Germaine mit ihrem sterbenden Gatten nach Coppet gefahren war, kam jedoch die Verschwörung zum Platzen und wurde unterdrückt. Einige Verhaftungen wurden vorgenommen, die Führer kamen mit einer strengen Verwarnung davon, die Germaine nicht beachtete.

Am 8. Mai 1802 starb Monsieur de Staël in einem Gasthaus am Straßenrand; Napoleon wurde auf zehn Jahre zum Ersten Konsul gewählt; zwei Tage später wurde ihm das Recht zugestanden, einen Nachfolger zu bestimmen. Genau zu diesem Zeitpunkt kamen zwei Werke, die in Germaines engstem Kreis entstanden waren, an die Öffentlichkeit: im Juli Camille Jordans *Die wahre Bedeutung der Volksabstimmung über das Konsulat auf Lebenszeit* und einen Monat später Neckers *Letzte Betrachtungen über Politik und Finanzen.* Über Jordans Pamphlet war Germaine so begeistert, daß sie es stellenweise auswendig lernte. „Nie las ich etwas, das meinen innersten Gefühlen näher kam", schrieb sie dem Autor. „Ich besitze einen Ring aus meinem Haar, der früher dem armen Monsieur de Staël gehörte, ich wollte ihn Ihnen schicken, aber Sie scheinen die blonden Haare Frau von Krüdeners so gern zu haben, daß ich mich meiner dunklen Locken schämte." Die Flugschrift war gerade erst beschlagnahmt worden, als Necker ein Exemplar seines Schwanengesanges seinem Freund, dem Konsul Lebrun, sandte, der es mit den Empfehlungen des Autors dem Ersten Konsul überreichen sollte.

Bonaparte las das Buch, wie er sagte, „von der ersten bis zur letzten Seite". Er entdeckte, daß der Barde von Coppet ihn nicht nur „den notwendigen Mann" nannte, ein Ausdruck, den Bonaparte richtig als „das notwendige Übel" deutete, sondern daß er auch die neue Verfassung kritisierte, vor der Konzentration der Macht in Händen des Militärs warnte, nachwies, daß es Bonaparte nie gelingen könne, eine Monarchie unter einer neuen Dynastie zu errichten, und damit schloß, daß er drei verschiedene Verfassungen zur Wahl stellte, als deren „Hüter" Bonaparte fungieren sollte. „Er geriet", berichtet ein Freund an Madame de Staël, „offenbar in grenzenlosen Zorn. Vor allem war er brutal und grob." Wie üblich, bekam Germaine das meiste ab, denn Bonaparte beschuldigte sie, ihren Vater aufgehetzt und schlecht informiert zu haben — „als ob es möglich wäre", meinte Germaine, „die Feder eines Mannes zu beeinflussen, der so edel denkt". Ihre Freunde teilten ihr mit, Napoleon habe geschworen, man würde ihr nie mehr gestatten, den Fuß auf französischen Boden zu setzen, nur nach Genf dürfe sie fahren. Germaine konnte es nicht glauben. „Ich werde seiner Wut trotzen", schrieb sie an Jordan. „Er fürchtet mich", sagte sie zu Lacretelle. „Das gereicht mir zur Freude und zum Stolz und erschreckt mich gleichzeitig. Ich muß ein Geständnis machen: Ich setze mich der Verfolgung aus und bin selbst für die Langeweile meines Exils schlecht vorbereitet ... Ich leide die Ängste einer Frau, aber sie können aus mir nicht eine Heuchlerin oder eine Sklavin machen." – „Es kommt bei einem Charakter nicht darauf an", schrieb sie an Hochet, „ob man diese oder jene Meinung hat: Es kommt darauf an, wie unbeugsam man sie verficht." In diesem überheblichen Zustand veröffentlichte sie im Dezember *Delphine* und beendete ihr Vorwort mit einer unverhüllten Beleidigung Bonapartes. Es liege ihr nichts daran, erklärte sie, welche Aufnahme ihr Buch in der Öffentlichkeit finden würde – sie sei vorauszusehen; sie habe sich ihr Publikum ausgewählt, es sei „das schweigende, aber aufgeklärte Frankreich".

Delphine hatte beim Publikum augenblicklich Erfolg, sowohl im schweigenden Frankreich wie in England und Deutschland. Bonaparte ließ sich ein „Digest" des Romans machen, las es und wurde zum anonymen Literaturkritiker, der das Werk im *Journal des Débats* wegen seiner „völlig falschen, antisozialen und gefährlichen Prinzipien und seines gänzlichen Mangels an einem moralischen Ziel" verdammte. Diesen Vorwürfen begegnete Germaine in der zweiten Ausgabe, indem sie ihr eine lange Einleitung über das moralische Ziel *Delphines* beigab. Bonapartes Artikel war zurückhaltend im Vergleich zu dem Joseph Fiévées im *Mercure:* „Betrachten wir uns diese Frauen näher, und wir werden sehen, daß ihre Begierden immer höchst leidenschaftlich sind ... und daß es sogar schwieriger ist, ihr Freund als ihr Liebhaber zu sein. Hören wir ihnen genau zu, und wir werden erfahren, daß jeder ihnen unrecht getan hat; alle Augenblicke hören wir sie ihre abgründige Melancholie in tiefen Seufzern aushauchen ... Sehen wir sie nur an: Sie sind groß, massig, fett, gedrungen. Ihre Gesichter glänzen von einem Übermaß an Gesundheit und zeigen keine jener Spuren, die tiefer Herzenskummer unweigerlich zurückläßt. Der einzige Kummer nämlich, den sie empfinden, ist die Demütigung ihrer Eitelkeit. Mit einem Wort, sie sind einfach überspannte Egoisten." Diese Worte schmerzten: Sie mochten sogar Germaines Freunde beeinflussen, denen es nicht leicht fiel, ihre vorgeblichen Leiden mit ihrer offensichtlichen Widerstandskraft in Einklang zu bringen. Fiévées Karikatur entsprach bis zu einem gewissen Grad der Wahrheit; die Anklage jedoch lief im Grunde auf einen Punkt hinaus: daß Germaine keine Frau wie die andern war. Die Verbindung weiblicher Empfindsamkeit mit unweiblichem Betragen war unzulässig. Fiévée traf dergestalt mit dem Geschick eines Mörders ins Herz des Buches und seiner Verfasserin.

„Ich glaube", sagt Germaine in ihren Betrachtungen über das moralische Ziel *Delphines,* „daß es nützlich und mit den strengsten Moralbegriffen vereinbar war, zu zeigen, wie man als Geschöpf von überlegener Seelenart mehr Fehler zu begehen in der Lage ist als ein mittelmäßiger Mensch, sofern die Vernunft nicht der Gewalt der Leidenschaften die Waage hält; und wie man mit einem großzügigen und empfindsamen Herzen vieler Sünden schuldig werden kann, wenn man sich nicht streng an die Moral hält ... Aber ich wollte auch zeigen, in welchem Ausmaß das unbeugsame Verhalten zu tadeln ist, das die Gesellschaft *Delphine* gegenüber an den Tag legt." Vor allem andern, betont sie nachdrücklich, tut Verständnis und Mitgefühl not; und zwei Seiten weiter führt ihre Dialektik zu dem gewünschten Ergebnis: „Güte und Großmut ... sind die wahre moralische Grundlage menschlichen Verhaltens."

Die überlegene Seelenhaltung der Heldin tritt in *Delphine* ebenso deutlich hervor wie in *Corinna.* Delphine allerdings entfaltet ihre glänzenden Gaben in der Konversation, aber sie ist nicht schöpferisch. Nicht eine Überlegenheit des Verstandes besitzt sie, sondern eine des Herzens. Tatsächlich sind alle ihre Fehler nur überströmende Tugenden: Sie ist zu großzügig in ihren Impulsen, zu leidenschaftlich (wenn auch keusch) in ihrer Liebe, zu unvorsichtig in ihrer Güte, zu naiv in ihrem Vertrauen, zu überspannt in ihrer Begeisterung. Alle ihre Irrtümer und das Verderben, das sie über sich und ihren Geliebten bringt, sind das Ergebnis ihrer allzu großzügigen Impulse — oder besser der Tatsache, daß die Gesellschaft diese Impulse falsch deutet. Sie liebt Léonce de Mondoville, der im Gegensatz zu ihr einen Fehler hat: Er läßt sich zu leicht von der öffentlichen Meinung beeinflussen, ist zu leicht bereit, das Glück einem künstlichen Ehrenkodex zu opfern. Sein Empfinden ist makellos; unglücklicherweise möchte er auch in den Augen der Welt makellos dastehen und erwartet das gleiche von Delphine. Statt sich einzig auf seine eigene Vernunft und sein Herz zu verlassen, wie Rousseau es lehrte, betrachtet er sich selbst mit den Augen der andern. Die Übereinstimmungen seines Charakters mit dem Narbonnes sind unübersehbar. Diese Abhängigkeit vom Urteil der Umwelt war in Germaines Augen ein typisch männlicher Fehler. Eine Frau will Glück und konzentriert dieses Glück in der Liebe; ein Mann zieht Ruhm dem Glück vor und liebt niemals unbedingt. „Delphines Liebe ist vollkommener als die Léonces. Es kann nicht anders sein, da sie liebt und eine Frau ist." Frauen werden also nicht nur dafür bestraft, daß sie überlegen sind: Sie sind auch überlegen, weil sie Frauen sind. Die unerfreuliche Folgeerscheinung dieser Sachlage besteht darin, daß überlegene Frauen dazu verurteilt sind, Männer zu lieben, die ihnen unterlegen sind, zumindest was ihre Fähigkeit zu lieben betrifft. Lesbische Liebe, der einzige Ausweg aus diesem Dilemma, war nicht Germaines Geschmack, wenn auch ihre platonische Beziehung zu Madame Récamier einer solchen Liebe nahekam.

Es kommt nicht klar zum Ausdruck, ob Madame de Staël die Möglichkeit einer Gesellschaft in Erwägung zog, in der diese Unvereinbarkeit der Geschlechter sich aufheben ließ. Da sie utopischen Träumen abgeneigt war, tat sie es wahrscheinlich nicht. Immerhin setzte sie sich für eine Gesellschaft ein, in der man Frauen und Männer nicht nach verschiedenen Maßstäben beurteilen würde. Sie hatte kein Interesse für politische oder juridische Gleichberechtigung; sie dachte lediglich an das Recht der Frauen, sie selbst zu sein. Und sie erhebt Anklage gegen die Gesellschaft, weil sie dieses Recht verweigert: das ist das Hauptthema von *Delphine*.

Germaine hatte versprochen, in ihrem Roman würde nicht ein Wort über Politik stehen. Nimmt man Politik in der engsten Bedeutung des Wortes, dann hat sie ihr Versprechen gehalten. Aber Bonaparte und seine Presse deuteten das Wort ganz richtig in einem weiteren Sinn, denn jede Kritik, die sich gegen die Verfassung und gegen die Gesetze der Gesellschaft richtet und nicht nur gegen ihre Laster und Mißbräuche, ist politisch.

Obwohl die Revolution nur den Hintergrund der Handlung bildet, hat sie einen entscheidenden Einfluß, und die politischen Obertöne sind deutlich aus dem ganzen Roman herauszuhören. Dazu ist das Buch ein heftiger Angriff gegen die durch Liebe nicht geheiligte Ehe, eine Satire auf katholische Bigotterie, ein Brevier für Scheidungen und eine Verteidigungsschrift für die Rechte der Frauen. Kein Wunder, daß es Bonaparte in Wut brachte, der zu eben diesem Zeitpunkt versuchte, eine konventionelle Moral durchzusetzen, die ein Vorläufer des viktorianischen Zeitalters war: Er zwang Talleyrand, seine Mätresse zu heiraten, zwang Madame Tallien, Kleider zu tragen, Josephine, sich in anständiger Gesellschaft zu bewegen, Schulkinder, den Katechismus zu lernen, und Frauen, auf dem ihnen zukommenden Platz zu bleiben. Ebenso schlimm war, daß Delphine die Philosophie der Aufklärung erneut bekräftigte und Frankreich das Vorbild Englands vor Augen hielt. Bei der Lektüre des Buches muß Napoleon sich vorgekommen sein wie bei einer Parade aller seiner *bêtes noires*.

Madame de Staël schrieb nicht zu ihrem Privatvergnügen; auch erwartete sie nicht, daß ihre Bücher in ferner Zukunft gelesen werden würden. Sie wollte Anerkennung finden, sich ihren Zeitgenossen verständlich machen und das Zeitalter beeinflussen, in dem sie lebte. Es ist nicht schwer, ihre Romane als zeitgebunden abzutun. Deren Gefühlsintensität, Verstandeskraft und die Originalität ihrer Ideen heben sie jedoch weit über andere, nicht weniger zeitgebundene Romane empor. Es gibt große schlechte Romane und wertvolle gute Romane; die Werke Germaines gehören der ersten Kategorie an. Und was im guten und schlechten Sinn noch mehr ins Gewicht fällt: Sie beeinflussen die Entwicklung des Romans überhaupt.

In ihrem *Versuch über die Dichtungen* (1795), einem Werk, das Goethe sehr bewunderte und übersetzte, sagte Madame de Staël voraus, daß der Roman der Zukunft nicht mehr eine einzige Leidenschaft – die Liebe – behandeln würde, sondern alle Leidenschaften im Rahmen der gesellschaftlichen Bühne. Keiner ihrer eigenen Romane erfüllte diese Voraussage: Es blieb Balzac vorbehalten, die *Comédie Humaine* zu schreiben. Aber in *Delphine* wird eine ganze Gesellschaft gezeigt; es wird eine Vielfalt von Leidenschaften vorgeführt, die darin eine Rolle spielen – Liebe, Habgier, Eitelkeit, Eifersucht, Politik; der Roman unterwirft sowohl die alte, zugrunde gegangene Gesellschaft einer scharfen Kritik wie die neue, die an ihrer Stelle emporgetaucht ist; er erneuert das Glaubensbekenntnis zu den Idealen der Aufklärung – Vernunft, Gefühl und Gerechtigkeit.

Der Roman jedoch als Werkzeug radikaler Gesellschaftskritik existierte zu jener Zeit noch kaum. Richardsons Romane, Rousseaus *Nouvelle Héloise*, Goethes *Werther*, Choderlos de Laclos' *Liaisons dangereuses* hatten alle einen Schritt in dieser Richtung getan, und es ist bezeichnend, daß Germaine in *Delphine* die Briefform wählt, in der sie alle geschrieben sind: Sie ist ebenso zweckmäßig für die Kritik an der Gesellschaft wie für die Charakterisierung der einzelnen Persönlichkeiten. Aber Germaine nahm in *Delphine* eine größere Vielfalt von Problemen in Angriff als ihre Vorgänger, die in ruhigeren Zeiten geschrieben hatten. Für das Publikum besaß *Delphine* sowohl den sentimentalen Reiz der *Nouvelle Héloise* wie die erregende Neuheit eines Sensationsromans und die Zeitnähe eines politischen Manifests. Dazu kam noch, daß die Verfasserin die gute Gesellschaft, die sie beschrieb, besser kannte als ihre Vorgänger und daß der Roman ein Schlüsselroman war – und dadurch zweifellos von besonderer Anziehungskraft.

Damit soll nicht gesagt werden, daß *Delphine* nicht auch als literarisches Werk seinen Wert hat. Viele Seiten sind gefüllt mit psychologischen Betrachtungen; es ist gespickt mit blendenden Epigrammen, die nicht durch billige Paradoxe, sondern durch ihre feinen Nuancen wirken; und die Charakterisierung der Gestalten – mit Ausnahme von Held und Heldin – ist überzeugend.

Die Charakterisierung von Talleyrand in der Gestalt von Madame de Vernon übertrifft alle anderen; aber von größerem Belang im Hinblick auf Germaines Leben ist das Porträt von Benjamin Constant, der als Henri de Lebensei in *Delphine* auftritt. Das Porträt erscheint in Form eines Briefes seiner Gattin, Madame de Lebensei, die an dieser Stelle wohl für Madame de Staël spricht. Monsieur de Lebensei, sagt sie, hat den hervorragendsten Verstand, den man sich nur vorstellen kann. Er vereint gründliche Bildung und ausgedehnte Kenntnisse mit lebendiger Phantasie und originellen Ansichten.

„Eine gewisse Scheu und stolze Schüchternheit lassen ihn in Gesellschaft häufig verstummen. Bei seinem lebhaften Geist und seinem ernsten Charakter entfaltet er um so mehr Charme und Einfallsreichtum im Gespräch, je intimer unser Kreis ist, und bleibt er mit mir allein, so ist er gewinnender als jemals mit andern. Für mich hält er wahre Reichtümer von Gedanken und Anmut bereit ... Glauben Sie nicht, daß sein Bemühen, mich zu unterhalten, nur seiner Liebe zu mir entspringt ... Ich vertraue deshalb so unbedingt auf mein Glück, weil ich seinen Charakter von Grund auf kenne, unabhängig von den Gefühlen, die ich ihm einflöße, und von der Tatsache, daß ich der einzige Mensch bin, in dessen Gesellschaft sich sowohl seine Tugenden wie Fehler restlos entfalteten."

Bei allem Vertrauen aber scheint Madame de Lebensei sich doch Sorgen zu machen, sonst würde sie nicht alle die Gründe aufzählen, die sie veranlassen, für ihr Glück nichts zu fürchten. Sein Charme und sein Sinn für Humor, fährt sie fort, bedürfen „der Vertrautheit einer innigen Gefühlsbindung", um voll zu erblühen:

„Hat die innige Vertrautheit einen Punkt erreicht, an dem kindliche Spiele uns beglücken: immer wiederkehrende Scherze, unzählige kleine Einzelheiten, deren Bedeutung nur uns beiden bekannt ist, dann ist das Herz in tausend Banden gefangen, und ein einziges Wort, eine Geste, die flüchtigste Anspielung auf die süßen Erinnerungen würden genügen, es vom Ende der Welt zurückzurufen."

Sie führt noch einige zusätzliche Gründe an, die ihr Gewißheit geben, und kommt zu folgendem Abschluß:

„Er wirkt kalt und manchmal hartherzig und ist dabei dem Mitleid zugänglicher als irgend jemand sonst. Er verbirgt dieses Geheimnis, damit man nicht seinen Vorteil daraus ziehe. Aber ich kenne es und verlasse mich darauf. Natürlich wäre ich sehr unglücklich, wenn nur die Furcht, mich zu verletzen, ihn daran hinderte, mich zu verlassen; aber während die Liebe, die ich ihm einflöße, mich beglückt, freue ich mich doch an dem Gedanken, daß zwei Tugenden mir den Besitz seines Herzens verbürgen — Aufrichtigkeit und Güte."

Man argwöhnt manchmal, daß Madame de Staëls Romane eine Sammlung privater Botschaften sind, die nur die Adressaten restlos enträtseln können. Germaine hatte in Benjamins Gedanken gelesen; sie wollte weniger sich selbst beruhigen als vielmehr ihn einschüchtern.

Zu Ende des Jahres 1802, als *Delphine* veröffentlicht wurde, war Germaines Beziehung zu Benjamin schon mehrere Jahre lang rein platonisch gewesen. Benjamin vermerkte in seinem Tagebuch am 6. Januar 1803:

„Ich habe jetzt schon lange Zeit keine Liebe für Germaine empfunden. Mein Charakter ist sehr anpassungsfähig, und das hilft mir, diesen Mangel auszugleichen, ohne daß ich unaufrichtig sein muß. Zwischen uns besteht eine starke intellektuelle Bindung. Aber kann sie von Dauer sein? Mein Herz, meine Phantasie und vor allem meine Sinne verlangen nach Liebe. Ich brauche eine Frau, die ich beschützen kann, die mir folgt, die ich in den Armen halten und ohne Anstrengung glücklich machen kann."

Er hatte sich sein ganzes Leben lang nach Liebe gesehnt. Seine Mutter war gestorben, als er eine Woche alt war; sein Vater hatte seine Zuneigung hinter einer ironischen Maske verborgen; seine verschiedenen Erzieher hatten ihn mit den schmutzigsten, lieblosesten Seiten der Liebe bekannt gemacht. Er war abnormal schüchtern, litt an der Krankheit des modernen Intellektuellen, der Lähmung des Willens, war nicht imstande, auf normale Art um Liebe zu werben, und ließ nach und nach seine Fähigkeit zur Liebe verkümmern. Er war besessen von einem schwer faßbaren Bild, einer Mischung von ruhigem, mütterlichem Verstehen und einer sanftfeuchten, schmachtenden Sinnlichkeit, ohne Ansprüche, unterwürfig, dankbar und nachgiebig. Eine Vision „herrlicher Körperformen" schwebte unablässig vor seinen rotgeränderten, kurzsichtigen Augen, und ein hartnäckiger sexueller Drang, mehr psychologisch als physisch begründet, trieb ihn auf der Suche nach Liebe ins Asyl der Schüchternen, ins Bordell. Eine Prostituierte aber, auch wenn sie sich noch so viel Mühe gibt, ist kein befriedigender Ersatz für eine Mutter. Er verzehrte sich in Sehnsucht, ohne einen konkreten Gegenstand dafür zu haben, bis sie unerträglich wurde. Dann kristallisierte das ideale Bild sich um den nächstliegenden Gegenstand. „Ich dachte oft", schrieb er in seinem Tagebuch, „daß Liebe nichts mit dem Gegenstand zu tun hat, den man liebt. Sie ist ein Bedürfnis des Herzens, das sich periodisch regt, und zwar in der gleichen Art wie die körperlichen Bedürfnisse, nur sind die zeitlichen Abstände größer; und genau wie man vom Geschlechtstrieb veranlaßt wird, sich nach einer Frau umzusehen, die man körperlich genießen kann, gleichgültig was für eine Art Frau sie ist, so verlangt das Bedürfnis des Herzens nach einem Gegenstand, der uns entweder durch seine Schönheit oder durch seine Lieblichkeit oder durch irgendeine andere jener Eigenschaften anzieht, die das Herz als Vorwand benützt, um seine Wahl vor dem Verstand zu rechtfertigen."

Die Übertragung eines Bildes auf einen lebendigen Menschen ist kein ungewöhnlicher Vorgang bei der Genesis der Liebe. Aber bei den meisten Menschen erfolgt diese Übertragung unwillentlich und unbewußt. Benjamin stürzte sich absichtlich hinein, für ihn war es ein hoffnungsloses Spiel, ein vorübergehender Selbstmord der hemmenden Vernunft. Alles vergebens: Zur Liebe führte es nicht. Auf leidenschaftliche Raserei folgte eiskalte Klarheit, die ihrerseits von einer anderen Art der Raserei abgelöst wurde – der Raserei eines Mannes, der sich eingeschlossen und den Schlüssel weggeworfen hat. Das alles war für das Opfer seiner Liebessehnsucht sehr verwirrend. Das wilde Liebeswerben war schon ungewöhnlich genug, die Abkühlung nachher war ein Schock. Hatte man sich davon erholt, so mochte man sich immerhin als ein weiteres Opfer männlicher Wollust und Treulosigkeit vorkommen, sofern Benjamin einen nämlich zu diesem Zeitpunkt verlassen hätte. Das tat er aber fast niemals. Er war zu einem Bruch ebenso unfähig wie zur Liebe selbst. Erstens kam es vor, daß seine Leidenschaft periodisch – manchmal nach Jahren – wieder aufflammte. Eine flüchtige Anspielung, ein Wort, eine Geste genügten, wie Germaine beobachtet hatte, und der ganze Vorgang wiederholte sich. Zweitens („Ich weiß es und verlasse mich darauf", sagt Germaine durch Madame de Lebensei) war er „mehr als irgend jemand sonst dem Mitleid zugänglich". Sein Mitleid war allerdings genauso wenig echt wie seine Liebe. Er ertrug es nicht, das Leiden mitanzusehen, das er verursachte. Statt der Tortur ein Ende zu machen, gab er nach, suchte Zeit zu gewinnen, schloß Kompromisse, machte Versprechungen und verpflichtete sich immer mehr. Das alles spielte sich gewöhnlich gleichzeitig mit zwei Frauen ab; die daraus sich ergebenden Komplikationen waren verheerend, aber sie wurden durch einen weiteren Faktor noch vermehrt. Sein ständiges Schwanken, ob er bei Madame de Staël bleiben, jemand andern heiraten oder seine Unabhängigkeit wiedergewinnen, eine Geliebte zur Befriedigung seiner Bedürfnisse halten und im übrigen sich dem Studium widmen solle – ein Schwanken, das zehn Jahre seines Lebens und mehrere hundert Folioseiten seines Tagesbuches in Anspruch nahm –, entsprang hauptsächlich seinem Versuch, seine sentimentalen mit seinen finanziellen Bedürfnissen unter einen Hut zu bringen. Nicht daß er die Frauen wegen ihres Geldes liebte; aber wenn er in dem der Leidenschaft folgenden Stadium überaus rationell die Für und Wider abwog, so kam dem materiellen Vorteil sein angemessener Platz zu.

Sein Schuldgefühl war die eigentliche Wurzel seines Mitleids und ging ebenso wie sein Verlangen nach Liebe auf seine Kindheit zurück. Seine Verwandten hatten ihn immer als einen ungeheuerlichen Egoisten angesehen; die Frauen, die er liebte, warfen ihm Grausamkeit, Verrat und Berechnung vor; Germaine machte ihm zehn Jahre lang Szenen, die bis vier Uhr morgens dauerten, gebrauchte dabei „die entsetzlichsten Ausdrücke“, und das wiederholte sich oft mehrmals in der Woche. „Es gab Augenblicke“, sagt Sainte-Beuve, „in denen er glaubte, die ganze Welt halte ihn für ein Ungeheuer. ‚Wenn ich nach Paris komme‘, sagte er allen Ernstes, ‚ziehe ich die Wagenfenster hoch, weil ich Angst habe, daß die Leute mit dem Finger auf mich zeigen werden.‘“ Und doch wußte er, daß er nicht ein Ungeheuer war, auf das seine Mitmenschen mit Abscheu hätten weisen müssen. Hätte Germaine ihm nicht gedroht, der Welt seine Schande zu offenbaren, und wäre statt dessen duldsamer und verständnisvoller gewesen, sie hätte ihn vielleicht halten können. Es gab solche zärtlichen Momente, und jedesmal wurde Benjamin nachher von dem Gedanken an ihre Güte überwältigt und beschloß, weiter durchzuhalten. Germaine wollte ihn zwar nicht gehen lassen, war aber auch nicht bereit, ihn zu nehmen, wie er genommen werden wollte, als ein großer Junge. Die erste Frau, die dazu imstande war, die imstande war, ihn in seiner Güte, seiner Freundlichkeit zu bestärken, obwohl er sie dem Selbstmord nahe brachte, war auch die Frau, die ihn nach fünf Jahren zähen Ringens von Germaine losriß. *Adolphe*, den er gegen Ende des Jahres 1806 unter dem Eindruck der Liebe dieser Frau verfaßte, schildert nicht nur seine Unfähigkeit zur Liebe und seine Versklavung durch Germaine: Er versucht, vor allem zu erklären, daß seine Seele nicht ungeheuerlich, sondern krank war.

Sein erster Versuch, sich loszureißen, fiel in den Herbst des Jahres 1800, als er sich heftig in Mrs. Lindsay verliebte. Die Laufbahn von Anna Lindsay, geborene O'Dwyer, „der letzten der Ninons“, wie Chateaubriand sie nannte, ist zu abenteuerlich, um hier erzählt zu werden. Sie war durch viele Hände gegangen; seit 1791 hatte sie mit Auguste de Lamoignon gelebt, dem Sproß einer erlauchten Familie, mit dem sie nach London emigrierte. Bei ihrer Rückkehr nach Paris im Jahr 1800 war der Dank für ihre ungezählten Opfer, daß er sich weigerte, sie zu seiner Ehefrau zu machen. Chateaubriand, der in London mit ihr verkehrt hatte, schildert sie als eine edle Seele von hohem Verstand. Sie war elegant, klug, wohlerzogen, fein und unglücklich, und mit siebenunddreißig Jahren noch eine schöne Frau. Benjamin traf mit ihr im Haus seiner Freundin, Madame Talma, zusammen, der geschiedenen Frau des berühmten Schauspielers, die Anna Lindsay aus ihren Londoner Tagen kannte. Man kann sich leicht vorstellen, wie Benjamins Idealbild die Gestalt der Mrs. Lindsay annahm: Sie war wie er vom Leben enttäuscht, sehnte sich wie er nach Beständigkeit, Zuneigung; von ihrer Liebe konnte man sich Sinnlichkeit, Ausruhen versprechen, Freude und Frieden des Schoßes.

Er machte ihr in der üblichen Art den Hof. „Ich liebe Sie wie ein Wahnsinniger", schrieb er ihr und fügte klinische Einzelheiten über seine zitternden Hände, den Schweiß auf seiner Stirne, seinen Pulsschlag und weitere nervöse Symptome hinzu. „Es ist mir unmöglich, physisch unmöglich, diesen Zustand noch eine Woche zu ertragen." Erstaunt gab Anna nach; Benjamin bot ihr die Heirat an. In diesem Augenblick, im Dezember 1800, kam Madame de Staël in Paris an. Sie beachtete Benjamins Leidenschaft so wenig, als wäre er ein junger Hund, der an der Leine zerrte, und befahl ihn zurück auf seinen Platz in ihrem Hof. Ihr bloßes Erscheinen genügte, um Benjamin davon zu überzeugen, daß es vollkommen widersinnig gewesen war, von Freiheit zu träumen. Er gehorchte brav, entschlüpfte so oft er konnte; und es fiel ihm immer schwerer, der verwirrten Mrs. Lindsay sein Verhalten zu erklären. Wieder war die Ernüchterung gekommen; der Gedanke, sich mit einer Frau ihres Alters und ihrer Vergangenheit zu verheiraten, die zwei illegitime Kinder und weniger Geld besaß, als er geglaubt hatte, war heller Wahnsinn. Trotzdem wollte er Anna nicht weh tun. Die Zeit sei für die Heirat noch nicht reif, erklärte er ihr; man würde alles nach und nach diplomatisch in die Wege leiten müssen. „Sie beide befinden sich wahrscheinlich in der verwickeltsten Lage, die es je gegeben hat", schrieb Madame Talma an Benjamin im Frühjahr 1801. Die Verwicklung fand nie eine klare Lösung. Benjamin und Mrs. Lindsay fuhren fort, einander zu sehen, einander zu schreiben, auch gelegentlich – sogar noch im Jahr 1805 – einander zu lieben; aber Germaine konnte mit der Überzeugung nach Coppet zurückkehren, daß sie Benjamin wieder einmal vor einem Unglück bewahrt habe.

Für Germaine stand es fest, daß sie Benjamin den Ausgang aus ihrem Venusberg für immer verlegen konnte, wenn sie ihn nur ein wenig überwachte. Auf die verschiedenste Art konnte sie ihre unglaubliche Macht über ihn ausüben. Sie konnte an sein „Mitleid" appellieren, indem sie ihre wahrhaft erstaunlichen Fähigkeiten aufbot, Tränen, nervöse Krisen und selbst Fieber nach Wunsch heraufzubeschwören; sie konnte ihn beschuldigen, ein verfolgtes Weib im Augenblicke höchster Not allein zu lassen, und damit drohen, der Welt zu enthüllen, was für ein Ungeheuer er sei; sie konnte ihm Hoffnungen auf eine Ehe machen; sie konnte ihn an die materiellen Vorteile erinnern, die er an ihrer Seite genoß, an das Geld, das er ihr schuldete, an die blendende Gesellschaft, zu der er durch sie Zugang hatte, aus der er durch sie vertrieben werden konnte; sie hielt ihn durch Albertine, die er zärtlich liebte; sie hielt ihn vor allem durch sich selbst.

Was sie aneinander band, war nicht Liebe. Benjamin blieb an sie gefesselt, auch wenn er gleichzeitig die wildesten Liebesaffären mit anderen Frauen hatte; Germaine drohte ihm mit Selbstmord, wenn er sie verließe, und drohte trotzdem gleichzeitig anderen Männern mit Selbstmord, wenn sie sich nicht mit ihr einließen. Zwischen ihnen bestand eine absolute Übereinstimmung von Empfinden und Intellekt, die es ihnen ermöglichte, ihre Fähigkeiten in beiden Richtungen zu höchster Leistung zu steigern. „Niemand hat Madame de Staël wirklich gekannt, der sie nicht mit Benjamin Constant zusammen sah", meinte ihr Freund Sismondi im Jahr 1830 nach Benjamins Tod. „Er allein vermochte mit seinem Verstand, der dem ihren ebenbürtig war, alle ihre Verstandeskräfte in Bewegung zu setzen und sie im Wettstreit zu steigern; er veranlaßte sie zu einer Beredsamkeit, zu einer Tiefe des Gefühls und Denkens, die sie nur in seiner Gegenwart zu solchem Glanz entfaltete; und auch er war nur in Coppet wirklich ganz er selbst." Hörigkeit des Fleisches ist nichts im Vergleich zu diesen Ekstasen von Gehirn und Nerven.

Warum heirateten sie einander nicht? Nach Monsieur de Staëls Tod erörterten sie diese Frage häufig, und Benjamin stellte ihr mehr als einmal das Ultimatum, ihn entweder zu heiraten oder freizugeben. Germaine aber wollte nicht. Die Gründe, die sie anführte – daß sie an Rang verlieren, daß ihrer Kinder Erbe, die Karriere ihrer Söhne, die Heirat ihrer Tochter durch einen solchen Wandel in ihrer sozialen Stellung gefährdet würde –, hatten ihre Berechtigung, und sie meinte es ehrlich; entscheidend aber war wohl, daß Germaine immer noch davon träumte, in einer Liebesheirat glücklich zu werden. Diese Art Glück konnte Benjamin ihr nicht geben, das wußte sie: Die Fähigkeit zu lieben war in ihm gestorben, wie ein Organ an einer Krankheit sterben kann.

Als Sismonde 1816 *Adolphe* gelesen hatte, schrieb er der Gräfin von Albany:

„Als ich ihn (Benjamin) kennenlernte, war er genau wie Adolphe — genauso lieblos, genauso ungestüm, genauso bitter und dann wieder genauso bemüht, der Frau, die er gepeinigt hatte, schönzutun und sie durch irgendeine freundliche Geste zu täuschen ... Diese scheinbare Intimität, diese leidenschaftliche Tyrannei, wobei sie sich jede Beleidigung an den Kopf warfen, die Wut und Haß nur erfinden können — das war ihre Geschichte."

Es ist schwer zu sagen, wann dieses Inferno begann[30]. Daß es unerträglich geworden war, steht mit flammenden Worten auf jeder Seite seines Tagesbuchs aus dem Jahr 1803 verzeichnet. „Eine Szene nach der andern, eine Folter nach der andern", lautet die Eintragung vom 8. März — und genausogut könnte man ein Dutzend andere anführen:

„Drei Tage lang raste Germaine ... Ein schreckliches Verhältnis — ein Mann, der nicht mehr liebt und eine Frau, die nicht aufhören will, geliebt zu werden ... Der Gedanke, sie könne mich verlieren, veranlaßt Germaine wie immer zu um so größerem Bemühen, mich zu halten ... Das geringste Wort der Beruhigung, mag es noch so zweideutig sein, läßt ihre Befürchtungen wieder verfliegen, und da ich ihr immer noch wirklich zugetan bin, ist es für mich äußerst schmerzlich, zu sehen, in welche Angst sie gerät, wenn ich ihr nicht mit der Liebe begegne, die sie braucht."

Den Winter 1802/1803 verbrachten Benjamin und Germaine in Genf — es war für beide eine kritische Zeit. Benjamin war fünfunddreißig, und wie bei Männern dieses Alters so üblich, blickte er auf die Vergangenheit zurück, starrte in die Zukunft und fand nicht den leisesten Grund zur Zufriedenheit. Er war an Germaine gekettet und wurde auf ihrem wilden und sprunghaften Lauf mitgezerrt, der ihn schon seine Regierungsstelle gekostet hatte und ihn von seinen Studien und literarischen Betätigungen abhielt. Er hatte es satt, „von ihrem Wirbelwind mitgefegt" und von unerwünschter Berühmtheit verschlungen zu werden, von dem Tadel und von dem Ärgernis, das ihr Benehmen erregte, seinen Teil abzubekommen und immer bis tief in die Nacht aufzubleiben, weil es entweder Szenen oder gesellschaftliche Veranstaltungen oder beides gab. Seine Augen brannten und waren halb blind vom Glanz der Lüster, hin und wieder nur konnte er verstohlen einen Ausflug ins Bordell unternehmen, um seine glühenden Phantasien zu stillen, und wieder träumte er von schweigsamen Frauen, die in dunklen Schlafzimmern zu einer christlichen Stunde auf seine Liebe warteten. Er mußte sich verheiraten, beschloß er, und sei es nur, um sich endlich auszuschlafen. Diese gesunde Regung wurde von seiner Familie kräftigst unterstützt. Benjamin versuchte den ganzen Winter über, sich in eine von der Familie vorgeschlagene Kandidatin zu verlieben, Amélie Fabri, die Erbin einer reichen alten Genfer Familie. Aber trotz heldenhafter Bemühungen schreckte er vor ihrer Dummheit zurück, die bei einem jungen Mädchen ihren Reiz haben mochte, aber nicht bei einer dreiunddreißigjährigen Frau. Germaine bekam Wind von der Sache und sagte ihm, daß seine Phantasie sich „umkehren würde", wenn er Amélie heiratete: Jetzt sehe er nur die Nachteile einer allzu intellektuellen, allzu berühmten Frau; heiratete er aber, so würde er fühlen, welche Nachteile „eine unbedeutende Frau habe, die deshalb nicht weniger Ansprüche stellen, sich nicht weniger beklagen würde". Dieser Beweisführung mußte Benjamin zustimmen; er erkannte alle die gesellschaftlichen und intellektuellen Vorteile an, die Germaine ihm bot. Und doch: „Ich kann dieses Leben nicht mehr weiterführen . . . Ich brauche Frauen. Germaine ist nicht sinnlich . . . Ich habe also unbedingt eine Ehefrau nötig. Es ist eine politische Notwendigkeit" — und so fort ad infinitum. „Unentschiedenheit ist eine grausame Sache!"

Benjamin hatte zwei Kosenamen für Germaine: Minette, den Namen, den auch ihr Vater gebrauchte, und Biondetta, nach der Heldin von Cazottes Roman *Der verliebte Teufel.* „Um dich von mir zu trennen, Alvaro", sagte Biondetta in dem Roman, „mußt du nur einen Willensakt vollbringen." — „Wenn ein Mann eine Frau nicht glücklich machen will", sagte Germaine einmal zu Benjamin, „muß er den Mut haben, mit ihr zu brechen." — „Was soll ich tun?" läßt Benjamin seine Heldin Ellénore zu Adolphe sagen. „Dich verlassen? Siehst du nicht, daß mir die Kraft dazu fehlt? An dir ist es, da du mich nicht liebst, diese Kraft aufzubringen." Benjamin hatte weder den Willen noch den Mut, noch die Kraft.

Auch Germaine war verzweifelt und machte eine Krise durch, aber sie verschloß ihre Leiden nicht wie Benjamin in einem geheimen Tagebuch, sondern ließ sie diejenigen spüren, die ihr am nächsten standen — ihren Vater und vor allem Benjamin. Je mehr Gefühlen sie ihm gegenüber Luft machte, desto mehr hatte Benjamin in sich zu verschließen. Ihre Verzweiflung hatte die gleiche Ursache wie immer: Paris war ihr wieder einmal nicht zugänglich, und in Genf hatte sie geradezu körperlich das Gefühl, zu ersticken. Der Erste Konsul, wütend über Neckers Buch, nahm bei der Veröffentlichung von *Delphine* die Gelegenheit wahr, einen Schlag gegen Germaine zu führen. „Ich hoffe", sagte er, „daß Madame de Staëls Freunde ihr geraten haben, nicht nach Paris zu kommen; ich würde gezwungen sein, sie von Gendarmen zur Grenze zurückbringen zu lassen."

Germaine appellierte an ihre Freunde und Beschützer in Paris. Als deren Antworten weiterhin entmutigend klangen, flehte sie Necker an, seine Stimme mit der ihren zu vereinen. Wie viele Szenen waren wohl nötig, ehe der alte Mann seine Selbstachtung in den Wind schlug und einen unterwürfigen Brief an den Konsul Lebrun verfaßte? Er wußte, daß Bonaparte den Brief zu Gesicht bekommen würde, und bat den Konsul, mit Germaine Mitleid zu haben, die die besten Jahre ihres Lebens „in der herben Einsamkeit Coppets oder einer kleinen Stadt in der Nachbarschaft verbringe" (was für eine seltsame Umschreibung von Genf!), und er bat um Entschuldigung für ihre „unbedachten Äußerungen", die man nicht ernst nehmen dürfe. Wenn nötig, würde er selbst nach Paris ziehen, um für ihr gutes Benehmen zu bürgen.

Lebruns Antwort war ein Schlag ins Gesicht: „Obwohl der Erste Konsul sich vor Gesellschaftstratsch nicht fürchtet, ist er doch nicht darauf erpicht, daß man ihn für schwach und unvorsichtig genug hält, seine Regierung sarkastischen Bemerkungen auszusetzen. Sie werden einsehen, daß unter diesen Umständen jede weitere Bemühung nutzlos ist . . . Mit meinem aufrichtigen Beileid." Germaine war also gezwungen, ihre Abreise von Monat zu Monat aufzuschieben. Sie wartete auf die geringste Ermutigung, um ihr Glück zu versuchen und Bonapartes Absichten auf ihren Ernst hin zu prüfen. Vor ohnmächtigem Kummer konnte sie nicht schlafen, fing an, Opium zu nehmen, und geriet immer mehr unter dessen Einfluß. „Germaine ist die beste Frau der Welt", vermerkte Benjamin, „aber sie hat ein solches Bedürfnis nach Aktivität und eine solche Leidensfähigkeit, daß ich kein glückliches Leben führen kann, solange ich von ihr abhängig bin."

Sie hatte die Gabe, diejenigen, die sie mit ihrem Unglück quälte, davon zu überzeugen, daß kein Unglück im Vergleich zu dem ihren der Beachtung wert sei. Ihr Unglück machte das Leben mit ihr unerträglich und machte es unmöglich, sie zu verlassen. Aber es gab kurze Perioden des Friedens, und dann kam ein völlig anderes Wesen — vielleicht Germaines wahres Wesen? — zum Vorschein. Die Woche, die Benjamin vor seiner Abreise nach Paris am 10. April mit ihr in Coppet verbrachte, war eine solche Periode. „Wie reizvoll sie ist! Wie liebreich! Wie hingebungsvoll! Wie intelligent!" Mit diesen Gefühlen fuhr Benjamin ab.

„Madame de Staël bewegt sich in rascher Folge und immer in gutem Glauben in tausend einander widersprechenden Richtungen", schrieb Benjamin im Jahr 1815; „sie ist dabei in jedem einzelnen Augenblick vollkommen aufrichtig, und die Person, mit der sie sich unterhält, ist im Bann der scheinbaren Wahrheit, die aus ihren Worten klingt." Im Herbst, Winter und Frühling 1802/1803 waren Benjamin und Necker davon überzeugt, daß Germaine Abgründe der Verzweiflung durchmaß. Das war zweifellos richtig — wenn sie ihnen schrieb oder mit ihnen sprach. Aber sie konnte nicht allzu verzweifelt gewesen sein, als sie im September 1802 Camille Jordan einlud, sie auf einer Reise nach Italien zu begleiten, bei der sie alle Kosten übernahm, „um alles mit Ihnen, den ich so herzlich liebe, zu vergessen!". War er einverstanden, fügte sie hinzu, so würde sie „ihre Qual sechs Monate lang aufschieben". Als Camille höflich ablehnte, war sie keineswegs verletzt. „Vergessen wir es", schrieb sie. Davon wußten weder Benjamin noch Necker etwas, es war jedoch nicht zu vermeiden, daß ihnen ein hübscher junger Irländer namens O'Brien auffiel, der während der ganzen Wintermonate nicht von ihrer Seite zu weichen schien. Germaine, versichert ein Lokalchronist, „trachtete, ihn von ehelicher Treue abzulenken" — er berichtet nicht, mit welchem Erfolg. „Ohne Zweifel", so fügt er hinzu, „dachte sie, das sei ein Vorrecht der Könige und der Großen dieser Erde."

Nach Benjamins Abreise ging sie von den Iren zu den Schotten über. (Während der Friedenspause 1802/1803 war Genf mit Besuchern von den Britischen Inseln überlaufen.) Lord John Campbell, später siebenter Herzog von Argyll, kam im April in Genf an und suchte sich über eine unglückliche Ehe zu trösten, die nach den Worten seines Sohnes „nicht nur seine Stimmung, sondern auch seine Gesundheit" beeinträchtigt hatte. Ein Arzt, Dr. Robertson, begleitete ihn. Sie wurden Germaine im Haus der Necker de Saussures am 16. April vorgestellt. „Sie muß an die vierzig sein", notiert John Campbell ungalant in sein Tagebuch und schlägt zu ihrem wahren Alter drei Jahre dazu. „Ihre Augen sind dunkel und ausdrucksvoll, ihre Gesichtszüge grob und ihre ganze Erscheinung erträglich. Sie lud uns für nächsten Montag zum Souper." Zwischen den beiden jungen Schotten und Germaine entwickelte sich eine intime Freundschaft, die im Falle Robertson über eine Freundschaft offenbar weit hinausging.

Als eine Wiederaufnahme des Krieges mit England unmittelbar bevorzustehen schien, lud Germaine ihre Freunde nach Coppet auf Schweizer Gebiet. Dort setzte sich die Romanze mehrere Tage lang fort, und Necker sah mit der Resignation eines Mannes zu, der sein Leben lang für die Briten geschwärmt hat. Im Juni zog das Trio von einem Ort zum andern, und Germaine zeigte ihnen die Sehenswürdigkeiten und die Schönheiten der Westschweiz. Diese unkonventionelle Art des Reisens war sogar für Germaine etwas Besonderes und erregte die Aufmerksamkeit der Polizei. Inzwischen hatte sich ein anderer schottischer Bewunderer von Germaine, ein gewisser MacCulloch, der auf Robertson rasend eifersüchtig war, mit Ferdinand Christin zusammengetan, einem Schweizer Diplomaten in russischen Diensten, der Germaine schon lange und mit nur teilweise belohnter Leidenschaftlichkeit liebte. MacCulloch gegenüber hatte sie sich zu einer „Verwirrung der Gefühle" bekannt, und er war entschlossen, die Sache mit Robertson „auf die einzig ehrenhafte Weise" zu bereinigen. Am 25. Juni holten Christin und MacCulloch Germaine, Campbell und Robertson in einem Gasthof in Yverdon ein. Nur Germaines Redefluß verhinderte einen Massenmord. Die Polizei aber war nun in größter Aufregung. Drei britische Untertanen, ein russischer Agent und Madame de Staël hielten eine Geheimkonferenz in einem entlegenen Gasthof — das mußte jeden argwöhnisch machen. Campbell, von der Gefahr in Kenntnis gesetzt, entschloß sich, nach Deutschland zu reisen. Er und Robertson waren noch nicht an der Grenze angekommen, als eines Morgens ein Offizier der französischen Besatzungsmächte erschien, um sie zu verhaften. Campbell gelang es, als Frau verkleidet, zu entkommen; Robertson wurde aus Mangel an Beweisen freigelassen und folgte seinem Patienten nach Wien. Christin hatte weniger Glück. Er wurde am 25. Juli in Genf verhaftet; Germaine verwandte sich für ihn beim Präfekten Barante, und er kam frei, wurde aber am 20. August erneut auf Sonderbefehl Bonapartes hin festgenommen (der Barante eine strenge Rüge erteilte) und in Paris sechzehn Monate in Einzelhaft gehalten. Erst auf Intervention Papst Pius VII. hin ließ man ihn frei.

Während seiner Haft schrieb Germaine ihm regelmäßig. Ihre Briefe, teilte Christin ihr aus seinem Gefängnis im Temple mit, waren „das Öl, das die sterbende Lampe ernährte". Er mußte 1805 aus seinem Vaterland fliehen und verbrachte die übrigen zweiunddreißig Jahre seines Lebens in Gedanken an Germaine in Rußland. „Ich liebe Sie mehr, als ich jemals jemanden geliebt habe, mehr als ich Ihnen sagte, mehr als ich Ihnen je sagen werde . . . Während meiner ärgsten Leiden verließ Ihr Bild mich keinen Augenblick lang; wie ein tröstender Engel war es immer bei mir." Mit solchen Worten wandte er sich auf dem Weg ins Exil an die Frau, die er für all sein Mißgeschick hätte verantwortlich machen können. Germaine tat, was sie konnte, um ihm zu helfen, aber es gibt keine Anzeichen dafür, daß sie jemals Reue verspürte.

Die Episode mit ihren tragikomischen Verwicklungen hatte in Germaines Leben praktisch keine Bedeutung. Gerade daß sie für Germaine so unbedeutend war, macht jedoch ihre Bedeutung aus. Sie legte Christins Schicksal der Tyrannei Bonapartes zur Last und war wieder frei, sich erneut der Einmaligkeit ihrer eigenen Leiden zuzuwenden.

Gegen Ende des Sommers 1803 wurde Germaine von privater Seite versichert, daß der Erste Konsul keinen Einwand erheben würde, wenn sie sich in aller Stille 50 Kilometer von Paris entfernt niederließ. Am 16. September fuhr sie in Begleitung von Mathieu de Montmorency, August und Albertine von Coppet ab. Albert blieb in einem Pensionat in Genf.

Sie trat diese Reise mit beklemmenden Vorahnungen an. Vor ihr lagen Unsicherheit und Gefahr; hinter ihr blieb ihr zweiundsiebzigjähriger Vater zurück. Um eine Abschiedsszene zu vermeiden, schrieb sie ihm am Vorabend ihrer Reise:

„Diese Trennungen zerreißen mir das Herz. Ist meine große Angst eine mir vom Himmel geschickte Warnung, daß wir uns nicht trennen sollen? . . . Im Namen meines eigenen Lebens, das Du meinen Kindern erhalten willst, flehe ich Dich an, sei mit größter Umsicht auf Deine Gesundheit bedacht . . . Ich weiß in diesem Augenblick, daß ich, sollte ich Dich verlieren, in Krämpfen der Verzweiflung sterben würde . . . Ich bin tiefer erschüttert und zerrissener als je zuvor in meinem Leben. Vergib mir, wenn ich in meinen wahnsinnigen Anfällen Dir gegenüber absurde Ausdrücke gebrauchte. Gott weiß, daß ich Dich liebe, daß ich Dich anbete und daß ich keine Bitterkeit empfinde, weil Du nicht nach Frankreich gehst."

Necker leistete den Anweisungen seiner Tochter Folge, besuchte sie beim Frühstück, sprach über geschäftliche Angelegenheiten, erwähnte ihren Abschiedsbrief mit keinem Wort, verließ den Raum ohne ein Lebewohl und ging in sein Studierzimmer, um dort die Zeitung zu lesen, während ihre Kutsche aus dem Hof rollte. Was sollte man mit einem Geschöpf anfangen, das gegen sein Gewissen und ohne jeden vernünftigen Grund Bequemlichkeit und Pflichterfüllung gegen Unruhe und Abenteuer eintauschte und dazu noch mit Selbstmord drohte, sollte er so unachtsam sein und sterben? „Meine liebe Minette", schrieb er ihr vier Tage später, „Du bist ohne jeden Zweifel die liebenswerteste und intelligenteste Person auf der ganzen Welt. Können wir mit alledem nichts tun, um Dich glücklich zu machen?"

Am 26. September kam Germaine an ihrem offiziellen Ziel an, einem kleinen Landhaus, das ihr Rechtsanwalt in Mafliers, nordöstlich von Paris, nicht weit von Benjamins Besitz „Les Herbages", gemietet hatte. Sie fand es klein, deprimierend, kalt und dunkel. Den Winter dort zu verbringen, war undenkbar — aber damals dachte sie auch nicht daran. Am Tage ihrer Ankunft schrieb sie einen Brief an Bonaparte:

„Ein paar freundliche Worte, die Sie über mich sagten . . . brachten mich zu der Überzeugung, daß mein Exil in Ihren Augen lange genug gedauert hat und daß Sie bereit sind, gewisse Familienangelegenheiten in Betracht zu ziehen, die meine Rückkehr nach Paris unbedingt erforderlich machen. Ich mache jedoch auf einem Besitz zehn Meilen von Paris entfernt halt, weil ich nicht zurückkehren möchte, ohne zu wissen, was Sie in bezug auf mich für Absichten haben."

Sie wußte genau, welche Absichten er hatte: Wollte sie nicht ausgewiesen werden, so durfte sie die Zehnmeilenzone nicht überschreiten. Germaines Technik, für jeden bedingt gewährten Zentimeter einen bedingungslosen Meter zu verlangen, war so durchsichtig, daß sie an Frechheit grenzte. Sie schrieb ihrem Vater am 27. September aus Mafliers:

„In zwei Wochen werde ich unter dem Vorwand, daß meine Tochter krank ist, eintreffen (in Paris). Ich werde nur an Lebrun schreiben, denn da der Erste Konsul erklärt hat: ‚Ich werde ihr nicht antworten', halte ich es für unangebracht, ihm noch einmal zu schreiben, falls er mein Gesuch ablehnt — das heißt, falls er mir den Befehl schickt, Paris zu verlassen. Eine bloße Andeutung werde ich nicht zur Kenntnis nehmen. Ich bin wie der Ire, der immer wiederkam, bis man ihn schließlich im vierten Stock aus dem Fenster warf."

Sie war so überzeugt, daß man sie nicht aus dem Fenster werfen würde, daß sie in der Rue de Lille Nr. 540 ein Haus mietete.

Während Germaine darauf wartete, daß der Erste Konsul seinen Entschluß ändere (oder, von ihr aus gesehen, zu einem Entschluß komme), erhielt Bonaparte aufgebauschte Berichte über Germaines Umtriebe. Ihr Landhaus, so hörte er, wäre zum allgemeinen Treffpunkt geworden. Benjamin und Mathieu lebten in der Nähe; Madame Récamier war in das nahe gelegene Saint-Brice gezogen; Morfontaine war nicht weit. Die Straße nach Mafliers, berichtete Madame de Genlis, war voll von Wägen; Germaine selbst habe heimlich Paris besucht; jedenfalls liege Mafliers nur sechs Meilen von der Hauptstadt entfernt.

Madame de Genlis' Berichte waren falsch. Mafliers war nahezu zehn Meilen von Paris entfernt, und Germaines tägliche Briefe an ihren Vater, die wie ein ins einzelne gehendes Tagebuch sind, beweisen, daß sie nicht nach Paris ging und nur wenig Besuche hatte. Einen großen Teil ihrer Zeit verbrachte sie damit, das erschreckende Durcheinander von Schulden zu entwirren, das ihr Gatte über ganz Europa verteilt hinterlassen hatte. Ihre Gesellschaft war oft auf Herren aus der Nachbarschaft beschränkt, und sie war entsetzt, wie gefügig sie die offizielle Propaganda nachplapperten. Aber weder die Eintönigkeit der französischen Konversation noch die Tatsache, daß zwei Stücke, in denen man sie verspottete, mit Erfolg in den Vaudeville-Theatern gegeben wurden, konnten Germaine davon abbringen, sehnsuchtsvoll nach Paris zu seufzen wie Troilus nach den griechischen Zelten. Am 4. Oktober schrieb sie an Josef Bonaparte. Sie könne ihren Aufenthalt in Mafliers nicht noch länger ausdehnen, erklärte sie, und bat Josef, bei seinem Bruder auf eine eindeutige Entscheidung zu drängen: Paris oder die Verbannung. „Es ist ein großes Unglück für die Verfolgten, daß sie um die Luft bitten müssen, die sie atmen." Dem Ersten Konsul aber schien es auch außerhalb der Zehnmeilenzone um die Tuilerien reichlich frische Luft zu geben. Er ließ ihr durch die Vermittlung seines Ministers, Madame de Staëls Freund Regnault de Saint-Jean d'Angely, mitteilen, daß Mafliers innerhalb des verbotenen Kreises liege und er sie, wenn sie am 7. Oktober noch dort sei, von vier Gendarmen nach Coppet zurückeskortieren lassen würde.

Germaine wollte nicht glauben, daß der Diktator einer so unerhörten Ausschreitung gegen eine Frau fähig sei, und schickte Benjamin zu Fouché. Die Nachricht, sagte Fouché, sei nur allzu wahr, vier Gendarmen sollten am nächsten Tag bei ihr erscheinen. „Und wie steht es mit Ihnen?" fragte Fouché weiter, „haben Sie keine Befehle erhalten?" — „Nein, warum sollte ich?" — „Warum, warum! Eine hübsche Frage! Frägt in diesem Land jemals jemand warum?"

Am Sonnabend, dem 15. Vendémiaire (7. Oktober) verließ Germaine mit Albertine und einem Dienstmädchen Mafliers und verbarg sich ein paar Meilen weiter im Haus von Madame de La Tour. Sie kannte die Dame kaum, an die Regnault sie empfohlen hatte. (Napoleons Klage, er habe an seinen Ministern keine guten Diener, war nicht völlig unbegründet.) Zwei Tage später zog Germaine nach Saint-Brice weiter, wo Juliette Récamier ihr Asyl gewährte. Sie wartete dort das Ergebnis der Bittschriften ab, die sie an Napoleon und Josef gerichtet hatte. Ihr Brief an den Ersten Konsul begann recht bescheiden, dann aber meldeten Stolz und Entrüstung sich immer heftiger, und sie steigerte sich in die Rolle einer moralischen Erpresserin hinein:

„Ich lebte friedlich in Mafliers und verließ mich auf die Zusicherungen, daß ich hier bleiben könne, die Sie mir gütigst hatten machen lassen. Da teilte man mir mit, daß ich hier mit meinen beiden Kindern verhaftet werden solle. Bürger Konsul, ich kann es nicht glauben. Ihre Tat würde mich auf eine grausame Weise berühmt machen: Sie trüge mir eine Zeile in Ihrer Geschichte ein.

Sie würden das Herz meines ehrwürdigen Vaters durchbohren. Trotz seines Alters würde er gewiß herkommen und fragen wollen, welches Verbrechen ich selbst, welches Verbrechen denn seine Familie begangen hätte, um eine so barbarische Behandlung zu verdienen. Wenn Sie wünschen, daß ich Frankreich verlasse, dann lassen Sie mir einen Paß nach Deutschland ausstellen und geben Sie mir eine Woche in Paris Zeit, mir Geld für meine Reise zu beschaffen und mit meiner Tochter zum Arzt zu gehen; sie ist sechs Jahre alt, und die Fahrt hat sie ermüdet.

Es gibt kein Land der Erde, in dem ein solches Ersuchen abgelehnt würde ... Nochmals flehe ich Sie an, lassen Sie mich zur Nutznießerin Ihrer Milde werden und gestatten Sie mir, in meines Vaters Haus in Saint-Ouen zu leben ... Ich werde es im Frühjahr wieder verlassen, wenn meine Kinder auf der Reise von der Jahreszeit nichts mehr zu fürchten haben.

Zum Abschluß, Bürger Konsul, bedenken Sie sich einen Augenblick, ehe Sie ein schutzloses Geschöpf in solche Leiden stürzen. Durch einen einfachen Akt der Gerechtigkeit werden Sie mehr aufrichtige Dankbarkeit in mir wachrufen, als andere Ihnen vielleicht entgegenbringen, die Sie mit Gunstbeweisen überschütten."

Josef unterrichtete sie in einem Brief vom 15. Vendémiaire, daß der Erste Konsul seine Intervention kurz abgelehnt habe und dabei sei, sie in aller Form ausweisen zu lassen. Aber am 12. Oktober hatte Germaine noch keinen offiziellen Befehl erhalten; sie hoffte erneut, daß Napoleon seine Drohung nicht wahrmachen würde, und kehrte nach Mafliers zurück. Sie schwankte zwischen Hoffnung, Angst und Unentschiedenheit. Wenn unter ihrem Fenster der Hufschlag eines Pferdes erklang, wurde sie blaß; in jedem Berittenen sah sie einen Gendarmen. Sie wußte noch nicht einmal, wohin sie reisen würde, wenn der Befehl kam. Einige Freunde hatten ihr geraten, nach Deutschland zu gehen, wo *Delphine* begeistert aufgenommen worden war, und auf diese Art ihr Ansehen wiederherzustellen. „Ich weiß nicht", klagte sie in einem Brief an Necker, „wo ich Geld oder eine Kutsche hernehmen soll. Mein Kopf dreht sich. Mein Herz zieht mich zu Dir, aber alle sind der Ansicht, daß ich nach Deutschland reisen muß, nachdem ich nun einmal erklärt habe, daß ich hinfahren möchte."

Am besten schiene es ihr jedoch, zu bleiben. „Laßt mich in Frankreich sterben, wenn es nur in der Nähe, wenn es nur zehn Meilen von Paris ist, und ich werde *ihm* danken, ich werde zu *ihm* beten, als wenn er Gott selbst wäre!" Josef, an den dieser Aufschrei gerichtet war, unterließ es, sie daran zu erinnern, daß ihr dieser Wunsch leicht hätte erfüllt werden können, hätte sie nicht nach mehr verlangt. Nun war es zu spät: Am 13. Oktober unterzeichnete Bonaparte den Befehl, Madame de Staël habe sich vierundzwanzig Stunden nach seinem Erhalt rund zweihundert Kilometer weit von Paris zu entfernen.

Am 15. Oktober saß Germaine um vier Uhr nachmittags in ihrem Salon in Mafliers. Einige Freunde, darunter Madame Junot, waren bei ihr. Ihr Optimismus hatte wieder die Oberhand gewonnen, und sie wartete auf ein Wort von Josef, der versprochen hatte, einen letzten Versuch zu machen. Durch die hohen Fenster beobachtete sie von ihrem Stuhl aus die Straße und den Eingang zum Garten und harrte auf den Boten. Sie hatte gerade eine Traube aus einer Schale genommen, die vor ihr stand, als die Gäste sie zu Eis erstarren sahen. Ein Mann zu Pferd in einem grauen Reitrock hielt vor dem Gittertor und läutete. Germaine erblaßte, und einen Augenblick blieb ihr die Sprache weg. „Sie kommen mich zu verhaften", stammelte sie schließlich und hielt immer noch die Traube in die Luft. Dann stand sie auf, um dem Besucher in den Garten entgegenzugehen. Er stellte sich als Leutnant Gaudriot von der Gendarmerie in Versailles vor, zeigte den von Bonaparte unterzeichneten Befehl und erklärte mit größter Höflichkeit, es sei ihm aufgetragen worden, Zivilkleidung anzulegen und sie mit aller ihr zustehenden Achtung und Diskretion zu behandeln.

Noch versuchte Germaine zu begreifen, daß diese Szene sich wirklich zutrug, und starrte in den Garten, der von den schrägen Strahlen der Oktobersonne und dem Duft der letzten Blumen des Jahres erfüllt war. Alle diese Eindrücke prägten sich ihren Sinnen mit einer Intensität ein, als habe sie soeben ihr Todesurteil erhalten. Aber sie nahm sich rasch wieder zusammen. Einer Frau mit zwei Kindern könne man nicht befehlen, binnen vierundzwanzig Stunden auszuziehen wie ein Rekrut, erklärte sie. Sie brauche drei Tage in Paris, um ihre Angelegenheit zu ordnen. Der Leutnant willigte ein, bestand aber darauf, sie zu begleiten. Wenige Minuten später rollten Germaine, ihre Kinder und der Gendarm nach Paris.

Man hatte Gaudriot für diese Aufgabe auserwählt, weil er, um mit Germaine zu sprechen, „ein äußerst literarischer Gendarm" war. Er machte ihr Komplimente über ihre Werke. „Sie können selbst sehen, wohin es führt, eine intelligente Frau zu sein", antwortete Germaine. Sie bat ihn, in Saint-Brice haltzumachen, damit sie sich von Madame Récamier verabschieden könne. Ihr Erscheinen unter diesen Umständen löste die größte Bestürzung aus. General Junot, der zufällig bei Madame Récamier war, versprach, nach Saint-Cloud zu eilen. Er wollte einen letzten Versuch machen, den Ersten Konsul zu erweichen. Germaine faßte wieder Mut und fuhr weiter, dem Haus in der Rue de Lille zu, in dem sie gehofft hatte, den Winter zu verbringen.

In Saint-Cloud richtete am gleichen Abend Junot einen Appell an seinen früheren Waffengefährten. „Warum nehmen Sie solchen Anteil an dieser Frau?" schrie Bonaparte und stampfte mit dem Fuß. „Ich nehme den gleichen Anteil an ihr wie an jedem schwachen und leidenden Geschöpf", antwortete Junot edelmütig. „Außerdem würde sie Sie anbeten, General, wenn Sie ihr nur Gelegenheit dazu geben würden." – „Jaja, ich kenne sie", meinte Bonaparte. „Aber *Passato il pericolo, gabbato il santo* (wenn die Gefahr vorbei ist, ist der Heilige vergessen). Sie ist selbst daran schuld; soll sie die Folgen tragen." Nach Junot gingen Regnault, Fontanes und Josef zum Angriff über. Um Mitternacht schrieb Josef ein paar Worte, um Germaine mitzuteilen, daß der Entschluß seines Bruders unabänderlich sei.

Germaine aber harrte aus. Ihr Haus war voll von Besuchern, als ob sie sich für die Dauer dort niedergelassen hätte. Sie konnte sich nicht entscheiden, wo sie hinreisen solle. Bonaparte hatte angedeutet, es stünde ihr frei, in Bordeaux oder Lyon ihren Wohnsitz zu nehmen; Germaine versuchte auch jetzt noch, sich mit Bonaparte auf halbem Weg zu einigen – auf einen Ort, 100 km von Paris entfernt. „Ich weiß noch immer nicht, wohin ich mich wenden soll", schrieb sie an Necker. „Ich weiß nur, daß ich zweimal am Tag von meinem verkleideten Gendarmen besucht werde, der mich an den Ritter Blaubart erinnert, wie er ruft: ‚Kommst Du bald herunter?'" Eine Einladung Josefs, ihn in Morfontaine aufzusuchen, verschaffte ihr mitten in diesem Wirrwarr etwas Ruhe. „Seltsames Schicksal", bemerkte Germaine, „von dem einen Bruder verbannt zu werden und zu dem andern auf Besuch zu fahren."

In Morfontaine fand sie Napoleons halben Hofstaat. „Es ist unvorstellbar, welche Furcht er einflößt", berichtete sie Necker. „Immer wieder sagt er, daß er fünf Tage von Berlin, acht Tage von Wien entfernt ist, und das ist seine einzige Antwort auf alle Vorstellungen oder Einwände . . . Man hat den Eindruck, ein stürmischer Wind bläst einem um die Ohren, wenn man in der Nähe dieses Mannes ist."

Ihre Versuche, einen Ort auszuhandeln, schlugen völlig fehl. Sie mußte nach Deutschland. Ihr Paß wurde ihr ausgehändigt. Sie gab ihrem Vater eine Adresse in Straßburg an, wohin er Post schicken konnte. „Ich würde alles auf der Welt hingeben, um Dich wiederzusehen — aber nicht dort, wo Du bist." Noch bevor der Brief ihn erreichte, hatte sie es sich schon wieder anders überlegt; sie wollte lieber nach Metz als nach Straßburg. Benjamins Vorsätze waren wie weggeblasen, als er von Biondettas Mißgeschick erfuhr, er eilte zu ihr und wollte sie auch nach Deutschland begleiten.

Am 24. Oktober fuhr die Kutsche los. Die Reisenden machten im Gasthof von Bondy, kurz hinter den Pariser Zollschranken, halt. Vielleicht änderte der Erste Konsul noch in letzter Minute seine Meinung. Germaine wollte auf Nachricht von Junot warten. Sie war unfähig, still sitzenzubleiben, und verbrachte die Wartezeit damit, daß sie rings um Paris fuhr. Ihr Schmerz nahm hysterische Formen an, als sie vom Wagenfenster aus die ungeheure Stadt vor sich liegen sah. Benjamin versuchte, sie zu beruhigen, und die Kinder beobachteten sie ängstlich und verschüchtert. Als am nächsten Tag immer noch keine Nachrichten eingetroffen waren, schrieb Germaine schließlich die letzte Botschaft aus Frankreich an ihren Vater und befahl dem Kutscher, nach Châlons zu fahren.

„Lebewohl! In einem Ort, drei Meilen von Paris entfernt, steige ich in meine Kutsche, sehe die Stadt von hier, verlasse meine Freunde, die dort sind — mit Gewalt dazu gezwungen — o Gott!"

Ihr Brief kreuzte sich mit einer Botschaft Neckers: „Trage im Unglück Deinen Kopf hoch und gestatte keinem Mann auf Erden, er möge noch so mächtig sein, Dir seinen Fuß auf den Nacken zu setzen."

Weimar, Berlin und das Schicksal

Germaine und ihre Begleitung — Benjamin, August, Albertine und zwei oder drei Bedienstete — legten in zwei Tagen zweihundert Meilen zurück und kamen am 26. Oktober spät abends im Hotel Pont-à-Mousson in Metz an. Sie hatte einen berechtigten Grund für ihre Eile, aber es war keineswegs die Sehnsucht nach Deutschland, die sie vorwärtstrieb.

Als ihr Freund Meister sie 1796 nach Zürich einlud, um dort mit Wieland zusammenzutreffen, der gerade die Stadt besuchte, antwortete Germaine: „Sie werden es nicht erleben, daß ich eigens wegen eines deutschen Autors nach Zürich komme, und mag er noch so berühmt sein. Ich glaube, ich weiß schon alles, was man in deutscher Sprache sagen kann und sogar, was man in fünfzig Jahren sagen wird." Sie konnte kein Wort deutsch und alles, was sie gelesen hatte, war der *Werther.* 1797 sandte Goethe ihr ein prachtvoll gebundenes Exemplar des *Wilhelm Meister,* und Germaine gab zu, daß sie daran nur den Einband bewundern konnte. Der Gedanke, deutsche Literatur und Philosophie könnten etwas Neues zu sagen haben, kam ihr erst im Jahr 1798, als ein französischer Emigrant, Charles de Villers, im *Spectateur du Nord* in Hamburg eine Reihe von Artikeln über dieses Thema veröffentlichte. Das Kapitel, das Germaine in *De la littérature* über Deutschland schrieb, beruhte mit seinen unzulänglichen Angaben fast ausschließlich auf Villers Artikeln. Sie begann mit Gerlach, dem Erzieher ihrer Kinder, Deutsch zu lernen, und Ende 1800, nach ihrer Rückkehr nach Paris, verkehrte sie mit vielen Emigranten, die kürzlich aus Deutschland heimgekehrt waren, darunter Camille Jordan, der Klopstock übersetzte, und Gérando, der gemeinsam mit Villers Kant in Frankreich einführte. Sie und der schwedische Geschäftsträger, Baron Brinckmann, brachten Germaine mit mehreren hervorragenden Mitgliedern der deutschen Kolonie in Berührung. Der Philosoph Jacobi vermittelte die Bekanntschaft mit Villers, und Wilhelm von Humboldt übernahm ihren Deutsch-Unterricht. 1801 berichtet er, daß sie recht gut deutsch könne; zweifellos meint er, daß sie deutsch lesen könne – denn 1804 war sie noch nicht imstande, sich in dieser Sprache zu unterhalten.

Germaine korrespondierte mehrere Jahre mit Villers, und zwischen ihnen hatte ein intellektueller Flirt begonnen. „Villers schreibt mir Briefe, aus denen deutlich seine Liebe zu Kant und seine Liebe zu mir spricht, aber Kant kommt an erster Stelle." Kurz nachdem sie ihren Ausweisungsbefehl erhalten hatte, erfuhr sie, daß Villers, mit dem sie niemals persönlich zusammengetroffen war, sich auf dem Weg nach Paris befand und in Metz haltmachen würde. Sie änderte daraufhin impulsiv ihre Reiseroute und beschloß, eine Woche in Metz zu bleiben und sich von ihrem Briefpartner ausführlich über Deutschland informieren zu lassen.

Villers schwärmte mit seinen achtundzwanzig Jahren fanatisch für alles Deutsche. Man kannte ihn zwar hauptsächlich als Interpret Kants; er teilte aber dessen Bewunderung für die Französische Revolution keineswegs, war weit über den Königsberger Philosophen hinaus in das erzromantische Lager Schellings übergegangen und blickte nun mit schmerzlicher Verachtung auf die unheilbare Oberflächlichkeit und Unmoral der Franzosen. In diesen Gefühlen wurde er von seiner Reisebegleiterin, Frau Senator von Rodde, unterstützt, die mit ihren Kindern das gesamte erste Stockwerk des Hotels bewohnte. Germaine und ihre Suite waren gezwungen, im zweiten Stockwerk etwas engere Quartiere zu beziehen. Villers hatte Frau von Rodde vor ihrer Hochzeit geliebt, als er in Göttingen studierte, und Herr von Rodde ließ es ruhig zu, daß er sie weiter liebte; Frau von Rodde jedoch war weniger duldsam und hatte gegen die ausgedehnten und lebhaften Zwiegespräche ihres Liebhabers mit Germaine sehr viel einzuwenden.

In den sechs Tagen, die Germaine in Metz hatte bleiben wollen — es wurden zwölf daraus —, kam es zwischen ihr und Villers zu einem sehr streitbaren Flirt. Streitbar deshalb, weil Germaine Frankreich immer dann restlos ergeben war, wenn man sie gerade daraus vertrieben hatte, und weil Villers sie daher mit der Herabsetzung ihres Paradieses in helle Wut brachte. „Alles kommt ihm frivol und oberflächlich vor im Vergleich zu seinem braven kleinen Hasen", beklagte sie sich. Andererseits entsprang aus der Hitze des Gefechts, das nicht immer von Benjamin und dem Hasen überwacht wurde, eine starke gegenseitige Anziehung. Germaine zog sogar die Möglichkeit in Betracht, Villers seiner „dicken Deutschen" abspenstig zu machen; Benjamin, schrieb sie ihrem Vater, war „zu unvollkommen in seinem Gefühl und Charakter", um ihre Bedürfnisse zu befriedigen. Sie wies Villers Annäherungen aber trotzdem zurück. „Mein Wohlwollen ist zwar allumfassend, aber meine Gefühle sind exklusiv", erklärte sie ihm, als er wieder einmal stürmisch geworden war.

Bei ihrer Ankunft in Metz hielt Germaine, wie sie es ausdrückte, ihre Seele noch mit beiden Händen fest: Sollte sie in Metz bleiben, weiter nach Deutschland reisen oder nach Genf zurückkehren? Aber Metz, entschied sie bald, wäre „lächerlich", und allein der Gedanke an Genf war zu entsetzlich; in Deutschland, versicherte ihr Villers, würde man ihr einen triumphalen Empfang bereiten. Als sie am 8. November Metz in Richtung Frankfurt verließ, waren ihre Vorahnungen trotzdem düsterer denn je. Einige Tage vor ihrer Abreise hatte sie die Kathedrale und die Synagoge von Metz besichtigt: „Diese Gräber in der Kathedrale", schrieb sie an Mathieu, „diese durchdringenden Klagen in der Synagoge, alles griff meine Nerven an, und eine unsägliche Todesangst befiel mich. Mir schien, als ob der Tod meinen Vater, meine Kinder, meine Freunde bedrohe." Voll Bangigkeit und Trübsinn also begann die

Reise, die nach sechs Monaten Triumph und Glanz mit einem Schrei der Verzweiflung enden sollte.

An einem unfreundlichen Novembertag stand Germaine fröstelnd an den dunkelgrauen Ufern des Rheins und wartete auf die Fähre. „Meine französischen Diener", erinnerte sie sich später, „waren ungeduldig über das deutsche Tempo und erstaunt, daß niemand sie verstand, wenn sie sich in der einzigen Sprache ausdrückten, die ihrer Meinung nach in einem zivilisierten Land zulässig war." Bei ihrem nervösen Hin und Her fiel Germaine eine alte Bäuerin auf, die gleichmütig auf ihrem Karren saß. „Was Sie für Ruhe haben", meinte Germaine. „Ja", antwortete die Frau. „Warum soll man sich aufregen?" Die Antwort stimmte Germaine nachdenklich.

Am andern Ufer wurde Germaine „von den schrillen, falschen Tönen des Posthorns" begrüßt, die „den traurigen Beginn einer traurigen Reise anzukündigen schienen". Schnee bedeckte den Boden, Köpfe tauchten in den kleinen Fenstern an der Straße auf und starrten den vorbeifahrenden Wagen an. Benjamin bemühte sich, die Gesellschaft aufzuheitern, aber sie wurde immer trübsinniger, je tiefer sie in Deutschland eindrangen. „Mein lieber Papa", schrieb Albertine an ihren Großvater, „in Deutschland langweile ich mich; es würde mir viel mehr Freude machen, dich wiederzusehen. Frankreich gefällt mir viel besser. Ohne Benjamin, der mit mir spielt, wüßten wir beide, Mama und ich, nicht, was wir unter all diesen Deutschen anfangen sollten."

In Frankfurt bekam Albertine Fieber. Der beste Arzt der Stadt wurde geholt. Er warf einen Blick auf das Kind: Scharlach, erklärte er auf französisch. Albertine fing an zu weinen. Germaine fragte, diesmal in englischer Sprache, ob die Krankheit gefährlich sei; ungerührt erzählte der Doktor, ein Mädchen im Nebenhaus sei vor ein paar Tagen daran gestorben. Wäre Benjamin nicht gewesen, berichtete Germaine ihrem Vater, sie hätte den Kopf verloren. Der „Scharlach" war, wie sich bald herausstellte, eine starke Verkühlung, und wie sie glaubte, war daran die deutsche Manie schuld, immer zuviel zu heizen. „Was für ein Haufen deutscher Brutalität dieser Doktor ist!" fügte sie hinzu.

Ganz Frankfurt schien ein Haufen deutscher Brutalität. Von einem triumphalen Einzug keine Rede. Die Frankfurter Kaufleute und Bankiers hatten keine Lust, sich über Kant zu unterhalten, und fürchteten außerdem, sich zu kompromittieren, wenn sie zuviel Interesse an einer Persönlichkeit bekundeten, die eben Napoleons Zorn auf sich gezogen hatte. „Es ist ein deutscher Wesenszug, nicht unvorsichtig zu sein", vermerkt sie. Die Versuche der Deutschen, humorvoll zu sein, wären noch bedrückender als „die Langeweile ihrer ernsten und eintönigen Förmlichkeit" – „eine öde Munterkeit, die ihre Pfoten mit gewichtiger Vertraulichkeit auf deine Schultern legt". „Sie tun nichts anderes als essen und sprechen über nichts anderes als Mahlzeiten." Alles in allem gehörten „die Deutschen kaum zur menschlichen Rasse – die gebildete Minderheit ausgenommen". Deutsche Frauen waren affektiert; sie waren beleidigt, bemerkte Germaine, wenn sie sich mit ihnen über Kinderkrankheiten statt über Literatur unterhielt. Auch waren sie sentimental. Aber dabei doch den Männern überlegen.

„Es gibt nichts Plumperes, nichts Rauchgeschwängerteres im moralischen wie im physischen Sinn als die deutschen Männer ... Ich begreife immer noch nicht, wie diese Frauen es fertig bringen, ihre Gefühle nicht nur einem rein idealen Gegenstand zuzuwenden, denn es gibt keine trostlosere Realität als die deutschen Männer, die sie heiraten müssen, weil sie keine andere Wahl haben[31]."

Diese Äußerungen wurden nicht von einer vorgefaßten feindlichen Einstellung beeinflußt. Die Abneigung und das Vorurteil waren auf deutscher Seite. Als Goethes Mutter ihrem Sohn über Germaines Aufenthalt in Frankfurt berichtete, schrieb sie: „Mich hat sie bedrückt, als wenn ich einen Mühlstein am Halse hängen hätte; ich ging ihr aber überall aus dem Wege, schlug alle Einladungen aus, wo sie war, und atmete freier, da sie fort war. Was will die Frau von mir?? Ich habe in meinem Leben kein Abc-Buch geschrieben."

Frankfurt ließ sich so übel an, daß Germaine Benjamin hinderte, nach Paris zurückzukehren, wie er ursprünglich geplant hatte. „Ich halte ihn in meinem Hotel versteckt wie einen Gefangenen", berichtet sie Necker. Benjamin willigt ein, sie nach ihrem nächsten Bestimmungsort zu begleiten – Weimar. In den ersten Dezembertagen machten sie sich auf den Weg. Die Reise führte über die kiefernbewachsenen, schneebedeckten Berge Thüringens, durch kleine mittelalterliche Städte, die in den Tälern kauerten, durch Eisenach, Luthers Geburtsort, wo sie zusahen, wie junge Männer unter frostbeschlagenen, gelbleuchtenden Fenstern Weihnachtslieder sangen und ihre schwarzen Mäntel sich scharf von den weißbeschneiten, verlassenen Straßen abhoben. Das war ein ganz anderes Deutschland als das Frankfurt der Philister. Germaine war seltsam bewegt von der poetischen Atmosphäre – „jenem inneren Leben, jener Poesie der Seele, die das deutsche Volk kennzeichnet".

So heißt es wenigstens in ihrem Buch über Deutschland. Ihre Briefe zeigen, daß sie zu jener Zeit etwas anders dachte. Sie schrieb an Villers:

„Darf ich Ihnen wie eine richtige Französin nach kaum zwei Tagen meine Eindrücke von einem Land schildern, das ich nicht kenne? Wir machten in einer kleinen Stadt in einem Gasthof halt. In der verräucherten Stube hing wollene Kleidung über einem eisernen Ofen zum Trocknen, und es wurde wild auf dem Klavier gehämmert. So kommt mir hier alles vor: Musik in einer Stube voll Rauch. Überall tiefes, poetisches Gefühl, aber keine Grazie in der äußeren Form ... Ein merkwürdiger Gegensatz besteht zwischen den erhabenen Gedanken der Deutschen und ihren vulgären Formen. Man kommt fast in Versuchung, die Vulgarität für ihr wahres Wesen zu halten."

In ihrem Buch über Deutschland wurde das alles transponiert. Nahezu alle Deutschen sind musikalisch, versichert Germaine. „Manchmal, wenn ich eine einfache, rauchgeschwärzte Stube betrat, fand ich nicht nur die Hausfrau, sondern auch den Mann am Spinett, und sie improvisierten ihr Spiel, wie die Italiener aus dem Stegreif dichten." Der Gegensatz wurde unterschlagen, die Idealisierung war wichtiger.

Wie dem auch sei, irgendwo zwischen Frankfurt und Gotha entdeckte Germaine ihre Vorliebe für deutsche Volksmusik in ihrer seelenvollsten und ungekünsteltsten Form: Sie kaufte eine Mundharmonika und lernte während ihres zweitägigen Aufenthalts in Gotha dieses einfache Instrument spielen. Sich Madame de Staël majestätisch in tief ausgeschnittenem Kleid, den Turban auf dem Kopf, vorzustellen, wie sie auf ihrem Weg zu Goethe und Schiller Mundharmonika bläst, ist ungemein reizvoll. Kein Wunder, daß sie Weimar durch ihre Natürlichkeit überraschte.

„Die verkörperte Intelligenz wird zu den Waffen gerufen, um mich zu empfangen", berichtet Germaine ihrem Vater am Tage ihrer Ankunft in Weimar, dem 13. Dezember. „Ich will Dich meine ersten Eindrücke wissen lassen. Ich bin jedenfalls an einem kultivierten Ort. Wie soll ich anders denken, da doch *Delphine* hier dem ganzen Leserpublikum bekannt ist und man mir in erbärmlichem Französisch versichert: ‚La Delphine est charmante'."

Tatsächlich ging ihr ein unerhörter Ruf voraus. Drei verschiedene deutsche Übersetzungen von Delphine waren vergriffen, und die Presse druckte über ihren Zug durch Deutschland tägliche Bulletins ab. Weimar sah ihrer Ankunft mit Bangen entgegen. Der Hof und die höfische Gesellschaft machten sich auf einen Blaustrumpf, eine gefährliche Republikanerin, eine affektierte Pedantin gefaßt, die versuchte, die Männer durch Gelehrsamkeit und Geist zu verführen, da es ihr nicht durch Schönheit und weiblichen Charme gelang. Das intellektuelle Weimar sah in ihr die Vertreterin der Pariser Salon=Kultur, die es zwingen würde, seine geistigen Alltagskleider wegzulegen und seinen unbequemen Sonntagsstaat aus der Mottenkiste zu holen. Das Gerücht, daß Napoleon sie wegen ihrer Intrigen ins Exil geschickt hatte, trug Germaine im Deutschland des Jahres 1803 wenig Sympathie ein. Deutschland verachtete französische Kultur, die Germaine vertrat, und kroch vor französischer Macht, der Germaine Trotz bot.

Es war nicht ganz richtig, daß „die verkörperte Intelligenz zu den Waffen gerufen worden war", um sie zu empfangen: Die Intelligenz hatte sich entweder aus dem Staub gemacht oder sich in ihren Löchern verkrochen. Goethe war unter einem fadenscheinigen Vorwand nach Jena gefahren – nicht so sehr aus Angst vor Germaine, die er einlud, ihm nachzukommen, sondern vor dem gesellschaftlichen Trubel, den ihre Gegenwart in Weimar auslösen würde. Schiller, der nur mehr knapp ein Jahr zu leben hatte, war entsetzt über den Gedanken, die Niederschrift des *Wilhelm Tell* unterbrechen zu müssen; er sprach auch sehr schlecht Französisch. „Unsere Religion ihr in französischen Phrasen vorzutragen und gegen ihre Volubilität aufzukommen, ist eine harte Aufgabe", schrieb er an Goethe, und nur auf Befehl des Herzogs nahm er diese Aufgabe auf sich. Herder lag auf dem Sterbebett, als Germaine eintraf. Unverzagt machte sie sich an die Eroberung des Hofes.

Sie stellte sich am 14. Dezember im herzoglichen Palast vor; sie war kaum erschienen, da zerrannen die Befürchtungen des Hofes in nichts. Herzogin Luise, die gewöhnlich sehr kühl war, faßte die allgemeine Begeisterung in Worte, wenn sie Germaine als „einzig in ihrer Art" beschrieb, völlig natürlich und unaffektiert, ohne „eine Spur von Pedanterie" und bereit, „mit jedem über alles, was man will, mit Interesse zu sprechen". Die Überraschung hätte nicht größer sein können, hätte die Königin von Saba sich plötzlich für Säuglingspflege interessiert.

Als der Hof entdeckt hatte, daß man Germaine als zugehörig betrachten konnte, schwand nicht nur seine Angst, sondern auch die Langeweile dahin. Herzog Karl August und seine Familie hegten gemischte Gefühle für die Geistesriesen, mit denen sie sich umgeben hatten. Sie fühlten sich ein wenig unbehaglich, ein wenig eingeschüchtert, waren gelegentlich etwas verärgert und recht häufig verwirrt. Mußte einem Schiller oder einem Goethe eine kleine

Unannehmlichkeit zugemutet werden, um für Germaines Unterhaltung zu sorgen, so mutete der Herzog sie ihnen mit einem geradezu boshaften Vergnügen zu. Schiller wurde herbefohlen und erschien in voller höfischer Galauniform (Germaine hielt ihn für einen General); Goethe, von Germaine und dem Herzog unter Druck gesetzt, mußte seine Zufluchtsstätte in Jena verlassen; Professor Böttiger erhielt den Befehl, für Germaine einen Abriß der deutschen Literatur in französischer Sprache zu liefern; Bälle, Soupers, große Gesellschaften und intime Zusammenkünfte wechselten mit Galavorstellungen im Theater, die eigens für Germaine gegeben wurden, um sie mit deutscher dramatischer Literatur bekanntzumachen. Als Schiller den *Wilhelm Tell* beendet hatte, mußte er Szenen daraus vorlesen. Als Germaine die Ehre des französischen Dramas zu verteidigen wünschte, mußte ganz Weimar zuhören, wie sie den vierten Akt von Racines *Andromache* rezitierte, dazu noch den Traum Athalies und die Hauptszenen aus *Phädra.* Ihren größten Erfolg aber hatte sie bei der Herzoginmutter. Im Zeitalter Voltaires aufgewachsen, war Anna Amalie entzückt über Germaines Gesellschaft, die sie wieder in eine heiterere und anmutigere Vergangenheit zurückversetzte. Fast jeden Abend lud sie Germaine und Benjamin privat zum Souper und zum Kartenspiel. Wie es sich gehört, ging die Begeisterung des Hofes auf die ganze Weimarer Gesellschaft über: Sogar Germaines Kleider, die die Pariser lächerlich fanden, entzückten die Damen von Weimar, weil sie so pariserisch wären. Sie wurde, wie sie es ausdrückte, „wie eine Schwester des Ersten Konsuls" behandelt.

Nach dieser Art von Erfolg hatte Germaine sich gesehnt, als sie nach Deutschland kam, das war ihr Hauptziel gewesen. Wie konnte der Erste Konsul weiter darauf bestehen, eine Frau aus Paris zu verbannen, die im Ausland als ruhmreiche Vertreterin der französischen Kultur gefeiert wurde? Aber das war nicht ihr einziges Ziel, vor allem in Weimar. „Ich werde Sie noch längere Zeit mit meinen Berichten über Deutschland unterhalten", schrieb sie einem Freund nach Paris. „In Frankreich ist über dieses Land absolut nichts bekannt, und doch ist es eine wahre Goldgrube von Gedanken, mit denen ein Franzose etwas Vernünftiges anfangen könnte." Im Februar begann sie ein Buch über Deutschland zu planen. „Ich betrachte diese Reise durch Deutschland als einen Lehrgang in neuen Ideen." Sie machte kein Geheimnis aus dem Notizbuch, in dem sie ihre Gespräche zu künftigem Gebrauch festhielt.

Aber die Eroberung des intellektuellen Weimar war nicht so einfach wie die des Hofes. Am besten vertrug Germaine sich mit Wieland; die Beziehung zwischen ihr und dem siebzigjährigen Verfasser des *Oberon* glich fast einem kleinen Flirt. Aber Wieland, ein Überbleibsel aus der Zeit Voltaires, vertrat nicht das Weimar von 1803. Zwischen Germaine und dem Weimar von Schiller und Goethe gab es Schranken, die sie da und dort durchbrechen, niemals aber ganz beseitigen konnte. Schiller beklagte sich:

„Sie will alles erklären, einsehen, ausmessen ... wohin sie nicht mit ihrer Fackel leuchten kann, ist für sie nichts vorhanden. Darum hat sie eine horrible Scheu vor der Idealphilosophie, welche nach ihrer Meinung zur Mystik und zum Aberglauben führt ... Für das, was wir Poesie nennen, ist kein Sinn in ihr, sie kann sich von solchen Werken nur das Leidenschaftliche, Rednerische und Allgemeine zueignen, aber sie wird nicht Falsches schätzen, nur das Rechte nicht immer erkennen."

Schiller und Goethe waren beide schockiert über Germaines Ansicht, daß die tiefsten Probleme ein geeignetes Thema für eine gesellschaftliche Plauderei seien. Goethe schrieb:

„Philosophieren in der Gesellschaft heißt sich über unauflösliche Probleme lebhaft unterhalten. Dies war ihre eigentliche Lust und Leidenschaft. Natürlicherweise trieb sie es in Reden und Wechselreden gewöhnlich bis zu den Angelegenheiten des Denkens und Empfindens, die eigentlich nur zwischen Gott und dem einzelnen zur Sprache kommen sollten ... Durch alles dieses war der böse Genius in mir aufgeregt, daß ich nicht anders als widersprechend, dialektisch und problematisch alles Vorkommende behandelte und sie durch hartnäckige Gegensätze oft zur Verzweiflung brachte, wo sie aber erst recht liebenswürdig ward und ihre Gewandtheit im Denken und Erwidern auf die glänzendste Weise dartat."

Ihr erstes Zusammentreffen mit Goethe am Weihnachtsabend war eine Enttäuschung. Sie hatte sein Alter vergessen und erwartete, einem Werther zu begegnen; statt dessen stand sie einem „untersetzten Mann gegenüber, mit nicht besonders auffallender Physiognomie, der sich wie ein Mann von Welt benehmen möchte, ohne daß es ihm ganz gelingt". Auch schlief er mit seiner Haushälterin. In den drei darauffolgenden Begegnungen gerieten sie aneinander. Als er Germaines Notizbuch sah, hatte er das unbehagliche Gefühl, ausgenutzt zu werden. Auch nahm er ihre Kritik an seinen Stücken übel. Jedenfalls gab er nach ihrem Zusammentreffen am 2. Januar bekannt, daß er eine Verkühlung habe und niemand sehen könne. Germaine entschloß sich, diese Verkühlung abzuwarten.

Die Beziehungen wurden erst drei Wochen später wieder aufgenommen und verbesserten sich von da an bis zu Germaines Abreise ständig. In ihren Gesprächen verspotteten sie sich gegenseitig in einem Ton, der nur bei einem freundschaftlichen Geplänkel möglich ist.

„Bald", erzählt ein Zeuge, „fällt Frau von Staël über Kunst ein Urteil, wobei Goethe erstarrte; bald sprach Goethe ein schneidendes Wort über falsche Sentimentalität und verruchte moralische Tendenz, die alle Kunstreinheit beflecke; da bebte wieder Frau von Staël ob solcher Ketzerei zurück. Neue Annäherung, neue Abstoßung. So ging es in endlosen divergierenden und zuneigenden Linien, ein langes Konversationsmenuett, das zuletzt mit zwei tiefen Verneigungen endigte."

Schiller hatte vollkommen recht, wenn er behauptete, Germaine habe keinen Sinn für Poesie, wie er und Goethe sie verstanden. Ihre Übersetzungen aus Goethes Werken sind ein überzeugender Beweis dafür. Was sich nur mittelbar, nur symbolisch aussagen ließ, begriff sie nicht: Alles mußte intellektuell faßbar sein. Ihr Mangel an Verständnis erstreckte sich auch auf die deutsche Musik. In ihrem Reisetagebuch gab sie zu, daß die Deutschen gute Instrumentalmusik hätten, aber sie fand ihre endlosen und komplizierten Sonaten unerträglich langweilig; nur ein so geduldiges Volk wie die Deutschen konnten sie über sich ergehen lassen. In Fragen der Ästhetik war Germaine ein Philister. Ihrer Ansicht nach bestand die Aufgabe des Künstlers darin, sich dem Publikum mitzuteilen; Weimar aber behauptete, daß die Kunst ein autonomer Aspekt der Wirklichkeit sei. Nur durch die Verpflichtung seiner Kunst gegenüber wurden dem Künstler in seinem Bereich Grenzen gesetzt. Wann immer Germaine oder Benjamin in einem Drama Goethes einen Verstoß gegen den Geschmack kritisierten, entgegnete Goethe ruhig: „Das Publikum wird sich daran gewöhnen." Als jemand von der Welle von Selbstmorden sprach, die der Werther ausgelöst hatte, meinte Goethe: „Wenn ich etwas tue, was mir richtig erscheint, kümmere ich mich nicht um die Folgen", und fuhr fort, Schellings Gedanken zu erläutern, es sei das Geheimnis der Moral, eins zu sein mit dem eigenen Selbst. Germaine war entschlossen, der neuen Lehre auf den Grund zu kommen, und begann, bei einem jungen englischen Schelling-Schüler, Henry Crabb Robinson, Stunden zu nehmen. Robinson wurde im Haus der Gräfin Werthern – in dem es spukte – ein vertrauter Gast. Germaine, die dort wohnte, empfing ihn des Morgens „sehr schicklich in ihrem Bette sitzend", er lehrte sie Philosophie und blieb dann oft zu Tisch, wo Benjamin väterlich den Vorsitz führte. Eine Eintragung in Benjamins Tagebuch faßt Robinsons Äußerungen in einem Gespräch zusammen und liefert den Schlüssel zu dem neuen Glaubensbekenntnis, das weder Benjamin noch

Germaine begreifen konnten. „Kunst um der Kunst willen und ohne Ziel. Jedes Ziel ist gegen das Wesen der Kunst. Aber die Kunst erreicht das Ziel, das sie nicht besitzt."

Wenn Germaine sich auch weigerte, die deutsche metaphysische Einstellung zu teilen, so wußte sie doch die ungeheure Fruchtbarkeit Deutschlands an völlig neuen, revolutionären Ideen zu schätzen. Sie war nicht so französisch, wie Schiller dachte: Sie hatte genug von den Schablonen französischer Schriftsteller und Denker; und sie fühlte, daß die neue deutsche Philosophie das Jahrhundert beherrschen würde. Daher machte sie es sich zur Pflicht, wenn sie in Frankreich war, die deutsche Philosophie so darzustellen, daß Franzosen sie verstehen konnten; war sie in Deutschland, so versuchte sie, den undisziplinierten Höhenflug der Metaphysiker zu mäßigen, indem sie ihnen französische Klarheit entgegenstellte. Einer ihrer Weimarer Bewunderer sagte treffend: „Da sie sich selbst versteht, so wünscht sie natürlich auch jeden, der mit ihr spricht, ganz zu verstehen, und dazu bedient sie sich einer eigenen Hebammenkunst für fremde Ideen, die sie selbst in ihrer Verworrenheit herauszufühlen und zu entwickeln versteht." Wäre sie damit zufrieden gewesen, den Deutschen dabei zuzusehen, wie sie unaussprechliche Gedanken dachten, sie hätte diese Gedanken weder sich selbst noch ihren Landsleuten verständlich machen können.

Nach zehn Wochen anregender Unterhaltungen über das Unaussprechliche verließ Germaine mit ihrem Gefolge am 1. März Weimar und begab sich nach Leipzig. Von dort beabsichtigte sie, nach Berlin weiterzureisen, Benjamin aber wollte wieder nach Lausanne zurückzukehren. Beide hatten allen Grund, mit ihrem Aufenthalt zufrieden zu sein. „Ich verlasse Weimar nicht ohne Wehmut", vermerkt Benjamin in seinem Tagebuch. „Ich habe hier studiert. Ich habe in Sicherheit gelebt. Ich litt nicht viel. Mehr verlange ich nicht vom Leben." Das umfassende Wissen deutscher Gelehrter hatte ihn ungeheuer beeindruckt, und er stürzte sich in ein gigantisches Studienprogramm, das eine Neufassung seiner *Geschichte des Polytheismus* vorbereiten sollte. Dem gärenden Ausbruch schöpferischer Kräfte im frühromantischen Deutschland zu widerstehen, war unmöglich: Man hatte angenommen, daß alles bekannt sei — nun auf einmal kam man darauf, das alles noch zu entdecken war. Es war, als fände ein Kind alle seine altvertrauten Spielsachen wie durch einen Zauberschlag in neue und unbekannte verwandelt, die zahllose Möglichkeiten herrlicher und noch von keinem Sterblichen geahnter Spiele boten. Benjamin und Germaine waren zu weltklug, um sich von dem romantischen Rausch mitreißen zu lassen, aber sie fanden ihn ungemein anregend. Ein paar Tropfen des Zaubertranks zur Probe nach Frankreich mitgenommen, und die Franzosen würden Mund und Augen öffnen vor Erstaunen.

Germaine hatte gefunden, was sie gesucht hatte – Beifall und neue Ideen –, aber sie war nicht glücklich. „Das alles", schrieb sie an Necker, „wirkt schmerzstillend, macht mir aber keine richtige Freude. Liebe oder Paris oder Macht – das wäre eine Freude. Ich brauche eines dieser drei Dinge, das meinem Herzen, meinem Geist oder meiner Energie ein Ansporn wäre. Alles andere macht mir nur ein metaphysisches Vergnügen, wenn es vorhanden ist, und ich leide ehrlich, wenn es fehlt. Was hältst Du von diesem wahrheitsgetreuen Porträt meines innersten Selbst?"

Mit solchen Gedanken im Kopf bedeutete die Reise von Weimar nach Leipzig nur einen ermüdenden Ortswechsel für Germaine – ein Romantiker hätte sie aufregend und reizvoll gefunden. Die Reisenden hielten in Naumburg, fanden es aber nicht der Mühe wert, den Dom zu besichtigen. „Es gibt wenig bedeutende Bauwerke in Deutschland. Fast alles, was man in nördlichen Ländern sieht, sind gotische Denkmäler", schrieb sie in *De l'Allemagne;* auch Bildhauerei „wurde in Deutschland nicht sehr erfolgreich betrieben", da es den Deutschen sowohl an Marmor wie an Anmut fehlte. Heftiger Schneefall setzte ein, aber der Gedanke, dadurch in Naumburg zurückgehalten zu werden, und sei es auch nur einen Tag lang, war unerträglich. Zweimal machte die Reisegesellschaft sich am 2. März auf den Weg, einmal per Wagen, einmal per Schlitten, beide Male trieb der Schneesturm sie wieder zurück. Am 3. März fuhren sie unverdrossen auf entsetzlichen Straßen nach Leipzig weiter und kamen um neun Uhr abends dort an.

Zwei Tage genügten für Leipzig: Ein Besuch in der Museumsbibliothek, eine Runde in den Buchhandlungen, ein paar Besuche bei Universitätsprofessoren. Die bevorstehende Trennung von Benjamin versetzte Germaine in Angst und Schrecken, er war ihre letzte Verbindung mit Frankreich, mit Necker. Auch Benjamin wurde von zärtlicher Rührung überwältigt: Er versprach ihr, niemals eine andere Frau zu heiraten. Beruhigt brach Germaine am 6. März nach Berlin auf. „Sie ist fort", lautet Benjamins Eintragung in sein Tagebuch. „Es gibt kein gütigeres, liebevolleres, intelligenteres und zärtlicheres Geschöpf. Und Albertine! ... Ich bin tieftraurig. Die Einsamkeit ist zunächst ein sehr kalter, unangenehmer Guß. Aber ich werde mich sicher daran gewöhnen." Am 7. März gönnte er sich ein Straßenmädchen. Am 9. März begann er in bequemen Etappen seine Reise nach Lausanne. Er kam am 7. April an. Am 11. April war er auf dem Rückweg nach Deutschland; am 22. April sah er, nachdem er mehrere Wagen auf der Straße zuschanden gefahren hatte, Germaine in Weimar wieder, um ihr Nachricht zu bringen: Necker war tot.

Von Weimar nach Berlin zu kommen, glich dem Schritt von einem Kloster in einen Ballsaal. Germaine hatte kaum im Hotel Stadt Paris Quartier genommen, da wurde sie schon in das blendende und betäubende Finale der gesellschaftlichen Saison mit hineingezogen, für das der Geburtstag der Königin Luise den Vorwand bildete. Die Zeitungen machten ihre Ankunft zu einem öffentlichen Ereignis; der Hof von Weimar empfahl sie dem Hof von Berlin mit uneingeschränkter Begeisterung; nach wenigen Tagen erhielt sogar der französische Gesandte, Laforest, den Auftrag, sie mit vollen Ehren zu empfangen.

Germaine wurde zum Geburtstagsball der Königin am 10. März eingeladen, ließ sich in vierundzwanzig Stunden ein neues Kleid machen, verwandte drei Stunden auf ihre Toilette, wurde der Königinmutter vorgestellt und nahm ihren Platz unter den zweitausend Gästen im riesigen Ballsaal ein. Der Einzug der strahlend schönen Königin erfolgte unter Pauken- und Trompetenklängen. „Ich hoffe, Madame", sagte sie, als Germaine ihr vorgestellt wurde, „Sie merken, daß wir genügend guten Geschmack haben, um durch Ihre Anwesenheit in Berlin geschmeichelt zu sein. Ich bewundere Sie schon lange und warte mit Ungeduld darauf, Ihre Bekanntschaft zu machen." Germaine führte die Worte der Königin getreulich in jedem Brief an, den sie schrieb; auch die Berliner Presse zitierte sie. Was würde Bonaparte dazu sagen?

Der König machte ihr die reizendsten Komplimente. Mehrere der königlichen Prinzessinnen, die sie in Weimar getroffen hatte, umarmten und küßten sie. Bei einem Kostümball, der vier Tage später zu Ehren der Königin gegeben wurde, soupierte Germaine an Luises Tisch. „Halb Berlin zog an mir vorbei, um mich anzusehen", schrieb Germaine; „wenn Berühmtheit ein Vergnügen ist, so habe ich es jetzt reichlich genossen." In dem Brief, den sie Necker am Tage seines verhängnisvollen Anfalls schrieb, schilderte Germaine ein typisches gesellschaftliches Wochenprogramm: Donnerstag, Mittagessen mit dem französischen Gesandten und Abendessen mit der Gemahlin Prinz Heinrichs von Preußen; Freitag, Abendessen mit der Prinzessin von Oranien; Sonnabend, Mittagessen mit dem Bruder des Herzogs von Braunschweig und Abendessen mit der Prinzessin Luise; Sonntag, Mittagessen mit Prinz Belmonte, dem Schweizer Historiker von Müller, dem Schwedischen Gesandten und dem Russischen Botschafter und Abendessen in der Spanischen Botschaft. „Das wird Dir einen Begriff davon geben, wie die Zeit vorbeieilt, schmerzlos, freudlos, ohne Denken, ohne Langeweile . . . Aber ich würde ebenso gern von Ort zu Ort reisen als meine Zeit mit Anziehen, Essen, Trinken und Kartenspielen verbringen und mit Zusehen, wie Müller, Prinz Louis und der Herzog von Oels sich jede Nacht betrinken. Ach, armes Frankreich, armes, geliebtes Frankreich!" „Die Gesellschaft in den großen deutschen Städten ahmt Paris nach, und Paris verliert eine Menge bei der Übersetzung ins Deutsche", schrieb sie an Joseph Bonaparte. Der Name ihres Hotels, Stadt Paris, war symbolisch.

Germaine mochte Berlin nicht. „Die beiden Klassen der Gesellschaft – die Gelehrten und die Höflinge – sind vollkommen voneinander geschieden", schrieb sie an Madame Necker de Saussure. „Das Ergebnis ist, daß die Gelehrten die Konversation nicht pflegen und die mondäne Gesellschaft unfähig ist, zu denken." Jacobi gegenüber gebrauchte sie noch stärkere, ja geradezu prophetische Worte: „Die Denker bewegen sich in himmlischen Gefilden, und auf der Erde findet man nur Grenadiere." Die Denker selbst, vermerkte sie an anderer Stelle, nahmen dieses starre gesellschaftliche Gefüge fraglos hin. In der idealen Welt fochten sie eine Revolution aus, die blutiger war als die französische, und nichts war vor ihren Angriffen sicher; auf Erden machten sie vor Rang, Titel und Autorität ihre Verbeugung.

Germaines Beziehungen zum preußischen Hof kühlten sich nach den ersten Flitterwochen etwas ab. Es war schlimm genug, daß Albertine bei einem Kinderball den Kronprinzen geohrfeigt und ihn einen Rotzbalg genannt hatte (genau was man von einer republikanischen Erziehung erwarten konnte, bemerkten die königlichen Eltern), aber Germaines Entschuldigungen wurden angenommen und Albertine auf Fürbitte Friedrich Wilhelms III. aus dem Zimmerarrest entlassen. Eine ernstere Sache war die Nachricht von der Entführung und Ermordung des Herzogs von Enghien auf Bonapartes Befehl. Der Zwischenfall brachte Germaine in eine schwierige Lage. Ihre anti-bonapartistischen Gefühle waren allgemein bekannt, genauso aber auch ihre republikanische Einstellung. Der preußische Hof andererseits war hin- und hergerissen zwischen seiner Angst vor Bonaparte und flammender Entrüstung, nicht so sehr über das Verbrechen selbst als darüber, daß ein Emporkömmling es an einer Person königlicher Herkunft verübt hatte. Preußen hielt wohl an seiner Neutralität fest, machte aber anti-französischen und reaktionären Gefühlen in ohnmächtigem Zorn Luft. Germaine war weder anti-französisch noch reaktionär, sie war außerdem taktlos genug, die Schuld an Bonapartes Despotismus jenen Franzosen und europäischen Mächten zuzuschieben, die ihn untätig duldeten. Das tat sie jedoch nur in privatem Kreis. Offiziell vermied sie alles, was ihren Anspruch auf die französische Staatsbürgerschaft hätte gefährden oder ihr Exil verlängern können. Unter den gegebenen Umständen dachte sie natürlicherweise daran, ihren Aufenthalt in Berlin zu verkürzen. Zuerst mußte sie jedoch eine sehr heikle Unterhandlung zu Ende führen.

In Weimar hatte Germaine wenig Sympathie für die Romantik gefunden. Goethe unterhielt einen kleinen Flirt mit ihr; der Weihrauch, den die jungen Romantiker ihm streuten, stieg ihm angenehm in die olympische Nase, und ihre Gedanken ließen sich dichterisch verwerten; das übrige Weimar aber tat die Berliner Schule in Acht und Bann. Germaine fühlte sich von ihrem Katholizismus, ihren mystischen und autoritären Tendenzen abgestoßen, ihre idealistische Begeisterung aber zog sie an. Um die Bewegung zu studieren, war Berlin ein besserer Ort als Weimar.

Die Zeit, die sie für ihren Berliner Besuch gewählt hatte, war jedoch ungünstig. Novalis war tot; Tieck nicht da; Brentano, Arnim, Hoffmann noch nicht angekommen; Kleist lebte hier, war aber unbekannt; Schelling lehrte in Würzburg, Schleiermacher in Halle, Hegel in Jena. Von den beiden Frauen, die in erster Linie der Frühromantik gastlich ihr Haus geöffnet hatten, betrauerte die eine – Henrietta Herz – eben den Tod ihres Gatten, und die andere – Rahel Levin – hatte ihren Höhepunkt noch nicht erreicht. Germaine traf mit Rahel im Haus des schwedischen Gesandten, Baron Brinckmann, zusammen, war sehr von ihr beeindruckt und schmeichelte sich, die Sympathie sei gegenseitig gewesen. „Arme Frau“, schrieb Rahel nach der ersten Begegnung, „sie hat nichts gehört, nichts gesehen, nichts verstanden.“

Im Hause Brinckmanns traf Germaine auch Fichte. Er war ihr kaum vorgestellt worden, als sie ihn auch schon aufforderte, sein „Ich=Ich“ zu erklären, „so kurz als möglich, in einer Viertelstunde zum Beispiel.“ Fichte schluckte, sprach ein paar Minuten, wurde von Germaine unterbrochen. „Das genügt schon, Monsieur Fischt“, bemerkte sie mit einem reizenden Lächeln, „ich verstehe Sie vollkommen. Ihr System läßt sich wunderbar durch eine der Geschichten des Barons Münchhausen illustrieren.“ Fichte war wie vom Donner gerührt, die Gäste betrachteten eifrig ihre Schuhe, Germaine aber berichtete, wie der Freiherr von Münchhausen an einen breiten Fluß kam und es ihm gelang, hinüberzusetzen, indem er sich mit der rechten Hand fest an seinen linken Ärmel klammerte und sich ans andere Ufer schwang. „Das, Monsieur Fischt, wenn ich Sie richtig verstanden habe, ist genau, was Sie mit Ihrem Ich getan haben."

Ohne Zweifel glaubte Fichte, genau wie Rahel Levin, die arme Frau sei eine Närrin und habe nichts begriffen. In Wahrheit hatte sie mehr begriffen als die meisten andern.

„Für Fichte (schrieb sie an Jacobi) ist schon das Wort Mensch ein irriger Begriff, und die Worte scheinen ihm im allgemeinen viel zu materiell für seine ätherische Metaphysik. Ich muß gestehen, daß ich mich bis auf weiteres lieber an Kant halte mit seiner glücklichen Synthese von Realismus und Idealismus — einer Synthese, die die Freiheit des Individuums mit den Bindungen an die Gesellschaft vereint."

Mit anderen Worten: Germaine blieb bei der Aufklärung.

Der Mann, der in Berlin am besten fähig war, Germaine in die Ideen der „neuen Schule" einzuführen, war deren erster Wortführer und Kritiker, August Wilhelm Schlegel. Schiller war bei der bloßen Nennung seines Namens zusammengezuckt; als sie Wieland von Berlin aus schrieb, Schlegel sei gar nicht so schlimm, bat er sie, ihn nie wieder zu erwähnen; Goethe aber hatte ihr am Tage ihrer Abreise von Weimar einen Einführungsbrief an Schlegel mitgegeben. Sie war bereits zwei Wochen in Berlin gewesen, als die schicksalhafte Begegnung stattfand. Am 23. März schrieb sie ihrem Vater:

„Ich habe hier einen Mann getroffen, der in literarischen Dingen besser unterrichtet und klüger ist als fast alle Leute, die ich kenne: es ist Schlegel. Benjamin wird Dir erzählen, daß er in Deutschland einen großen Ruf hat, aber Benjamin weiß nicht, daß er Französisch wie ein Franzose und Englisch wie ein Engländer spricht und daß er alles auf der Welt gelesen hat, obwohl er erst sechsunddreißig Jahre zählt. Ich tue, was ich kann, um ihn zu bewegen, mit mir zu kommen. Er würde nicht der Hofmeister meiner Kinder sein (Germaine hielt verzweifelt nach einem solchen Ausschau), dazu ist er zu vornehm, aber er könnte Albert während der Monate, die Albert in Coppet verbringt, Stunden geben, und auch ich würde für das Buch, das ich plane, sehr viel von seiner Gegenwart profitieren."

Die verwickelte Lebensgeschichte August Wilhelm Schlegels ist wohlbekannt: seine bescheidenen Anfänge als Hauslehrer; seine Berufung nach Jena als Mitarbeiter Schillers an den *Horen;* seine bizarre Ehe mit Caroline Böhmer, in der er seinen Bruder Friedrich als Rivalen duldete; sein Zwist mit Schiller; die Begründung der frühromantischen Brüderschaft zusammen mit Friedrich, Novalis, Tieck und Schelling, die mit ihrer Zeitschrift *Das Athenäum* eine neue literarische Epoche einleitete; die skandalösen Zwistigkeiten, welche zum Exodus der brüderlichen Gruppe aus Jena führten.

Als Germaine August Wilhelm 1804 traf, war er seit einem Jahr von Caroline geschieden. Nachdem sein Bruder in seinem Roman *Lucinde*, der im Jahr 1800 herauskam, der Welt seine Leidenschaft für Caroline bekannt hatte, verließ er sie prompt und verliebte sich in Brendel Veit, die Frau eines jüdischen Freundes und Tochter Moses Mendelssohns, die er schließlich heiratete[32]. Von Friedrich im Stich gelassen, blieb Caroline gewissermaßen mit leeren Händen zurück. Glücklicherweise trat in diesem Augenblick Schelling auf den Plan. Es war nämlich August Wilhelms Schicksal, in seinen Beziehungen zu Frauen immer der Verstärkung durch andere Männer zu bedürfen. Er liebte Frauen, aber offenbar fehlte seiner Liebe etwas, und seine Freunde hatten den Eindruck, diesem Mangel abhelfen zu können. So nahm nun Schelling Friedrichs Stelle ein, und alles wäre weitergegangen wie zuvor — da starb plötzlich Carolines Tochter aus erster Ehe. Wilhelm hing mit zärtlicher Liebe an dem Kind; er trug ihr Bildnis sein ganzes übriges Leben mit sich, und ihr Tod schien ihm ein Symbol aller unerfüllten Hoffnungen — nicht nur des Kindes selbst, sondern seiner eigenen und des Daseins überhaupt. Der Tod Augusta Böhmers löste die romantische Bruderschaft auf, die mit Augusta eine Art Kult getrieben hatte. Einen Monat nach ihrem Begräbnis kam das letzte Heft des *Athenäum* heraus. Novalis starb 1801. Im gleichen Jahr trennten sich August Wilhelm und Caroline, und August Wilhelm ging nach Berlin, um dort Vorlesungen über Literatur zu halten. Im Mai 1803 ließen sie sich scheiden. Einen Monat später heiratete Caroline Schelling. August Wilhelms Liebesleben spielte sich weiter sozusagen in der Familie ab: In Berlin begann sein Verhältnis mit Sophie Bernhardi, der Schwester seines Freundes und Schützlings Tieck.

Schlegels Auszug aus Jena wurde im Herzogtum Sachsen-Weimar mit geringem Bedauern hingenommen. War er doch ebenso eitel und streitsüchtig wie gelehrt und intelligent, und die versöhnlichen Eigenschaften seiner Mitbrüder im romantischen Kreis fehlten ihm: Weder besaß er das schöpferische Dichter-Genie und die Tiefe eines Novalis oder Schelling noch den phantastischen Geist von Tieck oder Brentano noch die Originalität seines Bruders Friedrich. Jede Schule braucht einen Pedanten, und Schlegel war der Pedant der Romantiker. In einer Hinsicht jedoch blieb seine literarische Virtuosität unerreicht: Als Germaine ihn 1804 kennenlernte, hatte er bereits sechzehn Stücke von Shakespeare übersetzt — zweifellos eine der bemerkenswertesten Leistungen des neunzehnten Jahrhunderts. Es gibt Deutsche, die Schlegels Shakespeare dem Original vorziehen. Wer die englische Version lieber hat, wird Schlegels Übersetzung wahrscheinlich zu glatt und elegant finden — Heine sagte, sie erinnere ihn an Schlagsahne —, ein wenig zu korrekt und gut geschnitten, genau wie Schlegels eigene tadellose Gewandung. Der Mann hatte etwas Geziertes, allzu Selbstzufriedenes und Geschmeidiges an sich.

Als Führer durch das Labyrinth der Romantik aber war Schlegel nicht zu schlagen. Seine Erläuterungen waren so logisch, klar und präzise wie sein Verstand: Germaine konnte ihn begreifen. Ihre Begeisterung war trotzdem nicht frei von Kritik. „Ich bin von Schlegel mehr und mehr entzückt", schrieb sie an Necker, „und ich habe beschlossen, ihn zu Dir zu bringen . . . Man muß allerdings zugeben, daß er ein reines Buchwissen hat; was den Rest anbelangt, betrachte ich ihn wie einen Fremden . . . Er ist sechsunddreißig, klein und recht häßlich, aber er hat sehr ausdrucksvolle Augen."

Schlegel von Berlin loszureißen, von einer glänzenden Karriere, von Sophie Bernhardi, war keine leichte Sache. Es wirkte doch seltsam, wenn eine so prominente Persönlichkeit die Stellung eines Hofmeisters annahm, selbst wenn Germaine ihm gesellschaftliche Gleichberechtigung, einen wenig anstrengenden Lehrplan, ein Jahresgehalt von 12.000 Franken und nach einer Reihe von Jahren eine Lebensrente anbot. Schlegel zögerte. Er war berühmt, aber er war arm. Er hatte keine feste Stellung. Madame de Staël würde ihn in die höchsten Sphären der europäischen Elite einführen. Das mochte besser sein, als in Berlin Vorlesungen zu halten. Es war geradezu eine patriotische Pflicht, die Gelegenheit zu ergreifen und Germaine zur Romantik und zur deutschen Kultur zu bekehren. Vor allem aber verführten ihn ihre ungenierte Vertraulichkeit, verbunden mit ihrem zärtlich-herausfordernden Philosophieren und ihrem magnetischen Charme. Wenn man den Anschuldigungen seiner späteren Briefe glauben soll, so ermutigte sie ihn, sich in sie zu verlieben, und verbarg ihm ihre Beziehung zu Benjamin. Eine solche Darstellung entsprang wohl seiner ungewöhnlichen Eitelkeit; daß er sich jedoch verliebte, steht fest.

Schlegels Zögern fand ein dramatisches Ende. Am 18. April erhielt Germaine im Haus der Prinzessin Radziwill, wo sie sich sehr häufig aufhielt, eine Botschaft, sie möge unverzüglich nach Coppet kommen, Necker sei schwer erkrankt. „Er ist tot!" schrie Germaine. Sie fuhr nach Hause, packte ihre Koffer und schrieb in fliegender Eile an Schlegel: sie würde ihn am nächsten Morgen mit dem Wagen abholen. Als sie um neun Uhr morgens vorfuhr, war Schlegel reisefertig. Der Impuls eines Augenblicks entschied über sein ganzes künftiges Leben. „Sie waren unglücklich", schrieb er ihr später, „und alles war in einem Augenblick entschieden."

Necker begann am 8. April zu delirieren. Der Gedanke, er könne sterben, bevor Germaine zurückgekehrt sei, erschreckte ihn zutiefst. „Geben Sie mir nur noch sechs Tage", bat er seinen Arzt. Am nächsten Tag starb er. Benjamin, der gerade erst in Lausanne angekommen war, eilte nach Coppet. „Er ist tot", schrieb er in sein Tagebuch. „Was wird aus ihr werden? . . ." Er las Germaines Briefe an ihren Vater, die zu spät gekommen waren. „Sie ist heiter und ruhig – und in einer Woche! Arme Minette, wie hart wird sie dafür bestraft werden, daß ihr die Kraft fehlte, bloß ihre Pflicht zu tun! . . . Nur die Pflichterfüllung zählt im Leben."

Benjamin tat seine Pflicht. Am 21. April, nachdem er eine Woche ununterbrochen gefahren war, wartete er in Weimar auf Germaine. Die Nachricht von Neckers Tod war ihr verheimlicht worden. Aber Benjamin war nicht imstande, ihr Leid zuzufügen: Er bat eine Dame des herzoglichen Hofes, diese Aufgabe zu übernehmen.

Germaine kam am folgenden Tag in Weimar an. Schlegel war bei der schrecklichen Szene zugegen, die er in einem Brief beschreibt:

„Sie fiel mit einem zerreißenden Schrei zu Boden . . . man mußte ihr die Arme halten, um allzu gewaltsame Bewegungen zu verhüten; so schrie sie fast besinnungslos fort; man konnte ihr kaum etwas von den stillenden Mitteln beibringen, da sie alles von sich stieß . . . Mit großer Mühe vermochte man sie endlich, sich ins Bett bringen zu lassen . . . Um halb fünf etwa waren wir angekommen, erst gegen neun wurde sie etwas ruhiger . . . denn zuvor hatte sie sich unaufhörlich die bittersten Vorwürfe über ihre Reise und Entfernung gemacht. – Gegen Nacht trat eine große Erschöpfung ein; Constant, von seiner Reise ermüdet, ließ sich überreden, zu Bett zu gehen, und ich wachte. Sie konnte die Augen nicht auf wenige Sekunden schließen, ohne mit Zuckungen wieder aufzufahren; erst gegen Morgen hatte sie eine Viertelstunde Schlaf."

Germaines Zimmer war voll von Besuchern, die ihre banalen Beileidsbezeugungen anbringen wollten. „Er war nicht mein Vater", rief Germaine einem von ihnen zu. „Er war mein Bruder, mein Kind, mein Gatte, mein Alles!" Die Banalitäten schienen aber, wie Benjamin bemerkte, eine beruhigende Wirkung auf sie zu haben; sie hatte ihren Verlust jedoch noch nicht wirklich begriffen.

Sie blieb neun Tage in Weimar, um für den übrigen Teil der Reise Kräfte zu sammeln. Der Herzog und Goethe besuchten sie am 25. April. „Der Herzog", sagte Benjamin, „war zu Tränen gerührt über ihren Kummer; und er ist einer jener Menschen, die man hartherzig nennt." Benjamin ist noch immer voll Mitleid, es beginnen sich aber seine kritischen Fähigkeiten wieder zu regen:

„Minette macht sich bittere Vorwürfe wegen der Vergangenheit, und ich kann nicht leugnen, daß diese Vorwürfe zum Teil wohl verdient sind. Vielleicht würde ich weniger streng sein, sähe ich nicht so genau, daß diese entsetzliche Krise ihren Chrarakter in keiner Weise verwandeln wird. Sie denkt nicht daran, aus ihrer Reue eine Nutzanwendung für die Zukunft zu ziehen . . . Ihre Reue wird völlig steril bleiben. Ich wenigstens habe meine Pflicht erfüllt."

Am folgenden Tag, den 26. April, machte er eine empörende Entdeckung: „Ich glaube, daß Minette sich zu Schlegel hingezogen fühlt. Hingezogen! Jetzt, in diesem Augenblick! Sie hat mich weggeschickt, um heute abend mit ihm allein zu sein. Sie war etwas verlegen dabei, konnte aber ihr Wesen nicht verleugnen." Am 28. April bereits machte Benjamin seine Unentschiedenheit von neuem zu schaffen: Binnen eines Jahres, vermerkte er am 1. Mai, würde er entweder Biondetta heiraten oder sie verlassen. Am 2. Mai bekräftigte er in einem Gasthof in Schmalkalden diesen Vorsatz: „Mein Entschluß ist unwiderruflich. Er muß um so unwiderruflicher sein, als Biondetta mich betrügt. Im Augenblick, wo ich dies schreibe und sie glaubt, daß ich bereits im Bett liege, spricht sie im Nebenzimmer mit Schlegel, den sie angeblich für die Nacht schon verabschiedet hatte."

Am 5. Mai kam die Reisegesellschaft in Würzburg an. „Das Würzburger Schloß gesehen", steht in Benjamins Tagebuch. „Groß, schön, im allerschlechtesten Geschmack." Soviel über einen Glanzpunkt des deutschen Barock. Mit Schlegel besuchte er die andere Berühmtheit Würzburgs, Schelling. „Noch nie hat ein Mann auf mich einen so unangenehmen Eindruck gemacht." Trotzdem blieben Benjamin und Schlegel bis ein Uhr morgens im Gespräch mit Schelling und Schlegels früherer Frau, der jetzigen Frau Schelling, zusammen — eine bizarre Begegnung, um Benjamins Lieblingswort zu gebrauchen.

Die trübselige Reise wurde am nächsten Tag fortgesetzt. Um Germaine abzulenken, verwickelten Benjamin und Schlegel sie in Gespräche und lasen ihr vor. Am 7. Mai hatten ihre Bemühungen, Germaine zu zerstreuen, Erfolg: Sie begannen alle miteinander zu streiten. „Zum zweiten Mal schon bemerkte ich", sagt

Benjamin, „daß Schlegels Theorien für ihn eine so persönliche Angelegenheit geworden sind, daß er geradezu körperlich leidet, wenn man ihn angreift. Als er von Cervantes sprach, erblaßte er, und seine Augen füllten sich mit Tränen . . . Minette und er stritten sich über die Art zu scherzen. Sie begreift nicht, daß man die Eitelkeit eines Mannes an ihrer empfindlichsten Stelle trifft, wenn man ihn wegen seiner Art zu scherzen angreift." So wurde in dem Wagen, der von Blaufelden nach Aalen rollte, die Atmosphäre von Coppet in den kommenden Jahren vorweggenommen.

In Zürich stießen die Necker de Saussures zu den Reisenden. In Bern gelang es Benjamin, ein Bordell aufzusuchen. Auf der Straße zwischen Bern und Payerne stritten Schlegel und Benjamin über Religion. Zwischen Payerne und Morges kam Benjamin zu der Überzeugung, daß Schellings System ein interessantes Licht auf gewisse rätselhafte Seiten des Fetischismus warf. Am 19. Mai näherten die Reisenden sich Coppet.

Es war früh am Morgen. Germaine schwieg den ganzen Weg über. In Nyon wurde sie von krampfhafter Erregung befallen. Der Kutscher konnte nicht rasch genug fahren. Alle paar Sekunden sah sie zum Fenster hinaus, bis ihre Begleiter trotz ihres Protests die Fenster zuzogen. Ohne sein Tempo zu verlangsamen, raste der Wagen durch die kleine Stadt, an der Menge vorbei, die sich versammelt hatte, um ihre Ankunft zu beobachten, donnerte über das Pflaster des Hofes und stand still. „Sie stieg nicht, sie stürzte aus dem Wagen", schreibt Schlegel, „und nie habe ich ein so herzzerreißendes Geschrei gehört als das, womit sie halb besinnungslos von ihren Bedienten in das Haus getragen ward."

Die Krise dauerte mehrere Stunden. Dann verlangte sie nach Neckers Papieren und Manuskripten und begann zu lesen.

Die Insel der Kalypso

Germaine war achtunddreißig geworden, als ihres Vaters Tod ihr jeden Halt nahm. Zwanzig Jahre lang war sie von dem Gedanken besessen gewesen, ihn zu verlieren; jeder Tod war *sein* Tod; und doch war sie vollkommen unvorbereitet, als das Ereignis wirklich eintrat.

Es ist tragisch, dem Leben zum erstenmal gegenübertreten zu müssen, nachdem man so heftig gelebt hat.

„Ich zählte auf ihn . . . Für alles schien es noch eine Abhilfe zu geben, solange er lebte: Erst seit seinem Tod weiß ich, was wirkliches Entsetzen ist". Mit diesen Worten gestand sie in der langen pathetischen Klage, die ihren *Essay über Neckers Privatleben und Charakter* beschließt, offenherzig ein, daß sie achtunddreißig Jahre lang verantwortungslos gelebt hatte. Es konnte keine Gefahr geben, solange er bei ihr war, keine Schuld, solange er ihr nur verzieh, keinen Verlust der Jugend, solange sie sein Kind war. Jetzt kam das Entsetzen und auch das Schuldgefühl. Sie hatte Vorahnungen gehabt und sie nicht beachtet. Während der hilflose alte Mann mit dem Tode rang, um ihr noch Zeit zur Rückkehr zu lassen, tanzte sie in Berlin. Seinen „Vater, Bruder, Gatten, Sohn, sein Ein und alles" im entscheidenden Augenblick im Stich gelassen zu haben, in einem Augenblick, vor dem man seit zwanzig Jahren ahnungsvoll bangte, genügte, um auch das roheste Gewissen tief zu erschüttern. Germaines Gewissen allerdings hielt der Erschütterung stand: Noch aus seinem Grab heraus vergab ihr der Schutzengel.

In Coppet las sie als erstes die letzten Manuskripte und Briefe ihres Vaters. „Mein Kind", schrieb Necker knapp vor seinem Schlaganfall, „genieße alle Vergnügungen, die Du in der Berliner Gesellschaft nur finden kannst, und sorge Dich nicht, ich habe mich schon lange nicht so wohl gefühlt." — „Er segnete meine drei Kinder", schreibt Germaine, „er segnete auch seine Tochter. Er legte seine Hand aufs Herz und wiederholte mehrere Male . . .: ‚Sie hat mich sehr geliebt.' Oh, gewiß, sie hat ihn sehr geliebt!" Ihr Gewissen war beruhigt — natürlich nicht ganz, aber doch genug, um seine Funktion wieder aufzunehmen. Es wurde ihr viel vergeben, weil sie viel geliebt hatte.

Ihres Vaters Papiere zu lesen und zu ordnen, war im Sommer 1804 ihre Hauptbeschäftigung. Sogar ihre Trauer mußte sie mit Aktivität verbinden: Sie stellte Auszüge aus Neckers unpublizierten Schriften zusammen, gab ihnen ihren Essay über ihres Vaters Privatleben als Vorwort bei und ließ den Band in Genf veröffentlichen. Die Nachrede ist trotz der übertriebenen Einschätzung Neckers (sie stellte ihn als Schriftsteller an die Seite Voltaires) ein bewegendes Dokument. Aber selbst im Schmerz kam der Stolz zu Wort:

„Sollte jemand die Bemerkung ein Vergnügen machen, ‚wir seien eine Familie, die einander lobt', so möge er das in Gegenwart des Todes stracks behaupten. Ja, wir haben einander geliebt; wir haben das Bedürfnis gehabt, das auch auszusprechen; und in der Meinung, daß es unter unserer Würde sei, uns gegen die Angriffe unserer Feinde zu verteidigen oder uns unserer Gaben gegen sie zu bedienen, boten wir ihnen in einem unerschütterlichen Gefühl stolzer Hoheit die Stirn, und mir allein obliegt es nun, diesen Stolz schmerzgebeugt, aber getreu zu bewahren."

Ach, die Neckers hatten einander nicht nur geliebt und gelobt; in ihrem Kollektivstolz hatten sie sich in ihren eigenen Augen auch über menschliche Kritik erhaben gefühlt. Neckers Tod riß Germaine nicht aus diesem selbsterhöhenden Glauben, er bestätigte sie vielmehr darin. Benjamin hatte recht gehabt: Ihr Charakter blieb unverändert; sie zog „aus ihrer Reue keine Nutzanwendung für die Zukunft". Einige ihrer Biographen haben in Neckers Tod einen Wendepunkt ihres Lebens gesehen, ein Erwachen ihres Pflichtgefühls, den Beginn einer religiösen Bekehrung. Davon kann keine Rede sein. Nur in einer Beziehung war das Ereignis ein Wendepunkt: Germaine betrachtete ihres Vaters Vermögen und Besitz als „ein heiliges anvertrautes Gut" und verwaltete es mit einer Umsicht, die man von ihr nicht ohne weiteres erwartet hätte. Mochten noch so stürmische Leidenschaften ihre Seele erfassen, es gab immer eine ruhige Zone, in der sie ihre Geschäfte abwickelte. Sie war keineswegs geizig – ihre Großzügigkeit wird von allen bezeugt. Sie hatte einen üppigen Lebensstil, wenn auch ohne übertriebenen Aufwand, aber in ihren persönlichen Bedürfnissen war sie einfach, und sie wußte genau, wo jeder Pfennig geblieben war. Ihre Kinder erbten wahrscheinlich mehr, als Necker ihr hinterlassen hatte.[33]

Abgesehen von ihrem Ankauf von Grundbesitz im Staate New York, der von ihren Erben mit Verlust verkauft werden mußte, ging Germaine bei ihren Anlagen offenbar sehr vorsichtig zu Werk: Meist kaufte sie Grundbesitz in Frankreich und in der Schweiz und Staatsrenten. Nur die Neue Welt schien sie zu Spekulationen zu verführen. Einer der Briefe, die sie an ihren Agenten, Judge Cooper (Vater von James Fenimore) richtete, zeigt, daß sie es sich nicht nehmen ließ, auch die Bodenspekulation in Amerika auf eine höhere Ebene zu versetzen. „Ich bin sicher", schreibt sie ihm 1804 in englischer Sprache, „daß Sie diese Transaktion nicht nur als eine bloße Geldangelegenheit auffassen, sondern erfreut sein werden, das Vermögen einer Mutter von drei Kindern und einer Tochter Neckers zu vermehren."

Mit der finanziellen Verantwortung nahm Germaine auch die Verantwortung für die Erziehung und die Laufbahn ihrer Kinder auf sich. Sie hatte zweifellos die besten Absichten und scheute keine Mühe, aber die Art, in der sie ihr eigenes Leben zu führen beliebte, kam ihr in die Quere. Zwei Verpflichtungen prallten aufeinander – ihren Kindern und sich selbst gegenüber. Diese letztere Pflicht lag so wie immer darin: „Den Grundton seines Lebens zu wahren", wie sie es einmal ausgedrückt hatte; der Welt „mit einem unerschütterlichen Gefühl stolzer Hoheit entgegenzutreten". In der Politik wie in der Liebe führte dieser Stolz zu katastrophalen Ergebnissen, und jedes ihrer Kinder hatte teuer dafür zu bezahlen.

Neckers Tod war also entscheidend für ihr Leben, nicht weil er dessen Wesenszüge veränderte, sondern weil er sie vertiefte. Ihre Ruhelosigkeit kam nicht mehr vorübergehend zur Ruhe; ihr Streben nach Liebe wurde zu einer panischen Jagd; ihr Abscheu vor der Langeweile wurde nicht mehr durch die Notwendigkeit gemildert, mehrere Monate im Jahr verhältnismäßig untätig an ihres Vaters Seite zu verbringen. Ihr ganzes Leben lang war sie vor dem Gedanken an ein Dasein ohne ihn zurückgeschreckt. Sie hatte gehofft, sie würde vor ihm sterben, oder sich eingeredet, sie würde unfähig sein, ihn zu überleben, vor Kummer zugrunde gehen, sich umbringen, verrückt werden. Es geschah aber nichts dergleichen. Mit Überraschung mußte sie feststellen, daß sie weiterexistierte. Wie die Bäume im Park von Coppet, die sie von ihrem Fenster aus sah, als sie an einem Oktobertag die Worte niederschrieb, wurde ihr Leben „von Tag zu Tag kahler", und vor ihr dehnte sich ein dichtes Nebelmeer ungeheurer Langeweile. Den ganzen Sommer und Herbst über war es ihr gelungen, ihr Bedürfnis nach Tätigkeit mit dem Bedürfnis zu vereinen, Neckers Leben zu verlängern, indem sie darüber schrieb. Nachdem das nun geschehen war, stand nur noch ein Fluchtweg offen: nicht nur das Leben, sondern auch den Tod zu maskieren. „Sie war von ihrem Kummer gelangweilt", bemerkte Benjamin einmal grausam.

Sie fühle sich „zerrissener denn je", klagte sie ihren Freunden; ihre Gesundheit sei ruiniert; sie zittere wie eine alte Frau; das Leben sei ihr gleichgültig geworden. Gleichzeitig fragte sie, ob es wahr sei, daß Napoleon bei seiner Krönung eine Generalamnestie erlassen, und ob diese sich auch auf Verbannte erstrecken würde. Sie ging noch weiter und bat ihre Mittelsmänner, die Regierung von ihrer feindlichen Einstellung den Bourbonen gegenüber und ihrer loyalen Anhänglichkeit an die Bonapartes zu überzeugen. „Ich spreche mich für die gegenwärtige Dynastie aus", teilte sie Hochet großartig mit. Sie wartete auf den Pardon, der es ihr ermöglichen würde, nach Frankreich zurückzukehren, und schob inzwischen die geplante Reise nach Italien von Monat zu Monat auf. Josef hatte ihr versprochen, zu tun, was in seiner Macht stand: „Wenn ich keinen Erfolg habe, dann wird niemand ihn haben." Alles, was er erreichte, war die Zusicherung seines Bruders, daß Madame de Staël mit einem französischen Paß und unter dem

Schutz der französischen Regierung nach Italien reisen könne. In der ersten Dezemberwoche, als Paris die Krönung Napoleons feierte, schlug Germaine resigniert die Straße nach Italien ein.

Selbst im Sommer 1804 verlief das Leben in Coppet keineswegs in stiller Zurückgezogenheit. Zehn Tage nach ihrer Ankunft beklagt Benjamin sich bereits in seinem Tagebuch über die „unaufhörlichen Besuche und die ewige Zerstreuung". Wann immer die Schloßherrin in den nächsten sechs Jahren ihre Residenz bezog, konnte man, milde ausgedrückt, mit keiner ruhigen Minute rechnen.

Die Jahre 1804–1810 waren die „großen Tage" von Coppet. „Ihr Haus in Coppet", erklärte Napoleon in St. Helena, „wurde zu einem wahren Arsenal. Man ging dorthin, um sich die Sporen gegen mich zu verdienen." Das stimmte, aber Coppet war mehr als nur der Mittelpunkt politischer Intrige und Opposition. Es war eine literarische und dramatische Werkstatt, ein Seminar und Debattierklub in Permanenz, ein Laboratorium der Ideen und eine Kirkesche Menagerie. Wie eine launenhafte und tyrannische Märchenkönigin herrschte Germaine über die unharmonischste Menge von Bewunderern, Liebhabern, Freunden und Sklaven, die je in einem Schloß versammelt war. Angesichts der majestätischen ewigen Ruhe der Alpen debattierten, stritten, liebten, haßten und schrieben sie, führten Theaterstücke auf, veranstalteten Feste und Gesellschaften, lehnten sich auf, unterwarfen sich, intrigierten und bewegten sich in einem unablässigen Reigen von großen und kleinen Leidenschaften. Jedes Gästezimmer verbarg sein eigenes Drama; aber durch das verschlungene Muster von geheimen Eifersüchteleien und Enttäuschungen, von Bekenntnissen, die man in Tagebüchern und Briefen ablegte, von heimlichen Zwiegesprächen und Erklärungen brach hin und wieder die nackte Gewalt einer Tragödie im großen Stil, die mit Germaine als Heldin und einer ungewöhnlich reichen Anzahl von ersten Liebhabern besetzt war.

Was die Gäste Coppets an Erinnerungen und Memoiren hinterließen, erweckt den Eindruck, als sei das Leben im Schloß ein unaufhörliches, rauschendes Fest gewesen. Natürlich vermuteten die Gäste, daß in ihrer Abwesenheit in Coppet alles den gleichen Verlauf nahm wie während ihres Aufenthaltes. Das war ein Irrtum. Grob gerechnet verbrachte Germaine von den achtundsiebzig Monaten vom Mai 1804 bis zum Oktober 1810 nur etwa fünfundvierzig in der Schweiz. Von diesen fünfundvierzig Monaten wieder wurde wenigstens die Hälfte nicht in Coppet, sondern in Genf verlebt (das damals in Frankreich lag), und selbst wenn Germaine in Coppet residierte, unterbrach sie ihren Aufenthalt durch häufige Ausflüge nach Genf und Lausanne. Sie machte vom Dezember 1804 bis zum Juni 1805 eine Reise durch Italien; verbrachte das Jahr vom April 1806 bis zum April 1807 in Frankreich; reiste vom Dezember 1807 bis zum Juni 1808 durch Deutschland und Österreich; machte im Juni 1809 einen Einfall nach Lyon; und verpflanzte ihren Hof vom April bis zum Oktober 1810 nach Chaumont und Blois. Nicht Coppet also stand im Mittelpunkt dieser Jahre, sondern ein ruheloses Umherschweifen, das immer wieder von dort wegführte; und war sie in Coppet, so stand ihr verzweifeltes Bemühen im Mittelpunkt, zu vergessen, daß sie dort weilte.

Das Leben im Schloß wurde in großem Stil geführt. Das Küchenpersonal allein belief sich laut Aussage der Wäscherin auf mindestens fünfzehn Dienstboten. Während der Sommermonate wurde jeden Tag der Tisch für dreißig Personen gedeckt. Die Überreste reichten aus, um die Armen in der Nachbarschaft zu verköstigen.

Nichts war festgelegt, außer den Stunden für die Mahlzeiten. Das Leben der Gäste verlief merkwürdig formlos und unregelmäßig. Keiner wußte, wo der andere zu finden war, sagt die Gräfin de Boigne, ein Gast des Hauses, und für nichts gab es einen festen Platz. Stets standen die Türen zu allen Zimmern offen: Man wanderte im Haus herum, und „wo immer sich ein Gespräch entwikkelte, schlug man seine Zelte auf und blieb stunden- oder auch tagelang, ohne von irgendeiner der normalen alltäglichen Tätigkeiten unterbrochen zu werden. Sprechen schien jedermanns Hauptbeschäftigung zu sein . . . Madame de Staël arbeitete viel, aber nur, wenn sie nichts Besseres zu tun hatte; das geringste gesellschaftliche Vergnügen hatte immer den Vorrang".

Gräfin de Boigne hätte „sprechen und schreiben" sagen können. Es verfaßten Leute in Coppet Bücher, die nie zuvor geschrieben hatten. Man las das Geschriebene einem andern oder auch einem ganzen Kreis vor, man lobte, kritisierte, debattierte.

Zwischen zehn und elf wurde gefrühstückt. Dann waren die Gäste sich selbst überlassen, während Germaine sich ihrer Geschäftskorrespondenz, den Abrechnungen, der Verwaltung ihres Besitzes widmete und, wenn dazu Zeit blieb, las oder schrieb. Ihre Gäste hatten den Eindruck, sie tue nichts, weil sie imstande war, sich mit verschiedenen Dingen gleichzeitig zu beschäftigen und die unaufhörlichen Unterbrechungen sich nicht auf ihre Tätigkeit auswirkten. Sie machte sich Notizen, während sie im Wagen fuhr, war in Gespräche vertieft, während sie Briefe diktierte, und arbeitete an ihren Büchern, gleichgültig, wo sie sich gerade befand oder was um sie herum vorging. Sogar für die Nächststehenden war es ein Rätsel, wie sie es fertigbrachte, soviel zu schreiben, wo doch offenbar keine Zeit zum Schreiben war. Das Geheimnis lag nicht in einer besonderen Zeiteinteilung, es lag eher darin, daß jegliche Einteilung fehlte und für sie überflüssig gewesen wäre. Sie war immer konzentriert, ruhte niemals und war mit einem Verstand begabt, der sich in Sekundenschnelle auf den Gegenstand einstellen konnte, der gerade ihre Aufmerksamkeit verlangte.

Das Diner wurde ungefähr um fünf Uhr serviert, darauf folgte manchmal ein Spaziergang im Park oder eine abendliche Wagenfahrt, häufiger aber Musik, Konversation und Spiele. Um elf Uhr gab es das Souper, aber die Gespräche wurden oft bis in die Morgenstunden fortgesetzt, zumindest von Germaine und ihrem intimen Kreis. Wie alle Leute, die an Schlaflosigkeit leiden, nahm sie die Müdigkeit anderer als ein Zeichen von Lieblosigkeit übel. Nur Opium brachte ihr Schlaf.[34]

Theaterspielen war Germaines Lieblingsbeschäftigung — von der Konversation abgesehen. In der „Galerie" zu ebener Erde (die inzwischen in eine Bibliothek verwandelt wurde) hatte man eine kleine, aber durchaus sachgemäße Bühne eingerichtet und große Sorgfalt auf die Kulissen, Prospekte, Kostüme und Requisiten verwendet. Die Schauspieler waren Amateure von sehr ungleichmäßiger Begabung, aber das Publikum, das sogar von Genf, Lausanne und Bern nach Coppet strömte, war sich des Vorzugs bewußt, unter ihnen Madame de Staël, Juliette Récamier, Benjamin Constant und August Wilhelm Schlegel zu sehen. Das Theater in Coppet erlebte von 1807 bis 1809 seine Blütezeit. Es wurden nicht nur Voltaire und Racine, sondern auch einige Neuerscheinungen gegeben. Zacharias Werners Tragödie *Der vierundzwanzigste Februar* erlebte ihre Erstaufführung in Coppet im Oktober 1809. Eine ungeheuerlich lange Komödie von Elzéar de Sabran, der regelmäßig dort zu Gast war, wurde 1807 gegeben. „Juliette Récamier spielte mit und war so schön wie man nur irgend sein kann", schrieb einer der Zuschauer. „Trotzdem . . . war es eine Erleichterung, als endlich der Vorhang fiel, besonders für diejenigen, die von halb vier Uhr nachmittags bis halb elf Uhr abends gestanden hatten." Der Komödie von Sabran war nämlich noch ein Stück von Madame de Staël, *Genoveva von Brabant*, vorangegangen, in dem sie mit ihren drei Kindern aufgetreten war. Für die gleichen Personen und dazu noch einen Engel, der von Juliette Récamier gespielt wurde, hatte sie das Drama *Hagar in der Wüste* geschrieben. Der Engel trug sehr viel zum Erfolg bei. In einem andern biblischen Drama, *Die Sunamitin*, das sie verfaßt hatte, gab Benjamin die Rolle des Eleazar, Albertine die der jungen Sulamit, und Germaine spielte ihre Mutter. Die Heldinnen der drei Stücke waren selbstverständlich Projektionen von Madame de Staël, aber der Höhepunkt einer Dramatisierung des eigenen Ich wurde bei der berühmten Aufführung der *Andromache* am 22. August 1807 erreicht, als Benjamin den Pyrrhus und Germaine die Hermione gab.[35]

Germaines schauspielerische Talente sind verschieden beurteilt worden. Beim Deklamieren neigte sie dazu, die Zäsuren zu stark zu betonen und die Stimme am Ende jedes Alexandriners sinken zu lassen — was gewiß schwere Fehler waren —, und an leidenschaftlichen Stellen forcierte sie ihre Stimme zu sehr. In den Rollen aber, mit denen sie sich vollkommen identifizieren konnte — die großen tragischen Heldinnen bei Racine —, war sie unübertrefflich. „Ihre Hauptbegabung", sagte einer der Zuschauer, „liegt darin, daß sie alles mit ihrer Seele spielt, und so gelingt es ihr häufig, einen mitzureißen, vor allem in der Eifersuchtsszene (der *Phädra*)." Nach der Aufführung der *Andromache* schrieb Rosalie de Constant: „Niemals wurde die Rolle der Hermione mit größerer Wut und größerer Echtheit gegeben."

Das Personenverzeichnis des umfassenderen Dramas in Coppet war äußerst vielfältig. Die Baronie vereinte die Eigenschaften eines herrschaftlichen Gutes, eines aristokratischen Salons, einer Sommerkolonie der Bohême, eines Grandhotels, eines Familiensitzes und der Insel der Kalypso; zu jeder dieser Eigenschaften gehörten auch die entsprechenden Personen. Die ständigen Bewohner und Vasallen — Diener, Pächter und die ortsansässigen Kaufleute — bildeten eine Art rustikalen Chor im Hintergrund. Kam Germaine von einer Reise, wurde sie von einer Kapelle im Park mit einem Konzert begrüßt; an Sonntagen ging sie, wie es im Ort Brauch war, in die alte gotische Kirche in Coppet; die Leute aus Coppet und ihre Kinder bekamen nachmittags regelmäßig einen Imbiß; die Kranken und Armen in der Umgebung waren von ihrer Mildtätigkeit abhängig. Germaine war sich ihrer Stellung als Schloßherrin sehr wohl bewußt, wenn auch von dieser Seite ihres Lebens in ihren Schriften und ihren veröffentlichten Briefen nicht die Rede ist. Im Schloß selbst war eine Menge Dienerschaft angestellt — zum Teil wahrscheinlich nur während der Saison. Sie wurde von Germaines Faktotum Josef Uginet regiert (den Vertrauten als Eugène bekannt), der allerdings öfters in den heikelsten Missionen monatelang nach Paris geschickt wurde. Er war ihr Agent in geschäftlichen Angelegenheiten, ihr diplomatischer Kurier, ihr Verbindungsoffizier und verwandelte sich sogar in einem denkwürdigen Augenblick zum Schulaufseher, als er versuchte, den „schwänzenden" Benjamin widerstrebend nach Coppet zurückzubringen. Eugène wird in tausend Briefen an und von Madame de Staël erwähnt, aber seine Persönlichkeit ist nicht ganz zu fassen.

Die Besucher zerfielen in drei Gruppen — Besucher aus der Umgebung, die sich auf ein paar Stunden als Gäste zum Abendessen oder als Zuschauer bei einer Theateraufführung einstellten; durchreisende Gäste von allen Ecken und Enden Europas und selbst von Amerika, deren Aufenthalt einige Tage, aber auch einige Monate währen konnte; und die Familie im weiteren Sinn des Wortes, die ständig in Coppet blieb: Germaine, ihre Kinder, deren Hauslehrer, Benjamin und eine Handvoll getreuer Satelliten. Unter den Besuchern aus der Umgebung standen zwei Germaine besonders nahe — Madame Rilliet-Huber, Germaines Jugendfreundin, und Madame Necker de Saussure, Germaines Cousine und Biographin.

Albertine de Saussure, die Tochter des großen Naturforschers und Alpinisten Horace Benedict de Saussure, war im gleichen Jahr geboren wie Germaine. 1784 heiratete sie Jacques Necker, Germaines Cousin ersten Grades, dem sie in jeder Hinsicht überlegen war. Sie war nicht nur intelligent, in den verschiedensten Wissensgebieten beschlagen, mit einem scharfen, psychologischen Beobachtungsvermögen begabt und einer klaren, ungezierten Schreibweise mächtig, die Germaine ruhig hätte nachahmen können — sie war auch schön, von einer Schönheit, der das Alter nichts anhaben konnte. „Ich würde mit Freuden halb so geistvoll sein, wie man es behauptet, wenn ich nur halb so schön wäre wie du", sagte Germaine einmal zu ihr. Sie hatte noch andere Eigenschaften, die Germaine fehlten: Selbstbeherrschung, Takt und eine über jeden Vorwurf erhabene Tugend. Vielleicht ließ ihre mit den Jahren sich verstärkende Taubheit sie immer etwas distanziert aussehen, aber auch wenn es so war, muß einer leidenschaftlichen Seele Albertine Necker de Saussure immer ein wenig zu vollkommen erschienen sein, ein wenig zu ausgeglichen, ein wenig zu genau, ein wenig zu wohlgeordnet, um einem nicht ein wenig auf die Nerven zu gehen. In der Beziehung der beiden Frauen schwang etwas von der großzügigen Duldung mit, die Freunde einander erweisen, wenn sie sich in Wirklichkeit nicht besonders gut leiden können.

Ihre Freundschaft war bis zum Jahr 1804 einmal mehr, einmal weniger innig, als dann aber Jacques und Louis Necker kurz nacheinander starben, fühlten sie sich stark zueinander hingezogen. Necker de Germany, der Schwiegervater Albertine Neckers, verschied nur vier Monate nach Germaines Vater. Er hatte den Augenblick nicht gut gewählt: Nach dem Tod des großen Necker fiel der seine deutlich ab.

Die durchreisenden Gäste, die aus weiter entlegenen Orten kamen, ließen sich wiederum einteilen in diejenigen, die eingeladen wurden oder sich selbst einluden (es war manchmal nicht leicht, einen Unterschied zu machen), und in diejenigen, die unter Straf=androhung herbeibeordert wurden. Zu den ersteren gehörte Prinz August von Preußen, der sein Herz an Juliette Récamier verloren hatte; Mr. Middleton, ein junger amerikanischer Kunststudent, dem es ebenso gegangen war; der deutsche Philanthrop Baron von Vogt, „der fetteste aller feinfühligen Männer", der sich in der gleichen Lage befand; Frederika Brun, eine dänische Dichterin, die in deutscher Sprache so unverständliche Gedichte schrieb, daß sie sie mit Fußnoten versah; der dänische Dramatiker Oehlenschläger; eine unaufhörliche Prozession exzentrischer Deutscher; Guizot; Chateaubriand; die Herzogin von Kurland; Prinz Belmonte; zwei russische Bewunderer, Baron Balk und Fürst Tuffiakin; Fürst Sapieha; die Vigée=Lebrun, die Germaines Porträt als Corinna malte; der Philosoph Gérando; und — eine Kategorie für sich — Frau von Krüdener. Die Liste könnte ins Unendliche fortgesetzt werden, ein beachtlicher Prozentsatz der Vertreter europäischer Aristokratie und Literatur kam durch Coppet, wo kosmopolitische Haltung in unerreichtem Ausmaß gepredigt und praktiziert wurde.

Diejenigen, die kamen, weil ihnen sonst Strafe drohte, waren die Freunde und Liebhaber. Von dem ursprünglichen Triumvirat — Talleyrand, Narbonne, Mathieu de Montmorency — blieb nur Mathieu treu. Seit Monsieur de Staëls Tod war er der gesetzliche Vormund von Germaines Kindern. Wohlversehen mit Resignation und Rosenkränzen erschien er unfehlbar, wann immer Germaine nach ihm verlangte. Er war voll Nachsicht mit ihren Fehlern und hoffte gegen alle Hoffnung, daß gerade das Gefühl, unglücklich zu sein, sie zwingen würde, sich selbst ins Angesicht zu sehen und in der Religion den Frieden zu suchen. In der Tat liebte er sie immer noch ein wenig, und die tugendhafte Albertine de Saussure liebte er sehr, und seine eigene Frau war eine Xanthippe — ein Zusammentreffen von Gegebenheiten, die sowohl seine Nachsicht wie seine treue Anhänglichkeit begreiflich machen.

Auch andere Freunde und Liebhaber erschienen in Coppet und trugen zur Verwirrung der Gefühle bei; man konnte sie jedoch geradezu untereinander austauschen. Einzigartiger war Germaines Freundschaft mit Juliette Récamier, deren verführerische und ver=wirrende Erscheinung mit Coppet innig verquickt ist.

Julie Bernard wurde 1777 in Lyon als Tochter eines Rechtsanwalts geboren. Mit fünfzehn Jahren heiratete sie während der Schreckensherrschaft den Bankier Jacques-Rose Récamier aus Lyon, der siebenundzwanzig Jahre älter war als sie. Mit dieser Ehe hatte es eine geheimnisvolle Bewandtnis. Récamier, so wollte es das Gerücht, war der Geliebte von Juliettes Mutter gewesen, und Juliette war seine Tochter; er fürchtete für sein Leben, und um sicherzugehen, daß seine Tochter, falls sein Kopf unter der Guillotine fiel, sein Vermögen erben würde, heiratete er sie. Man mag dieses Gerücht ebenso mit Vorsicht hinnehmen wie das von Mérimée verbreitete, Juliette sei physisch außerstande gewesen, ihre Jungfräulichkeit zu verlieren; wahr ist jedenfalls, daß sie zumindest bis zum Jahr 1818 sie tatsächlich nicht verloren hatte.

Sie fürchtete sich tödlich davor, sich hinzugeben, und Monsieur Récamier war zwar nicht der feinfühligste aller Männer, achtete aber, wie er es einmal ausdrückte „ihre Empfindlichkeit". Ihre jungfräuliche Schönheit, ihr Charme, im Verein mit Sinnlichkeit und einer geradezu wollüstigen Grazie übten eine unwiderstehliche Anziehungskraft auf Männer aus. Sich in einen Engel zu verlieben, war aber eine teuflische Sache. Sie war abwechselnd sentimental und frivol, spielte mit der Leidenschaft, hatte aber Angst, sich von ihr überwältigen zu lassen, und quälte auch die Liebhaber, die sie gerne geliebt hätte; die andern, mit denen sie nur flirtete – eine Kategorie, zu der praktisch jeder Mann gehörte, den sie kannte –, und die unvorsichtig genug waren, sich eitlen Hoffnungen hinzugeben, konnten von ihr wie Benjamin Constant sagen: „Sie spielte mit meinem Glück, meiner Karriere, meinem Leben. Sie sei verflucht!" Nur ein Mann, Chateaubriand, dachte anders; aber als er und Juliette einander trafen und liebten, war sie vierzig und er fünfzig.

Germaine begegnete den Récamiers zum erstenmal im Jahr 1798, als Juliettes Gatte ein Haus kaufen wollte, das Necker in Paris besaß. Der Bankier erwarb den Besitz, und dort, in der Rue de Mont-Blanc, feierte Juliette ihre ersten großen Triumphe. Der schwelgerische Luxus des Hauses brachte ihre einfachen griechischen Gewänder voll zur Geltung, die weiß und schmucklos unter einem goldenen oder blauen Band herniederwallten, das sie unter ihrem jungfräulichen Busen zusammenhielt. Vertrauten Freunden wurde Zutritt zum Heiligtum, zum Schlafzimmer gewährt: Das Bett stand erhöht wie ein Altar und war zu beiden Seiten mit vergoldeten Bronzeschwänen geschmückt – ein ehrfurchtgebietender Anblick. Die gleiche bevorzugte, kleine Schar – darunter auch Madame de Staël – durfte, wenn Juliette sich inspiriert fühlte, beim

Tanz des Schals zusehen, einer Erfindung von Frau von Krüdener, die Juliette zur höchsten Vollendung steigerte. Germaine war davon so beeindruckt, daß sie ihn zweimal beschrieb – in *Corinna* und in *Delphine:*

„In jeder Bewegung lag eine Geschmeidigkeit, eine Grazie, eine Mischung von Zurückhaltung und Wollust, die daran denken ließ, welch mächtigen Einfluß die Hindu-Tänzerinnen auf die Phantasie ausüben . . . Eine unbestimmbare, von Leidenschaft durchtränkte Freude und ein gesteigertes Empfindungsvermögen der Einbildungskraft elektrisierten plötzlich die Zeugen dieses magischen Tanzes und versetzte sie in ein ideales Dasein, wo man von einem Glück träumt, das nicht von dieser Welt ist . . . Begeisterung für das Leben, die Jugend, die Schönheit schien sie zu beseelen, und unwillkürlich war man davon überzeugt, daß sie niemanden brauche, um glücklich zu sein.

Manchmal, wenn die Musik leiser wurde, machte Delphine ein paar Schritte, neigte den Kopf und kreuzte die Arme, als hätte ein Erinnern, ein Bedauern sich plötzlich in die Festesfreude gedrängt; aber bald nahm sie ihren leichten, beschwingten Tanz wieder auf und wand einen indischen Schal um sich, der den Umrissen ihrer Gestalt folgte, mit ihrem langen Haar herniederfloß und ihre ganze Erscheinung in ein bezauberndes Bild verwandelte."

War der Tanz auf seinem Höhepunkt angelangt, so löste Juliette nämlich eine in ihrem Haar verborgene Nadel und ließ die dunklen Wellen schmachtend und harmonisch sich mit dem durchsichtigen Schal vermählen; dann hielt sie inne und verschwand etwas außer Atem in ihrem Boudoir, um dort, auf dem Sofa ruhend, das durch Davids Gemälde berühmt wurde, die Komplimente der Anwesenden in Empfang zu nehmen. Für Germaine verkörperte Juliette die ewige Jungfräulichkeit, Jugend und Weiblichkeit, und sie fühlte sich mit dem Ungestüm eines Liebhabers zu ihr hingezogen. Die Neigung wurde erwidert, aber Juliette war zurückhaltend. „Ich hoffe", schrieb Germaine ihr im Frühjahr 1802, „daß Sie die eigentümliche Schüchternheit verloren haben, die Sie zu überkommen pflegte, wenn Sie mir schrieben. Konnten Sie denn nicht deutlich sehen, daß ich Sie liebe?" Selbst nachdem Juliette ihre Schüchternheit überwunden hatte, mußte Germaine weiter die Rolle eines Anbeters spielen: „Warum haben Sie niemals jemanden nötig, weder in der Liebe noch in der Freundschaft?" Juliette aber hatte niemanden nötig wie Juliette selbst.

Der Ton, den Germaine in ihren Briefen an Juliette anschlägt, ist oft erstaunlich. „Ich glaube, ich kann ihre Reize wie ein Liebhaber fühlen . . . Ich liebe Sie mehr, als Freundschaft lieben kann . . . Ich knie vor Ihnen, um Sie aus ganzer Seele zu umarmen", so lauten einige der glühenden Worte, die sie an Juliette richtete. Zwischen den beiden bestand sicher keine gewöhnliche Freundschaft, und doch strahlt trotz der leidenschaftlichen Sprache ihr Briefwechsel eine gewisse Keuschheit und Unschuld aus. Germaine stellte an Juliette so gebieterische Forderungen wie ein Liebhaber, aber außer bei Übergriffen auf ihren eigenen Bereich war Germaine auf Juliette nicht eifersüchtig. Die Liebe, die sie Juliette gab und von ihr verlangte, war nicht erotisch, sondern eher schwesterlich und mädchenhaft. Der Gegensatz jedoch zog sie an: Verkörperte Germaine die Bewegung, so war Juliette die Ruhe selbst. Die Anziehung von Gegensätzen aber erzeugt unweigerlich eine Spannung, die ungeachtet des Geschlechts eine erotische Spannung ist.

In ihren Gesprächen, in ihren Interessen und Ideen bestand eine vollkommene Wechselbeziehung zwischen ihnen. Nicht nur körperlich, auch verstandes- und gefühlsmäßig kontrastierte Juliettes Weiblichkeit mit Germaines männlicher Veranlagung. Ihr Verstand war im wesentlichen rezeptiv. In Erinnerung an ihre Konversation spricht Benjamin von der Schnelligkeit, mit der Germaine neue Gedanken äußerte, und der Schnelligkeit, mit der Juliette sie aufgriff und beurteilte: Von „jener machtvollen und männlichen Intelligenz, die alles aufdeckte", und „jener zarten und empfindsamen Intelligenz, die alles begriff". Sie stellten einander nicht etwa in den Schatten, sie steigerten vielmehr gegenseitig in den Augen des Zuschauers ihre Anziehungskraft – sie waren sich dieser Tatsache übrigens sehr wohl bewußt, und sie hat gewiß dazu beigetragen, daß ihre Freundschaft immer inniger wurde.

Auch die Politik festigte ihren Bund. Juliette wies die leidenschaftlichen Bemühungen von Lucien Bonaparte und Adrien de Montmorency (Mathieus Cousin) zurück und hatte dann die Kühnheit, auch die groben Angebote des Ersten Konsuls selbst abzulehnen. Madame de Staëls Verhaftung und Ausweisung im Jahr 1803 bestärkten sie in ihrer Meinung, daß „ein Mann, der eine Frau und noch dazu eine solche Frau ins Exil schicken kann, für mich immer nur ein Despot bleiben wird". Die Opposition verschärfte sich nach der Verhaftung und dem Prozeß Moreaus, der Juliettes Familie freundschaftlich verbunden war, und sie verwandelte sich in offene Feindschaft, als Juliette Napoleons Angebot ablehnte, die Stelle einer Hofdame anzunehmen. (Fouché hatte dieses Angebot als Mittelsmann überbracht und keinen Zweifel daran gelassen, was es eigentlich bedeute. „Der Kaiser", sagte er, „ist bis jetzt noch keiner Frau begegnet, die seiner wert gewesen wäre.")

Juliette Récamiers Weigerung hatte zur Folge, daß Napoleon sie auf seine schwarze Liste setzte. Die Gelegenheit zur Rache kam, als Monsieur Récamier auf Grund der finanziellen Krise der Jahre 1805/06 und eigener überehrgeiziger Operationen auf einmal mit einer Million Franken Defizit dasaß. Für eine so große Bank wie die seine, wäre das in normalen Zeiten eine Kleinigkeit gewesen; aber es gab einen Sturm auf die Banken, und er war gezwungen, sich um einen Überbrückungskredit an die Banque de France zu wenden. Sein Ansuchen wurde an Napoleon weitergeleitet, der damals in Deutschland Krieg führte. „Ich bin nicht Madame Récamiers Liebhaber", sagte der Kaiser zu Junot, der ein Wort für sie eingelegt hatte. „Ich komme nicht Bankiers zu Hilfe, die 600 000 Franken im Jahr ausgeben. Lassen Sie sich das gesagt sein, Junot!"

Monsieur Récamier machte Bankrott; das Haus in der Rue du Mont-Blanc wurde zum Verkauf ausgeschrieben, Juliette selbst verkaufte ihr Silber und ihren Schmuck. Sie ließ nicht die geringste Klage laut werden. Allerdings besaß sie noch ein kleines Privatvermögen, und die Gläubiger ihres Mannes betrauten ihn selbst mit seiner eigenen Liquidierung. 1809 hatte er die Geschäfte bereits wieder aufgenommen, wenn auch in bescheidenerem Umfang. Die Récamiers waren weder an den Bettelstab gebracht, noch hatte ihre Ehre Schaden gelitten. Es ist in der Geschichte wahrscheinlich ohne Beispiel, daß ein bankrotter Bankier als Held gefeiert wurde; denn nach der Katastrophe strömte tagelang der ganze Faubourg Saint-Germain nach dem Haus der Récamiers und warf Visitenkarten ab — der eleganteste Protest gegen die Tyrannei, der je erhoben wurde.

1807 starb die von Juliette zärtlich geliebte Mutter; ihr Tod ermöglichte es Juliette, Germaines so oft schon ausgesprochene Einladung anzunehmen und den Sommer in der Schweiz zu verbringen. Am 10. Juli kam Juliette in Coppet an — sie erlitt beim Überqueren des Jura mit dem Wagen einen Unfall, der fast ein böses Ende genommen hätte —, und es begann der erste von drei höchst bewegten Besuchen.

Wollte man Auszeichnungen für getreue Anhänglichkeit an Coppet verteilen, so würde der erste Preis zweifellos Karl Viktor von Bonstetten zufallen. Er wurde 1745 in einer Berner Patrizierfamilie geboren und entwickelte schon als Jüngling eine Überschwenglichkeit und Flatterhaftigkeit, die offensichtlich in dem nüchternen und schwerfälligen Bern nicht am Platze war. 1770 lernte er bei einem Aufenthalt in Paris die Freuden der großen Welt kennen; eine Reise nach Italien folgte. Er versuchte sich im Schreiben – Schäferidylle, eine Abhandlung über den Butterhandel –, trat in den Großrat der Republik Bern ein und diente ihren Exzellenzen in Nyon von 1787 bis 1793 als Landvogt. Seine Bekanntschaft mit Suzanne Necker ging auf ihre Jugendzeit zurück; er pflegte sie und Pastor Moultou bei ihren Sonnabend-Besuchen zum Weisen von Ferney zu begleiten. In Paris wurde er ein häufiger Gast der Neckers in Saint-Ouen. Als er eines Tages im Park spazierenging, schreckte ihn ein heftiger Schlag über seinen Rücken auf; er fuhr herum und sah, halb hinter einem Baum versteckt, ein kleines Mädchen mit einem Stock in der Hand. „Mama möchte, daß ich meinen linken Arm übe, das habe ich jetzt getan." Freundschaften haben schon unter schlechteren Auspizien begonnen.

Nyon lag so nahe bei Coppet, daß Bonstetten ganz selbstverständlich ein häufiger Gast des Hauses wurde, als Necker sich 1790 dorthin zurückzog; nach der Flucht Madame de Staëls im Jahre 1792 aus Paris wurde er ein noch eifrigerer Besucher, und als er 1794 die Stelle des Landvogts nicht mehr bekleidete, zog er ganz zu ihr und verbrachte den Winter in Gesellschaft von Narbonne, Mathieu und Benjamin an ihrem Hofe in Mézery. Als die Franzosen 1798 die Schweiz besetzten, emigrierte Bonstetten. Er hatte 1791 mit Frederika Brun, der dänischen Dichterin, eine Freundschaft begonnen, die ein Leben lang währte, und in ihrem Haus in Kopenhagen und auf ihrem Landsitz Sophienholm verbrachte er die Jahre 1798–1800. Frederika war mit einem reichen Philister, einem Kaufmann, verheiratet und machte ihren enttäuschten Gefühlen Luft, indem sie Opium nahm und Verse schrieb. Sie war überspannt, sentimental, platonisch, dreiviertel taub und hielt sich für ein dichterisches Genie. Ihr Haus war ein literarischer Mittelpunkt; Oehlenschläger, der künftige dänische Nationaldichter, las dort seine ersten Werke vor. Unter Frederikas Einfluß begann Bonstetten in deutscher Sprache zu schreiben, die er nahezu vergessen gehabt hatte. Er kehrte 1801 in die Schweiz zurück, wurde während einer Krankheit, die ihn fast das Leben gekostet hätte, von Necker und Madame de Staël umsorgt und gepflegt und ging dann daran, wie Sainte-Beuve es ausdrückte, sich zu verjüngen. Frau Brun erschien ungefähr um die gleiche Zeit in Genf. Bei ihrem ersten Besuch in Coppet kam sie im Morgengrauen an, war von der Herrlichkeit der Natur überwältigt, gab ein Zitat von Ariost von sich und wurde von Germaine ins Bett geschickt. Zwischen 1802 und 1810 war sie häufig zu Gast und brachte Oehlenschläger und den deutschen Dichter Matthisson in ihrem Kielwasser mit.

Bonstetten war einmal verheiratet gewesen, aber man kann ihn sich schwer im Ehestand vorstellen. Der Tod seiner Frau machte ihm wenig Kummer, aber als sein jüngerer Sohn, den er vergötterte, im Jahr 1809 todkrank wurde, hatte man den Eindruck, Bonstetten würde diesen Verlust niemals überwinden können. Der Schlag fiel Ende 1810 – er traf ihn kaum. Er konnte schluchzen, untröstlich wie ein Kind, und den Grund seiner Tränen ebenso rasch wieder vergessen. „Er ließ niemals einen Freund im Stich; natürlich, er vergißt sie doch sofort wieder", sagte sein bester Freund Sismondi von ihm. Man kann nicht leugnen, daß Bonstetten mit dem Tod eines jeden Freundes – und er überlebte sie alle – immer glücklicher, sorgloser und überschwenglicher wurde. Als er in den Siebzigern war, sprang er des öfteren aus dem Fenster in den Garten, um langweiligen Besuchern zu entrinnen; mit achtzig gab er seiner Freude über das unerwartete Erscheinen des Schriftstellers Zschokke dadurch Ausdruck, daß er ihn um die Mitte faßte und mit ihm rund um das Zimmer walzte. Madame de Staël nahm an seiner Frivolität keinen Anstoß, sie fand sie eher anziehend, da er so gutmütig war und echtes Feingefühl besaß. „Glauben Sie mir", sagte sie zu ihm, „ein Geist und ein Charme wie der Ihre sind ohne Beispiel."

„Sie allein versteht mich", schrieb Bonstetten über Germaine an Frederika, „Nie in meinem Leben bin ich größerer Intelligenz begegnet." Germaine hatte nämlich Karl-Viktors literarische Begabung entdeckt. Er arbeitete 1803 an einem Buch, das auf seinen früheren Reisen in Italien beruhte – einer Beschreibung von Latium, das er besucht hatte, als Baedeker ein Exemplar von Vergils Äneis in der Hand. Germaine ließ sich einige Seiten vorlesen, erklärte, sie sei begeistert, und versprach, einen Herausgeber für ihn zu finden. 1804 war das Buch fertig; im Herbst kam es in Genf unter dem Titel heraus *Voyage sur la scène des six derniers livres de l'Enéide*. Germaine besprach es in einer literarischen Zeitschrift in Paris. „Seine Eitelkeit", vermerkte Benjamin, „wurde so angeregt, daß er es nicht mehr lassen kann, über seine Schriften zu sprechen. Die Freuden literarischer Selbstbefriedigung gehören zur Spezies der körperlichen Vergnügungen. Das ganze Gesicht leuchtet auf, und offensichtlich rinnt ein wollüstiger Schauder durch den ganzen Körper." Eine Frau, die mit ein paar Worten einem Mann zu einem solch wollüstigen Schauder verhelfen konnte, war gewiß zu fürchten. Vielleicht war Frederika Brun einigermaßen bestürzt. Jedenfalls hielt Bonstetten es 1804 für diplomatischer, seine Lobreden auf Germaine in den Briefen an Frau Brun etwas zu dämpfen: „Ich bin eben von Coppet (nach Genf) zurückgekehrt und bin völlig betäubt . . . und erschöpft von den intellektuellen Orgien. In Coppet wird an einem einzigen Tag mehr Aufwand an Geist getrieben als in manch einem Land während eines ganzen Jahres. Ich bin davon so müde, daß ich mich jetzt halbtot niederlege und mein Zimmer mir wie ein Grab vorkommt."

„Ich weiß sehr wohl, welche Frau immer eine Frau bleibt, selbst wenn sie so wortgewaltig ist wie ein Redner, so tief wie ein Philosoph und so voll Eingebungen wie eine Prophetin. Und ich weiß auch, wie sie geliebt wird, wie man sie für immer lieben muß." So schrieb Jean-Charles-Léonard Sismondi neunzehn Jahre nach ihrem Tod über Germaine. Unter den Männern, deren Namen mit dem Madame de Staëls innig verbunden sind, verdankte Sismondi ihr vermutlich mehr als alle übrigen zusammengenommen.

Er wurde 1773 geboren, sieben Jahre nach Germaine, und war der Sohn von Gideon Simonde, einem Genfer Pastor, der zwar nicht gerade von Patriziern, aber von einer ehrenwerten Familie abstammte; das „de Sismondi" fügte er seinem Namen erst im Jahr 1800 hinzu. Als Kind war er, wie Rosalie Constant berichtet, „der Solon" einer imaginären Republik, Consigal genannt, in deren Namen diejenigen ihrer drei Gründer enthalten waren – Victor de Constant, Simonde und ein junger Gallatin. Sie trafen einander unter der Statue Rousseaus und entwarfen imaginäre Verfassungen. Mit diesem Idyll war es zu Ende, als Simondes Vater den größeren Teil seines Vermögens durch Zeichnung der Staatsanleihe verlor, die sein Landsmann Necker aufgelegt hatte. Simonde mußte auf höhere Schulen verzichten und trat in eine Genfer Bank in Lyon als Buchhalter ein. Der Beginn der Schreckensherrschaft zwang ihn 1792 zur Rückkehr nach Genf; er mußte feststellen, daß es auch in Genf eine Schreckensherrschaft gab. Die ganze Welt schien jetzt unter der Statue Rousseaus zu spielen und imaginäre Verfassungen zu machen.

Die Familie Simonde floh 1793 nach England, kehrte aber ein Jahr später wieder zurück, da Frau Simonde das Klima nicht vertragen hatte. Gideon verkaufte seine Besitztümer und zog dann mit seiner Familie weiter nach Italien, wo er in der Nähe von Pescia in der Toskana ein Bauerngut erwarb. Er blieb nicht lange dort; Frau, Tochter und Sohn in Italien zurücklassend, kam er wieder nach Genf und trachtete, seine Verluste erst in der Milchwirtschaft, dann im (gleichzeitig betriebenen) Wein- und Buchhandel wettzumachen. Im Jahr 1800 gab er's auf, fuhr wieder nach Pescia und lebte dort ruhig und zurückgezogen bis zu seinem Tod, der zehn Jahre später erfolgte. Etwa um die Zeit, als er Genf verließ, kehrte sein Sohn, in Herrn Simonde de Sismondi verwandelt, dorthin zurück.

Selten gab es auf Erden einen ehrlicheren Mann als Sismondi. Aber er hatte die aufrichtige Überzeugung gewonnen, daß er von der im mittelalterlichen Pisa so mächtigen Familie der Sismondi abstamme; die Beigabe des „de Sismondi" zu seinem Namen hatte für den künftigen Historiker der italienischen Republiken einen besonderen Reiz, und da die für einen Gentleman so wenig passenden Unternehmungen seines Vaters die Familie einiges Ansehen gekostet hatten, konnte der neue Name vielleicht dazu beitragen, es wieder herzustellen.

Während seines fünfjährigen Aufenthaltes in Pescia hatte er in der Landwirtschaft dilettiert, hatte die ökonomische Seite der Landwirtschaft in der Toskana studiert und darüber geschrieben und war zweimal eingesperrt worden — erst als Aristokrat von den Revolutionären, dann von den Österreichern als Revolutionär. Die bigotte, verdummende Atmosphäre des italienischen Provinzlebens machte diese fünf Jahre und auch seine späteren kürzeren Aufenthalte dort zu einer Tortur. Obwohl seine Schwester sich mit einem Italiener von Stand verheiratete, blieben die protestantischen Sismondis doch Fremde in ihrer neuen Heimat, und zum großen Teil mag wohl ihre Isolierung an der anti-katholischen Einstellung Sismondis in seiner *Geschichte der Italienischen Republiken* schuld sein.

Obwohl Genf 1798 eine französische Provinzstadt geworden war, hoffte er doch, dort eine bescheidene Karriere zu machen. Er wurde Sekretär der Handelskammer; 1809, als die Veröffentlichung der ersten Bände seiner italienischen Geschichte ihm einen Anerkennungserfolg eingetragen hatte, wurde er als Professor für Moralphilosophie an die Genfer Akademie berufen. Bis 1805 etwa betrieb er auch eine kleine Druckerei, in der Madame de Staël einmal einen Bogen mit eigenen Händen druckte.

Es war gegen Sismondi einiges einzuwenden: Gesellschaftlich wurde er trotz der Vorfahren, die er sich zugelegt hatte, in den höheren Sphären, zu denen er Einlaß fand, nie ganz als gleichberechtigt angesehen — nicht einmal von Germaine, die ihm diese Sphären eröffnet hatte. Intellektuell litt er trotz seiner außergewöhnlichen Gaben unter den Hemmungen des Autodidakten. Dazu war er arm, häßlich (wenn auch anziehend) und sprichwörtlich linkisch und unbeholfen. Unglücklicherweise tanzte er leidenschaftlich gern, und es gab keine Möglichkeit, ihn davon abzuhalten. Die Frauen verhätschelten ihn; hätte er aggressiver um ihre Liebe geworben, sie hätten ihn vielleicht sogar geliebt.

Mit Germaine traf er 1801 oder 1802 zusammen; er erregte ihre Aufmerksamkeit zuerst als Nationalökonom und Liebhaber. 1802 veröffentlichte er sein erstes bedeutendes Werk, *Über kommerziellen Reichtum,* und verliebte sich in ein bettelarmes Mädchen. In seinem Buch, das stark unter dem Einfluß der englischen Ökonomen stand (mit denen er später nicht mehr übereinstimmte), war ein gut Teil Kritik an Bonapartes Politik mit inbegriffen. Germaine war davon beeindruckt und versprach, ihm mit ihrem Einfluß weiterzuhelfen. Sismondi, der von da an zu einem regelmäßigen Gast in Coppet wurde, vertraute Germaine seine Schwierigkeiten an: Sollte er trotz des Widerstands seiner Mutter seine Lucile heiraten, die nicht nur arm, sondern auch schwindsüchtig und nicht gesellschaftsfähig war?

Germaine gab dem schmachtenden Liebhaber einen Rat, den man sich von der Autorin von *Delphine* nicht erwartet hätte. Heiratete er Lucile, sagte sie ihm, so würde das seine Laufbahn behindern, ihn nie zu finanzieller Unabhängigkeit kommen lassen und ihm die Gesellschaft verschließen. Sismondi gab zu, das habe alles seine Richtigkeit, aber wo bleibe die Liebe? Gleichgültig, wie leidenschaftlich die Liebe sei, antwortete Germaine, ein intelligentes Wesen müsse immer „die innere Fähigkeit der Selbstkritik" bewahren; war sie selbst verliebt gewesen, so hätte sie immer gefühlt, daß es in ihrem Innern zwei Wesen gab und das eine sich über das andere lustig machte. „Dieses Gespräch bestürzte mich sehr", vermerkte Sismondi in seinem Tagebuch.

Lucile starb im Jahr 1803, und damit war Sismondis Dilemma gelöst. „Von ihrem eiskalten Leichnam erhielt ich meinen ersten Kuß", schrieb er Germaine und fügte hinzu, er sei nicht besonders unglücklich, er hoffe nur, zu sterben. Auch weiterhin blieb Sismondi keusch, wenn er liebte; mit seinen physischen Bedürfnissen wurde er leicht fertig. Er heiratete schließlich mit sechsundvierzig, zwei Jahre nach dem Tod Germaines, die einmal einem jung verheirateten Freund geschrieben hatte: „Ich habe es nicht gern, wenn meine Freunde heiraten."

Seine Anhänglichkeit an Germaine wurde im Sommer 1804 zu leidenschaftlicher Ergebenheit. Was Coppet, was Germaine für ihn bedeuteten, faßte er nach ihrem Tod in die Worte zusammen:

„Nun ist mit dem Ort also alles zu Ende, wo ich so oft weilte, wo ich mich so sicher zu Hause fühlte! Alles zu Ende mit jener lebenspendenden Gesellschaft, jener Laterna magica der Welt, die ich dort oben das erstemal aufleuchten sah und die mich so viel gelehrt hat ... Niemandem verdanke ich mehr als *ihr.*"

In Coppet wurde der linkische, provinzelle junge Autodidakt in eine neue Welt eingeführt, die ihn zunächst blendete und erschreckte. Seine Gespräche mit Germaine, Benjamin, Schlegel waren ein Schock: Es wurde ihm klar, wie wenig er wußte. „Der gute Sismondi ist vollkommen erschüttert", vermerkte Bonstetten. „Ich mußte ihn trösten. Er möchte nach Deutschland fahren und die großen Genies mit eigenen Augen sehen." Einer der Genies, der Historiker Johannes von Müller, kam in jenem Sommer nach Coppet. Er erweckte in Sismondi den Ehrgeiz, auch ein Historiker zu werden. Sismondi begann an seinen *Italienischen Republiken* 1804 zu arbeiten; 1817 vollendete er sie. Hätte Germaine ihn nicht ermutigt und kritisiert, er würde das Unternehmen wohl schon kurz nach Beginn aufgegeben haben, denn es war eine nahezu nicht zu bewältigende Aufgabe, an die sich seither auch niemand mehr gewagt hat.

Allerdings lenkte Germaine Sismondi mit der Einführung in die Geschichte von dem Gebiet ab, für das er zweifellos die größte Begabung mitbrachte und in welchem er später sein Bestes leistete — die Nationlökonomie. Seine Ausschnitte aus der italienischen und französischen Geschichte haben sich, wenn auch nicht als erstklassige, so doch als sehr einflußreiche Beiträge erwiesen, und seine *Literatur Südeuropas* ist zwar nicht so blendend geschrieben wie *De l'Allemagne*, beruht aber auf solideren Grundlagen und war für die Entwicklung der französischen Romantik vielleicht noch bedeutsamer. Coppet war Sismondis Schule; da er ein hervorragend begabter und nicht ein genialer Mann war, kann man annehmen, daß er ohne diese „Laterna magica der Welt" kaum je etwas Bemerkenswertes zustande gebracht hätte.

Aber Sismondi mußte für seine Lehrzeit einen Preis bezahlen: Er verliebte sich in seine Lehrerin. „Glauben Sie mir", schrieb er am 11. Dezember 1804, als sie nach Italien gereist war, „glauben Sie mir, daß ich Sie mehr liebe, als ich Ihnen je sagte, mehr liebe, als ich je sagen werde." Er fuhr ihr im Sommer nach Mailand nach und begleitete sie nach Rom und Neapel. Nachdem er sie in Rom verlassen hatte, schrieb er von Pescia aus:

„Ich kann mir ein Leben fern von Ihnen nicht mehr vorstellen ... Ich möchte mich nicht weiter auslassen. Sie würden es für eine Liebeserklärung halten und sich verpflichtet fühlen, mich auszulachen. Lachen Sie nicht über meine Anhänglichkeit, ich flehe Sie an: Es ist das ernstzunehmendste Gefühl meines Lebens."

Sismondi war natürlich nicht der Typ, der in Germaine leidenschaftliche Liebe erwecken konnte. Aber selbst wenn seine körperliche Erscheinung danach gewesen wäre — eine Liebesgeschichte zwischen den beiden war undenkbar: Es ist eine statistisch nachweisbare Tatsache, daß Germaine sich immer nur in Aristokraten verliebte. Diese Einseitigkeit läßt sich nur teilweise durch Klassenbewußtsein erklären. Sie hatte einen tieferen Grund: Germaine liebte nur Männer, die eine gewisse Eleganz besaßen, Kühnheit, Schwung, oder die zumindest durch ihre Manieren erkennen ließen, daß sie einen selbstverständlichen Anspruch auf ihren Platz in der Gesellschaft erhoben – mit einem Wort, es mußten Männer von Welt sein. Ihre Bemühungen, jenen Freunden Schliff zu geben, deren gesellschaftliche Erziehung vernachlässigt worden war – einem Sismondi, einem Schlegel –, waren zugleich rührend und grausam. Sei dem, wie ihm wolle, es gelang Germaine jedenfalls bald, Sismondis Gefühle in den Grenzen herzlicher Freundschaft zu halten.

Die einzige Rivalin Germaines in Sismondis Herz war seine Mutter. Sie beherrschte ihn sogar noch mehr als Germaine. Als er die beiden einmal miteinander verglich, schrieb er naiv: „Madame de Staël hat mehr Genie, mehr blendende Intelligenz, aber wo es um Takt, Empfindsamkeit und Phantasie geht, steht meine Mutter ihr in nichts nach.“ Als mit den Jahren Germaines Mangel an Taktgefühl immer stärker zutage trat, kamen für Sismondi Augenblicke der Revolte. 1809 vertraute er seinem Tagebuch an:

„Häufig ist sie wirklich zu empfindlich und zeigt ihre Verachtung zu sehr. Die Macht scheint doch jedermanns Wesen auf die gleiche Art zu verbiegen. Die Macht ihres Ruhms ... hat es bewirkt, daß sie mehrere von Bonapartes Fehlern annahm. Genau wie er duldet sie keine Opposition, wird bei Auseinandersetzungen beleidigend und verletzt die Leute gern durch bissige Bemerkungen – nicht um ihrem Ärger Luft zu machen, sondern um sich an ihrer Überlegenheit zu freuen.“

In den Briefen an seine Mutter aber verurteilt er Germaine am schärfsten. Er schmeichelte der mütterlichen Eifersucht und konnte dabei gleichzeitig Empfindungen eingestehen, die er sonst zu unterdrücken trachtete. „Madame de Staël versetzt sich niemals an die Stelle anderer“, schrieb er einmal. „Bei all ihrer Intelligenz kann sie nichts begreifen, das nicht ihr eigenes Selbst ist. Würde man den Reichen übrigens glauben, so wäre niemand unglücklich als sie allein. Sie haben eine merkwürdige Art, alles zu monopolisieren.“ Nichts wahrer als das: Aber es ist interessant, daß Sismondi der einzige ist, der diese Mängel Germaines sozialer und wirtschaftlicher Stellung zuschreibt.

Von Schlegel ermutigt, wuchs Germaines Interesse an den mystischen Ideen der Romantik, und das führte oft zu einem Zusammenstoß mit Sismondi. Gerade dabei aber konnten sich beide von ihrer besten Seite zeigen. Karl Ritter, der Coppet 1808 besuchte, kam dazu, wie Sismondi seine Meinung darlegte, Religion müsse im wesentlichen gleichbedeutend sein mit Moral. Sonst würde sie nur auf Gefühlen beruhen, sagte er, und schwärmerisch und fanatisch werden; Religion bedürfe einer festen rationalen Grundlage. Germaine verteidigte natürlich die entgegengesetzte Ansicht. „Von Eingebung befeuert, sprach sie fast eine Stunde lang", berichtet Ritter. „In meinem ganzen Leben habe ich nicht soviel nervöse Erregung verspürt. Bis in die Fingerspitzen lief der Krampf. Es steckte etwas von der Macht in ihr, die Alkibiades im Symposion dem Wort des Sokrates zuschreibt." Es war schlimm genug, täglich vor einem solchen Redefluß ertränkt zu werden; aber es war unerträglich zu sehen, wie Germaine sich die metaphysischen Phantastereien eines deutschen Schulmeisters zu eigen machte.

Sismondi war auf Germaines Liebhaber nicht eifersüchtig („Ich glaube, Sismondi liebt mich mit seiner Liebe zu Minette", bemerkte Benjamin einmal), aber er war eifersüchtig auf alle, die eine geistige Schranke zwischen ihm und ihr errichteten, und ganz besonders auf Schlegel, „einen anmaßenden Pedanten", den er dafür verantwortlich machte, daß Germaine vom gesunden Menschenverstand nichts mehr wissen wollte.

Aus dem gemeinsamen Haß gegen Schlegel erwuchs eine Art Kameradschaftsgeist zwischen Sismondi und Benjamin. Sismondis Antipathie rührte dabei teilweise aus der instinktiven Erkenntnis her, daß Schlegels Stellung in bezug auf Madame de Staël der seinen sehr ähnlich war.

Auch Schlegel liebte Germaine. Als er am 19. April 1804 impulsiv in ihren Wagen sprang und sein Schicksal mit dem ihren verband, gab er sich der Täuschung hin, ihr Herz sei frei und für ihn erreichbar. Zwischen Weimar und Coppet entdeckte er, daß „ältere Bande" sie mit einem andern verknüpften. Er wurde statt zu Germaines Liebhaber zum Hofmeister ihrer Kinder. Natürlich hatte man das ausgemacht, aber in seinem verliebten Wahn hatte Schlegel diese Verabredung nicht wörtlich genommen. Er überanstrengte sich allerdings nicht; Germaine gab viele Stunden selbst und verbesserte die Übersetzungen und Aufsätze der Kinder, so daß er dreieinhalb Lehrstunden täglich während fünf Wochentagen zu geben hatte. Aber es fiel ihm in einem fremden Land und in einer gesellschaftlich ungewohnten Umgebung nicht leicht, am Nachmittag Hofmeister und am Abend ein Mann von Welt zu sein. Seine Stellung war um so weniger beneidenswert, als er unklug genug gewesen war, seinen deutschen Freunden und sogar seinem Bruder Friedrich gegenüber anzudeuten, er sei als erfolgreicher Verehrer und nicht als einfacher Erzieher nach Coppet gekommen. In deutschen literarischen Kreisen machte nun bald das Gerücht die Runde, daß Schlegel seinen Lebensunterhalt ehrlich verdiene, und er war nahe daran, seinen ganzen Ruf zu verlieren. „Du mußt in der That alles mögliche tun, um ein so nachtheiliges Gerücht durch die That zu widerlegen", schreibt ihm Friedrich. „Und wenn Du auch den Plan des Unterrichts für die jungen Leute entwerfen willst, doch auf keine Weise Dich selbst mit einem Geschäft befassen, wodurch Du Deiner Würde ... so viel vergeben würdest." Forderte er seinen Bruder auf, die Baronin von Coppet zu verführen, um seine Würde zu wahren? Nicht gerade das: Der Anschein würde in diesem besonderen Fall den gleichen Dienst tun wie die Wirklichkeit. August Wilhelm, das sei zu seiner Ehre gesagt, folgte dem freundlichen Rat nicht. Sophie Tieck, der Freundin, die er in Berlin zurückgelassen hatte, gestand er ein, daß er in Coppet ein Gehalt bekam. Er teilte ihr auch mit, daß er in der Lage sein würde, mehrere hundert Taler im Jahr zurückzulegen, denn er habe keine Ausgaben außer seiner Kleidung und Trinkgeldern für die Dienerschaft. „Ich möchte diese gern sehr reichlich halten, um mein Ansehen im Haus zu sichern." Er habe ein bequemes Zimmer zwischen der Bibliothek und den Räumen der Jungen. Die Bibliothek sei so eingerichtet, daß sie ihm als Studierzimmer dienen könne. Das Essen sei ausgezeichnet und gesund. Es kämen zu viele Gäste. Der Landwein sei trinkbar; er mische ihn nicht mit Wasser, aber er nehme kein Opium mehr (gab es irgend jemand im Jahr 1804, der nicht Opium nahm?), und er dächte daran, sich auch der Liköre zu entwöhnen. So der Seraph der Romantik an seine ferne Geliebte.

Germaine hatte August Wilhelm als eine Art Trophäe mit nach Coppet gebracht, ein Musterexemplar deutscher Gelehrsamkeit und Philosophie. Schlegel, der vor allem eitel war und durch seine Enttäuschungen und seine Unsicherheit noch aggressiver wurde, übertraf alle ihre Erwartungen. Methodisch, professoral, mit der ganzen Erbitterung einer unterdrückten Minderheit, hielt er im Salon große Reden, widersprach jedem, machte Frankreich schlecht, hob Deutschland in den Himmel und schwelgte in Paradoxen. Die Gäste waren nicht entzückt; Germaine ging in Anwesenheit der Gesellschaft brüsk daran, Schlegel mit den Elementarbegriffen höflicher Unterhaltung vertraut zu machen. Am 6. Juni 1804 vermerkte Benjamin in seinem Tagebuch:

„Gestern Streit zwischen Minette und Schlegel über den Geist der Konversation. Wie kann man die erzieherische Manie so weit treiben, einen Lehrer belehren zu wollen! Und wie langweilig für die andern! Einander gegenübersitzend vertiefen sie sich inmitten allgemeinen Stillschweigens in ihr Gespräch. Schlegel rühmt sich seiner Verachtung für die Gesellschaft, und sie rühmt sich ihrer geistvollen Konversation. Die Unterhaltung der übrigen Teilnehmer beschränkt sich darauf, diesem Austausch von Lobgesängen zuzuhören, die nicht dem andern gelten, sondern sich selbst, auf Kosten des andern."

Diese Szene wiederholte sich des öfteren. Beim Unterricht in Höflichkeit war Germaine Schlegel gegenüber oft sehr grob. Seine pedantische Rechthaberei ärgerte sie, und sie widersprach ihm rundweg, auch wenn sie von der Sache selbst keine Ahnung hatte. Dann schluckte Schlegel seine Tränen hinunter, zog sich in sein Zimmer zurück und schrieb ihr lange Briefe, worin er Klagen mit gelehrten Erörterungen des in Frage stehenden Punktes mischte: „Ich beanspruche keine Schonung – sonst hätte ich Ihr Haus schon lange verlassen. Wenn Sie wüßten, wie wenig mich diese kleinen gesellschaftlichen Kränkungen berühren! Ich erlaube mir, Ihre Aufmerksamkeit auf die Tatsache zu lenken, daß, wenn man eine Sprache lebend oder tot nennt ..." und so weiter. Germaine träufelte jedesmal Balsam auf seine verwundeten Gefühle, denn im Grunde war sie eine gute Seele; aber ebenso regelmäßig machte sie Schlegel zu ihrem Prügelknaben, wenn sie nervös war, und Wilhelm bekam häufig das dicke Ende ihrer Szenen mit Benjamin ab. „Ich bin nichts als Unterwerfung und Willfährigkeit", klagte er in einem andern mitternächtlichen Billett, „und doch hören Sie nicht auf, mich in einer Art zurechtzuweisen, die kein menschliches Wesen lange ertragen kann. Was verfolgen Sie damit für Absichten?"

Von den Kindern abgesehen, die ihm mit nachsichtiger Zuneigung begegneten, war Schlegel von lauter Feinden umgeben. „Spaziergang mit Simonde und Schlegel", notierte Benjamin am 25. Mai. „Sie betrachten einander gegenseitig als wahnsinnig." Am 25. August gibt er in seinem Tagebuch eine Zusammenfassung von Schlegels Charakter:

„Er ist dauernd mit sich selbst beschäftigt und außerordentlich feig. Das überrascht mich nicht sehr, auch wenn er Männlichkeit, besondere Liebe zu Pferden und Mut vortäuscht. Er ist ein Mensch, der von Eitelkeit verzehrt wird, und aus dieser Eitelkeit entspringen alle seine guten und schlechten Eigenschaften – seine Begeisterung, seine Nervosität und seine Weichheit. Läßt die Eitelkeit ihn im Stich, was immer dann geschieht, wenn eine Gefahr droht ... so bleibt nichts übrig als ein Stubengelehrter, den lebenslanges Studieren an Leib und Seele geschwächt hat."

Wie gewöhnlich hatte Benjamin recht. Umständlich, hypochondrisch, untüchtig, arrogant, unterwürfig, über tatsächliche oder eingebildete Kränkungen brütend, schwerfällig in seinem Humor und langweilig in seiner Streitsucht, war Schlegel nicht gerade das Ideal einer abgerundeten Persönlichkeit.

Er versuchte, seine körperlichen Fähigkeiten zu steigern. Er nahm Reitstunden, er ging schwimmen; er unternahm mit den Jungen weite Spaziergänge um den See und durch die Alpen. Das alles förderte vielleicht seine Gesundheit, aber es verwandelte ihn nicht in einen Athleten. Er verbesserte auch seine Manieren – und zwar in einem Ausmaß, daß man ihn, als er nach Germaines Tod nach Deutschland zurückkehrte, dort für einen Pariser Dandy ansah. Heinrich Heine, der an der Universität Bonn im Jahr 1819 seine Vorlesungen hörte, beschrieb ihn folgendermaßen:

„Herr August Wilhelm Schlegel trug ... Glacéhandschuhe und war noch ganz nach der neuesten Pariser Mode gekleidet ... Er war die Zierlichkeit und die Eleganz selbst, und wenn er vom Großkanzler von England sprach, setzte er hinzu ‚mein Freund', und neben ihm stand sein Bedienter in der freiherrlichst Schlegelschen Hauslivree (Schlegel war inzwischen geadelt worden) und putzte die Wachslichter, die auf silbernen Armleuchtern brannten und nebst einem Glase Zuckerwasser vor dem Wundermanne auf dem Katheder standen."

Zweifellos ein eindrucksvoller Anblick; in Paris jedoch war Schlegel immer noch nichts als ein deutscher Professor. Mit dem Ergebnis, daß er die Franzosen als einen hoffnungslos frivolen Menschenschlag ansah.

Germaines literarischer Berater zu sein, war neben dem Unterricht und seiner eigenen Arbeit (er übersetzte Shakespeare und Calderon in Coppet) Schlegels hauptsächliche Beschäftigung. Man hat seinen Anteil an ihren Werken übertrieben, aber Germaines Freunde hatten recht, wenn sie ihm einen großen Einfluß auf ihr Denken zuschrieben. Um sie zur Romantik zu bekehren, rief er Verstärkung herbei. Sein Bruder Friedrich kam am 2. Oktober 1804 nach Coppet. Benjamin sagt:

„Er ist ein kleiner, rundlicher Mann, außerordentlich dick, mit einer spitzen Nase, die zwischen zwei glänzenden Wangen hervorsticht, einem Mund, der unter dieser Nase ziemlich honigsüß lächelt, schönen Augen, einer subalternen Haltung (besonders wenn er nicht spricht) und einem eisigen Ausdruck, wenn er zuhört. Seine Ansichten sind ebenso absurd wie die seines Bruders."

Auch Germaines Urteil über die Brüder war kritisch: „In jeder Beziehung sind die beiden bemerkenswerte Menschen", schrieb sie an Johannes von Müller. „Hätten sie es zustande gebracht, bemerkenswert zu sein, ohne außerordentlich sein zu wollen, so wären sie entschieden noch bemerkenswerter." Benjamin und Germaine hielten etwas vom gesunden Menschenverstand, die Schlegels verachteten ihn. Sie wollten gleichzeitig originell sein und recht behalten, waren also ebenso beleidigt, wenn man ihnen zustimmte, wie wenn man ihnen widersprach. Sie waren Vorläufer der autoritären Rebellen, der entfesselten Schulmeister.

Friedrich reiste am 8. November ab. Wenige Tage später schrieb er Germaine aus Paris einen Brief, in dem er sie nicht weniger als sechsmal „meine gütige Beschützerin" nannte. „Ich halte diesen Mann für heuchlerisch, ehrgeizig, egoistisch und undankbar", vermerkte Benjamin treffend.

Kurz nach Friedrichs Abreise brach Germaine in Begleitung Wilhelms nach Italien auf. Wenn Schlegel hoffte, daß sich ihm in Benjamins Abwesenheit bessere Chancen als Liebhaber bieten würden, so befand er sich im Irrtum. Bei der Rückkehr im Jahr 1805 mußte er feststellen, daß er, statt einen Rivalen zu verlieren, zwei weitere gewonnen hatte. In dem sich daraus ergebenden Wirrwarr machte er kurzen Prozeß. Er hatte seiner Meinung nach so viel ertragen, als ein Mann nur ertragen kann, und er teilte das Germaine in einem ergreifenden Brief mit. Er rekapitulierte zunächst die Vergangenheit – den Tod seiner Stieftochter, die Liebesgeschichte mit Sophie Tieck – und kam dann zu seiner Begegnung mit Germaine: „Zum erstenmal in meinem Leben glaubte ich auf eine Gunst des Schicksals schließen zu dürfen." Dann entdeckte er ihre Beziehung zu Benjamin. In dem Wirbelwind von Coppet fühlte er sich vereinsamt. „Oft verbrachte ich meine Tage traurig in lärmender Einsamkeit." Noch schlimmer war, daß Germaine in den Auseinandersetzungen, die er mit ihren Freunden hatte, gegen ihn Partei ergriff. „Wahrheitsgemäß kann ich versichern, daß alle in Ihrer Umgebung, Freunde oder bloße Bekannte, sich dauernd gegen mich verschworen haben und versuchten, mich aus ihrem Haus zu verbannen wie einen Eindringling." Um ihretwillen hatte er sein Vaterland und seine Freunde verlassen und mußte entdecken, daß ein anderer ihr Herz besaß. Es tat nichts – sein Leben war verfehlt; was davon noch übrig war, wollte er ihr gerne opfern. „Nehmen Sie doch das Gute in meinen Kenntnissen, Fähigkeiten und Talenten für sich hin, aber haben Sie Nachsicht mit dem, was Sie meine Verschrobenheit nennen ... Nennen Sie mir meine Fehler, ‚aber schleudert sie mir nicht in die Zähne'"[36].

Germaine erschrak. Sie mochte Schlegel wie einen Hund behandeln, aber der Gedanke, dieser Hund könne fortlaufen, war unerträglich. Was sie ihm sagte, ist nicht bekannt. Es ist sicher nicht abwegig, an eine nächtliche Szene zu denken, die bis zum Morgengrauen dauerte. Das Ergebnis war folgendes Dokument:

„Sie wollten ein schriftliches Versprechen von mir haben, anbetungswürdige Freundin. Und Sie dachten, ich würde zögern. Hier ist es: Hiermit erkläre ich, daß Sie jedes Recht auf mich haben und ich keines auf Sie. Verfügen Sie über meine Person und mein Leben, befehlen und verbieten Sie — ich werde Ihnen in allen Stücken gehorchen. Ich begehre kein anderes Glück als jenes, das Sie mir freiwillig gewähren. Ich will nichts besitzen und alles nur ihrer Großmut verdanken. Ich bin gerne bereit, an meinen eigenen Ruhm überhaupt nicht zu denken und alle meine Kenntnisse und Talente nur für Ihren persönlichen Gebrauch bereitzuhalten. Ich bin stolz darauf, Ihr Eigentum zu sein.

. . .Ich weiß nicht, ob es . . . richtig ist, sich einem andern menschlichen Wesen so völlig auszuliefern. Aber Sie haben eine übernatürliche Macht über mich; es wäre nutzlos, ihr Widerstand zu leisten . . .

Mißbrauchen Sie Ihre Macht nicht. Sie könnten mich leicht unglücklich machen, ohne daß ich imstande wäre, mich dagegen zu wehren. Vor allem beschwöre ich Sie: Verbannen Sie nie aus Ihrer Umgebung Ihren Sklaven,

A. W. Schlegel."

18. Okt. 1805

Was man auch von August Wilhelm Schlegel denken oder sagen mag, er hielt jedes Wort seines Versprechens bis zu Germaines Tod und darüber hinaus.

So herrschte Germaine über Coppet wie Venus über die verdammten Seelen im Venusberg, wie Kalypso über die schiffbrüchigen Seefahrer, wie Kirke über ihre Menagerie. Und so sehr auch die Tiere im Käfig knurren und nach einander schnappen mochten, es gab doch eine Art Solidarität zwischen ihnen. Benjamin brachte das kurz und bündig bei einer Eintragung in sein Tagebuch vom 22. Juli 1804 zum Ausdruck:

„Minette fuhr auf einen Tag nach Genf. Bonstetten, Blacons, Simonde, Schlegel und ich saßen zusammen zu Mittag wie die Schuljungen, wenn der Lehrer fortgegangen ist. Eine merkwürdige Frau! Über ihre ganze Umgebung übt sie eine Macht aus, die unerklärlich, aber unleugbar vorhanden ist. Wäre sie imstande, sich selbst zu beherrschen, sie hätte die Welt beherrschen können."

Germaine überquerte die tiefverschneiten Alpen mit Schlegel und ihren Kindern, verbrachte eine Woche in Turin und drei Wochen in Mailand, wo Sismondi sich ihr anschloß, und fuhr dann über Parma, Modena, Bologna und Ancona nach Rom, wo sie am 3. oder 4. Februar 1805 ankam. Sie fand den italienischen Winter nördlich und östlich des Apennin eine trostlose Angelegenheit. Die großen Marmorpaläste, „deren Besitzer wie Pygmäen in den Behausungen von Riesen aussehen", waren eiskalt; in den Gasthöfen konnte sie bei Nacht den Regen auf die Dächer wie eine Sintflut niederprasseln hören. „Er dringt in die Häuser ein, und das Wasser verfolgt einen mit der Heftigkeit des Feuers." Erst nachdem sie auch den Apennin überquert hatte, kam sie in das Italien, das ihrer Vorstellung entsprach.

Die Wärme des ihr bereiteten Empfanges machte die Feuchtigkeit des Klimas wieder wett. Sie schrieb an Hochet aus Bologna: „Meine Eitelkeit sollte mit dieser Reise wohl zufrieden sein. Ich ahnte wahrhaftig nicht, daß ich auch nur ein Viertel des Rufs genoß, den ich in Italien habe." Immerhin blieb ihre Meinung über das Land kritisch. Nach einem Monat schrieb sie an denselben Adressaten: „Wenn eine Stunde Arbeit genügt, um Frankreich zu regieren, so braucht man für Italien nicht mehr als vier Minuten. Kein Volk kann leichter in Schrecken versetzt werden; sogar seine dichterische Phantasie öffnet der Angst die Pforten, und Macht wirkt auf sie wie ein furchterregendes Bildnis. Die Wissenschaften werden mit bewunderungswürdiger Gewissenhaftigkeit gepflegt. Nichts erscheint hier als lächerlich, denn es gibt keine Gesellschaft. Gestern besuchte ich hier (in Bologna) eine Frau, die Professor für Griechisch ist[37]. In ihrem ungeheizten Zimmer empfing sie alle Universitätsprofessoren, die ihre Überröcke anbehielten; ihr alter Lehrer, ein spanischer Mönch, führte uns mit einer kleinen Laterne hinein. Nun, das alles wurde nicht einmal belächelt, denn dieses Volk lacht zwar über das Groteske, aber nicht über Gegensätze in Rang, Manieren oder Betragen. Diese Gegensätze fallen überhaupt nicht auf. Ein weiblicher Arzt und ein weiblicher Rechtsanwalt waren anwesend und mit ihnen zusammen einige Frauen, die kaum lesen konnten — aber eine konventionelle Erziehung wie bei uns gibt es nicht. Entweder kann man hier achtundzwanzig Sprachen, oder man kann nicht einmal die eigene richtig schreiben ... In Mailand herrscht ein etwas gesellschaftlicherer Ton, aber überall trifft man auf eine Mischung von Reichtum und Armut, von Liebe zur Kunst und schlechtem Geschmack, von Bildung und Ignoranz, von Größe und Kleinlichkeit – mit einem Wort, man kann hier nicht eigentlich von einer Nation sprechen, denn es fehlt der Zusammenhalt, die Wahrheit, die Kraft in ihrem Leben."

Diese Eindrücke wurden später fast unverändert in *Corinna oder Italien* wiedergegeben. Das Fehlen jeder *amour-propre*, jedes Gedankens daran, wie das eigene Ich in den Augen der andern erscheine, zog Germaine an – die Ursache dieses Mangels aber stieß sie ab. In *Corinna* heißt es:

„Unglückliche Liebe wird in Italien nicht durch die Leiden verwundeter Eitelkeit erschwert. So kann man auf Männer treffen, die entweder leidenschaftlich genug sind, ihren Rivalen aus Eifersucht niederzustechen, oder vernünftig genug, mit Freuden die zweite Geige bei einer Frau zu spielen, in deren Gesellschaft sie sich wohlfühlen ... In diesem Land gibt es eine höchst seltsame Mischung von Naivität und Verderbtheit, von Heuchelei und Offenheit, von Gutmütigkeit und Rachsucht, von Schwäche und Energie, die erklärlich macht, daß die folgende Regel allgemein gültig ist: Alle guten Eigenschaften kommen daher, daß hier niemals etwas getan wird, um die eigene Eitelkeit zu befriedigen, und alle schlechten Eigenschaften, daß viel getan wird, um die eigenen Interessen zu fördern – soweit sie Liebe, Ruhm oder Geld betreffen."

Das war ein angenehmer Gegensatz zu Frankreich, wo nach Aussagen so verschiedener Zeugen wie Madame de Staël, Napoleon und Stendhal Eitelkeit und künstliche Werte die Oberhand hatten.

Germaine reiste durch Italien, besuchte Kirchen, Museen, Galerien, Paläste und betrachtete das alles nur sehr flüchtig. „Wie Sie wissen", schrieb Sismondi an Bonstetten, „langweilt es Madame de Staël, wenn sie *Dingen* ihre Aufmerksamkeit widmen muß; sie halten sie offenbar von ihren Gedanken ab." Schlegel jedoch entdeckte plötzlich, daß er an der Materie mehr Interesse habe als an reinen Ideen. Er konnte gar nicht genug Gemälde, Statuen und Architektur sehen. Besuchte er sie allein, berichtet Sismondi, „so blieb der häusliche Friede ungestört. Wenn wir uns aber gemeinsam auf unsere Expeditionen machen, so löst seine Begeisterung fast immer einen Streit aus ... Man ist viel strenger gegen den armen Schlegel geworden. Man gestattet ihm höchstens vier paradoxe Aussprüche täglich, und wenn er Lust auf den fünften zeigt, so kann man das nahende Unwetter grollen hören."

Mochte Germaine aber auch mit Schlegel, ihrem ästhetischen Führer, streiten und wahrscheinlich, wenn auch seltener, mit Sismondi, ihrem soziologischen Führer, so machte sie von deren Gedanken in *Corinna* doch reichlich Gebrauch.

Vor ihrem römischen Aufenthalt hatte Germaine kaum jemand getroffen, mit dem sie ein interessantes Gespräch hätte führen können — dabei war sie zu jeder Tages- und Nachtstunde von einer Menge Menschen umgeben. In Mailand versuchte sie sich von den hervorragenden Eigenschaften Vincenzo Montis zu überzeugen, der in Ermanglung anderer als der größte lebende Dichter Italiens galt.[38] Zwei Dinge gebe es in Italien, die ihre Mutter liebe, bemerkte die siebenjährige Albertine, „das Meer und Monti". Germaines Briefe an den Dichter klingen recht leidenschaftlich („Ich habe mich in Ihnen gefunden; ich fühlte meine eigene Natur in der Ihren . . . Der Klang Ihrer Stimme tönt noch in meinem Herzen nach"), aber die Ausdrücke, die sie gebrauchte, gehörten zu dem Standard-Vokabular ihrer enthusiastischen Freundschaften. Den Männern, die sie wirklich liebte, schrieb sie niemals Briefe, die so gleichmäßig freundlich waren wie ihre Episteln an Monti. Von den andern italienischen Dichtern — die sie täglich mit einem Dutzend Sonette überschütteten — gewann sie keinen so guten Eindruck; es gab ihrer Tausende. Aber es war schmeichelhaft und amüsant, die Empfängerin von so viel „sinnlosem Getön" zu sein, und zweifellos lächelte Germaine wohlwollend über den Verseschmied, der sich als „ein Insekt auf dem Parnaß" einführte. „Ich muß gestehen, daß es mir hier gefällt, weil man mich so wunderbar gut behandelt", gestand sie Hochet in einem Brief aus Rom. „Was würden Geffroy und Fievée (zwei feindliche Journalisten) sagen, sähen sie die Kardinäle, die mich täglich besuchen?"

Die Krönung von Germaines Aufenthalt in Rom war ihre Aufnahme als Ehrenmitglied in die Accademia dell'Arcadia, die öffentlich gefeiert wurde. Nach einer Flut von Reden las Germaine ein von ihr ins Französische übertragenes Sonett von Minzoni auf den Tod Christi; man brachte ihr eine Ovation dar, und es folgte ein Wolkenbruch von Sonetten ihr zu Ehren. Germaine berichtete jede Einzelheit dieses festlichen Anlasses brieflich an Benjamin. „Möge sie ihre Freude daran haben", murrte Benjamin in sein Tagebuch. „Es liegt wirklich etwas Marktschreierisches in ihrem Benehmen."

Literarische Triumphe, Kardinäle, Besichtigung von Sehenswürdigkeiten, mitternächtliche Besuche bei Fackelbeleuchtung in Canovas Atelier, von der römischen Aristokratie und der Fremdenkolonie zur Heldin des Tages gemacht zu werden — das alles war unterhaltend: Germaine aber fand mehr als nur Unterhaltung. „Würden Sie es für möglich halten, daß ich imstande bin, eine andere Stadt als Paris zu lieben?“ fragte sie Hochet kurz vor ihrem Abschied von Rom.

„Nicht so sehr die Stadt nämlich war es, die ich liebte, als vielmehr eine musikalische, dichterische, malerische, ätherische Lebensweise, die mir eine neue Sphäre von Gedanken und Gefühlen eröffnete — diese Denkmäler, diese Erinnerungen, dieser herrliche Himmel — die unfruchtbare Landschaft rings um Rom, die nicht ausgedört ist, sondern nur ihren früheren Besitzern nachzutrauern scheint — alle diese Kunstwerke, die die verzagte Seele stärken — diese harmonischen Lieder, die man in jeder Straße hören kann — diese Freiheit der Menschen untereinander, die der Würde der politischen Freiheit ermangelt, im alltäglichen Leben aber ihren eigenen Reiz hat — diese Italiener, die alle geistreich sind, alle heiter ohne Bosheit, alle verliebt, wenn man ihnen die geringste Chance gibt, alle Anbeter der Frauen (ein bißchen zu sehr, wenn man an ihre eigene Würde denkt, aber nicht zu sehr, um nicht das Leben der Frauen angenehm zu machen) — das alles ist so seltsam, so jung, so bezaubernd, das es nirgends anders möglich ist, in Ruhe und Verborgenheit so glücklich zu leben wie hier . . . Was mich an dieser Stadt anzieht, ist ein Geheimnis, das sich nicht sogleich enthüllt, ein Erlebnis des Südens, denjenigen völlig unbekannt, die nicht hiergewesen sind, eine gewisse Sympathie zwischen Natur und Mensch, die man sich nirgends anders vorstellen kann — und ein edles und ruhiges Bild des Todes in den Gräbern und Spuren großer Männer.“

Was verusachte diese Sturzflut rhapsodischen Lobes? Germaine hatte sich verliebt.

Dom Pedro de Souza e Holstein, künftiger Herzog von Palmella und Premierminister von Portugal, ein junger Mann, der mit vierundzwanzig Jahren das Leben langweilig fand, war bei Germaines Aufnahme in die Arkadische Akademie zufällig zugegen. Er stellte sich vor; sie forderte ihn auf, sie nach Hause zu begleiten, und zwar gemeinsam mit Fürst Chigi und Kardinal Consalvi, dem Staatssekretär Pius VII. Wenn Madame de Staël sich auf eine Liebesgeschichte einließ, dann geschah es meist sehr stilvoll.

Dom Pedro war außergewöhnlich hübsch; er vereinte Adel mit Gefühl; er war ein Dichter und gar kein schlechter. Germaine, um sich Gibbons Ausdruck zu bedienen, sah und liebte. Dom Pedro, der glaubte, er habe mit vierundzwanzig Jahren alles kennengelernt, was das Leben zu bieten habe, konnte und wollte sich eine neue Erfahrung nicht entgehen lassen: die Liebe einer genialen Frau, die mit ihren neununddreißig Jahren Angst hatte, das Leben würde ihr nie mehr etwas bieten. Germaine enteilte mit ihm nach Neapel – nicht allein, wie Corinna mit Lord Nelvil in ihrem Roman, sondern mit Schlegel, Sismondi und Albertine[39].

Die Sinnlichkeit der Neapolitanischen Landschaft überwältigte Germaine. Der schwere Duft der Blumen, der abends emporstieg, die Nachtigallen, die in den Rosenhecken sangen, die milde Luft – alle diese Erinnerungen werden in *Corinna* festgehalten. „Wenn man sich Neapel nähert, wird man von einem grenzenlosen Wohlgefühl ergriffen" – einem Wohlgefühl, das nicht ohne Melancholie ist, „aber selbst in dieser Melancholie liegt keine Unzufriedenheit, kein Bangen, kein Bedauern."

Dieses eine Mal, drei kurze Wochen lang, gab Germaine sich rückhaltlos dem Leben hin. Sie schweifte durch die Stadt, die Elendsviertel, die Ruinen von Pompeji. In einem Tragsessel ging es auf den Vesuv hinauf, der gerade einen Ausbruch hatte; Dom Pedro ritt an Germaines Seite, und als die Nacht gekommen war, beobachtete sie mit ihm, wie der glühende Lavastrom herabfloß, „gleich einem Königstiger, heimlich schleichend, mit abgemessenen Bewegungen".

Königin Maria Karoline empfing sie in Privataudienz. „Was würden die Aristokraten in Paris dazu sagen", schrieb sie an Hochet, „daß die Königin von Neapel mich ihrer ganzen Familie vorstellte und mehrere Stunden mit mir allein in ihren Privatgemächern zubrachte?" Was die Aristokraten sagten, nachdem Hochet das Ereignis gebührend berichtet hatte, ist nicht bekannt. Was der Kaiser, der im Begriff war, die Königin von ihrem Thron zu jagen, darüber dachte, kann man sich unschwer vorstellen.

Mit Dom Pedro nach Rom zurückgekehrt, verbrachte Germaine die restlichen Wochen im Bann seiner bezaubernden Gesellschaft. Es war April. Gemeinsam wohnten sie den Zeremonien der Karwoche bei, besuchten die Denkmäler, Paläste, Ruinen und Gräber. Sie trafen sich bei Tage, und um miteinander allein zu sein, trafen sie bei Nacht noch einmal zusammen. „Wenn Sie heute nacht um elf Uhr wiederkommen, können wir uns gemeinsam das Kolosseum bei Mondschein ansehen", schrieb sie ihm an einem Maientag und fuhr in Versen fort: Durch seinen Mund spreche die Vergangenheit zu ihr; seine hoffnungsvolle Jugend erneuere ihren Glauben an die antiken Tugenden; er habe nicht eines jener „ausgedörrten Herzen, denen am Morgen die Frische und am Mittag die Kraft fehlt und die Leben wie Glück eiskalt berechnen".

„Von ihrem kläglich' Glück wandt' ich mich ungestillt:
Von Liebe, Denken, Schmerz war jeder Tag erfüllt."

Selbst damals aber blieb sie erfüllt von schmerzlichen Gedanken. Sie machte sich keine Illusionen über die Dauerhaftigkeit von Dom Pedros Zuneigung. „Wenn Sie der Mann sind, für den ich Sie halte", schrieb sie ihm, „werden Sie mich eine Weile lieben. Nicht immer: Das Schicksal hat uns nicht zu Zeitgenossen gemacht." In seinem Wesen lag eine Zurückhaltung, die sie gleichzeitig anzog und beunruhigte. „Ich bin ganz Bewegung; Sie sind ganz Überlegung. Was ich fühle, sage ich; Ihre Gefühle sind alle hinter einem Schleier verborgen."

Nach einem letzten Spaziergang durch die mondhellen Straßen Roms gab Germaine Dom Pedro einen Ring und nahm dann von ihrem Geliebten Abschied. Sie schrieb ihm am 14. Mai aus Florenz:

„Meine ganze Seele ging über vor Schmerz, Zärtlichkeit und Bewunderung. Angesichts der Ruinen von Jahrhunderten hatten wir das gleiche Alter ... Einiges, was Sie mir sagten, schrieb ich nieder. Es wird mir niemals etwas Besseres einfallen, und ich freue mich, wenn ich an das geheime Einverständnis denke, das sich zwischen uns einstellen wird, wenn Sie *Corinna* lesen. Sie werden sich in diesem Buch genauso wiederfinden, wie Sie wirklich sind ... Rom und Sie sind in meiner Erinnerung untrennbar. Nur durch Sie habe ich seine Herrlichkeiten verstanden ... Ich liebte Sie, und alles wurde für mich lebendig ... Zwei Monate meines Lebens sind Ihr Werk."

So also war der erste Teil von *Corinna* erlebt worden, und Germaine hatte ihn in seinen Umrissen schon mit Dom Pedro besprochen. Aber sie hatte noch nicht begonnen, ihn zu schreiben; das unglückliche Ende konnte sie damals unmöglich schon geplant haben. *Corinna* muß ursprünglich als ein sentimentaler *Cicerone* gedacht gewesen sein, ein Bild von Italien, von zwei verschieden gearteten, aber miteinander harmonierenden Temperamenten gesehen und an einer einfachen und biegsamen Geschichte befestigt. Aber dieser Ideenroman, den sie zu gleicher Zeit schrieb und erlebte, verwandelte sich später in eine Beichte und einen Racheakt. *Corinna* ist der schlechteste große Roman, der je geschrieben wurde — ungeschickt im Ablauf seiner Geschichte, hysterisch und in einem lächerlichen Sinn romantisch. Davon abgesehen, bleibt er das Produkt eines außergewöhnlichen Geistes und Temperamentes, ist abwechselnd hellsichtig und chaotisch, immer aber von gleicher Intensität, und bei dem Versuch, die Absichten des Werkes zu analysieren, gerät man in ein Labyrinth von faszinierenden Problemen.

Der Gedanke, aus ihrer Heldin eine *Improvvisatrice* zu machen, kam Germaine vermutlich am Tag nach ihrer Aufnahme in die Arkadische Akademie, als sie Isabella Peregrini, eine der berühmtesten italienischen Vertreterinnen der Improvisation, ihre Kunst vorführen sah. Die Improvisatoren, meist waren es Frauen, wählten ein Thema, gelegentlich wurde es ihnen auch gestellt, bedachten sich eine Weile und präludierten dabei auf einer Harfe – in *Corinna* ist es eine Leier –, dann deklamierten sie melodisch in Versen, was ihre Eingebung ihnen diktierte. Die Künstler konnten hochgebildet oder auch völlig ungebildet sein; sie wurden sehr geachtet und besaßen eine mystische Gabe, die an die Gaben der pythischen Priesterinnen gemahnte und auch Germaine selbst zugeschrieben wurde. Ein Gott weilte in ihnen und sprach aus ihnen: Sie waren, im ursprünglichen Sinn des Wortes, Enthusiasten.

Corinna ist eine solche *Improvvisatrice* und Dichterin. Oswald, Lord Nelvil, ein schottischer Peer, der durch Italien reist, um seine Schwermut und auch seine Schwindsucht zu heilen, sieht sie das erste Mal, als sie in Rom am Kapitol mit viel Gepränge und unter Fanfarenklängen den Lorbeerkranz erhält. Sie treffen sich, fühlen sich zueinander hingezogen. Aber Oswald, der melancholische Reisende aus dem Norden, ist von der sinnlichen italienischen Szenerie abgestoßen, und Corinna – um ihn von seinem Vorurteil zu befreien und auch, um ihn für sich allein zu haben – zeigt ihm die Sehenswürdigkeiten von Rom und die Campagna, erklärt ihm Italien, seine Vergangenheit, sein Wesen, seine Kunst, Charakter und Glauben seines Volkes und bringt ihn nach und nach dazu, die Begeisterung für ihr Land zu teilen.

Oswalds angelsächsische Zurückhaltung schmilzt unter Corinnas Beredsamkeit dahin, und sie gestehen einander ihre Liebe. Jeder aber hält vor dem andern etwas geheim. Corinnas Leben ist von einem Geheimnis umgeben: Sie ist schön, jung, reich, der Mittelpunkt einer erlesenen Gesellschaft, aber nur ihr verschwiegenes Mädchen weiß, wie sie wirklich heißt und wo sie geboren ist. Für Oswald gibt es nur einen Anhaltspunkt: Sie spricht perfekt Englisch. Ihn selbst plagt die Reue – er seufzt unter einer geheimen Schuld, die ihre künftigen Beziehungen bedroht. Es muß zu Erklärungen kommen, aber Corinna will das Glück des Augenblicks festhalten und schiebt sie immer wieder hinaus. Sie schlägt vor, allein mit Oswald nach Neapel zu reisen. Am Fuß des Vesuv legt Oswald in der Abenddämmerung endlich sein Geständnis ab. Als er während der Revolution durch Frankreich reiste, hatte er sich sterblich in eine französische Adlige verliebt, sich entschlossen, sie zu heiraten, und um ihretwillen den Bitten seines kranken Vaters, nach Schottland zurückzukehren, nicht stattgegeben. Es zeigte sich dann, daß die Frau seiner unwürdig war, aber die Entdeckung kam zu spät: Kaum war er in England gelandet, als er aus einer Zeitung erfuhr, daß sein Vater gestorben sei.

Corinnas Hoffnung, es würde ihr gelingen, Oswalds Schuldgefühl zu beschwichtigen, wird getrübt, als sie am nächsten Tag erfährt, sein Vater habe gewünscht, er solle ein englisches Mädchen, Lucile Edgermond, heiraten, die zufällig Corinnas Halbschwester ist. Die Zeit für umfassendere Erklärungen ist offenbar gekommen. Vorher jedoch nimmt Corinna Oswald noch nach Kap Miseno mit, wo sie ihm zu Ehren ein ländliches Fest veranstaltet. Als es zu Ende geht, wird sie von düsteren Vorahnungen befallen und wandert allein zur äußersten Spitze der Halbinsel hinaus, wo Oswald und die Gäste sie finden und sie überreden, ihre Leier aufzunehmen. Gérards wohlbekanntes Gemälde „Madame de Staël als Corinna auf Kap Miseno" zeigt Germaine – getreu nach der Schilderung, die sie von ihrer Heldin entwirft – wie sie beim Morgengrauen unter einem blassen Mond mit der Leier in der Hand auf einem Felsen sitzt, die Bucht von Neapel und den Vesuv im Hintergrund. Sie ist umgeben von ihren Freunden, etwas weiter entfernt stehen die Bauern, die vom Tanz herbeigekommen sind.

Wie Benjamin vermerkt hatte, lag in alledem etwas Marktschreierisches. Corinnas Improvisation aber, ihren harmonischen Prosa-Stanzen, die sich zu einem leidenschaftlich-verzweifelten crescendo steigern, kann man eine gewisse tragische Größe nicht absprechen.

„Verfolgt denn das Schicksal (so sagt Corinna) nicht die entrückten Seelen, die Dichter, deren schöpferische Kraft ihrer Leidens- und Liebesfähigkeit entspringt? . . . Was meinten die Alten, wenn sie vom Schicksal mit Schrecken sprachen? Was vermag es, dieses Schicksal, über gewöhnliche und zufriedene Geschöpfe? Sie richten sich nach den Jahreszeiten und lassen gefügig das Leben seinen üblichen Verlauf nehmen. Die Priesterin aber, die das Orakel verkündet, fühlt sich erschüttert von einer grausamen Macht."

Bald danach gibt Corinna Oswald schriftliche Aufzeichnungen über ihr Leben. Sie stammt aus der ersten Ehe Lord Edgermonds mit einer Italienerin und ist in Italien geboren. Als ihre Mutter starb, zählte sie zehn Jahre; fünf weitere Jahre lebte sie bei einer Tante in Florenz, dann rief ihr Vater sie nach England zurück. Er hatte sich inzwischen mit einer Engländerin verheiratet und auf einen Besitz in der Nähe einer kleinen Stadt in Northumberland zurückgezogen. Man konnte das englische Provinzleben nicht in trostloseren Farben schildern, als Corinna es tat. Im Vergleich zu den

Teegesprächen der northumbrischen Damen klingen die Unterhaltungen von Jane Austens dümmsten Tratschbasen wie erlesene Konversation. „Geburt, Heirat und Tod, mehr gab es nicht in unserer Gesellschaft, und diese drei Ereignisse hatten eine größere Ähnlichkeit miteinander als irgendwo sonst auf der Welt." Die zweite Lady Edgermond, Corinnas Stiefmutter, verbindet die Schrecknisse britischer Rechtlichkeit mit den unliebenswürdigsten Eigenschaften von Germaines Mutter. Blieb Corinna in ihrem Zimmer, „um ihre Talente weiterzubilden", so war Lady Edgermond verärgert. „,Was soll das alles?', fragte sie mich. ,Wird es dich glücklicher machen?'" „Für die Engstirnigen und Mittelmäßigen", bemerkt Corinna, „bedeutet Pflichterfüllung, daß man alles opfert, was man an Gaben besitzt, und der Verstand ist eine Sünde, für die man büßen muß, indem man genau das gleiche Leben führt wie die Leute, die keinen haben."

Corinnas Vater wollte sie, als sie zwanzig Jahre alt war, mit dem Sohn seines besten Freundes verheiraten. Sein bester Freund war Oswalds Vater. Aber Lord Nelvil den Älteren beunruhigte Corinnas ausländische und allzu lebhafte Art; er teilte Lord Edgermond brieflich mit, Oswald sei zu jung, um zu heiraten, und später gab er dem Wunsch Ausdruck, Oswald solle sich mit Corinnas Halbschwester Lucile verbinden, sobald Lucile alt genug sei.

Corinnas Leben wird nach dem Tode ihres Vaters unerträglich; sie flieht nach Italien, nimmt einen andern Namen an und läßt Lady Edgermond das Gerücht verbreiten, sie sei tot. Sie hat genügend eigenes Vermögen, um ihre Talente auszubilden, sich mit Freunden ihrer Wahl zu umgeben, das Leben einer berühmten Dichterin zu führen. So begegnet ihr Oswald, der erste, der sie echte Liebe lehrt.

Oswald ist von diesem Bericht tief erschüttert, ganz wie Corinna es befürchtete. Er schwört, niemals werde er sich mit einer anderen Frau verbinden, und gibt ihr seinen Ring als Unterpfand; aber in seinem Herzen regen sich schwere Zweifel, die er sich zunächst selbst kaum einbekennt: Steht es ihm denn frei, sie zu heiraten? Die Erinnerung an seinen Vater – in Wirklichkeit ist es die Stimme der Gesellschaft mit ihren Konventionen – wird ihm zur Warnung vor der Ehe mit einer Frau, die mit dem angelsächsischen Ideal einer Ehegattin so gar nicht in Einklang zu bringen ist; Herz und Gemüt jedoch strafen seine Vorurteile Lügen. Er schwankt, weicht aus.

„Bei all seinen ungewöhnlichen Tugenden gab es doch ein gut Teil Schwäche und Unentschlossenheit in Oswalds Charakter. Niemals fallen solche Mängel demjenigen auf, der sie besitzt; treten neue Umstände ein, so zeigen sie sich ihm lediglich in einer neuen Verkleidung; einmal läßt die Vorsicht es geraten erscheinen, eine Entscheidung aufzuschieben und eine zweideutige Situation in die Länge zu ziehen; ein andermal ist es die Feinfühligkeit oder der Takt; fast nie erkennt man, daß es der eigene Charakter ist, der jeder neuen Lage die gleichen Schwierigkeiten andichtet."

Es ist ratsam, die Geschichte Corinnas und Oswalds an diesem Punkt abzubrechen und die Fortsetzung im Zusammenhang mit Germaines eigenem Leben zu erzählen. Der eben beschriebene Oswald nämlich ist nicht mehr der Oswald des Anfangs. Nicht daß es in seinem Charakter einen Bruch gäbe; aber während die positiven Eigenschaften zu Beginn deutlich hervortreten, dominieren am Ende seine Schwäche und Unentschlossenheit. Allgemein gesehen, verkörpert Oswald alle Männer, die Germaine jemals geliebt hat; im besonderen büßt der Oswald, der in der Mitte des Buches auftaucht, die Züge Dom Pedros ein und nimmt unverkennbar die Züge Prosper de Barantes an, in den Germaine sich bei ihrer Rückkehr aus Italien verliebte.

Das persönliche Problem, das in *Corinna* behandelt wird, ist nur eine Erweiterung des in *Delphine* aufgeworfenen Problems: des Konflikts, der sich ergibt, wenn die Frau sich einerseits durch die konventionelle Anschauung auf einen bestimmten Platz in der Gesellschaft verwiesen sieht und andererseits ein Recht auf ihr eigenes Schicksal geltend macht. Als Corinna sich in einem von vier Schimmeln gezogenen Wagen dem Kapitol nähert, um dort gekrönt zu werden, ruft die Menge „Es lebe Corinna! Es lebe das Genie! Es lebe die Schönheit!" — und in diesem Augenblick, sagt Germaine „wirkte sie wie eine Priesterin Apolls, die sich dem Tempel der Sonne nähert, und zugleich wie eine ganz einfache Frau im alltäglichen Leben". An anderer Stelle läßt sie Corinna sagen, „Den Ruhm suchend, hoffte ich immer, die Liebe zu finden." Es ist aber offenbar kaum möglich, die Priesterin Apolls zu sein und zugleich eine gewöhnliche Frau, die die Männer auch wie eine gewöhnliche Frau lieben können — Byron meinte es wohl nicht nur scherzhaft, wenn er zu Madame de Staël sagte, ihre Bücher seien unmoralisch.

Das persönliche Thema aber ist in einen größeren Zusammenhang eingefügt. Madame de Staël stellt nicht nur die außergewöhnliche Frau dem gewöhnlichen Mann gegenüber, sondern auch den Norden dem Süden, die Romantik der Klassik, die Vernunft der Leidenschaft. In diesem Sinn ist *Corinna* die Roman-Fassung von *De la littérature.* Zeitweise aber hat Germaine offenbar die polaren

Gegensätze durcheinandergebracht. Corinna selbst ist eine Mischung aus Nord und Süd. Das entspricht der Logik: Sie sieht sich ja selbst als ein solches hybrides Wesen an. Aber indem sie die beiden Pole: individuelles Glück – gesellschaftlicher Druck, mit den Polen: klassischer Süden – romantischer Norden verbindet, bleibt Germaine nichts übrig, als die Partei des Südens gegen den Norden zu ergreifen. Offensichtlich möchte sie die heidnische Heiterkeit des lateinischen Südens preisen, wo man das Leben und den Tod hinnimmt und wo selbst die Melancholie nicht von „Unzufriedenheit, Bangen und Bedauern" gefärbt ist, und möchte sie dem nach innen gekehrten, metaphysischen Norden entgegenstellen, wo der Mensch, statt das Leben zu leben, sich von seinen Freuden und seiner Schönheit im Namen der Moral, der Pflicht und anderer abstrakter Begriffe abkehrt. Instinkt und Intellekt halten sich bei Corinna die Waage (sie ist, wie erinnerlich, ein hybrides Wesen); bei Oswald tötet das Denken den Instinkt, und abstrakte Begriffe lähmen jedes Handeln. Fast läßt sich die Antithese auf eine Gegenüberstellung von männlich und weiblich einschränken.

Eine einzige Fähigkeit kann die Kluft überbrücken. „Es gibt nur zwei verschiedene Arten von Menschen auf dieser Erde", sagt Germaine, „die Begeisterungsfähigen und die Verächter der Begeisterung." Und Begeisterung setzt sie dabei mit Liebe gleich. „Liebe, höchste Macht des Herzens", deklamiert Corinna auf Kap Miseno, „geheimnisvolle Begeisterung, die alle Poesie, allen Heroismus, alle Religion in sich schließt!" Das war stets Germaines letztes Wort, niemals aber das letzte Wort der Oswalds in ihrem Leben.

Benjamin hatte Genf am 26. November 1804 verlassen, etwa eine Woche vor Germaines Abreise nach Italien. Sein Ziel war Paris, aber er beabsichtigte, sich in Brévans bei Dôle aufzuhalten, wo sein Vater zurückgezogen mit seiner zweiten Frau lebte – der Marianne, die er vor einem halben Jahrhundert entführt hatte – und mit seinen beiden Kindern, die Benjamin lieblos die Bastarde nannte. Am Vorabend seiner Abreise hatte Germaine ihn impulsiv gebeten, sie in Lyon zu treffen (wo sie haltmachte, um ein paar Tage mit Camille Jordan zu verbringen), bevor er nach Paris und sie nach Italien weiterfuhr.

Auf seinem Weg nach Brévans hatte Benjamin Zeit, über eine Reihe von Problemen nachzudenken. Justus Constant war mit achtundsiebzig für seinen Sohn nicht leichter zugänglich als mit sechzig, im Gegenteil, die Schranke ihrer Schüchternheit war durch widerstreitende materielle Interessen noch verstärkt worden. Zur Zeit seiner nachgerade epischen Prozesse im Jahr 1788 hatte Justus vorsichtshalber den größten Teil seines Besitzes auf seinen Sohn übertragen und sich nur eine Jahresrente zusichern lassen; nach seiner Rehabilitierung jedoch erklärte er, die Übertragung sei fiktiv gewesen, und begann, Benjamin mit Rechtsanwälten zu belästigen. Benjamin, der Mariannes Habgier für das Verhalten seines Vaters verantwortlich machte, war bereit, die Jahresrente des Generals zu erhöhen, hielt aber an der Gültigkeit der Übertragung eisern fest. Da der General eine Manie für Rechtshändel hatte (im Durchschnitt war er in vier bis fünf Prozesse gleichzeitig verwickelt), war Benjamins Annahme begründet, zwischen den Rechtsanwälten und den Bastarden würde sein Erbe sehr rasch dahinschwinden, sobald sein Vater die Kontrolle darüber hatte.

Von seiner Mätresse ständig mit Selbstmord, von seinem Vater mit Prozessen bedroht zu werden, war besonders unangenehm, wenn man sich seines Vaters Vermögen angeeignet hatte und der Mätresse 80 000 Franken schuldete. Das beste Heilmittel dagegen bestand zweifellos in der Ehe mit einer reichen Frau, sofern sie auch liebevoll, hübsch, sinnlich, unterwürfig, schweigsam und anspruchslos war und sofern weder Madame de Staël noch der General Benjamins Chancen durch irgendeine theatralische Geste verdarben. Das nächstbeste wäre, Madame de Staël zu heiraten und sich eine Geliebte zu nehmen, die liebevoll, hübsch usw. war. Die letzte Woche in Coppet war verhältnismäßig friedlich verlaufen, und so schien ihm diese Alternative durchführbar und verlockend. Nachdem er vier Tage in Brévans verbracht und man sich nur über Geld unterhalten hatte, traf er mit Germaine in Pont d'Ain zusammen und begann auf der Fahrt nach Lyon von einer Heirat zu sprechen. Germaine wandte freundlich ein, daß sie ihn nicht heiraten könne, ehe nicht ihre Kinder erwachsen und versorgt seien. Benjamin ließ diese Gründe gelten, vermerkte aber in seinem Tagebuch, daß auch eine heimliche Eheschließung ihren Zweck erfüllen würde.

Wie immer, wenn sie gerade im Begriff stand, Frankreich zu verlassen, war Germaine in den fünf Tagen in Lyon mit Benjamin sehr zärtlich. Am 11. Dezember reiste sie ab, halb ohnmächtig vor Kummer. Benjamin war gerührt. „Ich hege ein merkwürdiges Gefühl für sie. Ich bin viel glücklicher, wenn ich von ihr fort bin, würde jedoch mein Leben hingeben, um sie zu trösten, wenn sie leidet. Jetzt werde ich fünf oder sechs Monate lang mir selbst gehören." An diesem und dem nächsten Abend schlief er mit einer Dirne.

Er kam am 22. Dezember in Paris an. Am Weihnachtstag, nach einem Besuch in einem Bordell, überlegte er sich die Lage noch einmal. Er hatte einen „rührenden und liebevollen" Brief von Germaine erhalten. Nur eine Schwierigkeit gab es seiner Ansicht nach in ihrer Beziehung – er brauchte Frauen.

„Ich kann nicht ohne sie auskommen. Ich kann nicht wieder mit dem Leben beginnen, das ich in dieser Beziehung in Weimar und Genf führte. Ich brauche entweder eine große Stadt, wo ich leicht schöne Körperformen finden kann, oder eine Geliebte. Wie kann ich das bei ihrer Empfindlichkeit bewerkstelligen, während sie in der Verbannung lebt? Was aber eine Heirat (mit einer andern Frau) betrifft, so wäre das Wahnsinn. Mit dem besten aller Geschöpfe zu brechen, einem Geschöpf, dem auf Erden keine gleichgestimmte Seele geblieben ist außer mir, wäre grausam gegen sie und ungünstig für mich. Das Vernünftigste und Beglückendste wäre, sie zurückkommen zu lassen und in Paris mit ihr zu leben. Ist das unmöglich, so muß ich zusehen, was sonst getan werden kann. Es ist undenkbar, wieder zur Abstinenz von Coppet gezwungen zu sein und nur die Genfer Möglichkeiten zur Verfügung zu haben." Sein Hauptanliegen nach diesen christlichen Entschlüssen war, eine Erlaubnis für Germaines Rückkehr zu erwirken und „schöne Körperformen" zu finden. Auch plante er, in diesem Winter viel Zeit auf eine Durchsicht seiner *Geschichte des Polytheismus* zu verwenden, und hatte zu diesem Zweck seine Bibliothek nach seinem Besitz Les Herbages kommen lassen. Von den sechs Monaten Freiheit verbrachte aber Benjamin alles in allem nur etwas über einen Monat in Les Herbages, und in seiner Arbeit machte er keinen nennenswerten Fortschritt. Seine Bemühungen für Madame de Staël blieben erfolglos.

Unter dem Datum des 26. Dezember 1804 steht in Benjamins Tagebuch die schicksalsvolle Eintragung: „An Madame du Tertre geschrieben." Madame du Tertre, geschiedene von Marenholz, geborene Charlotte von Hardenberg, die er in Braunschweig geliebt hatte. Nachdem sie sich von ihrem Mann hatte scheiden lassen, um Benjamin zu heiraten, hatte sie fünf Jahre lang gewartet; schließlich gab sie Benjamin auf und heiratete einen französischen Emigranten, General du Tertre, der sie 1802 mit nach Paris zurücknahm. Als Benjamin durch Deutschland reiste, hatte er einen Brief von ihr erhalten; eine sehr unregelmäßige Korrespondenz folgte; nun sollte er sie endlich wiedersehen. Ihre Antwort traf am 28. Dezember ein, gleichzeitig mit einem Brief von Mrs. Lindsay. „Ich wußte, daß sie mich immer noch liebt", ist sein Kommentar zu Annas Brief. „Ich muß ihr antworten. Ich werde so liebevoll als möglich sein, da mich das zu nichts mehr verpflichtet." Und zu Madame du Tertres Antwort: „Endlich werde ich sie wiedersehen, die Frau, die mein ganzes Leben verwandelte und die ich ein paar Tage lang so leidenschaftlich liebte. Ein seltsames Gefühl erfaßt mich bei dem Gedanken an dieses Gespräch nach zwölf Jahren der Trennung."

Er fand sie mit ihren fünfunddreißig Jahren immer noch hübsch, und sie zeigte ihm unverhohlen, daß sie ihn immer noch liebte. Ihr Gatte war eifersüchtig, frivol, mittelmäßig und machte sie nicht glücklich. Benjamin witterte Gefahr. „Es ist möglich daß sie mich den Winter über beschäftigt, aber sie würde mich dazu bringen, meine Zeit zu vergeuden. Lebe wohl, armes Manuskript, wenn ich dieser Versuchung erliege!" Obwohl er sich jedoch entschlossen hatte, nach Les Herbages zu fliehen, kehrte er am nächsten Tag zu Charlotte zurück – und am übernächsten Tag wieder und am über-übernächsten Tag auch. Gleichzeitig nahm er seine Besuche bei Mrs. Lindsay wieder auf. „Ich muß sagen", gestand er sich selbst ein, „daß kein Mann je die Frauen, die er verlassen hat, höflicher behandelte." Seine Höflichkeit ging vielleicht über die angemessenen Grenzen etwas hinaus. So lautet die Eintragung in seinem Tagebuch am 12. März: „Verbrachte zwei Stunden bei Mrs. Lindsay. Nahm wieder völlig Besitz von ihr. ± Dienstag fahre ich aufs Land, um mich von meinen Frauen und meiner Faulheit auszuruhen[40]." Diese Episode blieb ohne Folgen, was man von seinen täglichen Besuchen bei Madame du Tertre nicht behaupten kann, wenn Benjamin auch keinen Versuch machte, sie zu besitzen. Am 23. Dezember, drei Tage nach ihrer Wiedervereinigung, bot Charlotte Benjamin ihr ganzes Barvermögen von 100 000 Franken an. „Ich werde daraus keinen Vorteil schlagen, aber es ist ein rührendes Angebot", bemerkte er dazu. „Frauen sind gute, ehrliche Geschöpfe." Zwei Tage später: „Diese Frau liebt mich leidenschaftlich, und ich könnte sie dazu bringen, alles zu tun, was ich will, aber wohin würde das führen? Zu noch mehr Verwirrung. Davon will ich nichts wissen."

Charlotte gab angesichts von Benjamins Zurückhaltung Zeichen wachsender Ungeduld von sich, ihr Gatte wiederum wurde wütend über seine Zudringlichkeit: Die Situation war typisch Benjamin. Er sah sich nun einem neuen Dilemma gegenüber, gab nach und nach die ehrgeizigen Pläne auf, die er für die sechs Monate seiner Unabhängigkeit entworfen hatte, und verfiel wieder in die übliche moralische Lähmung. Gegen Ende des Winters war seine Willenskraft untergraben; dann traten zwei Ereignisse ein, die ihn vollkommen aus der Fassung brachten.

Am 15. März, er weilte gerade in Les Herbages, erhielt er durch einen Boten die Nachricht, sein Zechkumpan, der Marquis de Blacons, habe sich erschossen. Die Polizei fand ihn mit drei Franken und 65 Centimes in der Tasche auf, einer Summe, die er sich eben von seinem Pförtner ausgeborgt hatte. Benjamin hatte mit Blacons getafelt, getrunken, gespielt und gehurt; er hatte ihm sogar ein paar Franken geliehen – aber offenbar nicht genug, so daß er sich mehrere Tage lang die Schuld am Tode seines Freundes gab. Er war erschüttert, nicht einmal das Bordell war ein Trost: „Nie, nie werde ich ihn vergessen. ± Nutzloser Versuch. Ich bin genauso traurig wie zuvor." Nach und nach kam er zu der Überzeugung, daß den armen Blacons nichts hätte retten können, aber inzwischen hatte eine noch schlimmere Nachricht ihn erreicht: Seine alte Freundin Julie Talma lag im Sterben.

Die letzten Tage des März und fast den ganzen April blieb Benjamin Charlotte fern und sah der langsamen Auflösung von Madame Talma zu. Die frühere Schauspielerin war von ihrem Gatten verlassen worden; sie hatte ihre drei Söhne binnen drei Jahren verloren; sie hatte vom Leben nichts mehr zu hoffen, und da sie völlig areligiös war, auch nichts vom Tode. In den letzten Wochen jedoch ließ ihr edler Stoizismus sie im Stich. Sie weigerte sich, dem Tod ins Gesicht zu sehen, und mit unglaublicher Energie schmiedete sie tausend kleine Pläne, als hätte sie noch Jahre zu leben. Um ihr Erbe entstand eine Intrige von Balzacschem Ausmaß; ihre Freundin Mrs. Lindsay und Mrs. Lindsays Liebhaber, August de Lamoignon, spielten dabei eine widerliche Rolle. Madame Talma selbst dachte vielleicht, sie könne den Tod überlisten, und begann ihren Besitz gegen Leibrenten zu verkaufen. Benjamin sah diesem seltsamen Schauspiel mit einer Mischung von Abgeklärtheit, Faszination, Verachtung und Mitleid zu. Als Charlotte ihn Ende April in seiner Wohnung aufsuchte, um ihm mitzuteilen, daß General du Tertre gegen einen angemessenen Teil ihres Vermögens einwilligen würde, sich von ihr scheiden zu lassen, war Benjamin nicht besonders überrascht. Es gab nichts, was die Menschen nicht für Geld taten. Charlotte deutete an, daß sie Benjamin nach ihrer Scheidung heiraten könne. „Ich glaube nicht, daß es durchführbar ist", überlegte er. „Wenn ja, so würde ich endlich einigermaßen zur Ruhe kommen."

Um vorläufig Ruhe zu finden, floh er nach Les Herbages. Dort stieß er zufällig auf einige alte Briefe seiner früheren Gattin. Zwei Nächte später träumte er „die ganze Nacht von Liebe – sentimentaler Liebe, junger Liebe, einer Liebe, wie ich sie mit zwanzig Jahren empfand. Dreimal in meinem Leben waren ähnliche Träume die Vorboten heftiger Leidenschaft. Das eine Mal besonders für Frau von Marenholz, jetzt die arme Madame du Tertre. Aber ich habe immer noch keine klare Vorstellung, in wen ich mich verlieben könnte. Allerdings ist Liebe ein Gefühl, das man, wann immer man den Drang empfindet, zu lieben, dem ersten Geschöpf entgegenbringt, das einem in den Weg läuft."

Als er am 2. Mai nach Paris zurückkehrte, erhielt er ein Billet von Charlotte, die ihn zu sehen wünschte, sie hätte ihm wichtige Neuigkeiten mitzuteilen. Er arbeitete am Vormittag ein wenig an seiner Geschichte der Religion, ging am Nachmittag in ein Bordell, nahm dann das Abendessen mit Madame Talma ein. „Ihr Tod steht nahe bevor", vermerkte er. Am nächsten Tag traf ein Brief Germaines ein, „heftig, übertrieben, stürmisch", weil Benjamin nicht mit dem nötigen Eifer auf ihren Befehl reagiert hatte, sie bei ihrer Rückkehr von Italien in Lausanne zu erwarten. Seine ganze alte Wut gegen diese Sklaverei flammte in einem Augenblick wieder auf. „Hätte ich diesen Brief gestern erhalten, ich hätte zärtlicher an Madame du Tertre geschrieben."

Am 4. Mai ließ Benjamin sich an Julie Talmas Krankenbett nieder, um dort auf ihr Ende zu warten. „Ich studiere den Tod selbst ... Gibt es einen Teil unseres Ichs, der weiterlebt? ... Alle Argumente meines üblichen Denkens sprechen dagegen; aber das Schauspiel des Todes läßt mich Möglichkeiten ahnen, die dafür sprechen und von denen ich bis jetzt keine Vorstellung hatte."

Er riß sich von diesem Anblick los, um Charlotte gegenüberzutreten, die ihm eröffnete, daß ihr Mann ihr freigestellt hätte, ein deutsches Scheidungsdekret zu erwerben, und daß sie ihr Schicksal in Benjamins Hände lege. „Meine Überraschung überwältigte mich", berichtet Benjamin, „aber ich glaube, ich sagte genug, um sie zu ermutigen."

Am nächsten Tag, dem 5. Mai, starb Julie Talma unter Benjamins Augen. Eine „bizarre, gierige, düstere Neugier" führte ihn noch einmal zu ihrem leblosen, nackten Körper zurück: „Die Augen halb geschlossen, den Mund offen, der Kopf nach rückwärts hängend, das Haar in Unordnung, die Hände verkrampft, im Ausdruck nichts mehr von ihrer Weichheit, nichts mehr, was ihr ähnelt!" Mit aller Gewalt kehrte der Gedanke wieder, der Benjamin nicht losließ: daß alles hier ein Ende habe, daß des Todes wegen nichts im Leben von Bedeutung sei.

Madame Talma wurde am 7. Mai begraben. Nach dem Begräbnis besuchte ihn Charlotte. Sie hätte keinen günstigeren Zeitpunkt für ihr Vorhaben wählen können, denn sie kam, ihm mitzuteilen, daß sie im Begriffe stehe, nach Deutschland zu reisen und dort ihre Scheidung durchzuführen. Benjamin stimmte allem zu, was sie vorschlug. „Ich überantworte mich dem Schicksal", schrieb er in sein Tagebuch. Am selben Nachmittag kam ein Brief von Germaine mit der Weisung, Paris am 1. Juni zu verlassen und sie in Lausanne zu treffen. „Zu diesem Zeitpunkt ist mir alles gleich", bemerkte er. Während Charlotte in Deutschland war, würde er sich mit Madame de Staël treffen, sie beruhigen und die weitere Entwicklung abwarten. Mit diesem Entschluß oder besser mit diesem Verzicht auf eigene Willensäußerungen endet sein Tagebuch. Die Zeit zwischen dem 8. Mai 1805 und dem 12. April 1808 wird nur in einer Tagebuch=Kurzfassung festgehalten, die zum Teil in einem Zahlen=Code niedergeschrieben ist. Dieser Schlüssel sagt mehr über Benjamin aus, als in irgendeiner anderen Form auf so knappem Raum zum Ausdruck gebracht werden könnte.

1 = körperliche (d. h. sexuelle) Befriedigung,
2 = Wunsch, meine ewige Kette zu zerbrechen (die ihn an Madame de Staël fesselt),
3 = Versöhnung mit dieser Bindung, um der Erinnerungen oder einer augenblicklichen Betörung willen,
4 = Arbeit,
5 = Auseinandersetzungen mit meinem Vater,
6 = Zärtliche Gefühle für meinen Vater,
7 = Reisepläne,
8 = Heiratspläne,
9 = Habe Mrs. Lindsay satt,
10 = Süße Erinnerungen und Aufleben der Liebe zu Mrs. Lindsay,
11 = Unentschlossenheit in bezug auf meine Projekte mit Madame du Tertre,
12 = Liebe zu Madame du Tertre,
13 = Unentschlossenheit in bezug auf alles,
14 = Plan, mich in Dôle niederzulassen (bei seinem Vater), um mit Biondetta zu brechen,
15 = Plan, mich in Lausanne niederzulassen, zu demselben Zweck,
16 = Pläne für eine Überseereise (d. h. nach Amerika),
17 = Wunsch, mich mit gewissen Feinden zu versöhnen (d. h. mit Napoleon).

Die Zahlen 9 und 10 machten Benjamin während der Wochen, die er noch in Paris verblieb, einigermaßen zu schaffen. Am 3. Juli erhielt er einen Brief von Germaine, der ihn veranlaßte, vierzehn 2er aneinanderzureihen, dann reiste er nach Coppet ab.

Am 26. Mai 1805 wurde Napoleon in Mailand zum König von Italien gekrönt. Germaine fühlte sich wohl versucht, sich dem Tyrannen zu nähern, solange er milde gestimmt war, hielt sich aber doch von Mailand fern, bis die Krönungsfeierlichkeiten vorüber waren. Als sie Anfang Juni ankam, wurde sie von der Kaiserin Josephine freundlich empfangen, ihre Hoffnungen auf Aufhebung der Verbannung aber erfüllten sich nicht. Über Florenz, Venedig, Mailand und Turin kehrte Germaine Ende Juni wieder nach Coppet zurück. Am 8. Juli kamen Benjamin, Claude Hochet und Prosper de Barante gemeinsam aus Paris, um ihr die Einsamkeit erträglicher zu machen; Chateaubriand traf im August ein. Eine weitere Coppet-Saison hatte begonnen.

Chateaubriand bewunderte die Natur; Germaine hatte nur einen Wunsch: den Rinnstein in der Rue du Bac wiederzusehen. Hochet war von ihr aus sehr praktischen Gründen zu seiner Schweizerreise überredet worden. Als Sekretär der Abteilung für Inneres im Staatsrat nahm der freundliche Riese eine ideale Stellung ein, um ihr bei der Erreichung ihrer beiden Hauptziele behilflich zu sein: dem Widerruf ihres Ausweisungsbefehls und — dem *basso ostinato* ihres Lebens — der Rückerstattung der beiden Neckerschen Millionen. Ein neuer Plan wurde ausgearbeitet; ihr ältester Sohn August sollte nach Paris in ein Internat geschickt werden, um sich dort auf das Polytechnikum vorzubereiten. Das würde zugleich August eine Laufbahn eröffnen und seine Mutter zusätzlich mit einem Argument versehen, das sie zugunsten eines Aufenthalts in Paris ins Treffen führen konnte. Hochet verließ Coppet fünf Wochen nach seiner Ankunft, begleitet von August und wohlausgestattet mit taktischen Unterweisungen.

In Germaines Briefen an August zeigt sie sich ihrem ältesten Sohn gegenüber ebenso anspruchsvoll, wie sie dem jüngeren gegenüber nachsichtig ist. Wäre der fünfzehnjährige Knabe ihr Liebhaber gewesen, sie hätte ihn nicht gröber behandeln können. Seine Briefe, beklagte sie sich, seien zu kurz; es fehle ihnen an Gefühl und Schliff; sie endeten mit abscheulichen Hinweisen auf Glocken, die zur Stunde läuteten, oder auf die Post, die im Begriffe sei, abzugehen; sie enthielten keine Mitteilungen über Themen wie Freunde, Tageslauf und die Fortschritte in der Schule, und sie kämen auch nicht häufig genug. „Ich wünsche, daß Du mir jede Woche zwei Briefe schreibst, Donnerstag und Sonntag, vier Seiten lang, und zwar von der Größe dieses Blattes. Es tut mir leid, wenn ich Dir das Ausmaß Deiner Gefühle vorschreiben muß, aber es ist immer noch besser, wenn ich Dir diese Aufgabe zur Pflicht mache, bis Du Dir über meine Wünsche klargeworden bist und Freude daran findest, sie mir zu erfüllen." Briefe schreiben, teilte sie ihm ein anderes Mal mit, „ist eine Übung des Geistes und des Herzens" – das ist eine hübsche Formulierung, und Augusts Indolenz hatte gewiß auch einige Kritik verdient. Aber man ist verblüfft, wenn man liest, was sie von dem Knaben sonst noch erwartete. Sie befahl ihm, von ihren „Interessen" mit verschiedenen hochgestellten Persönlichkeiten zu sprechen und Prinz Josef und selbst dem Kaiser Briefe von ihr zu überbringen; und als er vor diesen schwierigen Missionen zurückscheute, erteilte sie ihm einen vernichtenden Tadel. „Diese Schüchternheit, die Dich daran hindert, mir irgendwie dienlich zu sein, betrübt mich einigermaßen . . . Es wäre sehr gut für Dich gewesen, Deine natürliche Scheu zu überwinden, entweder aus Liebe zu mir oder aus Pflichtgefühl, denn sie wird Dir noch sehr zu schaffen machen." Auch das war sicherlich ein guter Rat; aber einem scheuen Jüngling den Befehl zu geben, Napoleon gegenüberzutreten, war wohl doch ein etwas zu heroisches Heilmittel gegen Schüchternheit.

Alle diese Manöver blieben ohne Erfolg. „Der Kurfürst von Bayern . . . Fürst Esterhazy, ganz Europa hat mich besucht – aber was nützt mir das?" schrieb Germaine am 4. September an Hochet. Nach ihren Klagen zu schließen, hätte sie auf eine aristokratische Teufelsinsel verbannt sein können. Ihre schriftstellerische Arbeit, ihr Besitz, ihre Gäste, ihre Korrespondenz, ihre Kinder, ihre täglichen Auseinandersetzungen – das alles war nicht imstande, die Leere in ihrem Innern auszufüllen. Und so geschah es, daß sie sich wieder verliebte; noch mußte der zweite Teil *Corinnas* gelebt und geschrieben werden.

Die Liebesgeschichte mit Dom Pedro war wenig mehr gewesen als ein leidenschaftlicher Flirt. Und sie griff zu merkwürdigen Mitteln, um sich seine Zuneigung zu erhalten. So schrieb sie ihm von Florenz aus, lud ihn nach Coppet ein und machte ihm die folgende recht ungewöhnliche Eröffnung: „Ich werde der Ritter sein, der (Ihren Geist und Ihre Gefühle) befreien wird. Ich werde Sie lehren, sich selbst zu erkennen und sich zu zeigen, wie Sie wirklich sind. Und wenn Sie dann noch liebenswerter geworden sind als jetzt, sollen Sie mich verlassen, und ich werde davon träumen, daß Sie vielleicht eines Tages meine Tochter heiraten werden." Sie scherze nicht, fügte sie noch hinzu. Da seine natürlichen Gaben mit Indolenz gepaart seien, bedürfe er der Gesellschaft einer überlegenen Frau, die seine Intelligenz und seine Gefühle anrege – „denn was gibt es auf Erden Besseres, als zu denken und zu fühlen?"

Dom Pedro zeigte keine Eile, mit einer Geliebten zusammen=

zutreffen, die gleichzeitig sein Ritter, seine Muse und seine Schwiegermutter zu sein wünschte. Er ließ nichts von sich hören. Als jedoch Germaine Ende Oktober erfuhr, Dom Pedro stehe im Begriff, eine Mademoiselle du Perron zu heiraten, war ihre Reaktion überraschend sanft: „Ich dachte nicht, daß Sie sich so jung schon binden würden. Sie scheinen eine ausgezeichnete Wahl getroffen zu haben." Souza heiratete die Dame schließlich gar nicht, aber das konnte Germaine nicht wissen; wenn sie so ruhig blieb; so nur deshalb, weil sie mit Oswald Nr. 1 nie gerechnet und weil sie inzwischen Oswald Nr. 2 entdeckt hatte.

Prosper de Barante, der künftige Historiker der Herzöge von Burgund, zählte vierundzwanzig Jahre, als er sich in Germaine verliebte, die im vierzigsten stand. Sein Vater, Claude-Ignac de Barante, Präfekt des Departements Léman (das heißt des Kantons Genf während seines Anschlusses an Frankreich), gehörte schon seit vielen Jahren zu Germaines Bewunderern. Er hatte Germaine eifrig den Hof gemacht, wobei vielleicht nicht nur amouröse Absichten eine Rolle gespielt hatten. Durch seine guten Beziehungen zu Madame de Staël wurde er schließlich seinen Vorgesetzten verdächtig. Prosper, der eine Stellung im Ministerium des Innern einnahm, erregte Germaines Aufmerksamkeit zum erstenmal im Jahr 1804. Er war jung, elegant, intelligent, zurückhaltend, von zarter Gesundheit – lauter Eigenschaften, die sie an jungen Männern schätzte. Als er in Gesellschaft von Hochet und Benjamin im Juli 1805 nach Genf reiste, hatte man ihm aus Gesundheitsrücksichten einen längeren Urlaub bewilligt. Anfang September gestand Germaine Hochet, sie finde Prosper von Tag zu Tag immer mehr ihrer Aufmerksamkeit wert. In demselben Monat schickte Prosper an Germaine ein Billet, das den Fortschritt ihrer Beziehungen ziemlich deutlich zum Ausdruck bringt:

„Adieu, ich küsse Sie und liebe Sie: Ich bin glücklich. Manchmal, wenn ich Sie in den Armen halte, bedaure ich, daß ich nicht ganz der Ihre sein kann. Aber wenn ich nur auf mein Herz höre, sage ich mir, daß meine Gefühle sich nicht noch steigern können und ich keines weiteren Anlasses bedarf, um zu sagen: Ich bin für immer der Ihre."

„Daß ich nicht ganz der Ihre sein kann", klingt etwas rätselhaft, besonders da es auf das „wenn ich Sie in den Armen halte", folgt. Verweigerte Germaine ihm die Ehe oder sich selbst – das wird niemand mit Sicherheit sagen können, aber es ist keine Frage, daß Prosper sie heiraten wollte. Auch das war seltsam; denn die Frau seiner Träume war, wie er ihr drei Jahre später schrieb, immer „eine Mischung von Unwissenheit, Schwäche und

Unerfahrenheit" gewesen – ein jungfräuliches Bild also, dem Germaine in keiner Weise ähnelte. Aber Prosper schwankte wie viele talentierte und feinfühlige Männer zwischen zwei Polen, die gleiche Anziehungskraft besaßen: auf der einen Seite die rankende Rebe (es kostet wenig Mühe, eine Rebe zu stützen); auf der andern eine Art Lady Macbeth. Germaine mochte selbstsüchtig, tyrannisch, beutegierig sein – hatte sie einen Mann aber in ihren Griff bekommen, so rief sie jedes Gramm latenter Fähigkeiten in ihm wach, regte ihn an, machte ihn aller seiner Gaben bewußt – und dieses Erlebnis war berauschender als bloße sinnliche Lust. „Ich werde Sie lehren, sich selbst zu erkennen." Auf die Dauer fühlen die Männer sich wohler, wenn sie etwas unter ihrer Höchstleistung operieren, aber im Herbst 1805 berauschte Barante der Jüngere sich noch an dem ihm geoffenbarten eigenen Ich und staunte sprachlos die offenbarende Göttin an. Barante der Ältere war nicht nur ein schüchterner Mann, er war auch erschrocken. Er machte Prosper aufmerksam, daß die Verschiedenheit des Alters und der Vermögensverhältnisse notwendig zu häuslichem Unfrieden führen müsse, falls sie heirateten. Den Kaiser, von dem Prospers weitere Laufbahn abhing, würde er sich zum Gegner machen. Prosper selbst würde von dem Gewicht von Germaines Persönlichkeit und Ruhm erdrückt werden. Diese ausgezeichneten Argumente waren nicht in den Wind gesprochen, hatten aber keine unmittelbare Wirkung. Prosper bot seinem Vater Trotz, und Germaine flehte den Präfekten in einer tränenreichen Szene an, sie doch nicht „aller Hoffnung auf das Glück zu berauben". Claude-Ignace, der kein Barbar war, ließ also die Romanze ihren Fortgang nehmen und vertraute darauf, daß die Zeit ihre Wirkung tun würde. Germaine genügte die Gegenwart. „Ich weiß nicht", schrieb ihr Prosper damals, „was nach diesem Monat voll Freundschaft geschehen wird, den wir zusammen verbringen werden. Ich werde mich bemühen, Gedanken an die Zukunft sich nicht störend in die Freude an der Gegenwart mengen zu lassen." Man fühlt sich an folgenden Dialog zwischen Oswald und Corinna erinnert: „Ich schwöre", sagt Oswald, „daß ich Dich nicht vor Ablauf von drei Monaten verlassen werde. Und sogar dann vielleicht –" „Drei Monate!" ruft Corinna. „Dann habe ich noch diese ganze Zeit zu leben. Ich hatte mir nicht so viel erhofft . . . Drei Monate ist eine ganze Zukunft."

Während Germaine sich an dem Monat voll Glück mit dem neuen Oswald erfreute, betrat unglücklicherweise der alte Oswald die Szene: Dom Pedro, etwas verspätet auf alle ihre Aufforderungen reagierend, erschien auf einmal in Genf, wo sie den Winter über wohnte. Zu dieser peinlichen Komplikation gibt es im Roman keine Parallele. Germaine geriet dadurch keineswegs in Verlegenheit. Die zwei Monate, die er mit ihr in Genf verbrachte, erklärt Dom Pedro in seinem Tagebuch, gehörten zu den angenehmsten seines Lebens. Prosper stand vor einem Rätsel. Er fand sich mit Benjamin ab; er ärgerte sich über Schlegel, der „mit lächerlichem Haß" gegen ihn „die Augen rollte"; er wußte vermutlich gar nichts von Sismondis unzulänglicher Leidenschaft – aber Dom Pedro war etwas anderes. Noch ehe die Saison vorüber war, begann Prospers Tagebuch Benjamins Eintragungen verblüffend ähnlich zu sehen.

Umgeben von einem Ex-Liebhaber, den sie nicht seiner Wege gehen lassen wollte, den beiden Oswald-Vorbildern, Schlegel, der einen Vertrag auf lebenslängliche Sklaverei unterzeichnet hatte, und Sismondi mit seinen diskreten Seufzern verbrachte also Germaine den Winter 1805/06. Um die öde Einsamkeit ihrer Verbannung zu beleben, stürzte sie sich in eine „Schauspiel-Raserei", wie Benjamin es nannte – das heißt, sie mietete eine Wohnung an der Place du Molard, baute sie zu einer Bühne um und ließ eine ausgewachsene Theater-Saison vom Stapel. Die Bühne war niedrig („Die einzige Rolle, die wir Ihnen zu bieten hätten", schrieb Prosper an den Riesen Hochet, „wäre die einer Karyatide."), aber die Bühne war fachmännisch ausgestattet, und die Aufführungen wurden gut durchgeprobt. Man eröffnete die Saison mit Voltaires *Mérope* am 30. Dezember. Am 31. März endete die Saison mit Germaines Liebling *Phädra,* wobei Prosper recht passend den Hippolyt spielte. Vier Tage später reiste er nach Paris ab, um seine neue Stelle als Auditor im Staatsrat anzutreten. „Prosper fort, Schlegel selig", lautet die Eintragung vom 4. April 1806 in Benjamins Tagebuch.

Zieht man mit einem Lineal eine gerade Linie von Genf nach Paris und schlägt mit einem Zirkel um Paris als Mittelpunkt einen Kreis mit einem Vierzig-Meilen-Radius, so wird der Kreis die Linie an einem Punkt schneiden, der ganz in der Nähe der Stadt Auxerre liegt. Dorthin begab sich Germaine zwei Wochen nach Prospers Abreise mit Schlegel, Albert und Albertine im Schlepptau. Sie verfolgte mit ihrer Strategie zwei Ziele: Prosper und Paris. Die Strategie selbst bestand in einem Kreis-System einander folgender Annäherungen, wobei in jeder neu eroberten Stellung lange haltgemacht wurde, um das gewonnene Terrain zu sichern und das nächste Operationsziel sturmreif zu machen. Der erste Schritt – Erteilung einer Erlaubnis, sich auf eigentlich französisches Gebiet zu begeben – war durch Vater Barante erleichtert worden, der

Fouché versicherte, sie habe sich im vergangenen Jahr „sehr zurückhaltend und umsichtig betragen". Am 28. April traf sie in Auxerre ein. Dort und in dem nahe gelegenen Schloß Vincelles, das sie von einem Freund gemietet hatte, verbrachte sie die nächsten vier Monate.

Germaine mußte nach Auxerre kommen, das in einer baumlosen, kalkigen Ebene lag, um begeistert von Pflanzengrün und Naturschönheit zu sprechen. Sie fand keinerlei Zerstreuung in der Stadt, in der das französische Provinzleben in trostloser geistiger Öde unmerklich dahinkroch, saß in ihrem Zimmer, stopfte sich mit Opium voll und ließ die üblichen Aufforderungen an ihre Freunde ergehen. Souza, Mathieu de Montmorency und sein Vetter Adrian, Juliette Récamier, Camille Jordan, Hochet, Elzéar de Sabran – sie alle kamen auf Besuch und blieben mehr oder weniger lange: Niemals hatte Auxerre einen so mondänen Zustrom gehabt.

Die dringendsten Rufe ergingen an Benjamin und Prosper. Benjamin, der noch an den Folgen einer Bronchopneumonie litt, verließ Genf am 1. Juni und unterbrach seine Reise in Brévans. Sein Aufenthalt war nur von kurzer Dauer, denn er wurde von Germaine mit Briefen bombardiert. „Das Weltall schwankt und das Chaos bricht herein", schreibt Benjamin in sein Tagebuch. „Alle Vulkane zusammen speien weniger Flammen als sie." Gemeinsam mit ihren Briefen entsandte Germaine ihr Faktotum Uginet, der Benjamin am Kragen packte und ihn am 7. Juni in Auxerre ablieferte. „Welch völlige Zerrüttung!" war der Tagebuch-Kommentar zu der Wiedervereinigung.

Am 15. Juni erschien Prosper – wie gewöhnlich nur für einen ganz kurzen Besuch. „Sie ist wütend, weil er morgen schon wieder fortfährt", vermerkte Benjamin, „ich habe nicht übel Lust, der Unvernunft einen Altar zu errichten."

Wie Benjamin hatte auch Prosper keineswegs Lust zu diesen Besuchen. Germaine drohte nicht nur damit, sie würde aus Verzweiflung oder an einer zu starken Dosis Opium sterben, wenn er nicht käme, sie verwendete auch Mathieu und Juliette als Mittelspersonen. In die Ecke getrieben, wehrte er sich:

„Ich habe Ihnen schon eimal gesagt: Geben Sie acht! Ich werde alles tun, um Ihre Leiden zu lindern; ich werde den Mann in Ihre Hände liefern, den Sie lieben – aber auf Kosten seines Glücks. Er wird unglücklich und elend kommen und bei Ihnen bleiben; und um Ihren Vorwürfen zu entgehen, wird er so gut er kann sein Elend unter einer lachenden Maske verbergen."

Wenn Prosper sich einredete, daß sie unter solchen Umständen sein Kommen ablehnen würde, so war er im Irrtum.

Am Ende seiner Weisheit griff Prosper zu dem seltsamen Ausweg, an seinen Vater zu schreiben und ihn zu bitten, er möge seine Autorität bei Germaine geltend machen; er solle sie dazu bringen, keine Ansprüche mehr auf seines Sohnes Liebe zu erheben und mit dessen tiefgefühlter Freundschaft zufrieden zu sein. Prosper sandte dem Präfekten sogar einen Entwurf des Briefes, den er schreiben sollte. Da explodierte Claude-Ignace:

„Ich schicke Dir den Entwurf des Briefes zurück, den ich auf Deinen Wunsch hin sofort nach Auxerre hätte schicken sollen. Extravaganz und Unsinn können wirklich nicht weiter getrieben werden. Jedes Wort, jedes einzelne Wort in Deinem Brief zeigt mir, in welch' entsetzliche Situation Dich diese Frau gebracht hat . . . Fahre nur fort . . . Deine Zeit und Deine Gesundheit auf ununterbrochenen Reisen zu vergeuden, auf Kosten Deines Schlafs und mit meinem Geld unternommen, für eine Frau, die, wie Du mir und andern versichert hast, nicht den leisesten Begriff von Pflichterfüllung besitzt! . . . Bei dem schrecklichen Wahnsinn, in den diese Frau Dich getrieben hat, ist alles möglich . . . Was für eine Beziehung besteht denn eigentlich zwischen Euch? Du gibst mir Dein Ehrenwort, daß Du niemals ihr Geliebter oder ihr Gatte werden wirst. Was bedeuten mir aber Worte, wenn die Gefühle, zu denen Du veranlaßt wirst, gebieterischer sind als sogar die Liebe? Oh, wie bemitleide ich Dich, daß Du nicht imstande bist, ein solches Band zu zerreißen!"

Diese Anschuldigungen wurden zweifellos zu Recht erhoben. Legt man aber diesen Brief, Prospers Tagebuch und die Schilderung von Oswalds Charakter in *Corinna* nebeneinander, so wird Germaines (oder Corinnas) Betragen begreiflich; und, wie Corinna sagt: „Man wird sehr nachsichtig, wenn man alles versteht."

Talleyrand, Mathieu, Narbonne, de Pange, Benjamin, Souza und jetzt Barante – alle waren sie Germaines müde geworden, weil deren Verlangen nach Liebe über ihre Fähigkeiten hinausging. Sie hatte sie allerdings nicht mit der ausschließlichen Treue geliebt, die männliche Eitelkeit erwartet; das wäre aber vielleicht anders gewesen, hätte die Liebe eines dieser Männer der ihren die Waage gehalten; jedenfalls besaß jedes Stück ihrer geteilten Liebe mehr Intensität als die ganze Liebe, die ihre Verehrer aufbrachten. Aber Liebe, wie sie sie verstand, war mit Pflicht nicht zu vereinbaren. Ohne Zweifel sind Verstand, Verantwortungsgefühl, Sinn für das öffentliche Wohl auf seiten der Oswalds zu finden; der Egoismus romantischer Leidenschaft ist, wie uns weise Männer sagen, verderblich. Trotzdem ist man versucht, mit Germaine zu fragen, ob die Oswalds aus Sorge um das öffentliche Wohl so kühle Liebhaber sind oder deshalb, weil sie von Natur aus kalt sind. In Wahrheit sind Corinnas *égoisme à deux* – und Oswalds Pflichtgefühl nur zwei verschiedene Aspekte der Selbstsucht. Barante heiratet später die sanfte und unschuldige junge d'Houdetot und wird Botschafter; Oswald heiratet Lucile und wird früher oder später Parlamentsmitglied: Es ist dafür gesorgt, daß die Welt auf ordentliche Weise weitergeht.

Im Roman wird Oswald zu seinem Regiment zurückberufen und fährt nach England. Corinna folgt ihm und beobachtet ihn heimlich – in Covent Garden, bei einer Militärparade, im Haus der Lady Edgermond in Northumberland. Ohne daß man ihre Gegenwart ahnt, wohnt sie dem Schauspiel bei, wie er sich in ihre Halbschwester Lucile verliebt, eine Mischung von „Unwissenheit, Schwäche und Unerfahrenheit". Während Corinna „allein von Gasthof zu Gasthof wandert, ohne den Mann auch nur zu sehen, dem sie alles geopfert hat, und ohne die Kraft aufzubringen, ihm fernzubleiben", beginnt Oswald, der keine Nachricht von Corinna erhält, an der Beständigkeit ihrer Gefühle zu zweifeln. Seinem Versprechen getreu, leistet er aber seiner Liebe zu Lucile noch immer Widerstand: Er kann sie nicht heiraten, solange Corinna sein Wort hat. Der Ring, den er ihr gab, ist das Symbol dafür. Corinna weiß das nicht, sieht aber deutlich, welche Gefühle Oswald Lucile entgegenbringt. Durch ein Gespräch mit Oswalds Rechtsanwalt, der sie nicht kennt, erfährt sie zufällig, daß sie allein das Hindernis für Oswalds Ehe ist. Corinna verbirgt sich im Dunkel des Edgermond-Parks, während im hellerleuchteten Schloß ein Ball zu Ehren von Lucile und Oswald gegeben wird, und beim Anblick von Luciles Liebe entschließt sie sich, ihr eigenes Glück zu opfern. Sie gibt einem blinden alten Mann einen Brief mit dem Ring und bittet ihn, Lord Nelvil den Brief durch einen Diener überreichen zu lassen. Sie beobachtet, wie der Diener die Türe hinter sich schließt.

„Und als sie ihn nicht länger mehr sah, als sie die Landstraße erreicht hatte, und die Musik nicht länger mehr hörte und sogar die Lichter des Schlosses entschwunden waren, trat kalter Schweiß auf ihre Stirne, ein tödlicher Schauder befiel sie: Sie wollte fortgehen, aber ihre Kräfte versagten, und sie fiel bewußtlos auf die Straße."

Nach der wildromantischen und sentimentalen Szene im Park nimmt sich dieses krasse Ende, eine Frau, die in kaltem Schweiß auf der dunklen Landstraße zusammenbricht, sehr wahrheitsgetreu aus. Ein ähnlicher Zwischenfall scheint sich in Auxerre ereignet zu haben. Im Roman wird Corinna auf der Straße von dem frivolen Grafen d'Erfeuil gefunden, der zufällig auf dem Weg zu Lord Nelvil vorbeikommt. D'Erfeuil pflegt sie, während sie acht

Tage lang „fiebert und deliriert“, und sorgt, daß sie sicher nach Italien kommt — das alles geschieht ganz selbstverständlich, ohne den leisesten Gefühlsaufwand. „Der Frivole also“, bemerkt Germaine, „sorgte für sie, und der Feinfühlige durchbohrte ihr Herz.“ *Corinna* war kaum erschienen, als Hochet sich bei Madame de Staël darüber beklagte, man würde ihn wegen dieser Szene des Romans mit dem Grafen d'Erfeuil identifizieren. In ihrer Antwort lehnte Germaine eine solche Identifizierung ab, gab aber zu, daß die Episode auf einer Tatsache beruhe.

War Germaine wirklich auf der Landstraße von Hochet ohnmächtig gefunden worden — vielleicht nach dem Abschied von Prosper? Ende Juli oder Anfang August 1806 kam es jedenfalls zwischen ihr und Prosper zu einer Krise, und nachher trat vorübergehend Ruhe ein. Am 26. August gibt Sismondi in einem Brief an Germaine seiner Befriedigung darüber Ausdruck, daß ihre Pläne, Prosper betreffend, sich geändert hätten. „Sie hätten dabei am Ende Benjamin verloren“, fügt er offen hinzu.

Germaine selbst hatte unwissentlich eine neue Komplikation herbeigeführt. Sie hatte Juliette gebeten, mit Prosper in Paris zu sprechen und ihm seine Pflicht vor Augen zu halten. Prospers Unterredungen mit Juliette wurden aber immer häufiger, und Madame de Staël war nicht ihr einziges Thema. Germaine wurde argwöhnisch. Sie schrieb an Juliette:

„Ich gestehe, ich fürchte, Sie gestatten Prosper, Sie zu lieben. Das würde mir einen tödlichen Schmerz bereiten ... Tun Sie es nicht, Juliette ... Ich setzte mein Vertrauen auf Sie; ich bin Ihren Reizen weit unterlegen: Aus Großzügigkeit dürften Sie sich auch nicht die geringste Koketterie ihm gegenüber erlauben. Ich habe kein sehr großes Vertrauen in seine Liebe zu mir: ... aber wenn ich mir außerdem noch sagen müßte, daß Sie an diesem Unglück schuld sind, so wäre das ein entsetzlicher Schlag für mich ...“

Dieser Brief wurde Ende September 1806 aus Rouen geschrieben. Es war seit ihrer Ankunft in Auxerre allerhand geschehen, das mit Prosper wenig zu tun hat und in *Corinna* nicht vorkommt. Als Germaine nach Auxerre zog, hatte sie alle ihre Streitkräfte in Bewegung gesetzt, um die Erlaubnis zu erhalten, in Paris oder wenigstens bei Paris zu wohnen und um zu ihren zwei Millionen zu kommen. Auf der Straße von Paris nach Auxerre ritten ständig die Boten hin und her. Zeitweise antworteten die Funktionäre mit vorsichtigem Optimismus; zeitweise wieder zerstörten sie jede Hoffnung. An Benjamin ließ sie ihre Wut aus, wenn er nicht gerade in Paris weilte. „Schlechte Nachrichten aus Paris“, notierte er am 25. Juni. „Ein richtiges Delirium. Es ist eine Qual, sie in dieser

Situation zu sehen. Entsetzlicher Tag." Am 30. Juli: „Entsetzliche, erschreckende, wahnsinnige Szene. Grauenhafte Ausdrücke. Entweder ist sie verrückt oder ich bin es. Wie soll das alles enden?" Eine kurze Zeit der Ruhe folgte, vielleicht weil Souza am nächsten Tag ankam. Germaine hatte sich entschlossen, in Spa die Kur zu gebrauchen; vielleicht konnte sie von dort aus nach Paris zurückkehren; oder vielleicht fuhr sie nach England, wenn das Gerücht eines allgemeinen Friedens sich bewahrheitete. Alles war für die Reise vorbereitet, als Schlegel am 8. August von einem Wechselfieber befallen wurde. Am 10. August begab sich Germaine „mit allen ihren Truppen", wie sie es nannte, nach Auxerre. Aber Schlegels Zustand verschlimmerte sich derart, daß sie die Reise nicht fortsetzen konnten. In dem miserablen Gasthof wachten die Reisenden abwechselnd an Schlegels Bett und machten zwischen seinen Fieberanfällen einander Szenen. Wenn Schlegel nicht delirierte, so belebte er die Atmosphäre mit Kundgebungen „unwahrscheinlich schlechter Laune". „Um Gottes willen", beschwor Sismondi Germaine von Genf aus, „kommen Sie nach Coppet zurück, wo die Luft für Ihren Patienten und für Sie gesünder ist, und hören Sie mit diesem ewigen Kampieren unter Zelten auf!"

Aber Germaine war eine geschworene Nomadin. Sobald es Schlegel ein wenig besser ging, schleppte sie ihn weiter nach Dijon und von dort nach Rouen (den Gedanken an Spa hatte sie aufgegeben). Fouché gestattete ihr, den Winter dort zu verbringen. Als Schlegel auf der Reise einen Rückfall hatte, machte sie in Etampes halt und nahm drei Tage lang Abschied von Dom Pedro, der auf dem Rückweg nach Portugal war. „Ich weinte vergangene Nacht, als ich die Pferde hörte, die Sie entführten", schrieb sie ihm in den Morgenstunden des 17. September; „wie glücklich würden Sie mich machen, wenn Sie wieder zurückkämen. Das ist alles, was ich denken, alles, was ich denken kann." Das war erledigt, Benjamin hatte sie wieder an ihrer Seite, und nun befahl sie Schlegel, von seinem Krankenlager aufzustehen, und fuhr nach Rouen weiter, wo die Gesellschaft am nächsten Tag eintraf.

Bald danach heiratete Dom Pedro de Souza e Holstein Eugenia Telles de Gama. Sie war sechzehn Jahre alt.

„Ich freue mich ganz besonders, daß Sie von Gefühlen in der Vergangenheit sprechen, die ich für nur allzu gegenwärtig hielt", schrieb Sismondi Germaine im Oktober, auf ihre Liebe zu Prosper anspielend. Ihre Briefe schienen ruhiger, ihre Stimmung wesentlich besser. Aber Sismondi freute sich zu früh: Die Gefühle, von denen sie in der Vergangenheit sprach, waren keineswegs endgültig vergangen, sie hatte nur vorübergehend in ihrem Roman ein Ventil dafür gefunden, und mit Benjamin braute sich eine neue Krise zusammen. Charlotte war im Mai 1805 nach Deutschland abgereist, und Benjamin hatte daraufhin den üblichen Zyklus durchlaufen und einen Vorsatz um den andern fallengelassen. Im August teilte Charlotte ihm brieflich mit, daß ihres Mannes Einwilligung in die Scheidung nicht rechtsgültig sei. „Ich habe meine Zeit verschwendet", mehr hatte Benjamin dazu nicht zu bemerken. Nachdem er 12 (seine Liebe zu Charlotte) aufgegeben hatte, schwankte er zwischen 2 (Bruch mit Germaine), 3 (Versöhnung mit Germaine) und 8 (Heirat mit Antoinette de Loys, einer Erbin aus Lausanne, die ihm seine Familie gerne aufgedrängt hätte). Die Tagebuch-Eintragung vom 29. September ist typisch: „Vergeudeter Vormittag. Schreckliche Szene. 2 scheint unvermeidlich. Noch eine Szene. 3 unmöglich. 7 (Auslandsreise) schwierig. 12 aufgegeben. Ich muß ernstlich an 8 denken."

Der Winter verging mit Lungenentzündungen und Theaterproben, die einander abwechselten, und erhielt am 30. Dezember einen besonderen Akzent durch die Nachricht von Belle van Tuylls Tod. („Der Tod von Madame de Charrière deprimiert mich tief. 1.") Der Sommer war damit ausgefüllt, für Germaine in Paris Besorgungen zu machen oder in Auxerre ihren Tiraden zuzuhören. Und doch schrieb er am 26. August in sein Tagebuch: „Nach all ihren Szenen, nach all den Vorsätzen, die ich faßte, fühle ich, daß ich an 3 denke, ich weiß nicht warum."

Am 18. Oktober wurde Benjamin von seinem Posten in Rouen durch Mathieus Ankunft abgelöst und fuhr nach Paris. Am nächsten Tag besuchte er Charlotte, die eben zurückgekehrt war, fand sie wesentlich hübscher geworden und aß dann mit Prosper zu Abend. Was daraufhin geschah, wird in Cécile erzählt[41]:

„Ich nahm mit einem meiner Freunde das Abendessen ein. Die Aufregung, in die ich beim Anblick Céciles (d. h. Charlottes) geraten war, legte sich nicht wieder, sondern steigerte sich während des Essens. Das Gespräch kam auf Frauen und nahm den unter Männern üblichen Verlauf. Mich überfiel eine alberne Reue. Ich machte mir Vorwürfe, weil Cécile mich seit dreizehn Jahren liebte und ich noch nie den entscheidenden Beweis ihrer Liebe verlangt hatte. Ich kehrte zu ihr zurück, entschlossen, alles zu versuchen, um alles zu erhalten und mein Schicksal im übrigen dem Zufall zu überlassen."

Sein Tagebuch bestätigt den Roman:

„19. Oktober: Diner mit Prosper. Heute nacht will ich so weit wie möglich mit Charlotte kommen. Dreizehn Jahre Widerstand ist mehr als genug. Morgen werde ich das Ergebnis notieren . . .

20. Oktober: Charlotte hat nachgegeben. Also 1. Als es vorüber war, tat ich, was ich konnte, um sie zu beruhigen. Ich hoffe, es ist mir gelungen."

In *Cécile* gibt Benjamin nähere Erläuterungen:

„Mir war fast so zumute, als hätte ich einen blinden Mann beraubt, der mich gebeten hatte, ihn zu führen, oder als hätte ich ein Kind getötet, das sich mir anvertraut hatte. Cécile aber verfiel, sobald sie sich von ihrer Überraschung erholt hatte, in eine tiefe Depression. Sie blieb still, rührte sich nicht, und Tränen liefen ihr die Wangen herab. Als ich mit ihr sprach und sie dadurch zwang, zu antworten, wurde mir klar, daß ihre ganze Einstellung sich geändert hatte. Sie dachte, sie habe nun keinerlei Ansprüche mehr auf mich . . . Lange Zeit konnte ich sie nicht dazu bringen, auch nur im mindesten an die Zukunft zu denken."

Nachdem er also aus Eitelkeit beschlossen hatte, sie zu besitzen, legte er aus Mitleid seine Zukunft in ihre Hände und redete sich selbst ein, daß er sie liebe. Am Abend gab sie sich ihm wieder hin. „Diesmal ist kein Zweifel (an ihrer Liebe). Mein Gott, wie diese Sache eine Frau an einen Mann bindet!" Wieder wird am 22. Oktober, am 23. Oktober und an seinem vierzigsten Geburtstag, dem 25. Oktober, eine 1 verzeichnet.

„Was für einen Engel habe ich mißachtet! Die Liebe ergriff mit ihrer ganzen Gewalt wieder von mir Besitz . . . Delirium der Liebe. Was zum Teufel soll das bedeuten? Zehn Jahre lang habe ich nichts dergleichen gefühlt . . . Alles steht Kopf. Ich begehre Charlotte, ich will sie um jeden Preis besitzen."

Benjamin war aber doch nicht so hingerissen, daß er jede Fähigkeit zur Selbstanalyse verloren hätte:

„Was bin ich doch für ein dummes Tier! Ich lasse mich von Frauen lieben, die ich nicht liebe. Dann erhebt sich plötzlich in meinem Herzen die Liebe wie ein Wirbelsturm, und eine Affäre, die mir nur die Langeweile vertreiben sollte, führt zu einer völligen Umwälzung meines Lebens. Soll das das Schicksal eines intelligenten Mannes sein?"

„Unglaubliches Ineinanderweben von Lust und Schmerz. Köstlichste Nacht meines Lebens", vermerkt Benjamin am 28. Oktober und fügt hinzu, 12 sei nicht mehr eine Frage, sondern eine heilige Pflicht. Am Morgen nach dieser Eintragung kehrte er nach Rouen zurück und verließ Charlotte „in Tränen gebadet und in Krämpfen von Schmerz". Er traf Germaines Haushalt in tiefer Verdüsterung und fühlte sich etwas verlegen.

Benjamins Aufregung entging Germaine nicht. Er benahm sich wie ein Schuljunge, und wie ein solcher wurde er auch erwischt. Am 7. November schrieb er an Charlotte, und Germaine kam ins Zimmer. Sie hatte schon lange die Gewohnheit gehabt, berichtet Benjamin in *Cécile*, seine Briefe zu lesen, und er hatte auch nie versucht, sie daran zu hindern. Diesmal verbarg er eilends, was er geschrieben hatte.

„Sie ersuchte mich in ziemlich herrischem Ton, ihr meinen Brief zu zeigen. Ich weigerte mich, und um mich nicht auf lange Auseinandersetzungen einzulassen, verbrannte ich ihn vor ihren Augen. Ihr Ärger wuchs, und bei dem darauffolgenden Streit dachte ich auf einmal, wenn ich ihr alles erzählte, so würde mich das gleichzeitig von der unangenehmen Notwendigkeit des Heimlichtuns und von meinem Joch befreien. Dieser Entschluß, den ich in dem Glauben faßte, er beweise meine Stärke, entsprang vielleicht nur meiner Unterwürfigkeit, die mir zur zweiten Natur geworden war . . . So erfuhr sie also von meiner Beziehung zu Cécile und von dem Versprechen, das ich ihr gemacht hatte. Ein Unwetter brach los, das ohne Unterbrechung den ganzen Tag und die ganze Nacht dauerte."

Benjamins Tagebuch zeigt, wie wahrheitsgetreu die Schilderung in *Cécile* ist: „Verbrannte meinen Brief. Entsetzlicher Tag, Eingeständnisse. 2 fest beschlossen. Alles ist zu Ende. Mein Kopf ist wie zerschmettert. Ich möchte fort. Bliebe ich, man würde mir nur Szenen machen und mich als ein Ungeheuer ansehen." Aber schon am nächsten Tag nahm er diesen Entschluß zurück: „Hatte ein ruhigeres Gespräch. Muß vorsichtig vorgehen." Genau das tat er weitere drei Jahre lang.

Am 29. November rückte Germaine noch näher an Paris heran und übersiedelte nach Schloß Acosta in Meulan bei Versailles, das sie von einem Freund gemietet hatte. Napoleon führte in Polen Krieg, und Fouché, dessen Erlaubnis Germaine vorwegnahm, traf keine Anstalten, sie auszuweisen. Dieser taktische Sieg machte sie wieder etwas ruhiger. Sie nahm ihre Arbeit an *Corinna* wieder auf und schrieb den Schluß als eine Katharsis und einen Racheakt.

Nachdem Corinna mit gebrochenem Herzen, den Tod vor Augen, nach Italien zurückgekehrt war, mußte Germaine nur noch Oswald eine angemessen harte Strafe zudiktieren. Er heiratet Lucile, die ihm eine Tochter schenkt, und zieht dann nach Westindien in den Krieg. Nach Ablauf einiger Jahre zurückgekehrt, findet er in Lucile zwar eine vorbildliche Gattin und Mutter, aber nur einen arm=

seligen Ersatz für Corinna. Um die Sache noch schlimmer zu machen, erzählt Mr. Dickson, sein Rechtsanwalt — der ungeschickteste Rechtsanwalt in der gesamten Literatur — ihm seelenruhig, wie Corinna ihr Glück dem seinen geopfert habe. Diese Mitteilung verdirbt nicht nur die Tennispartie, die Oswald gerade spielt, sondern auch sein ganzes übriges Leben. Nachdem Lady Edgermond alle Freuden des Sterbens ausgekostet und man sie zu Grabe getragen hat, wird Oswald schwerkrank. In seinem Fieberwahn phantasiert er von der Sonne, dem Süden, der Wärme, der Kälte des Nordens, Italien, Corinna.

Als Oswald wieder genesen ist, schlägt Lucile seiner Gesundheit zuliebe eine Reise nach Italien vor. Sie und ihr Kind, so fügt sie hinzu, werden ihn begleiten. Lucile ist auf Corinna eifersüchtig, erwähnt sie aber niemals. Oswald hofft, Corinna zu begegnen, spricht aber auch nie von ihr. Eine Mauer uneingestandener Gedanken wächst zwischen ihnen empor; sie sind beide tief unglücklich. Wenn es in *Corinna* eine Stelle gibt, die Madame de Staël mit der Überzeugungskraft eines wirklichen Romanciers behandelte, so ist es die Beschreibung der öden Leere einer Ehe ohne Zärtlichkeit und echte Bindung. Mochte es Prosper, mochte es Benjamin grausen, wenn sie ihr eigenes Abbild vor sich sahen, gebunden an süße Mittelmäßigkeit, nachdem sie die Leidenschaft einer Priesterin Apolls kennengelernt hatten!

Oswald und Lucile überqueren die Alpen und die regennassen Ebenen im Winter und kommen zu Beginn des Frühjahrs in Florenz an. Hier lebt Corinna; hier wird die Sonne wärmer. Aber obwohl Corinna bereit ist, Oswalds Tochter zu empfangen, und Oswalds Gattin fraulichen Rat erteilt („Du mußt beides in einem sein, Du und ich . . .“), weigerte sie sich, Oswald selbst zu sehen. Sie läßt ihn erst kommen, als sie den Tod nahen fühlt. Es liegt nicht in ihrem Naturell, mit einer verzeihenden Geste zu sterben: „Liebe und Ruhm waren für sie immer miteinander verquickt gewesen . . . Sie wollte dem Undankbaren, der sie verlassen hatte, noch einmal zu spüren geben, daß die Frau, die er getötet hatte, die Frau war, die tiefer zu empfinden und zu denken vermochte als alle andern in ihrer Zeit.“ Sie lädt daher alle ihre Freunde, darunter Oswald und Lucile, zu sich, damit sie ihren Schwanengesang anhören. Sie ist zu schwach, um zu improvisieren, ein junges Mädchen liest Corinnas letztes Gedicht der Versammlung vor. Lord Nelvil verliert das Bewußtsein und wird hinausgetragen. Wenige Tage später stirbt Corinna — Oswald liegt ihr zu Füßen.

„Lord Nelvil (schließt Germaine) führte weiterhin ein äußerst regelmäßiges und häuslich-reines Leben. Aber vergab er sich selbst seine Handlungsweise? Tröstete ihn die Welt, die sein Betragen billigte? War er nach dem, was er verloren hatte, mit der Mittelmäßigkeit zufrieden? Ich weiß es nicht. Was das betrifft, will ich ihn weder tadeln noch entschuldigen."

Diese Seiten sind nicht das Werk eines Romanciers: Sie sind die Phantastereien eines ruhm- und rachsüchtigen verwöhnten Kindes. „Wenn ich tot bin, wird es Dir leid tun", hätte Germaine zu Prosper sagen können — und nicht nur zu Prosper, denn am Ende richtet sich ihre Wut gegen alle Männer, die sie kannte und die sie alle in der Gestalt des unglücklichen Oswald abbildet. Prosper, dem sie alle drei Bände nach der Veröffentlichung Ende April zugehen läßt, reagierte mit verständlicher Empörung:

„Ich erhielt *Corinna* ... Ich urteilte nicht darüber: Ich erinnerte mich. Alles in allem will ich an Oswald keinen Teil haben ...

Sie machen mir grausame Vorwürfe, und Sie haben mich in diesen Oswald eingesperrt, in dem ich machtlos bin und unfähig, mich zu verteidigen. Ach, würde er eines Tages beschreiben, was er fühlte, es würde offenbar werden, wie sehr er litt ... Seine ganze Jugend ist zerstört, weil er Corinna begegnete. Auch er hatte innere Kämpfe auszutragen, hatte Augenblicke tiefer Erregung, ja zeitweise hat er sie noch immer. Aber er ist nicht so ungerecht, irgend jemand daran Schuld zu geben; seine Reue genügt ihm ... Mehr noch: Er wird kein Buch über seine Gefühle und seine Leiden schreiben. Ich sagte Ihnen vor einiger Zeit, welche Verheerungen es in meinem Leben angerichtet hat, daß ich Ihre Bekanntschaft machte und nicht auf meine düsteren Vorahnungen achtete: Auch das können Sie als Stoff für ein Buch verwenden. Sie sehen, daß Corinna, wenn sie als Racheakt gemeint war, die gewünschte Wirkung erzielt, und daß ich sie als solchen betrachte ...

Ach, sprechen Sie mir nicht von Beifall und Erfolg. Sie, die Sie davon gelebt, die Sie in jeder Weise danach getrachtet haben und die Sie nicht davor zurückschreckten, aus den intimen Erlebnissen des Herzens Bücher zu machen, aus so persönlichen Dingen, daß ein gewisses Anstandsgefühl ihren Gebrauch als Werkzeug des Erfolgs verbieten sollte."

Zwischen den meisten Paaren wäre es nach einem solchen Brief zum Bruch gekommen; zwischen Germaine und Prosper kam es nicht dazu.

Am 30. Oktober 1806 schrieb Benjamin in Rouen in sein Tagebuch: „Ich habe den Roman begonnen, der unsere Geschichte sein wird." „Unsere Geschichte" sollte die Geschichte von Benjamin und Charlotte sein; bald aber fesselte eine Episode in Benjamins

Leben — seine Beziehung zu Anna Lindsay — seine Aufmerksamkeit, und ein völlig anderer Roman entstand. Je weiter er damit kam, desto mehr ähnelte die Heldin, Ellénore, Germaine. Adolphe jedoch, der Held — oder besser der Anti-Held — der sich von einer Liebe nicht losreißen kann, die er nicht mehr länger fühlt, ist das unbarmherzig gezeichnete Porträt des Autors.

Benjamin arbeitete wie rasend an *Adolphe*, während Germaine weißglühend *Corinna* fertigschrieb. Stellt man sich vor, wie dieses Paar, unfähig, zusammen zu leben, unfähig, sich voneinander zu trennen, von Liebe und Haß verzehrt, jeder für sich seine Verzweiflung in ein Manuskript ergießt, so wird man von Mitleid erfaßt. In *Corinna* und *Adolphe* geht es um dasselbe Thema: In beiden Romanen stirbt die Heldin daran, daß der Held nicht imstande ist, sich mutig zu entscheiden. Aber *Corinna* ist eine dreibändige Rhapsodie der Selbsttäuschung, des Selbstbemitleidens und Posierens; *Adolphe* ist eine lange Kurzgeschichte, konzentriert, erbarmungslos in seiner Selbstanalyse und von unbedingter Wahrheitsliebe. Wie ein Kritiker es ausdrückte: Nach 150 Jahren hat er noch keine Runzel. Kritiker streiten noch immer darüber, mit wem Ellénore identisch ist, aber man begreift nicht ganz, warum diese Frage die Lager der Lindsayisten und der Staëlisten so leidenschaftlich bewegt. Als Benjamin *Adolphe* schrieb, ging es ihm nicht so sehr um eine bestimmte Frau, als vielmehr um sich selbst in seiner Beziehung zu den Frauen. Jede Frau, die Benjamin liebte, war Ellénore: Die Heldin setzt sich aus verschiedenen Figuren zusammen. Es ist jedoch klar, daß Ellénores Charakter, je mehr er sich entwickelt, dem Germaines gleicht. Noch auffallender ist die Ähnlichkeit zwischen Ellénore und Corinna in den Schlußseiten. Nachdem er Ellénores Tod beschrieben hat (in Sätzen, die Wort für Wort Benjamins Tagebuch-Aufzeichnungen über Madame Talmas Agonie entnommen sind), zitiert Adolphe Stellen aus einem ihrer Briefe an ihn. Der Brief endet mit folgenden Worten:

„Sie wird sterben, diese lästige Ellénore, die Du nicht mehr um Dich verträgst, die Du als ein Hindernis betrachtest ... Sie wird sterben: und Du wist Dich allein mitten unter der Menge bewegen, nach der Du so großes Verlangen trägst! Du wirst sie kennenlernen, jene Menschen, denen Du heute Dank dafür weißt, daß sie gleichgültig sind. Und vielleicht, abgestoßen von diesen ausgedörrten Herzen, wirst Du eines Tages Dich nach dem Herzen sehnen, über das Du verfügen konntest, das von Deiner Liebe lebte, das tausend Gefahren getrotzt hätte, um Dich zu verteidigen, und das Du mit keinem Blick mehr zu belohnen geruhst."

Die meisten Briefe, die Germaine an Benjamin schrieb, sind verlorengegangen. Es gehört aber nicht viel Mut dazu, eine Wette abzuschließen, daß unter ihnen – sollten sie jemals auftauchen – sich ein Brief finden würde, von dem der Ellénores wörtlich abgeschrieben ist.

Benjamin beendete seinen Roman in wenigen Wochen. Er ließ ihn erst 1816 veröffentlichen, hatte aber den wahnwitzigen Einfall, ihn Madame de Staël in Acosta vorzulesen. „Unerwartete (sic) Szene wegen des Romans", lautet die Eintragung in Benjamins Tagebuch am 28. Dezember 1806. „Diese Szenen verursachen mir jetzt körperliche Schmerzen. Ich hustete Blut." Am neunundzwanzigsten gab es erneut eine Szene von zwei Stunden; am dreißigsten eine weitere bis vier Uhr morgens; am Silvesterabend zwei Stunden Krämpfe, die mit einer Versöhnung endeten. So begann ein neues Jahr.

Am 2. Dezember 1805 siegte Napoleon bei Austerlitz; am 14. Oktober 1806 zerschmetterte er Preußen mit einem einzigen Schlag bei Jena; im Winter 1806/07 hörte man von entsetzlichen Schlachten in Polen und Ostpreußen.

Germaine wäre nicht sie selbst gewesen, hätte sie sich durch ihre Liebesaffären in ihren politischen Leidenschaften beeinträchtigen lassen. Napoleons Niederlage konnte das Ende ihres Exils bedeuten, wenn ihre Freunde an die Macht kamen, oder das Ende aller Hoffnungen, wenn die Bourbonen zurückkehrten. Und der Winter 1807 war für den Kaiser eine gefährliche Zeit. Daß Germaine und ihr Kreis glühend eine französische Niederlage herbeiwünschten, steht außer Zweifel. Daß der Geist des Widerstandes und der Illoyalität sich um sie herum kristallisierte, von ihr am Leben erhalten und ermutigt wurde, ist ebenfalls klar. Daß sie zumindest unterrichtet war über den Plan, eine provisorische Regierung unter General Malet aufzurichten, sollte Napoleon eine Niederlage erleiden, ist höchst wahrscheinlich. Und doch glaubte Germaine naiv, daß ihre Rolle der Regierung nicht bekannt sei, weil sie nicht zu offenem Widerstand geschritten war. Sie glaubte sogar trotz aller vorhergegangenen gegenteiligen Erfahrungen, daß ihr neues Werk sie wieder zu Gnaden kommen lassen würde. „Dante hoffte, seine Dichtung würde sein Exil beenden", sagt Corinna.

Sie wußte nicht, daß der Kaiser ihre Bewegungen fast ebenso aufmerksam verfolgte wie sie die seinen. „Lassen Sie diese Metze von Madame de Staël ja nicht in die Nähe von Paris", schrieb er Fouché aus Pultusk am letzten Tag des Jahres 1806. „Ich weiß, daß sie sich nicht weit davon entfernt aufhält." Der Befehl wurde ignoriert, und eine weitere Warnung traf aus Osterode am

15. März ein, gerade zu dem Zeitpunkt, als Germaine Fouchés Erlaubnis erbat, einen Besitz in Cernay, ein paar Meilen außerhalb der Stadtgrenze, zu kaufen. Am 30. März wollte Benjamin sich für sie bei Fouché verwenden und wurde glatt abgewiesen. Wenn Madame de Staël willens wäre, in *Corinna*, die damals eben gedruckt wurde, ein paar lobende Bemerkungen über den Kaiser einzufügen, könnten alle Hindernisse vielleicht beseitigt werden; es mochte ihr sogar gelingen, ihre zwei Millionen wiederzuerhalten. Germaines Antwort auf dieses Angebot war ihrer würdig: Sie sei bereit, ließ sie Fouché wissen, alles aus ihrem Buch zu entfernen, woran man Anstoß nehmen könne, aber sie würde nicht ein Wort der Schmeichelei einfügen.

Napoleon schwarz auf weiß kein Lob zu zollen, war das einzige, wozu sie fest entschlossen war. In jeder anderen Beziehung trieb sie, als sie *Corinna* beendet hatte, unentschieden dahin und schmiedete Dutzende einander widersprechender Pläne[42].

Germaine wußte, daß ihre Tage in der Nähe von Paris gezählt waren, und wagte sich daher Anfang April in die Stadt selbst hinein. Unfähig, der Versuchung zu widerstehen, schlenderte sie nach Einbruch der Dunkelheit mit ihren Freunden durch die Straßen und ahnte nicht, daß man jeden ihrer Schritte beobachtete. Der schmerzliche Gedanke an die bevorstehende Abreise störte das schöne Abenteuer, denn sie wartete nur mehr auf das Erscheinen von *Corinna* und wollte dann nach Coppet zurückkehren. Am 23. April aß sie mit Mathieu und Benjamin in dem Vorort Charenton zu Abend, der durch seine Irrenanstalt berühmt ist. „Der Name war unheilvoll“, berichtet Benjamin. „Niemals habe ich sie so verrückt gesehen. Unmöglich! Unmöglich! Nach regelrechten Anfällen von Wahnsinn faßte sie endlich einen Entschluß. Gott weiß, ob sie ihn durchführen wird. Ich zweifle sehr daran, aber wenn sie bis Sonntag nicht fort ist, fahre ich am Montag.“

Ihr Aufenthalt in Paris — sie war ohne jede Erlaubnis dort erschienen — kostete Fouché nahezu seinen Posten. Am 19. April richtete Napoleon aus Finkenstein in Ostpreußen neuerlich einen seiner Schmähbriefe an den Polizeiminister:

„Unter den tausendundeins Angelegenheiten, Madame de Staël betreffend, die in meine Hände kamen, folgt anbei ein Brief, aus dem Sie ersehen können, was für eine feine Französin wir da haben ... Ich habe die feste Absicht, sie aus Genf nicht mehr herauszulassen ... Es ist wirklich schwer, mit seiner Entrüstung angesichts all der (politischen) Verwandlungen zurückzuhalten, die diese, noch dazu häßliche, Hure durchgemacht hat. Ich werde Ihnen nicht erzählen, was für Pläne dieser lächerliche Kreis bereits geschmiedet hat, für den Fall, daß ich durch eine glückliche Fügung ums Leben komme, denn ein Polizeiminister dürfte über alles das ja selbst unterrichtet sein."

Ähnliche Briefe folgten, und offensichtlich wächst der Ärger über Fouché. So heißt es am 7. Mai: „Ich ersehe aus Ihrem Bulletin vom 27. April, daß Madame de Staël am 21. nach Genf abgereist ist. Es mißfällt mir, daß Sie so schlecht unterrichtet sind. Madame de Staël war am 24., 25., 26., 27. und 28. April in Paris und ist vermutlich noch dort." Tatsächlich hatte Germaine Paris am 25. April verlassen; Benjamin begleitete sie nach Mongeron, und dort nahmen sie am 27. Abschied.

Vor ihrer Abreise schrieb Germaine an den Kaiser. Seine Reaktion ist aus einem Brief vom 11. Mai zu ersehen, der wieder an Fouché gerichtet war.

„Madame de Staël, diese verrückte Person, schreibt mir einen sechs Seiten langen Brief in völligem Kauderwelsch ... Sie erzählt mir, daß sie im Tal von Montmorency einen Besitz erworben hat, und zieht daraus den Schluß, daß sie das zum Aufenthalt in Paris berechtigt. Ich wiederhole Ihnen, daß man die Frau sinnlos quält, wenn man ihr solche Hoffnungen läßt. Wenn ich Ihnen die ins einzelne gehenden Beweise für alle ihre Umtriebe während des zweimonatigen Aufenthalts auf ihrem Landsitz vorlegen würde, Sie würden staunen. Obwohl ich 500 Meilen von Frankreich entfernt bin, weiß ich nämlich besser, was dort vorgeht, als mein Polizeiminister."

Um mit Germaines eigenen Worten zu sprechen: Sie kehrte nach Coppet wie eine verwundete Taube heim. Allerdings hatte die Taube einen Zeitzünder hinter sich zurückgelassen. Die durch *Corinna* hervorgerufene Sensation wirkte wie ein Bombeneinschlag. Die offizielle Presse reagierte darauf, wie zu erwarten stand, und prangerte das Buch als unfranzösisch an, was es zweifellos auch ist. Aber das breite Publikum, gefangengenommen von den sentimentalen und romantischen Seiten des Werkes, war den politischen Obertönen gegenüber taub. Germaines politische Botschaft wurde also von denen überhört, für die sie bestimmt gewesen war, und von denen nur allzu genau vernommen, die sie eigentlich gar nicht hätten bemerken sollen. In Ostpreußen geriet Marschall Berthier, Napoleons Generalstabschef, in helle Begeisterung über das Buch; Napoleon blätterte es durch und erklärte es für Schund. Neun Jahre später versuchte er auf St. Helena, es nochmals zu lesen, und meinte dann, er sei außerstande, damit zu Ende zu kommen. „Ich kann sie sehen", sagte der Kaiser, „ich kann sie hören, ich kann sie fühlen, ich möchte davonlaufen, ich werfe das Buch hin ...

Ich werde aber durchhalten; ich möchte sehen, wie es endet, denn ich glaube doch, daß es ein interessantes Werk ist."

Als Verfasser literarischer Kurz=Kritiken machte der Kaiser seine Sache gar nicht so schlecht.

Theater

Am 25. April 1807, dem Tag, an dem Benjamin Germaine eilends aus Paris fortgeschafft hatte, wandte sie sich in ihrer Ver=zweiflung an einen alten Freund: „Wann werden wir einander wiedersehen? Ich denke, mein Sohn wird nächstes Jahr nach Ame=rika fahren, und vielleicht werden wir alle hinüberkommen. Wenn unsere Alte Welt nur mehr aus einem einzigen Mann besteht, was hat es dann für Sinn, noch länger hierzubleiben?" Der Präsident der Vereinigten Staaten, an den diese rhetorische Frage gerichtet war, antwortete sehr vorsichtig. Am 16. Juli schrieb Jefferson:

„Der Enkel Neckers kann in einem Land, das den Minister so hoch geachtet hat, eines herzlichen Willkommens sicher sein. Mich selbst, der die Tugenden des Großvaters liebte und dessen hervor=ragende Talente ehrfürchtig bewunderte, werden die Aufmerksam=keiten, die mir in seinem Haus erwiesen wurden, und die beson=dere Achtung, die ich Ihnen entgegenbringe, noch zusätzlich ver=anlassen, dem jungen Mann gern in jeder Form zu Diensten zu sein ... Wir werden ihn in Monticello aufrichtig willkommen hei=ßen, wo ich mich dann im Schoß meiner Familie aufhalten werde."

Jefferson zog es vor, auf den angedeuteten Plan, daß auch Ger=maine nach den Vereinigten Staaten kommen könnte, nicht weiter einzugehen. Corinna in Amerika war für ihn vielleicht eine zu groteske Vorstellung. Germaine aber war es ernst. Am gleichen Tag schrieb sie auch an Gouverneur Morris und teilte ihm ihre Absicht mit, ihre schon sehr ausgedehnten Besitztümer in Amerika noch zu vermehren; August solle sie verwalten und amerikanischer Staatsbürger werden.

Morris nahm sie beim Wort:

„Sie und Ihr Sohn werden sich Mitte April in Nantes Richtung New York einschiffen. Sobald Sie ankommen, werden Sie sich hier=herbegeben (nach Morrisania), Milch trinken und ausruhen. An=fang Juni können Sie dann aufbrechen und Ihre Ländereien be=sichtigen ... Mitte September werden Sie zurückkehren, um sich von diesen Anstrengungen auszuruhen, Pfirsiche pflücken, spa=zierengehen, Gedichte oder Romane schreiben — wonach Ihnen der Sinn steht. Sobald mein Zufluchtsort seinen Charme für Sie ver=

loren hat, können Sie sich in der Stadt niederlassen, und dort werden Sie mit Hilfe einer guten Köchin ausgezeichnet essen. Die Freuden New Yorks bestehen, wie auch anderwärts, darin, zu verdauen, geistvolle Dinge zu äußern, von seinen Nachbarn schlecht zu sprechen und so weiter. Alles in allem, Madame, ist das Leben überall so ziemlich dasselbe."

Ob Morris das beabsichtigt hatte oder nicht: Dieses Bild des Glückes wirkte auf Germaines amerikanische Träume wie eine kalte Dusche. Morrisania war offenbar ein zweites Coppet, New York ein zweites Genf – aber um wieviel weiter von Paris entfernt! – und im St.-Lawrence-Land, wo ihr Grundbesitz lag, begann die Wildnis. Es war besser, Amerika aus sicherer Entfernung zu lieben. Wann immer aber in den nächsten vier Jahren ihre sonstigen Pläne zunichte wurden, spielte Madame de Staël wieder mit dem Gedanken an Amerika. Zweifellos trug sie sich ernsthaft mit der Absicht, ihre Söhne dorthin zu schicken; andererseits diente ihre so häufig angekündigte und immer wieder verschobene Abreise dazu, ihre Freunde einzuschüchtern und ihre Feinde in Sicherheit zu wiegen. Als im Oktober 1807 ihre letzten Hoffnungen dahinschwanden und der Paß nach Amerika schon in ihren Händen war, fuhr sie jedoch nicht nach New York, sondern zurück nach Coppet.

Dort traf sie im Mai 1807 ein. Die Aufnahme, die *Corinna* in ganz Europa fand (Italien ausgenommen, wo niemand Bücher las), war Balsam auf ihre Wunden. Goethe, der sie wissen ließ, daß er „begeistert" sei, gab den Ton an. Sie war fraglos zur Autorin des Tages geworden. Binnen weniger Wochen füllte Coppet sich mit Gästen. Madame Récamier traf am 10. Juli mit Elzéar de Sabran ein. Prinz August von Preußen war durch den Frieden von Tilsit aus seiner Gefangenschaft in Frankreich erlöst worden – einer Gefangenschaft, die man ihn auf sein Ehrenwort hin zumeist in Salons und Boudoirs hatte verbringen lassen – und kam am 11. August nach Ouchy bei Lausanne, wohin Germaine vorübergehend ihren Hof verlegt hatte. Er wollte vierzehn Tage bleiben und blieb zweieinhalb Monate. „Der Sommer", berichtet Chateaubriand (obwohl er nicht dort war), „verging unter lauter Festlichkeiten": Festen, Diners, Theaterproben und -aufführungen, Fahrten auf dem See, Musik, Konversation und Liebesaffären. Offenbar eine recht angenehme Art und Weise, im Exil zu leben, noch dazu umgeben von der herrlichsten Landschaft Europas, während das übrige Europa blutete und hungerte. Hin und wieder brachte wohl ein Gast auf der Durchreise die kalte Luft der rauhen Wirklichkeit mit sich; so kam Prosper de Barante auf der Rückkehr von einer Dienstfahrt nach Polen und Deutschland auf ein paar Tage nach Coppet und erzählte von den Abscheulichkeiten, die er in den besetzten Gebieten gesehen hatte. Hier, vor „dem Obersten Gerichtshof des europäischen Gewissens", wurde der Eroberer nicht mehr als bloßer Tyrann, sondern als Verbrecher abgeurteilt. Während ganz Europa vor ihm kroch, blieb Coppet einer der wenigen Orte, an dem sich der Widerstand noch ohne jeden Kompromiß erhalten hatte, und vermutlich war es der einzige Ort, an dem er nicht auf nationalem oder dynastischem Stolz, sondern auf moralischen Prinzipien begründet war. Dieser Widerstand konnte natürlich in nichts anderem bestehen als einer geistigen Haltung; Handeln war unmöglich; aber die geistige Haltung der Gäste von Coppet bestimmte die öffentliche Meinung Europas.

Der Natur, für die Germaine nicht viel übrig hatte, wurde von ihren vertrauten Freunden der gebührende Tribut gezollt. Schlegel wollte teils der ewigen Unruhe im Schloß entrinnen, teils behagte es ihm nicht, in Gegenwart von Fürsten und Herzoginnen eine untergeordnete Rolle spielen zu müssen, und so begab er sich zu Fuß auf eine Wanderung durch die Schweiz und nahm den jetzt fünfzehnjährigen Albert mit, dessen Kräfteüberschuß auf diese Art ein vernünftiges Ventil fand. „Er möchte am liebsten Gemsjäger werden", schrieb Schlegel an Germaine, als sie sich über Alberts Orthographie beklagte; „und wer weiß, ob das nicht der richtige Beruf für ihn ist?" Als die größte Huldigung jedoch, die die Natur in diesem Sommer empfing, muß Madame de Staëls und Madame Récamiers Besteigung des Montblanc angesehen werden. Am 23. Juli erhielt Juliette die Nachricht, Fürst Pignatelli, mit dem sie eine ihrer nahezu leidenschaftlichen Liebesaffären gehabt hatte, sei an Tuberkulose gestorben. Um sie aufzuheitern, fuhren Germaine und Elzéar mit ihr nach Chamonix und nahmen dort einen Führer, der sie zum Mer de Glace bringen sollte. Die Sonne war stärker als die durchsichtigen Schals und Schleier der Damen. Sie hatten den Gletscher noch nicht erreicht, da war ihr tiefes Decolleté bereits heftig gerötet und ihre bebänderten Strohhüte schlaff vom Schweiß. Sie weigerten sich kategorisch, noch einen Schritt bergauf zu tun. Der Führer machte ihnen Vorhaltungen und beschrieb in lyrischen Worten, welch grandioses Schauspiel sie belohnen würde. „Mein Bester", unterbrach ihn Madame de Staël, „Sie können auf mich in allen Sprachen Europas einreden, und doch würde ich nicht mehr weitergehen." Hochgerötet und erschöpft zogen die Damen sich nach Ouchy zurück, wo Juliette in dem von Benjamin vorausgesagten Zeitraum von einem Monat Tröstung fand.

So sah im Jahr 1807 das Leben in Coppet und Ouchy aus, wenn

man sich als Gast nur kurz dort aufhielt und nicht wußte, was unter der Oberfläche vor sich ging. Die Wirklichkeit, die sich unter dem glitzernden Schein nur mühsam verbarg, aber war bitter.

Benjamin blieb noch zwei Monate nach Germaines Abreise in Paris. Seine Flitterwochen mit Charlottte verliefen eher bewegt als beglückend. Einerseits gab es „die Furie, die mich verfolgt, Schaum vor dem Mund, den Dolch in der Hand" – Germaine, die ihm einen Drohbrief nach dem andern schickte und Gerüchte über sein ungeheuerliches Verhalten verbreitete; andererseits Charlotte, die ihm anbot, mit ihr zu brechen, weinte, in Ohnmacht fiel und Szenen machte, die unweigerlich mit einer Versöhnung im Bett endeten. Dazu mußte er sich bei seinem Augenarzt, der beginnende Blindheit konstatiert hatte, einer barbarischen Behandlung unterziehen. Sein Gesicht war nach einer solchen Sitzung noch ganz mit Blut bedeckt, als er einen besonders „grauenhaften Brief" aus Coppet erhielt. Jetzt war es genug, entschied er: Er würde nicht zu Germaine zurückkehren. Eine Woche später erschien Uginet und überbrachte die Botschaft, Germaine selbst würde kommen und Benjamin holen, wenn er sich nicht auf der Stelle zu ihr begebe. Benjamin war drauf und dran, nachzugeben. Er fuhr bis Melun. „Wenn ich noch eine Meile weiterfahre, laufe ich Gefahr, Charlotte zu verlieren", wurde ihm plötzlich klar, und er ließ seine Wut auf Germaine an Uginet in einer Szene aus, die für ihn beschämender war als für den Diener. Sobald Uginet das Zimmer verlassen hatte, brach Benjamin zusammen. „Tausend Erinnerungen zerrissen mir die Seele. Ihre guten Eigenschaften, Albertine, so viele Bande! Ich weinte wie ein Kind."

Benjamin kehrte nach Paris zurück, zärtlich und schluchzend erwarteten ihn dort Charlotte und ein weiterer Brief von Germaine. Noch unentschlossen, was sie weiter unternehmen wollten, verließen Benjamin und Charlotte Paris gemeinsam am 27. Juli. Bei ihrer Ankunft in Châlons hatten sie sich zu folgendem Plan durchgerungen: Charlotte sollte nach Deutschland weiterreisen und ihre Scheidung durchsetzen, für die inzwischen alle Vorbereitungen getroffen waren; Benjamin sollte nach Dôle fahren und bis zu ihrer Rückkehr bei seinem Vater bleiben. Das war natürlich eine genaue Wiederholung der Abmachung des Jahres 1805.

Die Bombardierung mit Briefen erreichte in Dôle einen neuen Höhepunkt: Germaine lag im Sterben; sie nahm Opium; sie würde sich töten; Benjamin würde vor der Welt als ihr Mörder dastehen. All das, während man in Coppet weiter munter Feste feierte. Hilfstruppen traten auf den Plan: Schlegel riet ihm, sich in das Unabänderliche zu fügen; August schrieb ihm einen „würdevollen Brief" in demselben Sinn. Benjamin bat Gott, er möge ihm Charlotte bewahren, und änderte seine Pläne. Er wollte alle seine Manuskripte bei seinem Vater lassen, nur seine Notizen und Karteikarten mitnehmen, in Coppet mit einer Reisetasche erscheinen, die nur das Nötigste enthielt, und bei der ersten Szene, die ihm Germaine machte, wieder abreisen. Er arbeitete diese Pläne gerade noch aus, als Schlegel in Dôle über ihn hereinbrach. Es kam zu „einem bewegten Gespräch". Wenn Benjamin sich nicht augenblicklich nach Coppet begäbe, erklärte Schlegel, so würde Madame de Staël nach Dôle kommen, Gift nehmen und zu seinen Füßen sterben. Benjamin geriet in heftigen Zorn: Als er in Paris war, rief er, kümmerte Madame de Staël sich keineswegs um seine Krankheit; daß er auch gewisse Verpflichtungen einem zweiundachtzigjährigen Vater gegenüber habe, sei ihr gleichgültig; in ihrer Tyrannei kenne sie weder Vernunft noch Mitleid; was immer sie an Ansprüchen auf ihn gehabt hätte, habe sie verwirkt.

Schlegel erbleichte ob dieser Blasphemie und wurde zum Fanatiker. Was bedeuteten ein Vater, was Bequemlichkeit, Ruhe, Freiheit, Ruhm und Ruf im Vergleich zur Liebe einer „göttlichen Freundin", eines „übernatürlichen Wesens"? Um ihr zwei Stunden des Leidens zu ersparen, konnte man ruhig seine Sohnespflichten zum Opfer bringen. Auf Benjamin einredend, steigerte Schlegel sich in Raserei: Hätte Germaine ihm befohlen, den Mann zu erdrosseln, der sich weigerte, sie zu lieben, sie, das einzigartige, göttliche Geschöpf, dem er alles ohne Hoffnung auf Dank geopfert hatte, er würde ihn mit Vergnügen erdrosselt haben. Das Gespräch endete damit, daß Benjamin ihm versprach, am übernächsten Tag abzureisen. Nur die Handschellen fehlten, als der Wärter grimmig neben dem Verbrecher seinen Sitz im Wagen einnahm. Sie reisten die ganze Nacht und den ganzen Tag und trafen am Abend des 17. Juli um neun Uhr in Coppet ein. Germaine wartete im Hof. Benjamin war kaum aus dem Wagen gestiegen, hatte kaum ein paar Worte gestammelt, als sie ihn auch schon am Arm packte, in den Park zerrte und ihm schreiend alle Schmähworte an den Kopf warf, die sich während des Wartens in ihr aufgestaut hatten. Todmüde brachte Benjamin keine Silbe heraus; sie hielt sein Schweigen für Zerknirschung. Ihre Gespräche wurden an den nächsten Tagen in ruhigerer Stimmung fortgesetzt. Auch diese Ruhe jedoch war sehr relativ. Jeden Tag verkündete Germaine, sie beabsichtige, Selbstmord zu begehen.

„Sie will mich nicht aus den Augen lassen, und beim ersten Versuch, den ich mache, fortzugehen, droht sie, sich umzubringen.

Ihre Kinder, ihre Dienerschaft, ihre Freunde, die ganze Welt wurde ins Vertrauen gezogen und mit dieser Drohung bekannt gemacht, und sie alle betrachten mich als ein Ungeheuer, weil ich ihre Leiden nicht lindere."

Benjamin vergalt es damit, daß er drohte, aus Verzweiflung zu sterben, wenn man ihn seiner Freiheit beraube; ehe sie ihm gestatte abzureisen, wolle sie ihn lieber sterben sehen, antwortete Germaine.

Am Tag nachdem Germaine zu ihrer alpinen Expedition aufgebrochen war, zog Benjamin nach Lausanne zu seinen Verwandten. Ihrem Wort getreu, verlegte Germaine ihren Hof nach Ouchy, einen Steinwurf von Lausanne entfernt, wo sie ihn genau überwachen konnte. Während seine Tante de Nassau und seine Cousine Rosalie spotteten, weil er sich von Madame de Staël versklaven ließ, zwang ihn Madame de Staël, bis fünf Uhr morgens stürmische Gespräche zu führen, entlockte ihm „stillschweigende Abmachungen" und verkündete aller Welt, daß sie und Benjamin untrennbar wieder vereint wären. Benjamin widersprach ihr nicht. „Wie kann man einem Menschen die Wahrheit sagen, dessen einzige Antwort darin besteht, Opium zu schlucken?"

Zu diesem Zeitpunkt begann er bei den mystischen Versammlungen Trost zu suchen, die einer seiner zahllosen Cousins, der Chevalier de Langalerie, abhielt.

Langalerie stand in der Französischen Schweiz an der Spitze jenes quietistischen Mystizismus, der von dem hl. Franz von Sales, Jakob Böhme, Fénelon, Madame Guyon und Saint-Martin herrührte und einen so großen Einfluß auf die in den ersten Jahrzehnten des 19. Jahrhunderts erfolgende Wiederbelebung mystischer Strömungen sowohl bei den Protestanten als auch bei den Katholiken hatte. Ebenso subtil wie fromm, sah er seines Cousins bejammernswerte Verfassung und war sich zugleich seiner tief eingewurzelten antireligiösen Überzeugungen bewußt. Er versuchte, ihm den Weg aus dem Abgrund der Verzweiflung zu zeigen, ohne das Wort *Gott* auch nur zu erwähnen. „Sie können nicht leugnen", sagte Langalerie, „daß es außerhalb von Ihnen eine Macht gibt, die stärker ist als Sie selbst." Benjamin war nicht in der Lage, das abzuleugnen. „Der einzige Weg, auf dieser Erde glücklich zu werden", fuhr der Chevalier fort, „besteht darin, daß man mit dieser Macht, was immer sie auch sei, harmoniert, und um zu dieser Harmonie zu gelangen, sind nur zwei Dinge erforderlich: Gebet und Aufgabe des eigenen Willens." Aber wie könne er beten, ohne zu glauben? fragte Benjamin. Er müsse es nur versuchen und abwarten, was dann geschähe, erklärte Langalerie. Die Verwandlung würde sich nicht um ihn, sondern in seinem Innern vollziehen. „Bedeutet es für Sie nicht das gleiche, ob das geschieht, was Sie wollen, oder ob Sie das wollen, was geschieht? Für Sie ist nur wichtig, daß Ihr Wille und die Ereignisse miteinander übereinstimmen."

Für einen Mann in Benjamins Situation hatte diese Lehre viel für sich. Er begann zu beten und beendete alle seine Gebete mit den Worten: „Ich entsage jeder Fähigkeit, allem Wissen, aller Vernunft, jedem Urteil", worauf er sich sehr erleichtert fühlte. Vier Jahre später erinnert er sich in *Cécile:*

„Ich schlief damals einen moralischen Schlaf unter den Schwingen eines unendlichen Wesens, das über mich wachte ... Ich entsagte, in Taten und Gedanken, jedem Versuch, mein Schicksal zu lenken. Ich überließ Gott meine Verpflichtungen Cécile (d. h. Charlotte) gegenüber."

Ein seltsamer Mystiker! Sieht man sich seine Tagebücher genauer an, so gewinnt man die traurige Gewißheit, daß seine Ergebenheit in den Willen Gottes ausgemachtester Fatalismus war und noch dazu unaufrichtig; sie war nicht einmal vollkommen, denn auf den Seiten des Tagebuchs wimmelt es von Anrufen der Sorte: „O Gott, ich bitte Dich, laß das und das geschehen." „O Gott", fleht er einmal, „bewahre mich vor den Folgen meiner falschen Berechnungen!" – gewiß eines der ungewöhnlichsten Gebete, die jemals gesprochen wurden. Das einzige Ergebnis seiner „Viertelbekehrung", wie der Herzog von Broglie sie nannte, war sein moralischer Schlaf. Auf eine ähnlich einschläfernde Wirkung bei Germaine hoffend, versuchte er, auch sie zu bekehren.

„Oft war sie ihrer selbst und der ewigen Aufregung müde, in der sie sich verzehrte, und es reizte sie, mich nachzuahmen und ein wenig Frieden zu finden, aber ... ihr Verstand wehrte sich dagegen, ihrem eigenen Ich zu entsagen, und wir hatten von unseren theologischen Disputationen nur den Nutzen, daß dabei Zeit verging und wir, mit allgemeinen Gedanken beschäftigt, unsere Auseinandersetzungen aufschoben und uns nicht mehr gegenseitig auffraßen."

Das alles spielte sich mitten in den Proben für *Andromache* ab. Germaine überließ die Titelrolle Madame Récamier und wählte die passendere der Hermione, die ihr Gelegenheit gab, ihren Zorn an Benjamin in der Rolle des Pyrrhus auszulassen, der mit einer Trojanerin davonlaufen wollte. Nach der ersten Probe stellte Benjamin die Ähnlichkeit zwischen Hermione und Madame de Staël fest, die aussah – „wie ein alter Rechtsanwalt mit Schlangen im Haar, der in Alexandrien Anklage wegen Vertragsbruch erhob".

Zu der Aufführung, die am 22. August stattfand, kam viel Publikum von weit und breit, sogar von Genf. „Ich finde es unglaublich", schrieb Rosalie, „daß Menschen ihre Situation derart offen zur Schau stellen." Was Benjamin Germaine unter vier Augen nicht zu sagen gewagt hatte, das schleuderte er ihr öffentlich im vierten Akt entgegen:

„Die Troerin, s'ist wahr, wird zum Altar geführt,
Und sie erhält den Schwur, der dir gebührt."

Hermiones Redeschwall, als Pyrrhus sie beschuldigt, sie hätte ihn nicht geliebt, war hörenswert: „Ich dich niemals geliebt? Was hab' ich sonst getan?" rief Germaine. „Selbst jetzt noch, da deine grausamen Lippen so ruhig mein Todesurteil verkünden, selbst jetzt noch frag ich mich, Undankbarer, ob ich dich nicht liebe." Auf ihr Flehen, die Entscheidung wenigstens einen Tag noch aufzuschieben, bleibt Pyrrhus stumm. „Ich seh', es ist dir leid, um die in dem Gespräch mit mir verlor'ne Zeit", schleuderte Germaine Benjamin entgegen, der erschrocken die Augen zukniff.

„Gesteh es nur, daß ich dir bloß im Wege bin,
Dich treibt die Ungeduld zu deiner Troerin.
Dein Herz verlangt nach ihr, unruhig schweift dein Blick.
Geh nur! Hermione hält dich nicht mehr zurück.
Geh, ihr die Treue, die du mir einst schworst, geloben,
Schände die Majestät der ewigen Götter droben,
Der Götter, die noch nicht vergaßen, daß du mir
Dich mit dem gleichen Eid verbandest wie jetzt ihr.
Das Herz, das mich betrog, leg vor dem Altar nieder,
Doch hüte dich, siehst du Hermione dort wieder[43]."

Am 25. August kehrte Germaine nach Coppet zurück, nachdem sie Benjamin das Versprechen abgerungen hatte, ihr in fünf Tagen zu folgen. Als die fünf Tage verflossen waren, schrieb er ihr einen Brief, teilte ihr mit, daß alles vorüber sei und daß er niemals zurückkehren werde; dann zerriß er den Brief und kam.

Jetzt wollte er reinen Tisch machen. Entweder sie heiratete ihn oder sie gab ihn frei. Sobald er in Coppet angekommen war, ging er geradewegs in ihr Zimmer, trat vor sie hin und befahl ihr, ihn unverzüglich zu heiraten. „Ihre Wut", berichtet Benjamin, „war ebenso groß wie ihre Überraschung. Sie läutete. Ihre Kinder kamen herein. ‚Seht hier', sagte sie und wies auf mich, ‚den Mann, der eure Mutter ruinieren will, indem er sie zwingt, ihn zu heiraten'!"

Die Kinder starrten das Ungeheuer an. Benjamin legte seine Hand auf Augusts Schulter und gab die großartige Antwort: „Betrachtet mich als den niederträchtigsten aller Männer, wenn ich jemals eure Mutter heirate." In diesem Augenblick erhob Germaine „sich von ihrem Stuhl, warf sich mit entsetzlichem Geschrei auf den Boden, versuchte, sich mit ihrem Taschentuch zu erdrosseln — kurz, machte eine jener grauenhaften Szenen, die sie auf Wunsch heraufbeschwören und die der arme Benjamin nicht ertragen kann[44]". Hier bot sich eine Gelegenheit, experimentell zu erproben, ob man sich wirklich mit einem Batisttaschentuch erdrosseln konnte; statt sie zu nützen, hob Benjamin Germaine vom Boden auf und beruhigte sie mit zärtlichen Worten. Dann zog er sich in sein Zimmer zurück, schrieb einen Brief, in dem er auf ewig Lebewohl sagte, und schlüpfte nach einer schlaflosen Nacht um sieben Uhr morgens aus dem Haus. Er ritt geradewegs nach Lausanne und fand dort bei einer Verwandten, Madame de Charrière de Bavois, Unterschlupf. Madame de Nassau und Rosalie kamen, um ihm Mut zuzusprechen. Schreckensbleich saß Benjamin im Salon, den starren Blick auf die Uhr gerichtet, und wartete auf das Unvermeidliche, als plötzlich unten Germaines Stimme ertönte. Rosalie sprang auf, um dem Feind entgegenzutreten, und schloß die Türe hinter sich ab. Sie fand Madame de Staël mit entblößtem Busen auf der Treppe liegend, ihre schwarzen Locken flossen über die Stufen. „Wo ist er? Ich muß ihn finden!" schrie sie. Während Rosalie und Madame de Nassau versuchten, sie in eines der Schlafzimmer zu ziehen, und ihr versicherten, Benjamin sei nicht im Haus, begann Benjamin wie rasend gegen die Tür des Salons zu schlagen und brüllte, Rosalie möge aufschließen. Es blieb Rosalie nichts anderes übrig, als zu gehorchen; Germaine stürzte herein, warf sich zuerst in Benjamins Arme, dann ihm zu Füßen, wand sich auf dem Boden und überschüttete alle Anwesenden schreiend mit den haarsträubendsten Anschuldigungen. Als der Sturm sich ausgetobt hatte, flehte sie Benjamin an, ihr noch zwei Monate zuzugestehen; danach könne er seine Freiheit haben, wenn er wolle. Wie ein Automat folgte er ihr zu dem wartenden Wagen. Um sieben Uhr abends, zwölf Stunden nach seiner Flucht, war er wieder in Coppet.

Das Universum von Coppet drehte sich um zwei Sonnen — Germaine, flammend, explodierend, gebieterisch; und Juliette, kühl, distanziert und anziehend. Juliette, der anziehendere von den beiden Himmelskörpern, trauerte noch diskret um Fürst Pignatelli, als Prinz August von Preußen in Ouchy erschien. Der Prinz, ein Neffe Friedrichs des Großen, war ein schneidiger junger Offizier, der mit seinen achtundzwanzig Jahren den Spitznamen Prinz Don

Juan erhalten hatte. Das Zusammentreffen mit Juliette verwandelte ihn für den Rest seines Lebens in einen Werther. Juliette gestattete ihm, sie anzubeten, und Germaine förderte die Liebesgeschichte nach Kräften. Sie hoffte, Juliette würde durch Prinz August endlich all das Liebesglück finden, das sie ihr Leben lang gesucht und geflohen hatte. Sie hoffte damit auch eine Rivalin auszuschalten, denn Prosper, den sie keineswegs aufgegeben hatte, wurde im September erwartet. Bei Prospers Ankunft am 26. September waren Juliette und der Prinz verlobt. Sie hatten die letzten Sommertage dazu benützt, allein durch die Felder und Weingärten über Land zu reiten oder auf dem See zu rudern. Eines Tages stellte der Prinz einen in den Annalen königlicher Hoheiten einzig dastehenden Rekord des Rudersports auf und ruderte sie nach Clarens und dem Meillerie-Felsen, dem Schauplatz der *Nouvelle Héloise*. Es mußte etwas geschehen, das Juliens und Saint-Preux' würdig war: Sie schworen einander ewige Liebe.

Nach einer Aufführung von *Phädra* – Juliette hatte die Rolle der Aricia gespielt, und ihre Wangen glühten noch von ihrem triumphalen Erfolg – durfte der Prinz ihr Gemach betreten, und Juliette versprach ihm, seine Gattin zu werden. Da Monsieur Récamier, der damals gerade in Paris bemüht war, sich aus seinem Bankrott herauszuarbeiten, nicht ganz übergangen werden konnte, schrieb ihm Juliette und verlangte die Scheidung. Sie hoffte auf eine Antwort, ehe der Prinz nach Berlin zurückkehrte. „Wir waren überzeugt, daß wir heiraten würden", gestand sie fünfunddreißig Jahre später, „und unsere Beziehungen waren sehr intim; eines aber wurde ihm doch nicht gewährt." Da bis zum 28. Oktober, dem für die Abreise des Prinzen festgesetzten Tag, keine Antwort eingetroffen war, tauschten die Liebenden auf echt Coppetsche Weise ihre Versprechungen schriftlich aus und wechselten Ringe; August schenkte ihr außerdem ein goldenes Armband und eine goldene Kette, an der ein Herz aus Rubin hing. Am Tag nach seiner Abreise brachte der Postbote Monsieur Récamiers Antwort. Der Bankier äußerte sich wenig begeistert, auch fand er, daß Juliette den Zeitpunkt schlecht gewählt habe; kam ihre Bitte um Scheidung doch gerade in einem Augenblick, wo er vom Unglück verfolgt war. Er würde einwilligen, wenn sie darauf bestehe, gleichzeitig aber appellierte er an alle Gefühle ihres edlen Herzens und sprach sein Bedauern darüber aus, daß er auf ihre jungfräuliche Empfindsamkeit stets Rücksicht genommen habe. Diese Antwort, die man ohne weiteres hatte voraussehen können, bestürzte Juliette sehr. Germaine erklärte ihr sehr bestimmt, sie müsse mit ihrem Mann brechen, wollte Juliette aber gar nicht gern nach Paris zurückfahren lassen. Juliette war froh, die Entscheidung aufschieben zu können, und blieb noch einen Monat in Coppet, wo ihr der Amerikaner Mr. Middleton das Leben so angenehm gestaltete, als sie es ihm erlaubte.

Germaine hatte schon eine ganze Weile mit dem Gedanken gespielt, den Winter in Wien und Süddeutschland zu verbringen, wo sie noch nie gewesen war; aber es wurde von einem Krieg zwischen Frankreich und Österreich gesprochen und die Abreise daher von Woche zu Woche aufgeschoben. Am 1. November lief Benjamins Frist von zwei Monaten ab. Germaine bat ihn, noch zu bleiben, bis sie selbst Coppet verließ. Benjamin ging ohne weiteres darauf ein: Sein moralisches Koma war schlimmer denn je. Charlotte, seinen Anweisungen folgend, hatte sich inzwischen auf den Weg nach Besançon gemacht, aber der Gedanke, daß sie ihn dort nicht finden würde, regte ihn nicht weiter auf: „Möge die Zeit ihr Werk tun", schrieb er in sein Tagebuch. „Was in dem Buch des Schicksals verzeichnet steht, wird sich erfüllen." Seine Resignation rührte nicht nur vom Quietismus her. Während er auf Germaines Abreise wartete, hatte er, um sich zu beschäftigen, begonnen, eine Tragödie zu schreiben: *Walstein,* eine fünfaktige Adaptierung von Schillers *Wallenstein-Trilogie.* Die Arbeit schritt rasch vorwärts und nahm ihn mehr und mehr in Anspruch. Er wollte Coppet nicht verlassen, ehe sie nicht vollendet war. Sobald er einmal aufgehört hatte, mit Germaine zu streiten, „ein Mensch, mit dem man in allen kleinen Angelegenheiten wunderbar leicht auskommen kann, wenn man ihr nur in allem Großen ihren Willen läßt", wurde sie zu einer angenehmen Gefährtin und unschätzbaren literarischen Ratgeberin. Ungerührt von Charlottes herzbrechenden Briefen, Juliettes eleganter Verzweiflung, de Sabrans Nervenzusammenbrüchen, Schlegels gelbsüchtigen Augen und dem Mangel an „1" mühte er sich mit verbissener Hartnäckigkeit um seine Alexandriner. Germaines Gewohnheit, dauernd „den Puls ihrer eigenen Empfindungen zu fühlen", ärgerte ihn gelegentlich, und es gab kleinere Streitereien, wenn er nicht genügend Interesse für ihre „Selbstanalyse" aufbrachte, aber im großen ganzen war es eine ruhige Zeit; die Explosion vom 31. August und 1. September hatte die Luft gereinigt. Ende November brach Germaine endlich nach Wien auf, begleitet von Schlegel, Albert, Albertine und Uginet. Benjamin fuhr mit ihnen bis Lausanne. Nach rührendem Abschied reiste am 4. Dezember jedes seiner Wege – Germaine nach München, Benjamin nach Besançon, wo Charlotte vier Wochen lang in einem Gasthof auf ihn gewartet und jeden Tag sich in größere Wut gesteigert hatte.

Als er über den schneebedeckten Jura rollte, starrte Benjamin, in eine Ecke des Wagens gelehnt, regungslos vor sich hin. Er sah, wie sich „alle Gespenster der Vergangenheit vor ihm erhoben und immer größer wurden". Germaine, so überlegte er, „war der Tyrann, aber auch das Ziel meines Lebens gewesen ... Ich stand im Begriff, alles Gute von mir zu werfen, das ich während mehr als einem Drittel meines Daseins hätte tun können." Als der Wagen einen steilen Abhang neben einem sechzig Meter tiefen Abgrund hinunterrollte, rissen die Gurten; der Kutscher mußte die Pferde mit der Peitsche zum Galopp antreiben, um nicht in sie hineinzufahren.

„Ich glaubte (berichtet Benjamin), wir würden dabei umkommen, und ich empfand große Freude darüber ... Unser Kutscher aber, der meine Wünsche nicht teilte, entdeckte ein ziemlich tiefes Loch rechts neben der Straße, und es gelang ihm, den Wagen dort zum Umkippen zu bringen. Der Wagen wurde beschädigt, aber die Pferde kamen zum Stillstand."

Benjamin setzte seinen Weg bis Ornans zu Fuß fort, sandte von dort ein Billet an Charlotte und stieg dann in den Wagen, den man wieder repariert hatte. Eine Meile vor Besançon standen Charlottte und ihre Zofe wartend an der Straße im Morast. Statt gerührt zu sein, wurde Benjamin wütend. Er sprang aus dem Wagen, packte Charlotte bei der Hand: „Du bist verrückt", war die Begrüßung. „Du hättest wenigstens in einem Wagen herkommen können." Charlotte starrte ihn ungläubig an. „Fahr nur im Wagen weiter. Ich treffe Dich später", sagte sie schließlich. Benjamin setzte sich wieder in den Wagen, fuhr fort, und Charlotte konnte sich zu Fuß zurückschleppen.

Er kam eine Stunde vor Charlotte im Gasthof an. „Ich benützte diese Stunde dazu, Madame de Staël den glühendsten Liebesbrief zu schreiben, den sie je von mir erhielt", berichtet er.

Als Germaine ihren Sohn August zurückließ, hatte sie ihn mit einer besonderen Mission betraut, die für einen siebzehnjährigen Jüngling beängstigend gewesen sein muß. Am 30. Dezember, ungefähr um die Zeit, als seine Mutter in Wien einfuhr, wartete August in Chambéry in Savoyen darauf, zu Napoleon vorgelassen zu werden. Der Kaiser, der sich auf der Durchreise befand, hatte eine Audienz gewährt, von der Germaine sich ein doppeltes Wunder erhoffte – zwei Millionen Franken und eine Aufenthaltserlaubnis für Paris. Man wies August in einen Raum, in dem der Tyrann, umgeben von seinem Stab, eben sein Frühstück beendete. Der Junge brachte sein Ansuchen vor und verfiel dabei in den

Neckerschen Fehler, von der Vergangenheit zu sprechen, unter anderem von Neckers letztem Werk. Kaum war der Name gefallen, als der Kaiser zu einer donnernden Rede ansetzte. „Ihr Großvater war ein Schwärmer, ein Verrückter, ein seniler Narr", herrschte er August an, der bei dieser Blasphemie erbleichte und antwortete, Necker sei nicht der einzige Ökonom gewesen, der über Verfassungsfragen geschrieben habe. Daß August ihm hartnäckig Widerpart hielt, beflügelte jedoch den Kaiser zu den brillantesten Schimpftiraden. Ökonomen seien nicht wert, im entlegensten Dorf seines Reiches die Steuern einzutreiben; Necker sei „ein eigensinniger alter Mann" gewesen, der „auf seinem Totenbett immer noch darüber schwätzte, wie man Völker zu regieren habe" ... „Er war es, der die Monarchie zu Fall und Ludwig XVI. aufs Schafott brachte ... Ja, ich sage Ihnen, daß sogar Robespierre, Marat, Danton Frankreich weniger geschadet haben als Necker. Er hat die Revolution entfesselt." Nachdem er mehrere Minuten lang in dieser Art weitergeeifert hatte, hielt er plötzlich inne, wandte sich an sein Gefolge und lächelte. „Letzten Endes, meine Herren, darf ich wirklich nicht schlecht von der Revolution sprechen, da ich schließlich auf dem Thron landete", bemerkte er und sah dann August streng an. „Mit der Herrschaft der Unruhestifter ist es vorbei. Was ich erwarte, ist Subordination. Die Autorität muß geachtet werden, denn sie stammt von Gott ... Jeder muß in der Politik auf dem geraden Weg bleiben." Bei diesen Worten erhob er sich, und August, der die günstige Gelegenheit ungenutzt entschwinden sah, flehte den Kaiser an, dem Exil seiner Mutter ein Ende zu setzen.

Napoleon ging auf August zu, zog ihn heftig am Ohrläppchen – ein Zeichen kaiserlicher Gnade – und sagte in freundlicherem Ton:

„Sie sind sehr jung. Hätten Sie mein Alter und meine Erfahrung, Sie würden die Dinge besser beurteilen. Ihre Aufrichtigkeit hat mich nicht etwa beleidigt, sondern mir gut gefallen. Einen Sohn, der sich für seine Mutter einsetzt, sehe ich gern. Ihre Mutter hat Sie mit einer schwierigen Aufgabe betraut, und Sie haben sich klug aus der Affäre gezogen."

Trotzdem, fuhr er fort, würde nichts ihn dazu bewegen, sie aus der Verbannung zurückzurufen. Es wäre etwas anderes, wenn sie im Gefängnis säße. August wandte ein, daß die Verbannung so schmerzlich sei wie ein Gefängnis. „Das sind alles sehr romantische Vorstellungen", antwortete der Kaiser. „Die müssen Sie von Ihrer Mutter haben. Sie ist wirklich bemitleidenswert! Mit Ausnahme von Paris ist ganz Europa ihr Gefängnis." Aber alle ihre Freunde seien in Paris, beharrte August. Napoleon war jedoch überzeugt, daß sie auch anderwärts sich Freunde gewinnen konnte. Warum ausgerechnet Paris? Warum lag ihr soviel daran, unter seine Tyrannei zu geraten? Warum nicht London? Wo immer – „Aber sehen Sie, Monsieur de Staël, Paris ist der Ort, an dem ich lebe. Ich will dort niemand haben, der mich nicht leiden kann ... Ihre Mutter würde das Blaue vom Himmel versprechen, aber sie würde sich unweigerlich wieder über politische Dinge unterhalten."

August beruhigte ihn. Was das betraf: Ihre Freunde und Literatur – um etwas anderes wollte seine Mutter sich nicht kümmern.

„So also sieht die Sache aus? Literatur, sonst nichts? Darauf falle ich nicht herein. Man kann Politik machen, indem man über Literatur, Moral, Kunst, über irgend etwas spricht. Frauen sollten beim Strickstrumpf bleiben."

„Aber Eure Majestät", wandte August ein, „wenn gewisse heilige Pflichten ihre Anwesenheit in Paris für ein paar Tage erforderlich machten, könnte sie ..."

„Was meinen Sie mit heiligen Pflichten?" unterbrach der Kaiser. „Wovon sprechen Sie?"

August murmelte etwas von einer „heiligen Schuld", ein Ausdruck, der den Kaiser zu amüsieren schien. Jeder Gläubiger sei der Meinung, Schulden seien heilig, bemerkte er. Darüber hätte das Gesetz zu entscheiden. August war fest entschlossen, ihm irgendeine Konzession abzuringen, und wechselte das Thema. Er und sein Bruder, versicherte er, wollten sich in Frankreich niederlassen. Aber der Anstand würde es ihnen verbieten, wenn man ihrer Mutter nicht gestatte, dort zu leben. Auf Napoleon machte das keinen Eindruck:

„Es liegt mir gar nichts daran, Sie in Frankreich zu haben", sagte er. „Ich würde es Ihnen nicht einmal raten. Gehen Sie nach England. Dort lieben sie die Genfer, diese Haarspalter und Salon-Politiker. Gehen Sie nach England, denn in Frankreich, darauf mache ich Sie aufmerksam, werde ich eher gegen als für Sie sein." Und ohne noch ein Wort hinzuzufügen, verließ er das Zimmer, bestieg seinen Wagen und fuhr fort. Nach langem Schweigen sagte er zu Duroc: „War ich nicht etwas grob mit dem jungen Mann? Ich fürchte. Nun, um so besser. Sie wird niemand mehr schicken, es noch einmal zu versuchen. Diese Leute setzen alles herab, was ich tue. Sie verstehen mich nicht."

Auf ihrem Weg nach Wien machte Germaine sechs Tage in München halt, wo sie von der sehr pro-napoleonischen Gesellschaft feindlich empfangen wurde. „Ihre Kleider", berichtete ein Lokalchronist, „waren überaus lächerlich, und ihre natürliche Häßlichkeit wurde dadurch noch unterstrichen." In der Welt der Literatur fand sie eine freundlichere Aufnahme. Mit Schlegel besuchte sie Schelling, der von ihr meinte: „Die Form ist französisch, soviel sie es nur sein kann, der Grund aber um gar viel besser." Caroline Schelling berichtete einer Freundin vom guten Aussehen ihres früheren Gatten, Schlegel, und fuhr dann mit einer Beschreibung von Madame de Staël fort:

„Sie ist ein Phänomen von Lebenskraft, Egoismus und unaufhörlicher geistiger Regsamkeit. Ihr Äußeres wird durch ihr Inneres verklärt, und das bedarf es wohl; denn es gibt Momente, oder Kleidung vielmehr, wo sie wie eine Marketenderin aussieht und man sich doch zugleich denken kann, daß sie die Phädra im höchsten tragischen Sinn darzustellen fähig ist."

Aber wo Caroline die Schönheit der Seele durch Germaines grobe und schwere Züge hindurchscheinen sah, fiel der frivolen Münchner und Wiener Gesellschaft nur Häßlichkeit auf; wo Caroline die Tragödie einer Frau in den Vierzigern erkannte, die noch an Glück in der Liebe dachte und sich an diese Hoffnung klammerte, lachten die andern über das groteske Schauspiel einer Frau, die sich ihres Alters nicht bewußt war. Ihr großes Decolleté, das fleischige Arme und weite rötliche Wölbungen von Hals und Busen freigab; ihre Turbans und Paradiesvogelfedern; ihre laute Stimme, ihr unaufhörliches nervöses Zwirbeln von Papierschnitzeln oder Zweigen; ihr völliger Mangel an Selbstkritik – das alles gab während ihres fünfmonatigen Aufenthalts in Wien Anlaß zu Neugier und hinter ihrem Rücken zu grausamen Scherzen.

Die Zeiten hatten sich geändert. Die gutmütige Toleranz, mit der man – zumindest in der guten Gesellschaft – im achtzehnten Jahrhundert jede Exzentrizität hingenommen hatte, war einem eingebildeten Snobismus und Eigendünkel gewichen, einer arroganten Frivolität, ohne wirklich menschliches Gefühl, wenn auch voll oberflächlicher Sentimentalität. Nirgends kam diese Einstellung so deutlich zum Ausdruck wie in Wien, einer Stadt, die traditionsgemäß Sentimentalität mit Spott verbindet. Das gleiche Wien, das über Madame de Staël lachte, lachte auch über Beethoven. Zur Zeit von Germaines Besuch bildete die Bevölkerung des eigentlichen Stadtkerns – der immer noch ganz klein war – eine einzige große Familie, an deren Spitze das kaiserliche Paar stand. Es kamen mehr Herzöge, Prinzen und Magnaten auf den Hektar als irgendwo sonst in der Welt, und obwohl die gesellschaftliche Trennung zwischen Adel und Bürgertum sehr streng eingehalten wurde, schienen die Schichten sich in irreführender Vertraulichkeit miteinander zu vermengen. Das täuschte aber, denn der Adel mischte sich zwar herablassend bei jeder Art Spiel unter das Volk – im Prater, im Redoutensaal, in den Theatern, in den Schenken – das Bürgertum war aber restlos von der aristokratischen Gesellschaft ausgeschlossen. Das führte zu Mittelmäßigkeit in kultureller und zu Snobismus in gesellschaftlicher Hinsicht. Wie Madame de Staël in ihrem Buch über Deutschland bemerkte, hatte Wiens gute Gesellschaft die Frivolität und Zerstreuung zu einem starren System erhoben. Die Häuser, in denen man sich am wenigsten albern unterhielt, sich am natürlichsten benahm und am selbstverständlichsten Begabungen anerkannte, waren die Häuser des russischen Botschafters und des polnischen Adels – Häuser also, in denen man mehr Französisch als Deutsch sprach.

Während der fünf Monate, die Madame de Staël in Wien, der kosmopolitischsten und provinziellsten aller Hauptstädte, verbrachte, stand sie im Mittelpunkt des Klatsches. Noch Jahre nachher sprachen die Wiener vom Jahr 1808 als „dem Jahr, in dem die Staël in der Stadt war". Nichts, was sie tat, war nach Wiener Ansicht richtig. Am Hof der neuen jungen Kaiserin verstieß sie gegen die Etikette, weil sie sich nicht darauf beschränkte, auf die Fragen der Kaiserin zu antworten, und wurde daraufhin gemieden. In den Salons unterhielt sie sich viel zu häufig mit Männern und erwies sich als viel zu intellektuell. Es fehlte ihr jedes Anstandsgefühl. Sogar der alte Fürst von Ligne, Feldmarschall von Rußland und Österreich, zu dem sie sich hingezogen fühlte, weil sein Geist und seine Manieren noch aus dem achtzehnten Jahrhundert stammten, urteilte nicht ganz ohne Bosheit über sie. Während Germaine eine Auswahl aus seinen Schriften vorbereitete, der er es zu danken hatte, daß ihm eine der kleineren Nischen im literarischen Pantheon zugestanden wurde, entwarf er ein Porträt von ihr, das außer vielen rhetorischen Phrasen auch diese gepfefferte Stelle enthielt:

„Sie besitzt mehr Phantasie als Intelligenz und mehr Intelligenz als Bildung ... Sie gibt Urteilssprüche von sich, entscheidet alles, häuft Irrtum auf Irrtum und weiß schließlich selbst nicht, was sie sagt, wenn sie über Kunst spricht, von der sie nichts versteht, und von religiösem Gefühl, das sie in allem sieht. Ihre Christlichkeit erweckt den Wunsch, man möchte Heide sein, ihr Mystizismus läßt einen die Sachlichkeit vorziehen, und ihre Liebe zum Außergewöhnlichen bringt einen dazu, alles Gemeine und Gewöhnliche zu schätzen."

Trotz oder vielleicht wegen ihrer Lächerlichkeit war Germaine sehr gesucht. Sie machte die Runde durch die großen Häuser der Schwarzenbergs, Liechtensteins, Lignes, Fürstenbergs, Lobkowitze,

Esterhazys, Palffys, Batthianys, Potockis, Zamoyskis, Lubomirskis – mit einem Wort durch die Häuser der Besitzer von halb Zentraleuropa. Vom kulturellen Leben Wiens sah sie wenig, sie besuchte nur hin und wieder Oper und Theater. Sie hörte Haydns *Schöpfung* und *Jahreszeiten*, Mozarts *Requiem* und *Don Giovanni*, Glucks *Iphigenie*; aber wenn sie auch zugab, daß es sich dabei um ausgezeichnete Kompositionen handle, fragte sie sich doch, ob ihre Werke nicht über die eigentlichen Grenzen der Musik hinausgingen. Sie bemühte sich nicht, mit Haydn zusammenzutreffen, und sie erwähnte Beethoven nicht, obwohl sie seinen Schutzherrn, Fürst Lobkowitz, jede Woche mehrmals sah. Die Aufführung, die sie am meisten fesselte, fand im Kasperltheater statt, zu dem sie ihre Kinder mitnahm. Andererseits scheute sie keine Mühe, die Wiener mit ihren eigenen dramatischen Talenten bekannt zu machen: In Wien brach eine ganze Saison lang eine wahre Epidemie von privaten Aufführungen aus. Am 14. Februar gab sie bei den Zamoyskis ihr Stück *Hagar in der Wüste*, das sie am 8. März bei den Fürstenbergs wiederholte, mit Albert in der Rolle des Engels und Albertine als Ismael; die Zuhörer waren höchlichst erstaunt über diese Familien-Darbietung, die Vehemenz von Germaines deklamatorischen Künsten und die Ausdruckskraft ihrer nackten Zehen. Das Stück, bemerkte ein Witzbold, sollte „Abrahams Rechtfertigung" heißen. Das zweite Familienstück, *„Genoveva von Brabant"*, las sie am 14. März bei Graf Potocki „unter heftigem Geschrei" vor und spielte es am 30. März bei den Liechtensteins. Nachdem er die endlosen frommen Anrufungen, die darin vorkommen, über sich hatte ergehen lassen, bemerkte ein Zuschauer: „Da wir jetzt unsere Gebete gesprochen haben, können wir ja zu Bett gehen." Ihr Auftreten in Marivaux' *Le Legs* und Molières *„Les Femmes Savantes"* war erfolgreicher; die Rollen in Komödien spielte sie ohne Übertreibung und Geschrei.

Germaines Mangel an Selbstkritik bewahrte sie davor, zu bemerken, daß selbst die sie verspotteten, die sie als ihre Freunde betrachtete – er machte sie aber auch gegen die satirischen Angriffe der Presse und gegen die Feindseligkeit und das Mißtrauen unempfindlich, die man ihr sowohl von seiten des Hofes wie von seiten der Bevölkerung entgegenbrachte. Die kaiserliche Familie konnte ihre Rolle in der Revolution nicht vergessen, der des Kaisers Tante auf dem Schafott zum Opfer gefallen war; die Bevölkerung haßte sie, einfach weil sie eine Fremde war. Anti-französische Gefühle machten sich in Österreich immer mehr geltend (ein Jahr später führten sie zu dem unbedachten Krieg von 1809), und in patriotischer Hysterie wurde Germaine verdächtigt, eine Geheimagentin Napoleons zu sein. Ihr Benehmen hatte allerdings etwas Unerklärliches: Einerseits war sie ein von Napoleon verfolgtes Opfer und eine Frau, die unumwunden an seinem Despotismus Kritik übte, andererseits fand sie beim französischen Botschafter die beste Aufnahme und war ein häufiger Gast in seinem Haus. Die österreichische Polizei, niemals mit einer einfachen Erklärung zufrieden, wo sich eine komplizierte finden ließ, überwachte sie während ihres ganzen Aufenthalts aufs schärfste.

Der mit Germaines Beschattung betraute Beamte unterrichtete binnen kurzem seine Vorgesetzten davon, daß Germaine fast jede Nacht, wenn sie von ihrer Besuchsrunde in ihre Wohnung zurückgekehrt war, einen jungen Mann empfing und bis in die frühen Morgenstunden bei sich behielt. Der Besucher, vierzehn Jahre jünger als sie selbst, gehörte der Hocharistokratie an und war Offizier in der österreichischen Armee; zeitweise konnte man durch das Fenster beobachten, wie er nach ihrem Diktat bis tief in die Nacht hinein schrieb. Wie düster sich diese Tatsachen auch deuten ließen, die Polizei kam zu dem natürlicheren Schluß, daß ihre Beziehungen sich nicht auf intellektuelle Gespräche beschränkten. In den folgenden drei Monaten konnte der Polizeiminister Germaines Liebesgeschichte in einem höchst detaillierten, gelegentlich leicht humorvollen Bericht verfolgen, der in bestem österreichischem Amtsstil abgefaßt war.

Der junge Mann hieß Graf Moritz O'Donnell von Tyrconnel. Seine Familie hatte sich im vergangenen Jahrhundert in Österreich niedergelassen, und Moritz, 1780 in Wien geboren, war Hauptmann bei den Pionieren. Germaine hatte ihn getroffen, als sie im Mai 1805 fünf Tage in Venedig verbrachte; Graf O'Donnell, der ein Hypochonder gewesen zu sein scheint, befand sich zu dieser Zeit auf Krankenurlaub. In einer Reihe von spielerisch-herausfordernden Briefen lud sie ihn ein, ihr in Coppet oder Genf einen Besuch zu machen, aber O'Donnell stellte sich taub, und zwischen Oktober 1805 und März 1807, als Germaine begann, die Reise nach Wien ins Auge zu fassen, hörte die Korrespondenz zwischen ihnen fast auf. Zu jener Zeit verrieten ihre Briefe keine Anzeichen eines leidenschaftlichen Gefühls, aber sie rechnete offensichtlich damit, daß durch seine Anwesenheit in Wien ihr Herz Beschäftigung finden würde.

Unzweifelhaft gingen die ersten Annäherungsversuche von ihr aus, aber als er darauf ansprach, hielt sie ihn lange genug hin, um ihn sich schließlich als Sieger fühlen zu lassen. „Ist nicht der Beginn einer Liebesgeschichte die schönste Zeit für eine Frau? Und Sie wollen mir meine Herrschaft so bald streitig machen?" fragte sie ihn und fügte hinzu: „Sie werden die Ihre nur allzu rasch antreten." Die Billetts, die später folgten, wurden den Briefen, die sie von jeher an alle ihre Liebhaber geschrieben hatte, immer ähnlicher: Sie enthielten abwechselnd Drohungen, Bitten und Beschuldigungen. Der Verdacht liegt nahe, daß O'Donnell Angst hatte, sich öffentlich lächerlich zu machen. In Gesellschaft tat er, als beachte er Germaine nicht, wenn sie sprach; er flirtete offen mit der Enkelin des Fürsten von Ligne, Christine (allgemein unter dem Namen Titine bekannt); und er dachte sich die verschiedensten Entschuldigungen aus, um sich vor seinen nächtlichen Besuchen zu drücken. Dabei kam ihm seine Hypochondrie zu Hilfe: Seine Augen taten ihm weh; er war verkühlt; seine Zähne schmerzten. Kein Pionier-Hauptmann litt je unter so vielen Unpäßlichkeiten. Germaine sandte ihm Augentropfen, Präparate zum Gurgeln und eine Fülle ärztlicher Ratschläge. Kaum aber wagte er, sich besser zu fühlen, als auch schon ein neuer Sturm losbrach. „Der Gedanke quält mich, daß in Ihren Augen ein Ausdruck lag, der nicht durchaus freundlich war", schrieb sie ihm, nachdem sie den Abend gemeinsam in einer Gesellschaft verbracht hatten. Am 29. März wies die Affäre bereits die klassischen Züge der früheren Liebesgeschichten auf: „Ich bitte Sie auf den Knien, mich anzuhören ... Ich werde nicht zu Bett gehen, bevor ich Sie nicht gesehen habe. Wir werden uns aussprechen – aber um alles in der Welt kommen Sie und sprechen Sie zu mir: Sie wissen nicht, wie weh Sie mir tun, nein, Sie wissen es nicht." Ihr Aufenthalt ging dem Ende zu, als sie traurig vermerkte:

„Mir scheint, als würden wir uns jeden Tag weiter voneinander entfernen ... Ach, wir sollten unsere letzten Tage nicht auf diese Weise miteinander verleben, wenn wir eines Wiedersehens sicher sein wollen ... Die Zärtlichkeit und die Achtung, die ich Ihnen entgegenbrachte, würden es verdienen, daß Sie sich Ihrerseits bemühten, mit meinem Naturell zu harmonisieren, statt dagegen anzukämpfen. Alle Begeisterung, die in mir glüht, hätte Ihnen gegolten. Sie versuchten, meine Flügel zu stutzen und haben mich dadurch gehindert, Ihre eigene Besonderheit richtig zu empfinden und zu erhöhen. Es gibt Menschen, deren Wesen man nicht nach ihrem Benehmen in Gesellschaft beurteilen kann: So gern ich Gesellschaft habe, so bin ich doch eine einsame Natur. Wüßten Sie, wie weh Sie mir getan haben, Sie würden es bedauern."

Wie alle andern, hatte auch O'Donnell versucht, „ihre Flügel zu stutzen", ihre Berühmtheit ihr zum Vorwurf gemacht und an ihrer Liebe gezweifelt, als sie sich weigerte, sich seinen konventionellen Ansichten zu fügen. Von einer genialen Frau geliebt zu werden, war ihm zunächst sehr schmeichelhaft erschienen, später aber lästig und demütigend. Germaine jedoch sah die Sache so: Verlangte er von ihr, sich kleiner zu machen, als sie war, so setzte er damit auch sich selbst herab; der Mann, der es fertigbrachte, sie zu nehmen, wie sie war, würde ihr ganzes Leben ausfüllen. Wollte Corinna denn niemals müde werden, die gleiche Erfahrung, die gleiche Enttäuschung immer von neuem zu erleben?

Liest man ihre Briefe an Benjamin und an Juliette Récamier, die aus derselben Periode stammen, so fragt man sich allerdings, wie aufrichtig ihre Neigung zu O'Donnell war – ja, man fragt sich, ob sie es überhaupt jemals aufrichtig meinte. So schrieb sie am 15. Mai, während sie leidenschaftliche Billetts an O'Donnel abfaßte, gleichzeitig an Benjamin: „Meine Liebe zu Dir ist die gleiche geblieben . . . Mein Herz, mein Leben, alles ist Dein, wenn Du es willst und in welcher Form Du es willst. Überleg es Dir . . . Liebe mich nur ein Hundertstel von dem, wie ich Dich liebe." In ihren Briefen an Madame Récamier bemühte sie sich, allen Gerüchten zuvorzukommen, die davon sprachen, wie gut sie es sich in Wien gehen ließ – Gerüchte, die eine ungünstige Wirkung auf Benjamin und auch auf alle die Freunde haben konnten, die immer noch versuchten, die tödlichen Qualen ihres Exils zu beenden. Ihr gesellschaftliches Leben bestünde „in einem vagen Geräusch rings um meinen Kopf, das weder in meinen Geist noch in meine Seele dringt – eine Art Opium, das ich beim Zusehen und Zuhören einnehme und das mich fast ebenso müde macht wie das andere". – Kurz vor ihrer Abreise bittet sie Juliette, Benjamin zu ihren Gunsten zu beeinflussen. „Alle Triumphe und Auszeichnungen in der Welt sind weniger wert als Coppet, wenn er dort ist. Ich versuche, mich zu zerstreuen, weil er mich schlecht behandelt; aber in meinem Herzen ist eine Wunde, und ohne Übertreibung kann ich sagen, daß ich sterben würde, wenn er mich verließe . . . Ich habe an diesem Winter keine Freude gehabt."

Es ist ein allzu durchsichtiges Manöver. Soll man daraus schließen, daß Germaine O'Donnel nicht liebte, daß es sich bei allen ihren Beteuerungen und den Qualen, die noch kommen sollten, um reine Komödie handelte? Es steht außer Frage, daß Germaines Liebe zu O'Donnell nicht mehr bedeutete als eine Vernarrtheit und daß sie sich über seine Mittelmäßigkeit völlig im klaren war. Aber wie sie an Juliette schrieb: „Nur etwas schmerzt mich – das aber grausam – meine Angst, nicht geliebt zu werden." In einer solchen Verfassung greift man nach einem Strohhalm, im vollen Bewußtsein, daß es ein Strohhalm ist. Aber die Dinge sahen anders aus, sobald der Strohhalm sie im Stich ließ: Von einem unbedeutenden kleinen Offizier verschmäht zu werden — das tat nun wirklich weh.

Nichts naheliegender, als daß Schlegel, angesichts der Fortschritte von Germaines Liebesgeschichte mit dem Grafen O'Donnell, rasend geworden wäre vor eifersüchtiger Wut. Germaine gelang es jedoch durch einen Meisterstreich, seiner Eitelkeit ein anderes Betätigungsfeld zu verschaffen. Während Germaine in den fürstlichen Häusern die Runde machte, verkehrte er in Wiener literarischen Kreisen; sie brachte ihn auf den Gedanken, eine Reihe von Vorlesungen über dramatische Literatur zu halten, verschaffte ihm von der Regierung eine Lizenz sowie auch einen Saal und zweihundert Subskribenten, die jeder 25 Gulden bezahlten. Die Vorlesungen begannen am 31. März. Im Gegensatz zu den Behauptungen verschiedener Leute, die sie nicht gelesen haben, war darin kein Appell an den deutschen Nationalismus im politischen Sinn enthalten. Sie brachten genau, was sie angekündigt hatten — einen Kursus in vergleichender dramatischer Literatur. Daß Schlegel trachtete, den Gedanken an ein deutsches Nationaltheater zu unterstützen, macht ihn schwerlich zu einem Chauvinisten. Überraschend für seine elegante Zuhörerschaft war seine häufig verächtliche, immer aber herablassende Behandlung des französischen Theaters. Selten, wenn überhaupt, wurde so viel Pedanterie darauf verwendet, anderen ihre Pedanterie nachzuweisen. Schlegels Vorlesungen über das elisabethanische und das spanische Drama jedoch bleiben Marksteine dramatischer Kritik. Für die achtzehn Fürstinnen unter den Zuhörern muß so viel Wissen über so viele Dinge, von denen sie nie etwas vernommen hatten und die ihnen im Grunde herzlich gleichgültig waren, eine recht originelle Zerstreuung gewesen sein. Daß es genau achtzehn Fürstinnen waren, wissen wir von Schlegel selbst, der sie zählte. „Mehr als 250 Leute wohnten meinen Vorlesungen bei", berichtet er einem Freund in Genf, „nahezu der ganze Hochadel, viele Hofleute, Staatsminister, Generäle, 18 Fürstinnen und viele schöne und geistreiche Frauen." Die Erinnerung an diesen Triumph verblaßte niemals, und die 18 Fürstinnen kommen in seinen Briefen noch mehrere Jahre lang vor. Es hatte seine guten Seiten, mit Madame de Staël zu reisen.

Schlegels Vorlesungen waren noch im Gang, als Sismondi Mitte April in Wien eintraf; Germaine hatte ihn aus der Toskana dorthin eingeladen und führte ihn gemeinsam mit Schlegel in Wiens großen Häusern vor. Während Schlegel seine Fürstinnen „durch den wortreichen Flug poetischer Gedanken" fesselte, konnte Sismondi sich an Minister heranmachen und ihnen seine Ansichten über Papiergeld und die österreichische Bargeldinflation auseinandersetzen; Germaine hielt inzwischen in einer anderen Ecke des Zimmers große Reden über Mystizismus und „Die Große Kette des Seins" und ging dann plötzlich dazu über, Anekdoten über Napoleons despotisches Verhalten in der Liebe zu erzählen. „Er läßt Mademoiselle Mézerai kommen. Er läßt sie eintreten, während er schreibt. ‚Setzen Sie sich! Ziehen Sie sich aus! Legen Sie sich hin'" Wenn Germaine ihren Auftritt gehabt hate, so pflegte sie in ihre Wohnung zurückzukehren, sich allein an ihren Schreibtisch zu setzen und in einer verzweifelten Stimmung völliger Entmutigung an O'Donnel zu schreiben. Ihr Aufenthalt in Wien ginge dem Ende zu; es bestünde keine Aussicht, daß ihr Exil aufgehoben würde; weitere Kämpfe, weitere Einsamkeit erwarteten sie in Coppet; sie hätte alle Hoffnung auf Glück verloren; sie ekelte sich vor sich selbst; sie war „eine zu ewiger Einsamkeit verdammte Seele".

Germaine hatte die Absicht gehabt, Albert in der Wiener Kadettenanstalt unterzubringen[45] und dann Anfang Mai abzureisen; aber obwohl sie sich über O'Donnell ärgerte, schreckte sie vor dem Gedanken an den Abschied und an eine Wiederaufnahme ihrer ewigen Wanderungen zurück. Sie verschob ihre Abreise bis zum 22. Mai. Am 21. Mai fuhren, dem Polizeibericht zufolge, „Madame de Staël und Graf O'Donnell nach Laxenburg und kamen erst um 11 Uhr nachts zurück . . . Zu Hause angelangt, rief sie ihre ganze Dienerschaft zu sich und gab ihr strengen Befehl, von diesem Ausflug nichts verlauten zu lassen . . . Vermutlich erregte sie durch ihr Betragen mit ihrem Freund dortselbst Aufsehen."

Vermutlich: Germaine und Moritz schnitten ihre Namen im Park in die Baumrinden ein.

Germaine reiste über Prag nach Dresden und machte auf dieser Strecke gerade nur so lange halt, um an O'Donnell Briefe zu schreiben, die einer Sechzehnjährigen würdig gewesen wären. Sie hatte Wien noch kaum verlassen, als sie schon detaillierte Pläne für seinen Besuch in Coppet entwarf, der im Herbst stattfinden sollte. Aus Budweis schrieb sie:

„Ach Gott, vier Monate lang wird keine Tür sich öffnen, um meinen Moritz einzulassen . . . Mein Freund, mein Freund, warum haben wir uns getrennt. Wir dürfen einander nicht verlassen, Sie werden mich mit sich nehmen – alles ist ganz einfach – nach Polen, ans Ende der Welt – Sie nicht zu sehen aber ist unvorstellbar!"

War dieser Ton geeignet, die letzten Reste von O'Donnells Zuneigung zum Schwinden zu bringen, so kostete sie das Zusammentreffen mit Friedrich Gentz in Bad Teplitz jede Sympathie, die sie möglicherweise von Napoleon noch zu erwarten gehabt hätte. Germaine, die von dem Fürsten von Ligne an Gentz empfohlen worden war, führte ein siebenstündiges Gespräch mit ihm; er begleitete sie bis nach Pirna, wo er am 4. Juni nochmals mit ihr zusammentraf. Sie kam dazu eigens von Dresden und er von Teplitz. Über die Natur ihrer Gespräche ist nichts bekannt. Zweifellos sahen sie nicht alles mit gleichen Augen an: 1813 schrieb ihr Gentz: „Mit Ihnen eine Auseinandersetzung zu haben, ist besser für mich, als mit irgend jemand auf der Welt übereinzustimmen." Sie stimmten natürlich in ihrer Meinung über Napoleon überein, aber in dieser Sache bedurfte Gentz wohl kaum einer besonderen Ermutigung. Trotzdem geschah es auf die Nachricht von diesen beiden Unterhaltungen hin, daß Napoleon begann, Germaine ernsthaft zu drangsalieren. „Sie hat angefangen, sich in einem Kreis zu bewegen, der für den öffentlichen Frieden eine Gefahr bedeutet", schrieb er an Fouché am 28. Juni. Am gleichen Tag wies er seinen Außenminister an, ihr jeden diplomatischen Schutz zu entziehen, verbot seinen Gesandten sie zu empfangen, und stellte sie unter dauernde Polizeiaufsicht. Zu diesem Zeitpunkt ahnte Germaine jedoch ebensowenig etwas von Napoleons Reaktion auf ihre Freundschaft wie von O'Donnells Reaktion auf ihre Briefe.

Von Dresden aus schrieb Germaine dreimal an O'Donnell. Ihre leidenschaftlichen Beteuerungen waren immer wieder mit dem Tratsch vermengt, der viele ihrer Briefe so lebendig macht. „Ach, wie schmerzt es, zu lieben!" ruft sie aus und fährt dann fort zu berichten, wie ein Fürst Puttjakin, ein Russe, „sich ein Haus gebaut hat, das über und über bemalt ist. Er geht darin in Blechstiefeln umher, damit er nicht von tollen Hunden gebissen wird, und arbeitet von früh bis spät an einem Buch, das, wie er sagt, das Menschengeschlecht retten wird." Gentz' Freund Adam Müller, der „Bauernprophet", der kaum weniger verrückt war als Fürst Puttjakin, besuchte sie täglich im Hotel, und sie zeigte ihm die bereits fertig ausgearbeiteten Teile ihres Manuskripts über Deutschland.

In Weimar, ihrer nächsten Station, erwarteten sie dreißig Briefe, darunter elf von Benjamin, aber keiner von O'Donnell. Goethe weilte nicht in der Stadt, er war zur Kur gefahren, und Germaine blieb nur eine Woche. In Gotha hatte sie noch immer keinen Brief von O'Donnell erhalten, und auch bei ihrer Ankunft in Frankfurt am 25. Juni fand sie keinen vor. Der Ton ihrer Briefe war nicht mehr vorwurfsvoll, er wurde wütend und dann pathetisch. „Mein Leben ist zu Ende, wenn Sie nicht sind, für was ich Sie hielt", schrieb sie aus Gotha. In Frankfurt hatte ihre Depression sich so sehr auf ihre äußere Erscheinung ausgewirkt, daß Bettina Brentano sie dem Tod nahe glaubte.

Trotz ihrer nicht=so=heimlichen Qual war Germaines Reise durch Deutschland ein wahrer Triumphzug. In Dresden sagte ihr ein romantischer Zollbeamter, daß er jetzt, da er Madame de Staël gesehen habe, zufrieden sterben könne. Überall auf ihrer Reise=route wurde sie von Bewunderern mit Manuskripten und Büchern überschüttet. „Die Achse meines Wagens biegt sich unter der Last all der literarischen Geschenke, die ich im vergangenen Monat erhielt", schrieb sie O'Donnell; „in Österreich wäre meine Kutsche kaum in solche Gefahr geraten." Alle Befriedigung, die Germaine erfüllt haben mochte, schwand jedoch, als sie in Basel am 30. Juni eintraf und noch immer keinen Brief ihres Geliebten vorfand. Der Brief, der in Coppet auf sie wartete, brachte keinen Trost: Es sah täglich mehr nach einem Krieg aus, schrieb O'Donnell, und damit schwanden die Chancen für seine Schweizerreise. Germaine ant=wortete ihm umgehend in einem vom 7. Juli datierten Brief, sie schicke ihm einen Scheck über 125 Louis (2 500 Franken) und bäte ihn auf den Knien, ihn anzunehmen. Im Kriegsfall könne er das Geld für seine Gesundheit und Bequemlichkeit verwenden. Kam es nicht zum Krieg, „so kommen Sie zu mir, und wir werden uns über die Zukunft unterhalten, oder Sie fahren nach Italien, und ich komme Ihnen dorthin nach . . . Hätte ich nicht Angst, Sie zu ver=ärgern, ich hätte Ihnen viermal soviel geschickt. Vergessen Sie nicht, daß ich derzeit ein jährliches Einkommen von 120 000 Fran=ken habe und niemandem einen Pfennig schuldig bin."

Ihre Freunde und Liebhaber hatten noch nie ihre großzügigen Angebote abgelehnt. Diesmal machte sie nicht nur den Vorschlag, O'Donnells Reiseausgaben zu bestreiten, sie hielt ihm auch den kaum verhüllten Köder hin, der ihn zur Ehe verlocken sollte.

O'Donnells Antwort war brutal. Um ihre Brutalität einiger=maßen zu begreifen, muß man sich vor Augen halten, wie man in Wien allgemein über Madame de Staël dachte. Unter den Skandal=geschichten, die nach ihrer Abreise über sie in Umlauf waren, gab es eine des Inhalts, daß Moritz ihr die Heirat angeboten und sie ihn abgewiesen habe; Germaine selbst, so erzählte man Moritz, hätte für die Verbreitung dieser Geschichte gesorgt. Eine Affäre mit einer Frau zu haben, die alt genug war, seine Mutter zu sein, war lächerlich für einen Mann; in den Verdacht zu kommen, man wolle sie ihres Geldes wegen heiraten, war weit schlimmer. Seine Ehre, so meinte er, war kompromittiert – mit andern Worten, seine Eitelkeit war verwundet –, und als Germaines Briefe hereinzu=regnen begannen, beklagte er sich öffentlich über die Verfolgung, der er von seiten dieser Frau ausgesetzt sei. Germaines finanzielles Angebot verwandelte seinen Ärger in Erbitterung. Er ließ sie wissen, daß seine Ehre ihn zum Bruch zwinge, und in einem zweiten Brief ging er sogar so weit, ihr „Verschlagenheit, Heuchelei und Vertrauensbruch" ins Gesicht hinein vorzuwerfen. Sein Vater war nämlich eben zum Finanzminister ernannt worden, und es war natürlich unerträglich, die eigene Karriere durch die amourösen Bemühungen einer alternden Frau bedroht zu sehen.

In Germaines Antwort auf den ersten Brief wurden zwar die Anschuldigungen entrüstet abgelehnt, ihr Ton jedoch war versöhnlich. Der zweite Brief, der sich genauer über die Art der Anwürfe aussprach, erreichte sie auf einer Reise durch die Mittelschweiz in Begleitung von Elzéar de Fabran, Mathieu und Sismondi. Die erste Rate ihrer Entgegnung, die in Bern abgefaßt wurde, nimmt sieben Druckseiten ein. Sein Betragen ließe sich nur durch einen Anfall von Wahnsinn erklären, begann sie; und mit einer Beredsamkeit, aus der das stolze Bewußtsein der Wahrheit klingt, rückt sie nun ihrerseits die Dinge ins richtige Licht. In Interlaken fügt sie noch einige Seiten hinzu und bittet ihn diesmal, ihr wenigstens die Freundschaft zu bewahren. O'Donnell antwortete, er handle „dem Ehrenkodex gemäß", ein Vorwand, den Germaine nicht gelten ließ: „Die Ernennung Ihres Vaters hat für Ihre Karriere in politischer oder militärischer Hinsicht neue Möglichkeiten eröffnet, vielleicht auch für eine vorteilhafte Heirat. Und sofort wollen Sie die Bande abschütteln, die Sie mit mir verknüpfen." Die übliche Corinna-Tirade folgt, sie weist ihn darauf hin, wieviel er aufgegeben hat und wie klein sein Gewinn sein wird: „Schon bemängeln Sie jetzt meine Intelligenz, meine Berühmtheit usw. Die Gaben, die ich besitze, sind die Gaben, die für meine Seele sprechen . . . Versuchen Sie unter den neuen Mitläufern Ihres Glücks eine Liebe zu finden, die so groß ist wie die meine. Adieu."

So endete die letzte von Germaines quälenden Verirrungen. Sie schrieb noch zweimal an O'Donnell, dann brach im April 1809 der Krieg aus und machte jeden Briefwechsel unmöglich. O'Donnell zeichnete sich bei Aspern aus. Nach dem Waffenstillstand im Juli wurde die Korrespondenz wieder aufgenommen, aber es blieb nun nicht die Spur von Bitterkeit zurück, und als O'Donnell im Jahr 1811 Titine von Ligne heiratete, sandte Germaine ihm die herzlichsten Glückwünsche. O'Donnell stieg bis zum Rang eines Generalleutnants auf. Er starb 1843 in Dresden.

„Es gibt keine Wirklichkeit auf Erden als die Religion und die Macht der Liebe; alles übrige ist vergänglicher als sogar das Leben selbst.“ Diese Worte schrieb Germaine an O'Donnell am 22. September 1808, und sie verraten einen seltsamen neuen Geist, der sich Coppets bemächtigt hatte. War der Sommer 1807 ein Sommer der Festlichkeiten gewesen, so war der Herbst 1808 ein Herbst der Mystik. „Du wirst sehen“, schrieb Bonstetten an Frederika Brun, „die Leute werden alle noch Katholiken, Boehmisten, Martinisten, Mystiker, alles durch Schlegel, und obendrein wird alles deutsch... Wenn die Staël allein im Wagen fährt, so liest sie Mystik!“ Auch Sismondi gab Schlegel die Schuld – aber es war keineswegs Schlegels Einfluß allein, der Germaine dazu veranlaßte, den Möglichkeiten des Mystizismus nachzuspüren; er war sogar für eine solche Aufgabe recht wenig geeignet. Der Chevalier de Langalerie machte ihr einen viel tieferen Eindruck, und im Herbst 1808 tauchten zwei exzentrische Geschöpfe in Coppet auf, die das Schloß, wie unbeteiligte Beobachter und die Hälfte der Insassen meinten, in ein Irrenhaus verwandelten.

Als erstes erschien Frau von Krüdener, die baltische Adelige und bekehrte Sünderin, die sieben Jahre später – eine der unwahrscheinlichsten Episoden moderner Geschichte – Zar Alexander dazu überredete, die Heilige Allianz zu gründen. Madame de Staël hatte sie in Genf im Jahr 1801 zum erstenmal gesehen. Julie von Krüdener war damals siebenunddreißig Jahre alt; ihr Gatte, ein russischer Diplomat, war eben gestorben. Sie hatte ein äußerst freies Leben geführt, wilde Affären gehabt und dabei ihre Schönheit – und, wie das Gerücht behauptete, auch ihre berühmten blonden Haare – eingebüßt; dann begann ihre pietistische Erziehung sich wieder bemerkbar zu machen. Einer Bekehrung muß jedoch ein Bekenntnis vorausgehen: 1803 veröffentlichte Julie ihren autobiographischen Roman *Valérie*. Das Buch sollte offensichtlich mit Germaines *Delphine* in Wettbewerb treten und tat es auch mit großem Erfolg, denn *Delphine* war zahm und zurückhaltend im Vergleich zu *Valérie*: Nachdem sie Frau von Krüdeners Roman gelesen hatte, schrieb Madame de Staël an Hochet: „Dieses Buch ist eine solche Karikatur der Gattung Roman, daß man sich schämt, sich ihrer noch weiter zu bedienen.“ Aber Julie genoß ihren Erfolg: Die Frauen standen in Buchhandlungen, lasen *Valérie* und weinten still vor sich hin, schrieb sie aus Paris an ihren Freund Jean Paul Richter. Ihr junger Ruhm schob ihre Bekehrung hinaus. Paris, wo sie damals mit ihren beiden Töchtern lebte, bot ihr eine letzte schwindelerregende Runde von Festen und Vergnügungen. 1804 kehrte sie zu einem Besuch nach Riga zurück. Eines Tages sah sie vom Fenster aus einen

Bekannten auf der Straße, er lüftete grüßend seinen Hut und fiel tot um. Diese groteske Episode wurde zu Julies Weg nach Damaskus: Sie gesellte sich zur Mährischen Brüderschaft. 1806, nachdem sie zwei Jahre lang gebetet und gute Werke getan hatte, wurde sie wieder von der alten Wanderlust erfaßt und begab sich auf eine Pilgerfahrt durch Deutschland. In Königsberg wohnte sie den Predigten von Pastor Mayr bei, der sich selbst gleichzeitig als Lutheraner, Katholik, Jude und Freimaurer betrachtete und in einer Irrenanstalt endete; in Baden geriet sie unter den Einfluß von Jung-Stilling, dem Okkultisten und Mystiker, der auf Grund einer einfachen Berechnung das genaue Datum des Weltuntergangs – 1819 – voraussagen konnte; in Sainte-Marie-aux-Mines im Elsaß saß sie zu Füßen von Pastor Friedrich Fontaines, einem Wiedererwecker des Glaubens, und seiner Schwester Marie Kummer, die eine so detaillierte Beschreibung des kommenden Gottesreiches zu geben vermochte, als hätte sie ihr ganzes Leben darin zugebracht. Von dort fuhr sie weiter nach Genf und tauchte Ende September 1808 in Coppet auf. Da sie zu diesem Zeitpunkt keinen Pfennig mehr besaß, nahm sie gern die Einladung an, dort zu bleiben. Sie fand Germaine in einer erbärmlichen Seelenverfassung, nicht unähnlich der ihren vor ihrer Bekehrung. Julie ihrerseits war glücklich und unbeschwert. Um eines solchen Glückes teilhaftig zu werden, sagte sie zu Germaine, müsse sie Gott zu sich kommen lassen: „Verhalten Sie sich ruhig, lassen Sie alles an sich herankommen; Blumen wachsen nur, weil sie die Sonnenstrahlen ruhig auf sich wirken lassen. Sie müssen das gleiche tun.“ Germaine war von einem Besuch bei der Mährischen Brüderschaft in der Nähe von Weimar tief beeindruckt, auch hatten Neckers Tod und Schlegels Theorien ihren Widerwillen gegen jeden Mystizismus weitgehend abgeschwächt, und nun wäre sie durchaus willens gewesen, irdische Wirrnis gegen himmlische Abgeklärtheit einzutauschen; aber sich längere Zeit um Ruhe zu bemühen, ging über ihre Fähigkeiten. Als Julie von Coppet abreiste, bemerkte sie, „Wir müssen Madame de Staël Gott überlassen, es wird ihr nicht gelingen, Ihm zu entgehen.“

Kaum war Julie von Krüdener fort, als am 14. Oktober ein anderer Evangelist erschien. Sein Aussehen war möglicherweise ziemlich abstoßend – leichenhaft, asketisch, wild, die Züge von Ausschweifungen verwüstet, die Augen von geistigem Feuer glühend –, aber um auf Germaine einen Eindruck zu machen, waren seine Theorien von himmlischer und irdischer Liebe weit geeigneter als die Frau von Krüdeners. Julies Gedanken hatten für Germaine nichts Neues; aber ein Mann, der Gott „den Großen

Hermaphroditen" nannte, vom Heiligen Rousseau sprach, Germaine Heilige Aspasia rief, aus jeder Tasche ganze Haufen von zerknüllten mystisch-erotischen Sonetten zusammen mit riesigen, schmutzigen blau-gewürfelten Taschentüchern zog und Religiosität und Wollust aus allen Poren schwitzte — ein solcher Mann war zumindest eine neuartige Erscheinung.

Der Dichter und Dramatiker Zacharias Werner wurde 1768 in Königsberg geboren und wuchs in der gleichen evangelisch-pietistischen Atmosphäre auf (die geradezu ein Teil der Ostsee-Landschaft ist) wie Julie von Krüdener. Im Gegensatz zu Frau von Krüdener besaß er echte dichterische Begabung, ja gelegentlich sogar geniale Anwandlungen. Sein ganzes Leben lang, von seiner Jugend bis zu seiner Bekehrung zum Katholizismus im Jahr 1810, verzehrte er sich im Kampf zwischen einem religiös-mystischen Drang und einem übermächtigen Geschlechtstrieb. Er schien in seiner Person alle Bestrebungen der Romantik in extremem Ausmaß zu vereinigen, und das sich daraus ergebende Durcheinander übersteigerter Paradoxe hatte mit Wahnsinn große Ähnlichkeit. Der Weg zur Bekehrung führte durch die phantastischsten Versuche, Sexualität mit Mystizismus, freimaurerische Mythen mit dem Christentum zu verbinden; und doch endete er mit der Unterwerfung unter die Disziplin der Kirche, in der sein quälendes Schuldgefühl zur Ruhe kam.

Seine Geilheit war pathologisch und imponierend; sein Adreßbuch hätte als Grundlage eines Baedekers für Europas Bordelle dienen können. Seine drei Ehen (deren erste er mit einer aus einem Bordell in Königsberg entführten Prostituierten geschlossen hatte) endeten alle mit Scheidung. Nach seiner letzten Scheidung im Jahre 1805 gestand er einem Freund, seine Frau sei kaum dafür zu tadeln, daß sie ihn verlassen habe: „Ich bin wohl kein böser Mensch, aber ein Schwächling . . . ängstlich, launenhaft, unreinlich; Du weißt's ja." Werners Einschätzung seiner selbst deckte sich mit der Meinung seines besten Freundes, der allerdings noch die Eigenschaftswörter „geldgierig", „eitel" und „peinlich" hinzufügte.

Werners Mutter, die pietistische Witwe eines Universitätsprofessors, war jahrelang leidend gewesen, ehe sie am 24. Februar 1803 starb. In den letzten Stadien ihrer Krankheit redete sie sich ein, sie sei die Jungfrau Maria und ihr Sohn Christus[46]. Werner hatte sich von seinem Beamtenposten in Warschau beurlauben lassen und pflegte sie während dieser herzzerbrechenden Monate; es ist nicht zu verwundern, daß der Tod seiner Mutter in aller Intensität das Gefühl von Schuld und Sünde in ihm wachrief. Durch Pastor Mayr kam er in enge Berührung mit einer mystischen

Freimaurersekte und scheint unter ihren Anhängern mehrere Schüler für seine wüste Lehre gewonnen zu haben, in der er Kunst, Religion und Liebe zu vereinen trachtete. Die Menschheit mußte durch „Abklärung" gerettet werden; Kunst und Religion sollten sich in einer höheren Einheit zusammenschließen; die Kunst, die selbst eine Symbolsprache war, sollte das göttliche Element im Menschen symbolisieren; der religiöse Glaube entsprang dem dunklen Drang der Seeele nach etwas Höherem, einer Sehnsucht, die nur die Kunst stillen konnte, indem sie in der Seele ein harmonisches Gleichgewicht herstellte und dem Unendlichen Gestalt gab; Liebe war „Mittlerin zwischen Gott und dem Menschen", „der Tod, der den Kerker öffnet, muß mit Entzücken umarmt" und „die Verwesung, die uns dem Unendlichen wiedergibt, indem sie uns mit ihm vereinigt, mit Sehnsucht gewünscht werden".

So lautete das Evangelium, das Werner predigen wollte. Da er glaubte, daß die tierische Lust als eine Form der Liebe die Menschen der Gottheit näher bringe und daß zwischen Religion und Moral nicht die leiseste Verbindung bestehe, fand seine Lehre von der „Heilands- und Begattungsliebe" (wie Herders Witwe es ausdrückte) mehr spöttische Verächter als Anhänger. „Der wunderliche Kauz", erinnert sich ein anderer Zeitgenosse, „machte kein Hehl aus seiner Lehre, daß der Mann hier auf Erden seine jammervolle Seelenwanderung als durch das Fegefeuer durch die verschiedenen Leiber der Weiber durchmachen müsse."

Als Werner 1805 nach Berlin zog, schlug er eine literarische Laufbahn ein und hoffte, sie würde ihn zu Schillers Nachfolger als Deutschlands Dramatiker machen. Seine ersten Stücke, *Die Söhne des Thals* und *Das Kreuz an der Ostsee* wurden vom Berliner Theater abgelehnt, weil Iffland, sein allmächtiger Direktor, erklärte, das Publikum würde sich mit dem Mystizismus darin nicht abfinden. Iffland schlug vor, er möge ein Drama über ein richtiges deutsches Thema ohne Mystik schreiben — Martin Luther. Obwohl Werner sich schon damals vom Katholizismus stark angezogen fühlte, kam er Ifflands Aufforderung ohne Verzug nach: *Luther oder die Weihe der Kraft* wurde Anfang 1806 fertig, und die Premiere fand mit Iffland in der Titelrolle statt. Werner hatte in das Stück wohl wieder etlichen übertriebenen Mystizismus eingeschmuggelt, *Luther* wurde aber doch ein ziemlich großer Erfolg, und Iffland reiste damit durch Deutschland. Werner war auf dem Weg, berühmt zu werden, aber da Ruhm wenig Geld einbrachte, begann er auf der Suche nach einer festen Stellung durch Deutschland zu wandern. Er schrieb noch zwei weitere Stücke *(Attila* und *Wanda)* und Hunderte von Sonetten, schmeichelte den Großen und forderte mit der ganzen kriecherischen Arroganz des verkannten Genies Geld und Protektion. Seine grotesk tiefen Verbeugungen, die abgezehrte Gestalt, die flammenden Augen, die berühmten Taschentücher, seine hysterischen Vorlesungen und sein seltsames Evangelium von der Liebe beeindruckten die einen und belustigten andere.

In Weimar wurde er von Goethe freundlich behandelt und stand beim Herzog als eine Art Hofnarr in Gunst, aber sein Aufenthalt fand mit einem skandalösen Zwischenfall ein rasches Ende. Weitere Wanderungen folgten, und im August 1808 befand er sich in Interlaken, um dort der Feier des fünfhundertsten Geburtstags der Schweizer Freiheit beizuwohnen. Hier traf er zum erstenmal mit Madame de Staël zusammen, die zu dieser Zeit gerade den tiefsten Punkt ihrer abgründigen Verzweiflung über Graf O'Donnell erreicht hatte. Werner machte ihr großen Eindruck — niemand konnte behaupten, daß er langweilig war —, und sie lud ihn in ihr Schloß ein.

Anfang Oktober machte er sich ohne große Eile auf den Weg nach Coppet. In Yverdon küßte er Pestalozzis Hand, während Pestalozzi die seine küßte. In Clarens machte er eine Wallfahrt zum Meillerie-Felsen, betete zu Gott und dem „Heiligen Rousseau" und ritzte seinen Namen in den Stein. In Saint-Maurice betrachtete er das Vieh im Rhône-Tal —

„Dort, wo die Alpenstiere sich begatten,
wenn es sie freudig Gott zu sein gemuthet —"

und am 14. Oktober traf er mit vielen Verbeugungen in Coppet ein. Er hielt sich nur etwas über zwei Wochen dort auf, aber diese beiden Wochen sind im Gedächtnis aller Anwesenden höchst lebendig geblieben.

Werner fand unter den Gästen in Coppet Schlegel, Oehlenschläger, Benjamin, Sismondi, Bonstetten, Henriette Mendelssohn, Graf Kochubey, der unter Zar Peter I. Außenminister gewesen war, den Bildhauer Friedrich Tieck (Ludwigs Bruder), der das Relief am Neckerschen Grabmal angefertigt hatte, Elzéar de Sabran und einen jungen Griechen namens Skinast. Die Konversation bei Tisch und im Salon wirkte auf nicht eingeweihte Besucher unverständlich, chaotisch, laut und deutsch. Jedermann las und trug vor — Werner aus seinen Gedichten, Oehlenschläger aus der Tragödie *Axel und Walburg,* die er damals schrieb, Schlegel aus seinen Übersetzungen von Calderons *Beständigem Prinzen* und Shakespeares *Richard III.* Sie diskutierten über Katholizismus und Mystizismus. Werner unterhielt sich mit Germaine über seine nächste Tragödie, sie hingegen zeigte ihm Frau von Krüdeners

Briefe und bat ihn um Rat, den er reichlich und wortreich erteilte. Schlegel erklärte ihm seine Theorie, daß „die Tiere die Träume, die Menschen aber die Gedanken der Natur" seien, daß „die Erde, wie die Gestirne, ein freies Leben haben sowie auch einen freien Willen", daß „der Mensch, je länger er existiert hat, sich je mehr von Gott dem Lichte entfernt" und daß Werner Saint-Martin, den „Unbekannten Philosophen", lesen solle. In einem Gespräch mit Baron Voght fragte Werner plötzlich: „Wissen Sie, was ein Mann in seiner Geliebten liebt?" Voght bedachte sich einen Augenblick. „Gott", sagte Werner. „O gewiß", entgegnete Voght mit dem Brustton der Überzeugung. Sismondi wurde von Werner belehrt, daß „Gott der größte Hermaphrodit des Universums sei", daß „Religion Liebe zu Gott sei — könne man sich aber nicht so hoch erheben, so genüge es, einen Mann oder eine Frau zu lieben, denn alles, wozu die Liebe uns veranlaßt, wenn wir mit einer Geliebten zusammen sind, geschieht zum Ruhme Gottes". — „Er ist sehr begabt und gütig", schrieb Sismondi über Werner: „Es ist schade, daß er vollkommen verrückt ist."

Oehlenschläger war eifersüchtig, daß Werner bei Germaine in so hoher Gunst stand, und es kam zwischen den beiden fast zu einer Schlägerei; Oehlenschläger hatte schon seine Koffer gepackt und wurde nur durch die Bitten seiner Gastgeberin von der Abreise abgehalten. Gab es am Abend weder Streitereien noch metaphysische Diskussionen, so tanzte Werner mit Unserer Lieben Frau von Coppet, wie er sie nannte, oder spielte Schach mit ihr. Am 2. November sah er sich die Aufführung der *Jungen Sulamitin* an, die ihn tief bewegte. Seine Beschreibung von Madame de Staël ist in ihrem Überschwang sehr charakteristisch:

„Frau von Staël ist von mittlerer Statur und ihr Körper, ohne nymphenhaft schlank zu sein, wollüstig schön, zumal Brust und Nacken. Sie ist stark brünett, und ihr Gesicht gerade nicht schön, aber man vergißt alles zu Rügende über ihren herrlichen Augen, in denen eine große göttliche Seele nicht strahlt nur, sondern feuerflammt. Und wenn sie nun vollends ihr Herz, wie so oft der Fall ist, sprechen läßt und man sieht, wie diese Größe dieses erhabenen Herzens selbst ihren weit umfassenden Geist überflügelt: man muß sie anbeten."

Als Werner sich am 3. November verabschiedete, kniete er vor Germaine nieder und brach in Tränen aus. Dann ging er in Benjamins Zimmer. Er bat Benjamin, ernstlich „die Religion" in Frankreich zu verbreiten. Benjamin versprach, er würde tun, was in seinen Kräften stünde. Dann sagte Werner tränenden Auges: „Verlassen Sie die arme Frau, die Staël, nicht!" Benjamin, dem nun ebenfalls die Tränen gekommen waren, versprach feierlich, Germaine nicht im Stich zu lassen. So nahm Werner Abschied von Coppet – „wo ich, gottlob, viel Jünger zurückgelassen".

Der gleiche Benjamin, der mit aufrichtigen Tränen dem Apostel Werner versprochen hatte, Germaine niemals zu verlassen, war allerdings bereits seit fünf Monaten mit einer anderen Frau verheiratet – vier davon hatte er friedlich unter Germaines Dach verbracht. Seine Frau wohnte ein paar Meilen weit entfernt, und sie hatten sich heimlich von Zeit zu Zeit getroffen. Dieser Zustand bedarf einiger Erklärung.

Als an einem Dezemberabend des Jahres 1807 Charlotte du Tertre Benjamin endlich zu ihrem Gasthof in Besançon nachgekommen war, hatte er eben den leidenschaftlichsten Liebesbrief an Germaine zur Post gegeben, den sie je von ihm erhalten hatte. Charlotte, von der einstündigen Wanderung durch den Straßenkot erschöpft, teilte kurz mit, was es über ihre Scheidung Neues zu berichten gab: Sie sei sicher, aber noch nicht endgültig durchgeführt. Benjamin ließ sich des längeren über wahrscheinliche Verzögerungen aus; auf die Frage nach Madame de Staël antwortete er ausweichend. Den Rest des Abends verbrachten sie schweigend miteinander. Am nächsten Tag bat Benjamin Gott, er möge sich Charlottes annehmen, und dann bat er sie um die Erlaubnis, noch weitere sechs Monate bei Germaine zu bleiben, damit er sie dazu bringen könne, ihn freiwillig ziehen zu lassen. Charlotte saß stumm da, mit gesenktem Kopf, nickte und starrte vor sich hin. Sie schien in eine dumpfe Starre verfallen zu sein, so daß Benjamin schon fürchtete, sie habe den Verstand verloren.

Wie geplant nahm Benjamin sie mit nach Dôle. Auf dem Weg dorthin fiel Charlotte in eine tiefe Ohnmacht. Benjamin versuchte, sie wieder zur Besinnung zu bringen, aber es sah aus, als sei sie in einen Starrkrampf verfallen. Er hielt sie den ganzen Weg über in den Armen; alle Farbe war aus ihrem Gesicht gewichen, und ihre Glieder waren steif. Am nächsten Tag wand sie sich in Magenkrämpfen. Der Arzt, der mit Benjamin die Nacht an ihrem Lager durchwachte, wies auf die Symptome des nahenden Todes hin. Sie begann zu delirieren. „Diese Stimme!" rief sie, „diese Stimme!" als Benjamin zu ihr sprach. „Diese Stimme, die mir so weh tat! Dieser Mann hat mich getötet. Wer beschuldigt ihn? Sie dürfen ihn nicht beschuldigen. Er ist gütig, nicht wahr, aber nicht zu mir." Damals geschah es, daß Benjamin betete: „O Gott, bewahre mich vor den Folgen meiner falschen Berechnungen."

Man ließ Charlotte zur Ader, stopfte sie mit Opium voll, gab ihr

Milch zu trinken, und sie schlief drei Tage lang. Am vierten kam sie wieder zu sich; Benjamin versprach, ihr sein Leben zu weihen; sie schliefen miteinander. Kurz nachher reisten sie ab — nach Paris. Charlotte hatte vor Germaine unleugbar etwas voraus: Sie war imstande, auf Wunsch in eine tödliche Krankheit zu verfallen und sich erst zu erholen, wenn die Umstände ihr wieder günstig waren. Germaine konnte Fieberanfälle nie länger als zwei Tage durchhalten, und auch dann war sie nicht ganz bei der Sache, sie hatte zuviel anderes im Kopf.

Sobald Charlotte ihre Scheidung erhalten hatte, begleitete sie Benjamin, es war Ende Mai 1808, auf den Besitz seines Vater in Brévan. Am 5. Juni traute Pastor Ebray sie heimlich — eine Zeremonie ohne gesetzliche Gültigkeit, da das Französische Bürgerliche Gesetzbuch nur die Ziviltrauung anerkennt. Aber eine Ziviltrauung hätte man nicht geheimhalten können, und Benjamin hatte seiner Braut eingeredet, die Zeit sei noch nicht reif, Germaine die Neuigkeit mitzuteilen; er müsse die Wahrheit noch eine Weile verhehlen, große Auftritte vermeiden und zu einer befriedigenden Regelung seiner Schuld von 80 000 Franken kommen. Das Paar trennte sich ein paar Meilen von Coppet. Benjamin fuhr zu Germaine, Charlotte nach Neuchâtel und von dort weiter nach Lausanne und Genf.

So viele Monate hatte Charlotte darauf gewartet, daß Benjamin den versprochenen Bruch vollziehen würde, nun begann sie Zeichen von Ungeduld und Skepsis zu zeigen: „Ich frage mich, ob Du jemals die Unabhängigkeit wiedergewinnen wirst, die zu unserm Glück notwendig ist." Diese Unabhängigkeit war, so fürchtete sie, eine Art verlorenes Paradies, nach dem er sich sein ganzes Leben über sehnen würde. Sie kehrte Mitte Dezember nach Brévans zurück. Benjamin traf dort im Januar mit ihr zusammen, überließ Germaine einen weiteren Winter der Langeweile in Genf und fuhr mit Charlotte nach Paris. Die Situation war tatsächlich unhaltbar. Im Mai, als Benjamin wieder in Coppet erwartet wurde, kamen sie überein, vor Madame de Staël hinzutreten und ihr die Wahrheit zu sagen. Sie machten in dem eleganten Hotel Sécheron kurz vor Genf halt, und Charlotte schrieb dort nach Benjamins Diktat ein Billett, in dem sie Germaine dringend um eine Unterredung bat. Sie unterzeichnete es „Hardenberg", fügte alle ihre Titel hinzu und sandte es mit einem reitenden Boten fort. Sobald das erledigt war, verbarg Benjamin sich in Ferney.

Am 9. Mai badete Charlotte um zehn Uhr abends gerade ihre Füße in einem Schaff, als Madame de Staël ohne anzuklopfen ins Zimmer stürzte. „Ich bin gekommen", erklärte sie, „weil Sie eine

Hardenberg sind." Charlotte machte daraufhin Germaine freundlich mit der Tatsache bekannt, daß sie nicht mehr eine Hardenberg, sondern eine Constant sei.

Als Germaine sie um vier Uhr morgens verließ, setzte Charlotte sich hin, um Benjamin einen Bericht zu schreiben. Man konnte daraus ziemlich genau rekonstruieren, was sie soeben durchgemacht hatte.

Germaine reagierte, wie zu erwarten stand, auf die Neuigkeit sehr heftig; aber, sagte Charlotte, „sie machte in meiner Gegenwart nicht die leisesten Anstalten, in Krämpfe zu fallen. Ich zwang sie praktisch durch mein Verhalten, mir gegenüber freundlich zu sein". Germaine gab ihrem Schmerz in allen Tonarten Ausdruck, was sie jedoch eigentlich wünschte, war nur ein möglichst langer Aufschub, ehe die Heirat öffentlich bekanntgegeben wurde. Und in diesem Punkt – es ist kaum glaublich – gab Charlotte brav, demütig und restlos nach. „Ich werde nichts verweigern, was Ihr beide verlangt", schrieb sie an Benjamin. Sie bat nur, sie wolle ihn noch sehen, ehe er nach Coppet ging.

Sobald Charlotte sich bereit erklärt hatte, ihren Hauptwunsch zu erfüllen, änderte Germaine ihre Taktik: Von tragischen Ausbrüchen schaltete sie auf vertrauliche Gespräche um. Mehrere Stunden lang wurden Benjamins Betragen und Charakter analysiert.

„Mein Gespräch mit ihr (schrieb Charlotte) hat mir einen Eindruck gemacht, der sich schwerlich je wieder verwischen wird ... Ich glaube, es wäre für Dein Glück und für meinen Seelenfrieden besser gewesen, wir hätten nicht geheiratet ... Großer Gott! Nach den tausend Eiden, die Du mir geschworen hast, daß all Dein Glück nur auf mir beruhe, mußtest Du eine andere Frau glauben machen, daß es fern von ihr für Dich kein Glück gebe?"

Benjamin ging nach Coppet zurück. In Genf und Lausanne liefen Gerüchte um. War Benjamin verheiratet? War er nicht verheiratet? Benjamins Familie wußte nicht mehr, was sie denken sollte: Benjamin behauptete steif und fest, er sei verheiratet, seine Ehe müsse aber aus Gründen der Klugheit und in seinem eigenen Interesse geleugnet werden; Germaine wies darauf hin, daß seine Heirat gesetzlich ungültig sei; und Charlotte trug zu der Verwirrung noch bei, indem sie bekanntgab – „um ihre Lage in einem weniger bizarren Licht erscheinen zu lassen", erklärte Benjamin –, daß sie Benjamin noch nicht geheiratet habe, ihn aber heiraten würde.

Nachdem er zwei Wochen in Coppet verbracht hatte, fuhr Benjamin nach Brévans, wo Charlotte auf ihn wartete. Er war kaum angekommen, als die üblichen Befehle aus Coppet eintrafen: Germaine wolle für einige Wochen nach Lyon, um Talma dort spielen zu sehen; Benjamin müsse hinkommen, sonst ... Benjamin kam. Ihm auf den Fersen folgte Charlotte, aber ohne daß er es wußte. Als sie am 8. Juni unerwartet sein Hotelzimmer betrat, war Benjamin entrüstet. Was fiel ihr ein, ihn zu verfolgen? Sie solle sich lieber geradewegs nach Brévans oder Lausanne zurückbegeben — oder wohin sie sonst wolle. Charlotte ging in ihr eigenes Zimmer zurück. Bald darauf sandte sie ein Mädchen mit einer Botschaft an Benjamin. Sie liege im Sterben. Sie habe ein Glas Laudanum getrunken. Würde er dafür sorgen, daß man sie nicht lebendig begrabe? Könne sie ihn noch einmal sehen? „Aber komm rasch. Rasch!"

Benjamin kam rechtzeitig: Die „Coppet-Dosis" war nicht tödlich. Sobald sich Charlotte wieder erholt hatte, kam man überein, daß man sie irgendwie loswerden müsse. Benjamin versprach, daß er am fünfundzwanzigsten wieder zurück sein werde und daß der Vertrag von Sécheron noch in Kraft sei, und Germaine erlaubte ihm daraufhin, Charlotte nach Paris zu eskortieren, wo er sie einem Arzt übergab. Benjamin hielt Wort: Er kehrte nach Lyon zurück und begleitete Germaine von dort nach Coppet, wo er bis zum 19. Oktober blieb. Es klang alles wie ein Roman von Mrs. Radcliffe, meinte seine Tante de Nassau, als man ihr von dieser neuesten Heldentat berichtete.

Charlotte war nicht die einzige, die in diesem Jahr ihre Zuflucht zur „Coppet-Dosis" nahm. Juliette Récamier kehrte im Dezember 1807 nach Paris zurück und fing an, über ihre romantische Affäre mit Prinz August in einer nüchterneren Stimmung nachzudenken. Monsieur Récamier blieb fest, eine Annullierung oder Scheidung kam nicht in Frage; vielmehr deutete er sogar an, er sei nach fünfzehnjähriger Ehe nunmehr willens, sie auch wirklich zu vollziehen. Gleichzeitig bestand August, der aus Juliettes Briefen herausfühlte, daß die glühende Liebe sich abgekühlt hatte, auf einer Erfüllung ihres schriftlich gegebenen Versprechens; und Madame de Staël, an die er sich wandte, nahm in ihren Briefen an Juliette für ihn Partei. Eine Wahl zwischen zwei Männern zu treffen aber war eine Sache, die Juliette ganz einfach nicht zuwege brachte. Selbstmord war ein besserer Ausweg und ein Selbstmordversuch ein noch besserer — besser jedenfalls als eine vollzogene Ehe, ein Schicksal, das schlimmer war als der Tod. Gegen Ende des Winters schrieb Juliette eines Tages einen Abschiedsbrief an ihren

Gatten: „Entschlossen, meinem Leben ein Ende zu setzen, möchte ich Dir noch sagen, daß ich mich bis zum letzten Schlag meines Herzens Deiner Güte erinnern und niemals aufhören werde zu bedauern, daß ich Dir nicht alles war, was ich hätte sein sollen"; und so weiter. Vor ihr stand eine Schachtel mit Opium-Pillen. Schluckte sie sie? Betrachtete sie sie nur? Sah ihr Gatte den Brief? Eines ist sicher: Juliette fühlte, daß sie so weit gegangen war wie nur möglich. Sie hatte ihre Pflicht erfüllt, die Pillen anzusehen, nun stand es ihr frei, dem Prinzen mitzuteilen, daß sie ihn von seinen Gelübden entbinde. Daß der Prinz Verrat schrie; sie anflehte, ihren Entschluß sich noch einmal reiflich zu überlegen; daß sie in Aachen zusammentreffen sollten, er hinfuhr und sie ihn sitzenließ und statt dessen ihr Bildnis schickte; daß der Prinz ihr in unerschütterlicher und hoffnungsloser Liebe bis zu seinem Tod im Jahr 1843 verbunden blieb; und schließlich mit dem Ring begraben wurde, den er von Juliette sechsunddreißig Jahre zuvor in Coppet erhalten hatte – das alles würde ein herrliches Thema für einen sentimentalen historischen Roman abgeben.

In den ersten Stadien der romantischen Verzweiflung des Prinzen nahm Germaine nachdrücklich für ihn Partei – und ging dabei, wenn man Juliette glauben soll, bis zur Indiskretion. Juliette blieb Coppet im Sommer 1808 fern; sie fürchtete zweifellos, daß Germaine einen Plan ausgeheckt hatte, sie wieder mit dem Prinzen zu vereinen. Ihre Befürchtungen waren gerechtfertigt, denn so kompliziert die Verwicklungen bereits aussahen, unter der Oberfläche waren sie in Wirklichkeit noch viel labyrinthischer.

Die Lage im Herbst und Winter 1808–1809 kann man folgendermaßen rekapitulieren: 1. Germaine weigerte sich, Benjamin aufzugeben, der ohne ihr Wissen Charlotte geheiratet hatte; 2. Charlotte weigerte sich, Benjamin aufzugeben, der bei Germaine lebte; 3. Prinz August weigerte sich, Juliette aufzugeben, die mit ihrem Mann lebte; 4. während Germaine sich an Benjamin klammerte, starb sie schier vor Verzweiflung über O'Donnells Verrat und trachtete, die Zuneigung Prosper de Barantes wiederzugewinnen; 5. Barante erklärte Juliette Récamier seine Liebe; 6. Juliette nahm Prosper seine Hoffnungen nicht, tat aber auch nichts, um sie zu erfüllen; 7. Germaine deutete in ihren Briefen an Juliette an, daß Juliette ihr Prospers Liebe entfremde; 8. jede Korrespondenz zwischen Juliette und Germaine hörte im November 1808 auf.

Während Juliette und Germaine trotzten, machte Prosper Germaine in seinen Briefen Vorwürfe, daß sie an seiner Treue zweifle (er betrachtete sich durch seine Versprechungen immer noch an Germaine gebunden); gleichzeitig machte er Juliette Vorwürfe wegen ihrer Zurückhaltung. Zwischen Germaine, Juliette, Charlotte, Benjamin, Prosper und dem Prinzen von Preußen bestand ein ganzes System von einander widersprechenden und einander überschneidenden geheimen Abkommen, deren keines irgendeinem echten Gefühl oder der wahren Lage entsprach, auf die man sich aber mit dem ganzen Selbstbewußtsein einer beleidigten Nation berief. Warum sollte er sich nicht an Juliettes Gesellschaft erfreuen, fragte Prosper Germaine, da Germaine ihn doch so lange des Glücks beraubt habe? „Falls Dir das irgend etwas bedeutet, so sei versichert, daß ich das Wort ‚Liebe' nur Dir gegenüber jemals ausgesprochen habe." Das konnte stimmen, aber wenn Prosper auch Juliette gegenüber das Wort nicht aussprach, so gab er doch ziemlich deutlich zu verstehen, was gemeint war, jedenfalls beruhigten seine Erklärungen Germaine nicht, sondern brachten sie eher in Wut. Sie verlangte von Prosper, er solle ihr ihre Briefe zurückgeben. Er ergriff diese Gelegenheit nicht, seine Freiheit wiederzugewinnen. Statt dessen überredete er Juliette, an Germaine zu schreiben und gleichzeitig ihn und sich selbst von jeder Schuld reinzuwaschen. Anfang Februar 1809 erhielt Germaine von Juliette einen Brief, worin sie das Angebot machte, Germaine Prospers Briefe zu zeigen. „Auf Ihren Brief, meine liebe Juliette, möchte ich mich Ihnen am liebsten zu Füßen werfen", antwortete Germaine. „Ich will Prospers Briefe nicht sehen — ich will nichts, als daß Sie mich wieder lieben." Auch Prosper wurde verziehen, nicht nur, daß er Juliette liebte, sondern sogar, daß er in seinem *Überblick über die französische Literatur im achtzehnten Jahrhundert* den Namen Jacques Neckers nicht erwähnte.

Nach dieser Versöhnung leistete Juliette Germaines Aufforderung Folge, sie im Juni in Lyon zu treffen, und kam dann Ende Juli nach Coppet, begleitet von ihrem jüngsten Verehrer, dem fetten Baron Voght. Das Leben in Coppet nahm ungefähr den gleichen Verlauf wie im Sommer 1807, und wieder schien Germaine als Siegerin hervorgegangen zu sein, hatte die Rebellen unterworfen, die Deserteure wieder zurückgeholt, die illoyalen Elemente eingeschüchtert und alles unter ihr Gesetz gebracht. Genauso war Napoleon nach Paris zurückgekehrt, nachdem er Österreich bei Wagram geschlagen, sich der päpstlichen Staaten bemächtigt und Wellington aus Spanien vertrieben hatte.

Die Festlichkeiten, Aufführungen, Diskussionen begannen von neuem. Zacharias Werner tauchte am 6. September wieder auf; Germaine hatte die Reisekosten bezahlt. Aus seiner Tasche zog er außer den berühmten Taschentüchern und seiner gewaltigen Tabaksdose das Manuskript seines letzten Dramas, *Der vierund-*

zwanzigste Februar[47]. Germaine war beeindruckt von der düsteren Gewalt und beschloß, es aufzuführen. Werner und Schlegel übernahmen die männlichen Rollen, ein Fräulein von Jenner aus Bern den dritten Part. Coppet war offenbar zu einer deutschen Kolonie geworden. Ein deutsches Stück wurde geprobt, und bei Tisch sprach man mehr deutsch als französisch. Wie Werner bemerkte, waren jedoch die Deutschen in Madame de Staëls Umgebung „nicht, wie man in Deutschland unsinnigerweise annahm, damit beschäftigt, ihren Geist zu bilden; sie erhielten im Gegenteil eine gesellschaftliche Erziehung von ihr". Diese Erziehung wurde mit strenger Hand vorgenommen; den Beweis dafür erbringen Schlegels dauernde Klagen in seinen mitternächtlichen Billetts: „Liebe Freundin, ich bin wirklich nicht empfindlich, aber es schmerzt mich doch, daß, statt daß ich Ihnen helfen könnte, Sie mir jeden Augenblick zu verstehen geben, Sie fänden mich unerfreulich, lästig, langweilig und ungehörig. Es ist zu spät, mich noch zu erziehen; ich rate Ihnen, das zu lassen." Aber sie ließ es nicht, sie machte sogar dem unsterblichen Übersetzer von Shakespeare und Calderon Vorwürfe, daß es ihm nicht gelungen sei, Albert zu erziehen — der zu dieser Zeit wieder in Coppet weilte und mit fünfzehn Jahren die Schrift eines Sechsjährigen hatte.

Auch Benjamins Gegenwart trug nicht zur allgemeinen Harmonie bei. Als Germaine von Lyon aus mitteilte, sie würde ihn mit zurücknehmen, schrieb Schlegel: „Das geringste Übel dabei wäre, daß seine Gegenwart Sie mit all Ihren übrigen Freunden entzweite. Aber jede Zeit, die Sie noch mit ihm verbringen, ist doch für Ihre eigentliche Bestimmung verloren, sie hält die Rückkehr Ihres Glücks oder wenigstens Ihrer Ruhe auf, aber vor allem hindert sie Sie, zu vergessen und Ihr eigentliches hervorragendes Talent zu betätigen."

Niemand konnte mit dieser Meinung einverstandener sein als Benjamin selbst, aber Benjamin vertraute seine Ansichten niemandem mehr an; er hatte sich in ein neues System verstrickt, welches darin bestand, alle und jeden irrezuführen.

Benjamins Familie begriff einfach nicht, warum er wieder nach Coppet zurückkehrte, und schenkte dem Gerücht Glauben, er zwinge Germaine, ihn in ihrem Haus zu dulden, wo er sich lediglich aus Bequemlichkeitsgründen aufhielte. Gegen diese Unterstellung erhob er heftigsten Widerspruch. Er bekräftigte in einem Brief an Rosalie, daß ganz im Gegenteil Germaine offensichtlich tiefunglücklich sei beim Gedanken, ihn zu verlieren. Seine Freunde beschuldigten ihn, „sie in einen Abgrund des Leidens gestürzt zu haben", aus dem sie niemals gerettet werden könne, wenn er sie verließ. „Jeder hier, jeder Besucher, jeder Brief sagt mir das gleiche. Sie selbst schickt Billetts von ihrem Zimmer zu meinem, und jedes von ihnen ist Beweis genug, daß es nicht stimmt, was sie über mich gesagt haben soll.“ Mit andern Worten, es war Germaine selbst, die Benjamins Verwandten zufolge das Gerücht ausstreute, Benjamin sei in Coppet nur geduldet. Der Kampf hatte eine Phase erreicht, die es sinnlos macht, nach rationalen Erklärungen, Wahrheit oder selbst Anstand zu suchen. Während Benjamin so weit ging, Germaine zu versprechen, er würde sie im folgenden Jahr nach Amerika begleiten, schickte er verstohlen in einem ständigen Strom von kleinen, heimlich fertiggestellten Päckchen alle Bücher, Papiere, Manuskripte und Notizen fort, die er in Coppet im Verlauf von fünfzehn Jahren angesammelt hatte. Am 19. Oktober verschwand er dann selbst.

„Er verließ mich vor einer Woche“, schrieb Germaine an Juliette, die im September nach Frankreich zurückgekehrt war, „und in meinem ganzen Leben empfand ich keinen so verzweifelten Schmerz ... Ich weiß, daß ich nicht leben kann, ohne ihn zu sehen und mit ihm zu sprechen.“ Am selben Tag, dem 26. Oktober, schrieb sie einen erstaunlichen Brief an den Marquis de Châteaugiron, der mit ihrem gemeinsamen Freund Prosper de Barante zusammentreffen sollte: „Sie werden ihn sehen, Monsieur, und er wird Ihnen alles erzählen, was zwischen uns vorgefallen ist ... Ich bitte Sie, für mich zu sprechen. Unabhängigkeit, Ruhm, Liebe — das alles biete ich ihm. Geht er seinen eigenen Weg, so wird er mein Herz zerreißen, ohne, wie mir scheint, dabei Glück oder Ehre zu finden.“ So schrieb sie auch an Mathieu und bat ihn, er möge Prosper zu einer Ehe mit ihr überreden. Mathieu führte seine Mission verlegen und ungern durch. Prosper berichtet Germaine in einem Brief über Mathieus Besuch, und dessen Ergebnis wird in einem einzigen Satz zusammengefaßt: „Er wird Gott bitten, uns eine heilsame Lösung einzugeben.“ Mathieus Gebet wurde nicht erhört.

Am 1. November verließ Zacharias Werner Coppet, nachdem er zwei Monate „in der Anbetung dieses Gnadenbildes“ verbracht hatte, „das wahrhaft wunderbar und heilbringend für alle Pilger ist, die gleich mir zugleich vom Schicksale und ihren eigenen Dummheiten verfolgt werden“. Vom „Schrein der hl. Aspasia“ pilgerte er nach Rom, machte auf seinem Weg in Kirchen und Bordellen halt und endete schließlich im Priestergewand. Ehe er von Unserer Lieben Frau von Coppet Abschied nahm, hinterließ er ihr ein Sonett mit dem Titel „Liebe und Freundschaft“, in dem er resigniert die Überlegenheit der Freundschaft eingestand. Mitten unter ihren Tränen über Prosper und Benjamin war Germaine gezwungen gewesen, Zacharias' Annäherungen abzuweisen.

Nach einem weiteren Monat in Coppet verpflanzte Germaine alle ihre Kümmernisse in das Hotel des Balances in Genf. Prosper, durch den Tod seiner Schwester nach Genf gerufen, sah sie kurz im Januar, und seine Gegenwart bedeutete für sie „eine wundersame Erleichterung". „Liebe Juliette", bat sie Madame Récamier nach seiner Abreise, „trachten Sie doch, daß er mich liebt und nicht Sie ... Wenigstens hoffe ich, daß ich weniger um Benjamin leiden werde, nun ich um Prosper leide." Ihre Hoffnungen erwachten wieder – aber Juliette sollte Benjamin nichts davon sagen; Germaine verdächtigte ihn nicht ohne Grund dunkler Pläne.

Ehe er Coppet verließ, hatte Benjamin versprochen, seine Ehe noch weitere sechs Monate geheimzuhalten, und zwar bis zu Germaines Reise nach Amerika. Aber kaum war er in Paris eingetroffen, teilte er Germaine mit, daß er das Geheimnis nicht länger wahren könne. Diese Mitteilung war es vor allem, die Germaine veranlaßte, Prosper so heftig zu verfolgen: Die Welt sollte nicht denken, man habe sie beiseite geschoben, und nur eine Ehe mit Prosper konnte sie vor einer solchen Schmach bewahren. Zu gleicher Zeit bestand sie auf Benjamins schriftlichem Versprechen, am 1. Februar nach Coppet zurückzukehren. Er kam.

Sein Besuch hatte den Zweck, versicherte er seiner Tante de Nassau, „Madame de Staël zu zwingen, das anzunehmen", was er ihr schulde. Das konnte kaum stimmen, denn er hatte kein Geld, um sie auszuzahlen; Germaine hatte ihn vielmehr aufgefordert, seine Schulden zu begleichen: „Es ist unglaublich", schrieb ihm Charlotte empört, „daß Madame de Staël Dir zuerst so viel Zuneigung bezeugt und jedem, der in Hörweite ist, erzählt, Du seist der Vater ihrer Tochter, um Dir jetzt Rechnungen einzuschicken und die Rückzahlung von Schulden zu verlangen, obwohl sie so viel Geld hat, als sie nur irgend braucht." Sechs Wochen lang wurde gefeilscht, dann kamen Benjamin und Germaine zu einer Übereinkunft. In einem am 21. März unterzeichneten Vertrag erkannte Benjamin an, daß er Madame de Staël 80 000 Franken schulde, und versprach, sie mit diesem – zinsenfreien – Betrag in seinem Testament zu bedenken, falls er kinderlos sterben sollte; eine Besitzung von ihm, die Germaine als Pfand erhalten hatte, war in dieser Summe mit inbegriffen. Allerdings mußte er für diese ungewöhnliche Art, eine Schuld zurückzuerstatten, einen Preis zahlen; man kann aus einer Stelle in einem Brief an Hochet, geschrieben in Coppet am 31. März, schließen, worin er bestand: „Jetzt, da wir unsern Kampf ausgetragen haben, bin ich bereit, zuzugeben, daß es meine Charakterfehler sowohl wie die Umstände waren, die unsere Beziehung nicht zu einer harmonischen werden ließen; es würde mich viel mehr schmerzen, wenn sie meinetwegen schlecht beurteilt würde, als wenn mir dasselbe ihretwegen geschähe." Man kann geradezu Germaines Stimme hören, wie sie diese Stelle diktiert: Was Hochet erfuhr, machte in ganz Paris die Runde.

Um Weihnachten 1809 hatte Germaine in aller Form ihre Pläne bekanntgegeben, Europa im Sommer 1810 zu verlassen. Anfang 1810 erhielt sie ihren Paß; es wurde ihr und August gestattet, nach Frankreich einzureisen, und zwar, um sich an Bord eines Schiffes in die Vereinigten Staaten zu begeben. Paris jedoch dürften sie nicht berühren. Ehe sie den Kontinent verließ, wollte sie in Blois halt machen, noch einmal mit ihren Freunden zusammentreffen und den Druck ihres letzten Buches überwachen.

Sie hatte nämlich ein neues Werk fertiggestellt — ein Buch, das in der Gesamtausgabe ihrer Werke drei Bände umfaßt. Den größeren Teil hatte sie nach dem September 1809 geschrieben: Germaine vergeudete wohl die Zeit aller anderen, niemals aber ihre eigene.

Mit dem nahezu vollendeten Manuskript von *De l'Allemagne* in ihrem Gepäck machte sich Germaine im April 1810 nach Frankreich auf.

Das Schwert siegt über den Geist

Das Manuskript des ersten Bandes von *De l'Allemagne* war bereits in Paris in Händen des Verlegers Nicolle, als Germaine Coppet verließ. Nicolles Geschäfte gingen nicht gerade glänzend, und es lag ihm daran, das Werk so bald als möglich herauszubringen; während Madame de Staël den letzten Band beendete, war der erste schon in Tours im Druck.

Ende April kam Germaine im Schloß Chaumont an, das an der Loire in der Nähe von Blois lag. Sie hatte es von ihrem amerikanischen Agenten und Freund James Le Ray gemietet, der nicht vor dem Herbst von New York zurückzukehren beabsichtigte. Chaumont lag angenehmerweise nicht weit von der Druckerei in Tours, Manuskript und Fahnen gingen den ganzen Sommer hin und her. Schlegel beschrieb in einem Brief an seine Schwester das historische Schloß:

„Ich schreibe Ihnen hier, teuerste Schwester, an den wegen ihrer Lieblichkeit gepriesenen Ufern der Loire . . . auf einer alten stattlichen Burg, mit runden unverwüstlichen Thürmen umbollwerkt, ehemals von Königen besessen und bewohnt . . . Dies ritterliche Schloß liegt auf einem Felsen, zu unseren Füßen das Dorf, zweihundert Stufen führen zu uns herauf . . . wie in den elysäischen Gefilden, so gibt es auch um uns her blühende Gebüsche, worin die Nachtigallen unaufhörlich singen. Von unserer Plattform beherrschen wir eine weite Aussicht, zwar nicht auf Schweizer Gebirge, aber auf eine fruchtbare bewohnte Ebene. Seitwärts liegt unter alten Bäumen die ländliche Pfarrkirche, deren Glocke um die Zeit der Messe, des Angelus und Ave Maria zu frommen Regungen anmahnt. Auf dem Fluße gleiten kleine Schiffchen mit Segeln vorüber, und scheinen die Gedanken nach sich, zum Meer und einer kühneren Schiffahrt zu locken."

In diesem romantischen Schloß versammelte Germaine vielleicht zum letzten Mal alle ihre Freunde, Liebhaber und Vasallen. Ihr unmittelbares Gefolge bildeten ihre drei Kinder, Schlegel, ein neapolitanischer Musiklehrer und Gitarrespieler mit Namen Pertosa und ein neues Mitglied des Haushalts, Miß Fanny Randall, die in Germaines letzten Lebensjahren noch eine außerordentliche Rolle spielen sollte. Germaine hatte die alte Jungfer ohne genauere Festlegung ihrer Funktionen in die Familie aufgenommen – als Albertines Begleiterin, als Vertraute, als Freundin – teils aus Mitleid, denn Miß Randall war vom Leben enttäuscht, teils um dem mit ihr entfernt verwandten Sismondi einen Gefallen zu tun. Miß Randall hing an Germaine und Albertine mit fanatischer Liebe; Besuchern gegenüber war sie entweder schweigsam, oder bitter und unfreundlich bis zur Grobheit, um ihre Unabhängigkeit zu betonen. Ihr ganzes Dasein aber kreiste um Madame de Staël. Sie drohte, sich umzubringen, wenn sie sich vernachlässigt fühlte, und war auf Verlangen bereit, für ihr Idol zu morden und zu lügen. Man zog sie bald zu Diensten heran, die die größte Diskretion erforderten.

Der selbstgefällige Deutsche, der gitarreklimpernde Italiener und die düstere Engländerin waren gewiß ein seltsames Dreigespann, aber auch nicht seltsamer als die anderen Gäste in Germaines Märchenschloß: Juliette Récamier, ihr amerikanischer Anbeter Middleton, ihr deutscher Anbeter Voght, ihr russischer Anbeter Baron Balk; Elzéar de Sabran; Mathieu und Adrien Montmorency; Adelbert von Chamisso, der expatriierte Franzose, Botaniker und Verfasser von *„Peter Schlemihl, der Mann ohne Schatten"*. Prosper de Barante verbrachte Ende April einige Tage in Chaumont („Ich sehe ihn hier wie eine Fata Morgana, die meinem Leben Farbe gibt", schrieb Germaine an Juliette); Barante Père folgte bald darauf – er machte auf dem Weg zu seinem Besitz bei Germaine halt – und am 10. Juni kam Benjamin, der fünf Wochen blieb.

Während Germaine an ihrem Buch und den Fahnen arbeitete, gaben die anderen Bewohner Chaumonts sich den Versuchungen des Müßigganges hin, und auch Germaine verbrachte ihre Abende mit Gesprächen, Musik und einem eigentümlichen Spiel, *petite poste* genannt, einer der tausend Abwandlungen des Spieles der Liebe. Der Aufenthalt in Chaumont war das letzte Fest auf Cythera vor der Einschiffung nach den Vereinigten Staaten.

Julie Récamier flirtete, einzeln und in Gruppen, mit Schlegel, Middleton, Voght, Balk, Adrien de Montmorency und August de Staël, der sich auf einmal leidenschaftlich in sie verliebte; Albert war den Reizen einer Dame in Blois erlegen; Mathieu und Elzéar schmachteten, wenn auch voll Resignation, noch immer nach Germaine; Chamisso fand, daß Germaine „den Ernst der Deutschen, die Glut des Südens und die Form der Franzosen" vereine, verliebte sich in sie und wurde nicht ganz abgelehnt; Germaine vertraute Chamisso ihre Enttäuschungen an, bemühte sich aber dabei, ihre Herrschaft über Benjamin wiederzuerlangen, und schrieb melancholische Briefe an Barante; und Schlegel war auf alle eifersüchtig. Alle diese halb eingestandenen Gefühle fanden im Spiel der *petite poste*, der „kleinen Post", ihr Ventil. Man versammelte sich um einen großen Tisch, und statt miteinander Konversation zu machen, schrieb man einander Briefchen. Eine Anzahl dieser in Ziehharmonika-Form gefalteten Papierchen hat sich erhalten. Folgendes zum Beispiel: Mme Récamier (an Schlegel): Halten Sie mich für eine Frau, die Qualen verursacht oder die Sehnsüchte weckt?

Schlegel: Sie sind eine himmlische Frau in irdischer Verkleidung.

Mme Récamier: Lieben Sie mich?

Schlegel: Wenn ich es wagte –

Mme Récamier: Wagen Sie es nur!

Schlegel: Ich wage es. Was geschieht nun?

Mme Récamier: Ich möchte Ihnen sagen, Monsieur, daß ich keine Lust habe, mich *schriftlich* zu kompromittieren. Aber wenn Sie heute abend mit mir plaudern wollen, werde ich Ihnen mitteilen, was ich davon halte.

Schlegel: Ich werde kommen, aber nur, um zurückgewiesen zu werden. Daran bin ich jetzt allerdings schon gewöhnt.

Mme Récamier: Selbstverständlich!

Schlegel: Sie haben recht, Madame, aber Sie müssen sehr geschickt sein, wenn Sie mich zur Verzweiflung bringen wollen. Ich bin gegen die Verzweiflung gefeit, weil ich schon lange jede Hoffnung aufgegeben habe.

Mme Récamier: Was soll ich mit einem Mann anfangen, der weder zu hoffen noch zu verzweifeln weiß?

Schlegel: Ach, beklagen Sie mich, meine Zeit ist vorbei; ich gebe mich keiner Täuschung über mein Aussehen hin.

Mme Récamier: Um eine Täuschung zu vermeiden, werfen Sie sich einer anderen in die Arme. Ihre Zeit ist nicht vorbei. Ihre Seele besitzt alles, was nötig ist, um zu lieben und geliebt zu werden . . .

Ein anderes Beispiel:

August de Staël: Liebe Juliette, ich liebe Sie.

Mme Récamier (gibt das Papier ohne Antwort zurück).

August: Ich flehe Sie an, liebe Juliette, seien Sie nett zu Ihrem Freund. Ich habe Angst vor Ihrem schrecklichen Brief.

Mme Récamier: Was haben Sie geschrieben? Was steht in dem Brief, den Sie erhielten? Ich möchte alles wissen. Ich bin eifersüchtig, ich bin anspruchsvoll, ich bin tyrannisch, und ich liebe Sie so, daß alle diese Fehler wieder aufgewogen werden.

Die *petite poste* war ein gefährliches Spiel. Im Park von Chaumont, erzählt Chamisso, gab es zwei Spazierwege, die die Bewohner die Allee der Auseinandersetzungen und die Allee der Versöhnungen getauft hatten. Hier wurden die Rückstände der kleinen Post von einem Paar nach dem anderen aufgearbeitet, und die Partner wechselten dabei wie in einem kunstvollen Tanz. Ausnahmsweise aber gab es keine großen Leidenschaften, keine großen Szenen. Germaine war von ihrer Arbeit zu sehr in Anspruch genommen – und zwar deshalb, weil sie fast eine Art Resignation verspürte. August allein vergaß, daß die Liebe in Chaumont nur ein Spiel war.

Die Unwirklichkeit des Lebens in Chaumont wurde durch eine ausgefallene und malerische Note da und dort noch erhöht: Madame Récamier, die von Pertosa auf der Gitarre begleitet, tanzte, und dazu ein Tamburin schlug; Chamisso, der eine ungeheure deutsche Pfeife rauchte und von der unerbittlichen Miß Randall gezwungen wurde, seinem Laster in den entlegensten Räumen des Schlosses zu frönen; oder die in der Pfarrkirche am 29. Mai vorgenommene Taufe eines „in Afrika geborenen Negers, ungefähr zweiundzwanzig Jahre alt, im Besitz der Baronin von Staël-Holstein", über die Schlegel eine rührende Ode schrieb. Wer der Neger war, wie Germaine in seinen Besitz gelangte und was aus ihm wurde, hat man nie herausgefunden.

Mitten in dieses Treiben platzten hintereinander zwei Bomben. Die erste, am 3. Juni, war eine kurze Zeitungsmeldung, daß Fouché entlassen und General Savary, Herzog von Rovigo, an seine Stelle getreten sei. Die zweite war ein Brief vom Herrn des Schlosses, den Germaine am 8. August erhielt und worin er ihr mitteilte, daß er mit seiner ganzen Familie, Dienerschaft und Gepäck in Frankreich gelandet und nunmehr im Begriffe sei, in sein Schloß zurückzukehren. „Da stehe ich also mit meinem ganzen Kram wieder auf der Straße", schrieb Germaine dem älteren Barante.

Mitte August hatte sie ein neues Haus für sich und ihren Kram gefunden — den Landsitz Fossé, in der Nähe von Blois, der dem Grafen von Salaberry, einem royalistischen Adeligen, gehörte. Dieser Landsitz hatte nichts Feudales — er war einfach ein großes Haus. Sie waren kaum dort angekommen, berichtet Germaine in ihren Memoieren, als Pertosa auch schon Gitarre und Albertine Harfe zu spielen begann, um Juliette zu einer Romanze zu begleiten. „Die Bauern liefen ans Fenster und bestaunten diese Schar von Troubadours, die gekommen war, ihres Herrn Einsamkeit zu beleben." Nicht nur die Bauern staunten. Wann immer Germaine sich zu Fuß nach Blois hineinwagte, folgte ihr die ganze Bevölkerung und konnte sie nicht genug anstarren. Savary, der neue Polizeiminister, war gar nicht damit einverstanden, daß sie soviel Aufsehen erregte. Madame de Staël, schrieb er an Corbigny, den Präfekten des Departements Loir-et-Cher, ist von einem ganzen Hofstaat umgeben. Der Präfekt, der eben dabei war, selbst ein Mitglied des Hofes zu werden, machte Germaine von Savarys Unwillen Mitteilung. „Sie können zumindest sicher sein", meinte Germaine, „daß es nicht Macht ist, der ich meinen Hofstaat verdanke."

Am 23. September korrigierte Germaine die letzten Fahnen ihres Buches. Die meisten ihrer Freunde waren bereits fort; Germaine selbst fürchtete sich vor der Überfahrt im Winter; sie war so gut wie entschlossen, ihre Reise nach Amerika bis zum Frühjahr aufzuschieben, und hoffte, die Regierung würde ihr gestatten, den Winter in der Vendôme zu verbringen. Im Grunde ihres Herzens hegte sie noch immer die alten Illusionen: *De l'Allemagne* würde Napoleon so beeindrucken, daß er ihre Verbannung aufheben würde; Prosper würde zu ihr zurückkehren; Benjamin Charlotte verlassen. In diesem Augenblick zerschmetterte ein Faustschlag des Herrn und Meisters diese Hoffnungen und zerstörte die Arbeit von sechs Jahren.

Von allen Schriften Madame de Staëls sind drei Bücher immer noch von großem Interesse geblieben: *Die Literatur in ihren Beziehungen zu gesellschaftlichen Institutionen; Deutschland;* und *Betrachtungen über die hauptsächlichsten Ereignisse der Französischen Revolution.* Jedes dieser Bücher enthält wichtige Elemente, die man auch in den beiden andern finden kann; jedoch scheint *De l'Allemagne* in gewisser Beziehung eine Abkehr von der liberalen und rationalistischen Einstellung von *De la Littérature*, der sich Madame de Staël in den *Considérations* wieder zuwendet. Eine genauere Lektüre berichtigt diesen Eindruck, aber man hat auch weiterhin das Gefühl, daß Germaine in ihrem Buch über Deutschland ihrer Sache nicht ganz sicher und auch nicht ganz ehrlich war.

De l'Allemagne steht in der Mitte zwischen Voltaires *Briefen über die englische Nation*, die einundachtzig Jahre früher veröffentlicht wurden, und Tocquevilles *Über die Demokratie in Amerika*, das zweiundzwanzig Jahre später herauskam[48]. Wie Voltaires Briefe ist es ein Protest gegen die Unterdrückung intellektueller Freiheit in Frankreich und ein erfolgreicher Versuch, französisches Denken durch eine Injektion neuer ausländischer Ideen wieder aufzufrischen; wie Tocquevilles Buch trachtet es, einen ganzen Kulturkreis zu interpretieren und ein selbstgefälliges Publikum mit neuen Richtungen bekannt zu machen. Aber Tocqueville war objektiv, während Germaines Buch voll steckt von Hintergedanken, kaum verhüllter Propaganda und absichtlicher Tatsachenblindheit. Das Werk des monarchistischen Tocqueville ist in seinem Thema den Gedankengängen verwandt, die von der republikanischen Germaine in *De la littérature* und in den *Considérations* entwickelt werden: „daß die langsame und ständig fortschreitende Entwicklung der allgemeinen Gleichheit sowohl die Vergangenheit wie die Zukunft menschlicher Geschichte ausmacht" (die Worte stammen von Tocqueville); aber das Thema von *De l'Allemagne* ist im wesentlichen polemisch und zeitgebunden und führt damit zurück zu einem viel früheren Werk, das den gleichen Titel trägt, Tacitus' *De Germania*. Was das kaiserliche Rom für Madame de Staëls bevorzugten Historiker bedeutete, das bedeutete das napoleonische Frankreich für sie. „Solitudinem faciunt, pacem appellant – sie machen eine Wüste und nennen es Frieden", läßt Tacitus einen britischen Häuptling von den römischen Eroberern sagen[49]. Genauso empfand Germaine die Friedhofsstille der napoleonischen Ordnung. Wie in Rom, so schuf auch im „schweigenden Frankreich" die Tyrannei ein Volk von höflichen Papageien, Ehrgeizlingen und unterwürfigen Automaten. Germaine konnte das nicht ausdrücklich sagen, aber sie konnte wie Tacitus dem Laster die deutschen Tugenden entgegenhalten. Ob Tacitus' kühne Krieger, ob Germaines Träumer in Nachtmützen – die Deutschen waren die edlen Wilden Europas.

Gegen dieses falsche Bild Deutschlands wandte sich Heinrich

Heine zwanzig Jahre später in seinem eigenen *De l'Allemagne*. Heine erkannte deutlich drei Dinge, für die Germaine blind gewesen war: Daß Napoleon dem Europa östlich des Rheins und südlich der Alpen und Pyrenäen nicht Tyrannei, sondern Liberalismus, Gleichheit und Anteil an der modernen Welt gebracht hatte; daß die deutsche Romantik eine Weigerung gewesen war, sich mit der modernen Welt abzufinden; und daß die deutsche Idealphilosophie tatsächlich die Zerstörung der christlichen Moral bedeutete. Der Tag würde kommen, prophezeite Heine, an dem erbarmungslose Kantianer, bewaffnete Fichteaner und wilde Naturphilosophen sich gegen die Kultur erheben und sie in einer Orgie des Kampfes um des Kämpfens willen zerstören würden. Heines Prophezeiung macht die deutschen Philosophen in zu hohem Ausmaß verantwortlich; aber die dämonischen Kräfte einer gegen die Kultur gerichteten Unzufriedenheit waren in der nicht-philosophischen Bevölkerung Deutschlands sogar zu Germaines Zeiten vorhanden. Noch andere Anschuldigungen sind gegen Madame de Staëls *De l'Allemagne* erhoben worden. Deutsche Kritiker fanden ihre Behandlung der Philosophie oberflächlich, ihre Betrachtungen über die Literatur verständnislos. Dieser Tadel ist zwar berechtigt, fällt aber nicht ins Gewicht: Germaine wandte sich an ein französisches Publikum und war bestrebt, eine große Menge neuer und ungewöhnlicher Gedanken in einer Art zu vermitteln, die gebildete Franzosen begreifen konnten[50].

Eine Anschuldigung jedoch wurde niemals gemacht, und sie ist schwerwiegender als die andern: Wenn man Germaines Briefe — besonders diejenigen, die sie während ihrer beiden Aufenthalte in Deutschland schrieb — mit dem Buch vergleicht, so kommt man zu der betrüblichen Überzeugung, daß in vielen Kapiteln Dinge stehen, an die sie nicht glaubte. Gewiß, man findet alle ihre kritischen Ansichten über Deutschland wieder, aber sie sind gemildert und verwässert, während das im Buch enthaltene begeisterte Lob in den Briefen nahezu völlig fehlt. Zeitweise wurde sie wahrscheinlich von dem Enthusiasmus mitgerissen, in den man sich beim Schreiben hineinsteigert; zeitweise aber tritt ihr Entschluß, als Kritik am napoleonischen Frankreich ein idealisiertes Bild Deutschlands zu entwerfen, nur allzu deutlich hervor. Noch betrüblicher ist es, wenn sie die Wahrheit einer Bearbeitung unterzieht, deren Ziel das genaue Gegenteil eines Widerstandes gegen Napoleon war. Es ist kein Zufall, daß Germaine mit der Zeit um die Wette arbeitete, um *De l'Allemagne* im Jahr der Vermählung Napoleons mit der Erzherzogin Marie Luise herauszubringen. In aller Naivität nahm Germaine an, daß Marie Luise Bücher las oder sich für

Deutschland interessierte, und hoffte offensichtlich, die Gunst der neuen Kaiserin zu gewinnen[51].

Trotz aller dieser Vorbehalte ist und bleibt *De l'Allemagne* ein ungewöhnlich kluges und bewundernswertes Buch; seine allgemeine Einstellung war zwar zeitgebunden und hatte selbst zu dem damaligen Deutschland und seiner Entwicklung merkwürdig wenig Bezug, aber es ist voll von Einzelbeobachtungen, die im Rückblick sehr an Bedeutung gewonnen haben.

Im ersten Teil von *De l'Allemagne* untersucht Madame de Staël die Geographie, die Sitten und Institutionen Deutschlands; im zweiten Teil wendet sie sich der Literatur und Kunst zu; im dritten der Philosophie und Ethik; im vierten Teil der „Religion und Schwärmerei".

Es ist keine wesentliche Übertreibung, im ersten Teil von *De l'Allemagne* eine kaum verhüllte Satire auf Frankreich zu sehen. Es läßt sich nachweisen, daß fast jede über Deutschland aufgestellte Behauptung zum Ausgangspunkt für eine kritische Abhandlung über die französische Gesellschaft gemacht wird. Die kritischen Einwände sind jedoch die gleichen, die sie schon immer vorgebracht hat; erst in den weiteren drei Abschnitten weicht Germaine von ihren früheren Ansichten ab. Wie Schlegel übt sie Kritik an Racine; schließt sich der Theorie an, daß die französische Sprache sich weniger für Dichtung eigne als die deutsche; wendet sich gegen die englischen Empiriker und die französischen Philosophen des Sensualismus und verteidigt die Naturphilosophie, den Mystizismus und sogar den Katholizismus, zumindest den deutschen Katholizismus. Hier macht sich der Einfluß Schlegels sehr deutlich geltend. Während sie ihr Buch verfaßte, hatte dieser Einfluß seinen Höhepunkt erreicht: Ihre Enttäuschungen, ihr Versuch, dem Pietismus von Frau von Krüdener und von Chevalier de Langalerie näherzukommen, sogar der seltsame Katholizismus eines Zacharias Werner – alles trieb sie in die Richtung einer vagen, selbstzufriedenen, gefühlsbetonten Religion, die sie – freilich oberflächlich – dem deutschen Idealismus und Mystizismus der deutschen Romantik gleichsetzte.

Dennoch wurde Germaine nie eine Parteigängerin des Katholizismus; und als letzte Tat ihres Lebens bekräftigt sie in den *Considérations* ihren Glauben an Aufklärung, Freiheit und Fortschritt. War *De l'Allemagne* eine momentane Verwirrung, halb Absage an ihre vernunftmäßige Einstellung, halb Polemik gegen das napoleonische Frankreich? Keineswegs. Es war ein Experiment: Germaine war in Versuchung gekommen, im romantischen Ozean zu baden, hatte ihre Zehen hineingetaucht, seine Köstlichkeit gepriesen und war ans trockene Land zurückgekehrt, sobald es sich nur irgend mit dem Anstand vereinbaren ließ. Ihre Religion, bemerkte Mathieu, war „nur eine andere Form von Poesie".

Sogar in *De l'Allemagne* aber erklärte sie sich mit gewissen Aspekten Deutschlands nicht einverstanden. Sie beklagte den Mangel an Geschmack, an gepflegter Konversation, an kritischen Maßstäben — alles, wie sie meinte, eine Folgeerscheinung mangelnden sozialen Zusammenhalts. Sie wies darauf hin, welche Gefahr für die Freiheit in der ausschließlichen Beschäftigung mit abstrakten Begriffen liege. „Der Geist der Deutschen scheint in keiner Verbindung mit ihrem Charakter zu stehen: Der eine kann keine Begrenzung erdulden, der andere nimmt unterwürfig jedes Joch auf sich." Sie war erstaunt über den Gegensatz zwischen „dem kriegerischen Aussehen Deutschlands, wo man überall auf Soldaten stößt, und der häuslichen Lebensweise". Die Verbindung von Daunenbetten, Zipfelmützen, hermetisch verschlossenen Fenstern mit der angeblich so kriegerischen Natur der Deutschen ist allerdings auffallend, und Germaine stellte die richtige Diagnose, daß die Deutschen, wenn sie nicht von einem vorübergehenden Fieber ergriffen werden, übertrieben friedfertig sind. Ihre Ehrfurcht vor Rang und Namen, ihre Gleichgültigkeit der Politik, ihre Unterwürfigkeit einer fremden Besatzung gegenüber, die Uneinigkeit der vielen kleinen Staaten und der Mangel an Freiheit in allen praktischen Angelegenheiten veranlaßten Germaine zu der bedauernden Feststellung, daß ein deutsches Nationalgefühl fehle. Sie wurde deshalb von den deutschen Nationalisten des neunzehnten Jahrhunderts gewöhnlich als prophetische Vorläuferin betrachtet. Zweifellos entsprach das in den deutschen „Freiheitskriegen" bekundete Nationalgefühl Germaines Vorstellungen; dieses Gefühl aber setzte sich aus zwei deutlich unterschiedenen Komponenten zusammen — liberalem Patriotismus und fanatischem Nationalismus. Als ihr Mentor Schlegel sich den Kampftruppen des letzteren zugesellte, war Germaine entsetzt.

Sie übte Kritik an dem Glauben, der für die deutschen Nationalisten zum Axiom geworden war, daß Deutschlands nationale Wiedergeburt mit Friedrich dem Großen begonnen habe. „Friedrich wollte, daß seine Soldaten militärische Maschinen von blindem Gehorsam, seine Untertanen aber aufgeklärte, eines echten Patriotismus fähige Bürger seien . . ." Das war ein Ding der Unmöglichkeit. Madame de Staël hätte sich Deutschland als eine moderne Nation wie England oder Amerika gewünscht. Sie erkannte aber nicht, daß der deutsche romantische Nationalismus eine direkte Weigerung war, mit der Zeit zu gehen.

Germaine teilte zwar die romantische Begeisterung für das katholische Mittelalter, ihre Gründe dafür aber waren keineswegs die gleichen wie die der Romantiker. Sie zog Christentum und Rittertum als Quelle literarischer Inspiration der griechischen Mythologie und der alten Geschichte vor, weil sie *moderner* waren. Was die Helden Homers für die Griechen bedeuteten, das bedeuten die Helden der Kreuzzüge für uns: so meinte sie wenigstens. Während Schlegel in der Vergangenheit Zuflucht suchte, fühlte Germaine sich nur davon angeregt, und ihrer liberalen Ansicht nach war der durch die ganze mittelalterliche Geschichte sich ziehende rote Faden der Kampf um die Freiheit. Zwischen Madame de Staël und Schlegels Romantik gab es ein grundlegendes Mißverständnis, und wenn man *De l'Allemagne* sorgfältig studiert, wird man daraufkommen, daß sie fast in jedem Kapitel ihr Eintreten für die „neue Philosophie" mit einem „aber" versieht. Der „Wirbelwind in Unterröcken", wie Heine sie nannte, zeichnete sich nämlich als intellektuelle Persönlichkeit durch einen hervorstechenden Charakterzug aus — Mäßigung.

Germaines Liebäugeln mit Naturphilosophie und Mystik wird durchaus verständlich, wenn man das Schlußkapitel ihres Buches *Über den Einfluß der Schwärmerei* liest. Es ist der Schlüssel zu ihrem Denken. Unter Schwärmerei verstand sie die belebende Kraft großherziger Gefühle — niemals aber Fanatismus. Die unglaubliche schöpferische Fülle im Deutschland Goethes wäre ohne Schwärmerei undenkbar gewesen, genau so wenig denkbar wie ihre edelste Synthese, Schillers „Ode an die Freude" in Beethovens Neunter Symphonie. Hier haben die humanistischen Ideale der Aufklärung, der Glaube an die Zukunft und romantische Schwärmerei — was sonst war die Freude, die Schiller besang? — ihren einzigartigen Ausdruck gefunden; und diese Romantik hat Germaine, obwohl Dichtung und Musik gegenüber taub, begriffen und verteidigt.

De l'Allemagne ist wegen seiner absurden Überbetonung nationaler Charakterzüge häufig als eine Bekräftigung rassisch gebundener Lehren herangezogen worden. Ganz abgesehen jedoch von einer eigens ausgesprochenen Warnung gegen eine „auf nationalen Interessen begründete Moral", hat Madame de Staël auch den größten Nachdruck auf gegenseitige internationale Befruchtung gelegt. Tatsächlich war ihr Buch nur mit diesem Ziel geschrieben, wie sie immer wieder betonte. Deutschland hatte von Frankreich gelernt, nun konnte Frankreich von Deutschland lernen. „Ich nehme nicht an", sagte sie im Vorwort, „daß wir so weit gekommen sind, uns den Bau einer großen chinesischen Mauer rings um das geistige Frankreich zu wünschen."

Zu Beginn des Jahres 1810 hatte Napoleon eine Zensurstelle für Bücher eingerichtet und sie Joseph Marie Portalis anvertraut, der den Titel Directeur de la Librairie bekam. Die Sache ging folgendermaßen vor sich: Die ersten Bürstenabzüge wurden vom Verleger dem Zensor vorgelegt; dann billigte der Zensor entweder das Buch oder lehnte es ab oder verlangte gewisse Änderungen. Bestand ein Werk aus mehreren Bänden, konnten die Abzüge Band für Band vorgelegt werden, aber bevor nicht der letzte Band gebilligt war, erfolgte die Genehmigung der früheren Bände nur mit Vorbehalt. Dieses System hatte entschieden sehr unangenehme Seiten, aber es wurde maßvoll angewandt, gab Autoren und Verlegern die Chance, ihre Veröffentlichungen, bevor sie endgültig in Druck gingen, zu überarbeiten und infolgedessen eine Beschlagnahme nach der Herausgabe zu vermeiden – allen Autoren und Verlegern mit Ausnahme von Madame de Staël und Gabriel-Henri Nicolle.

Am 7. Mai legte Nicolle Abzüge des ersten Bandes dem Directeur de la Librairie vor. Portalis war ein Freund von Madame de Staël. Der Band wurde genehmigt, vorbehaltlich einiger geringfügiger Streichungen, denen Germaine zustimmte. Am 3. Juni wurde Fouché entlassen und durch Savary ersetzt; da aber die Zensur von Büchern nicht wie die der Tagespresse dem Polizeiministerium unterstand, schien dieser Wechsel, so verhängnisvoll er sein mochte, Germaines Pläne für die Veröffentlichung ihres Buches doch nicht unmittelbar zu berühren. Am 8. August sandte Nicolle dem Zensor den zweiten Band, der ohne Abänderungen genehmigt wurde. Für den dritten Band hatte Germaine Befürchtungen – nicht zu Unrecht. Nicolle drängte sie, ihm das restliche Manuskript zu schicken und die Fahnen so rasch wie möglich zu korrigieren, ehe es sich der Zensor anders überlegte. Ungeachtet aller Petite-poste-Spiele und Tänze zu Tamburin und Gitarre, schrieb Germaine die letzten Kapitel über Mystik und Enthusiasmus in aller Eile, gleichsam als Improvisation unter einer glücklichen Eingebung. Aber ehe sie noch die Korrekturen der letzten Fahnen am 23. September beendet hatte, ging der Verdruß schon los.

Das Gerücht, daß ein neues, außergewöhnliches und recht gewagtes Werk von Madame de Staël bald in Druck gehen würde, war dem Kaiser zu Ohren gekommen. Germaine erschrak und begann ihre Freunde zu alarmieren, sie möchten ihren Einfluß auf die Zensoren geltend machen. Die Hauptmission aber wurde Madame Récamier anvertraut. Am 25. September fuhr Juliette nach Paris und nahm ein Exemplar der Abzüge von Band III mit sich, einen vollständigen Satz gebundener Abzüge aller drei Bände und einen Brief Germaines an Napoleon. Die Abzüge von Band III sollte sie dem Dichter und Mitglied der Akademie Esménard überbringen, einem der Zensoren, der außerdem Abteilungsleiter im Polizeiministerium war; auch war er glücklicherweise für Juliettes Reize empfänglich. Den vollständigen Satz und den Brief sollte sie Königin Hortense von Holland geben, der Tochter der Exkaiserin Josephine und verlassenen Gattin des Exkönigs Louis Bonaparte; Hortense wieder sollte sie ihrem Stiefvater und Schwager Napoleon bringen. In ihrem Brief ersuchte Germaine den Kaiser, ihr Buch zu lesen und ihr eine Audienz von nur einer halben Stunde zu gewähren.

Zu diesem Zeitpunkt hatte Nicolle bereits 5 000 Exemplare[52] von den beiden ersten Bänden drucken lassen und dafür 30 000 Francs ausgegeben.

Während Juliette gen Paris rollte, verließ Germaine Fossé in Begleitung von Mathieu, der Mitte September bei ihr angekommen war. Er hatte in der Nachbarschaft ein Besitztum, das sie besuchen wollten. Bei der Rückkehr am Abend des 26. September verirrte sich die Gesellschaft. Um Mitternacht waren sie immer noch auf der Straße, da kam zufällig ein junger Reitersmann vorbei und lud sie ein, die Nacht in Conan, dem Schloß seiner Eltern, zu verbringen. Zu ihrem Erstaunen sah Germaine sich beim Betreten des Schlosses „in den Luxus Asiens" versetzt, gemischt mit „der Eleganz Frankreichs"; die Eigentümer hatten viele Jahre in Ostindien gelebt und eine große Sammlung indischer Kunstschätze mit nach Hause gebracht. Ungeachtet der späten Stunde begann Germaine fasziniert die seltsamen Gegenstände zu betrachten. Sie merkte nicht, daß ein Diener mit Mathieu sprach und Mathieu mit ihm hinausging.

Am Haupteingang wartete August auf Mathieu. Er machte keine überflüssigen Worte, sondern erklärte kurz, daß Präfekt Corbigny sich nachmittags mit einem Befehl Savarys in Fossé eingefunden hatte: Germaine habe sich innerhalb achtundvierzig Stunden in einen der Häfen am Atlantik zu begeben und dort auf eine Überfahrtsmöglichkeit nach den Vereinigten Staaten zu warten; außerdem solle Germaine ihr Manuskript und sämtliche Abzüge von *De l'Allemagne* ausliefern. August hatte Fossé sofort verlassen, um seine Mutter noch auf der Straße abzufangen. Auch er hatte sich in der eintönigen Ebene von Vendôme verirrt; als er sich in Conan nach dem Weg erkundigte und seinen Namen nannte, erfuhr er, daß er durch Zufall auf seine Mutter gestoßen war. Er bat Mathieu, ihr erst am Morgen die üblen Nachrichten zu überbringen, hinterließ einen kurzen Brief für sie und galoppierte nach Fossé zurück.

Am Morgen des 27. September übergab Mathieu Germaine den Brief ihres Sohnes. Er sprach darin nur von „neuen Schwierigkeiten" und riet ihr, ohne Verzug nach Hause zurückzukehren. Es kostete einige Mühe, Germaine von der Kunst der Hindus loszureißen. Nachdem sie eine Weile gefahren waren, unterrichtete Mathieu sie über das Vorgefallene. Germaine machte keine Szene. Sie weinte nur und sagte dann: „Ich werde mich trotz allem noch einmal beherrschen müssen."

Germaines Wagen näherte sich Fossé, da hielt Fanny Randall ihn auf der Straße auf. Sie berichtete weitere Einzelheiten über Corbignys Erscheinen; zweifellos teilte sie ihr auch mit, daß August das Manuskript an einem sicheren Ort untergebracht hatte — und zwar gerade noch zur rechten Zeit, denn das Haus war von Polizei umstellt.

Monsieur de Corbigny erschien, offenbar tief bekümmert, ein zweites Mal, wiederholte den Befehl und verlangte das Manuskript. Germaine log mit bewundernswerter Geistesgegenwart: das Manuskript sei in Paris, sie würde sofort schreiben, man solle es ihr zurückschicken; dann würde sie es mit ihren Notizen und den Abzügen aushändigen, sobald sie alles beisammen habe. Was jedoch den Befehl beträfe, Fossé zu verlassen, so könne sie ihm unmöglich auf der Stelle nachkommen, sie bäte um eine Woche Aufschub.

Monsieur de Corbigny war ein Gentleman. Er ordnete keine Hausdurchsuchung an, er befahl nicht, Germaine mit Gewalt fortzuführen, und er glaubte nicht ein Wort von allem, was sie sagte. In seinem Bericht gibt er lediglich ihre Darstellung wieder. Am 29. September überreichte ihm Germaine einen Satz Abzüge, den einzig vorhandenen, wie sie erklärte, und am 3. Oktober händigte sie ihm eine erbärmliche Kopie des Manuskripts aus. Corbigny blieb Gentleman und nahm beides als die verlangten echten Stücke entgegen. Er wurde bald nachher entlassen, verfiel in eine Depression und starb.

Als Corbigny mit Savarys ausdrücklichem Befehl am 27. September zu ihr kam, hatten weder er noch sie die leiseste Ahnung, was diesen plötzlichen Schlag veranlaßt hatte. Nachdem sie ihn erst einmal hinausgezögert hatte, hielt sie mit ihren Söhnen, Mathieu, Schlegel und Miß Randall einen Kriegsrat ab. Sie kamen zu dem Schluß, daß nichts verloren sei; die Veröffentlichung des Buches war nur aufgeschoben, vermutlich auf Intervention des Kaisers. Napoleon hatte auf Germaines ersten Brief nicht geantwortet;

sie würde ihm noch einen Brief schreiben und auch einen an Savary; August sollte mit Albert nach Paris fahren, um den Feldzug an Ort und Stelle zu führen. Am Morgen des 28. September schrieb Germaine die Briefe, und die beiden Brüder zogen in den Krieg.

In ihrem Brief an Savary erklärte Germaine, sie sei bereit, in ihrem Buch alle Abänderungen vorzunehmen, die man vernünftigerweise verlangen konnte, sie teilte ihm mit, sie habe an den Kaiser appelliert, und bat um die Erlaubnis, ihre Abreise aufzuschieben. Ihr Brief an Napoleon war in dem gleichen selbstgerechten Ton abgefaßt wie ihre früheren Äußerungen. Sie ersuchte den Kaiser, selbst zu urteilen, ob ihr Buch auch nur ein einziges Wort enthielte, das ihn beleidigen könne, und wiederholte ihre Bitte um eine Audienz.

Was sich eigentlich zugetragen hatte, ist nicht ganz klar. Am 24. September gab Savary den Befehl aus, den Germaine drei Tage später von Corbigny erhielt; gleichzeitig schickte er auch einen Befehl nach Tours, wo die Polizei sich am folgenden Tag in den Druckereibetrieb von Monsieur Mame begab und sämtliche Platten und Druckbogen von *De l'Allemagne* in Verwahrung nahm. Mame schickte sofort einen Protest an Portalis. Für Portalis kam das alles völlig überraschend, er protestierte beim Innenminister unter dem Hinweis, daß die Polizei bei den bestehenden Verordnungen kein Recht habe, die Bücher zu beschlagnahmen, ehe die Zensoren ihren Bericht nicht abgeschlossen hätten. Tatsächlich wurde der Bericht der Zensoren über den dritten Band erst am 29. September ausgefertigt, vier Tage, nachdem Savary seine Befehle erlassen hatte, und die Veröffentlichung wurde genehmigt, falls gewisse Stellen (alles in allem elf Seiten) gestrichen würden. Portalis' Beschwerde wurde an Savary weitergeleitet, der daraufhin Esménard mit einer Erklärung zu ihm schickte: Es handle sich um „besondere Umstände", die den Polizeiminister gezwungen hätten, außergewöhnliche Maßnahmen zu ergreifen. Die besonderen Umstände waren ein direkter Befehl des Kaisers selbst. Auf die Nachricht hin, die Zensoren seien gerade dabei, Madame de Staëls Buch ihre Genehmigung zu erteilen, hatte Napoleon sich wahrscheinlich entschlossen, die Veröffentlichung aufzuschieben und damit eine strengere Überprüfung zu ermöglichen. Einige Tage nach Savarys Eingreifen gab Königin Hortense Napoleon die gebundenen Fahnen des Buches und Germaines Brief. Der Kaiser las die Fahnen oder wenigstens einen großen Teil davon. Am 28. September schrieb er von seiner damaligen Residenz in Fontainebleau aus an Savary: „Ich lasse Madame de Staëls Buch an Sie zurückgehen. Hat sie das Recht, sich Baronin zu nennen? ... Die Stelle, die den Herzog von Braunschweig betrifft, soll gestrichen werden, ebenso dreiviertel der Stellen, in denen sie das Lob Englands singt. Dieser unglückselige Lobgesang hat uns schon genug geschadet."

In diesen Zeilen spricht jedes Wort dafür, daß Napoleon zu diesem Zeitpunkt nicht daran dachte, das Buch völlig aus der Welt zu schaffen. Aber Germaine konnte den Dingen nun einmal nicht ihren Lauf lassen. Im gleichen Augenblick, in dem Napoleon Savary diese Zeilen schrieb, waren August und Albert in höchster Eile auf dem Weg nach Paris, um Gerechtigkeit zu fordern.

Sie kamen nachts in Paris an. Am 29. September begab August sich um sieben Uhr morgens zu Juliette Récamier; sie brachten den ganzen Tag damit zu, die Streitkräfte der Staël-Anhänger aufzubieten.

Am frühen Morgen des 30. September suchte August Regnault de Saint-Jean d'Angély in Fontainebleau auf und bat ihn, Germaines Brief dem Kaiser und Savary zu übergeben. Regnault sah sich den Brief an den Kaiser an und weigerte sich, ihn weiterzuleiten; Germaine solle ihn erneut, aber in einer demütigeren Tonart schreiben; er wolle jedoch mit Savary sprechen und ihn aushorchen. Schließlich sah August noch die Königin von Holland, die ihre Unterstützung versprach. Dann schickte er Albert am 1. Oktober mit einem langen Brief zurück nach Blois. Am 2. Oktober kam Albert, der die ganze Nacht geritten war, in Fossé an. Germaine schrieb erneut ihren Brief und ließ alle Anwürfe aus, die Regnault beanstandet hatte; aber ihre Natur war stärker als ihre guten Absichten. „Ich habe in den ersten beiden Bänden alle von Monsieur Portalis vorgeschlagenen Änderungen durchgeführt, und ich beabsichtige, mich auch beim dritten Band nach seinen Wünschen zu richten. Was konnte ich mehr tun, um die in Eurer Majestät eigenem Dekret niedergelegten Vorschriften zu erfüllen?" Es war ein unwiderlegliches Argument, aber unwiderlegliche Logik ist bei Auseinandersetzungen mit Kaisern nicht am Platz. Mit diesem Brief schickte sie Albert zurück nach Paris, wo er am 3. Oktober ankam. Er hatte in weniger als zwei Tagen dreihundertzwanzig Kilometer zurückgelegt.

August begab sich mit den neuen Briefen wieder nach Fontainebleau. Er hätte sich diese Fahrt sparen können: Germaines Freunde hatten sich bereits allzu eifrig für sie verwendet. Wie es schon so häufig geschehen war, hatte ihr dauerndes Bitten die Geduld des Kaisers auf eine zu harte Probe gestellt. Nachdem er sich Hortense angehört hatte, wünschte er das Buch noch einmal zu sehen. In seiner hastigen Art las er da und dort ein paar Seiten, wurde immer ärgerlicher und warf schließlich das ganze Bündel Fahnen fort – einem Bericht nach in den Kamin. Dann ließ er Savary seine endgültigen Befehle wissen.

„Paris, 3. Oktober 1810

Madame,

Ich hatte die Ehre, Ihren Brief zu erhalten. Ihr Sohn wird Sie davon unterrichtet haben, daß ich gegen den Aufschub Ihrer Reise um etwa eine Woche nichts einzuwenden habe. Ich nehme an, daß Ihnen das genügen wird, um alle Vorkehrungen zu treffen, denn mehr kann ich Ihnen nicht bewilligen.

Sie dürfen nicht glauben, daß mein Befehl deshalb an Sie erging, weil Sie es in Ihrem letzten Buch unterließen, den Kaiser zu erwähnen. Es wäre ein großer Irrtum von Ihnen: Er hätte in dem Buch keinen würdigen Platz finden können. Ihre Verbannung ist die natürliche Folge der Haltung, die Sie seit mehreren Jahren eingenommen haben. Es schien mir, daß die Luft dieses Landes Ihnen nicht zuträglich ist – und es ist noch nicht so weit mit uns gekommen, daß wir uns die Nationen zum Vorbild nehmen müßten, die Sie bewundern.

Ihr letztes Werk ist nicht französisch. Ich bin derjenige, der den Abdruck unterbrach. Ich bedauere den Verlust, den Ihr Verleger dadurch erleiden wird, aber ich kann die Veröffentlichung nicht zulassen.

Sie sind sich bewußt, Madame, daß wir Ihnen nur deshalb gestatteten, Coppet zu verlassen, weil Sie den Wunsch äußerten, nach Amerika zu gehen. Wenn mein Vorgänger (Fouché) Ihnen erlaubte, im Departement Loir-et-Cher Wohnsitz zu nehmen, so durfte das für Sie kein Anlaß sein, diesen Akt der Duldung als einen Widerruf der gegen Sie ergriffenen Maßnahmen aufzufassen. Sie zwingen mich nunmehr, auf deren genaue Durchführung bedacht zu sein, und Sie haben sich das einzig und allein selbst zuzuschreiben.

Ich beauftrage Monsieur Corbigny, meinen Befehl auszuführen, sobald die Ihnen von mir gewährte Frist verstrichen ist.

Ich bedaure, Madame, daß Sie mich gezwungen haben, meinen Briefwechsel mit Ihnen mit einer strengen Verordnung zu beginnen; ich hätte es vorgezogen, Sie nur meiner größten Hochachtung zu versichern.

Ich habe die Ehre, Madame, mich als Ihr untertäniger und gehorsamer Diener zu empfehlen.

(gez.) Der Herzog von Rovigo."

Als Madame de Staël im Jahr 1813 *De l'Allemagne* bei Murray in London herausbrachte, prangerte sie diesen Brief im Vorwort an.

Was mit den Büchern selbst geschah, verschwieg Savary, und Germaine erfuhr erst zwei Wochen später davon. Am 11. Oktober umzingelte eine Abteilung Gendarmerie Mames Druckerei, zerstörte den Satz, der zum Drucken des Buches verwendet worden war, bemächtigte sich sämtlicher Exemplare, zählte sie und schaffte sie fort. Die ganze Ausgabe wurde eingestampft und für 500 Francs verkauft.

Germaine verbrachte die Woche vom 28. September bis zum 5. Oktober in tödlicher Unsicherheit. Sie wußte nicht einmal, ob sie nach New York oder nach Coppet gehen sollte. Am 5. Oktober schrieb sie an Juliette und teilte ihr mit, sie fahre nach Saumur, um von Prosper „herzzerbrechenden Abschied" zu nehmen; von dort würde sie entweder nach Amerika oder in die Schweiz reisen. Es ist kaum anzunehmen, daß sie sich ernstlich mit der Absicht trug, nach Amerika zu fahren, sie hielt diese Fiktion nur aufrecht, um einen Grund für ihre Reise nach dem Westen zu haben, deren eigentliches Ziel nicht New York, sondern Prosper hieß. Am folgenden Tag, als sie Juliette von Blois aus einen Brief schickte, hatte sie den Gedanken an Amerika tatsächlich schon aufgegeben: „Es war mir nicht möglich, nach Saumur zu fahren. Der Präfekt (Corbigny) hat mir brutal erklärt: ‚Wenn Sie mit Prosper zusammentreffen, wird er sofort entlassen werden.' Rings um mich breitet sich eine Wolke von Kummer, daß ich nicht mehr weiß, was ich schreibe."

Statt Prosper bat sie nun Benjamin, sie in Briare auf ihrem Rückweg nach Genf zu treffen. Benjamin kam und mit ihm Charlotte, die kein Risiko mehr auf sich nehmen wollte. „Die beiden Tage in Briare waren höchst merkwürdig", berichtet Germaine Juliette. „Sie brachten mir den Beweis, daß Benjamin mich noch immer liebt, daß er mit seiner Frau unglücklich ist, und sie mit ihm ... In Herzensangelegenheiten ist nur das Unwahrscheinliche wahr."

Wieder einmal gab Germaine sich einer Täuschung hin. Gewiß war Benjamin seiner Gattin müde, aber was Germaine für ein Wiederaufleben der alten Liebe hielt, hatte nichts mit Liebe zu tun, sondern erklärte sich auf ganz andere Weise. Benjamins Vater war im Begriff, ihn auf Regelung seiner Verbindlichkeiten zu verklagen; seine Tante de Nassau war wütend über seine Heirat mit einer zweimal geschiedenen Frau – und dabei hatte er gehofft, seine Tante zu beerben. In der bevorstehenden Auseinandersetzung war es für ihn von größter Wichtigkeit, Germaine auf seiner Seite zu haben. Sie ging scheinbar auf seine komplizierten Pläne ein[53].

Germaine verglich sich mit einer lahmen Taube und kehrte

humpelnd, aber ungebrochen wieder in ihren Schlag zurück. Daß ihr Buch zerstört worden war, nahm sie ohne besondere Erregung hin und äußerte kaum eine Klage. Ihren Vorschuß zahlte sie Nicolle zurück. Sie schien jedes Interesse an Literatur, Politik, ja sogar an Liebe verloren zu haben. Sie blieb wenige Wochen in Coppet und mietete dann eine Wohnung in Genf, dem einzigen Ort Frankreichs, den sie aufsuchen durfte. Am 13. November konnte man dann wieder in einem Bericht ihrer Kindheitsgespielin Catherine Rilliet an Henri Meister lesen: „Ich kann nur sagen, daß sie so lebendig und geistvoll ist wie eh und je — das beweist, welcher Vorteil es ist, sein Herz als ein System vielfältiger Schlupfwinkel anzulegen."

Die Genfer waren überrascht, daß Germaine, die zuvor so unglücklich gewesen war, ihr Mißgeschick nun so heiter ertrug; aber sie konnten sich auf noch viel unglaublichere Überraschungen gefaßt machen.

VIERTER TEIL · DIE EITELKEIT MENSCHLICHER WÜNSCHE

Mit diesen bringt des Himmels Weisheit dem Gemüt
Die Ruhe und das Glück, das sonst nicht blüht.

SAMUEL JOHNSON,
Die Eitelkeit menschlicher Wünsche

Caliban

Auf ihrem Weg von Blois nach Coppet kam Germaine durch Dijon, das voll war von zerlumpten spanischen Kriegsgefangenen; durch Auxonne, wo die englischen Gefangenen lagen; durch Besançon, wo sie weitere spanische Gefangene sah; und durchquerte dann den Jura in die Schweiz hinüber, vorbei an der dräuenden Festung von Joux, wo Toussaint Louverture „an Erkältung gestorben war". Ganz Europa schien ein Gefangenenlager.

„Nichts", schrieb Germaine in ihren Erinnerungen, „nichts kann den wenigen auf dieser Erde verbliebenen freien Nationen einen Eindruck von dem vollkommenen Fehlen jeder Sicherheit vermitteln, das für alle Menschen in Napoleons Reich zu den normalen Lebensbedingungen gehörte. Andere despotische Regierungen haben Gebräuche, Gesetze und eine Religion, gegen die der Herrscher nie verstößt, wie absolut seine Macht auch sein mag. Aber da sich in Frankreich und dem französisch besetzten Europa alles geändert hat, gewährt vergangene Tradition keinen Schutz, und man kann das Schlimmste fürchten oder das Beste hoffen, je nachdem ob man den Interessen des Mannes dient oder nicht, der es wagte, sich und sich allein zum Ziel des gesamten Menschengeschlechts zu setzen."

Verglichen mit dem, was die Welt seither erlebt hat, wirkt Napoleons Regierung milde und menschlich; aber für jemanden, der den Hoffnungen des achtzehnten Jahrhunderts treu geblieben war, erschien die Welt von 1810 als ein Alptraum brutaler Gewalt. Immer war Krieg: er dauerte nun schon achtzehn Jahre. Mit dem Kontinentalsystem und der Kontinentalsperre war er total geworden, ohne Aussicht auf eine Ende, alle menschliche Energie absorbierend: Die Künste hatten das Regime zu verherrlichen; Philosophie und Erziehung mußten als Mittel zur Vereinheitlichung dienen; die Wissenschaft bot man auf, um synthetische Ersatzstoffe zu schaffen. Widerstand wurde durch Degradierung, Exil, Einkerkerung und in den besetzten Ländern durch Erschießungskommandos bestraft. Und das Jahr 1810 war der Beginn einer neuen Phase verschärfter Unterdrückung.

Was konnte ein einzelner gegen einen solchen Mann unternehmen? Nichts konnte ihn zu Fall bringen außer sein eigener Wahnsinn. Wenn man über Germaines Widerstand gegen Napoleon zwischen 1800 und 1810 ein Konto aufstellt, erscheint die Habenseite als wenig eindrucksvoll: ein guter Teil umstürzlerisches Gerede, versteckte Angriffe in vier oder fünf Büchern und einige matte Salonverschwörungen. Auf der Sollseite gibt es wiederholte Versuche, sich mit dem Tyrannen zu verständigen, sogar Angebote, ihre Feder zu seiner Unterstützung zu gebrauchen, vorausgesetzt, er ließe sie in Paris wohnen und gäbe ihr die zwei Neckerschen Millionen zurück. Nur einen kleinen Teil ihrer Energie verwandte sie auf politische Kämpfe, während sie übermenschliche Anstrengungen unternahm, Benjamin, O'Donnell und Prosper ihrer eigenen Tyrannei zu unterwerfen.

Aber das Wenige, was sie tat, war mehr, als was die meisten taten. Es gibt Zeiten, wo sogar Salongespräche heroischen Charakter bekommen können und den Funken des Widerstands am Leben erhalten. Germaine beschränkte sich nicht auf umstürzlerische Reden: Ihre Bücher, im Hinblick auf die damaligen Zeitverhältnisse gelesen, sind kaum verhüllte Manifeste. Bis ungefähr 1808 betrachtete Napoleon sie jedoch als harmlos, vorausgesetzt, daß man sie vom Zentrum seiner Macht fernhielt. Solange er Herr im eigenen Hause blieb, war Europa in seiner Gewalt. Aber später war er gezwungen, seine Meinung zu ändern: In Deutschland bildeten sich geheime patriotische Gesellschaften; Österreich bereitete sich gerade während Germaines Aufenthalts in Wien auf den Krieg vor; Spanien war völlig widerspenstig; England zeigte trotz der Kontinentalsperre kein Zeichen von Schwäche. Obwohl Napoleon nie die Bedeutung und Kraft des aufkommenden Nationalismus erfaßte, war er sich doch über das Vorhandensein explosiver Kräfte in den eroberten Nationen im klaren, und diese Kräfte erhielten durch jedes Wort, das Germaine sagte oder schrieb, ja allein durch ihr Beispiel neue Nahrung. Als Goethe nach der Erhebung Deutschlands im Jahre 1814 *De l'Allemagne* las, bemerkte er: „Die französische Polizei war intelligent genug, zu begreifen, daß ein solches Werk das deutsche Selbstvertrauen stärken mußte, und vernichtete es vorsorglich ... Heute wirkt das Buch erstaunlich. Wenn es früher erschienen wäre, hätte man die letzten großen Ereignisse auf seinen Einfluß zurückführen können."

Napoleons Niedergang kann schwerlich der Tätigkeit oder den Ideen einzelner Persönlichkeiten zugeschrieben werden. Madame de Staël jedoch ließ den Geist des Widerstandes in der sozialen und intellektuellen Elite Europas nicht erlahmen und tat damit das Beste, was man tun kann, solange der Stern eines Tyrannen im Steigen ist. Ihrem Beispiel fehlt vielleicht einiges an wünschenswerter Würde und Festigkeit, aber gerade aus ihrem aufrührerischen Stolz und ihren Leidenschaften schöpfte sie die Kraft, sich überhaupt zu widersetzen: Mit allen ihren Widersprüchlichkeiten war sie aus einem Guß. Es war extravagant und dreist, das ganze Universum zum Zeugen von Benjamins ungeheuerlichem Verhalten aufzurufen. Ihr Format als Streiterin gegen die Tyrannei litt darunter. Aber ohne diese extravagante Dreistigkeit würde sie gegen die Tyrannei nicht gekämpft und nicht das gesamte Universum zum Zeugen der Ungeheuerlichkeit von Napoleon Bonaparte aufgerufen haben.

Fouchés Entlassung war der erste Schritt zu dem neuen harten Kurs des Kaisers. Der Mann, der den Exmönch ersetzte, war ebenso brutal und treu, wie sein Vorgänger spitzfindig und verräterisch war. „Würde ich Savary befehlen, seine Frau und seine Kinder zu beseitigen", sagte Napoleon, „so würde er sicher nicht zögern." Als am 17. Oktober 1810 der Kaiser ihm die Order schickte, „ich wünsche von diesem elenden Frauenzimmer und ihrem Buch nichts mehr zu hören", nahm Savary diese Verfügung durchaus wörtlich.

Als die erste Auflage von *De l'Allemagne* zerstört wurde, entdeckte man, daß mindestens ein Satz Probeabzüge und einige Abschriften fehlten; Präfekt Corbigny büßte schwer dafür, daß sie ihm entgangen waren. Kaum war Germaine zurück in Coppet, als Vater Barante als Präfekt von Genf den Auftrag erhielt, die fehlenden Probeabzüge herbeizuschaffen. Germaine schrieb ihm, sie befänden sich nicht mehr in der Schweiz, und sie sei weder willens noch in der Lage, sie zurückzugeben, verspreche jedoch, keine Neuauflage auf dem Kontinent zu veröffentlichen. Barante leitete ihre Antwort nach Paris weiter; am 2. Dezember erhielt er seine Entlassung und den Befehl, sich auf sein Gut in der Auvergne zu begeben. Inzwischen war Germaines Verleger Nicolle, der durch einen Erfolg mit *De l'Allemagne* seinen Kredit wieder herzustellen gehofft hatte, mit einem Defizit von 900 000 Franken in Konkurs gegangen. Bei der Größe der Summe kann Germaine schwerlich für diesen Zusammenbruch verantwortlich gemacht werden, der zu einer Panik auf dem französischen Buchmarkt führte; aber

Nicolles Schicksal diente allen europäischen Verlegern, die Germaines Buch etwa hätten herausbringen wollen, zur heilsamen Warnung.

Die Absetzung zweier Präfekten, von denen der eine aus Kummer starb, sollte nicht nur den anderen „Courage machen", sondern auch allen Betroffenen zu erkennen geben, daß sie zwischen dem Kaiser und Madame de Staël zu wählen hätten. Fast alle entschieden sich für den Kaiser. In den meisten Häusern Genfs wurde sie nicht mehr empfangen. Ihr Mißgeschick, wie sie es nannte, wurde gemieden wie eine ansteckende Krankheit.

Der neue Präfekt, Baron Capelle, war für seine Aufgabe von Savary eigenhändig ausgewählt worden. Er war jung und hübsch wie ein Operettentenor — bei seinen Kollegen hatte er den Spitznamen Floridor —, und man hatte ihn seines Amtes als Präfekt von Livorno enthoben, da er bei Napoleons Schwester Elisa, der Großherzogin von Toscana, zu hoch in Gnaden stand; Savary gab ihm zu verstehen, daß er bei entsprechendem Eifer in seiner neuen Stellung sich das Wohlwollen des Kaisers wiedererringen könne. Den Instruktionen zufolge hatte Capelle große Vollmachten. Doch bevor er diese ausnützte, gab er Germaine eine letzte Gelegenheit, Buße zu tun. Kaiserin Marie Louise hatte soeben Napoleons Erben, den König von Rom, geboren: Capelle teilte ihr mit, die Verfolgung würde ein Ende finden, wenn Germaine dieses Ereignis in einem Gedicht feierte und damit ihre Ergebenheit kundtat. Germaine weigerte sich, aber Capelle ließ nicht locker. Er fragte, was er dem Minister berichten solle — daß sie sich weigere, dem König von Rom gute Wünsche zu schicken? „Wenn Sie wollen, teilen Sie ihm mit, daß ich ihm eine gute Amme wünsche", sagte Germaine. Ihre Antwort kam sie teuer zu stehen.

Als Capelle im Mai 1811 Germaine von einem unerlaubten Ausflug nach Aix-Les-Bains zurückrief, ließ er sie wissen, daß sie kein französisches Gebiet außer Genf betreten dürfe; daß man ihr nahelege, sich nach jeder Richtung nicht weiter als zwei Meilen von Coppet zu entfernen, und daß er Schlegel befehle, Coppet zu verlassen, um sie vor dessen unzuträglichem Einfluß zu schützen. Germaine fuhr entrüstet nach Genf und sprach bei Capelle vor. Coppet liege in der Schweiz, machte sie ihm klar. Welche Rechte habe er in einem fremden Land? Capelle begegnete dem Angriff durch die Frage, ob sie eine Übermittlung der Befehle durch den französischen Botschafter an die Schweizer Behörden vorziehe; sie könne dadurch eine Verzögerung von zehn Tagen erreichen.

Schlegel reiste ab, zuerst nach Bern, dann nach Wien, wo damals sein Bruder Friedrich lebte, der soeben zum Katholizismus übergetreten war. Der Zweck der Reise war, das Manuskript (oder vielleicht eine Abschrift) von *De l'Allemagne* noch weiter von Savarys Zugriff zu entfernen und zu ergründen, ob Germaine in Österreich einen Zufluchtsort finden könne. Sie hatte sich nämlich entschlossen, zu fliehen. Schlegel verbrachte einige Tage in Wien und kehrte dann nach Bern zurück. Dort wohnte er auch in Zukunft, mit Ausnahme von gelegentlichen Besuchen in Coppet.

Ungeachtet der neuen Beschränkungen hoffte Germaine immer noch, ihre Getreuen wieder um sich zu versammeln. Im August kündigte Mathieu de Montmorency seinen bevorstehenden Besuch an. Capelles Befehl mißachtend, traf sie ihn in Orbe, weit außerhalb der vorgeschriebenen Grenze, und begleitete ihn auf einer mysteriösen Reise zu einem Trappistenkloster in der Nähe von Freiburg, wo Schlegel zu ihnen stieß. (Aller Wahrscheinlichkeit nach arbeitete Mathieu als geheimer Kurier für den französischen Klerus, möglicherweise sogar für den gefangenen Papst.) Daß Germaine auf dem Rückweg nach Coppet zusammen mit Mathieu durch das Wallis reiste, das damals zu Frankreich gehörte, machte das Maß voll. Eine ernste Verwarnung erwartete sie bei ihrer Rückkehr, welcher einige Tage später ein Brief Savarys an Mathieu folgte: Mathieu wurde aus Paris und Umgebung in einem Umkreis von vierzig Meilen verbannt[54].

Germaine „weinte vor Qual". Und ihre Sorge war um so größer, als gerade in diesem Augenblick Juliette Récamier ihren unermüdlichen Bitten nachgegeben hatte und sich auf dem Weg nach Coppet befand. Umsonst wurde Juliette von ihren Freunden vor den Folgen dieser Reise gewarnt; am 30. August sanken sich die beiden Frauen schluchzend in die Arme. Sie waren noch keine vierundzwanzig Stunden beisammen, als Juliettes Neffe, ein französischer, damals in Genf dienender Beamter, voll Schrecken über die Kühnheit seiner Tante sie entführte. Capelle berichtete nach Paris: „Coppet ist in Trauer. Um so besser: Es wird eine gute Lehre sein." Eine Woche nach Juliettes Abreise trafen noch schlimmere Nachrichten in Coppet ein: Juliette hatte den Befehl erhalten, einen Ort, wenigstens vierzig Meilen von Paris entfernt, zu wählen und dort zu bleiben, bis der Kaiser es für gut befand, ihre Verbannung aufzuheben. Juliette wählte Châlons-sur-Marne; 1812 wurde ihr erlaubt, in ihre Geburtsstadt Lyon zu ziehen.

Das Schema der Verfolgung war jetzt klar: Germaine sollte unter Quarantäne stehen. Polizeispitzel wurden im Dorf Coppet untergebracht. Durch Bestechung einiger Diener sicherte sich Capelle Berichte über alle Vorgänge im Schloß selbst und schickte diese nach Paris, wo Napoleon sie mit großem Vergnügen las — denn Capelle hatte einen recht amüsanten Stil. Es wurde Capelle klar, daß Germaine eine Flucht nach England erwog – entweder über Rußland oder über Amerika. Obwohl ihre Korrespondenz in einem einfachen Schlüssel geschrieben und häufiger an Madame Uginet adressiert war als an sie selbst, wurde sie von ihren Hütern gelesen. Germaines Beschreibung des Exils: „Ein Grab, in dem man Post bekommen kann", war nicht länger eine Übertreibung, und vor ihren Augen tauchte immer drohender das Bild einer Festung, einer Kerkerzelle und des Todes auf. Von September 1811 bis Mai 1812 sind ihre Briefe, vor allem die an Juliette, eine einzige lange und kummervolle Klage. Und doch wurde ihr gerade in diesem Augenblick, in ihrem fünfundvierzigsten Jahr, das zuteil, wonach sie sich ihr ganzes Leben lang gesehnt hatte.

1788, in dem Jahr, in dem Germaine die Geliebte Narbonnes wurde, kam in Genf Albert-Jean-Michel Rocca zur Welt, allen als John Rocca bekannt, und dieser wurde 1811 der Geliebte Germaines. Johns Mutter starb wenige Tage nach seiner Geburt. Sein Vater, der Ratsherr Jean-François Rocca, stammte aus einer Genfer Patrizierfamilie piemontesischen Ursprungs und war ein strenger und schweigsamer Calvinist. „Wir fürchteten uns, miteinander zu sprechen", berichtete John von seiner Kindheit, „und wir lebten nebeneinander in einem dauernden Stillschweigen, das keiner von uns zu brechen wagte." Darin liegt eine gewisse Ähnlichkeit mit Benjamins Beziehungen zu seinem Vater; aber sonst unterschied sich John Rocca in jeder nur möglichen Weise von Benjamin. Als leidenschaftlicher Sportsmann, Jäger, Bergsteiger, Schwimmer entwickelte sich der heranwachsende Junge zu einem prächtigen Tier, aber einem Tier, das mit poetischer Empfindsamkeit und einem romantischen Verlangen nach Gefahr, Mühen und Abenteuern begabt war. Napoleons Siege ließen ihn von militärischem Ruhm träumen – seine Verwandten aber brachten für solche Träume nicht die geringste Sympathie auf. Als er siebzehn war, konnte er nicht länger widerstehen: Er lief von zu Hause fort und wurde Soldat.

Nach seiner Ausbildung trat John in das 2. Husarenregiment ein und wurde 1807 vom Feldwebel zum Leutnant befördert. Nach einem Jahr Besatzungszeit in Deutschland wurde sein Regiment 1808 zuerst nach Spanien verlegt, dann nach Holland, wo die Engländer einen Landungsversuch gemacht hatten; Anfang 1810 marschierte er wieder nach Spanien.

In Spanien kühlte sich seine Begeisterung für den Krieg ab. Die Grausamkeiten der Franzosen, der unbarmherzige Guerillakrieg der Spanier, die dauernde Gefahr, der unverhüllte Haß der Zivilbevölkerung, all dies ließ Leutnant Rocca zweifeln, ob seine Vorstellungen von Ehre und Ruhm richtig gewesen waren. Am 1. Mai 1810 fiel eine von ihm geführte Kolonne in einen Hinterhalt von Guerillakriegern. Rocca erhielt einige Schußwunden. Eine Kugel drang in seinen Leib, eine andere zerschlug seinen linken Hüftknochen. Sein geliebtes andalusisches Pferd Sultan wurde ebenfalls getroffen, aber beiden gelang es, zu entkommen. Sultans Wunde heilte vollständig, Rocca jedoch mußte für den Rest seines Lebens an Krücken gehen.

Nach einem langen Schmerzenslager wurde er auf unbegrenzten Krankenurlaub entlassen und kehrte, immer noch mit Sultan, zu seiner Familie zurück, die er seit fünf Jahren nicht mehr gesehen hatte. Der verlorene Sohn wurde freundlicher empfangen, als er erwartet hatte; im Jahre 1810 hatten sich selbst die Genfer Patrizier zu der Anschauung durchgerungen, daß der Dienst in Napoleons Armee keine Schande war.

Rocca stand kurz vor der Vollendung seines 23. Jahres. Das wenige, das er gelernt hatte, war vergessen, und seine Manieren waren nicht die besten. Er sah jedoch ungewöhnlich gut aus. Ein Porträt zeigt ihn in der schneidigen Uniform eines Husarenleutnants mit prächtigem Schnurrbart und Koteletten, neben Sultan stehend – genauso feurig, stolz und ausdruckslos wie sein Pferd.

Zu Beginn des Winters 1810 begegnete er im Hause seiner Tante Madame Argant-Picot zum ersten Mal Germaine. Majestätisch, in einen ungeheuren Schal gehüllt und mit einem Kopfputz aus Paradiesvogelfedern, richtete Germaine, wie er sich erinnerte, gnädig „einige teilnehmende Worte" an ihn; sie fragte ihn, ob er Lust habe, den Konzerten in ihrem Haus beizuwohnen, und schenkte ihm weiter keine Beachtung. Rocca verbrachte den Rest des Abends damit, ihr bezaubert nachzustarren. Es war leidenschaftliche Liebe auf den ersten Blick.

Mit keinem noch so großen Aufwand an Psychologie läßt sich erklären, warum John Rocca, der unter einer beliebigen Zahl hübscher Erbinnen hätte wählen können, sich in eine doppelt so alte Frau verliebte, die von Leidenschaft, Opium und Kummer verwüstet war, ja zu dieser Zeit dem Aussehen und Benehmen nach abschreckend wirkte. Sie ermutigte ihn jedenfalls in keiner Weise – so viel ist sicher.

War es die Mutter in Germaine, die den Knaben anzog, der die seine nie gekannt hatte? War es das Verlangen, der Oswald Corinnas zu sein? Eine mutterlose Kindheit, dann fünf Jahre bei den Husaren und für seine Liebe kein anderes Objekt als sein Pferd – da mag ihm diese Aussicht wohl den Kopf verdreht haben. Vielleicht waren seine Gefühle mit einem Schuß Donquichotterie vermischt: Madame de Staël war unglücklich und verfolgt, und er würde ihr Ritter und Beschützer sein. Da er nicht gerade sehr mitteilsam war, ist es unmöglich, seine Gefühle genau zu beschreiben. Welcher Art immer sie waren, sie fraßen ihn vollständig auf.

Hier wurde Phädra mit umgekehrten Vorzeichen gespielt — Hippolyt, der junge Sportsmann, verfolgt die alternde Königin. Er besuchte die Konzerte in Germaines Haus; er besuchte die Theaterstücke, in denen sie auftrat; wo immer sie erschien, war auch er da. Obwohl er zu schüchtern war, ihr seine Liebe zu erklären, konnte sie Germaine unmöglich verborgen bleiben, denn er sprach mit allen andern davon. „Ich werde sie so sehr lieben", rühmte er sich, „daß sie mich schließlich heiraten wird." Sein Geist war begrenzt und seine Konversationsgabe gleich null, aber Liebe bedarf dieser Mittel nicht, um sich kundzutun. Es gab etwas, das John Rocca hervorragend konnte: reiten. Er ritt Sultan täglich unter Germaines Fenstern auf der Grand' Rue und auf den Stufen, die von der Rue de la Corraterie heraufführten. Es war Winter, die Stufen waren mit einer dünnen Eisschicht bedeckt; wenn der arme junge Mann weiter in so akrobatischer Weise seine Liebe zeigte, mußte er sich unweigerlich den Hals brechen. Welche Frau von fünfundvierzig Jahren, die einen Liebhaber um den andern verloren, ein Leben in der Verbannung vor sich und die glühende Hoffnung auf Glück in ihrem Herzen hat — welche Frau hätte dem jungen Mann erlaubt, sich unbedankt den Hals zu brechen?

Aber Germaine brauchte sehr lange, um sich zu entschließen — wesentlich länger als sonst, und inzwischen wurde Rocca zur Zielscheibe des allgemeinen Spottes. Germaine, erklärte man ihm, sei alt genug, um seine Mutter zu sein. Unerschütterlich erwiderte John, das sei ein weiterer Grund, sie zu lieben, und er freue sich darüber.

Während John Rocca seine seltsamen Possen trieb, wurde Germaine von einer chaotischen Mischung von Gefühlen und Erwartungen hin- und hergerissen. Die Unterdrückung ihres Buches hatte sie nicht so schwer getroffen, wie man hätte erwarten können. Die Vernichtung brachte vielleicht mehr Ruhm ein als die Veröffentlichung. Als sie nach Genf kam, hatte sie noch Grund, an Prospers Zuneigung zu glauben, und rechnete damit, daß Benjamin den ehelichen Wonnen rasch entfliehen würde. Nur langsam erfaßte sie die Schrecken der tatsächlichen Situation. Doch immer noch gab sie sich heiter und ruhig, vielleicht weil sie den Genfern das Vergnügen nicht gönnte, sie unterliegen zu sehen. Um Langeweile und Leid besser zu ertragen, griff sie zu zwei Heilmitteln, die, ernsthaft angewendet, sich gegenseitig ausgeschlossen hätten: Frivole Zerstreuung und religiöser Trost. Sie las die *Nachfolge Christi*, Fénelon und Madame Guyon etwa so, wie man die Wirksamkeit einer neuen Patentmedizin erprobt: Sie glaube, sie beginne die wohltätigen Wirkungen der Religion zu fühlen, berichtete sie Juliette Récamier. Aber es hat nie einen stürmischeren Quietismus gegeben. Zwischen Gebeten und frommer Lektüre belebte sie das Genfer gesellschaftliche Leben mit dem gleichen Witz wie immer, schrieb mehrere kleine Komödien oder eher Satiren — *Le Capitaine Kermadec, Le Mannequin, La Signora Fantastici* — und führte sie auf. Die Genfer konnten sich ihre plötzlichen Stimmungsumschwünge nicht zusammenreimen. Sie schien seit ihrer Niederlage glücklicher geworden zu sein.

Ende Januar schrieb Germaine an Juliette über Rocca folgenden Bericht:

„Die neue Zuneigung, die mich angeblich so sehr beschäftigt, gehört einem jungen Mann von 23 Jahren, schön wie der lichte Tag, der wegen fünf Schußwunden, die er im Krieg erhielt oder besser gesagt, freiwillig suchte, an Krücken geht. Ich dachte, sein Leben sei in Gefahr, und ich pflegte ihn. Er verliebte sich leidenschaftlich in mich. Aber er hat keinerlei Bildung, und diese Verbindung hat keine Zukunft ... Du weißt, daß die Liebe, die man jemandem einflößt, ein vorübergehender Trost und eine Zerstreuung ist, aber keiner meiner Pläne wird im entferntesten von dieser Episode in meinem Leben berührt ... Ich brauchte eine Ablenkung, um zu ertragen, was mein Herz bedrückt."

Wenn Germaine diese Zeilen ernst meinte — was man bezweifeln mag —, hatte Rocca nicht allzuviel zu erhoffen. Aber der gleiche Brief enthält zwei Stellen, die weitgehend aufklären, warum die Beharrlichkeit des jungen Mannes so bald von Erfolg gekrönt wurde. Germaine berichtet, daß Vater Barante jeden nur möglichen Kniff anwandte, um seines Sohnes Briefwechsel mit ihr zu verhindern; und Benjamin war mit seiner Frau nach Lausanne gereist, um die Angelegenheit mit seinem Vater zu regeln, und „spielte den Gatten in ziemlich gekünstelter Weise". „Er hat sich seit Briare sehr verändert", fügte Germaine hinzu.

Im nächsten Brief an Juliette berichtet Germaine die Neuigkeit, daß Gott sie mit eigener Hand lenke. „Ich leide nicht mehr unter den Anfällen von Verzweiflung, die mich völlig vernichteten." Da die mystische Lehre, die ihr Langalerie und Frau von Krüdener vermittelt hatten, gelassene Hingabe an das Unvermeidliche vorschrieb und die fleischliche Sünde ziemlich milde beurteilte, ist es durchaus denkbar, daß Germaines plötzliche Gelassenheit mit der Erfüllung von Roccas Wünschen zusammenfiel. Als der Winter zu Ende ging, konnte niemand in Genf mehr den leisesten Zweifel über ihr Verhältnis haben. Sicher machte Germaine auch kein Geheimnis daraus. Die Marquise d'Axat berichtet von einer Abendgesellschaft bei Madame Argant-Picot, zu der sowohl Germaine wie Rocca eingeladen waren. Rocca hatte sich verspätet. Irgend jemand erwähnte, daß er ihn bei seiner Lieblingsbeschäftigung gesehen habe – wie er Sultan im Galopp eine gefährliche Rampe hinunterkantern ließ. Bei dieser Nachricht wurde Germaine ohnmächtig, kam wieder zu sich und befahl eine allgemeine Suche nach Rocca. Endlich erschien er, küßte ihr die Hand und entschuldigte sich für seine Verspätung. Nach einer weiteren Szene mit tränenreichen Vorwürfen vergab ihm Germaine. Erleichtert setzte sich die Gesellschaft zu Tisch, und die Gastgeberin bat ihn, den Braten zu schneiden. Rocca ergriff das Tranchiermesser. „Madame de Staël", berichtete die Marquise, „stieß einen durchdringenden Schrei aus, rief uns zu, wir sollten ihn entwaffnen, er würde sich etwas antun, und fiel erneut in Ohnmacht. Es war eine richtige Komödie, und ich schämte mich für sie."

Solche hysterischen Szenen waren bei Germaine keineswegs selten und können nicht als bloße Komödie angesehen werden: Schon in ihrer Kindheit beschwor ihre Einbildungskraft geradezu Halluzinationen herauf, und das Opium verstärkte diese Tendenz. Es ist durchaus möglich, daß Germaine tatsächlich *sah*, wie Rocca das Messer in selbstmörderischer Absicht schwang: Benjamin hatte vielleicht nicht ganz unrecht, wenn er sie für verrückt hielt. Auf jeden Fall waren solche Szenen nicht dazu angetan, das Verhältnis geheimzuhalten. Und als Germaine bei einer anderen Zusammenkunft den Arm der Comtesse de Boigne ergriff und ihr zur Entschuldigung für eine besonders alberne Bemerkung ihres Liebhabers zuflüsterte: „Ach, Worte sind nicht seine Sprache!", wurde ihre rührende Bemerkung anders ausgelegt, als sie gemeint war, und zwar durchaus nicht unrichtig.

Bei den ersten Anzeichen des Frühlings kehrte Germaine nach Coppet zurück und brachte Rocca mit. Ihre anwesenden und abwesenden Freunde waren darüber sehr bestürzt. Aus der Vendée beklagte sich Prosper über die Kälte ihrer Briefe und fügte anschuldigend hinzu: „Ich weiß zufällig, daß du dich zwischen anderen Vergnügungen in Genf mit sentimentalen Experimenten befaßt." Chamisso, der sie besuchte, packte angeekelt seine Sachen und verschwand wie Peter Schlemihl mit seinen Siebenmeilenstiefeln. Er ließ ein vorwurfsvolles Gedicht zurück, das mit den Worten beginnt: „Leb wohl, Corinna, leb wohl, ich bin für immer dahin" – und schließt mit „meine Augen haben es gesehen!" Auch Schlegel sah nur allzu deutlich, und niemand war bestürzter als er. Um eines „leichtsinnigen Verhältnisses" willen war Germaine bereit, auf seine Freundschaft zu verzichten, schrieb er ihr in einem seiner Briefe von Zimmer zu Zimmer. Während sie ihn wie einen Verbrecher behandle, wenn er irgendwelche Pläne für ein unabhängiges Leben mache, denke sie daran, einen Bund zu schließen, der ihn aus ihrem Haus vertreiben würde, nachdem er sieben Jahre seines Lebens einer Illusion geopfert habe. „Jede Nacht schließe ich mich in mein Zimmer ein und glaube dann in einem Gefängnis zu sitzen, vor dessen Tür Leute kommen und gehen, die ganz offen über meine traurige Lage spotten." Aus Rache gab er dem nicht allzu gesprächigen, aber stets diensteifrigen Rocca den Spitznamen Caliban – der ihm für den Rest seines Lebens anhaftete. Vielleicht war Rocca mit Shakespeare nicht vertraut genug, um sich an Schlegel mit dem Spitznamen Malvolio zu rächen: Er wäre noch treffender gewesen.

Mit Germaines Kindern kam Rocca jedoch glänzend aus. Sie akzeptierten ihn als eine Mischung von Bruder, Gefährten und unkonventionellem Stiefvater.

Mit einer so vollständigen, leidenschaftlichen und calibanähnlichen Ergebenheit geliebt zu werden, war Germaine nach ihren Worten immer als Ziel des irdischen Lebens erschienen. Und doch hatte sie es nicht allzu eilig, sich diesem Glück bedingungslos hinzugeben. Caliban mochte sie in ihrer Verbannung trösten, aber was für eine Figur würde er in Wien, London oder Paris machen? Abgesehen von dem Altersunterschied gab es den offensichtlichen geistigen Niveauunterschied. Wo es nicht um die Sprache ohne Worte ging, war Rocca dumm. Mit rührendem Optimismus versuchte sie seinen geistigen Horizont zu erweitern, ließ ihn an einem Buch über seine spanischen Erfahrungen arbeiten, half ihm, seine Gedanken auszudrücken – mit einem Wort, nahm seine Erziehung in die Hand. Der Schüler machte bewundernswerte Fortschritte, aber es war klar, daß er nie Benjamin, ja nicht einmal Schlegel würde ersetzen können. Ohne Zweifel liebte Germaine Rocca tief und aufrichtig; hätte er versucht, sie zu verlassen, würde sie ihn vielleicht sogar leidenschaftlich geliebt haben. Aber irgend etwas fehlte. Sie hatte die Liebe gefunden, die sie im Leben, aber nicht das Glück, das sie in der Liebe gesucht hatte.

Rocca jedoch war ein beharrlicher junger Mann. „Ich möchte dich ganz und gar", schrieb er an Germaine, „ich möchte, daß du meinen Namen trägst, und ich möchte ein Kind von dir, das wirklich ein *Kleines Wir* ist." Für eine Liebe dieser Art mußte man ein

Husar sein. Germaine konnte einem so ungestümen Angriff nicht ganz widerstehen. Am 1. Mai 1811 gaben Germaine und John Rocca in Anwesenheit eines protestantischen Pastors und mit Fanny Randall als einziger Zeugin ihre Absicht kund, zu heiraten, „sobald es die Umstände erlaubten". Vor Gott betrachteten sie sich als Mann und Frau. Vor der Welt wurde das sonderbare Verlöbnis vollkommen geheim gehalten. Nicht einmal ihre Kinder hatten davon die leiseste Ahnung.

Rocca war ernsthaft entschlossen, seine neuen Rechte zu verteidigen — so ernsthaft, daß er Benjamin zweimal in einem Monat zum Duell forderte. Am 18. April, nach einem Abendessen mit Germaine und ihrem alten Liebhaber in Genf, folgte er Benjamin auf die Straße und stellte ihn vor die Alternative, entweder seine Besuche bei Germaine einzustellen oder die Sache am nächsten Morgen auszutragen. In seiner Verblüffung sah Benjamin keine Wahl, als die Forderung anzunehmen, aber es gelang Germaine offenbar, Roccas Blutdurst zu besänftigen, bevor das Duell stattfinden konnte. Am 10. Mai kam Rocca in Lausanne wieder mit seinem Rivalen zusammen. Germaine war hingefahren, um Benjamin und seiner Frau vor deren Abreise nach Deutschland ein letztes Lebewohl zu sagen. Rocca konnte der Gelegenheit, seine Forderung zu wiederholen, nicht widerstehen, aber dieses Mal lehnte Benjamin rundweg ab.

Noch ein anderes Band mußte gelöst werden, um den anspruchsvollen Rocca zu befriedigen: Germaine schrieb an Prosper, daß sie ihn von seinem Gelübde entbinde. Prosper schwang sich zu einer des Anlasses würdigen Antwort auf:

„Nach zweimonatlicher Abwesenheit zurückgekehrt, finde ich als erstes Wort von Dir, Corinna, die Mitteilung, daß wir alle Bande zerschneiden müssen, die uns vereinen. Du gibst mir meine Freiheit zurück — oder besser gesagt, Du nimmst Dir die Deine wieder ... Warum habe ich Dich je gekannt, Corinna? Warum habe ich mit Dir dieses erhabene und berauschende Leben gelebt? ... Nachdem ich Speise und Trank der Götter gekostet, wie brennt in mir das Verlangen nach den verlorenen Freuden!"

Nichtsdestoweniger nützte Oswald in aller Eile seine neugewonnene Freiheit. Im August erhielt Germaine von Prosper die Nachricht von seiner Verlobung mit der jungen d'Houdetot, die als Vorbild für Lucile Edgermond hätte dienen können. Am 20. November war er verheiratet. „Ich hörte, daß er (bei der Zeremonie) sehr feierlich aussah", schrieb Germaine an Juliette. „Dachte er vielleicht an mich? Ach, ich habe kein Recht mehr, den bräutlichen Schleier zu tragen."

Germaines überraschendes Interesse für Brautschleier spiegelt sich in einer Prosaskizze wider, die sie 1811 für ihre unvollendete Tragödie *Sappho* schrieb. Das Thema war die Unmöglichkeit einer reinen Liebe zwischen einer erfahrenen Frau von Genie und einem unberührten Jüngling. „Wie kann ich seine Liebe für immer erhalten", sagt Sappho von Phaon, „ich, die ich die Glut des ehelichen Bettes kenne? Er braucht die Liebe eines Herzens, das für niemand anderen geschlagen hat als für ihn allein." An wen dachte Germaine – an Oswald=Prosper oder Rocca=Caliban?

Nach der Legende stürzt sich Sappho nach ihrem Verzicht auf Phaon von einem Felsen ins Meer; Germaine schrieb einen Essay mit dem Titel *Betrachtungen über den Selbstmord*. Sie widerruft damit ihre Aussagen in der *Abhandlung über die Leidenschaften* und bietet alle erdenklichen Argumente gegen den Selbstmord auf. Der Gedanke an Tod und Selbstmord beschäftigte sie während des Winters 1811–1812 fast ununterbrochen.

In den Klagen an ihre Freunde zählt Germaine alle Gründe für ihre Niedergeschlagenheit auf, außer dem Hauptgrund, den sie nicht erwähnen konnte. Sie hatte Leid über alle gebracht, die sie geliebt hatten. Sie war mehr oder minder eine Gefangene; die kläglichen Reste ihres Hofstaates boten geringen Trost.

„Schlegel hat Fehler, die mir manchmal seine Vorzüge verbergen ... August hat keine engen Beziehungen zu irgend jemand außer zu Dir (Juliette). Obwohl ich ihn sehr liebe, kann ich ihn nicht recht verstehen. Albert ist ein Wildling. Albertine ist zu jung ... Ich verbringe lange Stunden damit, mich mit dem Gedanken an den Tod vertraut zu machen ... Ich sehe nur zu gut, daß es für meine Freunde und meine Kinder besser wäre, wenn ich sterben würde."

Die Gedanken an den Tod kamen von dem keimenden Leben in ihrem Schoß: Germaine erwartete ein Kind. Ende August oder Anfang September entdeckte sie die Existenz des *„Kleinen Wir"*, das sie ihrem Liebhaber schenken sollte. Als sie nach Genf zurückkehrte, um dort den Winter zu verbringen, waren ihre Freunde über ihr Aussehen entsetzt. Ihre Züge waren entstellt, ihre Haut bleich; sie hatte ihre Lebhaftigkeit verloren und schien von Wassersucht verunstaltet. Wassersucht war die offizielle Diagnose; außer Germaine, Rocca, Miß Randall und Dr. Jurine wußte niemand die Wahrheit – wenigstens nicht zu Beginn[55].

Gerade zu diesem sonderbaren Zeitpunkt genehmigte die Regierung ihr den Paß nach den Vereinigten Staaten, um den sie sich seit Monaten bemüht hatte. An eine Reise während der Schwangerschaft und in einem Augenblick, als zwischen England und

Amerika Krieg drohte, war nicht zu denken. Es gab keine Wahl, als auf die Geburt des Kindes zu warten, seine Existenz zu verheimlichen und dann zu fliehen. Gegen Ende des Winters verbreitete sich das Gerücht, daß Germaines Beleibtheit keine krankhaften Ursachen habe. Capelle, der wie üblich zuverlässig informiert war, berichtete die Neuigkeit entzückt seinen Vorgesetzten. In den Straßen und Läden von Genf wurde Germaine öffentlich verspottet und verwünscht. Mit rotem Gesicht, aber erhobenem Haupt wie eine echte Necker tat Germaine, als ob sie nichts höre.

Am 7. April gebar Germaine in Coppet einen Knaben, während Schlegel, Albert und Albertine im gleichen Haus ihren täglichen Beschäftigungen nachgingen, ohne irgend etwas davon zu ahnen[56]. Selten hat ein Mensch, der so wenig dazu fähig schien, so viel Selbstbeherrschung bewiesen.

Das Kind blieb fünf oder sechs Tage bei der Mutter, und noch immer wußte niemand im Haus von seiner Existenz, außer Fanny Randall, die Hebammendienste geleistet hatte. Dann fuhren Dr. Jurine und Miß Randall, die ein Bündel im Arm hielt, nach dem Dorf Longirod in der Nähe von Nyon, wo Pastor Gleyre sie erwartete. Das Kind wurde in das Taufregister eingetragen als „Louis Alphonse, Sohn der Henriette geb. Preston und des Theodor Giles aus Boston". Geheime Abmachungen mit dem Pastor und seiner Frau wurden getroffen. Das Kind blieb in ihrer Obhut, und Miß Randall kehrte ohne das Bündel nach Coppet zurück. Germaine sollte das „Kleine Wir" erst 1814 wiedersehen. Da war es ein schwächliches Kind, scheu, still und zurückgeblieben.

Inzwischen gab Capelle in seinen Berichten ein in Genf kursierendes Epigramm weiter:

> Selbst deine Wassersucht, geniale Frau, auch sie
> Wird leben, zu verew'gen deinen Namen.
> Erstaunliches Geschöpf, o furchtbares Genie,
> Des Taten allesamt dem Ruhm zugute kamen.

Zwei Wochen nach der Geburt des Kindes erschien Germaine wieder in der Genfer Gesellschaft. Sie sah so krank aus, daß alle, die mit ihr zusammentrafen, von den schändlichen Gerüchten nichts mehr hören wollten, die über sie im Umlauf waren. Capelle wußte es besser, aber er hielt den Mund, wahrscheinlich erwog er Erpressung; auch zweifelte er nicht daran, daß sie einen Fluchtversuch unternehmen würde, und bewachte sie sorgfältig.

Am 23. Mai um zwei Uhr nachmittags gab Germaine Anweisungen für ein Diner und stieg mit Albertine in einen offenen Wagen; sie waren für eine kurze Ausfahrt gekleidet, und das einzig sichtbare Gepäck bestand in ihren Fächern. Sie kamen zum Diner erst im Juli 1814 zurück. Die nachmittägliche Spazierfahrt wurde ungewöhnlich ausgedehnt; sie führte nach Wien, Kiew, Moskau, Petersburg, Stockholm, London und Paris, bevor sie wieder in Coppet eintrafen.

Capelle entdeckte trotz aller seiner Spitzel und Vorsichtsmaßnahmen erst am 2. Juni, zehn Tage nach ihrer Abreise, daß Germaine abhanden gekommen war. Um diese Zeit hatte sie die österreichische Grenze bereits überschritten.

Sieg ohne Freude

Am 9. Mai, zwei Wochen vor Germaines Flucht aus Coppet, begab Napoleon sich nach Dresden. Dort hielt er Hof: Sein Schwiegervater, der Kaiser von Österreich, und sechs Könige – von Preußen, Sachsen, Bayern, Württemberg, Westfalen und Neapel – scharwenzelten um ihn herum wie Lakaien. Inzwischen übergab sein Sonderbeauftragter in Wilna Zar Alexander das französische Ultimatum. Der Beauftragte war Graf Narbonne. Seit den Tagen von Juniper Hall hatte er einen langen Weg zurückgelegt.

„Zeit und Raum sind für mich", sagte der Zar zu Narbonne und zeigte auf die Landkarte von Rußland. „Ich greife nicht an, aber ich werde meine Waffen nicht niederlegen, solange ein fremder Soldat auf russischem Boden steht."

Narbonne brachte Alexanders Antwort nach Dresden. „Man wird ja sehen", sagte Napoleon zu ihm, „ob Alexanders Entschluß den Ereignissen standhält. Von den Engländern verleitet, will er den Krieg. Er soll seinen Krieg haben." Die Marschorder wurden am 29. Mai unterfertigt; 500 000 Mann wurden in Polen zusammengezogen. Am 22. Juni begannen sie den Njemen zu überschreiten. „Wir werden einen Frieden schließen", heißt es in Napoleons Proklamation an die Grande Armée, „der sich selbst verbürgt und dem verhängnisvollen Einfluß ein Ende setzt, den Rußland seit fünfzig Jahren auf die europäischen Angelegenheiten ausübt."

Europa lag Napoleon zu Füßen, Rußland wurde gerade angegriffen, die Vereinigten Staaten führten Krieg mit England. Madame de Staël hatte den Zeitpunkt ihrer Flucht schlecht gewählt. Ihr Ziel war England – aber wie sollte sie dorthin gelangen? Sie wußte es nicht. Sie besaß nicht einmal einen Paß. Wenn aber auch der Zeitpunkt sehr ungünstig war, so muß man andererseits zugeben, daß Germaines Schwangerschaft es ihr unmöglich gemacht hatte, früher abzureisen. Und der Gedanke, in Coppet zu bleiben, war für sie unerträglich. Abgesehen von ihrer Angst vor einer tatsächlichen Einkerkerung fürchtete sie sich vielleicht noch mehr vor der Langeweile. „Ich fühle mich wie eine Wache an meinem eigenen Grab", schrieb sie an Hochet achtzehn Tage vor ihrer Flucht[57].

Die Flucht war nicht gut vorbereitet; gerade dieser Mangel an Vorbereitung machte sie überhaupt möglich. Germaine hatte vorsorglich die Eigentumsrechte an Coppet auf ihren Sohn August übertragen, der dorthin zurückkehren sollte, nachdem er sie bis Papiermühle, einem Dorf in der Nähe von Bern, begleitet hatte. Dort traf sie sich auch mit Schlegel. Andere Vorbereitungen gab es nicht.

In Papiermühle war Germaines Entschlußkraft nahe am Zusammenbruch. Sollte sie die „große Reise" unternehmen oder einfach nach Bad Schinznach bei Zürich fahren? Sollte sie Rocca auffordern, ihr zu folgen? Was sollte mit Albert geschehen? Wo bekam man Pässe her? Schlegel war bereit, ihr bis an das Ende der Welt zu folgen, aber als sie ihn um Unterstützung bei der Beschaffung eines österreichischen Passes für Rocca bat, wurde er störrisch. Er hatte ihr in erster Linie zur Flucht geraten, aber auch deshalb, um sie von Caliban zu trennen. Sein Beistand war jedoch unerläßlich, denn er hatte für Germaine mit dem österreichischen Gesandten in Bern unterhandelt, und sie wollte nun August mit einem Brief Schlegels hinschicken, in dem dieser um Pässe bat. „Um diesen Brief von Schlegel zu bekommen", schrieb sie Rocca am 25. Mai, „erzählte ich ihm die volle Wahrheit über meine Gefühle für Dich, denn ich wollte nicht für eine Neigung gequält werden, die ein ganzes Leben dauern wird." Die volle Wahrheit umfaßte ohne Zweifel das geheime Verlöbnis und die Geburt des „Kleinen Wir". Schlegel muß sprachlos gewesen sein — aber wieder einmal ordnete er sich dem überlegenen Willen unter und schrieb den Brief. Als August mit dem Paß von Bern zurückkehrte — der auf einen falschen Namen lautete —, traf Germaine, sozusagen einer plötzlichen Eingebung folgend, ihre Entscheidungen: Sie würde mit Schlegel und Albertine nach Wien reisen; Rocca sollte sie in Österreich treffen, Albert und Uginet würden mit dem Gepäck folgen. Sobald Germaine von ihrem Liebhaber getrennt war, fühlte sie sich unfähig, auf seine Gegenwart zu verzichten; dabei war sie sich vollkommen klar, daß sie ein Verbrechen beging — im technischen Sinn, indem sie ihn verleitete, zum Feind überzulaufen, und im moralischen Sinn, indem sie ihn zwang, Mühsale auf sich zu nehmen, die seine bereits geschwächte Gesundheit völlig untergruben.

Die Reisenden erreichten Wien am 6. Juni, aber auch dort waren sie noch in Reichweite von Napoleons langem Arm. Auf Augusts Bitte vermied es Germaine, sich in Roccas Gesellschaft sehen zu lassen. Während sie selbst und die übrige Reisegesellschaft im Hotel *Zum Römischen Kaiser* wohnten, verbarg sich Rocca in einem anderen Quartier, das er erst nach Einbruch der Dunkelheit verließ, um Germaine zu besuchen. Sie selbst ging wenig aus. Abgesehen von ihren alten Freunden, wie dem Fürsten von Ligne, Gentz und Wilhelm von Humboldt, zeigten ihre Bekannten wenig Interesse, sich durch ihren Besuch zu kompromittieren. Graf Moritz O'Donnell war bereits zu seinem Regiment nach Polen abgereist.

Germaine blieb sechzehn Tage in Wien und vierzig Tage auf österreichischem Gebiet. Die Polizeiberichte über ihre Tätigkeit während dieser Zeit füllen 114 große Bogen. Ein Geheimpolizist war am Eingang des Hotels postiert, andere folgten ihr zu Fuß oder, wenn sie ausfuhr, zu Wagen überall hin. Als die Beamten nach einigen Tagen die Personalien von John Rocca ermittelt hatten, suchte der Polizeichef von Wien Madame de Staël auf. Er machte sie darauf aufmerksam, daß dies eine ernste Angelegenheit sei. Was sollte die österreichische Regierung tun, wenn Frankreich Roccas Auslieferung als Deserteur verlange? „Sie natürlich verweigern", sagte Germaine. „Aber Madame, sollen wir vielleicht Frankreich wegen Herrn Rocca den Krieg erklären?" — „Warum nicht?" sagte Germaine. „Er ist mein Freund und wird bald mein Gatte sein."

Während sie dergestalt auftrumpfte, wartete sie mit steigender Unruhe auf die Rückkehr des russischen diplomatischen Kuriers aus Wilna, der eine Antwort auf ihre Bitte um einen russischen Paß bringen sollte. In der Zwischenzeit mußte man sich nach anderen Routen umsehen für den Fall, daß der Paß verweigert oder die Grenze geschlossen werden sollte. Durch Schlegel und Gentz suchte sie um ein österreichisches Ausreisevisum an, welches ihr ermöglichen sollte, aus Österreich entweder über Polen nach Rußland oder über Ungarn in die Türkei zu reisen. Von der Türkei aus würde sie entweder über Rußland und Schweden oder über Griechenland, Sizilien, Cadiz und Lissabon nach England gelangen. „Alle türkischen Kuriere sind gerade bei mir", schrieb sie an Rocca. Kein Wunder, daß Herr Seywalt, der sie zu überwachen hatte, sich in ihren Plänen nicht besser auskannte als sie selbst. Madame de Staël, schrieb er in seinem Bericht, beabsichtige über „Riga, Malta, Asien, Griechenland usw." nach Stockholm zu reisen.

Mit der österreichischen Bürokratie wurde jedoch Madame de Staël nicht fertig. Nach den Vorschriften könne ein Ausreisevisum für zwei verschiedene Reisewege nicht ausgestellt werden, wurde ihr mitgeteilt. Ohne die Rückkehr des russischen Kuriers abzuwarten, verließ sie Wien am 22. Juni – am Tag von Napoleons Proklamation an seine Armee – und fuhr weiter nach Brünn. Schlegel und Uginet blieben zurück, um die Paßangelegenheit zu regeln. In Brünn wurde ihr vom österreichischen Gouverneur höflich mitgeteilt, sie habe ohne Verzug durch Galizien nach Rußland weiterzureisen. Germaine wandte ein, sie müsse auf ihren russischen Paß warten; wolle er etwa, daß sie den Rest ihres Lebens in Brody an der Grenze verbringen, ohne vor oder zurück zu können? „Was Sie sagen, ist durchaus richtig", antwortete der Gouverneur, „aber so lauten meine Befehle." Sie war in jene Sackgasse geraten, die seither Millionen kennengelernt haben. Da berichtete Uginet aus Wien am 29. Juni in einem Stil, der Corinnas würdig war, die russischen Pässe seien eingetroffen. „Ich fiebere vor Freude und Angst", schließt der Brief. Während Uginet nach Coppet zurückfuhr, eilte Schlegel mit den kostbaren Papieren hinter Germaine her, und die Flucht wurde fortgesetzt.

In Galizien mußte Germaine sich bei jedem Polizeiposten melden, um ihren Paß stempeln zu lassen. Als sie im Schloß ihres Freundes Prinz Lubomirski übernachtete, bestand ein Polizeibeamter entsprechend seinen Befehlen darauf, die Nacht in ihrem Schlafzimmer zu verbringen. Erst als Albert drohte, ihn aus dem Fenster zu werfen, bezog er mit einer tiefen Verbeugung und einem „Ja, Herr Baron" seinen Wachposten in der Halle. Es gab, vermerkte Germaine, „eine Art von Brutalität, die nur bei untergeordneten deutschen Beamten zu finden ist: Nur sie können ohne Übergang von der Anmaßung gegenüber der Schwäche zur Unterwürfigkeit gegenüber der Stärke wechseln".

Am 14. Juli überschritt Germaine mit einer Spezialerlaubnis des Gouverneurs von Lemberg die russische Grenze[58]. „So schloß sich für mich der Kreis der französischen Geschichte, der am 14. Juli 1789 begonnen hatte. Als der Schlagbaum ... sich hob, um mich hindurchzulassen, schwor ich mir, nie mehr den Fuß in irgendein Land zu setzen, das in irgendeiner Weise dem Kaiser Napoleon unterworfen war." Sie grüßte Rußland als das Land der Freiheit.

Madame de Staël verbrachte insgesamt acht Wochen in Rußland. Das Vorrücken der Armeen Napoleons zwang sie, um St. Petersburg zu erreichen, zu einem Umweg über Kiew, Orel, Tula, Moskau und Nowgorod. Von dort reiste sie am 8. November, am Tag nach der Schlacht von Borodino, nach Finnland und Schweden. Eine Woche später fiel Moskau und ging in Flammen auf. Sie sah Rußland in einem Augenblick seiner Geschichte, in dem der Nationalcharakter sich in voller Stärke offenbarte. Weder sie noch irgend jemand ihres Gefolges verstand ein Wort Russisch, außer einem deutschen Arzt, der sich angeboten hatte, sie als Dolmetscher nach Moskau zu begleiten. Trotzdem verraten die zehn Kapitel, die sie in ihrem Buch *Zehn Jahre im Exil* Rußland und Finnland widmete – ein Drittel des Buches –, mehr Wahrnehmungsvermögen als die meisten ihrer Arbeiten. Keine russische Rahel Levin hätte höhnisch von ihr sagen können, daß sie „nichts gesehen, nichts gehört und nichts verstanden" habe. Germaine sah und nahm alles in sich auf, mit einer Intensität, einer Frische und Unmittelbarkeit, die man in ihrer Beschreibung Deutschlands und Italiens vermißt. Ebenso erstaunlich ist der Reichtum an größtenteils ziemlich getreuen historischen Überlieferungen, mit denen sie ihre Schilderung von Städten und Denkmälern ausschmückt. Nichts kann uns eine eindrucksvollere Vorstellung von ihrer unablässigen Neugier und Aktivität vermitteln; der Kopf schwirrt einem, wenn man an die Tausende von Fragen denkt, die gewiß während dieser acht Wochen aus ihrem Mund schossen, wenn man daran denkt, wie unbeirrbar die Antworten auf dem immer bereiten Reiseschreibtisch aus grünem Leder notiert wurden.

Denn diesmal hielt Germaine ihre Augen weit offen. Sie sah die großen Weizenfelder in der Ukraine, „die aussehen, als würden sie von unsichtbarer Hand gepflegt, so selten trifft man auf Siedlungen und Menschen", Kiew, das ihr von weitem wie ein Feldlager erschien und dessen hölzerne Häuser Tartarenzelten ähnelten. „Mitten aus diesen Hütten erhoben sich Paläste, und alles überragten die Kirchen, deren grüne und vergoldete Kuppeln einen einzigartigen Eindruck auf das Auge machten." Sie sah die Ebenen südlich von Moskau mit ihren Birkenwäldern und verstreuten Siedlungen „von Holzhäusern, die alle nach dem gleichen Modell gebaut sind", und Moskau selbst vor dem großen Feuer, mit seinen hölzernen Palästen, die sie als eine der letzten erblickte, „grün, gelb und rötlich bemalt und mit Verzierungen, die an Dessertbäckerei erinnern". Sie stieg im Kreml auf den hundert Meter hohen Glockenturm Iwans des Schrecklichen und sah unter sich die 1500 Kirchen der Stadt liegen. Sie sah St. Petersburg, dessen „Gebäude blendend weiß dalagen und in der Nacht bei Mondschein aussahen wie riesige verhüllte Gespenster, die regungslos in die Newa starrten".

Die menschlichen Verhältnisse spiegeln sich ebenfalls lebhaft in Germaines Berichten über Rußland wieder. Da gab es die Kutscher, die blitzschnell mit Gesang dahinjagten, die Kosaken auf den

Straßen, „die jeder auf eigene Faust ohne Befehl oder Uniform zur Armee kommen, mit langen Lanzen und einem grauen Umhang, mit dessen riesiger Kapuze sie ihr Haupt bedecken"; die Kuriere, die die großen Straßen „mit unglaublicher Geschwindigkeit" entlangrasen und von den hölzernen Sitzen ihrer kleinen Fahrzeuge zwei Fuß hoch in die Luft geschleudert werden; die blauen Kittel und engen roten Riemen, welche die meisten russischen Männer tragen, und die lebhaften Farben der weiblichen Trachten. Sie war die erste Europäerin, die von der russischen Volksmusik und den Tänzen begeistert berichtete. Sie war überrascht über die natürliche Grazie der russischen Frauen, über die metallische Klangfülle der russischen Sprache, über den Reichtum der rubin- und diamantgeschmückten Ikonen. „Glanzvolle Pracht ist das Kennzeichen von allem, was man in Rußland sieht."

Wie alle Reisenden in Rußland war sie überwältigt von der Gastfreundschaft, die sie überall und bei allen Schichten antraf. Wie alle Reisenden zog sie aus dem Erlebten ohne Scheu allgemeine Schlüsse auf den russischen Nationalcharakter. Wie ihr schien, waren die Russen den südlichen Nationen und dem Orient verwandter als den Völkern des Nordens. „Von Natur aus sind sie Orientalen", sagt sie – aber gleichzeitig betont sie ihre Energie und ihren Patriotismus, die sie von den trägen Orientalen unterscheiden:

„Die Leute sind gleichzeitig geduldig und aktiv, fröhlich und melancholisch. Sie vereinigen in sich die auffallendsten Gegensätze, und das berechtigt uns, Großes von ihnen zu erwarten: denn nur höhere Wesen verfügen über einander widersprechende Eigenschaften ... Besonders bemerkenswert ist der hohe Grad von Gemeinsinn in Rußland ... Diderots berühmter Ausspruch, daß ‚die Russen verkamen, ehe sie erwachsen wurden', fand viele Bewunderer: Ich kann mir nichts Falscheres vorstellen. Gerade ihre Laster sind mit wenigen Ausnahmen das Ergebnis nicht der Verkommenheit, sondern des heftigen Temperaments. Das Verlangen eines Russen ... ist imstande, eine Stadt in die Luft fliegen zu lassen. Abwechselnd bemächtigen sich ihrer Ungestüm und Schlauheit, wenn sie ein Ziel erreichen wollen, das sie sich in den Kopf gesetzt haben, es sei gut oder schlecht."

Diese explosive, leidenschaftliche und elementare Vitalität beeindruckte Germaine mehr als alles andere in Rußland:

„In jeder Hinsicht ist an diesem Volk etwas Gigantisches; man kann ihm mit gewöhnlichen Maßen auf keine Weise beikommen. Ich will damit nicht sagen, daß wahre Größe und Festigkeit nicht zu finden seien, aber ihre Kühnheit und Einbildungskraft kennt keine Grenzen. Bei ihnen ist alles eher ungeheuer als wohlproportioniert, eher kühn als wohlerwogen, und wenn sie ihr Ziel nicht erreichen, so nur deshalb, weil sie darüber hinausschießen."

Germaine war den Fehlern Rußlands gegenüber keineswegs blind. Die Eintönigkeit der Landschaft, der primitive Zustand der Straßen störten sie ebensosehr wie die Soldaten von Napoleons Armee. Ihr erschien dieses Land „als Abbild des unendlichen Raumes, und um es zu durchqueren, brauchte man eine Ewigkeit". Es gab sagenhaften Reichtum, aber nicht, „was die Engländer *Komfort* nennen". Der blühende Mittelstand fehlte, und daher war die Aristokratie unter einem dünnen westlichen Firnis ebenso roh und unkultiviert wie die Massen. Wahres Maßhalten kannten weder Adlige noch Volk.

Über Sklaverei, unbeschränkten Despotismus und Extreme von Reichtum und Armut schrieb Germaine mit diplomatischer Vorsicht und gab ihrem Zutrauen – allem Anschein nach einem ehrlichen Zutrauen – zu Zar Alexanders bekannten liberalen und reformistischen Absichten Ausdruck. Germaine schrieb über Rußland nahezu in dem gleichen Sinn wie die amerikanischen Kriegskorrespondenten über die Sowjetunion während des zweiten Weltkriegs. Wie diese änderte auch sie ihren Ton, sobald die russischen Armeen durch Deutschland nach Frankreich marschierten: „Während der schweren Krise, die Rußland während meiner Anwesenheit durchmachte, mußte man die Kraft und Ergebenheit bewundern, die das Volk bei seinem Widerstand und bei seinen Opfern bewies. Angesichts solcher Tugenden wagt man kaum zu bemerken, was man zu anderen Zeiten getadelt hätte."

Hinter Germaines Begeisterung für Rußland aber steckte noch mehr: Der russische Charakter, so wie sie ihn verstand, kam dem ihren sehr nahe. Wie in ihrem eigenen Wesen waren darin einander widersprechende Extreme vereint, die Vitalität des Südens, die Melancholie des Nordens, die Mystik des Ostens. Auch sie erreichte ihr Ziel nie, weil sie immer darüber hinausschoß. Wo hätte man eine größere Ähnlichkeit mit der stürmischen Heftigkeit russischen Verlangens gefunden, das imstande war, „eine Stadt in die Luft fliegen zu lassen", als bei Germaine selbst? Bei wem wäre die Aussage berechtigter gewesen, daß „Ungestüm und Schlauheit" sich abwechselnd ihrer bemächtigten, wenn sie das einmal Beschlossene erreichen wollte? Wer war tyrannischer und aufopfernder? Ja, sogar die große Langeweile, die ihre Seele erfüllte, erinnerte an die Ebenen, die „ein Abbild des unendlichen Raumes" waren, und ihr Verstand schickte ihre Ideen mit der gleichen Blitzesgeschwindigkeit durch die Weiten, mit der die

Kuriere die russischen Straßen entlangrasten. Genau wie bei Germaine war hier alles extrem, übertrieben, wild, impulsiv, und nie sorgfältig erwogen. Und hier fühlte sie sich „an der Pforte eines anderen Kontinents, nahe jener östlichen Welt, aus der so viele Religionen hervorgegangen sind und die noch immer in ihrem Schoße unvorstellbare Schätze von Beschaulichkeit und geistiger Tiefe birgt". Germaine hätte besser in einen Roman von Dostojewskij gepaßt als in ihre eigenen Romane *Delphine* und *Corinna*.

Die Ähnlichkeiten lagen im Temperament; geistig und kulturell blieb Germaine immer ein Kind des Westens. Als in St. Petersburg das Publikum eine Truppe französischer Schauspieler auspfiff, rief sie: „Diese Barbaren! Racines *Phädra* nicht sehen zu wollen!" Und das Bild „der Kosaken, die in der Rue Racine kampieren", begann sie kurz darauf zu verfolgen. Gerade der russische Sieg, den sie jubelnd begrüßt hatte, brachte sie zu ihrem Ausgangspunkt zurück — der liberalen Aufklärung.

Hätten ihre Reisegefährten nicht darauf bestanden, so wäre Germaine vielleicht gar nicht durch Rußland gereist. Als sie noch in der Ukraine war, erreichten sie die Nachrichten von dem raschen Vormarsch der Franzosen und ihrer Alliierten. In der Angst, ihnen in die Hände zu fallen, erwog sie den Gedanken, nach Odessa und Konstantinopel zu gehen, und brachte sogar literarische Gründe für diesen Umweg vor. Sie hatte im Winter 1811—1812 ein Prosaepos über Richard Löwenherz begonnen. Als Rahmen diente, wie sie schrieb, „die Begeisterung für die Kreuzzüge. Vier Helden: Friedrich Barbarossa, Philipp-August, Richard und Saladin — das Ende: die Aussicht auf die englische Freiheit der Magna Charta". Die unvollendete Dichtung, die sie bis zu ihrem Tod immer wieder einmal vornahm, war als Huldigung gedacht für „jene große Epoche der englischen Geschichte, als die Begeisterung für die Kreuzzüge der Begeisterung für die Freiheit wich". Germaine dachte daran, von Konstantinopel nach Syrien vorzustoßen, um sich mit den „Gewohnheiten und dem Wesen des Orients" vertraut zu machen, aber Schlegel und Rocca überzeugten sie, daß das Wagnis einer solchen Reise noch viel größer sei als die Gefahr, den Franzosen in die Hände zu fallen. So geschah es, daß sie an Ort und Stelle die Begeisterung für einen anderen Kreuzzug miterlebte Rußlands Kreuzzug gegen Napoleon — und dabei durch die Umstände und durch den eigenen Antrieb dazu gebracht wurde, eine aktive Rolle bei den Ereignissen der Gegenwart zu spielen, statt die Vergangenheit zu verherrlichen.

Rußland empfing sie wie den kommandierenden General einer verbündeten Macht. In Kiew war sie Gast des Gouverneurs, General Miloradowitsch, in Moskau des Gouverneurs Rostopschin, auf dessen Landsitz sie zu Abend aß. Sechs Wochen später brach der große Brand aus, dessen Anstifter Rostopschin gewesen sein soll. Die in ihren Sommerhäusern verstreute Moskauer Gesellschaft strömte in die Stadt zurück, um Madame de Staël zu Gesicht zu bekommen. „Männer und Frauen eilten aus allen Richtungen herbei", heißt es in den Erinnerungen einer Dame, die von Puschkin herausgegeben wurden. „Sie waren enttäuscht: Sie sahen eine stramme Frau von fünfzig, deren Kleider ihrem Alter nicht entsprachen. Ihr Benehmen wurde gemißbilligt. Ihre Reden kamen ihnen zu lang vor und ihre Ärmel zu kurz." Nichtsdestoweniger wurde ihr zu Ehren ein Diner gegeben, zu dem ganz Moskau eingeladen war.

„Sie saß auf dem Ehrenplatz (heißt es weiter), die Ellbogen auf den Tisch gestützt, und spielte unaufhörlich mit einem kleinen Papierröllchen. Sie schien schlechter Laune. Einige Male versuchte sie zu sprechen und brachte nicht heraus, was sie sagen wollte. Unsere großen Geister waren wie üblich mit Essen und Trinken beschäftigt und schienen mit ihrem Fischgericht glücklicher als mit Madame de Staëls Konversation. Sie brachen selten ihr Schweigen, tief im Herzen überzeugt von der Nichtigkeit ihrer eigenen Gedanken und eingeschüchtert durch die Gegenwart dieser berühmten Europäerin.

Die Gäste teilten ihre Aufmerksamkeit zwischen ihrem Stör und Madame de Staël und warteten auf eine geistreiche Bemerkung. Endlich war von ihren Lippen ein Wortspiel zu hören und noch dazu ein ziemlich zweideutiges. Alle stürzten sich darauf, lachten tobend, und ein allgemeines Gemurmel der Bewunderung erhob sich. Als die Gäste vom Tisch aufstanden, waren sie mit Madame de Staël vollkommen ausgesöhnt: Sie hatte ein Wortspiel von sich gegeben! Und nun rannten sie hinaus, um es in der ganzen Stadt zu verbreiten."

In St. Petersburg, wo der Union Jack an der Newa flatterte, kehrte sie in die westliche Welt und in die berauschende Luft der Politik zurück. Mit dem Genfer Bankier Galiffe als ihrem Dolmetscher, Führer und Generalsekretär machte sie die Runde durch die Paläste, die Gesandtschaften, den Hof. Während Napoleon sich Moskau näherte, ging das Leben in St. Petersburg und seinen Vororten weiter, und die Gastmähler und Gesellschaften rissen nicht ab. Germaine war Tag für Tag dabei, besichtigte alle Sehenswürdigkeiten der Hauptstadt, bewunderte das Mammut im Museum, las bei Großfürst Orlow aus *De l'Allemagne* vor, diskutierte über die Zukunft Europas mit Freiherrn vom Stein bei den Naryschkins und mit dem englischen Botschafter im Auswärtigen Amt. Bereits in St. Petersburg erschrak Germaine über den rachsüchtigen antifranzösischen Ton bei den Alliierten und begann, die Sache Frankreichs von der Napoleons zu trennen. Als bei den Naryschkins ein Toast auf den Sieg Englands und Rußlands ausgebracht wurde, erklärte sie mit sichtlicher Erregung, so sehr sie Napoleons Niederlage herbeisehne, eine Niederlage Frankreichs könne sie niemals wünschen. Wie das eine ohne das andere zuwege gebracht werden sollte, läßt sich schwer sagen; während der nächsten zwanzig Monate wand Germaine sich in diesem Dilemma.

Im August 1812 schien der Kampf gegen Napoleon das dringendste Problem, und Germaine bot sich an, ihren Teil dazu beizutragen. Was sie in den beiden Unterredungen mit Zar Alexander besprach, ist nicht genau bekannt. Der launenhafte Herrscher war in mitteilsamer Stimmung und sprach mit ihr, berichtet sie, „wie ein englischer Staatsmann, der sich lieber auf seine eigene Stärke verläßt, als auf trennende Schranken, die er errichten kann". Er war im Begriff, den schwedischen Kronprinzen in Åbo (heute Turku) in Finnland zu treffen, und es hing viel vom Ausgang dieser Unterredung ab. Der Kronprinz war natürlich Germaines alter Freund und Mitverschwörer Bernadotte, und sie beabsichtigte selbst, ihn in Stockholm aufzusuchen, wo sie den Winter verbringen wollte. Alexander war sich bewußt, welchen Einfluß Madame de Staël auf Bernadotte ausüben konnte, und bemühte sich entsprechend um sie. Sein unmittelbares Ziel war, sich Schwedens Neutralität und seines Verzichts auf Finnland zu versichern. Als Gegenleistung war er bereit, Schwedens Vorhaben in Norwegen zu unterstützen. Beide Männer hatten jedoch viel weitreichendere Pläne und sprachen in Åbo ohne Zweifel auch darüber. Sie bestanden in nichts Geringerem als der Bildung einer europäischen Koalition gegen Napoleon unter russischer Führung und der Einsetzung einer liberalen Monarchie in Frankreich mit Bernadotte als König.

Germaine stürzte sich mit ihrer üblichen Begeisterung auf diesen Plan. Savary versichert, sie sei „das Bindeglied der Åboer Gespräche" gewesen. Wieviel Wahrheit diese Behauptung enthielt, ist nicht leicht zu entscheiden. Vielleicht liegt die Antwort in den sowjetischen Archiven begraben. Aber es kann nicht den leisesten Zweifel daran geben, daß nach der Unterredung in Åbo kein einzelner Mensch so viel unternahm, Schweden als vollwertigen Partner in die Vierte Koalition zu bringen, wie Madame de Staël; daß sie Schwedens Eintritt in den Krieg förderte und damit entscheidend zu Napoleons Niederlage beitrug und daß sie eine richtige Verschwörung zur Unterstützung von Bernadottes Kandidatur für den französischen Thron organisierte.

Die Gesellschaft, die Mitte September 1812 in Åbo an Bord eines Fischkutters ging, schien für die Aufgabe recht unzulänglich, das Geschick des größten Krieges zu bestimmen, den Europa bisher gesehen hatte: Eine schlampige, extravagant gekleidete Frau von Mitte vierzig; zwei junge Männer, der eine lahm, der andere offensichtlich zerfahren; ein hübsches rothaariges Mädchen von fünfzehn Jahren und ein älterer Professor in Kniehosen und Seidenstrümpfen.

Am 24. September landete Madame de Staël nach einer stürmischen Überfahrt endlich in Stockholm. Der französische Geschäftsträger berichtete nach Paris, daß die Nachricht von ihrer Ankunft „wie eine Bombe einschlug". Unverzüglich machte sie sich daran, mit Bernadotte zu unterhandeln, der sie „wie eine alte Freundin" empfing. Am 28. September hatte der Kronprinz (der in Wahrheit die Regierungsgeschäfte für seinen Adoptivvater, Karl XIII., führte) dem jungen Albert ein Offizierspatent bei den Husaren der königlichen Garde verliehen und August eine Adjutantenstelle versprochen. Kurz darauf ernannte er Schlegel zu seinem Privatsekretär. Denn es war ausgerechnet Schlegel – der weltfremde, unpraktische, hypochondrische Professor – der sich plötzlich mit wilder Energie in Politik und Krieg stürzte. Nach jahrelanger Erniedrigung und Enttäuschung blühte er endlich auf und hatte ausreichend Gelegenheit, seinen schwelenden Haß gegen Frankreich und seine Träume von der Wiedererweckung der mittelalterlichen Größe Deutschlands zu befriedigen.

„Bernadotte", schreibt Schlegel, „sprach zunächst zu mir in vollem Vertrauen über seine politischen Absichten." Er veranlaßte ihn auch, eine Denkschrift über *Deutschlands Zustand und die Mittel, eine allgemeine Volkserhebung zu erregen* auszuarbeiten. Schlegels Denkschrift ist ein phantastisches Dokument: Er schlägt die Gründung einer deutschen Zentralregierung mit dem Freiherrn vom Stein als Kanzler und unter der militärischen Leitung eines „großen Heerführers" – nämlich Bernadottes – vor. Die Fürsten sollten ihre Souveränität aufgeben, so daß ein neues vereintes Deutschland entstehen könne. Mit diesem Programm könne das deutsche Volk aufgerüttelt werden, die Waffen gegen Napoleon zu ergreifen. Bernadotte war von dieser Denkschrift beeindruckt und verwendete sie später teilweise in seinen Proklamationen.

Bernadotte war jedoch ebenso vorsichtig wie ehrgeizig. Die Gefahr, Schweden zu verlieren, während er in Deutschland und Frankreich dem Ruhm nachjagte, entging ihm nicht. Die französischen, preußischen und österreichischen diplomatischen Depeschen aus Stockholm vermitteln einen Eindruck von der Rolle, die Madame de Staël bei der endgültigen Entscheidung spielte. „Sie spricht zu jeder Stunde beim königlichen Prinzen vor", berichtet de Cabre, der französische Geschäftsträger, am 11. Dezember. „Er erzählt ihr alles, und sie berät ihn gelegentlich."

Fast täglich sprach sie Bernadotte von ihrer Überzeugung — die im geheimen auch die seine war —, daß er „Genie und Tugend in sich vereine", daß er der „wahre Held des Jahrhunderts" sei und daß „er allein Napoleons Flut eindämmen könne"; Galiffe gegenüber wiederholte sie Bernadottes Beschwerde, er könne seine Neutralität nicht preisgeben, bevor Rußland ihm die von Alexander versprochenen Truppen gestellt hätte; dem britischen Gesandten Thornton machte sie klar, daß Schweden finanzieller Unterstützung bedürfe. In ihrer Vier-Zimmer-Wohnung an der Arsenalgatan, gegenüber dem Opernhaus, empfing sie das gesamte Diplomatische Korps (mit Ausnahme von Monsieur de Cabre), und die Stockholmer nannten diese Gesellschaften bald: „Madame de Staëls Konversationsbälle." Am 11. Dezember berichtet de Cabre, daß sie die Ernennung des Beauftragten der spanischen Junta zum Gesandten erreicht hätte, und am gleichen Tag schrieb sie an Galiffe: „Im Frühling werden wir aufwachen und einen gewaltigen Lärm verursachen[59]."

Um diese Zeit raste Napoleon in Schlitten und Wagen zurück nach Paris, ließ die Trümmer einer Armee von 500 000 Mann hinter sich und wollte eine neue Armee aufstellen, bevor Europa den Umfang seiner Niederlage erfassen konnte. In der ersten Woche des Jahres 1813 hatte Bernadotte eine lange Unterredung mit dem preußischen Gesandten von Tarrach in Germaines Haus. Schweden wünsche die Teilnahme Preußens an der Koalition, berichtete Tarrach am 8. Januar seiner Regierung. Sechs Tage später schrieb Schlegel seinem Freund, Graf Sickingen, er möge durch seinen Einfluß Kaiser Franz von der Allianz mit Frankreich abbringen. Die schwedische öffentliche Meinung war jedoch keineswegs für Abenteuer eingenommen. Um sie in das antifranzösische Lager hinüberschwenken zu lassen, veröffentlichte Schlegel eine Broschüre in französischer Sprache *Über das Continentalsystem und den Einfluß desselben auf Schweden*. Die anonyme Broschüre wurde allgemein Madame de Staël zugeschrieben; sie hat zumindest an ihrer Ausarbeitung mitgewirkt, und man wird deutlich an ihren Stil und ihre Beredsamkeit erinnert. Am 3. März schlossen Schweden und England einen Vertrag; Bernadotte sollte eine Million Riksdaler erhalten, und man gewährte ihm freie Hand in Norwegen; als Gegenleistung versprach er, mit 30 000 Mann in Pommern zu landen. Am 17. März rief König Friedrich Wilhelm widerstrebend die Preußen gegen Napoleon zu den Waffen. Am 18. Mai landete Bernadotte in Stralsund mit Schlegel als Privatsekretär und Albert de Staël als Flügeladjutanten.

Sicherlich wäre die Vierte Koalition auch ohne Madame de Staëls Unterstützung zustande gekommen. Andererseits spielte der Zeitpunkt von Schwedens Beitritt – den sie fünf Monate vorher angekündigt hatte – eine entscheidende Rolle bei Napoleons Niederlage. Am 2. Mai schlug er die Preußen bei Lützen. Am 20. und 21. Mai schlug er sie wieder bei Bautzen und Wurzen, am 30. Mai eroberte Davout Hamburg von den deutschen Aufständischen zurück; die Früchte dieser Siege aber wurden durch die Anwesenheit von Bernadottes Armee in Norddeutschland zunichte gemacht. Napoleon willigte in den Waffenstillstand vom 4. Juni und in die Abhaltung des verfehlten Prager Kongresses ein, der den Alliierten Zeit gab, sich von ihren Verlusten zu erholen und Österreich Frankreich abspenstig zu machen. Als die Feindseligkeiten im Juli wieder aufgenommen wurden, war Napoleons Lage bereits hoffnungslos. „Ein Franzose hielt das Geschick der Welt in seiner Hand", sagte Napoleon auf St. Helena von Bernadotte. „Er war eine der hauptsächlichsten Ursachen unseres Mißgeschicks." Hätte Germaine von diesen Worten noch erfahren, sie hätte sich geschmeichelt fühlen können.

Germaines durchschlagender Erfolg in der ersten Phase ihres Feldzuges verlieh dem Witz einige Wahrheit, der bald die Runde in Europa machte: daß es drei große Mächte gäbe – England, Rußland und Madame de Staël. Mit Bernadotte in Deutschland und Schlegel an seiner Seite war sie bereit, in die zweite Phase einzutreten – Bernadotte zum König oder wenigstens zum Regenten von Frankreich zu machen. Man hätte meinen sollen, sie würde sich nun über ihren Triumph freuen, und ihre Gefühle und Gedanken würden überflutet werden von den aufregenden Ereignissen, die sie mit heraufbeschworen hatte. In Wahrheit fühlte sie sich in steigendem Maße gelangweilt, unglücklich und von einem politischen und gefühlsmäßigen Zwiespalt gequält. Vor allem bot Stockholm ihr wenig Interessantes. Abgesehen von der Politik fand Germaine keine Nahrung für ihren Geist; und die endlosen Winternächte wirkten niederdrückend auf ihre Stimmung und, wie sie sich beklagte, auch auf ihre Gesundheit.

Die Gesellschaft blickte, ähnlich wie in Wien, mit halb ehrfürchtiger, halb spöttischer Neugier auf sie. Die schwedische Baronin Sophie von Knorring erzählt in einem autobiographischen Roman von Germaines Aufenthalt, den sie als junges Mädchen miterlebte. Was ihr am meisten auffiel, war das vollkommene Fehlen jeglicher Selbstkritik bei der gesamten Familie und ihre anmaßende Erhabenheit über alle Konventionen. Germaine wird uns geschildert, wie sie im Theater bei einer Aufführung der *Andromache* durch eine französische Truppe in der Direktionsloge thront und in der Pause „zur großen Belustigung des gesamten Parketts mit Händen, Füßen und Lungen deklamiert, während die Leute sie mit großen Augen und offenem Mund anstarren, ohne dabei aufzuhören, ihre Äpfel zu essen". Noch mehr Eindruck machte der Ball der Amaranth-Gesellschaft, auf dem Germaine erstmalig offiziell in der Stockholmer Gesellschaft auftrat.

„Die Tür wurde aufgestoßen, und sie kam herein ... Ach! Eine Illusion brach zusammen. Sie hatte mit Corinna oder Delphine nichts gemein. Sie war eine fette Person, stark untersetzt, ohne jede Grazie in ihren Bewegungen. Sie hielt ihren Kopf zurückgeworfen und schien ihre lebhaften und beweglichen Augen nie von der Decke abzuwenden. Bei dieser Haltung stand ihr Mund immer halb offen, auch wenn sie nicht sprach, was selten vorkam. Von ihrer Kleidung fiel nur der schwere, umfangreiche und vielfarbene Turban auf ... der fast über ihren Nacken herabzuhängen schien."

Was Albertine betraf, so war sie „trotz ihres fuchsigen Haares und ihrer Sommersprossen schön ... Sie war eher in Gewänder drapiert als damit bekleidet, und jedesmal, wenn ihr die Draperien von der Schulter glitten, war Herr Rocca zur Hand, um sie zurechtzurücken oder ihr Haar wieder aufzustecken, wenn es sich gelöst hatte."

Als die traditionellen Schläge gegen die Türe erfolgt waren, strömte die Schar in den Tanzsaal. Albertine unterhielt ihre Tanzpartner damit, sie zu ihrem Nachteil mit den jungen Leuten in St. Petersburg zu vergleichen, so daß nach jedem Tanz Germaine sich für sie entschuldigte: „Sie ist ein Kind, eine Blume auf dem Felde, und vollkommen natürlich!" Noch bemerkenswerter war Albert, der „wie ein Wirbelsturm in den Tanz einbrach", im vollen Schmuck seiner neuen Uniform, „seinen Tschako unter dem Arm, und behindert von Schwert, Patronenbeutel, Säbeltasche und Sporen" Wie Sophie von Knorring treffend bemerkt, fehlte nur das Pferd. „Ich wollte", fügte sie hinzu, „ich könnte die Mischung von Neugier, Erstaunen, Bewunderung, Entzücken, Spott und Gelächter beschreiben, die einige von uns angesichts dieser fremden Familie erfüllte, so daß wir alles andere darüber vergaßen."

Im ganzen enthielt der Bericht einige Ungenauigkeiten, so besonders die Behauptung, daß August de Staël auch zugegen gewesen sei. August war nämlich nicht in Stockholm, sondern zeitweise in Coppet, zeitweise in Lyon, wo er Juliette Récamier tröstete, was nicht wenig zu Germaines Mißvergnügen beitrug. War doch der unmittelbare Anlaß ihres langen Aufenthalts in Stockholm nicht die Politik, sondern das Bestreben, ihren Söhnen eine Karriere zu sichern. Bernadotte hatte Albert ein Offizierspatent verliehen und August eines versprochen – aber August war leidenschaftlich in Madame Récamier verliebt und stellte sich taub, als seine Mutter und Schlegel ihn immer gebieterischer aufforderten, dem Pfad der Pflicht und des Ruhms zu folgen. Am 26. Januar wandte sich Germaine direkt an Juliette. „Gib ihm, meine liebe Freundin, die Stärke, zu tun, was er tun muß." Corinna in der Rolle von Oswalds Vater war etwas Neues.

Vielleicht verhalf Germaines Bitte Juliette zu dem Entschluß, Lyon zu verlassen. Sie trat im Februar eine Reise nach Italien an. Wie Schlegel es in einem Brief an August ausdrückte, war Juliette es ihrem Liebhaber schuldig, ihn „als Offizier im Dienst anzusehen, der nicht mitten im Krieg auf Urlaub gehen oder sich weigern kann, zu seinem Regiment zu stoßen, wenn es ihm befohlen wird". Nach Erhalt seiner Marschorder reiste August auf einem weiten Umweg nach Schweden, wo er Anfang Mai eintraf. Er stellte sich Bernadotte in Helsingborg vor, wo dieser sich gerade nach Stralsund einschiffen wollte, machte auf den Prinzen einen ausgezeichneten Eindruck und wurde aufgefordert, in Stockholm Prüfungen für den diplomatischen Dienst abzulegen. Seine Karriere schien gesichert, das genügte seiner Mutter, die weiteres Verbleiben in Stockholm nun für überflüssig hielt. In den letzten Maitagen bestieg sie, begleitet von Rocca, August und Albertine, in Gotenburg ein Schiff nach England. Stockholm ohne Bernadotte und Schlegel war ihr erdrückend langweilig erschienen. London versprach neue Triumphe und Tätigkeit, und in London hoffte sie – gab es doch immer Überraschungen – Benjamin Constant zu treffen.

Benjamin hatte am 15. Mai 1811 Lausanne mit Charlotte verlassen. Auf ihrem Weg nach Kassel, wo Charlottes Verwandte hohe Posten am Hof von König Jérôme innehatten, machten sie bei jedem Spielkasino Deutschlands halt. Vom 25. Juni, an dem sie in Baden-Baden ankamen, bis zum 11. August, als sie Schwalbach verließen, verbrachte Benjamin dreißig Nächte am Spieltisch.

Charlotte, weit davon entfernt, ihn zurückzuhalten, spielte mit gleicher Hingabe, jedoch mit etwas mehr Glück. Außer dem Spiel, dem Bett und ihren finanziellen Angelegenheiten, um die sie sich kümmern wollten, hatten sie nichts gemein.

Um der bodenlosen Langeweile und Enttäuschung zu entgehen, stürzte er sich in die Arbeit: *Die Geschichte des Polytheismus*, sein ständiger Ausweg, machte einen neuen Verwandlungsprozeß durch. Am 2. November übersiedelte er nach Göttingen, um die Universitätsbibliothek näher bei der Hand zu haben. Hier ließ die Anregung durch gelehrte Gesellschaft das Leben weniger leer erscheinen, und sein Werk machte Fortschritte. Aber nach keinem Maßstab konnte man sein Leben und besonders seine Ehe als glücklich bezeichnen. Hier einige Auszüge aus seinem Tagebuch:

„19. Januar 1812: Buch Dreizehn beendet. Mit meiner Frau über (Wohnen in) Göttingen gestritten. Schreckliches Leben ... 12. Februar: Gearbeitet. Mit Charlotte gestritten. Ich würde nicht wetten, daß wir unser Leben gemeinsam beschließen ... 15. Februar: Gearbeitet. Vortrefflicher Brief von Madame de Staël. Ach! Wer weiß! Erbitterter Disput mit Charlotte über Politik ... 17. Februar: Gearbeitet. Ball. Streit mit meiner Frau. So kann es nicht weitergehen ... 18. Februar: Gearbeitet. Neuer Streit. Wie langweilig ... 17. März: Gearbeitet. Mein Buch ist zu ungeordnet. Es langweilt mich. Unerwarteter Streit mit Charlotte. Ich kann keinen Schritt ohne sie tun. Mein Unglück ist meine Unfähigkeit zu lieben; und das macht selbst die leichtesten Dinge schwer ... 23. März: ... Soll ich für ewig mein Leben Gefühlen opfern, die ich nicht habe ... 26. März: ... Guter Brief von Madame de Staël. Wer weiß ?... 8. April: Charlottes Charakter hat sich sehr verändert. Statt großzügig ist sie jetzt geizig, statt freundlich anspruchsvoll. Verdammte Ehe! Werde ich ihr je entrinnen? ... 17. April: ... Der bisher ernsthafteste und heftigste Streit mit Charlotte. Im Grunde glaube ich, daß wir miteinander fertig sind ... 4. Juni: ... Schlecht gearbeitet. Madame de Staël abgereist. Mein Gott! Mein Gott! ... 24. Juni: Gearbeitet. Ihre (Germaines) Reise steht in allen Zeitungen. Charlotte ist das langweiligste Geschöpf, das je auf Erden gelebt hat ... 14. September: Direkte Nachricht von der Reisenden. Gott sei Dank! ... 16. Oktober: ... Die Reisende hat ihren vorläufigen Bestimmungsort (Stockholm) erreicht. Gott sei tausendmal gelobt ... 19. Oktober: Gearbeitet. Zu wenig geschlafen, weil Charlotte nicht ins Bett gehen wollte. Unter anderem habe ich geheiratet, um viel mit meiner Frau zu schlafen und früh ins Bett zu gehen. Ich schlafe fast nie mit ihr, und wir bleiben auf bis vier Uhr morgens ...

2. November: Wie ich Madame de Staël nachtrauere ... 9. Dezember: ... Ich trauere Madame de Staël mehr denn je nach."

Auch Germaine fühlte Bedauern. Sie hatte Benjamin nicht vergessen und brachte es fertig, ihm durch das vom Krieg zerfleischte Europa direkte Nachrichten zukommen zu lassen. Bereits am 29. September erhielt er in verschlüsselter Sprache Nachricht von ihrem Plan für „den Bearner" – Bernadotte. Benjamin biß an. Zu Bernadotte als dem Sieger überzugehen und eine neue politische Karriere zu beginnen – „darüber muß ich ernsthaft nachdenken", beschloß er. „Ich habe nichts zu verlieren." Am 14. November erschien Uginet in Göttingen, ohne Zweifel mit einer besonderen Botschaft von Germaine. „Eine Menge Gedanken", vermerkte Benjamin, „gehen mir im Kopf herum." Aber es war schwierig, sich aus der Lethargie des schläfrigen Göttingen aufzuraffen, wo selbst die Nachricht von dem Brand Moskaus eintreffen konnte, „ohne daß ein einziger Professor die Augen von seinem Buch erhob". Statt Germaines Ruf zu folgen und sie in London zu treffen, glitt Benjamin in „eine richtige Lähmung der Seele und eine moralische Paralyse", wie er selbst es nannte, und um sich vor der Entscheidung zu drücken, stürzte er sich noch tiefer in seine Arbeit.

Wenn Germaine versuchte, Benjamin für die Sache des Bearners zu gewinnen, so tat sie dies nicht so sehr, weil sie seine Hilfe brauchte, als weil sie ihn selbst brauchte. Rocca liebte sie, und sie liebte ihn, aber abgesehen davon, daß er intellektuell ein unzulänglicher Ersatz für Benjamin war, hatte das Leben mit ihm seine Schwierigkeiten. Er war stolz, klagte, daß er auf Germaines Kosten leben müsse, und brachte sie damit zur Verzweiflung. Er war außerdem eifersüchtig und ausschließlich in seinen Forderungen, beides Eigenschaften, die Germaine weder ihren Freunden noch ihren Liebhabern hingehen lassen konnte. St. Petersburg und Stockholm stellten ihre Zuneigung auf eine harte Probe. Am Vorabend ihrer Abreise nach England dachte Germaine über Vergangenheit und Zukunft nach und schrieb folgendes an Benjamin (gerade daß ihr Rocca dabei nicht über die Schulter sah):

„Zwei Monate lang habe ich keine Nachricht von Dir. Zwei Jahre lang habe ich Dich nicht gesehen. Erinnerst Du Dich an Dein Versprechen, daß wir uns nie trennen würden ... Ich scheue mich nicht, Dir zu sagen: Du hast Dir eine gute Karriere entgehen lassen, von allem übrigen ganz zu schweigen. Und was soll aus mir in meiner geistigen Vereinsamung werden? Mit wem kann ich sprechen? ... Ich trage immer einige Briefe von Dir mit mir herum. Ich öffne nie meinen Reiseschreibtisch, ohne sie in die Hand zu nehmen. Ich starre auf die Adresse. Ich zittere, wenn ich daran denke, wie diese Briefe mich leiden machten, und doch würde ich gern noch mehr davon bekommen ... Ist es möglich, daß Du das alles zerstört haben sollst? Ist es möglich, daß eine Verzweiflung wie die meine Dich nicht zurückhielt? Nein: Du bist schuldig, und doch erweckt Dein wunderbarer Geist immer noch Illusionen in mir! Leb wohl. Ach, möchtest Du verstehen, was ich leide!"

Als Benjamin am 7. Juni diesen Brief erhielt, schrieb er in sein Tagebuch: „Ich bin sehr verwirrt." Am folgenden Tag: „Nichts unternommen. Einer der schlechtesten Tage, die ich seit langem hatte, voller Vorwürfe und Ekel."

Germaines Empfang in London war triumphal. Der Prinzregent, die Königin, die Herzogin von York, der Herzog von Gloucester empfingen sie. Um einen Kabinettsminister zu treffen, schrieb Miß Berry, mußte man zu Madame de Staël gehen. Bei Lord Lansdowne kletterten Männer und Frauen auf Tische und Stühle, um sie zu sehen. Immerhin war sie die einzige kontinentale Macht, die sich Napoleon so standhaft widersetzt hatte wie England. Bald nach ihrer Ankunft unterzeichnete sie einen Vertrag mit dem Verleger John Murray, der ihr Manuskript *De l'Allemagne* für 1500 Guineen kaufte – eine beträchtliche Summe für die damalige Zeit. Das Erscheinen des Buches im Oktober machte sie zur literarischen wie zur gesellschaftlichen und politischen Löwin der Saison. Nach drei Tagen war es ausverkauft. Wie üblich trug ihr Triumph wenig zu ihrem Glück bei. Diesmal jedoch, etwa sechs Wochen nach ihrer Ankunft in London, traf sie ein wirklich harter Schlag: Ihr Sohn Albert hatte den Tod gefunden.

Albert war Bernadotte gegen Ende April nach Stralsund vorausgereist und sollte dort auf den Prinzen warten. Statt zu warten, ging er nach Hamburg. Die Stadt war seit dem 18. März von drei Kosakenregimentern unter General von Tettenborn besetzt, der versuchte, sie gegen die Franzosen unter Oudinot zu halten. Schlegel berichtete der besorgten Mutter die Heldentaten ihres Sohnes. Alberts tatsächliches Verhalten während der letzten Wochen seines Lebens läßt aber nur einen Schluß zu: Entweder aus Geistesgestörtheit oder aus Überschuß an Vitalität suchte er mit allen verfügbaren Mitteln auf dem kürzesten Wege sich selbst zugrunde zu richten. Das Kosakenleben verdrehte ihm den Kopf, und Hamburg unter der russischen Besatzung war ein wüster Ort. Als Tettenborns Adjutant spielte, trank und hurte Albert mit frenetischer Ausgelassenheit. In den Pausen zwischen seinen Ausschweifungen kämpfte er wie ein Besessener im Kosakenstil. Bernadotte befahl ihm, zurückzukehren. Albert nahm diese Order erst zur Kenntnis, nachdem er seinen letzten Groschen ausgegeben hatte und Hamburg von den Franzosen zurückerobert war. Er wurde sofort verhaftet, aber Bernadotte begnügte sich damit, ihm persönlich eine Rüge zu erteilen und ihn mit einer Woche Verbannung auf die Insel Rügen zu bestrafen. Germaine teilte Schlegel zwar mit, sie wolle für ihren Sohn bei Bernadotte nicht intervenieren, aber ohne Zweifel wäre Albert nicht so leicht davongekommen, hätte er nicht Madame de Staël zur Mutter gehabt. Die Lehre machte auf ihn jedoch keinerlei Eindruck. Im Juli gewährte Bernadotte als Zeichen seiner Gunst Albert ein paar Tage Urlaub in Doberan, dessen Hauptattraktionen eine Tanzkapelle und ein Kasino waren. Albert versprach Bernadotte, nicht zu spielen, spielte aber trotzdem. Ein russischer Offizier fing Streit mit ihm an; sie kamen überein, die Sache mit dem Säbel auszufechten. Das Duell fand in einer Lichtung auf einem bewaldeten Hügel statt – „in einem reizenden Gehölz", schreibt Schlegel –, und dauerte nicht lange: praktisch trennte der Russe mit einem Schlag Albert den Kopf fast vom Rumpf. Albert wurde in Doberan begraben, er war noch keine einundzwanzig Jahre alt.

Germaine erhielt die Nachricht an einem Abend, als sie von Covent Garden in ihre Wohnung zurückkehrte. Die Größe ihres Schmerzes läßt sich aus ihren Äußerungen nicht ermessen: Sie hatte zu viele Tränen aus nichtigem Anlaß vergossen. Auch gab es keinen merkbaren Wandel in ihrem Verhalten. Als in London im Herbst die Saison begann, stürzte Germaine sich mitten hinein. Eine gewisse Verdüsterung ihrer Stimmung kann man ihren Briefen anmerken, eine wachsende Müdigkeit, Verwirrung und Entschlußlosigkeit; aber obwohl der Tod ihres Sohnes sie zweifellos betäubte und erschütterte, war von den Verzweiflungsausbrüchen wie bei ihres Vaters Tod keine Rede. Alberts Vater, Narbonne, starb im gleichen Jahr, und sein Tod schien sie fast ebenso tief zu berühren wie der Alberts.

Die Tragödie brachte sie auch ihren anderen Kindern nicht näher. „Meine Kinder haben keinerlei intellektuelle Substanz", beklagte sie sich Schlegel gegenüber. „Sie haben kein Leben in sich: seltsames Ergebnis meines eigenen Feuers! Der arme Albert war nicht auf richtige Art lebendig, aber wenigstens lebendig!"

„Ich wurde wie eine Prinzessin empfangen", schrieb Germaine an Schlegel am 2. Juli aus London. „Aber es sind immer so viele Leute beisammen, eine solche Menge von Frauen, eine solche Eintönigkeit in der Gesellschaft, daß ich mich mehr benommen als aufgemuntert fühle." Am 30. November kann sie berichten, ihr

Buch sei „wahnsinnig erfolgreich gewesen — aber nichts kann die Zentnerlast entfernen, die mir das Herz bedrückt. Seit unserer Trennung und Alberts Tod fühle ich mich ganz allein. Mit einem Wort, das Leben tut mir weh, und ich kenne kein Heilmittel, außer Sie wiederzusehen. Ich habe immer den Eindruck, mein Vater hätte Sie dazu bestimmt, mir die Augen zuzudrücken".

Das wachsende Gefühl der Vereinsamung mitten in der blendenden Gesellschaft des Londons der Regency-Zeit war durch sehr reale gefühlsbedingte und politische Gründe gerechtfertigt. Sie hatte Rocca unmittelbar nach ihrer Ankunft nach Bath ins Exil geschickt, teilweise wegen seiner schlechten Gesundheit, teilweise aus Rücksicht auf die empfindliche englische Moral. Benjamin entzog sich mehr aus Trägheit als aus Überzeugung ihren wiederholten Bitten, sie zu besuchen. Schlegel, berauscht von seinem militärischen Leben, schrieb immer seltener, und seine Politik schob sich bald als eine Schranke zwischen sie. August, plötzlich von Ehrgeiz geplagt, quälte seine Mutter in wiederholten Szenen, ihn zu Bernadotte ins Hauptquartier ziehen zu lassen; als sie schließlich nachgab, mußte sie die Demütigung erleiden, daß sein Ansuchen von Bernadotte abgelehnt wurde. An Alberts Tod wurde sie in sehr unerfreulicher Weise durch viele Ehrenschulden erinnert, über die ihr Schlegel Monate hindurch Unterlagen schickte. „Ich werde die Hamburger Schuld bezahlen", schrieb sie an Schlegel, „aber sonst werde ich von jetzt an nichts mehr bezahlen. Lieber Freund, wir müssen an unsere eigene Zukunft denken und an die unserer Kinder, die vernünftig und gehorsam waren." Dieser trockene, praktische Ton beherrschte in zunehmendem Maß ihre Briefe und vertrauten Gespräche. Sie fühlte sich einsam und ausgebrannt: Für ihre Kinder zu sorgen und Albertine zu verheiraten, beschäftigte sie bald mehr als Liebe, Literatur und Politik.

Nur die Nächststehenden konnten erkennen, daß das Feuer fast erloschen war. Das Gesicht, das sie der Welt zeigte, mochte hager und müde wirken; aus ihren Lippen und aus ihren Augen jedoch sprühte dasselbe Feuerwerk wie eh und je. In den Augen der Londoner Gesellschaft erschien sie als die vertraute Germaine.

„Sie unterbrach Whitbread (erinnert sich Byron 1821); sie deklamierte vor Lord L(iverpool); sie nahm Sheridans Scherze fälschlich für Zustimmung; sie hielt Ansprachen und Vorlesungen; sie hielt unseren ersten englischen Whig-Politikern eine Predigt über englische Politik bereits am Tag nach ihrer Ankunft in England und . . . ebenso predigte sie einen Tag später unseren Tory-Politikern. Der Prinzregent selbst, wenn ich nicht irre, mußte diesen Strom von Beredsamkeit über sich ergehen lassen."

Byron selbst, der sie während des Winters 1813/14 unzählige Male besuchte, hatte zuerst seinen Spaß daran, sie zu quälen, bald aber wandelte sich seine ursprüngliche Feindseligkeit in Respekt und sogar in spottlustige Zuneigung. *Delphine* und *Corinna* waren, wie er sagte, „sehr gefährliche Erzeugnisse, die man jungen Frauen nicht in die Hand geben sollte"; sie habe in *Corinna* alle tugendhaften Personen als langweilig und gewöhnlich dargestellt und damit „einen hinterlistigen Schlag gegen die Tugend" geführt. Byron erzählte später Lady Blessington:

„Sie war so aufgeregt und so ungeduldig darauf erpicht, mich zu widerlegen, daß ich sie nur durch meine eigene Zungenfertigkeit am Reden hindern konnte. Sie unterbrach mich jeden Augenblick durch Gesten und Ausrufe – ‚Quelle idée!' ‚Mon Dieu!' ‚Ecoutez donc!' ‚Vous m'impatientez!' ... Ich hätte bei dem Gedanken laut herauslachen können, daß i c h , der ich um diese Zeit den denkbar schlechtesten Ruf hatte, Madame de Staël eine Vorlesung über Moral hielt; und ich wußte, daß dies zu ihrem Zorn noch beitrug."

Was die Engländer ihr am meisten verübelten, war ihre Bewunderung für England. Henry Crabb Robinson, den sie von den Weimarer Tagen her kannte, nannte sie „eine bigotte Verehrerin unserer Regierung, die sie für vollkommen hält". Fruchtbringender war ihr Zusammentreffen mit William Wilberforce, der sie veranlaßte, in den Jahren, die ihr noch verblieben, einen großen Teil ihrer Energie für den Kampf um die Abschaffung des Sklavenhandels einzusetzen. Nach der ersten Unterredung mit ihr im Haus des Herzogs von Gloucester war Wilberforce tief beeindruckt: „Die ganze Szene war berauschend, sogar für mich. Ich geriet in eine fieberhafte Erregung, die mich noch immer gepackt hält." Ihre engste Beziehung im intellektuellen London hatte sie zu Sir James Mackintosh, der Germaine fast täglich in ihrer Wohnung am Hanover Square besuchte; es verband sie eine so rege Freundschaft, daß die Rückwirkungen auf ihre Beziehungen zu Rocca nicht ausbleiben sollten.

Obwohl sie die am häufigsten eingeladene Persönlichkeit Londons war, überraschten ihre Manieren die Londoner nicht weniger als die Wiener und die Stockholmer. „Ich werde nie vergessen", erzählt Byron, „wie sie eines Tages in großer Gesellschaft bei Tisch saß und eine Korsettstange (ich glaube, ihr Frauen nennt das so) sich durch den oberen Korsettrand herausbohrte. Obwohl die Trägerin mit beiden Händen und aller Kraft sie zurückzudrücken versuchte und dabei vor Anstrengung krebsrot wurde, wollte sie nicht wieder verschwinden. Nach vergeblichen Versuchen wandte sie sich verzweifelt an den Kammerdiener hinter ihrem Stuhl und forderte ihn auf, die Stange zu entfernen, was sich nur bewerkstelligen ließ, indem er ihr mit der Hand von rückwärts über Schulter und Brust griff und sie mit einem verwegenen Ruck aus der Scheide zog. Hätten Sie die Gesichter einiger der anwesenden englischen Ladies gesehen, Sie hätten sich wie ich in Lachkrämpfen gewunden. Madame hingegen entging es völlig, daß sie gegen den englischen Anstand verstoßen hatte."

Mitten in diesem Betrieb würde ein gewöhnlicher Mensch wenig Zeit für Langeweile gefunden haben; aber Madame de Staël war kein gewöhnlicher Mensch, besonders was Langeweile betraf. „Ich drehe dieses Land um und um und versuche etwas anderes darin zu sehen als ein Panorama, und bisher hatte ich keinen Erfolg ... Was ich vor allem fühle, ist Langeweile", schrieb sie an Rocca. Mit etwas mehr Berechtigung hatte Rocca in seinem Exil die gleiche Empfindung. In einem der ersten Briefe entwarf Germaine ein Programm für ihn: „Ich erhielt Nachricht von meinem Vogel und bin mit dem, was geschehen ist, zufrieden. Ich bin über seine Abwesenheit so melancholisch wie eine Eule. Am 26. Juli *muß* er hier sein, sein Bein *muß* geheilt sein, und er *muß* englisch gelernt haben. *Aber vor allem ist jeder Gedanke an Benjamin verboten!"* Er sollte nicht an Benjamin denken, aber wehe ihm, wenn er an andere Dinge dachte! „Ich zitterte, als du von diesen jungen Mädchen (in Bath) sprachst. Verlasse ihretwegen nicht den alten Vogel! Wo würdest du so viel Zärtlichkeit und Dankbarkeit finden als in meinem armen, sturmdurchwühlten Herzen, welches seinen einzigen Rückhalt in Deiner Treue gefunden hat? ... Geliebter Gefährte meines Lebens, verlasse nicht den alten Vogel."

Im Januar 1814 ließ Caliban sich in London in der Nähe des alten Vogels nieder. Aber um den Schein zu wahren, wurde es „Monsieur l'Amant" (wie Byron ihn nannte) nie gestattet, in ihrer Wohnung anders als mit Hut und Stock in der Hand vorzusprechen. Gelegentlich rebellierte er und ließ Tage verstreichen, ohne zu erscheinen. „Du behandelst mich zu sehr von oben herab", beklagte sich Germaine, „das tut mir weh und läßt mein Herz frösteln. Leb wohl. Ich erzähle Dir alles, und Du erzählst mir nichts. Ich liebe Dich mehr, als Du mich liebst. Häßlicher Caliban!" Und ein anderes Mal: „Beleidige mich nie mehr! ... Du hast ein Geschick, einen Menschen kaltblütig zwei Stunden lang zu ärgern, und das macht mich schließlich noch verrückt." Er weigerte sich sogar, seinen Geist zu schulen. „Ich habe ein Recht, offen zu Dir zu sprechen. Gestern schlug ich Dir vor, ein Buch zu lesen, das wenigstens den Vorteil gehabt hätte, uns ein Thema für unsere Gespräche zu liefern. Du hast Dich mit den unvernünftigsten Gründen geweigert, die ich je in meinem Leben gehört habe. Du ziehst keinen Nutzen aus meinen Kenntnissen." Seine politischen Ansichten kompromittierten sie: „Lady Stafford sagte zu der Herzogin von Devonshire, sie habe gehört, Du seist so für Napoleon eingenommen, daß ich mich scheute, in Deiner Gegenwart zu sprechen. Bitte sei vorsichtiger. Du wirst mich zugrunde richten, wenn Du so weitermachst."

Das Schlimmste war seine Eifersucht. Sein einfaches Gemüt konnte nicht begreifen, warum Germaine, wenn sie ihn so sehr liebte, wie sie sagte, sich von früh bis spät mit Leuten umgab; auch verstand er nicht, warum sie verzweifelte Bitten an Schlegel und Benjamin sandte, zu ihr zu kommen – sie hatte doch genug Leute um sich, und er war an ihrer Seite! Mackintosh gegenüber betrug er sich reichlich unverschämt. Als er beim Tee in Germaines Wohnung sich weigerte, seinen Rivalen zu begrüßen, wurde Germaine ernstlich böse.

„Wenn ein Mann eine Frau liebt (belehrte sie Caliban), so versucht er, sie glücklich zu machen ... Ich habe Dir Beweise meiner Zuneigung gegeben, die kein anderer Mann empfangen hat. Ich ziehe Dich jedem vor, und ich bin bereit, alles für Dich zu tun (lies: Dich zu heiraten), sobald meine Tochter verheiratet ist. Aber diese Zuneigung beruht nur auf meinen Gefühlen, denn Du nimmst in keiner Weise Rücksicht auf mich. Du weißt nicht, worauf Du herumtrampelst. Du bist zu jung und zu anmaßend, um den Wert eines Mitmenschen zu erkennen ... Gleichgültig, wie gut es mir in mancher Hinsicht gehen mag, *sterbe ich vor Verlangen nach Liebe,* und weil ich Dir dieses Verlangen verraten habe, mißbrauchst Du meine Schwäche."

Germaines Gedankengang war im Grunde genommen recht einfach. Sie liebte Rocca mehr als irgend jemand anderen, aber nicht bis zum Ausschluß jedes anderen. Um zu leben, brauchte sie andere Menschen. Wenn Rocca sie liebte, so würde er gegen dieses Bedürfnis nichts einzuwenden haben. „Nur eins ist für Dich wichtig: daß ich niemand anderen liebe. Aber daß ich unglücklich bin, weil Du mich traurig und ausgeleert zurückließest, beunruhigt Dich nicht. Eifersucht kommt von Eigenliebe; die Furcht, von einem anderen weniger geliebt zu werden, ist ein zarteres Gefühl, und das fehlt Dir." Nach Germaines Philosophie der Liebe kann man sich kaum vorstellen, welche Umstände einem Mann eigentlich das Recht gegeben hätten, eifersüchtig zu sein. Wohl nicht einmal ein Brief an seinen Rivalen in der Art des Schreibens, das sie am 8. Januar an Benjamin richtete: „Hättest Du den gleichen Charakter wie der mir so treu ergebene Freund, ich wäre glücklicher geworden, als ich es zu sein verdiene ... Dich wiederzusehen, würde für mich ein neues Aufblühen meines Geistes bedeuten und meiner Fähigkeiten zu hoffen, die in mir gestorben sind, wie alles übrige." Sie ging so weit, Benjamin zu versprechen, daß „M. de Rocca sich Dir gegenüber in der gleichen Weise betragen wird wie gegenüber M. de Montmorency ... Er hat sich vollkommen verändert, und Du wirst weder seine Manieren noch seine Konversation wiedererkennen. Betrachte ihn nicht als ein Hindernis." In Calibans unschuldiger Philosophie war es eines der Vorrechte des Mannes, von den Freunden seiner Geliebten als Hindernis betrachtet zu werden.

Was Germaine eigentlich wollte, konnte niemand sagen, am wenigsten sie selbst. Zur gleichen Zeit, als sie Schlegel und Benjamin bat, zu ihr zu kommen, plante sie, nach Deutschland zu übersiedeln, nach Schottland, Griechenland oder Irland zu reisen; sie schien vollständig verwirrt zu sein. Der Verlauf des Krieges stürzte sie in ein noch größeres Durcheinander von widersprechenden Wünschen.

Bis zu Napoleons katastrophaler Niederlage bei Leipzig im Oktober 1813 hatte Germaine eine unübersehbare, aber unangenehme Tatsache hartnäckig ignoriert: um Napoleon zu schlagen, mußte man Frankreich besiegen. Als die Alliierten am 21. Dezember den Rhein überschritten, wurde es auch klar, daß Frankreich nur besiegt werden konnte, wenn man den Krieg ins Land hineintrug. Erst in diesem Augenblick bemerkte sie plötzlich mit Entsetzen, daß sie im Begriff stand, für die Feinde ihres Landes zur Heldin des Tages zu werden.

Ihre hauptsächliche politische Betätigung hatte bisher darin bestanden, Napoleon zu bekämpfen und eine Wiedereinsetzung der Bourbonen dadurch zu verhindern, daß sie Bernadotte zum Thron verhalf. Zu diesem Zweck mußte die Sache Frankreichs sowohl in den Augen der Franzosen wie auch in denjenigen der Alliierten von der Sache Napoleons getrennt werden. Sie war es, die an General Moreau in Amerika schrieb und im Namen Alexanders I. und Bernadottes den Helden von Hohenlinden aufforderte, ein Kommando gegen den Kaiser zu übernehmen, mit dessen Ruhm er einst gewetteifert hatte. Moreau kam. Er hatte seinen Posten kaum angetreten, als er am 27. August schwer verwundet wurde und vier Tage später starb. Obwohl Germaine für Moreaus Witwe in London „herzzerreißendes Mitleid" empfand, schien sie keinerlei Gewissensbisse zu haben. Das Unternehmen war jedoch am falschen Ende begonnen worden. In London fand sie keine Unterstützung für Bernadotte: sie vermied es sorgfältig, für seine Sache offen einzutreten. In Holland House war man ausgesprochen bonapartistisch; Lord Liverpool hatte sich den Bourbonen verschrieben. Das Unternehmen hing vollständig von Bernadottes Geschicklichkeit und Alexanders Zuverlässigkeit ab – zwei schwankenden Schilfrohren.

Aber man hielt sie für eine Macht. Im November sprach Graf Edouard Dillon im Auftrag von Monsieur de Blacas, Ludwigs XVIII. Premierminister, bei ihr vor. Er ersuchte sie, der Restauration Ludwigs „ihre Feder zu leihen". „Was immer Sie wünschen", sagte er, „wird man als Lohn für Ihre Herablassung betrachten." Germaine antwortete, sie habe keinen Einfluß. Dillon widersprach: sicherlich konnte die Frau, die von den englischen Blättern als „die erste Frau Europas" bezeichnet wurde, nahezu alles durchsetzen. „Ich mische mich nicht in Politik", entgegnete Madame de Staël. Sie informierte Schlegel über dieses Gespräch und machte dabei eine bezeichnende Andeutung: wäre Bernadotte bereit, die Restauration der Bourbonen zu unterstützen, so würde er nach Dillons Worten „mehr König in Frankreich sein als der König selbst". Schlegel begann sich zu fragen, ob Germaine für die Bourbonen oder für Bernadotte war.

Zwei oder drei Wochen nach der Besprechung mit Dillon überquerten die Alliierten den Rhein; nunmehr schien Germaine sogar eine Wiedereinsetzung der Bourbonen vorteilhafter als der Ruin Frankreichs, besonders seit ihr die Bourbonen mit dem Ölzweig winkten. „Der Herzog von Berry (der Neffe Ludwigs XVIII.) machte mir einen Besuch, und ich stehe jetzt mit den Bourbonen ziemlich gut", schrieb sie an Benjamin am 23. Januar. „Wenn sie zurückkommen, wird es besser sein, sich zu unterwerfen, als noch mehr Unannehmlichkeiten zu riskieren."

Es war eine Ironie des Schicksals, daß gerade in dem Augenblick, als Germaines Ehrgeiz für den Bearner zu schwanken begann, ihre beiden Werkzeuge Schlegel und Benjamin ihre Kräfte vereinigten, um für den Helden zu arbeiten.

Schlegel war kaum in Stralsund angekommen, als Bernadotte ihn mit dem Gustav-Wasa-Orden auszeichnete. In Zukunft, unterrichtete er Germaine, wären ihre Briefe an den *Chevalier* Schlegel zu adressieren. Die Nachricht vom Waffenstillstand am 4. Juni stürzte ihn in Panik. Die Nachricht von der Wiederaufnahme der Feindseligkeiten am 26. Juli erfüllte ihn mit Begeisterung. Von diesem Augenblick an war in seinen Briefen von nichts anderem als Pferden, Schlachten, Märschen, Siegen und den Freuden des Soldatenlebens die Rede. „Ich bin wütend, daß ich mir nicht beizeiten ein gutes Pferd beschafft habe", rief er einmal aus. „Wie ärgerlich, hinter der Armee mit dem Troß herziehen zu müssen, während die Kanonen donnern und die Dörfer brennen!" Aber er bleibt bei der Nachhut von Stralsund bis Oranienburg, von Oranienburg bis Zerbst (wo er sich stolz seiner Taufpatin im Schmuck seiner „Uniform und Orden" zeigte), von Zerbst bis Leipzig, wo Bernadottes Armee den Alliierten zur entscheidenden Überlegenheit in der gewaltigen, drei Tage währenden Schlacht verhalf, und von Leipzig bis Göttingen.

In Leipzig veröffentlichte er einen flammenden Artikel in der *Leipzig Gazette* und sandte ihn Germaine. Sein zunehmend chauvinistischer Ton hatte sie schon seit längerer Zeit gestört. Der Artikel machte das Maß voll. „Ihr Glück hat Ihnen den Kopf verdreht, mein lieber Schlegel", antwortete sie, sie lobte den Stil des Artikels und fuhr dann fort:

„Ihr habt jetzt alle den kritischen Punkt erreicht. Was Ihr getan habt, war weit leichter, als was noch zu tun bleibt. Ihr wollt aus Holland eine unabhängige Monarchie machen, in die Schweiz einmarschieren und Frankreich angreifen: gewiß, nichts ist erreicht, solange der *Mann* (Napoleon) noch lebt; aber es ist schwierig, vierundzwanzig Millionen Menschen zu unterwerfen, um einen zu treffen."

Als Bernadotte am 2. November nach Göttingen kam, war Benjamin verreist: seine Frau hatte ihn zu einem kurzen Abstecher nach Braunschweig verleitet, und er schalt sich selbst einen Narren. Aber er erreichte den Helden in Hannover und hatte zwischen dem 6. und dem 14. November acht Unterredungen mit ihm. Auf Bernadottes Wunsch entwarf Benjamin einen psychologischen Feldzug, der Napoleon von den Franzosen trennen und Frankreich für eine konstitutionelle Monarchie unter Bernadotte vorbereiten sollte. Noch in Hannover setzte Bernadotte in enger Anlehnung an Benjamins Memorandum eine Proklamation an die Franzosen auf und unterrichtete eine Woche später den König von Preußen über seine Anwartschaft auf den Thron von Frankreich.

Eine Reihe von Besprechungen zwischen Benjamin und Schlegel folgte. Endlich waren sich die beiden einig: sie hatten einen gemeinsamen Haß – Napoleon, ein gemeinsames Bestreben – an Bernadottes Rockschöße gehängt Karriere zu machen. Von Schlegel ermutigt, begann Benjamin wild an seinem berühmten Buch *Über den Geist der Eroberung und der widerrechtlichen Machtergreifung* zu arbeiten, das im Umriß schon in seinem Memorandum für Bernadotte enthalten war: das Buch sollte vor der Veröffentlichung der Proklamation Bernadottes an die Franzosen erscheinen. *Über den Geist der Eroberung* steht in der Propagandaliteratur einzigartig da, weil es den Anlaß überlebte, für den es geschrieben wurde. Es ist vielleicht Benjamins glänzendstes (und auch sein prophetischstes) Werk. Er brachte die ersten Kapitel am 13. Dezember zum Drucker. Am 21. Januar, als er noch an den letzten Kapiteln arbeitete, notierte er: „Die Zeit drängt, wenn ich beim Halali dabei sein will." Am 30. Januar gab er die Probeabzüge für den Druck frei. „Die Bombe ist gefallen, Gottes Wille geschehe."

In der Zwischenzeit hatte Bernadotte einen Feldzug gegen Dänemark geführt und Norwegen im Frieden von Kiel an sich gerissen. In den ersten Tagen des Februar war er zurück in Hannover. Als einzigen greifbaren Dank erhielt Benjamin für seine Arbeit den Orden vom Polarstern. Zweifelnd, wie weit er sich binden solle, zögernd, weil er Bernadotte zögern sah, zog sich Benjamin nach Göttingen zurück. Aber in den letzten Februartagen, als Napoleons erstaunliche, aber nutzlose Defensiv-Kampagne sich dem Ende näherte, konnte Benjamin nicht länger stillhalten. Er mußte beim Halali dabei sein. Am 28. Februar war er auf dem Weg nach Lüttich, wo Bernadotte unentschlossen verharrte.

Bernadotte empfing ihn gnädig, wich ihm aber aus. „Ich muß auf einen anderen Zweig springen", schrieb Benjamin am 11. März, dem Tag nach August de Staëls Ankunft aus London. Um für alle Möglichkeiten gerüstet zu sein, schrieb er neue Memoranden, einige zugunsten Bernadottes, andere zugunsten von Napoleons jungem Sohn. Er schickte sie an Germaine.

In London wand Germaine sich in Seelenqual. Die Kosaken in der Rue Racine! „Ist das der Augenblick, um schlecht von Frankreich zu sprechen, wenn die Flammen Moskaus Paris bedrohen? Denke gut darüber nach, was Du zu tun beabsichtigst!" ermahnte sie Benjamin bereits am 23. Januar. „Man darf nicht schlecht von Frankreich sprechen, wenn die Russen in Langres stehen! Möge Gott mich lieber aus Frankreich verbannen, als mich mit Hilfe Fremder zurückkehren zu lassen." Zu einem Mitglied des britischen Kabinetts sagte sie in der gleichen Stimmung: „Ich wünschte, daß Bonaparte siegt und in der Schlacht getötet wird." Die Rhetorik war eindrucksvoll – aber wer hatte geholfen, die Fremden nach Frankreich zu bringen?

Als sie eine von Benjamins Denkschriften erhielt, antwortete sie am 22. März:

„Ich habe Dein Memorandum gelesen. Ich werde mich hüten, es zu zeigen ... Ich werde mich nicht gegen Frankreich in seinem Unglück wenden ... Diese brennenden Dörfer liegen an der

Straße, auf der die Frauen einst auf die Knie fielen, um meinen Vater vorbeifahren zu sehen ... Du bist kein Franzose, Benjamin."

Am 25. März traf Bernadotte, wie Benjamin glaubte, eine „endgültige Entscheidung": Er fuhr inkognito nach Frankreich. Wenn er direkt nach Paris gefahren wäre, hätte er dort am 31. März gleichzeitig mit den Alliierten einziehen können, aber er zögerte, machte in Nancy halt, wurde sich klar, daß seine Chance verpaßt war, und kehrte zurück. „Paris ist genommen", heißt es in Benjamins Tagebuch am 4. April. „Er kommt zurück, ohne dort gewesen zu sein. Was für ein Sturz! Talleyrand schwimmt obenauf. Göttliche Gerechtigkeit! Gottes Wille geschehe."

Talleyrand nämlich, Germaines erster Liebhaber, überredete ganz allein Zar Alexander und den französischen Senat, Napoleons Absetzung und die Wiedereinsetzung Ludwigs XVIII. zu verkünden. „Die Freiheit ist nicht verloren", tröstete sich Benjamin. „Versuchen wir, einen bequemen Posten in einem friedlichen System zu finden." Am 15. langte er in Paris an. Talleyrand war ihm freundlich gesinnt. „Laßt uns der guten Sache und uns selbst dienen", ermahnte sich Benjamin.

Germaine schrieb aus London an August: „Der Schlag ist grausam. Ganz London ist vor Freude trunken." Sie wurde beglückwünscht, endlich nach Paris zurückkehren zu können. „Warum beglückwünschen Sie mich? Weil ich verzweifelt bin?" antwortete sie. Aber auch sie war bereit, auf ihre Weise Frieden zu machen. Die Freiheit war nicht verloren. „Kaiser Alexander", schrieb August aus Paris, „der hier die Fäden in der Hand hält, ist Dir, soviel ich glaube, sehr wohlgesinnt, und ein Brief von Dir an ihn im Sinne Deiner Überzeugung, also zugunsten einer freien Verfassung unter den Bourbonen ... könnte eine gute Wirkung hervorrufen."

Mit allen ihren wortreichen Erklärungen tat Germaine genau dasselbe, was Benjamin getan hatte: Am 12. Mai war sie zurück in Paris. „Sie hat sich verändert", vermerkte Benjamin. „Sie ist mager und bleich. Ich gestattete mir keinerlei Gefühle. Wozu hätten Sie führen sollen?" Und fünf Tage später: „Sie ist vollkommen verändert. Sie ist geistesabwesend, fast trocken, denkt nur an sich selbst, hört den anderen kaum zu, hat für nichts Interesse, für ihre Tochter nur aus Pflichtgefühl — und für mich überhaupt nicht."

So gehen ein neunzehn Jahre dauernder Kampf um Benjamins Liebe und elfjährige Bemühungen um das verlorene Paradies von Paris zu Ende.

Allem äußeren Anschein nach nahm Germaine genau das gleiche Leben wieder auf wie vor zwölf Jahren, im Frühling 1802, als ihre lange Verbannung aus Paris begonnen hatte. In ihrer Wohnung in Clichy fanden sich die siegreichen Souveräne und Feldherren mit dem „Agamemnon der Könige", Zar Alexander, zu ihren Tees, Diners, Bällen und Versammlungen ein; Wellington, Schwarzenberg, Bernadotte, Canning, Gentz, Talleyrand, Fouché, Lafayette trafen sich in ihrem Salon. Die offizielle Germaine hatte sich nicht verändert — und sie blieb auch bis zu ihrer Todesstunde die gleiche.

Auch die politische Germaine blieb dem „Grundton ihres Lebens" treu. Dem Anschein nach herrschte Frieden zwischen ihr und den Bourbonen: ehe sie England verließ, hatte sie in Hartwell Ludwig XVIII. gehuldigt. Trotzdem sagte sie der wiedereingesetzten Dynastie ihre Anhängerschaft nur unter der Bedingung zu, daß die Bourbonen unter einer liberalen Verfassung regierten. Ihr großer Bundesgenosse war nicht mehr Bernadotte („Ich möchte lieber weise sein als glänzen", schrieb er ihr), sondern Zar Alexander, dessen äußerst liberale Aussprüche seine Mitmonarchen erstaunten. Germaine ließ es nicht zu, daß sein Enthusiasmus erlahmte; aber als Ludwig XVIII. unter dem doppelten Druck des Zaren und der öffentlichen Meinung Frankreichs die konstitutionelle Charta des Jahres 1814 „erließ", war Germaine nicht zufrieden. Die nach englischem Vorbild abgefaßten Bedingungen der Charta begrüßte sie warm. Aber indem er sie „erließ", drehte der König das Rad der Geschichte in das Jahr 1789 zurück: Die Liberalen waren der Meinung, die Französische Revolution habe das Volk als Souverän eingesetzt, und eine wahrhaft konstitutionelle Monarchie habe sich auf einen Vertrag zwischen dem König und dem souveränen Volk zu begründen. Kaum war die Charta veröffentlicht worden, als Germaine begann, sie als eine Leugnung der Französischen Revolution anzugreifen. Sie wollte die Revolution als die Erfüllung und nicht als die Zerstörung der französischen Tradition erkannt wissen und begann daher die Schrift abzufassen, die zur Bibel der französischen Liberalen der Restaurationszeit wurde — ihre *Betrachtungen über die hauptsächlichen Ereignisse der Französischen Revolution.*

Es gab noch andere, spezifischere politische Fragen, die Germaine nach ihrer Rückkehr nach Paris beschäftigten. Sie richtete einen offenen „Appell an die in Paris versammelten Souveräne" und forderte darin ein internationales Übereinkommen zur Abschaffung des Sklavenhandels; sie wandte sich beredt gegen Preußens rachsüchtigen Plan einer Zerstückelung Frankreichs; und intrigierte heimlich (vor allem Madame Récamier zuliebe), um Joachim Murat den Thron von Neapel zu erhalten.

So konnte Germaine frei ihrer hauptsächlichen Leidenschaft frönen, obwohl die Kosaken in der Rue Racine kampierten, die „Säbel und Schnurrbärte" der fremden Sieger das Opernhaus füllten und ihr geliebtes Paris unter barbarischer Besetzung ein trostloses Schauspiel bot. „Ich hasse es, über Politik zu sprechen", erklärte ihr Wellington eines Tages. „Aber über Politik zu sprechen ist mein Lebensinhalt!" rief Germaine. Der Eiserne Herzog mußte sich beugen, besonders da er sich in Madame Récamier verliebt hatte und Germaine den Amor spielte[60]. Auch in dieser Beziehung hatte Germaine keine erkennbare Wandlung durchgemacht. Ihre Leidenschaft für die Politik war die gleiche wie im Jahre 1789, und man konnte von ihr dasselbe sagen wie Talleyrand von den Bourbonen: Sie hatte nichts gelernt und nichts vergessen.

Ihren Freunden aber fiel eine tiefgehende Veränderung auf. Die körperliche Verwandlung war nur zu offensichtlich: Ihre Magerkeit, ihre Hautfarbe, ihre Müdigkeit waren Zeichen eines völligen gesundheitlichen Zusammenbruchs. Nur ihrem eisernen Willen war es zu danken, wenn ihre Energie nicht nachließ. Noch viel auffallender aber war der Wandel in ihrer Einstellung ihren Freunden gegenüber. Hatte sie einst zu viele Ansprüche gestellt, so schien sie jetzt fast gleichgültig geworden. Mochten sie kommen oder gehen, es lag ihr nichts mehr daran. Sie kritisierte sie scharf; mit Mathieu de Montmorency kam es fast zum Bruch, weil sie an seinen ultraroyalistischen Ansichten Anstoß nahm. Wenn Benjamin und Prosper gefürchtet hatten, sie würde ihnen weiter als Liebhaber nachstellen, so erwiesen sich diese Befürchtungen als grundlos. Germaines Freundschaft für sie war so „herb" geworden, unterschied sich so deutlich von Liebe, daß es sie ein wenig ärgerte, ihre Wünsche so restlos erfüllt zu sehen. Zu ihrem Erstaunen bemerkten sie, daß Germaines ganze Hingabe Rocca galt – Rocca, der von Tuberkulose verzehrt dahinschwand. Die Liebe in dem Sinn, wie Germaine sie immer verstanden, die Liebe, von der sie Glück und ruhige Heiterkeit erwartet hatte, dieses große, nie zu fassende Ziel ihres Lebens hatte sie aufgegeben. Das war der erstaunliche Wandel, der sich in Madame de Staël vollzogen hatte: Irgendwo zwischen Stockholm und Clichy war Corinna gestorben. Was man vor sich sah, waren nicht Leidenschaft und Glück, die endlich in ein abgeklärtes, heiteres Altern mündeten, sondern ein ergreifendes, schlecht zueinander passendes Paar, eine Frau von achtundvierzig, ein Mann von sechsundzwanzig Jahren, die beide langsam dahinstarben und die einer den andern pflegten, ängstlich besorgt, sie könnten den Partner überleben.

Fast ebenso intensiv wie mit Roccas Gesundheit war sie mit Geldangelegenheiten beschäftigt und mit der Sorge, für Albertine einen Mann zu finden. Ihr halbes Leben hatte sie darauf verwendet, die zwei Millionen Franken zurückzufordern, die ihr die Regierung schuldete, und jetzt nahm diese Sache in ihrem Denken eine Bedeutung an, die manchmal alles andere in den Schatten stellte. Die politischen Umwälzungen der letzten zwei Jahre hatten ihr Verluste zugefügt, und zwar gerade zu einer Zeit, wo sie dringend Geld brauchte: denn ohne eine große Mitgift konnte Albertine keinen passenden Ehemann finden. Und Germaine war nicht nur besorgt um die Zukunft ihrer Kinder — auch sie konnte Rocca nicht heiraten, ehe Albertine nicht verheiratet war. Natürlich machte sie ihre Ansprüche der Regierung Ludwigs XVIII. gegenüber geltend, kaum daß sie wieder nach Paris zurückgekehrt war. Die Regierung versprach zwar wohlwollende Prüfung, hatte jedoch keinerlei Eile, auf die Sache einzugehen. In der Zwischenzeit war ein passender Kandidat für Albertine aufgetaucht — der junge Herzog Viktor de Broglie, Pair von Frankreich. Sein Vater, ein liberaler Anhänger der Revolution, war während der Schreckensherrschaft guillotiniert worden; seine Mutter war eine alte Freundin von Madame de Staël, die ihr 1794 das Leben gerettet hatte. Viktor selbst besaß Verstand, Adel, einen guten Schuß Bildung, stimmte völlig mit Germaines politischen Ansichten überein und brannte darauf, in die Angelegenheiten seines Landes einzugreifen. Wie Germaine an Lady Davy schrieb, war er „der einzige wirkliche *Engländer* in Frankreich"; von allen Vorzügen, die ihn zu einem würdigen Gatten für Neckers Enkelin qualifizierten, fehlte ihm nur einer: Geld. Nach Staël'schen Maßstäben ging es zwischen den beiden jungen Leuten sehr lau zu. Es hieß, daß Viktor, statt mit Albertine zärtlich zu sein, sich mit ihr über die Charta unterhielt, und Albertine benahm sich zwar verblüffend unkonventionell, war aber keine leidenschaftliche Natur. „Albertine ist zu vernünftig", klagte Germaine. „Ich werde sie aber doch zwingen, aus Liebe zu heiraten." Liebe oder nicht, ohne Mitgift konnte es keine Heirat geben. Die hochmütige, rothaarige, sommersprossige und ein wenig zu gescheite Albertine mit ihren schlechten Manieren gehörte nicht zu der Sorte Mädchen, die leicht an den Mann zu bringen sind; auch gab es nicht allzu viele begehrenswerte junge Männer, die sich darum rissen, Madame de Staël als Schwiegermutter zu bekommen.

In ihrer Verzweiflung wandte Germaine sich an Benjamin. Konnte er nicht das Geld zurückzahlen, das er ihr schuldete, damit ihre Tochter in der Lage sei, zu heiraten? Benjamin war empört. Hatte er denn nicht seine Schuld durch das Versprechen geregelt, sie in seinem Testament anzuerkennen? „Madame de Staël", schrieb er in sein Tagebuch, „hat vorgeschlagen, ich solle ihr bezahlen, was ich ihr nicht schulde. Das geht etwas zu weit." Trotzdem versprach er – oder zumindest behauptete sie später, er hätte versprochen –, die Hälfte der geschuldeten Summe zurückzuerstatten.

Als Germaine zur Überraschung ihrer Freunde Paris Mitte Juli verließ, um den Rest des Sommers in Coppet zu verbringen, war sie selbst erschöpft, in ihren politischen Hoffnungen enttäuscht, ihr Geliebter todkrank und ihr Dasein von Geldsorgen vergiftet. Was sie noch aufrecht hielt, war nicht mehr die Hoffnung, sondern eine Mischung von Ruhelosigkeit und Pflichtgefühl. Es gab noch so viel zu erledigen, und Muße und Einsamkeit waren so langweilig: „Ich muß weiterrudern", schrieb sie später im Jahr an ihre Cousine, „nicht, bis ich den Hafen, sondern bis ich mein Grab erreicht habe." Der Hafen wäre das Glück gewesen. Es war kein Hafen in Sicht, aber die Ruder mußten in Bewegung bleiben, bis sie ihr aus den leblosen Händen glitten.

Die Bewohner von Dorf Coppet begrüßten sie mit Feuerwerkskörpern, Blumen und Liedern. Genf empfing sie wie einen siegreichen Helden und Rocca wie des Helden Geliebte. Schlegel, der schon in London Ende April zu ihr gestoßen war, packte sein militärisches Gepäck in seinem mit Büchern vollgestopften „Blauen Zimmer" aus; Bonstetten, Sismondi und Miß Randall kehrten in die gewohnten Räume zurück. Gewiß, Benjamin, Mathieu, Juliette, Prosper, Elzéar fehlten, aber ganz England schien den Kontinent überflutet zu haben und in Genf zusammenzuströmen, und von dort floß die Crême nach Coppet über. „Es fällt mir schwer, der schönen Liebe zur Einsamkeit, die mich hierherführte, treu zu bleiben", schrieb Germaine an Madame Récamier – und, um die Wahrheit zu sagen, weder bemühte sie sich lange darum noch versuchte sie, sich auszuruhen. Der unablässige Strom von Besuchern genügte nicht, ihre Zeit auszufüllen, da ihre Schlaflosigkeit praktisch zum Dauerzustand geworden war; sie setzte ihre Arbeit an *Richard Löwenherz*, an den *Zehn Jahren im Exil*, an den *Betrachtungen* fort. Auch geschah es in diesem Sommer, daß sie half, dem Mann das Leben zu retten, der sie ins Exil geschickt hatte. Einer ihrer Besucher teilte ihr mit, daß man plane, Napoleon auf Elba zu ermorden. Germaine machte sich impulsiv zu dem nahegelegenen Schloß Prangins auf, das ihr alter Freund Josef Bonaparte erworben hatte, und schlug atemlos vor, nach Elba zu eilen, um den gestürzten Kaiser zu warnen. Es wurde schließlich ein weniger aufsehenerregender Bote abgeschickt – ein Schweizer namens Boinaud –, aber Napoleon hörte von ihrer Geste und ließ ihr seine Anerkennung ausdrücken. Was auch Germaine für Fehler haben mochte, Rachsucht lag nicht in ihrer Natur; sie gab ihren impulsiven Regungen stets nach, selbst wenn sie gegen ihr eigenes Interesse gingen: Ihre Freundschaft mit Josef, ihre Briefe an Murat waren kaum dazu angetan, den Bourbonen zu gefallen, von denen doch die Rückgabe ihres Vermögens abhing.

Und doch war jetzt ihr ganzes Denken auf Geld gerichtet. Sie war wie besessen davon, besonders da weder Benjamin noch die französische Regierung die leisesten Anstalten machten, ihre Schulden zu bezahlen. Ihre Freunde konnten die tieferen Gründe dieser Habgier nicht ahnen: ihre Furcht, sie würde sterben, ehe sie den Bund mit Rocca eingehen konnte und dem „Kleinen Wir" zu einem legalen Dasein verholfen hatte. Ihr jüngstes Kind, jetzt zwei Jahre alt, führte noch immer als Alphonse Giles ein verborgenes Leben unter der Obhut von Pastor Gleyre in Longirod. Es spricht nicht das leiseste Anzeichen dafür, daß Germaine eine Zuneigung für das Kind empfand, doch sie war sich ihrer Schuld und Verantwortung bewußt; für Rocca aber bedeutete das „Kleine Wir", obwohl er seinen Sohn kaum je gesehen hatte, das einzige Band, das ihn noch mit dem Leben verknüpfte. In seinen letzten Jahren hatte er nur den einen Wunsch, seinem Kinde nahe zu sein. Ein oder zwei heimliche Besuche in Longirod – mehr konnten er und Germaine sich nicht erlauben. Das „Kleine Wir" war ein merkwürdig ruhiges Kind, ernst, schüchtern, mit einem Kopf, der etwas zu groß war für seine Gestalt. Es konnte kaum sprechen oder verstehen; die große Dame in den seltsamen Gewändern, der hustende und hinkende Herr erschreckten es nur. Das „Kleine Wir" war entweder von Geburt an oder, weil Madame Gleyre es hatte auf den Kopf fallen lassen, oder weil es vernachlässigt und abgesondert aufwuchs, ein zurückgebliebenes Kind. Ob Germaine das bemerkte, kann man nicht sicher sagen. Sie kannte das Kind ja kaum.

Am 30. September kehrte Germaine wieder nach Clichy zurück, begleitet von Rocca, Albertine und Schlegel, der seinen Traum von Unabhängigkeit gleichzeitig mit Bernadottes Traum von Frankreichs Krone hatte begraben müssen. Das französische Finanzministerium gab wie eh und je ausweichende Antworten, die

Ultra-Royalisten waren im Aufstieg begriffen, und Benjamin befand sich in einem Zustand, der an Wahnsinn grenzte.

Seine Jagd nach Erfolg hatte zu Enttäuschungen geführt. Eine neue Ausgabe vom *Geist der Eroberung*, Artikel und brillante Schriften über die konstitutionelle Regierung, die Pressefreiheit, die Verantwortlichkeit der Ministerien – nichts von alledem hatte praktische Ergebnisse gezeitigt. „Ich spüre", schrieb Benjamin, „wie jedermann mich verachtet." Selbst Madame de Staël liebte ihn nicht mehr, und seine Frau war in Deutschland geblieben und ließ sich von dem Herzog von Cambridge den Hof machen. „Ab heute in sechs Wochen muß ich jemand sein", beschloß er am 17. Juli.

Genau sechs Wochen nach dieser Tagebucheintragung, am Abend des 31. August, machte Benjamin Juliette Récamier einen Besuch, die ihn um eine private Unterredung in Sachen Murat gebeten hatte. Einige Jahre später faßte er sein Leben in ein paar Notizen zusammen und schilderte diese Unterredung dabei mit folgenden Worten: „Madame Récamier setzte es sich in den Kopf, mich in sie verliebt zu machen. Ich war siebenundvierzig ... Ihr Benehmen an diesem Abend: ‚Wagen Sie es!' sagt sie zu mir. Ich verlasse ihr Haus und bin grenzenlos verliebt. Mein Leben ist auf den Kopf gestellt." Zwölf oder dreizehn Jahre schon kannte er Juliette, hatte sie beobachtet und kühl und kritisch über sie geurteilt, ohne daß sein Herz auch nur einmal schneller schlug. Der verspätete Blitz aus heiterem Himmel, der ihn am 31. August 1814 traf, brachte ihn vierzehn Monate lang um Sinn und Verstand.

Während der ersten Wochen seines Leidens lebte Benjamin noch unter der betäubenden Wirkung der hochgestimmten Hoffnungen einer neuen Liebe: „Ich fühle eine ungewohnte Wärme in meinen Adern", vermerkte der alternde Sensualist mit Vergnügen. Aber als Juliette diese Wärme entfachte, wollte sie damit zunächst nur Benjamins Feder für Murat gewinnen; als Benjamin ihr Entgegenkommen mit unerwarteter Glut beantwortete, verband sie das Nützliche mit dem Angenehmen und ließ ihn mit der ganzen Virtuosität einer koketten Frigiden über ein Jahr lang zwischen Hoffnung und Verzweiflung schweben. Rendezvous wurden versprochen und nicht oder nur in Gegenwart von Rivalen eingehalten; Sympathie wechselte mit Frivolität, Mitgefühl mit Kälte, Hoffnungen wurden erweckt, wieder vernichtet und von neuem erweckt; ein Rivale gegen den anderen ausgespielt – auf diese und alle sonstigen abgenützten Tricks reagierte Benjamin wie eine Marionette, obwohl er sie genau durchschaute. Als Germaine Ende September in Paris eintraf, hatte er jede Selbstbeherrschung verloren. Er suchte Vergessen im Spiel und blieb manchmal ganze

Nächte auf; er hatte Weinkrämpfe, die Tage und Nächte dauerten; er wollte sich durch Ekel von der Liebe heilen: „Wieder eine irrsinnige Nacht", lautet die Eintragung vom 19. September, die mit vielen andern für diese Zeit charakteristisch ist. „Ich weine ununterbrochen ... Ich ging zu einer Prostituierten. Ich werde heute nacht mit einer andern schlafen und morgen wieder, bis die Berührung jeder Frauenhand mich ekelt." Am 17. Oktober, als Juliette ihn gemeinsam mit seinem Rivalen, dem Maler Forbin, empfing, kam es zu einer seltsamen Szene: „Ich sprach mit ihm in ihrer Gegenwart, und wir machten uns gegenseitig Geständnisse und beschrieben ihr beide unsere Liebe. Plötzlich mußte ich mich vor Lachen schütteln." Außerstande, sich noch länger zurückzuhalten, besuchte er am andern Morgen Albertine, um ihr sein Herz auszuschütten. Albertine hörte verständnisvoll zu und berichtete alles ihrer Mutter. Eine Woche später machte Benjamin Madame de Staël selbst sein Geständnis. August (der inzwischen von seiner Leidenschaft zu Juliette geheilt war) wohnte der Szene bei.

Germaine schien ebenfalls voll Verständnis und Mitgefühl. Ganz objektiv analysierte sie den Charakter ihrer engelhaften Freundin: Juliette, so erklärte sie Benjamin, sei zu körperlicher Liebe nicht fähig. Sie wünschte sich von einem Mann lediglich einen Ersatz dafür; sobald sie seine Begierde sah, wurde sie in angenehme Erregung versetzt – „ein Vergnügen", vermerkte Benjamin, „das ich ihr nicht immer verschaffe, weil meine Schüchternheit mich daran hindert". Je mehr er ihr zeige, wie sehr er ihr Sklave geworden sei, desto abweisender würde sie sein; er müsse sich einer andern Taktik bedienen, einer andern Frau, irgendeiner Frau den Hof machen. „Ein richtiger weiblicher Roué", äußerte sich Benjamin über Germaine, nachdem er sich ihre Ratschläge angehört hatte (die natürlich vergeblich waren). Roué oder nicht, so exaltiert Germaines Begriff von der Liebe war, so hatte sie eine ziemlich realistische Vorstellung davon, wie sie funktionierte – realistischer jedenfalls als die Benjamins.

Benjamins Narrheit erboste sie mehr, als sie in dem Gespräch vom 26. Oktober merken ließ. Er verschwendete nicht nur seine Talente, die sie so sorgfältig großgezogen hatte, für eine andere Frau, er verspielte auch sein Vermögen, statt ihr die versprochenen 40 000 Franken zu zahlen. Um dieser Liebesgeschichte ein Ende zu machen, sprach sie zu Juliette schlecht von Benjamin, nachdem sie zu Benjamin schlecht von Juliette gesprochen hatte. Sie klagte über seine Skrupellosigkeit in Geldangelegenheiten und über sein seltsames Verhalten Albertine gegenüber: An ihrer Mitgift wollte er sich nicht beteiligen, ihre Unschuld aber gefährdete er durch seine vertraulichen Geständnisse. „Madame de Staël schlug großen Wirbel bei Juliette, die wütend über mich war", notierte Benjamin am 14. November. „Sie (Germaine) ist eine Schlange und grausam eitel. Im Grunde haßt sie mich, und ich zahle es ihr mit gleicher Münze zurück. Ich muß mein Vermögen vor den Krallen dieser Harpye in Sicherheit bringen."

Fand aber Germaine Benjamins Behauptung, er habe kein Geld übrig, völlig unvereinbar mit den Summen, die er beim Spiel verlor, so fand Benjamin seinerseits Germaines finanzielle Sorgen unvereinbar mit ihrer Lebensweise, die so großzügig geblieben war wie immer. Sismondi, der damals zu Besuch in Paris weilte, berichtete, er habe in ihrem Haus am 14. Januar eine Gesellschaft von etwa sechzig Personen vorgefunden, darunter Wellington, Lafayette und Richelieu; eine andere große Gesellschaft wurde am 19. Januar gegeben; am 4. Februar ein großer Ball, der bis vier Uhr morgens dauerte. Rocca, zum Skelett abgemagert, konnte diesen Festlichkeiten nicht beiwohnen; seine Kräfte reichten gerade nur bis zum Mittag, dann mußte er sich wieder zu Bett legen. Aber Germaine klammerte sich immer noch an die Illusion, er könne wieder genesen, und Ende Februar konnte sie sogar hoffen, sich legal mit ihm zu verbinden. Die Regierung hatte sich endlich bereit erklärt, ihr die Millionen zurückzuzahlen.

Die Aussicht, diese langersehnte Summe nun bald zu erhalten, machte sogar das Verhältnis zu Benjamin wieder etwas herzlicher. Eine kurze Fata Morgana des Hafens tauchte vor ihren Augen auf und ließ das Bild des Grabes verschwinden. Dann riß am 6. März eine Bombe diese freundliche Vision in Stücke: Die Nachricht von Napoleons Landung war nach Paris gedrungen. „Sie ist tief bestürzt", vermerkte Benjamin, der am siebenten mit Germaine zu Abend aß. „Ich fürchte, daß die Auszahlung dadurch in Frage gestellt wird." Am 10. März verkündete der Telegraph Napoleons Vormarsch, der nirgends auf Widerstand stieß. „Das Debakel ist entsetzlich", schrieb Benjamin, und tatsächlich kam es zu einem geradezu unfaßbaren moralischen Zusammenbruch von Ludwig XVIII. und seiner Umgebung. Germaine fuhr am Morgen des zehnten Hals über Kopf nach Coppet, mit Rocca, Schlegel und Albertine, und ließ August zurück, der ihre Interessen wahren sollte. Sie hatte den Eindruck, so schrieb sie später in ihren Betrachtungen, als hätte die Erde sich geöffnet, um sie zu verschlingen.

Während Germaine nach Coppet floh, überlegte Benjamin krampfhaft, welchen Kurs er einschlagen sollte. Das Lager der Bonapartisten machte ihm — wie übrigens auch Germaine — den

Vorschlag, sich mit seiner Feder für ihre Sache einzusetzen. Aber Juliette war eine unerbittliche Gegnerin des „Usurpators". Er mußte auf Juliette Eindruck machen. Am Tage von Germaines Abreise schrieb er einen glühenden probourbonischen Artikel für das *Journal des Débats* und erklärte, er wolle unter Einsatz seines Lebens „den Tyrannen zurückschlagen". Am neunzehnten, dem Tag der unrühmlichen Flucht des Königs nach Gent, erschien ein zweiter Artikel, in dem Benjamin sich selbst in Schmähungen gegen den Korsen übertraf. Niemals, so schwor er, würde man ihn zum Lager der Verräter übergehen sehen. Am 20. März betrat der Kaiser unter allgemeinem Jubel die Tuilerien.

Benjamin suchte in der amerikanischen Gesandtschaft Zuflucht, und der Gesandte, William Harris Crawford, versah ihn mit einem Paß. Er war auf seinem Weg nach Amerika bis Angers gekommen, als er sich die Sache überlegte, kehrt machte und nach Paris zurückeilte. Er traf am 27. März wieder dort ein, begab sich am 28. zu Fouché und am 29. zu Josef. Josef machte ihm verlockende Vorschläge. Am 31. überreichte Benjamin ihm einen Artikel, in dem er für Napoleon Partei ergriff; am 4. April wurde dieser — anonym — im *Journal de Paris* veröffentlicht. Zehn Tage später: „Zusammentreffen mit dem Kaiser. Langes Gespräch. Ein erstaunlicher Mann. Morgen überbringe ich ihm einen Verfassungsentwurf." Es folgten weitere Zusammenkünfte. „Ich wollte die Welt beherrschen", erklärte der Kaiser dem erstaunten Constant; „wer hätte das an meiner Stelle nicht gewollt?" Aber mit diesen Träumen war es vorbei; er wollte Frieden, eine stabile, liberale Verfassung. Am 19. April teilte Napoleon nach einer weiteren langen Unterhaltung Benjamin mit, er sei zum Staatsrat ernannt; er habe einen Sitz in dem Komitee, das mit der Aufsetzung des *„Acte Additionel"*, mit andern Worten der neuen Verfassung, betraut sei. Benjamin nahm an.

An diesem Abend las er bei Madame Récamier seinen Roman *Adolphe* vor. Viktor de Broglie war zugegen. „Wir waren zu zwölf oder fünfzehn und hörten zu", berichtete er. „Die Lesung dauerte fast drei Stunden. Der Autor war müde. Als das Ende sich näherte, wuchs seine Bewegung und wurde durch seine Müdigkeit noch gesteigert. Zum Schluß konnte er sich nicht mehr halten und brach in Schluchzen aus. Die gesamte Zuhörerschaft, die selbst sehr bewegt war, wurde davon angesteckt. Der Raum widerhallte von Schluchzen und Stöhnen. Dann plötzlich ... verwandelte sich das krampfhafte Schluchzen in ein hysterisches, ununterdrückbares Gelächter." Benjamins eigener Kommentar im Tagebuch bestätigt kurz und bündig die phantastische Szene: „Las meinen Roman vor. Hysterischer Lachanfall."

Das war der Mann, der die Verfassung für Napoleons hunderttägiges Reich entwarf – *la benjamine*, wie sie im Volksmund hieß. Am 24. April war die Verfassung in Kraft. Sismondi besuchte Benjamin, und das erste, was er sah, war eine neue, goldgestickte Uniform, die Uniform eines Staatsrates, die über einem Sessel hing. Alles war in schönster Ordnung bis auf drei Dinge: die prekäre Lage des Kaiserreiches, Juliette Récamier und Madame de Staël.

Am 20. April, dem Tag nach seiner Ernennung zum Staatsrat und der seltsamen Lesung des *Adolphe* erhielt Benjamin einen Brief von Germaine. Sie machte ihm Vorwürfe, weil er sich verkauft habe, und forderte ihn auf, seine Schuld zu bezahlen. „Sie möchte, daß ich nichts tue, um zu Vermögen zu kommen, und ihr das wenige gebe, das ich besitze", faßte er die Lage zusammen. „Ein reizendes Arrangement! Weder das eine noch das andere." Seine Antwort an Germaine war eine glatte Ablehnung – Germaines Antwort ein Ausbruch ungläubiger Entrüstung. Sie drohte, ihn gerichtlich zu belangen. „Zwischen uns herrscht Krieg", vermerkt Benjamin. „Das ist mir recht. Ich werde ihn mit Vergnügen führen." Er riet Germaine, ihren Ton zu mäßigen: Er habe alle ihre Liebesbriefe, und wenn sie vor Gericht ginge, würde er sie veröffentlichen. „Ich erwarte sie und werde sie zerschmettern", schrieb er in sein Tagebuch.

„Dieser letzte Streich ist Deiner würdig (antwortete Germaine), wirklich würdig. Einer Frau mit vertraulichen Briefen zu drohen, die sie und ihre Familie kompromittieren würden, und zwar, um ihr das Geld nicht zahlen zu müssen, das man ihr schuldet – das ist ein Einfall, auf den Monsieur de Sade nicht gekommen ist ... Wenn es vor ganz Europa bewiesen ist, daß Du mir 80 000 Franken schuldest (34 000 meinem Vater für Hérivaux, 18 000 für Deine Hypothek auf Vallombreuse, usw. usw.), dann werde ich erklären, daß eine Frau sich nicht der Erpressung eines Mannes aussetzen kann, der droht, ihre Briefe zu veröffentlichen, und diese neue Art, zu Geld zu kommen, wird allgemein bekannt werden ... Du sagst mir, daß die Frauen sich seit sechstausend Jahren über Männer beklagen, die sie nicht lieben: Aber seit ebenfalls sechstausend Jahren haben die Männer das Geld geliebt ... Wenn Du meinst, daß ich es Dir schuldig war, für das Vergnügen Deiner Gesellschaft etwas zu bezahlen, so kannst du doch jedenfalls nicht behaupten, daß mein Vater Dir 34 000 Franken dafür schuldete."

Und dann die Schlußfanfare: „Geld allein bestimmt Dein ganzes Leben, das politische wie das private."

Wenige Tage, nachdem Benjamin diesen Brief erhalten hatte, begab der Kaiser sich nach Belgien, um sich den englischen und preußischen Heeren zu stellen. Am 18. Juni nahm Benjamin das Abendessen bei Madame Récamier ein; es wurde von einem Sieg – dem bei Ligny – gesprochen, und im gleichen Augenblick floh Napoleons Armee bereits in wildem Durcheinander von Waterloo. Am neunzehnten sah er sich eine Komödie an und verbrachte den Abend mit Juliette. Am zwanzigsten las er Königin Hortense *Adolphe* vor und notierte dann bei der Heimkehr:

„Am 18. scheint es ein Debakel gegeben zu haben. Gottes Wille geschehe."

Der Kaiser, ins Elysée zurückgekehrt, wünschte ihn am 21. und nochmals am 24. zu sehen. „Er spricht von seiner Lage mit erstaunlicher Ruhe und vollkommener Objektivität", äußert sich der Spieler Benjamin über den Spieler Bonaparte. Während Napoleon La Rochelle und dem düsteren Geschick auf Sankt Helena entgegenfloh, eilte Benjamin nach Hagenau, wo er als Mitglied einer von der provisorischen Regierung entsandten Kommission über den Waffenstillstand verhandeln sollte. Am 4. Juli war er wieder in Paris zurück. Es gelang ihm, von der Liste der Auszuweisenden gestrichen zu werden, die von der wieder eingesetzten Regierung der Bourbonen angelegt worden war, dann begann er an einem Memorandum zu arbeiten, das sein Verhalten während der Hundert Tage rechtfertigen sollte, und am 31. Juli, nachdem er Decazes, dem Nachfolger Fouchés, einen Besuch gemacht hatte, notierte er in seinem Tagebuch: „Versuchen wir, Deputierter zu werden."

Germaines Betragen während der Hundert Tage war zwar weniger augenfällig als das Benjamins, aber fast ebenso verblüffend. Man muß, will man es begreifen, sich daran erinnern, daß sie im Gegensatz zu Benjamin nicht den Wunsch hatte, eine Rolle bei diesen Begebenheiten zu spielen; trotzdem konnte sie natürlich eine Stellungnahme nicht ganz vermeiden. In ihren Betrachtungen schildert sie die Sache so, als habe sie sich unerschütterlich jedem Versuch widersetzt, mit Napoleon zu einem Einverständnis zu kommen. Das stimmte nicht ganz, aber sie war in einer so verzwickten Lage, daß man es ihr zugute halten muß, wenn sie die Wahrheit etwas vereinfachte.

Ihr Dilemma hatte zugleich politische, gefühlsmäßige und finanzielle Gründe. „Wenn Napoleon gewinnt", sagte sie, als sie von seiner Landung hörte, „dann ist es aus mit der Freiheit; wenn er verliert, dann ist es aus mit der nationalen Unabhängigkeit." Aber Napoleon war sich klar, daß er die Unterstützung der Liberalen als solide Grundlage benötigte; er gab sich daher als ein neuer Mann, versöhnte sich mit seinen Feinden und verkündete, Frieden und Freiheit wären gekommen. Benjamin war sein bester Fang, aber er hielt auch Germaine einen Köder hin. Am 24. März schrieb ihr Fouché – der einen neuen Seitenwechsel vollzogen hatte –, daß der Kaiser mit Anteilnahme an „die heikle Situation von Mademoiselle de Staël denke", und deutete unmißverständlich die Möglichkeit an, Germaine könne ihre zwei Millionen erhalten. Auch Josef Bonaparte versicherte ihr, wie dankbar sein Bruder sich ihres großzügigen Verhaltens während seines Exils in Elba erinnere. Benjamins Verfassung fand ihre Billigung, wie sie in mehreren Briefen an ihre Freunde grollend zugeben mußte, wenn sie auch niemals glaubte, daß Napoleon sich daran halten würde. So schrieb sie an Josef (vermutlich nicht ganz aufrichtig): „Die zusätzlichen Artikel (d. h. Benjamins Verfassung) sind alles, sind genau das, was Frankreich braucht. Die Rückkehr Ihres Bruders grenzt ans Wunder und ist kaum vorstellbar ... Ich empfehle Ihnen meinen Sohn." Madame de Staëls Familie leugnete später entrüstet die Echtheit dieses Schreibens; aber niemand kann die Echtheit des Briefes bezweifeln, den sie am 17. April an Madame Récamier richtete: „Wenn er (Napoleon) auf die Tilgung (der Schuld) eingeht, so kann er sicher sein, daß meine Dankbarkeit mich daran hindern wird, irgend etwas zu schreiben oder zu tun, das ihm schädlich sein könnte." Napoleon, der nur über geringe Barbestände verfügte, zog es jedoch vor, das Geld als Köder vor ihrer Nase baumeln zu lassen.

Gerüchte von Germaines Unterhandlungen drangen zum Wiener Kongreß durch. Besonders beunruhigend war die unerklärliche Anwesenheit von Lucien Bonaparte in Versoix, in nächster Nähe von Coppet. „Was er hier macht?" schrieb der französische Gesandte in der Schweiz an Talleyrand nach Wien. „Er trifft häufig mit Madame de Staël zusammen, die fast ebenso verzweifelt über das Nichtzustandekommen der Heirat wie über die Verzögerung der Auszahlung ist. Sie ist eine richtige Schlampe." Talleyrand schrieb ihr besorgt am 6. April, um sich über ihre Einstellung zu orientieren. Es war für Germaine ein leichtes, allen Gerüchten zu widersprechen, die sie beschuldigten, sie trachte Napoleon ihre Feder zu verkaufen. Wenn etwas zu verkaufen war, dann nicht ihre Feder, sondern ihr Stillschweigen. Talleyrand hätte nicht befürchten müssen, daß Germaine sich jemals öffentlich zugunsten Napoleons verwenden würde; die Vorsicht, wenn schon kein anderer Grund, hätte sie davor zurückgehalten. Es ist jedoch kein Zweifel, daß sie die Ereignisse indirekt zu beeinflussen versuchte.

Ob sie sich bemühte, England von einer Wiederaufnahme des Krieges mit Napoleon abzuraten oder nicht – darüber wird man so lange streiten können, als das Geheimnis des „Crawford-Briefes" nicht gelüftet ist. Crawford, der amerikanische Gesandte in Paris, sollte Ende April über England nach Amerika zurückkehren. Lafayette bat ihn auf Anraten Josef Bonapartes, ein Paket Briefe in der Diplomatentasche nach London mitzunehmen. Unter den Briefen, die Crawford mit nach London nahm, befand sich ein von Madame de Staël scheinbar an ihn gerichtetes Schreiben, das aber Castlereagh oder sogar dem Regenten gezeigt werden sollte. In dem Brief stand, daß Frankreich, ließ man es in Frieden, sich unter einer liberalen Regierung weiterentwickeln würde, brach aber der Krieg aus, so würde es sich wie ein Mann hinter Napoleon stellen. Weiter enthielt das Schreiben einen Überschlag über das französische Militärpotential sowie eine Schilderung der Moral in der Armee und in der Zivilbevölkerung – alles äußerst günstig für Napoleon – und schloß mit einem Aufruf zum Frieden. So wie der Brief in den *Letters and Dispatches* des Lord Castlereagh veröffentlicht wurde, strotzt er von grammatikalischen Fehlern, die Germaine nie gemacht haben würde, die aber andererseits von einem Kopisten herrühren können. Einige Autoritäten neigen in jüngster Zeit dazu, den Brief als echt anzusehen[61]. Selbst wenn das zutrifft, kann er Madame de Staël jedoch kaum zum Vorwurf gemacht werden. Germaine sah voraus, daß ein weiterer Krieg und eine Niederlage für Frankreich verheerend sein und – wie es ja auch tatsächlich der Fall war – zu harten Friedensbedingungen und fremder Besetzung führen würden. Germaine war den Bourbonen nichts schuldig, und ein Aufruf zum Frieden mußte noch lange nicht einen Wandel in ihrer Haltung Napoleon gegenüber bedeuten. Selbst wenn man jedoch ihre Handlungen während der Hundert Tage in der unfreundlichsten Weise auslegt, so geht Germaine aus dieser Periode alles in allem noch mit reineren Händen hervor als die meisten andern.

Was immer es aber auch mit dem „Crawford-Brief" auf sich hatte, es gibt einen anderen, im Jahre 1931 erstmalig veröffentlichten Brief, der deutlich zeigt, daß Germaine an einer zweiten Wiederkehr Ludwigs XVIII. keineswegs gelegen war. Er ist an sie gerichtet und wurde in Twickenham am 3. Juli 1815 geschrieben, und zwar vom Herzog von Orléans, der als Louis Philippe 1830 König der Franzosen wurde. Er hatte während der langen Jahre seines Exils in England und in den Vereinigten Staaten den Liberalismus bewundern gelernt, den er in den ersten Jahren des Bürgerkönigtums vertreten sollte. Bereits 1814, als er mit den

Bourbonen nach Paris zurückkehrte, zog er die wohlwollende Aufmerksamkeit der liberalen Gruppe auf sich, die ihm sechzehn Jahre später zur Macht verhalf. Er blieb noch mehrere Wochen nach Napoleons Rückkehr in Paris und wurde in keiner Weise behelligt. Als Germaine erkannte, daß Napoleons Niederlage nicht abzuwenden sei, versuchte sie, Louis Philippe die Rolle zuzuweisen, die sie Bernadotte zwei Jahre zuvor zugeteilt hatte. Sie schickte de Broglie und August zu ihm und schrieb ihm am 22. Juni persönlich: Er sei „die Hand, die Gott erwählt habe, Seine Absichten durchzuführen". Die Antwort des Prinzen, aus der sich diese Tatsachen schließen lassen, war höflich, dankerfüllt und in bezug auf ihre „schmeichelhaften Träume" absolut ablehnend. „Es tut mir leid", fügte er englisch hinzu (es fiel ihm leichter, englisch als französisch zu schreiben), „daß das gar nicht in Frage kommt." Wie Bernadotte, wollte auch Louis Philippe lieber weise sein als glänzen. Und doch: Als er dreizehn Jahre nach Germaines Tod den Thron bestieg, waren die Männer, die ihm dazu verholfen hatten, ihre Freunde und politischen Erben.

Während Louis Philippe in Twickenham seine Zeit abwartete, kehrte sein entfernter Vetter Ludwig XVIII. zum zweitenmal nach Paris zurück. Es lag Germaine nichts daran, Paris noch einmal unter preußischer Besatzung zu sehen. Auch hätte Rocca einen zweiten Winter in der Hauptstadt nicht überlebt. August fuhr also fort, in Paris ihre Ansprüche zu vertreten, und sie selbst reiste Ende September mit Rocca, Schlegel und Albertine nach Italien. In Pisa stießen im Januar 1816 August, Sismondi und Viktor de Broglie zu ihnen. Nach siebenundzwanzig Jahren waren die zwei Millionen Neckers endlich an seine Erbin zurückgezahlt worden. Viktor und Albertine wurden am 15. Februar von dem französischen Konsul in Livorno zivilgetraut, und am 20. Februar wurde mit päpstlichem Dispens in Pisa die kirchliche Trauung vorgenommen. *Nunc dimittis,* hätte Germaine nunmehr sagen können. Aber es lag nicht in ihrer Natur, müßig auf den Tod zu warten.

Am Morgen des 5. September erhielt Frau von Krüdener, die in Paris als Prophetin eben ihre Zelte aufgeschlagen und Zar Alexander zur Heiligen Allianz überredet hatte, eine merkwürdige Epistel von Benjamin Constant, in dem er ihr das Elend seiner Hörigkeit beschrieb. In der Nacht des 4. September hatte er beschlossen, zu sterben. Den 5. brachte er ohne Nahrung zu. Er wollte mit einem Ultimatum vor Juliette treten: Liebe mich oder töte mich. Liebte sie ihn, so schwor er, den Armen 12 000 Franken zu schenken.

In den folgenden Tagen besuchte Benjamin wiederholt Frau von Krüdener. Sie versprach, ein geistiges Band zwischen Benjamins und Juliettes Seelen zu knüpfen, und wollte das durch Gebete zu Gott und Gespräche mit Madame Récamier bewerkstelligen. Benjamin betete mit seltener Inbrunst, manchmal allein, manchmal neben Frau von Krüdener auf den Knien liegend. Einmal, wenn nicht öfter, beteten alle drei — Frau von Krüdener, Benjamin und Juliette — zusammen. Zeitweise fühlte er sich beruhigt, und in Juliette erwachte sporadisch die Sehnsucht nach Religion und geistiger Gemeinsamkeit; aber dann überfielen ihn seine „Paroxysmen" von neuem, und Juliette wurde wieder leichtsinnig. Am 20. Oktober erhielt er von Frau von Krüdener Botschaft, ihre Gebete seien erhört worden, er schrieb ihr daraufhin einen „Dankesbrief" und schickte ihr etwas Geld für die Armen. „Gott gebe, daß ich mich nicht zu früh bei ihr bedankt habe", steht in seinem Tagebuch. Am nächsten Tag hatte er seine übliche Verabredung mit Juliette, die ihn bat, um sieben Uhr wiederzukommen, da sie sich gerade mit Prinz August von Preußen unterhielt. Er kehrte um sieben Uhr zurück und wurde auf neun Uhr vertröstet; er kehrte um neun Uhr zurück, bekam aber von Juliette nur zu hören, daß er sie kompromittiere und sie nicht mehr zwingen solle, ihn zu empfangen. „Frau von Krüdener war keine gute Prophetin", vermerkt er betrübt. „Es ist also alles vorüber."

Aber offenbar war nicht alles vorbei. Wenn Gott nicht half, vielleicht tat es der Teufel. Der Herzog von Broglie, ein glaubhafter Mann, berichtet in seinen Memoiren, wie er in einer dunklen und stürmischen Nacht von seinem Landsitz nach Paris zurückfuhr. August de Staël und Benjamin saßen mit in seinem Wagen. Während der Donner grollte und von den Wagenrädern Funken sprühten, vertraute Benjamin ihnen in allen Einzelheiten an, welche Versuche er gemacht hätte, den Teufel zu beschwören und ihm seine Seele im Austausch für Juliettes Körper zu verkaufen.

„Gewiß (meinte de Broglie) wollte er uns ein wenig zum besten halten, aber im Grunde lachte er über sich selbst, und zwar auf eine ungute Art. Er war blaß, ein hämisches Lächeln huschte über seine Züge. Er begann mit seinem typischen, bitter-spöttischen Tonfall: nach und nach wurde er ernst, und als er uns die Tollheiten erklärte, die er vollführt, die nutzlosen Experimente, die er sich ausgedacht hatte, wurde sein Bericht so ausdrucksvoll und ergreifend, daß sowohl ihm wie uns die Lust verging, zu lachen ... Wir kamen nach Paris, es war kein Wort mehr gesprochen worden."

Glücklicherweise brachten die Artikel, die er im September und

Oktober veröffentlichte, Benjamin mit der Regierung in Schwierigkeiten. Es schien ratsam, sich vorläufig freiwillig ins Exil zu begeben. Da es Gott und möglicherweise auch dem Teufel nicht gelungen war, Juliette in seine Arme zu legen, reiste Benjamin am 31. Oktober von Paris in die Niederlande. „Wahrhaftig, ich bin fort ... Ich bin noch ganz erstaunt darüber." Am 2. November: „Ich tauche aus meinem Fieberwahn auf." Das war das Ende seiner Liebe zu Juliette. Am 1. Dezember folgte seine Frau ihm nach Brüssel. Einige Wochen später schiffte er sich nach England ein. In London überarbeitete er *Adolphe*, den er nahezu in jedem Salon vorlas. Im Mai wurde *Adolphe* veröffentlicht. Ganz Europa identifizierte die Heldin sofort mit Madame de Staël.

War man im Unglück, so gewann man damit ein sicheres Anrecht auf Germaines Verzeihung. Vor Waterloo hatte sie Benjamin zu seinen Ungunsten mit dem Marquis de Sade verglichen; nach Waterloo schrieb sie ihm versöhnlich und verglich ihn mit Mirabeau, dessen Empfänglichkeit für Bestechungen an seiner Größe nichts geändert hätte. „Er irrt sich", schrieb sie an Juliette, „wenn er denkt, daß ich ihm in einem solchen Augenblick etwas Schlechtes wünschen könnte." Sogar die Veröffentlichung von *Adolphe* regte sie — zumindest äußerlich — nicht weiter auf. Sie erklärte den Skeptikern, Ellénor habe ganz deutlich Mrs. Lindsay und nicht sie selbst zum Vorbild. Ihre Bereitwilligkeit, ihm zu verzeihen, war um so größer, als sie das Geld nicht mehr brauchte, das er ihr schuldete. Kurz nachdem *Adolphe* herausgekommen war, kehrte Germaine von Italien nach Coppet zurück, nunmehr auch von ihrem Schwiegersohn begleitet. Für ihre beiden älteren Kinder war gesorgt; jetzt, da alle Hindernisse beseitigt waren, mußte noch für das „Kleine Wir" gesorgt werden. Sogar mit Roccas Gesundheit schien es besser zu stehen; mehr noch: Er hatte, wie sie Juliette mitteilte, seinen Geist geschult und während seiner Krankheit acht Stunden am Tag gelesen. Auch Germaine selbst war nicht müßig gewesen: Die *Betrachtungen* waren fast fertig, und mit ihnen würde sie ihre Pflicht der Nachwelt gegenüber bald erfüllt haben. Eine Art Frieden kam über sie, aber nicht der Frieden, den sie sich gewünscht hatte. „In meinem Alter", schrieb sie Juliette kurz vor ihrer Abreise aus Italien, „ist das Leben so sehr im Abstieg begriffen, daß kein starkes Gefühl mehr übrigbleibt außer der Trauer."

Der Sommer 1816 wurde in Coppet wie eine große Abschiedsgesellschaft begangen: Die Gäste unterhielten sich; die Gastgeberin übertraf sich selbst, und als die Gäste gegangen waren, hatte sie nur mehr die Koffer zu packen. Um ihre Gäste zu unterhalten oder zumindest deren Neugier zu reizen, hatte ihr guter Stern ihr den

Mann ins Haus geführt, über den in Europa am meisten gesprochen wurde: Lord Byron. Er war Anfang Juni, zwei Wochen vor Germaines Rückkehr, mit Dr. Polidori in Genf angekommen und hatte die Villa Diodati gemietet, die schräg über dem See Coppet gegenüber lag. Im Gegensatz zur Genfer Gesellschaft hieß Germaine den Ausgestoßenen willkommen. „Byron wird zwar hier von niemandem empfangen, ist aber doch der Mann, der die Gemüter aller am meisten bewegt", schrieb sie der Gräfin Albany. Sein erstmaliges Erscheinen in Coppet verursachte einen bizarren Zwischenfall: Als er in den Salon kam, wo ein Diener ihn eben angemeldet hatte, sah er zu seiner Überraschung, wie man eine der anwesenden Damen ohnmächtig hinaustrug. Er trat näher und fand „den Raum voll von unbekannten Leuten, die gekommen waren, mich anzustarren, als wäre ich ein fremdländisches Tier in einer Raritätenschau".

Das fremdländische Tier wurde zum vertrauten Gast. „Da er sich seiner Geschicklichkeit als Schwimmer und Segler rühmte", erzählt Viktor de Broglie in seinen Memoiren, „überquerte er unablässig den See in jeder Richtung und kam ziemlich häufig nach Coppet ... Madame de Staël gab sich große Mühe, ihm seine besten Seiten abzugewinnen, aber ohne Erfolg. Sobald die Neugier einmal befriedigt war, hatte alles in allem seine Gesellschaft nichts Anziehendes, und niemand freute sich besonders, wenn er kam." Niemand mit Ausnahme von Germaine und vielleicht von Rocca, dem Byron mit Achtung und Freundschaft begegnete. Wenn Byron in späteren Jahren Germaine vor allem eine „sehr gütige Frau" nannte, so geschah es aus Dankbarkeit. War sie doch die einzige Frau in der guten Gesellschaft gewesen, die ihn nicht als Ungeheuer angesehen und ihn mit geradezu mütterlicher Fürsorge behandelt hatte. Damals allerdings zahlte er ihr nicht immer mit gleicher Münze zurück. Immer wieder erlag er der Versuchung, sie ein wenig aufzuziehen. Als Germaine ihm unvorsichtigerweise ein Exemplar des *Adolphe* lieh – ein Werk, das er ungemein bewunderte –, erwähnte er mit seiner *aimable franchise*, seiner liebenswürdigen Offenheit, wie er es nannte, daß man sie als die Heldin ansah. Es „machte sie wütend", berichtet er. „Sie bewies mir, daß das völlig unmöglich sei, was ich bereits wußte, und beklagte sich über die Bosheit der Welt, die es für möglich halte." Er sagte Germaine auch, daß in *Adolphe* mehr Moral stecke als in allem, was sie je geschrieben hätte (eine durchaus beweisbare Behauptung), und daß „man ihn jeder jungen Frau, die *Corinna* gelesen hatte, als Gegenmittel in die Hand geben sollte. Arme Staël! Immer, wenn ich ihr eine meiner freundlichen Wahrheiten sagte, kam sie wie eine Lawine über mich und riß alles mit sich fort, mit einer Beredsamkeit, die immer überwältigte und nie überzeugte."

Byrons Spott war in Wahrheit eine Pose. Als Germaine ihm anbot, zwischen ihm und seiner Frau zu vermitteln und einen Versöhnungsversuch zu machen, griff er mit verzweifelter Hast nach diesem Angebot. Aber Germaine wählte ihre Mittelsmänner äußerst ungeschickt, und ihre Bemühungen wurden von Annabella abgewiesen. Byron war nach Italien abgereist, ehe die Briefe mit Annabellas Antwort eintrafen; „aber es ist wahrscheinlich", sagt Leslie Marchand, der jüngste Byron-Biograph, „daß Madame de Staël sie ihm nachschickte und damit die Gefühle seiner Frau gegenüber vollends untergrub." Wie Germaine es hätte vermeiden können, die Briefe nachzuschicken, ist nicht ganz einzusehen.

Wie im Sommer 1807 wurden auch im Sommer 1816 diese heiklen und geheimen Unterhandlungen vor einem Hintergrund von Festen und Gesprächen geführt. Unter den Gästen, mit denen Byron in Coppet zusammentraf, befanden sich Lord Lansdowne, Henry Brougham, Pellegrino Rossi, Etienne Dumont, Sismondi, mehrere Dutzend Herzöge und Fürsten aus England und dem Kontinent und alle Liberalen von Genf. Im Salon herrschte das Chaos; alle Sprachen waren zu hören (vorwiegend allerdings Englisch); die Tafel konnte alle die Gäste nicht fassen, die sich zum Diner drängten; ob man zu essen bekam und bedient wurde, blieb dem Zufall überlassen, die Einrichtung war unzureichend: Aber schwerlich hätte man eine glänzendere Versammlung oder eine geistreichere Konversation finden können. Das waren Coppets leuchtende Spätsommertage, deren Nachglanz sehnsüchtig in den Memoiren der wenigen Glücklichen beschworen wird, die sie genießen durften. „Sie machte Coppet zu einem so angenehmen Aufenthalt, als Gesellschaft und Talent einen Ort auf Erden nur machen können", sagt Byron. Als er jedoch am 5. Oktober nach Mailand abreiste, blieben nur wenige Gäste in Coppet zurück. Die Herbstnebel hingen über dem blaßgrauen See, und Germaine packte ihre Koffer.

Es war Germaine nicht gelungen, Byrons Ehe wieder zu leimen, aber fünf Tage nach seiner Abreise ging sie selbst ein seltsames eheliches Bündnis ein. In einem Zimmer Coppets waren fünf Personen versammelt: Germaine, John Rocca, Fanny Randall, Johns Bruder Charles und Pastor Georges Guillaume Gerlach. Sie gaben eine formelle Erklärung über ihr Verlöbnis am 1. Mai 1811 ab, über die Geburt von Louis Alphonse und über die Gründe, die sie gezwungen hatten, ihren Bund bis dato nicht zu legalisieren, dann wurden Germaine und Rocca vom Pastor zusammengegeben. Der Trauschein, der von allen fünf Anwesenden unterzeichnet wurde, enthält die Erklärung des Ehepaares, die Anerkennung ihres Kindes und den folgenden Paragraphen:

„5. (Die beiden Parteien geben weiter an,) daß sie ihren Bund durch eine religiöse Zeremonie geweiht sehen wollen und daß sie entschlossen sind, als Mann und Frau miteinander zu leben und sich nie voneinander zu trennen; daß sie aber aus den von ihnen genannten, sehr einleuchtenden Gründen sich zu dem Ersuchen gezwungen sehen, ihre Ehe noch eine gewisse Zeit lang geheimzuhalten."

„Wir sind der Meinung", fügte der Pastor hinzu, „daß die uns genannten moralischen Beweggründe ausreichend sind, auf die übliche Veröffentlichung zu verzichten[62]."

„Die moralischen Beweggründe" werden in der Erklärung des Paares nicht ausgesprochen, gehen aber daraus hervor. Die Existenz des „Kleinen Wir" und genauso der Altersunterschied zwischen Braut und Bräutigam hätten, wären sie allgemein bekannt geworden, gewiß Ärgernis erregt. Der tiefere Grund, der Germaine zur Geheimhaltung veranlaßte, war jedoch das unausrottbare Widerstreben, durch ihre Heirat an sozialem Ansehen und an Unabhängigkeit zu verlieren. Sie hatte ihr Versprechen Rocca gegenüber gehalten, und nach ihrem Tod sollte ihr Kind legitimiert werden (es wurde schließlich unter der Bezeichnung „Madame de Staëls opus posthumum" bekannt); so viel und nicht mehr war sie aus Pflichtgefühl zu tun bereit – der „Grundton des Lebens" jedoch durfte nicht kompromittiert werden. Louis Alphonse blieb bei Pastor Gleyre, und Germaine fuhr fort, sich Baronin von Staël-Holstein zu nennen.

Zwei Tage nach ihrer Eheschließung machte sie ihr Testament und begann mit der folgenden Präambel:

„Ich empfehle meine Seele Gott, der mich in dieser Welt überreich mit Seinen Gaben beschenkte und mir einen Vater gab, dem ich verdanke, was ich bin und was ich habe, einen Vater, der mich vor allen meinen Irrtümern bewahrt hätte, wäre ich immer seinen Prinzipien treu geblieben. Ich habe meinen Kindern nur den einen Rat zu erteilen, sie mögen immer das Verhalten, die Tugenden und die Talente meines Vaters vor Augen haben und ihm nacheifern, ein jedes nach Berufung und Vermögen. Ich kannte niemand auf der Welt, der meinem Vater gleichkam, und jeden Tag graben Achtung und Liebe für ihn sich mir tiefer ins Herz. Das Leben lehrt uns viel, aber jedem denkenden Menschen bringt es den Willen Gottes immer näher – nicht weil unsere Fähigkeiten abnehmen, sondern im Gegenteil, weil sie wachsen.

Ich bin heimlich mit Albert Jean de Rocca verheiratet, wie es der Trauschein beweist, der diesem Testament beigefügt ist. Unser Altersunterschied sowie politische und private Umstände veranlaßten mich, diese Ehe geheimzuhalten. Aber da ein Sohn daraus hervorging, Louis Alphonse de Rocca, muß er als mein Sohn kraft dieses Dokuments in seine legalen Rechte eingesetzt werden."

Nach dieser Präambel geht Germaine zur Verteilung ihres Vermögens über: Ihrem Mann vermacht sie 82 000 Schweizer Franken, zwei Besitzungen in der Normandie und den Gegenwert von 24 000 Franken in englischen Papieren; Alphonse 408 000 Schweizer Franken in bar; der Rest des Vormögens soll (nach Abzug verschiedener Legate, darunter ein Jahreslohn an jeden ihrer Bediensteten) zwischen Albertine und August im Verhältnis 4 zu 6 aufgeteilt werden. Ein Kodizill, das am 21. Juni 1817 diktiert wurde, verfügt die Auszahlung weiterer Barbeträge an Rocca und Fanny, eines dreifachen Jahreslohnes an zwei ihrer Diener und die Ausfolgung aller ihrer „literarischen Papiere" an Schlegel. Diese beiden Dokumente sind die einzigen, die sie jemals mit ihrem neuen Namen unterzeichnete – „Necker de Rocca, mein wahrer Name".

Vier Tage, nachdem sie ihr Testament unterschrieben hatte, befand Germaine sich wieder auf dem Weg nach Paris. Diesmal brachte sie keine Hoffnungen mit – nur düstere Ahnungen. Die Ultra-Royalisten hatte Ludwig XVIII. zwar nicht in seine Regierung aufgenommen, überall sonst aber beherrschten sie das Feld. „Ich habe mir fest vorgenommen, zu schweigen", teilte sie Juliette im Sommer 1816 mit; allerdings hatte sie das Manuskript der *Betrachtungen* in ihrem Gepäck. Wie so oft, konnte man auch diesmal ihren Entschluß, zu schweigen, nicht sehr ernst nehmen, und obwohl sie erklärte, sie fürchte sich vor Gesellschaften, sehnte sich ihr Herz im Grunde doch nach Paris.

Sie kam Ende Oktober an, „todmüde" und „ausgehöhlt vom Opium", und zog in eine Wohnung in der Rue Royale. Trotz ihrer Müdigkeit, trotz Roccas elendem Zustand gönnte Germaine sich in ihrer Aktivität keine Ruhe. Ihr Manuskript mußte für die Veröffentlichung durchgesehen werden; es enthielt das Glaubensbekenntnis ihres ganzen Lebens. Ihre politischen Nachfolger kamen in ihrem Salon zusammen: Jordan, Barante, Guizot, Broglie – die Männer, die als die „Doktrinäre" bekannt wurden und später die Dynastie der Bourbonen stürzten. Zu keiner Zeit war ihr Einfluß so groß gewesen als in dem Jahrzehnt, das auf ihren Tod folgte. Ihr ganzes Leben lang hatte sie getrachtet, die Tagespolitik zu beeinflussen, diesmal arbeitete sie für die Zukunft. Während sie ihr Manuskript durchsah, die Doktrinäre in der Doktrin unterwies und Rocca pflegte, fuhr Germaine fort, ihre Tees, Diners und Bälle zu geben. Sie hatte genügend Zeit zu allem, da sie ja nicht schlafen konnte. „Jede Nacht leide ich an der Krankheit meiner Mutter (Schlaflosigkeit), und dieser Mangel an Schlaf macht das Leben zu lang: Es steckt nicht genug darin, um das Interesse während voller vierundzwanzig Stunden festzuhalten", schrieb sie ihrer Cousine. Außerdem war ihr Herz geschwächt; schon während ihres Aufenthaltes in London hatte ihr Magen ihr die schrecklichsten Schmerzen verursacht; ihr ganzer Organismus war von dem ständigen Gebrauch von Drogen zerrüttet. „Madame de Staël", schrieb Catherine Rilliet-Huber an Meister, „sieht ihre Träume erfüllt: Ihr Haus ist das glänzendste in ganz Paris und so einflußreich, wie sie nur will; niemand nimmt den Wettstreit mit ihr auf. Ihr Reichtum ist beachtlich. Ihre Tochter ist reizend, Rocca geht es einigermaßen. Aber mit ihrer Gesundheit steht es sehr schlecht ... Sie schreibt mir häufig und würde gerne nach Coppet zurückkommen."

Madame Rilliets Brief wurde am 14. Februar 1817 geschrieben. Eine Woche später, am 21. Februar, fuhr Germaine zu einem Empfang, den Decazes, der Kabinettchef Ludwigs XVIII., gab. Sie ging die Treppe hinauf, da sahen plötzlich ihre Begleiter, wie sie schwankte und fiel. Broglie fing sie in seinen Armen auf; sie schien leblos. Man trug sie in ihren Wagen und brachte sie nach Hause. Rocca war zu elend gewesen, um zu dem Empfang zu gehen, nun hörte er die Bewegung im Haus, als man sie in ihr Bett trug. Er eilte zu ihr – ihre Augen standen offen, aber sie konnte weder sprechen noch sich bewegen. Ein Gehirnschlag hatte sie zu Boden gestreckt, als sie im Schimmer der Kerzen unter dem Rufen der Lakaien mühsam die Treppen emporstieg. Sie war noch keine einundfünfzig Jahre alt.

„Wieviel Vergangenheit steckt doch in einem Leben, so kurz es auch gewesen sein mag", hatte Germaine ein Jahr zuvor an Juliette geschrieben. In ihrem Leben hatte es im guten wie im schlechten Sinn mehr Vergangenheit gegeben als in den meisten andern Existenzen: Aber mit dem kleinen Rest von Leben, der ihr noch verblieb, sühnte sie für alles Schlechte.

Sie klammerte sich nicht an das Leben, aber es klammerte sich an sie. Ihr Geist war klar geblieben, und sie gewann auch den

Gebrauch der Sprache wieder; aber ihr Körper blieb gelähmt, und dabei war sie immer noch von dem Drang nach Betätigung besessen. Neunzig Tage lang lag sie flach auf dem Rücken, litt dauernd an nervösen Krämpfen in ihren Gliedmaßen und hatte sich an drei Stellen wundgelegen. „Es ist wahrhaftig eine Strafe des Himmels", schrieb sie an Miß Berry, „wenn die aktivste Person der Welt sich sozusagen versteinert sieht . . . Aber weder mein Verstand noch mein Herz sind versteinert." Die Behandlungsmethoden, die von den Ärzten angewandt wurden – sie hatten aus unbegreiflichen Gründen ihre Krankheit als ein Leberleiden diagnostiziert –, spotten jeder Beschreibung. Als Dr. Jurine, den sie immer in Genf konsultierte, endlich an ihrem Lager eintraf, war der Fall hoffnungslos.

Am 1. März gab Albertine einer Tochter das Leben. Germaine, die ihr nicht hatte zur Seite stehen können, schickte ihr ein Porträt Neckers mit folgender Botschaft: „Sieh ihn Dir an, wenn Du leidest."

Als Albertine wieder ausgehen konnte, wurden auf Madame de Staëls dringenden Wunsch die Diners und Empfänge wieder aufgenommen, und Albertine machte die Honneurs. Nach dem Essen kamen die Gäste an Germaines Lager, unbeweglich daliegend gab sie bei den Gesprächen den Ton an. Weder Schmerzen noch Schwäche, nur der Tod allein konnte den Drang zu sprechen, sich mitzuteilen, anzuregen, zum Stillstand bringen. Unter den Besuchern befand sich in diesen letzten Tagen auch Chateaubriand. „Ich bin immer dieselbe geblieben, lebhaft und traurig, ich habe Gott, meinen Vater und die Freiheit geliebt" – das waren die letzten Worte aus ihrem Mund, an die er sich erinnert. Wenn sie allein war, las sie. In einem Exemplar von Fénelon, das sie besaß, findet man überall unterstrichene Stellen – das war das einzige, was ihre gelähmten Finger noch zuwege brachten: unterstreichen.

Als der Frühling kam, veranlaßte ihr Schwiegersohn die Übersiedlung in ein anderes Haus in der Rue Neuve-des-Mathurins, das einen Garten hatte. Rocca, der selbst kaum mehr imstande war, sich aufrecht zu halten, begleitete sie, wenn man sie in einem Rollstuhl auf den Gartenwegen spazieren fuhr. Der Gedanke, sie könne ihn überleben, erschreckte sie zutiefst; der Gedanke, sie könne im Schlaf sterben, ohne ihn noch einmal gesehen zu haben, erschreckte sie nicht minder. Sie weigerte sich daher zu schlafen, ja, sie weigerte sich sogar, trotz ihrer Schmerzen, Opium zu nehmen. Schließlich heckte Rocca einen Plan aus, um sie zum Schlafen zu bringen. „Er bat sie, wenigstens fünf Minuten lang zu schlafen, und schwor, er würde sie nach fünf Minuten wieder wecken. Das tat er auch. Dann schlief sie zehn Minuten lang. Rocca, mit der Uhr in der Hand, weckte sie. Dann zwanzig Minuten. So gewöhnte sie sich nach und nach wieder daran, zu schlafen." So erzählt Bonstetten, dem Rocca von den letzten Tagen Germaines in allen Einzelheiten berichtete.

Am 13. Juli begannen sich an ihrem Körper Anzeichen von Gangräne bemerkbar zu machen. Am Nachmittag war Germaine mit Rocca im Garten; er pflückte einige Rosen und legte sie auf ihren Rollstuhl. Sie kehrte dann ins Haus zurück und empfing Mathieu. Auch der Herzog von Orléans besuchte sie. Sie sprachen über Politik. Am nächsten Tag erwartete sie den Besuch des Herzogs von Wellington. Am Abend sagte sie zu Rocca: „Diesen Winter werden wir nach Neapel fahren." Sie hoffte immer noch, daß die Sonne sein Brustleiden heilen würde. Sie wünschten einander gute Nacht. Fanny Randall blieb bei Germaine, die sie um Opium bat. Fanny weigerte sich, aber Germaine wiederholte mehrere Stunden lang ihre Bitte immer von neuem. Schließlich gab Fanny nach. Sie machte einen ziemlich starken Trank zurecht — stärker als die Coppet-Dosis. „Werden Sie jetzt schlafen?" fragte die alte Jungfer. „Tief und fest wie eine Bäuerin", sagte Germaine. Beide Frauen schliefen ein, Fanny saß in einem Stuhl neben dem Bett und hielt Germaines Hand.

Etwas nach fünf Uhr wachte Fanny auf. Germaines Hand war eiskalt.

Es war der 14. Juli, genau achtundzwanzig Jahre nachdem das Volk von Paris die Büste ihres Vaters durch die Straßen getragen hatte, damit sie Zeuge des Sturms auf die Bastille sei.

Ein paar Tage vor ihrem Tod erhielt Schlegel folgendes Billett: „Was ich hörte, hat mich sehr beunruhigt. Gibt es keine Möglichkeit, Madame de Staël zu sehen? . . . Andere sehen sie . . . Ich kann Ihnen nicht beschreiben, was ich fühle . . . Will sie mich nicht sehen? Glauben Sie mir, die Vergangenheit ist ein entsetzliches Gespenst, wenn man für die fürchtet, die man leiden machte." Das Billett war von Benjamin.

Er wurde nicht zugelassen, aus Angst, sein Besuch könne sie zu sehr aufregen. Aber am Abend des 14. Juli ließ man ihn ins Haus. Mit dem Herzog von Broglie betrat er das Zimmer, in dem Germaines Leichnam lag. Die beiden Männer wachten an ihrer

Seite die Nacht hindurch, sprachen von der Vergangenheit und von den großen Fragen, auf die von den drei im Raum anwesenden Personen nur die Tote die Antwort wußte.

Schlegel und August begleiteten den Leichenwagen nach Coppet, wohin Rocca und die übrige Familie vorausgefahren waren. Am 28. Juli wurde in Gegenwart des Herzogs von Broglie die zugemauerte Tür zum Neckerschen Mausoleum aufgebrochen. Der Herzog trat allein hinein. In dem schwarzen Marmorbecken, das noch mit Alkohol halb gefüllt war, lagen Necker und seine Frau, unter einer großen roten Decke. Neckers Antlitz war völlig erhalten, der Kopf seiner Gattin war herabgeglitten, die Decke verbarg ihn. Broglie postierte einen Mann am Eingang, der die Neugierigen abhalten sollte. Dann wurde Germaines Sarg von vier Gemeinderäten von Coppet aus dem Haus getragen; nur diese, August und Broglie betraten die Grabstätte. Der Sarg wurde zu Füßen Neckers aufgestellt. Dann wurde der Eingang wieder zugemauert und ist seither nicht mehr geöffnet worden.

EPILOG

Im Sommer 1804, kurz nach Neckers Tod, gestattete Madame de Staël Benjamin Constant, sich die Papiere und Briefe anzusehen, die ihre Eltern zu Lebzeiten angesammelt hatten. Da gab es die Liebesbriefe Gibbons an Madame Necker; die Briefe und Billets von Voltaire, d'Alembert, Diderot, Buffon; da gab es die Tagebücher Suzanne Neckers und Jacques Neckers Manuskripte; da lagen, in schmalen Päckchen gebündelt, die Leidenschaften und die Posen, die ehrgeizigen Träume und Bestrebungen, die Weisheit und der Wahnwitz von Männern und Frauen, die damals schon, so kurz nach ihrem Tod, legendäre Gestalten einer für immer verlorenen Vergangenheit geworden waren. Benjamin, für den der Gedanke an den Tod einen Faustschlag ins Gesicht von Sinn und Vernunft bedeutete, vermerkte in seinem Tagebuch, nachdem er die alten Papiere gemustert hatte: „Was an diesen Briefen am meisten auffällt, ist der gleichförmige Strom des Lebens, das Interesse, das einer nach dem andern ihm entgegenbringt, und die tiefe Stille, die auf all diese geschäftige Monotonie folgt."

Geschäftige Monotonie, tiefe Stille: wenn vier Worte Leben und Tod Madame de Staëls zusammenfassen können, so sind es diese. In ihrem Fall aber war die tiefe Stille nicht gleichbedeutend mit dem Vergessen, das gewöhnlich auf den kurzen Schock des Verlustes folgt. Wie ihr Tod auf diejenigen wirkte, deren Leben sie verwandelt und beherrscht hat, kann man sich nur schwer vorstellen. Die tiefe Stille, die sie empfanden, erinnerte sie, bis sie selbst dahinschieden, an die so intensiv brennende Flamme ihrer Vitalität – einer Vitalität, die sich von ihren eigenen schwächeren Feuern genährt und sie dann auf sie zurückgestrahlt hatte, als wäre sie deren einzige Quelle. Zehn und zwanzig Jahre nach ihrem Tod trauerten ihre Freunde noch jenem Lebensabschnitt nach, in dem sie im Mittelpunkt gestanden hatte; und denjenigen, die wissen wollten, wie Madame de Staël denn eigentlich gewesen sei, konnten sie nur halb mit Stolz, halb mit Bedauern antworten, daß niemand, der sie nicht gekannt, sie nicht gehört, nicht ihre Macht gefühlt hatte, sich auch nur den geringsten Begriff davon machen konnte, wie sie gewesen war.

Als Sismondi 1830 von Benjamins Tod hörte, schrieb er einem Freund: „Als ich ihn nach Madame de Staëls Tod sah, war sein Geist so erloschen, daß es mir schwerfiel, zu glauben, er sei noch derselbe Mann." Gewiß, erst nach diesem Erlöschen seines Geistes war Benjamin imstande, seine Erfüllung zu finden – als Abgeordneter, als Wortführer des Liberalismus, als ein populäres Idol in der Revolution des Jahres 1830 – und das Ziel zu erreichen, von dem Germaine, wie er ihr vorwarf, ihn zu ihren Lebzeiten immer abgehalten hatte: „etwas für die Freiheit und für meinen Ruhm zu tun.“ Aber diese Selbstverwirklichung war eigentlich die Verwirklichung von Germaines politischem Erbe; kaum ein Wort, das er sprach oder schrieb, das nicht von ihrem Geist diktiert war. Seine Desillusionierung war ebenso vollständig wie sein Triumph: Sein Ruhm bestand darin, daß er Tag und Nacht von Stellenjägern belagert wurde. Mit dem Sieg von Germaines freiheitlichem Idealismus in der Juli-Revolution hatte die Herrschaft des krassen Materialismus begonnen. Benjamin starb ein paar Monate darauf, gebrochen an Körper und Geist. Es wurde ihm die Ehre eines Staatsbegräbnisses zuteil — ein angemessener Lohn für einen Mann, der glaubte, die einzige Antwort auf alles menschliche Streben sei der Tod.

Von Germaines Familie überlebten Benjamin nur Albertine und Alphonse. Rocca war sechs Monate nach Germaine in Hyères gestorben, er hatte sich mit dem „Kleinen Wir“, dem einzigen, woran sein Herz noch hing, dorthin zurückgezogen. Er lebte von Opium und „Gesundheitsschokolade“ und brachte seine letzten Wochen damit zu, seinen schwächlichen kleinen Sohn durch eine Glaswand zu beobachten. Alphonse, so schien ihm, entwickelte sich körperlich und geistig dank seiner Pflege und der frischen Luft. Aber obwohl das „Kleine Wir“ unter der rührenden Obhut seines Halbbruders August besser fortkam, als man hätte erwarten können, blieb es doch ein bemitleidenswertes, halbfertiges Geschöpf. Pedantisch genau bis zur Manie, immer in Angst vor eingebildeten Drohungen und Gefahren, wuchs der Knabe zu einem vorsichtigen und schüchternen Jüngling heran, heiratete eine Enkelin Narbonnes und starb 1838 mit sechsundzwanzig Jahren, kinderlos und unbeweint. August hatte die wenigen ihm noch verbleibenden Jahre spielerisch vertan und war 1827 gestorben. Es sah aus, als hätte Germaine ihren Kindern alle Vitalität ausgesaugt. Nur Albertine hatte etwas vom Fluidum ihrer Mutter geerbt und spielte eine glänzende Rolle in der politischen und literarischen Gesellschaft von Paris in den zwanziger und dreißiger Jahren des neunzehnten Jahrhunderts, und ihre Nachkommen — Staatsmänner, Historiker, Wissenschaftler — machten an Talenten und Auszeichnungen wett, was Germaines Söhnen gefehlt hatte. Aber in ihrer kühlen Tugendhaftigkeit, ihrer leicht bigotten Frömmigkeit und ihrem betonten Pflichtgefühl erinnerte die Herzogin von Broglie, so sehr sie auch Madame de Staël vergötterte, doch mehr an Madame Necker als an ihre Mutter. Es mangelte das Feuer.

Welcher Art war der Glanz, den Germaine ausgestrahlt hatte, nach dessen Erlöschen die Welt allen, die sie kannten, trübe schien?

Es war zweifellos ihre Fähigkeit zum Enthusiasmus. Byron schrieb kurz nach seinem ersten Zusammentreffen mit Germaine an einen Freund: „Sie denkt wie ein Mann, aber ach! sie fühlt wie eine Frau." Das „ach!" hätte er sich schenken können. Gerade ihr weibliches Empfinden, ihr leidenschaftlicher weiblicher Gefühlsüberschwang verlieh ihrer männlichen Vernunft die Durchschlagskraft. Von den abschätzigen Urteilen, die ihre Zeitgenossen über sie fällten, gibt es kaum eines, das nicht ein großes Stück Wahrheit enthielte: Sie war ungemein egoistisch, herrschsüchtig, eine Komödiantin; sie war oberflächlich und widersprüchlich in ihrem Denken; sie vermengte gern die Politik mit persönlichen Gefühlen; sie pries gleichzeitig Nationalismus und Weltbürgertum, Rationalismus und Mystizismus, Aristokratie und Gleichheit, Utilitarismus und Enthusiasmus, Nüchternheit und Rausch. Sie war aber durchaus nicht die einzige, in der diese gefährlichen Gegensätze sich paarten. Ihre Einzigartigkeit bestand vielmehr darin, daß sie äußerst maßvolle Ziele mit äußerst leidenschaftlichen Mitteln zu erreichen strebte. Selten wurde die Liebe so in den Himmel gehoben wie von ihr: Und doch war ihr Ziel nicht die quälende Leidenschaft, die sie kennenlernte, sondern das ruhige Glück, das ihr entging. In Politik und Literatur verfolgte sie niemals extreme Richtungen, sondern sah sich immer als Mittlerin, als Medium eines Austausches: „Gedanken in Umlauf zu bringen, ist von allen Tätigkeiten diejenige, die am sichersten von Nutzen ist" — erklärt sie in einer ihrer letzten Schriften, dem hochsinnigen Essay über den *Geist der Übersetzung*. Germaine war sich wohl bewußt, daß sie oft für Ideen eintrat, die von Vertretern einander entgegengesetzter Prinzipien stammten. Aber sie glaubte bis zuletzt, daß vernünftige Menschen, mochten ihre Prinzipien auch miteinander in Widerspruch stehen, auf einem weiten Feld von Gedanken und Maßnahmen zur Übereinstimmung kommen konnten, vorausgesetzt, sie hielten sich vom Fanatismus frei, der nur die unversöhnlichen Prinzipien sieht, und vorausgesetzt, sie waren erfüllt von Begeisterung, die allein den Geist beleben kann. Freiheit bedeutete für sie vor allem das Recht des menschlichen Geistes auf Fortschritt; Begeisterung nährte, und Fanatismus tötete sie. In einer Welt, in der es immer schwieriger wird, sich miteinander auszusöhnen, weil ein Fanatismus herrscht, der blind ist für den Bereich vernünftiger Übereinstimmung, von den prinzipiellen Gegensätzen aber hypnotisiert wird; in einer Welt, in der die Begeisterung zum Vorrecht des Fanatismus wurde, der Vernunft aber verlorenging, hat Madame de Staëls leidenschaftliche Verteidigung maßvollen Verhaltens nur an Bedeutung gewonnen.

ANMERKUNGEN

1 The Letters of Edward Gibbon, veröffentlicht bei J. E. Norton, I, 106. Der Brief trägt das Datum Beriton, 24. August 1758. Von unbekannter Hand wurde »1758« in »1762« umgewandelt. Dieses Datum wurde von Gibbons Biographen bis vor kurzem als das richtige angesehen, und Graf Haussonville ist in *Le Salon de Madame Necker* sogar der Auffassung, dies sei der einzige Brief gewesen, den Gibbon während seiner Abwesenheit von Lausanne (1758 bis 1763) an Suzanne schrieb (es waren aber mindestens fünf). Es wäre jedoch unentschuldbar gewesen, hätte Gibbon vier Jahre mit einem Brief an seine Braut gewartet und ihr dann mitgeteilt, daß er sie nicht heiraten könne. Wie sich die Dinge wirklich zutrugen, hat Miß Norton in ihrer umfassenden Ausgabe von Gibbons Briefen (1956) endgültig festgelegt (I, 391–401). Siehe auch das von Georges Bonnard bearbeitete *Le Journal de Gibbon à Lausanne* (1945), S. 281–304. Alle früheren Darstellungen beruhen auf irrtümlicher Lesung des Datums und tun Gibbon daher unrecht.

2 Als Gibbon diesen Brief ein Vierteljahrhundert später bei der Veröffentlichung von Rousseaus Korrespondenz zu Gesicht bekam, war er begreiflicherweise bestürzt. »Dieser außerordentliche Mann«, schrieb er 1789, »den ich bewundere und bedaure, hätte den Charakter und das Verhalten eines Fremden nicht so voreilig verurteilen sollen.«

3 Ihr Haar wurde später schwarz.

4 An Louis de Narbonne, 12. November 1792; bei der Arbeit an diesem Buch noch unveröffentlicht. Zitiert mit Erlaubnis des Herzogs von Broglie und der Berg Collection, New York Public Library.

5 s. *Lettres à un ami* (herausgegeben von Jean Mistler, 1949), Benjamin Constant an Claude Hochet, 6. September 1809, S. 164.

6 In dem Bericht, den Madame de Staël am Ende ihres Lebens über diese Ereignisse verfaßt, erwähnt sie Mirabeaus theatralischen Ausruf nicht, der vielleicht tatsächlich eher der Legende als der Geschichte angehört.

7 Diese Schilderung hält sich an den Bericht Madame de Staëls in ihren *Reflexionen über den Prozeß der Königin und Betrachtungen über die wichtigsten Ereignisse der Französischen Revolution.* In keiner der beiden Schriften wird die berühmte Episode erwähnt, wie Lafayette die Königin zum Balkon begleitet und ihr die Hand küßt.

8 Dieser Sohn, Graf Flahaut, führte die Tradition fort und zeugte den illegitimen Halbbruder Napoleons III., den Herzog von Morny. Talleyrand war vielleicht auch der wirkliche Vater des Malers Delacroix.

9 Unveröffentlicher Brief aus den Beständen der Berg Collection der New York Public Library. Während diese Anspielungen noch kein absolut schlüssiger Beweis sind, lassen Germaines Briefe keinen Zweifel daran, daß Germaines jüngerer Sohn Albert, geboren Ende 1792, Narbonne zum Vater hat.

10 Die Deklaration Kaiser Leopolds II. und König Friedrich Wilhelms II. von Preußen, in der Europa aufgerufen wurde, Ludwig XVI. wieder in seine früheren Rechte einzusetzen.

11 Der Ausdruck »Aristokrat« war ein Parteischlagwort und wies nicht notwendig auf adlige Abkunft hin. Das Gegenstück zu einem Aristokraten war nicht ein Bürgerlicher,

sondern ein Demokrat. Während der Schreckensherrschaft wurden Kammermädchen als Aristokratinnen guillotiniert, und frühere Marquis und Grafen saßen mit den Demokraten im Konvent zusammen. Madame de Staëls Freunde waren Adlige und traten für eine konstitutionelle Monarchie ein, aber man beschuldigte sie durchaus zu Unrecht, Aristokraten zu sein.

12 Nach der »scharlachroten Blume«, die als sein Erkennungszeichen überall auftaucht, wurde der Held einer ganzen Reihe von Romanen »Scarlet Pimpernel« genannt. Die Verfasserin, Baronesse Orczy, schildert darin mit blühender Phantasie die kühnen und fast immer erfolgreichen Versuche, die ein junger englischer Adliger während der Revolution zur Rettung französicher Aristokraten unternimmt.

13 Für die in diesem Kapitel enthaltenen, bisher nicht bekannten Informationen bin ich der Henry W. und Albert A. Berg Collection der New York Public Library zu Dank verpflichtet, die mir freundlicherweise gestattete, die unveröffentlichten Briefe Madame de Staëls an Narbonne einzusehen und Teile daraus zu zitieren. Auch M. Georges Solovieff bin ich für alle Anregungen verpflichtet, die ich seinem ausgezeichneten Essay (als Dissertation an der Columbia University 1957 entstanden) »Madame de Staël et Narbonne« entnahm.

14 Madame de Staël an Narbonne, 2. Oktober 1792, unveröffentlicht (Berg Collection).

15 Die Szene wird in dem gleichen Brief beschrieben.

16 Unveröffentlichter Brief in der Berg Collection der New York Public Library.

17 Unveröffentlichter Brief in der Berg Collection der New York Public Library.

18 Dieses Werk wird später in Kapitel 11 besprochen.

19 Briefentwurf, kein Datum, keine Adresse. Der Satz enthält im Keim die Hauptthese von Madame de Staëls letztem Werk, den *Considérations sur .... la Révolution française.*

20 s. ähnliches Dokument auf Seite 300.

21 In ihrem Buch *Monsieur de Staël* sagt Gräfin de Pange (Albertines Urenkelin), daß Albertine tatsächlich Monsieur de Staëls Kind war. Ihre Hauptargumente sind: 1. daß die Briefe, die Germaine ihrem Mann nach seinem Besuch im September schrieb, Anspielungen auf neuerliche intime Beziehungen zwischen ihnen enthalten; 2. daß Benjamin zeugungsunfähig gewesen zu sein scheint; 3. daß die angebliche Ähnlichkeit zwischen Albertine und Benjamin – besonders ihr rotes Haar – ebenso auch zwischen Albertine und Monsieur de Staël besteht. Ich finde keines dieser Argumente überzeugend. Die Anspielungen in Germaines Briefen sind sehr zweideutig und vage; Benjamin wäre nicht der einzige Mann, der, soweit man weiß, nur ein Kind zeugte; Monsieur de Staël war eher blond als rothaarig, und die Ähnlichkeit zwischen Albertine und Benjamin fällt jedem unvoreingenommenen Betrachter auf.

22 Die schwedische Regierung erklärte sich bereit, ihm zusätzlich eine Pension von 10000 Francs jährlich zu zahlen, aber es gibt keinen Beweis dafür, daß diese auch wirklich ausgezahlt wurde.

23 *Rousseau juge de Jean Jacques*, Dritter Dialog. »Es hat den Anschein, als hätten die Leute, so wie die Gesellschaft augenblicklich beschaffen ist, geradezu keine Verwendung für die einfache Gabe des Lebens«, hören wir in Germaines *Corinna* ihr Echo auf Rousseau.

24 Die bekannteste Darlegung dieses Gedankens ist in Buckles »Allgemeiner Einführung« zu seiner *History of Civilisation in England* (1856) zu finden. Wie man sieht, war er zu Buckles Zeiten nicht neu.

25 Madame de Staëls Freundschaft mit Dumont, dem Mitarbeiter und Propagandisten Benthams, begann während der Französischen Revolution und bestand weiter, solange sie lebte.

26 Im I. Teil, Brief XXX, wo eine Mademoiselle R. das Opfer und Delphine die Retterin ist; und im IV. Teil, Brief XXIX, wo Delphine selbst geächtet wird.

27 Claude Hochet (1722 bis 1857), ein Funktionär im Staatsrat und ein nicht sehr bedeutender Schriftsteller, war ein Vertrauter, Freund und Mittelsmann sowohl Madame de Staëls wie Benjamin Constants. Germaines und Benjamins Briefe an ihn wurden erstmalig von Jean Mistler als *Lettres à un ami* veröffentlicht. (Neuchâtel: A la Baconnière, 1949).

28 Sein Tod, der drei Wochen nach dem Hinscheiden von Monsieur de Staël erfolgte, erschütterte Germaine mehr als der Tod ihres Gatten. »Jeden Tag vergieße ich bittere Tränen über den armen jungen Mann«, schrieb sie Hochet am 28. Juni 1802. »Ach, hätte ich ihn besser gekannt, er wäre vielleicht noch am Leben, und ich würde mir nicht bittere Vorwürfe machen!« Man fragt sich, was hinter diesem Ausruf stecken mag.

29 Madame de Genlis versuchte, eine skandalöse Vergangenheit dadurch in Vergessenheit geraten zu lassen, daß sie Romane schrieb, die in den höchsten Tönen von der Religion sprachen und die Sünde in schlechtem Licht erscheinen ließen. Napoleon bemerkte: »Madame de Genlis spricht von der Tugend, als ob sie soeben eine Entdeckung gemacht hätte.« Sie war mit Germaine seit ihrer Mädchenzeit bekannt und fand sie eine unerzogene und »höchst unbequeme Person«. Zwei ihrer Romane, *Mélanie oder der weibliche Philosoph* (1803) und das posthum veröffentlichte *Schloß Coppet im Jahr 1807*, sind direkte Angriffe gegen Madame de Staël.

30 Am 26. Januar 1803 schrieb er in sein Tagebuch: »Acht Jahre lang zwang Germaine mich, in einem unablässigen Sturm oder besser in einem Bündel von Stürmen zu leben ... Seit sie mich kaperte und nachher durch die heftige Zurschaustellung ihres Leidens immer wieder bändigte, verbrachte ich keinen Tag und keine Nacht, ohne gegen sie und mich selbst zu toben.«

31 Diese Zitate sind Briefen entnommen, die im November und im Dezember 1803 geschrieben wurden. Germaines Reisetagebuch (das von der Gräfin de Pange auszugsweise in der Nouvelle Revue Française, Oktober 1957, veröffentlicht wurde) bestätigt diese Eindrücke.

32 Brendel wurde 1804 in Paris getauft und trug von nun an den Namen Dorothea. Der Priester, der sie taufte und traute, war der gleiche Pastor Gambs, Pfarrer an der schwedischen Botschaft, der 1786 Geramine und Baron de Staël getraut und 1792 Germaines Liebhaber Narbonne unter seinem Altar verborgen hatte.

33 Eine dokumentarisch belegte Aufstellung über Neckers Vermögen fehlt, man kann über seine Größe also nur Schätzungen anstellen. 1808 erklärte Madame de Staël, sie habe ein Jahreseinkommen von 120000 Franken und keinen Pfennig Schulden. Nimmt man zumindest 5 Prozent als den üblichen Ertrag der damaligen Zeit an, so würde das ein Vermögen von ungefähr 2400000 Franken bedeuten (das käme rund auf die gleiche Summe in DM heraus) – kein riesiges Vermögen, aber für die damalige Zeit recht beachtlich. Dazu muß man die 2000000 Franken rechnen, die ihr die französische Regierung schuldete und

die ihr (ohne Zinsen) im Jahr 1816 wiedererstattet wurden; mindestens 80000 Franken, die ihr Benjamin schuldete (sie wurden niemals zurückerstattet), und große Besitzungen im oberen Staat New York, die sich bei ihrem Tod auf 35000 Morgen beliefen, aber so gut wie gar nichts abwarfen, da sie zu Spekulationen gekauft worden waren. Sie gab ihrer Tochter 1816 eine Mitgift von 2000000 Franken und hinterließ ihrem jüngsten Kind allein 408000 Schweizer Franken in bar.

34 Opium oder dessen Derivate zu nehmen, war zu einer Zeit eine weitverbreitete Gewohnheit, zu der Sedative, Barbiturpräparate und schmerzstillende Mittel unbekannt waren. Madame de Staël nahm Opium so, wie man Schlaftabletten nimmt. Es ist richtig, daß diese Gewohnheit ihre Gesundheit untergrub; in Zeiten großer Anspannung, wenn sie die Dosis erhöhte, war sie oft tagelang ganz betäubt.

35 Diese Aufführung fand nicht in Coppet statt, sondern in Ouchy bei Lausanne, wohin Germaine sich vorübergehend begeben hatte. Sie wurde in Coppet am 19. September wiederholt. S. Kapitel 16.

36 Shakespeare, Julius Cäsar, 5. Akt 1. Szene, in der Übertragung von Schlegel.

37 Clotilda Tambroni (1768 bis 1817) lehrte an der Universität in Bologna Griechisch.

38 Alfieri war tot; Foscolo, Leopardi und Manzoni hatten die Werke ihrer Reifezeit noch nicht geschrieben.

39 Die Knaben wurden in der Obhut des römischen Bankiers Torlonia zurückgelassen. Mehrere Autoren behaupten, Sismondi habe Germaine nicht nach Neapel begleitet, aber aus seinen Briefen (besonders einem an sie gerichteten und vom 6. Mai 1805 datierten Schreiben) geht klar hervor, daß er zu der Reisegesellschaft gehörte.

40 ± ist Benjamins Symbol für Geschlechtsverkehr.

41 Dieser kaum verschlüsselte autobiographische Roman, den Benjamin nie vollendete, wurde 1951 erstmalig veröffentlicht.

42 So teilte sie Benjamin am 26. Februar in einem »bizarren Gespräch« mit, daß sie, wenn er nicht wäre, Elzéar de Sabran heiraten würde. Es ist nicht sehr wahrscheinlich, daß sie sich ernsthaft mit dem Gedanken trug, einen Mann zu heiraten, dessen Freundschaft sie zwar willkommen hieß, dessen Liebe sie aber abstoßend fand – einen »Mann, der ... mit Freuden zu meinem Schatten werden würde, wenn mir dadurch nicht vor mir selbst ekelte«, wie sie sechs Monate zuvor in einem Brief an Souza schrieb. Das Gerücht über ihre bevorstehende Heirat mit Sabran lief durch ganz Europa – Benjamin half es vielleicht verbreiten. Wenn Germaine überhaupt an diese Heirat dachte, dann nur als ein letztes verzweifeltes Mittel, ihr Exil zu beenden.

43 Racine, *Andromache*, 4. Akt. Übersetzt von Arthur Luther.

44 Rosalie an Charles de Constant, 8. September 1807.

45 Das geschah möglicherweise aus Wut darüber, daß Napoleon sich geweigert hatte, ihre Söhne zur Ecole Polytechnique zuzulassen. Als Fouché Napoleon von ihrer Absicht unterrichtete, antwortete der Kaiser: »Ich habe nichts dagegen einzuwenden, da diese Frau eine Ausländerin ist. Aber von nun an muß der junge Mann in Frankreich immer als ein Ausländer angesehen werden.« (An Fouché, Mailand, 23. Dezember 1807).

46 E. T. A. Hoffmann, der seine Kindheit in einer Wohnung verlebte, die unter der Wohnung der Familie Werner lag, behauptet in *Die Serapionsbrüder*, daß Frau Werner dieses Gefühl in ihrem Sohn bereits von Jugend auf nährte. Das ist aber poetische Freiheit.

47 Seiner Mutter Todestag. Es wäre müßig, sich über die Bedeutung der Wahl dieses Datums hier länger auszulassen.

48 Aus Gründen, die in diesem Kapitel später dargelegt werden, wird hier das Jahr 1813 als das Jahr angenommen, in welchem die Veröffentlichung von *De l'Allemagne* erfolgte.

49 Nicht in *De Germania* natürlich, sondern in seinem Leben des Agricola.

50 Die Anklage, daß Madame de Staël mit der deutschen Literatur nicht vertraut war und daß Schlegel ihr die Feder führte, wird im Buch der Gräfin Jean de Pange, *Auguste Guillaume Schlegel et Madame de Staël*, überzeugend widerlegt. Zweifellos machte Schlegel ihr Vorschläge für ihre Lektüre und gab kritische Ratschläge, aber das war alles, was er zu *De l'Allemagne* beitrug.

51 Napoleon versicherte auf St. Helena, Germaine habe sich um die Stellung einer Hofdame beworben. Hatte sie dieses Ziel vor Augen, als sie um diese Zeit ein Exemplar ihrer *Reflections* über den Prozeß Marie Antoinettes der Großnichte der Königin zukommen ließ?

52 Nach Gräfin de Pange; Madame de Staël spricht in *Dix Années d'exil* von 10000.

53 In einer Notiz, die Sainte-Beuve unter Benjamins Papieren fand, beschuldigt dieser Germaine, auf ihrem Weg nach Genf in Brévans haltgemacht und General Constant zugeredet zu haben, die Klage gegen ihn einzubringen. Für diese Anschuldigung gibt es keinerlei sonstige Beweise.

54 Da Mathieu tief in ein Komplott zur Befreiung der gefangenen spanischen Prinzen verwickelt war, hätte ihn diese Strafe auf jeden Fall ereilt: Aber Savary benützte den Besuch bei Germaine als Vorwand, um erfolgreich zwei Fliegen mit einem Schlag zu treffen. Mathieu verwendete seine Verbannung zur heimlichen Verbreitung der Bannbulle Pius' VII. gegen Napoleon in der Provinz, ohne daß ihn die Polizei im geringsten behinderte.

55 Germaine war nicht nur schwanger, sondern auch wirklich krank. Sismondi spricht in einem Brief von 5. Mai 1812 davon, daß ihr der Arzt Digitalis verschrieben hätte. Sie gewann ihre Gesundheit nach ihrer Schwangerschaft nie wieder.

56 August war mit Madame Récamier in Châlons.

57 In einem Brief vom 4. Juni vertritt Capelle die Ansicht, Germaine sei vor dem Skandal geflohen, Rocca ein Kind geboren zu haben; aber gleichzeitig beschuldigt Capelle Schlegel mit Recht, zur Flucht geraten zu haben – und Schlegel wußte nichts von dem Kind. Tatsächlich hatte Germaine ihre Flucht geplant, bevor noch das »Kleine Wir« empfangen war.

58 Rußland und Österreich waren damals natürlich im Kriegszustand, aber an der Grenze wurde nicht gekämpft.

59 Sie versuchte sogar, den Frieden zwischen den Vereinigten Staaten und England zu vermitteln. In einem Brief an Jefferson vom 10. November 1812 bittet sie ihn aus Stockholm, seinen Einfluß zur Beendigung des Krieges von 1812 geltend zu machen. Jeffersons Antwort war kühl. (R. L. Hawkins, *Madame de Staël and the United States*, Cambridge, Mass., 1930, S. 51–52).

60 »Ich wartete vergangenen Abend auf Dich, Schöne, Grausame«, schrieb Germaine zu dieser Zeit an Juliette, »und Lord Wellington kam eigens Deinetwegen. Du wirst ihn mir noch vergrämen, wenn Du Deine Rendezvous mit ihm nicht einhältst.« – »Lord Wellington besuchte mich heute, beklagte sich schwer über Dich und sagte mir ausdrücklich, er würde Donnerstag wiederkommen, um Dich zu sehen.« Aus diesen und ähnlichen Vorwürfen geht hervor, daß Wellington offenbar kein sehr erfolgreicher Verehrer war.

61 Vor allem Paul Gautier, *Madame de Staël et Napoléon*, S. 368ff. Was Madame Lenormant in *Coppet et Weimar*, S. 295 bis 299, gegen seine Echtheit vorbringt, wirkt aber immer noch überzeugender. Germaine war kaum in der Lage, zu garantieren, Napoleon würde den zwischen den Alliierten und Ludwig XVIII. in Paris 1814 geschlossenen Vertrag »bis zum letzten Komma« einhalten; im Crawford-Brief wird jedoch von dieser Garantie gesprochen.

62 Das Dokument wurde zuerst von Pierre Kohler im Jahr 1816 veröffentlicht. Fast alle früheren Berichte behaupten irrtümlich, daß Madame de Staëls heimliche Ehe 1811 oder 1812 geschlossen wurde, und dieser Irrtum taucht immer wieder auf.

BIBLIOGRAPHISCHER ESSAY

1. *Biographien und allgemeine Werke*

Die erste Biographin Madame de Staëls war ihre Cousine, Madame Necker de Saussure, deren *Notice sur le caractère et les écrits de Madame de Staël* 1820 in Band I der ersten und einzigen Gesamtausgabe von Madame de Staëls Werken erschien. Es ist ein Meisterwerk taktvoller Schilderung, dabei trotz aller Zurückhaltung keineswegs unkritisch.

Drei der später erschienenen ausführlichen Biographien verdienen besondere Aufmerksamkeit – merkwürdigerweise hat keine von ihnen einen Franzosen zum Autor. Abel Stevens, *Madame de Staël: A Study of Her Life and Times* (London, 1881), und Lady Charlotte Blennerhassett, *Frau von Staël, ihre Freunde und ihre Bedeutung in Politik und Literatur* (3 Bde., Berlin 1887) sind für jedes ernsthafte Studium Madame de Staëls unentbehrlich, wenn auch etwas schwerfällig und von später veröffentlichten Einzelforschungen und Dokumenten überholt; die beiden wichtigen biographischen Studien von David G. Larg, *Madame de Staël: la vie dans l'oeuvre.* 1776–1800 (Paris, Champion 1924) und *Madame de Staël: la seconde vie.* 1800–1807 (Paris, Champion, 1928) sind anregend, machen aber keinen Versuch, die Lebensgeschichte fortlaufend zu erzählen.

Unter den zahlreichen Verfassern von Einzelstudien ragen vor allem drei Staël-Forscher hervor. Abgesehen von einer Reihe wichtiger Artikel (die meist in der *Revue des Deux Mondes* zwischen 1899 und 1906 erschienen sind) schrieb Paul Gautier das maßgebliche Werk *Madame de Staël et Napoléon* (Paris, 1903) und das nützliche, wenn auch weniger wichtige Buch *Mathieu de Montmorency et Madame de Staël* (Paris 1908). Pierre Kohler betonte zwar besonders den Schweizer Hintergrund, schuf aber mit seinem *Madame de Staël et la Suisse* (Lausanne et Paris 1916) doch eine regelrechte Biographie. Schließlich veröffentlichte Comtesse Jean de Pange, die direkte Nachkommin, eine Reihe von Werken, die für mich von größtem Nutzen waren: *Auguste-Guillaume Schlegel et Madame de Staël d'après des documents inédits* (Paris, Albert 1938)*, *Le Dernier Amour de Madame de Staël d'après des documents inédits* (Genf, La Palatine, 1944), *Madame de Staël et François de Pange: lettres et documents inédits* (Paris, Plon, 1925), *Madame de Staël et la découverte de 'Allemagne* (Paris, Malfère, 1929) und *Monsieur de Staël* (Paris, Editions des Portiques, 1931). Sie alle enthalten eine Unmenge neuer Dokomente aus den Familienarchiven von Broglie und Coppet.

* Deutsche Übersetzung: *August Wilhelm Schlegel und Frau von Staël* (Hamburg, Goverts, 1940).

Unter den allgemeinen literarischen Betrachtungen über Madame de Staël sind die von Sainte-Beuve die berühmtesten. Seine diesbezüglichen Artikel findet man jetzt sehr praktisch in einem Band der neuen Ausgabe von Hachette *Les Grands Ecrivains français par Sainte-Beuve* zusammengefaßt, der den Titel »Madame de Staël« trägt. Kaum weniger wichtig sind Sainte-Beuves Artikel über Benjamin Constant (siehe weiter unten, Teil 3), und auch in seinem *Chateaubriand et son groupe littéraire sous l'Empire* setzt er sich des längeren mit Madame de Staël auseinander. Von weiteren hervorragenden literarischen Untersuchungen sind zu nennen: Albert Sorel, *Madame de Staël* (Paris 1890) und das IV. Kapitel von Joseph Textes Werk *Jean-Jacques Rousseau et les origines du cosmospolitisme littéraire* (Paris 1908).

2. *Memoiren und Dokumente*

Soweit es die Umstände gestatteten, habe ich diesem Buch Dokumente aus erster Hand zugrunde gelegt, Briefe etwa und Tagebücher, und weiter die Aussage von Zeitgenossen, die hauptsächlich in Memoiren zu finden war. Madame de Staël selbst hinterließ wichtige autobiographische Schriften, vor allem ihre *Considérations sur les principaux événements de la Révolution française* und *Dix années d'exil*, die beide erst nach ihrem Tode herauskamen; andere ihrer Werke enthalten autobiographische Angaben, besonders *De l'Allemagne*.

Die zeitgenössischen Memoiren, die ich heranzog, sind im folgenden angeführt. Ihre Brauchbarkeit und ebenso ihre Verläßlichkeit waren sehr unterschiedlich. Da viele von ihnen in mehreren Ausgaben erhältlich sind und man sich alle in oder durch größere Bibliotheken verhältnismäßig leicht beschaffen kann, habe ich das Datum ihrer Veröffentlichung nur angeführt, wo es irgendwie von Nutzen sein konnte.

Duchesse d'Abrantès, *Mémoires*; George Douglas, achter Herzog von Argyll, *Autobiography and Memoirs*; Prosper de Barante, *Souvenirs*; Comtesse de Boigne, *Récits d'une tante*; Charles Victor de Bonstetten, *Souvenirs*; Louis Antoine Fauvelet de Bourrienne, *Mémoires sur Napoléon*; Victor, duc de Broglie, *Souvenirs*; Lord Broughton (John Cam Hobhouse), *Recollections of a Long Life*; Lord Byron, *Some Recollections of My Acquaintance with Mme de Staël*, Murray's Magazine, Januar 1887; Mme de Chastenay, *Mémoires*; Chateaubriand, *Mémoires d'Outretombe*; Benjamin Constant, *Le Cahier rouge*, *Mémoires sur les Cent-Jours*, und *Fragments des »Mémoires de Mme Récamier«*; Constant, Leibdiener Napoleons I., *Mémoires sur la vie privée de Napoléon*; Jean-Jacques Coulmann, *Réminiscences*; Marquise de Dax d'Axat, *Souvenirs sur Madame de Staël*, »Revue de Paris«, Juli 1933; Joseph Fouché, Herzog von Otranto, *Mémoires*; J.-B. Califfe, *D'un siècle à l'autre*; Mme de Genlis, *Mémoires*; Edward Gibbon, *The Autobiographies of Edward Gibbon* (2. Ausg.; London, 1897); François Guizot, *Mémoires*; Théodore Jung, *Lucien Bonaparte et ses Mémoires*; Emmanuel, Graf von Las Cases, *Mémorial de Sainte Hélène*; Sir James Mackintosh, *Memoirs*; Pierre Victor Malouet, *Mémoires*; Claude François, Baron von Méneval, *Mémoires pour servir à l'histoire de Napoléon Ier*; Metternich, *Mémoires*; Jacques de Norvins, *Mémorial*; Baronne d'Oberkirch, *Mémoires*; Adam Oehlenschläger, *Lebenserinnerungen*; Karoline Pichler, *Denkwürdigkeiten aus meinem Leben*; Mme de Rémusat, *Mémoires*; Catherine Rilliet Huber, *Notes sur l'enfance de Madame de Staël*, Occident et Cahiers Staëliens, II (1934), 41–47, 140–146; Henry Crabb Robinson, *Diary, Reminiscences and Correspondence*; René Savary, Herzog von Rovigo, *Mémoires*; Talleyrand, *Mémoires*; Antoine Claire, Graf Thibaudeau, *Mémoires*; 1799–1815; George Ticknor, *Life, Letters and Journals*; Karl Varnhagen von Ense, *Denkwürdigkeiten*.

Mehrere Romanwerke, in denen Madame de Staël eine Rolle spielt, halten sich so nahe an Tatsachen, daß sie mit unter den Memoiren angeführt werden müssen: Benjamin Constants *Adolphe* und *Cécile* (1951 erstmalig veröffentlicht), Madame de Genlis' *Le Chateau de Coppet en 1807* (Paris, 1831) und eine Episode aus einem schwedischen Roman der Baronin Sophie von Knorring, französisch unter dem Titel »Les Illusions« in *Occident et Cahiers Staëliens*, I (1932), 248–263, erschienen.

Was die Dokumente betrifft, die auf Madame de Staël und ihren Kreis Bezug haben, so liegt ein großer Teil von ihnen noch unveröffentlicht in verschiedenen Familienarchiven – besonders in Coppet und Broglie. Es handelt sich meist um Briefe von, an oder über Madame de Staël, weiter um Polizeiberichte und ähnliches. Germaines Briefe an Narbonne und an Graf Ribbing sowie das Tagebuch, das sie während ihrer ersten Reise durch Deutschland führte, sind bis jetzt nur in Bruchstücken bekannt, sollen aber bald veröffentlicht werden.

Die Existenz dieses unbekannten Materials soll sich aber nicht beeinträchtigend vor die Tatsache schieben, daß in den letzten sechs Jahrzehnten eine große Menge neuer Dokumente veröffentlicht wurde, die hier zum erstenmal in einer umfassenden Biographie Verwendung finden. Einige wurden in Werken jüngeren Datums veröffentlicht, die ich unter Punkt 1 angeführt habe, vor allem in den Büchern Pierre Kohlers und der Comtesse de Pange, viele sind in Zeitschriften verstreut erschienen.

Alle diese Quellen waren von größtem Nutzen für mich – leider fehlt mir der Raum, sie aufzuführen. Ebenso nützlich waren die folgenden Werke, ebenfalls verhältnismäßig jüngeren Datums, die wichtiges Material über Madame de Staël enthalten:

Prosper de Barante et al., *Lettres de Claude-Ignace de Barante . . . ; de Mme de Staël . . . ; de Prosper de Barante . . .* (Clermont-Ferrand, 1929; Privatausgabe für die verwitwete Baronin de Barante); Benjamin Constant, *Correspondance de Benjamin Constant et d'Anna Lindsay*, herausgegeben von Baronin Constant de Rebecque (Paris, Plon, 1933); Benjamin Constant, *Journaux intimes*, hrsg. von Alfred Roulin und Charles Roth (Paris, Gallimard, 1952; alle früheren Ausgaben sind durch diese überholt); Benjamin Constant, *Lettres à Bernadotte*, hrsg. von Bengt Hasselrot (Genf, Droz, 1952); Benjamin Constant und Rosalie de Constant, *Correspondance, 1786–1830*, hrsg. von A. und S. Roulin (Paris, Gallimard, 1955); Edward Gibbon, *Le Journal de Gibbon à Lausanne*, hrsg. von Georges Bonnard (Lausanne, F. Rouge & Cie., 1945); Edward Gibbon, *The Letters of Edward Gibbon*, hrsg. von J. E. Norton (3 Bde.; London, Cassell, 1956 und New York, Macmillan, 1956); Bengt Hasselrot, *Nouveaux Documents sur Benjamin Constant et Madame de Staël* (Copenhagen, Munksgaard, 1952); Othenin, comte d'Haussonville, *Madame de Staël et l'Allemagne* (Paris, Calmann-Lévy, 1928); Othenin, comte d'Haussonville, *Madame de Staël et Monsieur Necker* (Paris, Calmann-Lévy, 1925); Josef Körner, *Krisenjahre der Frühromantik: Briefe aus dem Schlegel-Kreis* (2 Bde.; Brünn, Rohrer, 1936–1937); Jean Mistler, *Madame de Staël et Maurice O'Donnell, 1805–1817, d'après des lettres inédites* (Paris, Calmann-Lévy, 1926); Gouverneur Morris, *Diary of the French Revolution*, hrsg. von B. C. Davenport (2 Bde.; Boston, Houghton Mifflin, 1939); Elisabeth de Nolde, *Madame de Staël and Benjamin Constant: Unpublished Letters* (New York und London, Putnam, 1907); August Wilhelm Schlegel, *Briefe von und an August Wilhelm Schlegel*, hrsg. von Josef Körner (2 Bde.; Wien, Amalthea Verlag, 1930); C. L. Simonde de Sismondi, *Epistolario*, hrsg. von Carlo Pellegrini (4 Bde.; Florenz, La Nuova Italia, 1933–1954); Mme de Staël und Benjamin Constant, *Lettres à un ami*, hrsg. von Jean Mistler (Neuchâtel, A la Baconnière, 1949); Mme de Staël, *Lettres à Madame Récamier*, hrsg. von E. Beau de Loménie (Paris, Domat, 1952); Mme de Staël, *Lettres inédites à Henri Meister*, hrsg. von Paul Usteri und Eugène Ritter (Paris, Hachette, 1904); Mme de Staël, *Lettres inédites à Juste Constant de Rebecque*, hrsg. von Gustave Rudler (Paris, Droz, 1937); Mme de Staël, *Lettres de Mme de Staël à Benjamin Constant*, hrsg. von P. L. Léon (Paris, Kra, 1928); Julie Talma, *Lettres de Julie Talma à Benjamin Constant*, hrsg. von Baronin Constant de Rebecque (Paris, Plon, 1933); Zacharias Werner, *Briefe*, hrsg. von Oswald Floeck (2 Bde.; München, Georg Müller, 1914); Zarachrias Werner, *Tagebücher*, hrsg. von Oswald Floeck (Leipzig, Hiersemann, 1939).

Ältere Werke, die wichtiges Material enthalten – das jedoch schon in anderen Biographien ausgewertet wurde –, sind u. a. folgende: Mme d'Arblay, *Diary and Letters* (6 Bde; London, 1842–1846); Mary Berry, *Extracts of the Journals and Correspondence of Miss Berry* (3 Bde.; London, 1865); Lady Blessington, *Journal of Correspondence and Conversation between Lord Byron and the Countess of Blessington* (Cincinnati, 1851); Charles Victor de Bonstetten, *Briefe an Friederike Brun* (2 Bde.; Frankfurt, 1829); Benjamin Constant, *Lettres à Mme Récamier*, hrsg. von Louise Colet (Paris, 1864); Benjamin Constant, *Lettres à Mme Récamier*, hrsg. von Mme Lenormant (Paris, 1881); Benjamin Constant, *Lettres à sa famille*, hrsg. von J.-H. Menos (Paris, 1888); Baron A. Du Casse, *Mémoires et correspondance politique et militaire du roi Joseph* (2. Ausg., 10 Bde.; Paris, 1854–1855); Baron A. Du Casse, *Supplément à la Correspondance de Napoléon Ier* (Paris, 1887); Joseph de Gérando, *Lettres inédites et souvenirs biographiques de Mme Récamier et de Mme de Staël* (Paris und Metz, 1868); Johann Wolfgang von Goethe, *Briefwechsel mit den Gebrüdern von Humboldt*, hrsg. von F. T. Bratanek (Leipzig, 1876); Johann Wolfgang von

Goethe, *Goethe-Jahrbuch 1884* und *Goethe-Jahrbuch 1887* (Frankfurt 1884, 1887); Fedor Golovkin, *Lettres diverses recueillies en Suisse* (Genf und Paris, 1821); Gustav III., König von Schweden, *Collection des écrits politiques, littéraires et dramatiques de Gustave III, roi de Suède*; suivie de sa correspondance, Bd. V (Stockholm, 1805); *Briefe an Charles de Villers* (Hamburg, 1879); hrsg. v. M. Isler; Mme Charles Lenormant, *Coppet et Weimar: Madame de Staël et la Grande-Duchesse Louise* (Paris, 1862); Mme Charles Lenormant, *Mme Récamier, les amis de sa jeunesse et sa correspondance intime* (Paris, 1874); Mme Charles Lenormant, *Souvenirs et correspondance, tirés des papiers de Madame Récamier* (2 Bde.; Paris, 1859); L. A. Léouzon Le Duc, *Correspondance diplomatique du baron de Staël-Holstein* (Paris, 1881); Thomas Medwin, *Journal of the Conversations with Lord Byron* (2 Bde.; Paris, 1824); *Lettere inedite del Foscolo, del Giordano e della Signora de Staël a Vincenzo Monti*, hrsg. von Giovanni Monti (Livorno, 1876); Thomas Moore, *Letters and Journals of Lord Byron* (2 Bde.; London, 1830); Napoleon I., *Correspondance de Napoléon Ier* (32 Bde.; Paris, 1858–1870); Napoleon I., *Lettres inédites*, hrsg. von L. de Brotonne (Paris, 1898); Napoleon I., *Lettres inédites*, hrsg. von L. Lecestre (Paris, 1897); Graf L. Remacle, *Relations secrètes des agents de Louis XVIII à Paris* (Paris, 1899); R. G. E. Saint-René-Taillandier, *Lettres inédites de Sismondi, de Bonstetten, de Mme de Staël et de Mme de Souza à Mme la comtesse d'Albany* (Paris, 1863); C. L. Simonde de Sismondi, *Fragments de son journal et correspondance* (Genf, 1857); Jared Sparks, *The Life of Gouverneur Morris, with Selections from His Correspondence* (3 Bde.; Boston, 1832).

3. Weitere Werke über Madame de Staël und über Mitglieder ihres Kreises

Zusätzlich zu den oben angeführten Werken habe ich mich noch in verschiedenem Ausmaß folgender Bücher bedient und daraus wertvolle Anregungen gewonnen, die ganz oder teilweise eine besondere Seite von Madame de Staëls Leben behandelten oder aber die Männer und Frauen, die ihr am nächsten standen:

Lucie Achard, *Rosalie de Constant* (2 Bde.; Genf, 1902); E. A. Begin, *Charles de Villers, Madame de Rodde et Madame de Staël* (Metz, 1838); Dorette Berthoud, *La Seconde Madame Benjamin Constant* (Lausanne, Payot, 1943); Jacques de Broglie, *Madame de Staël et sa cour au château de Chaumont* (Paris, Plon, 1936); E. Caro, *La Fin du dix-huitième siècle* (Paris, 1881); Edouard Chapuisat, *Madame de Staël et la police* (Genf, 1918); Edouard Chapuisat, *Necker* (Paris, Librairie du Recueil Sirey, 1938); Emile Dard, *Un Confident de l'Empereur: le comte de Narbonne* (Paris, Plon, 1943); Charles Dejob, *Madame de Staël et l'Italie* (Paris, 1890); L Dumont-Wilden, *La Vie de Benjamin Constant* (Paris, Gallimard, 1931); Heinrich Düntzer, *Zwei Bekehrte: Zacharias Werner und Sophie von Schardt* (Leipzig, 1873); A. Geffroy, *Gustave III et la Cour de France* (2. Ausg.; 2 Bde.; Paris, 1867); Jean Gibelin, *L'Esthétique de Schelling et l'Allemagne de Mme de Staël* (Paris, Champion, 1934); Philippe Godet, *Madame de Charrière et ses amis* (Genf, 1906); Alfred Götze, *Ein fremder Gast: Frau von Staël in Deutschland* (Jena, Fromannsche Buchhandlung, 1928); Othenin, comte d'Haussonville, *Femmes d'autrefois, femmes d'aujourd'hui* (Paris, 1912); Othenin, comte d'Haussonville, *Le Salon de Madame Necker* (2 Bde.; Paris 1882); R. L. Hawkins, *Madame de Staël and the United States* (Cambridge, Harvard University Press, 1930); Marie L. Herking, *Charles-Victor de Bonstetten* (Lausanne, Concorde, 1921); Edouard Herriot, *Madame Récamier et ses amis* (2 Bde.; Paris, 1904); Constance Hill, *Juniper Hall* (London, 1904); Ricarda Huch, *Blütezeit der Romantik* (2. Ausg., Leipzig, 1901); Pierre Jolly, *Necker* (Paris, Presses Universitaires de France, 1951); E. J. Knapton, *The Lady of the Holy Allicance: The Life of Julie de Krüdener* (New York, Columbia University Press, 1939); Pierre Kohler, *Madame de Staël au château de Coppet* (Paris, Attinger, 1930); Heinrich Küster, *Die politische Rolle der Frau von Staël in der*

Französischen Revolution (Greifswald, Hans Adler, 1931); Pierre de Lacretelle, *Madame de Staël et les hommes* (Paris, Grasset, 1939); E. Lavaquery, *Necker, fourrier de la Révolution* (Paris, Plon, 1933); Maurice Levaillant, *Une Amitié amoureuse: Madame de Staël et Madame Récamier* (Paris, Hachette, 1956); Karl Morell, *Karl Viktor von Bonstetten* (Winterthur 1861); B. Munteano, *Les Idées politiques de Mme de Staël et la Constitution de l'an III* (Paris, Les Belles Lettres, 1931); Sir Harold Nicolson, *Benjamin Constant* (London, Constable, 1949); Carlo Pellegrini, *Madame de Staël: il gruppo cosmopolita di Coppet, l'influenza delle sue idee critiche* (Florenz, F. Le Monnier, 1938); Gustave Rudler, *Bibliographie critique des oeuvres de Benjamin Constant* (Paris, 1908); Gustave Rudler, *La Jeunesse de Benjamin Constant* (Paris, 1908); Sainte-Beuve, Artikel über Benjamin Constant in *Causeries du lundi*, Band XI, *Nouveaux lundis*, Band I und IX, *Portraits contemporains*, Band V, und *Portraits littéraires*, Band III; Jean-R. de Salis, *Sismondi: la vie et l'oeuvre d'un cosmopolite philosophe* (Paris, Champion, 1932); F. D. Scott, *Bernadotte and the Fall of Napoleon* (Cambridge, Harvard University Press, 1935); Georges Solovieff, *Madame de Staël et Narbonne ou 'Quatre mois de bonheur échappés au naufrage de la vie'* (unveröffentlichte Arbeit zur Erlangung des »Master«-Grades, Columbia University, 1957); Auguste de Staël, *Oeuvres diverses*, Band I (Paris, 1829); Maria Amalia Vaz de Carvalho, *Vida do duque de Palmella, d. Pedro de Souza e Holstein* (3 Bde.; Lissabon, 1898–1903); A. F. Villemain, »Monsieur de Narbonne« in *Souvenirs Contemporains*, I. Teil (neue Ausg., Paris, 1855); Eugène Welvert, *Autour d'une dame d'honneur: Françoise de Chalus, duchesse de Narbonne-Lara, 1734–1821* (Paris, 1910); H. Welschinger, *La Censure sous le Premier Empire* (Paris, 1882); Johannes Wickmann, *Mme de Staël och Sverige* (Lund, 1911); Louis Wittmer, *Charles de Villers* (Genf, Georg, 1908).

In der oben angeführten Liste sind aus naheliegenden Gründen die Werke nicht enthalten, die sich mit so hervorragenden Persönlichkeiten aus Madame de Staëls Bekanntenkreis wie Napoleon, Goethe oder Talleyrand befassen, auch enthält sie nicht die in reichem Maß in Zeitschriften erschienene Literatur, die zweifellos zu einem großen Teil meiner Aufmerksamkeit entgangen ist. Zwei Artikel jedoch waren mir besonders nützlich: Diane Lanfredini: *Le Secret de Corinne: Oswald et Prosper de Barante, Occident et Cahiers Staëliens II*, No. 3 (1935), 214–228, und Gabrielle Réval, *Le Secret de Corinne: Oswald et le duc de Palmella, ibid.*, II, No. 3 (1935), 205–213, No. 4 (1936), 296–306.

4. *Werke von Madame de Staël*

Nach Madame de Staël muß man vor allem in ihren eigenen Werken und in ihren Briefen suchen, und an diese habe ich mich häufiger und mit mehr Gewinn gehalten als an ihre Kommentatoren. Paul-Emile Schatzmann hat in seiner *Bibliographie des oeuvres de Mme de Staël* (Paris und Neuchâtel, Attinger, 1938) eine brauchbare, wenn auch nicht völlig einwandfreie Liste der veröffentlichten Werke Madame de Staëls angelegt. Die hauptsächlich von mir benützten Ausgaben sind: *Oeuvres complètes de Mme la baronne de Staël*, hrsg. von Auguste de Staël (17 Bde.; Paris, 1820–1821); Oevres inédites de Mme la baronne de Staë! (3 Bde.; 1820–1821); *Dix années d'exil*, neu hrsg. von Paul Gautier (Paris, 1904); und *Des Circonstances actuelles qui peuvent terminer la révolution et des principes qui doivent fonder la république en France* (geschrieben 1799, 1906 in Paris zum erstenmal erschienen).

5. Werke über den »Hintergrund«

Es gibt eine großartige Möglichkeit, Biographien auszupolstern: Man führt eine lange Liste von literarischen Werken an, die sich auf den Hintergrund beziehen, d. h. z. B. auf die Aufklärung, die Französische Revolution, die Romantik, das Erwachen des Nationalismus oder auf die Fischerei an den Ufern des Genfer Sees zwischen 1806 und 1812. Ich habe jedoch, es sei denn für einen gelegentlichen Hinweis, solche allgemeine oder nicht unmittelbar auf mein Thema bezogene Werke nicht benutzt. Natürlich gehört ein ausreichendes Maß von Vertrautheit mit dem historischen, kulturellen und sozialen europäischen Hintergrund, von dem die Gestalt Madame de Staëls sich abhebt, zu den erforderlichen Requisiten, ehe man überhaupt darangeht, ihre Biographie zu schreiben. Zu der Literatur, die ich über diesen Hintergrund las, gehört meine gesamte Lektüre während des letzten Vierteljahrhunderts. Was immer ich an Vorurteilen und Mißverständnissen allgemeiner Natur aus dieser Lektüre herausdestillierte, kann durch die Anrufung von Autoritäten weder erhärtet noch widerlegt werden.

KOMMENTIERTE AUSWAHLBIBLIOGRAPHIE (1959–1979)
von Gerhard Wild

1. *Neuausgaben von Werken und Briefen von Madame de Staël*

Unter den in den letzten beiden Jahrzehnten veröffentlichten Textsammlungen scheint die von Georges Solovieff herausgegebene Anthologie *Madame de Staël, Choix de textes* (Paris, 1974) zweifelsohne die nützlichste zu sein; eine biographische Studie, Kommentare und Resumés zu jedem zitierten Werk heben das Werk über die bisher publizierten Sammlungen über Madame de Staël hinaus. Die Hauptwerke liegen in von Simone Balayé sorgfältig edierten und kommentierten Einzelausgaben vor: *De L'Allemagne* (2 Bde., Paris, 1968), *Corinne* (Paris, 1966), *Dix années d'exil* (Paris, 1966). Vervollständigt wird diese Auswahl durch Lucia Omacinis Neuausgabe von Madame de Staëls *Des circonstances actuelles qui peuvent terminer la Révolution et des principes qui doivent fonder la République en France* (Genf, 1979).

Die Briefe Madame de Staëls werden derzeit in einer umfangreichen Gesamtausgabe von Béatrice W. Jasinski herausgegeben. Bisher liegen folgende Teile der *Correspondance générale* vor: I. *Lettres de jeunesse* (2 Bde., Paris, 1962); II. 1. *Lettres inédites de Narbonne* (Paris, 1960); II. 2. *Lettres diverses* (Paris, 1965); III. 1. *Lettres de Mézery et de Coppet, mai 1794–mai 1795* (Paris, 1968); III. 2. *Lettres d'une nouvelle républicaine, mai 1795–novembre 1796* (Paris, 1972); IV, 1. *Du directoire au Consulat, décembre 1796–décembre 1800* (Paris, 1976). Seltenes Material enthält die von Maria Ullrichova herausgegebene Sammlung *Lettres de Madame de Staël conservées en Bohème* (Prag 1959). In deutscher Sprache erschien eine Biographie der Madame de Staël *Kein Herz, das mehr geliebt hat* (Frankfurt/M., 1971), welche aus Briefen zusammengestellt ist. Teile von Madame de Staëls Korrespondenz sind in den folgenden Einzelausgaben zugänglich: Madame de Staël et J.-B.-A. Suard, *Correspondance inédite 1786–1817* (Genf, 1970); Mme de Staël et le duc de Wellington, *Correspondance*, hrsg. von Victor de Pange (Paris, 1962); De Staël – Du Pont, *Letters*, hrsg. und ins Englische übersetzt von J. F. Marshall (Madison u. London, 1968); *Lettres à Ribbing*, hrsg. von Simone Balayé (Paris, 1960); Alfred Götze, *Unveröffentlichtes aus dem Briefwechsel der Frau von Staël*, in: *Zeitschrift für frz. Sprache und Literatur*, Juli 1968; eine sorgfältig getroffene Auswahl hat Georges Solovieff in dem Band *Mme de Staël: Ses amis – ses correspondants* (Paris, 1970) vorgelegt, der Briefe aus den Jahren 1778 bis 1817 enthält.

2. *Werke und Briefe aus dem Kreis um Madame de Staël*

Eine Auswahl von Benjamin Constants Artikeln wurde von Ephraïm Harpaz in zwei Bänden vorgelegt: Benjamin Constant, *Recueil d'articles, le Mercure, la Minerve et la Renommée* (Genf, 1972) und *Recueil d'articles, 1795–1817* (Genf, 1978). Ferner liegen folgende Werke Constants vor: *Le cahier rouge. Cécile. Adolphe*, hrsg. von Henri Thomas (Paris, 1963); *Mémoires sur les Cent-Jours*, (Paris, 1961); *De la justice politique* (Quebec, 1972), es handelt sich hierbei um Constants Übersetzung von William Godwins *Enquiry concerning political justice* von 1793; Constants Biographie zeichnet eine Sammlung von Briefen nach, die Pierre Cordey ausgewählt und kommentiert hat: Benjamin Constant, *Cent Lettres* (Lausanne, 1974); Einblick in Constants weiteres Wirken nach Germaine de Staëls Tod ermöglicht der von Ephraïm Harpaz publizierte Briefwechsel: Benjamin Constant et Goyet de la Sarthe, *Correspondance 1818–1822* (Genf, 1973).

Eine Reihe unveröffentlichter Briefe enthält die von Simone Balayé herausgegebene Sammlung von Briefen des Prinzen de Ligne *Lettres inédites du Prince de Ligne à Mme de Staël* (Brüssel, 1966). Madame de Krüdeners *Valerie* (Paris, 1974), hrsg. von Michel Mercier, dürfte für den an Madame de Staël interessierten Leser – vom literarischen Eigenwert des Briefromans abgesehen – als Quelle für Germaine de Staëls *Corinne* von Bedeutung sein; von derselben Verfasserin liegt eine Auswahl ihrer Schriften vor: *Ecrits intimes et prophétiques de Madame de Krüdener. Première Partie, 1785–1807* (Paris, 1975).

3. Biographien

Pierre Cordeys *Madame de Staël ou le deuil éclatant du bonheur* (Lausanne, 1967) empfiehlt sich durch attraktive äußere Aufmachung und insbesondere durch zahlreiche, teilweise sehr selten publizierte Illustrationen. Vom literaturwissenschaftlichen Standpunkt aus darf allerdings den Vorzug Simone Balayés *Madame de Staël* (Paris, 1979) genießen, da hier die aktuellen Forschungspositionen von kompetener Seite einbezogen werden konnten. Anthony Wests *Mortal Wounds* (London, 1975) spürt drei großen Gestalten der französischen Literatur nach: Madame de Staël, Constants Freundin Madame de Charrière und George Sand sind Gegenstand von Wests psychologischen Studien in der Nachfolge Prousts. Unter den Biographien neueren Datums dürfen die folgenden ein Recht auf Erwähnung in Anspruch nehmen: Beatrice d'Andlau, *Madame de Staël* (Genf, 2. Aufl. 1963); Helen B. Posgate, *Madame de Staël* (Hartford/Connecticut, 1968), das Werk enthält ein ausführliches chronologisches Verzeichnis der Werke Madame de Staëls, sowie eine Auswahlbibliographie; Françoise d'Eaubonne, *Une femme témoin de son siècle* (Paris, 1966); Enzo Caramaschi, *Madame de Staël* (Padua, 1977).

4. Studien zu biographischen und geistesgeschichtlichen Details

Béatrice d'Andlaus *La Jeunesse de Madame de Staël (1766–1786)* (Genf, 1970) erschließt der Forschung ein bisher wenig beachtetes Gebiet; die Verfasserin präsentiert neben einigen unveröffentlichten Briefen auch Germaines erste Verse. Ebenso unerläßlich ist Simone Balayés *Les carnets de voyage de Madame de Staël* (Genf, 1971); beide Werke liefern Material über die Entstehung von Madame de Staëls Werken. Als erstes Werk über ihr Verhältnis zu Rousseaus Philosophie ist Jean Roussels *Jean-Jacques Rousseau en France après la Révolution, 1795–1830, lectures et légende* (Paris, 1972) von Wichtigkeit. In ähnlichem Zusammenhang sei auf das III. Kapitel des folgenden sehr umfang- und detailreichen Werks verwiesen: André Billaz, *Les Ecrivains romantiques et Voltaire, essai sur Voltaire et le romantisme en France, 1795–1830* (Lille, 1974). Von allgemeinerem Interesse ist Roland Mortiers *Le 'Tableau littéraire' de la France au XVIIIe siècle* (Brüssel, 1972); in dem Werk, das für die Gruppe von Coppet von maßgeblicher Bedeutung ist, wird die »querelle philosophique« zwischen den Verfechtern der klassischen Ideen und den Vorreitern der französischen Romantik detailliert behandelt. Für den geistigen Hintergrund können die folgenden Werke aus jüngerer Zeit herangezogen werden: Danielle Paullett Cousin Johnson, *Origines et développement du cosmopolitisme de Madame de Staël à travers son théâtre* (Dissertation der Universität von Illinois; Urbana-Champaign, 1977); Simone Balayé, *Essai sur la vie intellectuelle de Madame de Staël* (Clermont-Ferrand, 1974); Robert de Luppé, *Les idées littéraires de Madame de Staël et l'héritage des lumières* (Paris, 1969); Griffith E. Gwynne, *Madame de Staël et la Révolution Française* (Paris, 1969); *Colloque de Coppet: Madame de Staël et l'Europe* (Paris, 1970); Marianne Spalding Michaels, *Feminist tendencies in the works of Madame de Staël* (Thèse, University of Connecticut, 1977); eine gute Ergänzung zu Roussels oben erwähntem Buch ist Jean Starobinskys *The autority of feeling and the origins of psychological criticism* (London,

1977). Madame de Staëls Nachwirken und Heines Kritik an ihrem Deutschlandbild sind die Hauptthemen von Eve Sourians *Madame de Staël et Henri Heine. Les deux Allemagnes* (Paris, 1974).

5. Arbeiten über Personen aus dem Umkreis von Madame de Staël

Über Necker wurden zwei Bücher veröffentlicht, die einander in der unterschiedlichen Wahl ihrer Schwerpunkte gut ergänzen: Henri Grange, *Les idées de Necker* (Paris 1974) und Jean Egret, *Necker, Ministre de Louis XVI, 1776–1790* (Paris, 1975). Während das erstgenannte Werk in erster Linie den für Germaines eigenes Weltbild relevanten Hintergrund, den Neckers philosophische, moralische und religiöse Anschauungen konstituieren, erhellt, setzt sich der Verfasser des zweiten Werkes zum Ziel, den Staatsmann Necker zu charakterisieren.

Hervorzuheben sind außerdem zwei Publikationen über die Brüder Schlegel: Ernst Behler, *Friedrich Schlegel in Selbstzeugnissen und Bilddokumenten* (Hamburg, 1966) und Chetana Nagavajara, *August Wilhelm Schlegel in Frankreich, sein Anteil an der französischen Literaturkritik, 1807–1835* (Tübingen, 1966). Über die Beziehungen Madame de Staëls zu einer Reihe europäischer Intellektueller des späten XVIII. Jahrhunderts geben die folgenden Werke Auskunft: Emil Wismer, *Der Einfluß des deutschen Romantikers Zacharias Werner in Frankreich, die Beziehungen des Dichters zu Madame de Staël* (Bern, 1968); Rolf Winnicker, *Madame de Charrière essai d' un itinéraire spirituel* (Lausanne, 1971); Francis Ley, *Bernhardin de Saint-Pierre, Mme de Staël, Chateaubriand, Benjamin Constant et Mme de Krüdener d' après des documents inédits* (Paris, 1967); Maurice Descotes widmet Madame de Staël ein ausführliches Kapitel seines Buches *La légende de Napoléon et les écrivains français du XIXe siècle* (Paris, 1967).

Unter den zahlreichen Abhandlungen, die Leben und Werk Benjamin Constants zum Thema haben, seien nur einige wenige erwähnt: *Benjamin Constant par lui-même* (Paris, 1968) von Georges Poulet empfiehlt sich zur ersten Information, desgleichen ein Sonderheft der Zeitschrift *Europe, Revue littéraire mensuelle*, das Constant gewidmet ist. (Paris, März 1968); Béatrice Jasinsky, *L' engagement de Benjamin Constant, Amour et politique* (Paris, 1971). René Bourgeois, *Jeu et politique, le cas de Benjamin Constant. Romantisme et politique. (Colloque de Saint-Cloud* (Paris, 1969); Henri Guillemin, *Madame de Staël, Benjamin Constant et Napoléon* (Paris, 1959). Von den beiden folgenden Werken nahm die de-Staël-Forschung erst in neuerer Zeit Kenntnis: Louis Boursiac, *Un essayiste et philosophe familier de Coppet, Ch. de Bonstetten et son oeuvre française* (Paris, 1940); Jean R. de Salis, *Sismondi 1773–1842, la vie et l' oeuvre d'un cosmopolite philosophe* (erstmals 1932, Nachdruck: Genf, 1973); mit Sismondi beschäftigte sich 1973 ein Kongress in Genf, dessen Unterlagen nun gedruckt vorliegen: *Sismondi européen, actes du Colloque internationale tenu a Genève les 14 et 15 septembre 1973* (Genf, 1976). Über Barante veröffentlichte Marcel Laurent seine umfassende Studie *Prosper Barante et Madame de Staël* (Clermont-Ferrand, 1972). Unter den Kongressberichten und Ausstellungskatalogen, die Madame de Staël und ihren Kreis betreffen, seien noch erwähnt: Bibliothèque nationale, *Madame de Staël et l'Europe*, redigiert von Simone Balayé (Paris, 1966) Bibliothèque nationale, *Benjamin Constant*, redigiert von Simone Balayé (Paris, 1967); *Atti del Convegno internazionale su Madame de Staël e il suo gruppo* (Pisa, 1967). Es sei abschließend erwähnt, daß sich eine Gesellschaft der Erforschung von Madame de Staëls Leben und Wirken widmet: Unter Leitung namhafter Spezialisten veröffentlicht die Société d 'Etudes Staëliennes seit März 1962 in unregelmäßigen Abständen ein Bulletin mit dem Titel *Cahiers Staëliens, Publications de la Société d 'Etudes Staëliennes* (Paris, 1962ff.). Neben einigen Aufsätzen enthält jedes Heft eine Bibliographie wichtiger Neuerscheinungen, welche dem weiteres Material suchenden Leser reichhaltige Anregungen und präzise Informationen liefern wird.